《中华人民共和国民法典》
中、英、德文对照学习手册

西南政法大学外语学院　组织编写

朱元庆　李昊　周恒祥　主编

A STUDY MANUAL IN CHINESE, ENGLISH AND GERMAN
FOR THE CIVIL CODE OF THE PEOPLE'S REPUBLIC OF CHINA

Das Zivilgesetzbuch der Volksrepublik China:
Ein Handbuch der englischen und deutschen Rechtssprache

图书在版编目(CIP)数据

《中华人民共和国民法典》中、英、德文对照学习手册/朱元庆,李昊,周恒祥主编. ——北京:北京大学出版社,2025.2. ——ISBN 978-7-301-35795-8

Ⅰ. D923.04

中国国家版本馆 CIP 数据核字第 20255BV682 号

书　　名	《中华人民共和国民法典》中、英、德文对照学习手册 《ZHONGHUA RENMIN GONGHEGUO MINFADIAN》ZHONG、YING、DEWEN DUIZHAO XUEXI SHOUCE
著作责任者	西南政法大学外语学院　组织编写 朱元庆、李昊、周恒祥　主编
责任编辑	陆建华　费悦
标准书号	ISBN 978-7-301-35795-8
出版发行	北京大学出版社
地　　址	北京市海淀区成府路 205 号　100871
网　　址	http://www.pup.cn　http://www.yandayuanzhao.com
电子邮箱	编辑部 yandayuanzhao@pup.cn　总编室 zpup@pup.cn
新浪微博	@北京大学出版社　@北大出版社燕大元照法律图书
电　　话	邮购部 010-62752015　发行部 010-62750672 编辑部 010-62117788
印　刷　者	南京爱德印刷有限公司
经　销　者	新华书店
	850 毫米×1168 毫米　A5　30.875 印张　664 千字 2025 年 2 月第 1 版　2025 年 2 月第 1 次印刷
定　　价	168.00 元

未经许可,不得以任何方式复制或抄袭本书之部分或全部内容。
版权所有,侵权必究
举报电话: 010-62752024　电子邮箱: fd@pup.cn
图书如有印装质量问题,请与出版部联系,电话: 010-62756370

主编简介

朱元庆，现任西南政法大学人权研究院（人权学院）副院长。从事人权话语国际传播，联合国人权保护机制研究，法律英语及法律翻译教学与实践。出版多本译著，为美国哈佛大学法学院教授、著名刑事辩护律师艾伦·德肖维茨自传《一辩到底：我的法律人生》（北京大学出版社2020年版）译者。多次赴纽约和日内瓦联合国总部参加联合国人权理事会届会，于届会期间组织并参加多场边会及平行会议。

李昊，北京大学法学学士、民商法学硕士，清华大学民商法学博士，中国社会科学院法学研究所博士后。德国慕尼黑大学、明斯特大学、奥格斯堡大学、奥地利科学院欧洲损害赔偿法研究所访问学者。现任中南财经政法大学法学院教授、博士生导师，数字法治研究院执行院长，法律硕士"数字治理与合规"方向导师组组长。主持"侵权法与保险法译丛""侵权法人文译丛""外国法学精品译丛""法律人进阶译丛""欧洲法与比较法前沿译丛"等多部法学译丛，联合主编"新坐标法学教科书"系列，主编"法律人进阶丛书"。

周恒祥，1953年生于上海，德国波鸿鲁尔大学1984年语言学博士，洪堡学者，原上海同济大学德语教授，曾为德国波鸿鲁尔大学和中国政法大学客座教授。主要从事语言学和法律语言研究，同时从事德汉法律翻译工作，为德国联邦司法部特邀翻译，互译了大量中德法律文本和文献。此外，积极投入于中德文化交流事业，完成并发表了李时珍恢宏巨著《本草纲目》第一卷首部德译本。现旅居德国并退休。

编译说明

2020年5月28日公布的《中华人民共和国民法典》(以下简称《民法典》)被称为"社会生活的百科全书",是中华人民共和国成立后第一部以"法典"命名的法律。作为市场经济的基本法,《民法典》在中华人民共和国的法律体系中居于基础性地位。

《民法典》通过之前,西南政法大学就鼓励外语学院法律翻译团队做好翻译准备。为此,外语学院专门成立了《民法典》英译团队,并组织制作了民法翻译数据库。西南政法大学外语学院前任院长宋雷教授,致事之年,对多处翻译难点提出有见地的改法和建议;西南政法大学《民法典》宣讲团的多位专家、教授亦对民法术语中的精微之处不吝赐教;西南政法大学外语学院学生翻译团队在暑假期间默默付出,整理民法翻译数据库,由于人数众多,恕无法一一列明,在此同表谢意!

尤为感激的是北京大学出版社牵线搭桥,使得《民法典》(英译本)得以由美国海恩公司(William S. Hein & Co., Inc.)和威尔斯公司[Wells Information Services Inc. (USA)]联合出版,并作为《中华人民共和国民法典》唯一英文译本收录于国际著名法律数据库 HeinOnline。

同期,为延续2017年7月20日由奥格斯堡大学法学院欧中法律研究与创新中心(RICE)主任 Thomas M. J. Möllers 教授和时任教于北京航空航天大学法学院的李昊副教授共同发起的第一届"中国民法改革研讨会(The Current Reform of Chinese Civil Law)"〔该次会议主要围绕中华人民共和国2017年3月颁布的《民法总则》展开,后出版论文集[Thomas M. J. Möllers, Hao Li (Hrsg.), The General Rules of Chinese Civil Law - History, Reform and Perspective, Nomos, 2018]〕,曾计划于2020年在中国召开中德民法典分编论坛,为此,由李昊组织留德的法学博硕士生基于《民法典》(三审稿)进行了德译,并提供给参与会议的德方专家撰写论文参考〔会议后因为新冠疫情无法成行,德文论文集于2022年在德国出版[Thomas M. J. Möllers, Hao Li (Hrsg.), Der Besondere Teil des neuen chinesischen Zivilgesetzbuches - Zwischen Tradition und Moderne, Nomos, 2022]〕,在《民法典》于2020年5月28日通过之后又根据立法机关颁布的版本进行了修订。德文初译稿的分工情况如下:

第1编:徐博翰(现为大连海事大学法学院讲师,德国帕绍大学法学博士)。

第2编:第1—4章:雷巍巍(现为中国计量大学法学院讲师,德国慕尼黑大学法学博士);第5、10、13章:李金镂(现为中南财经政法大学法学院讲师,德国科隆大学法学博士);第6—9、15章:徐博翰;第11—12、14、20章:孙思壮(现为德国慕尼黑大学法学博士生);第16—19章:傅宇(现为浙江大学光华法学院博士生,德国明斯特大学法学硕士)。

第3编:第1、4、7—9章:李雨泽(德国帕绍大学博士);第2—3、5—6章:李金镂;第10—18章:黄麟啸(德国慕尼黑大学法学硕士);第19—22章:冯楚奇(现为德国慕尼黑大学法学博士生);第23—29章:王轶(现为南京师范大学法学院讲师,德国慕尼黑大学博士)。

第 4 编:第 1、6 章:李雨泽;第 2—5 章:黄麟啸。

第 5 编:王文娜(现为首都经济贸易大学法学院讲师,德国法兰克福大学法学博士)。

第 6 编:雷巍巍。

第 7 编和附则:李金镂;其中第 1188—1201 条:冯楚奇。

在《民法典》的德文翻译中,我们着重参考了作为《民法典》前身的各部门法的德译本:

Frank Münzel 教授德译的《中华人民共和国物权法》《中华人民共和国婚姻法》和《中华人民共和国继承法》;

Frank Münzel 教授和郑晓青女士德译的《中华人民共和国合同法》;

Peter Leibküchler 博士、Knut Benjamin Pißler 教授和 Nils Klages 先生德译的《中华人民共和国民法总则》(ZChinR 2017, S. 208 ff.);

周梅博士、齐晓琨博士、Sebastian Lohsse 教授和刘青文博士德译的《中华人民共和国物权法》(ZChinR 2007, S. 78 ff.);

刘潇潇女士和 Knut Benjamin Pißler 教授德译的《中华人民共和国侵权责任法》(ZChinR 2010, S. 41 ff.)。

为了保证德译本的准确性和可读性,李昊教授委托资深的德汉法律翻译专家,原同济大学的周恒祥教授对译文初稿进行了全面的修正和深入细致的推敲,并对多处文本进行了重拟,最后又对全文进行了系统打磨,最终在此基础上完成了适合出版的德译本定稿。

翻译难,法律翻译尤难。我国法律深受大陆法系影响,很多法律均借鉴和移植了德国、日本等大陆法系国家的法律。但同时,我们正在不断建设与完善中国特色社会主义法治体系。因此,有一部分中文法律名词和术语,很难在英美法中找到与其相对应的确切译法。例如,"民事主体"一词,国内大多英译为"civil subjects",而外国法学家对此译法却一头雾水,经多方查证,咨询外籍专家,暂译为"parties to civil affairs";"债权人"和"债务人"这一对概念,是英译成"creditor"和"debtor"? 还是英译成"obligee"和"obligor"? 债或债务,可以简单地解释为一个自然人或公司、财团、组织、政府等机构法人亏欠其他个体的东西,可以是金钱,也可以是别的有价物。若英译成"creditor"和"debtor",不免将范围局限于"金钱"。另外,针对同一术语,是采用英美法的表达,还是大陆法的表达? 翻译中如何取舍,亦需深入探讨。

  德国法,用语甚为严谨。同一中文法律概念,在德国法中,或根据不同的法律领域或鉴于不同的情况而对应于不同的法律用语,如中文的"行为人",在德国刑法中对应于德文的"Täter",在德国民法中对应于"Handelnder"。再如"贷款",该中文术语在德国法中对应于两个术语,一个是"Darlehen",另一个是"Kredit"。前者专指贷款期长、贷款额高的贷款,比如房贷,此种贷款的分期偿还,在德文中专用动词"tilgen"表达;后者有广狭两种语义,一是用作贷款的上位概念,包括"Darlehen",二是指小额短期贷款,此类贷款的分期偿还在德文中则用"in Raten zahlen"或"Ratenzahlung"表达,"Kredit"另外还有"信贷"和"信用"的语义。又如中文的"公证",在德文中对应于两个法律术语:"beglaubigen"和"beurkunden"。前者表达对签名或副本属实性的公证,后者表达通过制作证书而进行的公证。在德译中文《民法典》时,便要根据中文术语的不同含义或语境而采用适当的德文术语。翻译如何取舍目的语术语,最后再举一例释明:中文的"证明",在德文中至少对应以下四个术语:"bestätigen""bescheinigen""beweisen""nachweisen"。"bestätigen"指对自己所作的说明或声明予以确认,另外也指口头证明;"bescheinigen"指某人或某单位为他人出具的书面证明;"beweisen"指作为证据或可具有取证性质的证明;"nachweisen"则指事后/嗣后证明。上述语例显明,外译中文法律文献,除精准理解中文表述外,还要精通目的语的法律术语和概念。

完成《民法典》的外文翻译,需要投入相当多的人力和时间,此次出版的英德译本仅可视为引玉之砖。此译本的完成,充分体现了团队的力量,在此非常感谢参与本项工作的各位老师和学生。

同时,衷心感谢北京大学出版社和蒋浩先生的大力支持,以及本书责任编辑陆建华先生和费悦女士的精心安排!

译艺无止境,水平有局限,期待国内法律翻译界同仁不吝指教且继续支持后续译本的修订工作,以提升比较民法研究和翻译的水平。

本书文本要义以中文为准,英文和德文仅作参考。

编译者
2024 年深秋

目 录
Contents
Inhaltsverzeichnis

第一编　总则
Book One General Provisions
Erstes Buch：Allgemeiner Teil

第一章　基本规定
Chapter I　Basic Provisions
1. Kapitel：Grundlegende Bestimmungen ……………（005）

第二章　自然人
Chapter II　Natural Persons
2. Kapitel：Natürliche Personen ……………………（010）

第三章　法人
Chapter III　Legal Persons
3. Kapitel：Juristische Personen ……………………（048）

第四章　非法人组织
Chapter IV　Unincorporated Organizations
4. Kapitel：Organisationen ohne Rechtspersönlichkeit ………（083）

第五章　民事权利
Chapter V　Civil Rights
5. Kapitel：Zivile Rechte ……………………………（086）

第六章　民事法律行为
Chapter VI　Civil Juristic Conducts
6. Kapitel：Zivilrechtsgeschäfte ·················· （098）

第七章　代理
Chapter VII　Agency
7. Kapitel：Vertretung ························· （118）

第八章　民事责任
Chapter VIII　Civil Liabilities
8. Kapitel：Zivilrechtliche Haftung ············· （131）

第九章　诉讼时效
Chapter IX　Limitation of Action
9. Kapitel：Klageverjährung ··················· （141）

第十章　期间计算
Chapter X　Calculation of Time Period
10. Kapitel：Berechnung von Zeiträumen ········ （150）

第二编　物权
Book Two Real Rights
Zweites Buch：Sachenrecht

第一分编　通则
Part One General Provisions
1. Abschnitt：Allgemeine Grundsätze

第一章　一般规定
Chapter I　General Rules
1. Kapitel：Allgemeine Bestimmungen ·········· （155）

第二章 物权的设立、变更、转让和消灭
Chapter II　Creation, Modification, Transfer and Extinction of Real Rights
2. Kapitel：Bestellung, Änderung, Übertragung und Erlöschen dinglicher Rechte ……………………………………（158）

第三章 物权的保护
Chapter III　Protection of Real Rights
3. Kapitel：Schutz der dinglichen Rechte …………………（173）

第二分编　所有权
Part Two　Title
2. Abschnitt：Eigentum

第四章　一般规定
Chapter IV　General Rules
4. Kapitel：Allgemeine Bestimmungen ……………………（177）

第五章　国家所有权和集体所有权、私人所有权
Chapter V　State Ownership, Collective Ownership and Private Ownership
5. Kapitel：Staatseigentum, Kollektiveigentum und Privateigentum …………………………………………（182）

第六章　业主的建筑物区分所有权
Chapter VI　Owners' Separate Ownership in a Building
6. Kapitel：Sondereigentum und gemeinschaftliches Eigentum an Gebäuden ………………………………………………（198）

第七章　相邻关系
Chapter VII　Neighboring Relations
7. Kapitel：Nachbarschaftsbeziehungen ……………………（215）

第八章 共有
Chapter VIII　Co-ownership
8. Kapitel：Gemeinschaftliches Eigentum ……………（219）

第九章 所有权取得的特别规定
Chapter IX　Special Provisions on the Obtainment of Ownership
9. Kapitel：Besondere Bestimmungen über den Erwerb des Eigentums …………………………………（229）

第三分编　用益物权
Part Three Usufruct
3. Abschnitt：Nießbrauch

第十章 一般规定
Chapter X　General Rules
10. Kapitel：Allgemeine Bestimmungen ……………（239）

第十一章 土地承包经营权
Chapter XI　Conventional Usufruct on Rural Land for Agricultural Operations
11. Kapitel：Das Recht zur Bewirtschaftung von übernommenem Land ………………………………（242）

第十二章 建设用地使用权
Chapter XII　Right to Use Land for Construction
12. Kapitel：Das Recht zur Nutzung von Bauland …………（251）

第十三章 宅基地使用权
Chapter XIII　Right to Use Rural Land as a Residential Lot
13. Kapitel：Nutzungsrecht an Heimstättenland ………（263）

第十四章　居住权
Chapter XIV　Right of Habitation
14. Kapitel：Wohnungsrecht ………………………………（265）

第十五章　地役权
Chapter XV　Servitude
15. Kapitel：Grunddienstbarkeiten ………………………（269）

第四分编　担保物权
Part Four Security Interests
4. Abschnitt：Dingliche Sicherungsrechte

第十六章　一般规定
Chapter XVI　General Rules
16. Kapitel：Allgemeine Bestimmungen ………………（278）

第十七章　抵押权
Chapter XVII　Mortgage
17. Kapitel：Hypothek ……………………………………（285）

第十八章　质权
Chapter XVIII　Pledge
18. Kapitel：Pfandrecht …………………………………（313）

第十九章　留置权
Chapter XIX　Lien
19. Kapitel：Zurückbehaltungsrecht ……………………（330）

第五分编　占有
Part Five Possession
5. Abschnitt：Besitz

第二十章　占有
Chapter XX　Possession
20. Kapitel：Besitz ………………………………………（336）

第三编 合同
Book Three Contracts
Drittes Buch: Vertrag

第一分编 通则
Part One General Provisions
1. Abschnitt: Allgemeiner Teil

第一章 一般规定
Chapter I General Rules
1. Kapitel: Allgemeine Bestimmungen ················ (343)

第二章 合同的订立
Chapter II Formation of Contracts
2. Kapitel: Errichtung des Vertrags ················ (348)

第三章 合同的效力
Chapter III Validity of Contracts
3. Kapitel: Wirksamkeit des Vertrags ················ (373)

第四章 合同的履行
Chapter IV Performance of Contracts
4. Kapitel: Vertragserfüllung ················ (378)

第五章 合同的保全
Chapter V Preservation of Contracts
5. Kapitel: Sicherung des Vertrags ················ (405)

第六章　合同的变更和转让
Chapter VI　Modification and Assignment of Contracts
6. Kapitel：Änderung und Übertragung von Verträgen ·········（411）

第七章　合同的权利义务终止
Chapter VII　Termination of Rights and Obligations under a Contract
7. Kapitel：Beendung der Rechte und Pflichten aus Verträgen ··（419）

第八章　违约责任
Chapter VIII　Liability for Breach of Contract
8. Kapitel：Haftung für Vertragsverletzungen ···············（437）

第二分编　典型合同
Part Two　Nominate Contracts
2. Abschnitt：Typische Verträge

第九章　买卖合同
Chapter IX　Sales Contracts
9. Kapitel：Kaufvertrag ··（452）

第十章　供用电、水、气、热力合同
Chapter X　Contracts for Supply of Power, Water, Gas or Heat
10. Kapitel：Verträge über die Lieferung von Elektrizität, Wasser, Gas und Wärme ···························（488）

第十一章　赠与合同
Chapter XI　Donation Contracts
11. Kapitel：Schenkungsvertrag ……………………（494）

第十二章　借款合同
Chapter XII　Loan Contracts
12. Kapitel：Darlehensvertrag ………………………（500）

第十三章　保证合同
Chapter XIII　Guarantee Contracts
13. Kapitel：Bürgschaftsvertrag ……………………（508）

第十四章　租赁合同
Chapter XIV　Lease Contracts
14. Kapitel：Mietvertrag ……………………………（526）

第十五章　融资租赁合同
Chapter XV　Financial Leasing Contracts
15. Kapitel：Finanzierungsleasingvertrag …………（545）

第十六章　保理合同
Chapter XVI　Factoring Contracts
16. Kapitel：Factoringvertrag ………………………（563）

第十七章　承揽合同
Chapter XVII　Contracts for Work
17. Kapitel：Werkvertrag ……………………………（570）

第十八章　建设工程合同
Chapter XVIII　Contracts for Construction Projects
18. Kapitel：Bauleistungsverträge …………………（580）

第十九章 运输合同
Chapter XIX　Transportation Contracts
19. Kapitel：Beförderungsvertrag ················ (597)

第二十章 技术合同
Chapter XX　Technology Contracts
20. Kapitel：Technologieverträge ················ (621)

第二十一章 保管合同
Chapter XXI　Deposit Contracts
21. Kapitel：Verwahrungsvertrag ················ (658)

第二十二章 仓储合同
Chapter XXII　Warehousing Contracts
22. Kapitel：Lagervertrag ················ (668)

第二十三章 委托合同
Chapter XXIII　Contracts of Mandate
23. Kapitel：Geschäftsbesorgungsvertrag ················ (678)

第二十四章 物业服务合同
Chapter XXIV　Property Management Service Contracts
24. Kapitel：Immobiliendienstleistungsvertrag ················ (692)

第二十五章 行纪合同
Chapter XXV　Contracts of Commission Agency
25. Kapitel：Kommissionsvertrag ················ (706)

第二十六章 中介合同
Chapter XXVI　Intermediary Contracts
26. Kapitel：Vermittlungsvertrag ················ (713)

第二十七章 合伙合同
Chapter XXVII Contracts of Partnership
27. Kapitel: Partnerschaftsvertrag ················ (717)

第三分编 准合同
Part Three Quasi-contracts
3. Abschnitt: Quasivertrag

第二十八章 无因管理
Chapter XXVIII Management of Affairs (*negotiorum gestio*)
28. Kapitel: Geschäftsführung ohne Auftrag ········ (726)

第二十九章 不当得利
Chapter XXIX Unjust Enrichment
29. Kapitel: Ungerechtfertigte Bereicherung ········ (730)

第四编 人格权
Book Four Personality Rights
Viertes Buch: Persönlichkeitsrechte

第一章 一般规定
Chapter I General Rules
1. Kapitel: Allgemeine Bestimmungen ············ (735)

第二章 生命权、身体权和健康权
Chapter II Rights to Life, Body and Health
2. Kapitel: Recht auf Leben, Recht am eigenen Körper und Recht auf Gesundheit ···················· (744)

第三章　姓名权和名称权

Chapter III　Right to Name

3. Kapitel：Recht am eigenen Namen und Recht an der eigenen Bezeichnung ……………………………………（751）

第四章　肖像权

Chapter IV　Right to Likeness

4. Kapitel：Recht am eigenen Bildnis ……………………（756）

第五章　名誉权和荣誉权

Chapter V　Right to Reputation and Right to Honor

5. Kapitel：Recht auf Schutz des guten Rufs und Recht auf Schutz der Ehre ……………………………………（762）

第六章　隐私权和个人信息保护

Chapter VI　Right to Privacy and Right to Protection of Personal Information

6. Kapitel：Recht auf Privatsphäre und Schutz persönlicher Informationen ……………………………………（770）

第五编　婚姻家庭
Book Five Marriage and Family
Fünftes Buch：Ehe und Familie

第一章　一般规定

Chapter I　General Rules

1. Kapitel：Allgemeine Bestimmungen ……………………（783）

第二章　结婚
Chapter II　Marriage
2. Kapitel：Eheschließung ································ （787）

第三章　家庭关系
Chapter III　Family Relations
3. Kapitel：Familienbeziehungen ······················· （793）

第四章　离婚
Chapter IV　Divorce
4. Kapitel：Scheidung ·· （809）

第五章　收养
Chapter V　Adoption
5. Kapitel：Adoption ·· （824）

第六编　继承
Book Six Succession
Sechstes Buch：Erbfolge

第一章　一般规定
Chapter I　General Rules
1. Kapitel：Allgemeine Bestimmungen ············· （847）

第二章　法定继承
Chapter II　Statutory Succession
2. Kapitel：Gesetzliche Erbfolge ····················· （852）

第三章 遗嘱继承和遗赠
Chapter III Testamentary Succession and Legacy
3. Kapitel: Testamentarische Erbregelung und
　　Vermächtnis ·· (859)

第四章 遗产的处理
Chapter IV Disposition of the Estate
4. Kapitel: Regelung des Nachlasses ····················· (867)

第七编　侵权责任
Book Seven Tortious Liabilities
Siebentes Buch: Deliktische Haftung

第一章 一般规定
Chapter I General Rules
1. Kapitel: Allgemeine Bestimmungen ·················· (883)

第二章 损害赔偿
Chapter II Compensation for Damage
2. Kapitel: Schadensersatz ································· (892)

第三章 责任主体的特殊规定
Chapter III Special Provisions on Tortfeasors
3. Kapitel: Besondere Bestimmungen zum
　　Haftungssubjekt ··· (899)

第四章 产品责任
Chapter IV Product Liability
4. Kapitel: Produkthaftung ································ (913)

第五章　机动车交通事故责任
Chapter V　Liability for Motor Vehicle Traffic Accidents
5. Kapitel: Haftung für Unfälle im Kraftverkehr ……………（917）

第六章　医疗损害责任
Chapter VI　Liability for Medical Malpractice
6. Kapitel Haftung für Schäden durch Behandlungsfehler … （926）

第七章　环境污染和生态破坏责任
Chapter VII　Liability for Environmental Pollution and
　　　　　　　Ecological Damage
7. Kapitel: Haftung für Umweltverschmutzung und Zerstörung
　　der Ökologie ……………………………………………（935）

第八章　高度危险责任
Chapter VIII　Liability for High-risk Activity
8. Kapitel: Haftung für hohe Gefahren ………………………（941）

第九章　饲养动物损害责任
Chapter IX　Liability for Damage Caused by Domestic
　　　　　　　Animal
9. Kapitel: Haftung für Schäden durch gehaltene Tiere ……（947）

第十章　建筑物和物件损害责任
Chapter X　Liability for Damage Caused by Buildings
　　　　　　or Objects
10. Kapitel: Haftung für Schäden durch Bauwerke und
　　Sachen ……………………………………………………（951）

附则
Supplemental Provisions
Ergänzende Bestimmungen ……………………………（959）

中华人民共和国民法典
The Civil Code of the People's Republic of China
Zivilgesetzbuch der Volksrepublik China

(2020年5月28日第十三届全国人民代表大会第三次会议通过)

(Adopted at the Third Session of the 13th National People's Congress of China on May 28, 2020)

(Verabschiedet am 28.05.2020 auf der 3. Tagung des 13. Nationalen Volkskongresses)

第一编　总则

Book One General Provisions

Erstes Buch: Allgemeiner Teil

第一章　基本规定
Chapter I　Basic Provisions
1. Kapitel: Grundlegende Bestimmungen

第一条　为了保护民事主体的合法权益,调整民事关系,维护社会和经济秩序,适应中国特色社会主义发展要求,弘扬社会主义核心价值观,根据宪法,制定本法。

Article 1　This Code is formulated pursuant to the Constitution for the purposes of protecting the lawful rights and interests of the parties to civil affairs, regulating civil relations, maintaining the social and economic order, meeting the developmental requirements of socialism with Chinese characteristics, and upholding core socialist values.

§ 1　Um die legalen Rechte und Interessen der Zivilsubjekte zu schützen, die Zivilbeziehungen zu regeln, die gesellschaftliche und wirtschaftliche Ordnung zu wahren, zur Anpassung an die Erfordernisse der Entwicklung des Sozialismus mit chinesischen Besonderheiten und zur Förderung der sozialistischen Kernwerte wird gemäß der Verfassung dieses Gesetz eingeführt.

第二条　民法调整平等主体的自然人、法人和非法人组织之间的人身关系和财产关系。

Article 2　The civil law governs the personal relationships and property relationships among natural persons, legal persons, and unincorporated organizations, who are equal parties.

§ 2 Das Zivilrecht regelt die Personenbeziehungen und Vermögensbeziehungen zwischen natürlichen Personen, juristischen Personen und Organisationen ohne Rechtspersönlichkeit als gleichberechtigte Subjekte.

第三条 民事主体的人身权利、财产权利以及其他合法权益受法律保护,任何组织或者个人不得侵犯。

Article 3 The personal rights, property rights, and other lawful rights and interests of the parties to civil affairs shall be protected by law, and no organization or individual may infringe upon such rights and interests.

§ 3 Die persönlichen Rechte, Vermögensrechte und anderen legalen Rechte und Interessen der Zivilsubjekte werden vom Gesetz geschützt; keine Organisation oder Einzelperson darf diese Rechte verletzen.

第四条 民事主体在民事活动中的法律地位一律平等。

Article 4 All parties to civil affairs are equal in legal status in civil activities.

§ 4 Die rechtliche Stellung von Zivilsubjekten bei Zivilaktivitäten ist ausnahmslos gleichberechtigt.

第五条 民事主体从事民事活动,应当遵循自愿原则,按照自己的意思设立、变更、终止民事法律关系。

Article 5 The parties to civil affairs shall conduct civil activities under the principle of free will, and create, modify, or terminate civil legal relations pursuant to their own wills.

§ 5 Unternehmen Zivilsubjekte Zivilaktivitäten, müssen sie den Grundsatz der Freiwilligkeit befolgen und gemäß ihrem eigenen Willen Zivilrechtsbeziehungen begründen, ändern oder beenden.

第六条 民事主体从事民事活动,应当遵循公平原则,合理确定各方的权利和义务。

Article 6 The parties to civil affairs shall conduct civil activities under the principle of fairness, and rationally determine the rights and obligations of each party.

§ 6 Unternehmen Zivilsubjekte Zivilaktivitäten, müssen sie den Grundsatz der Gerechtigkeit befolgen und die Rechte und Pflichten aller Parteien vernünftig festlegen.

第七条 民事主体从事民事活动,应当遵循诚信原则,秉持诚实,恪守承诺。

Article 7 The parties to civil affairs shall conduct civil activities under the principle of good faith, upholding honesty, and honoring commitment.

§ 7 Unternehmen Zivilsubjekte Zivilaktivitäten, müssen sie den Grundsatz von Treu und Glauben befolgen, Ehrlichkeit bewahren und Versprechen gewissenhaft einhalten.

第八条 民事主体从事民事活动,不得违反法律,不得违背公序良俗。

Article 8 The parties to civil affairs shall not conduct civil activities in violation of the law, nor contrary to public order and good morals.

§ 8 Unternehmen Zivilsubjekte Zivilaktivitäten, dürfen sie nicht gegen das Gesetz verstoßen oder der öffentlichen Ordnung und den guten Sitten zuwiderhandeln.

第九条 民事主体从事民事活动,应当有利于节约资源、保护生态环境。

Article 9 The parties to civil affairs shall conduct civil activities in a way conducive to the conservation of resources and protection of environment.

§ 9 Unternehmen Zivilsubjekte Zivilaktivitäten, müssen sie zur Schonung von Ressourcen beitragen und die ökologische Umwelt schützen.

第十条 处理民事纠纷,应当依照法律;法律没有规定的,可以适用习惯,但是不得违背公序良俗。

Article 10 Civil disputes shall be resolved pursuant to the law. Where there is no provision in the law, customs may be applied, but public order and good morals shall not be violated.

§ 10　Die Behandlung ziviler Streitigkeiten muss gemäß dem Gesetz erfolgen; soweit das Gesetz keine Bestimmungen enthält, können Gebräuche angewendet werden, jedoch darf nicht der öffentlichen Ordnung und den guten Sitten zuwidergehandelt werden.

第十一条　其他法律对民事关系有特别规定的,依照其规定。

Article 11　Where there are any special provision on any civil relation in any other law, such special provision shall apply.

§ 11　Soweit andere Gesetze besondere Bestimmungen zu Zivilbeziehungen enthalten, gelten diese Bestimmungen.

第十二条　中华人民共和国领域内的民事活动,适用中华人民共和国法律。法律另有规定的,依照其规定。

Article 12　The law of the People's Republic of China shall apply to all civil activities within the territory of the People's Republic of China. If the law provides otherwise, such provisions shall apply.

§ 12　Auf Zivilaktivitäten im Hoheitsgebiet der Volksrepublik China werden die Gesetze der Volksrepublik China angewandt. Gibt es andere gesetzliche Bestimmungen, so gelten diese Bestimmungen.

第二章　自然人
Chapter Ⅱ　Natural Persons
2. Kapitel：Natürliche Personen

第一节　民事权利能力和民事行为能力
Section 1　Capacity for Civil Right and Capacity for Civil Conduct
1. Unterkapitel：Zivilrechtsfähigkeit und Zivilgeschäftsfähigkeit

第十三条　自然人从出生时起到死亡时止，具有民事权利能力，依法享有民事权利，承担民事义务。

Article 13　A natural person has the capacity for civil right from the moment of birth thereof till the moment of death thereof, and shall enjoy civil rights and undertake civil obligations pursuant to the law.

§ 13　Von der Zeit ihrer Geburt bis zur Zeit ihres Todes besitzen natürliche Personen Zivilrechtsfähigkeit, genießen nach dem Recht zivile Rechte und tragen zivile Pflichten.

第十四条　自然人的民事权利能力一律平等。

Article 14　All natural persons are equal in terms of their capacity for civil right.

§ 14　Die Zivilrechtsfähigkeit natürlicher Personen ist ausnahmslos gleich.

第十五条 自然人的出生时间和死亡时间,以出生证明、死亡证明记载的时间为准;没有出生证明、死亡证明的,以户籍登记或者其他有效身份登记记载的时间为准。有其他证据足以推翻以上记载时间的,以该证据证明的时间为准。

Article 15 The time of birth and the time of death of a natural person shall be subject to those recorded on his or her birth certificate and death certificate; or in the absence of a birth certificate or death certificate, the time shall be the one recorded in the household registration booklet or any other valid identity registration. If there is any other evidence sufficient to overturn the aforesaid time, the time confirmed by such evidence shall prevail.

§ 15 Für den Zeitpunkt der Geburt und den Zeitpunkt des Todes einer natürlichen Person ist der in der Geburtsurkunde bzw. Todesurkunde aufgezeichnete Zeitpunkt maßgeblich; gibt es keine Geburtsurkunde bzw. Todesurkunde, ist der im Haushaltsregistrierungsbuch oder in einer anderen gültigen Identitätseintragung aufgezeichnete Zeitpunkt maßgeblich. Gibt es andere Beweise, die ausreichen, um den oben genannten aufgezeichneten Zeitpunkt zu widerlegen, ist der durch diesen Beweis bewiesene Zeitpunkt maßgeblich.

第十六条 涉及遗产继承、接受赠与等胎儿利益保护的,胎儿视为具有民事权利能力。但是,胎儿娩出时为死体的,其民事权利能力自始不存在。

Article 16 Where the protection of the interests of a fetus is involved in the succession or acceptance of a gift, among others, the fetus shall be presumed to have capacity for civil right. However, in case of a stillborn, the fetus's capacity for civil right shall be deemed as non-existent *ab initio*.

§ 16 In Bezug auf den Schutz der Interessen eines Fötus wie etwa beim Erben von Nachlass oder beim Empfang einer Schenkung gilt der Fötus als zivilrechtsfähig. Ist der Fötus jedoch zur Zeit der Entbindung ein Leichnam, so bestand seine Zivilrechtsfähigkeit von Anfang an nicht.

第十七条 十八周岁以上的自然人为成年人。不满十八周岁的自然人为未成年人。

Article 17 A natural person attaining the age of eighteen is an adult. A natural person under the age of eighteen is a minor.

§ 17 Eine natürliche Person mit Vollendung des 18. Lebensjahres ist ein Volljähriger. Eine natürliche Person vor Vollendung des 18. Lebensjahres ist ein Minderjähriger.

第十八条 成年人为完全民事行为能力人，可以独立实施民事法律行为。

十六周岁以上的未成年人，以自己的劳动收入为主要生活来源的，视为完全民事行为能力人。

Article 18 An adult has full capacity for civil conduct, and may perform civil juridical conducts independently.

A minor attaining the age of sixteen whose main source of livelihood is income from his or her own work shall be deemed as a

person with full capacity for civil conduct.

§ 18　Ein Volljähriger ist ein voll Zivilgeschäftsfähiger und kann eigenständig Zivilrechtsgeschäfte vornehmen.

Ein Minderjähriger über 16 Jahren, dessen hauptsächlicher Lebensunterhalt durch Einkommen aus eigener Arbeit bestritten wird, gilt als voll Zivilgeschäftsfähiger.

第十九条　八周岁以上的未成年人为限制民事行为能力人,实施民事法律行为由其法定代理人代理或者经其法定代理人同意、追认;但是,可以独立实施纯获利益的民事法律行为或者与其年龄、智力相适应的民事法律行为。

Article 19　A minor attaining the age of eight is a person with limited capacity for civil conduct, who shall be represented by his or her statutory agent in performing civil juristic conducts or whose performance of civil juristic conducts shall be subject to consent or ratification by his or her statutory agent; however, the minor may independently perform civil juristic conducts that are purely beneficial for the minor or are appropriate for the age and intelligence of such minor.

§ 19　Ein Minderjähriger über 8 Jahren ist ein beschränkt Zivilgeschäftsfähiger, die Vornahme von Zivilrechtsgeschäften erfolgt durch seinen gesetzlichen Vertreter in Vertretung oder mit dessen Einverständnis oder Genehmigung; er kann jedoch rein vorteilhafte Zivilrechtsgeschäfte oder Zivilrechtsgeschäfte, die seinem Alter und seinen geistigen Fähigkeiten entsprechen, eigenständig vornehmen.

第二十条 不满八周岁的未成年人为无民事行为能力人,由其法定代理人代理实施民事法律行为。

Article 20 A minor under the age of eight is a person without capacity for civil conduct, who shall be represented in performing civil juristic conducts by his or her statutory agent.

§ 20 Ein Minderjähriger unter 8 Jahren ist ein Zivilgeschäftsunfähiger und wird von seinem gesetzlichen Vertreter bei der Vornahme von Zivilrechtsgeschäften vertreten.

第二十一条 不能辨认自己行为的成年人为无民事行为能力人,由其法定代理人代理实施民事法律行为。

八周岁以上的未成年人不能辨认自己行为的,适用前款规定。

Article 21 An adult incapable of accounting for his or her conducts shall be a person without capacity for civil conduct, who shall be represented by his or her statutory agent in performing civil juristic conducts.

The provision under the preceding paragraph shall also apply to a minor who has attained the age of eight and is unable to account for his or her conducts.

§ 21 Ein Volljähriger, dem die Einsicht in seine Handlungen fehlt, ist ein Zivilgeschäftsunfähiger und wird von seinem gesetzlichen Vertreter bei der Vornahme von Zivilrechtsgeschäften vertreten.

Auf einen Minderjährigen über 8 Jahren, dem die Einsicht in

seine Handlungen fehlt, wird die Bestimmung des vorigen Absatzes angewandt.

第二十二条 不能完全辨认自己行为的成年人为限制民事行为能力人,实施民事法律行为由其法定代理人代理或者经其法定代理人同意、追认;但是,可以独立实施纯获利益的民事法律行为或者与其智力、精神健康状况相适应的民事法律行为。

Article 22 An adult incapable of fully accounting for his or her conducts shall be a person with limited capacity for civil conduct, who shall be represented by his or her statutory agent in performing civil juristic conducts or whose performance of civil juristic conducts shall be subject to consent or ratification by his or her statutory agent; however, the adult may independently perform civil juristic conducts that are purely beneficial for the adult or are appropriate for his or her intelligence and mental health.

§ 22 Ein Volljähriger, der keine vollständige Einsicht in seine Handlungen hat, ist ein beschränkt Zivilgeschäftsfähiger, die Vornahme von Zivilrechtsgeschäften erfolgt durch seinen gesetzlichen Vertreter in Vertretung oder mit dessen Einverständnis oder Genehmigung; er kann jedoch rein vorteilhafte Zivilrechtsgeschäfte oder Zivilrechtsgeschäfte, die seinen geistigen Fähigkeiten und dem Zustand seiner geistigen Gesundheit entsprechen, eigenständig vornehmen.

第二十三条 无民事行为能力人、限制民事行为能力人的监护人是其法定代理人。

Article 23 The guardian of a person without capacity for civil conduct or with limited capacity for civil conduct shall be the statutory agent of the person.

§ 23 Der Vormund eines Zivilgeschäftsunfähigen oder beschränkt Zivilgeschäftsfähigen ist dessen gesetzlicher Vertreter.

第二十四条 不能辨认或者不能完全辨认自己行为的成年人,其利害关系人或者有关组织,可以向人民法院申请认定该成年人为无民事行为能力人或者限制民事行为能力人。

被人民法院认定为无民事行为能力人或者限制民事行为能力人的,经本人、利害关系人或者有关组织申请,人民法院可以根据其智力、精神健康恢复的状况,认定该成年人恢复为限制民事行为能力人或者完全民事行为能力人。

本条规定的有关组织包括:居民委员会、村民委员会、学校、医疗机构、妇女联合会、残疾人联合会、依法设立的老年人组织、民政部门等。

Article 24 For an adult incapable of discerning or fully accounting for his or her conducts, an interested party or a relevant organization may apply to the competent people's court to identify the adult as a person without capacity for civil conduct or a person with limited capacity for civil conduct.

After the adult is identified by the competent people's court as a person without capacity for civil conduct or a person with lim-

ited capacity for civil conduct, the competent people's court may, based on the recovery of his or her intelligence or mental health, identify the adult as a person with limited capacity for civil conduct or a person with full capacity for civil conduct, upon his or her application or application by an interested party or a relevant organization.

For the purposes of this Article, the relevant organizations include but are not limited to urban residents' committees, villagers' committees, schools, medical institutions, women's federations, disabled persons' federations, organizations legally established for the elderly, and civil affairs departments.

§ 24 Bei einem Volljährigen, der keine oder keine vollständige Einsicht in seine Handlungen hat, kann ein Interessierter oder eine betreffende Organisation beim Volksgericht beantragen, dass dieser Volljährige als Zivilgeschäftsunfähiger oder beschränkt Zivilgeschäftsfähiger festgestellt wird.

Wurde eine Person vom Volksgericht als Zivilgeschäftsunfähiger oder beschränkt Zivilgeschäftsfähiger festgestellt, kann auf Antrag des Betroffenen, eines Interessierten oder einer betreffenden Organisation das Volksgericht gemäß dem Zustand der Wiederherstellung von dessen geistigen Fähigkeiten und geistiger Gesundheit feststellen, dass dieser Volljährige als beschränkt Zivilgeschäftsfähiger oder vollständig Zivilgeschäftsfähiger wiederhergestellt ist.

Die in diesem Paragraphen bestimmten betreffenden Organisationen umfassen Einwohnerkomitees, Dorfbewohnerkomitees, Lehranstalten, Gesundheitseinrichtungen, Frauenverbände, Behindertenverbände, nach dem Recht errichtete Seniorenorganisa-

tionen und Behörden für Zivilangelegenheiten.

第二十五条 自然人以户籍登记或者其他有效身份登记记载的居所为住所；经常居所与住所不一致的，经常居所视为住所。

Article 25 The domicile of a natural person shall be his or her residence recorded in the household registration or any other valid identity registration; where his or her habitual residence is different from the domicile, the habitual residence shall be deemed his or her domicile.

§ 25 Der Wohnsitz einer natürlichen Person ist der in der Haushaltsregistrierung oder einer anderen gültigen Identitätseintragung aufgezeichnete Aufenthaltsort; ist der gewöhnliche Aufenthaltsort mit dem Wohnsitz nicht identisch, so gilt der gewöhnliche Aufenthaltsort als Wohnsitz.

第二节 监护
Section 2 Guardianship
2. Unterkapitel: Vormundschaft

第二十六条 父母对未成年子女负有抚养、教育和保护的义务。

成年子女对父母负有赡养、扶助和保护的义务。

Article 26 Parents have the obligations of maintenance, education, and protection of their minor children.

Adult children have the obligations of supporting, assisting, and protecting their parents.

§ 26 Eltern haben gegenüber ihren minderjährigen Kindern die Pflicht zum Unterhalt, zur Erziehung und zum Schutz.

Volljährige Kinder haben gegenüber den Eltern die Pflicht zum Unterhalt, zum Beistand und zum Schutz.

第二十七条 父母是未成年子女的监护人。

未成年人的父母已经死亡或者没有监护能力的,由下列有监护能力的人按顺序担任监护人:

(一)祖父母、外祖父母;

(二)兄、姐;

(三)其他愿意担任监护人的个人或者组织,但是须经未成年人住所地的居民委员会、村民委员会或者民政部门同意。

Article 27 The parents of a minor shall be his or her guardians.

Where both parents of a minor are dead or incapable of acting as guardians thereof, one of the following persons capable of acting as a guardian shall act as the guardian of the minor in the following order:

(1) paternal or maternal grandparents of the minor;

(2) elder brothers or elder sisters of the minor;

(3) other individuals or organizations willing to act as the guardian thereof, provided, however, it is approved by the competent urban residents' committee, villagers' committee, or civil affairs department in whose administrative area the minor's domicile is located.

§ 27　Die Eltern sind die Vormunder der minderjährigen Kinder.

Sind die Eltern eines Minderjährigen bereits verstorben oder haben keine Vormundschaftsfähigkeit, so fungieren die folgenden Personen, die zur Vormundschaft fähig sind, in der Reihenfolge als Vormund:

1. Großeltern väterlicherseits, Großeltern mütterlicherseits;
2. ältere Brüder, ältere Schwestern;
3. andere Einzelpersonen oder Organisationen, die als Vormund fungieren wollen, damit muss allerdings das Einwohnerkomitee, das Dorfbewohnerkomitee oder die Behörde für Zivilangelegenheiten am Ort des Wohnsitzes des Minderjährigen einverstanden sein.

第二十八条　无民事行为能力或者限制民事行为能力的成年人,由下列有监护能力的人按顺序担任监护人:
(一)配偶;
(二)父母、子女;
(三)其他近亲属;
(四)其他愿意担任监护人的个人或者组织,但是须经被监护人住所地的居民委员会、村民委员会或者民政部门同意。

Article 28　For an adult with no or limited capacity for civil conduct, the following persons with guardianship capacity shall act as guardian thereof in the following order:

(1) spouse of the adult;
(2) parents or children of the adult;

(3) other close relatives of the adult; or

(4) other individuals or organizations willing to act as the guardian thereof, provided that it is approved by the competent urban residents' committee, villagers' committee, or civil affairs department in whose administrative area the adult's domicile is located.

§ 28 Für einen zivilgeschäftsunfähigen oder beschränkt zivilgeschäftsfähigen Volljährigen fungieren die folgenden Personen, die Vormundschaftsfähigkeit haben, in der Reihenfolge als Vormund①:

1. Ehegatte;

2. Eltern, Kinder;

3. andere nahe Verwandte;

4. andere Einzelpersonen oder Organisationen, die als Vormund fungieren wollen, damit muss allerdings das Einwohnerkomitee, das Dorfbewohnerkomitee oder die Behörde für Zivilangelegenheiten am Ort des Wohnsitzes des Mündels einverstanden sein.

第二十九条 被监护人的父母担任监护人的,可以通过遗嘱指定监护人。

Article 29 Where the parents of a person serve as his or her

---

① 自1992年1月1日起,德国废除了成年人禁治产制度,代之以"照管(Betreuung)制度"。成年人因心理疾患或身体上、精神上的残疾而完全或部分不能处理其事务的,由照管法院根据该成年人申请或依职权为其选任一名照管人(Betreuer),照管对象被称为"被照管人(Betreuter/Betreute)"。

guardians, they may designate the guardian by a will.

§ 29　Fungieren die Eltern des Mündels② als Vormund, können sie durch Testament einen Vormund bestimmen.

第三十条　依法具有监护资格的人之间可以协议确定监护人。协议确定监护人应当尊重被监护人的真实意愿。

Article 30　A number of persons legally qualified for guardianship may, by consultation by and between themselves, identify the guardian. The genuine will of the ward shall be respected in the identification of guardian through consultation.

§ 30　Zwischen den Personen, die die Befähigung zur Vormundschaft besitzen, kann der Vormund durch Vereinbarung festgelegt werden. Bei der Festlegung des Vormundes durch Vereinbarung muss der wahre Wille des Mündels respektiert werden.

第三十一条　对监护人的确定有争议的，由被监护人住所地的居民委员会、村民委员会或者民政部门指定监护人，有关当事人对指定不服的，可以向人民法院申请指定监护人；有关当事人也可以直接向人民法院申请指定监护人。

居民委员会、村民委员会、民政部门或者人民法院应当尊重被监护人的真实意愿，按照最有利于被监护人的原则在依法具有监护资格的人中指定监护人。

---

② 当今德国法中，"Mündel"仅指未成年的被监护人，成年的被监护人被称为"被照管人（Betreuter/Betreute）"，参见脚注①。

依据本条第一款规定指定监护人前,被监护人的人身权利、财产权利以及其他合法权益处于无人保护状态的,由被监护人住所地的居民委员会、村民委员会、法律规定的有关组织或者民政部门担任临时监护人。

监护人被指定后,不得擅自变更;擅自变更的,不免除被指定的监护人的责任。

Article 31 Where there is any dispute over the identification of the guardian, the competent urban residents' committee, villagers' committee, or civil affairs department in whose administrative area the ward's domicile is located may designate the guardian; where any of the parties concerned raises any objection to the designation, such party may apply to the competent people's court to designate the guardian. The parties concerned may also directly apply to the competent people's court to designate the guardian.

The urban residents' committee, villagers' committee, civil affairs department, or people's court shall respect the genuine will of the ward, and designate the guardian from among persons legally qualified for guardianship under the principle that such designation shall be in the best interests of the ward.

Before the guardian is designated under paragraph 1 of this Article, if the personal rights, property rights, and other lawful rights and interests of the ward are not under protection, the urban residents' committee, villagers' committee, relevant organization prescribed by the law, or civil affairs department in whose administrative area the ward's domicile is located shall act as the provisional guardian thereof.

After the guardian is designated, the guardian shall not be replaced without proper permission; and in case of replacement without permission, the original designated guardian shall not be relieved of his or her responsibilities.

§ 31 Gibt es Streit über die Festlegung des Vormundes, wird der Vormund vom Einwohnerkomitee, Dorfbewohnerkomitee oder von der Behörde für Zivilangelegenheiten am Ort des Wohnsitzes des Mündels bestimmt; unterwerfen sich die betreffenden Parteien nicht der Bestimmung, können sie beim Volksgericht die Bestellung eines Vormunds beantragen; die betreffenden Parteien können auch direkt beim Volksgericht die Bestellung eines Vormunds beantragen.

Das Einwohnerkomitee, das Dorfbewohnerkomitee, die Behörde für Zivilverwaltung oder das Volksgericht muss den wahren Willen des Mündels respektieren und gemäß dem Grundsatz des größten Nutzens für das Mündel unter den Personen, die nach dem Recht die Befähigung für die Vormundschaft besitzen, den Vormund bestellen.

Befinden sich vor der Bestellung eines Vormundes gemäß Absatz 1 dieses Paragraphen die persönlichen Rechte, die Vermögensrechte und die sonstigen legalen Rechte und Interessen des Mündels in einem Zustand, in dem sie von niemandem geschützt werden, so fungiert das Einwohnerkomitee, das Dorfbewohnerkomitee, eine gesetzlich bestimmte betreffende Organisation oder die Behörde für Zivilangelegenheiten am Ort des Wohnsitzes des Mündels als vorläufiger Vormund.

Nachdem ein Vormund bestellt wurde, darf dieser nicht eigenmächtig ausgewechselt werden; eigenmächtige Auswechslungen entbinden den bestellten Vormund nicht von seiner Haftung.

第三十二条 没有依法具有监护资格的人的,监护人由民政部门担任,也可以由具备履行监护职责条件的被监护人住所地的居民委员会、村民委员会担任。

Article 32 Where there is no person legally qualified for the guardianship, the civil affairs department may or the urban residents' committee or villagers' committee in whose administrative area the ward's domicile is located and who meets the conditions for performing the duties of guardianship may act as the guardian.

§ 32 Gibt es keine Person, die nach dem Recht die Befähigung für die Vormundschaft besitzt, fungiert die Behörde für Zivilangelegenheiten als Vormund; es kann auch das Einwohnerkomitee oder Dorfbewohnerkomitee am Ort des Wohnsitzes des Mündels, bei dem die Voraussetzungen für die Wahrnehmung der vormundschaftlichen Aufgaben vorhanden sind, als Vormund fungieren.

第三十三条 具有完全民事行为能力的成年人,可以与其近亲属、其他愿意担任监护人的个人或者组织事先协商,以书面形式确定自己的监护人,在自己丧失或者部分丧失民事行为能力时,由该监护人履行监护职责。

Article 33 An adult with full capacity for civil conduct may, by consulting in advance with his or her close relatives or other individuals or organizations willing to act as guardian thereof, determine his or her guardian in writing. When the adult loses all or part of his or her capacity for civil conduct, the guardian shall perform the duties of guardianship for the adult.

§ 33   Ein Volljähriger, der die vollständige Zivilgeschäftsfähigkeit besitzt, kann seine Verwandten, andere Einzelpersonen oder Organisationen, die als Vormund fungieren wollen, im Voraus konsultieren und in schriftlicher Form den eigenen Vormund festlegen. Sofern er seine Zivilgeschäftsfähigkeit verliert oder teilweise verliert, nimmt dieser Vormund dann die vormundschaftlichen Aufgaben wahr.

第三十四条   监护人的职责是代理被监护人实施民事法律行为,保护被监护人的人身权利、财产权利以及其他合法权益等。

监护人依法履行监护职责产生的权利,受法律保护。

监护人不履行监护职责或者侵害被监护人合法权益的,应当承担法律责任。

因发生突发事件等紧急情况,监护人暂时无法履行监护职责,被监护人的生活处于无人照料状态的,被监护人住所地的居民委员会、村民委员会或者民政部门应当为被监护人安排必要的临时生活照料措施。

Article 34   The duties of a guardian include but are not limited to representing the ward in performing civil juristic conducts and protecting the personal rights, property rights, and other lawful rights and interests of the ward.

The guardian's rights to perform his guardianship duties pursuant to the law shall be protected by law.

A guardian who fails to perform his or her or its duties of guardianship or infringing upon the ward's lawful rights and interests shall assume legal liability.

Where the guardian is temporarily unable to perform his duties of guardianship due to any emergency, and therefore no one is taking care of the ward thereof, the urban residents' committee, villagers' committee, or civil affairs department in whose administrative area the ward's domicile is located shall provide necessary daily care for the ward.

§ 34 Die Aufgaben des Vormunds sind die Vertretung des Mündels bei der Vornahme von Zivilrechtsgeschäften und der Schutz der persönlichen Rechte und Vermögensrechte sowie anderer legaler Rechte und Interessen des Mündels.

Die Rechte des Vormunds, die aus der rechtsgemäßen Wahrnehmung der vormundschaftlichen Aufgaben entstehen, werden vom Gesetz geschützt.

Nimmt der Vormund seine vormundschaftlichen Aufgben nicht wahr oder verletzt er die legalen Rechte und Interessen des Mündels, muss er die gesetzliche Haftung übernehmen.

Kann der Vormund aufgrund von unerwarteten Ereignissen oder sonstigen dringenden Umständen die vormundschaftlichen Aufgaben vorläufig nicht erfüllen und befindet sich das Leben des Mündels in einem Zustand, in dem es in niemandes Fürsorge liegt, muss das Einwohnerkomitee, das Dorfbewohnerkomitee oder die Behörde für Zivilangelegenheiten am Ort des Wohnsitzes des Mündels für das Mündel die notwendigen vorläufigen Maßnahmen für das Lebensfürsorge arrangieren.

第三十五条　监护人应当按照最有利于被监护人的原则履行监护职责。监护人除为维护被监护人利益外,不得处分被监护人的财产。

未成年人的监护人履行监护职责,在作出与被监护人利益有关的决定时,应当根据被监护人的年龄和智力状况,尊重被监护人的真实意愿。

成年人的监护人履行监护职责,应当最大程度地尊重被监护人的真实意愿,保障并协助被监护人实施与其智力、精神健康状况相适应的民事法律行为。对被监护人有能力独立处理的事务,监护人不得干涉。

Article 35　A guardian shall perform the duties of guardianship under the principle of maximizing the best interest of the ward. The guardian shall not dispose of the ward's property unless it is for safeguarding the ward's interests.

The guardian of a minor shall, in performing the duties of guardianship, respect the ward's genuine will when making decisions related to the ward's interests pursuant to the ward's age and intelligence.

The guardian of an adult shall, in the performance of the duties of guardianship, respect the ward's genuine will to the fullest extent, safeguard and assist the ward in performing civil juristic conducts that are commensurate with the ward's intelligence and mental health. The guardian shall not interfere with any affairs that the ward is capable of handling alone.

§ 35　Der Vormund muss seine vormundschaftlichen Aufgaben nach dem Grundsatz des größten Nutzens für das Mündel erfüllen. Außer zur Wahrung der Interessen des Mündels darf der Vormund über das Vermögen des Mündels nicht verfügen.

Der Vormund eines Minderjährigen muss, wenn er in Erfüllung seiner vormundschaftlichen Aufgaben eine Entscheidung trifft, die die Interessen des Mündels betrifft, dem Alter und dem Zustand der geistigen Fähigkeiten des Mündels entsprechend den wahren Willen des Mündels respektieren.

Der Vormund eines Volljährigen muss bei der Erfüllung seiner vormundschaftlichen Aufgaben im höchsten Maße den wahren Willen des Mündels respektieren sowie gewährleisten und unterstützen, dass der Mündel seinen geistigen Fähigkeiten und dem Zustand seiner geistigen Gesundheit entsprechende Rechtsgeschäfte vornimmt. In Angelegenheiten, die eigenständig zu erledigen das Mündel fähig ist, darf sich der Vormund nicht einmischen.

第三十六条 监护人有下列情形之一的,人民法院根据有关个人或者组织的申请,撤销其监护人资格,安排必要的临时监护措施,并按照最有利于被监护人的原则依法指定监护人:

(一)实施严重损害被监护人身心健康的行为;

(二)怠于履行监护职责,或者无法履行监护职责且拒绝将监护职责部分或者全部委托给他人,导致被监护人处于危困状态;

(三)实施严重侵害被监护人合法权益的其他行为。

本条规定的有关个人、组织包括:其他依法具有监护资格的人,居民委员会、村民委员会、学校、医疗机构、妇女联合会、

残疾人联合会、未成年人保护组织、依法设立的老年人组织、民政部门等。

前款规定的个人和民政部门以外的组织未及时向人民法院申请撤销监护人资格的,民政部门应当向人民法院申请。

Article 36 Where a guardian falls under any of the following circumstances, the competent people's court shall, upon application of the relevant individual or organization, disqualify the guardian, arrange necessary provisional guardianship measures, and designate another guardian pursuant to the law under the principle of most benefiting the ward:

(1) committing any conduct seriously detrimental to the ward's physical and mental health;

(2) being slack in performing the duties of guardianship, or being incapable of performing the duties of guardianship but refusing to delegate part or all of the duties of guardianship to another person, which causes distress of the ward; or

(3) otherwise seriously infringing upon the ward's lawful rights and interests.

For the purposes of this Article, the relevant individuals and organizations include but are not limited to any other person legally qualified for guardianship, urban residents' committees, villagers' committees, schools, medical institutions, women's federations, disabled persons' federations, organizations for the protection of minors, organizations legally established for the elderly, and civil affairs departments.

Where the individuals and organizations except the civil affairs department as prescribed in the preceding paragraph fail to

apply for the disqualification of the guardian to the competent people's court in a timely manner, the civil affairs department shall file such an application to the competent people's court.

§ 36 Liegt bei einem Vormund einer der folgenden Umstände vor, hebt das Volksgericht auf Antrag einer betreffenden Einzelperson oder Organisation dessen Befähigung zum Vormund auf, arrangiert die notwendigen vorläufigen vormundschaftlichen Maßnahmen und bestellt gemäß dem Grundsatz des größten Nutzens für das Mündel nach dem Recht einen Vormund:

1. Handlungen, die die körperliche und/oder geistige Gesundheit des Mündels erheblich schädigen, werden vorgenommen;

2. die Erfüllung der vormundschaftlichen Aufgaben wird vernachlässigt oder die Erfüllung der vormundschaftlichen Aufgaben ist unmöglich und es wird verweigert, vollständig oder teilweise eine andere Person mit den vormundschaftlichen Aufgaben zu beauftragen, und dies führt dazu, dass sich das Mündel in einer gefährlichen und schwierigen Lage befindet;

3. andere Handlungen, die die legalen Rechte und Interessen des Mündels erheblich verletzen, werden vorgenommen.

Die in diesem Paragraphen bestimmten betreffenden Einzelpersonen und Organisationen umfassen andere Personen, die nach dem Recht die Befähigung zur Vormundschaft besitzen, Einwohnerkomitees, Dorfbewohnerkomitees, Lehranstalten, Gesundheitseinrichtungen, Frauenverbände, Behindertenverbände, Organisationen für den Schutz Minderjähriger, nach dem Recht errichtete Seniorenorganisationen und Behörden für Zivilangelegenheiten.

Beantragen die im vorigen Absatz bestimmten Einzelpersonen oder Organisationen außer der Behörde für Zivilangelegenheiten nicht unverzüglich beim Volksgericht die Aufhebung der Befähigung zum Vormund, muss die Behörde für Zivilangelegenheiten dies beim Volksgericht beantragen.

第三十七条 依法负担被监护人抚养费、赡养费、扶养费的父母、子女、配偶等，被人民法院撤销监护人资格后，应当继续履行负担的义务。

Article 37 Parents, children, and spouse of a ward who support the ward in the form of child support, support for an elderly parent, or spousal support pursuant to the law shall continue to perform such obligations after they are disqualified by the competent people's court as guardian thereof.

§ 37 Eltern, Kinder oder Ehegatten, die nach dem Recht Kindesunterhalt, Elternunterhalt oder Ehegattenunterhalt für das Mündel tragen, müssen die Erfüllung der Unterhaltspflicht fortsetzen, nachdem ihre Befähigung zum Vormund vom Volksgericht aufgehoben wurde.

第三十八条 被监护人的父母或者子女被人民法院撤销监护人资格后，除对被监护人实施故意犯罪的外，确有悔改表现的，经其申请，人民法院可以在尊重被监护人真实意愿的前提下，视情况恢复其监护人资格，人民法院指定的监护人与被监护人的监护关系同时终止。

Article 38 Where the ward's parent or child shows true re-

pentance after being disqualified from guardianship by the competent people's court, except one having committed an intentional crime on the ward, the competent people's court may, by respecting the ward's genuine will and pursuant to the circumstances, reinstate his or her guardianship upon his or her application, and the guardianship between the guardian designated by the competent people's court and the ward shall terminate concurrently.

§ 38 Nachdem die Befähigung der Eltern oder Kinder zum Vormund des Mündels vom Volksgericht aufgehoben wurde, außer wenn gegenüber dem Mündel eine vorsätzliche Straftat begangen wurde, kann das Volksgericht, wenn der ursprüngliche Vormund seine Reue tatsachlich zum Ausdruck bringt, auf dessen Antrag, unter der Bedingung, dass der wahre Willen des Mündels respektiert wird, und nach den Umständen dessen Befähigung zum Vormund wiederherstellen; das Vormundschaftsverhältnis zwischen dem vom Volksgericht bestellten Vormund und dem Mündel endet gleichzeitig.

第三十九条 有下列情形之一的,监护关系终止:
(一)被监护人取得或者恢复完全民事行为能力;
(二)监护人丧失监护能力;
(三)被监护人或者监护人死亡;
(四)人民法院认定监护关系终止的其他情形。
监护关系终止后,被监护人仍然需要监护的,应当依法另行确定监护人。

Article 39 Under any of the following circumstances, the

guardianship shall terminate:

(1) where the ward obtains or regains full capacity for civil conduct;

(2) where the guardian becomes incapable of the guardianship;

(3) where the ward or the guardian dies;

(4) where the guardian is otherwise terminated as is determined by the competent people's court.

After the guardianship terminates, if the ward still needs guardianship, another guardian shall be identified pursuant to the law.

§ 39 Liegt einer der folgenden Umstände vor, endet das Vormundschaftsverhältnis:

1. Das Mündel erlangt seine vollständige Zivilgeschäftsfähigkeit oder diese wird wiederhergestellt;

2. der Vormund verliert die Vormundschaftsfähigkeit;

3. das Mündel oder der Vormund stirbt;

4. das Volksgericht stellt andere Umstände der Beendigung des Vormundschaftsverhältnisses fest.

Benötigt das Mündel nach Beendigung der Vormundschaftsbeziehung weiterhin eine Vormundschaft, muss nach dem Recht ein anderer Vormund festgelegt werden.

第三节　宣告失踪和宣告死亡
Section 3　Declaration of Missing Persons and Declaration of Death
3. Unterkapitel: Verschollenheitserklärung und Todeserklärung

第四十条　自然人下落不明满二年的,利害关系人可以向人民法院申请宣告该自然人为失踪人。

Article 40　Where the whereabouts of a natural person remains unknown for two years, an interested party may apply to the competent people's court to declare the natural person as missing.

§ 40　Ist der Verbleib einer natürlichen Person seit vollen zwei Jahren unklar, kann ein Interessierter beim Volksgericht beantragen, dass diese natürliche Person zum Verschollenen erklärt wird.

第四十一条　自然人下落不明的时间自其失去音讯之日起计算。战争期间下落不明的,下落不明的时间自战争结束之日或者有关机关确定的下落不明之日起计算。

Article 41　The period of time in which the whereabouts of a natural person remains unknown shall commence as of the day when he or she is out of contact. If a person disappears during a war, the period of time in which the person's whereabouts remains unknown shall commence as of the date when the war ends or from the date when the person's whereabouts becomes as is determined by the relevant authorities.

§ 41　Die Zeit des unklaren Verbleibs einer natürlichen Per-

son wird vom Tag des Abbruchs des Kontakts mit ihr an berechnet. Wird der Verbleib in Kriegszeiten unklar, wird die Zeit des unklaren Verbleibs ab dem Tag des Kriegsendes oder dem von der zuständigen Behörde festgelegten Tag des unklaren Verbleibs berechnet.

第四十二条 失踪人的财产由其配偶、成年子女、父母或者其他愿意担任财产代管人的人代管。

代管有争议，没有前款规定的人，或者前款规定的人无代管能力的，由人民法院指定的人代管。

Article 42 The property of a missing person shall be under the custody of the spouse, adult children and parents thereof, or any other person willing to act as custodian of the property.

If there is any dispute over custody or the persons as mentioned in the preceding paragraph do not exist or are incapable of such custody, the property shall be under the custody of a person designated by the competent people's court.

§ 42 Das Vermögen des Verschollenen wird von seinem Ehepartner, volljährigen Kindern, Eltern oder anderen Personen, die als Vermogensverwalter fungieren wollen, verwaltet.

Bei Streit über die Verwaltung, wenn es keine der im vorigen Absatz bestimmten Personen gibt oder wenn die im vorigen Absatz bestimmten Personen nicht die Fähigkeit zur Verwaltung haben, wird das Vermögen von einer vom Volksgericht bestellten Person verwaltet.

第四十三条 财产代管人应当妥善管理失踪人的财产,维护其财产权益。

失踪人所欠税款、债务和应付的其他费用,由财产代管人从失踪人的财产中支付。

财产代管人因故意或者重大过失造成失踪人财产损失的,应当承担赔偿责任。

Article 43 The property custodian shall appropriately manage the missing person's property, and protect the property rights and interests of the missing person.

Any and all taxes and debts owed and other expenses payable by the missing person shall be paid by the property custodian out of the missing person's property.

Where the property custodian causes any damage to the missing person's property intentionally or through any gross negligence, the custodian shall be liable for compensation.

§ 43 Der Vermögensverwalter muss das Vermögen des Verschollenen zweckmäßig verwalten und seine Vermögensrechte und Interessen wahren.

Die vom Verschollenen geschuldeten Steuern, Verbindlichkeiten und sonstigen zu zahlenden Ausgaben werden vom Vermögensverwalter aus dem Vermögen des Verschollenen bezahlt.

Schädigt der Vermögensverwalter vorsätzlich oder grob fahrlässig das Vermögen des Verschollenen, muss er die Haftung auf Schadensersatz übernehmen.

第四十四条　财产代管人不履行代管职责、侵害失踪人财产权益或者丧失代管能力的,失踪人的利害关系人可以向人民法院申请变更财产代管人。

财产代管人有正当理由的,可以向人民法院申请变更财产代管人。

人民法院变更财产代管人的,变更后的财产代管人有权请求原财产代管人及时移交有关财产并报告财产代管情况。

Article 44　Where the property custodian fails to perform the duties of custody, infringes upon the missing person's property rights and interests, or becomes incapable of custody, an interested party of the missing person may apply to the competent people's court for replacement of the property custodian.

The property custodian may, on the ground of any justifiable reason, apply to the competent people's court for replacement of the property custodian.

Where the competent people's court decides to replace the property custodian, the replaced custodian shall have the right to request the original custodian to hand over relevant property and report on property custody in a timely manner.

§44　In dem Fall, dass der Vermögensverwalter die Amtspflichten der Verwaltung nicht erfüllt, die Vermögensrechte und Interessen des Verschollenen verletzt oder die Fähigkeit zur Verwaltung verliert, können Interessierte des Verschollenen beim Volksgericht die Auswechslung des Vermögensverwalters beantragen.

Hat der Vermögensverwalter einen rechtfertigenden Grund, kann er beim Volksgericht die Auswechslung des Vermögensverwalters beantragen.

Tauscht das Volksgericht den Vermögensverwalter aus, ist der neue Vermögensverwalter berechtigt, vom ursprünglichen Vermögensverwalter zu verlangen, unverzüglich das betreffende Vermögen zu übergeben und über die Situation der Vermögensverwaltung zu berichten.

第四十五条 失踪人重新出现,经本人或者利害关系人申请,人民法院应当撤销失踪宣告。

失踪人重新出现,有权请求财产代管人及时移交有关财产并报告财产代管情况。

Article 45 Where a missing person reappears, the competent people's court shall revoke the declaration of the person as missing upon application by the person or an interested party.

Where a missing person reappears, the person shall have the right to request the property custodian to hand over relevant property and report on property custody in a timely manner.

§ 45 Taucht der Verschollene wieder auf, muss das Volksgericht auf Antrag des Betroffenen oder eines Interessierten die Verschollenheitserklärung aufheben.

Taucht der Verschollene wieder auf, ist er berechtigt, vom Vermogensverwalter zu verlangen, unverzüglich das betreffende Vermögen zu übergeben und über die Situation der Vermögensverwaltung zu berichten.

第四十六条 自然人有下列情形之一的,利害关系人可以向人民法院申请宣告该自然人死亡:

(一)下落不明满四年;

(二)因意外事件,下落不明满二年。

因意外事件下落不明,经有关机关证明该自然人不可能生存的,申请宣告死亡不受二年时间的限制。

Article 46 Where a natural person falls under any of the following circumstances, an interested party may apply to the competent people's court for a declaration of death of the natural person:

(1) the whereabouts of the natural person has been unknown for four years;

(2) the natural person's whereabouts have been unknown for two years due to any unexpected accident.

Where a person's whereabouts becomes unknown due to any unexpected accident, and it is impossible for the person to survive the accident as is certified by the relevant authority, an application for the declaration of death of the person is not subject to the two-year period.

§ 46 Liegt bei einer natürlichen Person einer der folgenden Umstände vor, kann ein Interessierter beim Volksgericht beantragen, dass diese natürliche Person für tot erklärt wird:

1. Der Verbleib ist seit vollen vier Jahren unklar;

2. aufgrund eines unvorhergesehenen Ereignisses ist der Verbleib seit vollen zwei Jahren unklar.

Ist der Verbleib aufgrund eines unvorhergesehenen Ereignisses unklar und von der zuständigen Behörde bewiesen wurde, dass ein Überleben dieser natürlichen Person nicht möglich ist, gilt für die Beantragung der Todeserklärung nicht die zeitliche Beschränkung von zwei Jahren.

第四十七条 对同一自然人,有的利害关系人申请宣告死亡,有的利害关系人申请宣告失踪,符合本法规定的宣告死亡条件的,人民法院应当宣告死亡。

Article 47 Where for the same natural person, if one interested party applies for declaration of death of the person while some other interested party applies for declaration of the person as missing, and the conditions for declaration of death stipulated in this Law are satisfied, the competent people's court shall declare the death of the such person.

§ 47 Wird hinsichtlich derselben natürlichen Person von einigen Interessierten die Todeserklärung und von einigen anderen Interessierten die Verschollenheitserklärung beantragt, muss das Volksgericht diese natürliche Person für tot erklären, wenn die Voraussetzungen für die Todeserklärung vorliegen.

第四十八条 被宣告死亡的人,人民法院宣告死亡的判决作出之日视为其死亡的日期;因意外事件下落不明宣告死亡的,意外事件发生之日视为其死亡的日期。

Article 48 For a person who is declared as dead, the date of the judgment of the competent people's court declaring death thereof shall be deemed as the date of death of such person. If a person is declared dead because the person's whereabouts becomes unknown due to an unexpected accident, the date of the accident shall be deemed as the date of death of such person.

§ 48 Bei einer für tot erklärten Person gilt als deren Todestag der Tag, an dem das Volksgericht das Urteil über die Todeserklärung erlassen hat; wurde eine Person, deren Verbleib aufgrund eines unvorhergesehenen Ereignisses unklar ist, für tot erklärt, so gilt als ihr Todestag der Tag, an dem das unvorhergesehene Ereignis stattgefunden hat.

第四十九条 自然人被宣告死亡但是并未死亡的，不影响该自然人在被宣告死亡期间实施的民事法律行为的效力。

Article 49 Where a natural person that is declared dead is actually alive, the validity of the civil juristic conducts performed by the natural person during the period when he or she is declared as dead shall not be affected.

§ 49 Wurde eine natürliche Person für tot erklärt, aber war sie nicht verstorben, beeinflusst dies nicht die Wirksamkeit von Rechtsgeschäften, die diese natürliche Person während des Zeitraums der Todeserklärung vorgenommen hat.

第五十条 被宣告死亡的人重新出现，经本人或者利害关系人申请，人民法院应当撤销死亡宣告。

Article 50 Where a person declared dead reappears, the competent people's court shall revoke the declaration of death upon application of the person or an interested party thereof.

§ 50 Taucht eine für tot erklärte Person wieder auf, muss das Volksgericht auf Antrag des Betroffenen oder eines Interessierten die Todeserklärung aufheben.

第五十一条 被宣告死亡的人的婚姻关系,自死亡宣告之日起消除。死亡宣告被撤销的,婚姻关系自撤销死亡宣告之日起自行恢复。但是,其配偶再婚或者向婚姻登记机关书面声明不愿意恢复的除外。

Article 51 The marital relationship of a person declared dead shall cease as of the date of the declaration of death thereof. If the declaration of death thereof is revoked, the marital relationship shall resume automatically from the date of revocation of the declaration of death, unless his or her spouse has remarried or submits to the marriage registration authority a written statement of refusal to resume marriage.

§ 51 Der Ehebund einer für tot erklärten Person erlischt mit dem Tag der Todeserklärung. Wird die Todeserklärung aufgehoben, wird der Ehebund vom Tag der Aufhebung der Todeserklärung an automatisch wiederhergestellt. es sei denn, ihr Ehepartner hat erneut geheiratet oder erklärt schriftlich gegenüber der Eheregisterbehörde, dass sie die Wiederherstellung nicht wünscht.

第五十二条 被宣告死亡的人在被宣告死亡期间,其子女被他人依法收养的,在死亡宣告被撤销后,不得以未经本人同意为由主张收养行为无效。

Article 52 Where a child of a person declared dead is legally adopted by another person during the period of his or her declared death, the person shall not claim nullity of the adoption on the ground that the adoption is without his or her approval after the declaration of death is revoked.

§ 52　Wurde das Kind einer für tot erklärten Person während des Zeitraums der Todeserklärung von einem Anderen nach dem Recht adoptiert, darf nach der Aufhebung der Todeserklärung nicht aus dem Grund, dass die Adoption ohne das Einverständnis des Betroffenen vorgenommen wurde, geltend gemacht werden, die Adoptionsbeziehung sei unwirksam.

第五十三条　被撤销死亡宣告的人有权请求依照本法第六编取得其财产的民事主体返还财产；无法返还的，应当给予适当补偿。

利害关系人隐瞒真实情况，致使他人被宣告死亡而取得其财产的，除应当返还财产外，还应当对由此造成的损失承担赔偿责任。

Article 53　Where the declaration of death of a person is revoked, the person shall have the right to reclaim his or her property which has devolved to otherparty to civil affairs pursuant to Book Six of this Code. If any property cannot be reclaimed, the person shall be indemnified appropriately.

Where an interested party conceals facts, causing another person to be declared dead, and thus obtains any property of the person, the interested party shall, in addition to returning the property, assume compensatory liability for any loss so caused.

§ 53 Eine Person, deren Todeserklärung aufgehoben wurde, ist berechtigt zu verlangen, dass ein Zivilrechtssubjekt, das gemäß dem sechsten Buch dieses Gesetzes ihr Vermögen erlangt hat, das Vermögen zurückgibt. Kann es nicht zurückgeben werden, muss es einen angemessenen Ausgleich leisten.

Hat ein Interessierter die wahre Situation verheimlicht, so dass eine andere Person für tot erklärt wurde und der Interessierte deren Vermögen erlangt hat, muss er neben der Rückgabe des Vermögens auch für den hierdurch verursachten Schaden die Haftung auf Schadensersatz übernehmen.

第四节 个体工商户和农村承包经营户
Section 4　Self-employed Industrial and Commercial Households and Rural Land Contracting and Operating Households
4. Unterkapitel: Einzelgewerbetreibende und ländliche Übernahmebetreiber

第五十四条 自然人从事工商业经营,经依法登记,为个体工商户。个体工商户可以起字号。

Article 54　A natural person conducting industrial and commercial operations upon registrationpursuant to the law shall be a self-employed industrial and commercial household. A self-employed industrial and commercial household may have a trade name.

§ 54 Eine natürliche Person, die ein Industrie- und Handelsgewerbe betreibt, ist mit Eintragung nach dem Recht ein Einzelgewerbetreibender. Ein Einzelgewerbetreibender kann eine

Geschäftsbezeichnung verwenden.

第五十五条 农村集体经济组织的成员,依法取得农村土地承包经营权,从事家庭承包经营的,为农村承包经营户。

Article 55 A member of a rural collective economic organization who has obtained the right to contract and operate rural land pursuant to the law and engage in household contractual operation shall be a rural household land contracting and operating household.

§ 55 Mitglieder einer ländlichen kollektiven Wirtschaftsorganisation, die das Recht zur übernommenen Bewirtschaftung von ländlichen Grundstücken nach dem Recht erlangt haben und als Familie die übernommene Bewirtschaftung betreiben, sind ländliche Übernahmebetreiber.

第五十六条 个体工商户的债务,个人经营的,以个人财产承担;家庭经营的,以家庭财产承担;无法区分的,以家庭财产承担。

农村承包经营户的债务,以从事农村土地承包经营的农户财产承担;事实上由农户部分成员经营的,以该部分成员的财产承担。

Article 56 Where the business of a self-employed industrial and commercial household is operated by an individual, the debts of the self-employed industrial and commercial household shall be assumed by the individual with his or her own property; where it is operated by a family, the debts of the self-employed industrial and commercial household shall be assumed by the family with the household property; or where if it is impossible to ascertain whether it is operated by an individual or the family thereof, the debts of the self-employed industrial and commercial household shall be assumed by the family with household property.

· The debts of a rural land-contracting and operating household shall be assumed by the rural household which contracts and operates rural land with its household property; where the it is actually operated by some members of the rural household, the debts shall be borne with the property of such members.

§ 56   Verbindlichkeiten eines Einzelgewerbetreibenden werden, wenn eine Einzelperson das Gewerbe betreibt, mit dem Vermögen der Einzelperson getragen; wird es von einer Familie betrieben, werden sie mit dem Familienvermögen getragen; kann dies nicht unterschieden werden, werden sie mit dem Familienvermögen getragen.

Verbindlichkeiten von ländlichen Übernahmebetreibern werden mit dem Vermögen des bäuerlichen Haushalts getragen, der die übernommene Bewirtschaftung von ländlichen Grundstücken betreibt; wird das Land tatsächlich von einem Teil der Mitglieder des bäuerlichen Haushalts bewirtschaftet, werden die Verbindlichkeiten mit dem Vermögen dieses Teils der Mitglieder getragen.

第三章　法人
Chapter III　Legal Persons
3. Kapitel：Juristische Personen

第一节　一般规定
Section 1　General Rules
1. Unterkapitel：Allgemeine Bestimmungen

第五十七条　法人是具有民事权利能力和民事行为能力，依法独立享有民事权利和承担民事义务的组织。

Article 57　A legal person is an organization with capacity for civil right and capacity for civil conduct, and independently enjoys civil rights and assumes civil obligations pursuant to the law.

§ 57　Eine juristische Person ist eine Organisation, die Zivilrechtsfähigkeit und Zivilgeschäftsfähigkeit besitzt und nach dem Recht eigenständig Zivilrechte genießt und zivile Pflichten trägt.

第五十八条　法人应当依法成立。
法人应当有自己的名称、组织机构、住所、财产或者经费。法人成立的具体条件和程序，依照法律、行政法规的规定。
设立法人，法律、行政法规规定须经有关机关批准的，依照其规定。

Article 58　A legal person shall be formed pursuant to the law.

A legal person shall have its own name, organizational structure, domicile, and property or funding. The specific conditions and procedures for formation of a legal person shall be governed by laws and administrative regulations.

Where the formation of a legal person is subject to the approval of the relevant authority pursuant to any law or administrative regulation, such law or administrative regulation shall apply.

§ 58　Eine juristische Person muss nach dem Recht zustande gekommen sein.

Eine juristische Person muss eine eigene Bezeichnung, Organisationsorgane, einen Sitz und Vermögen oder Mittel für Regelaufwendungen haben. Für die konkreten Voraussetzungen und Verfahren für das Zustandekommen einer juristischen Person gelten die Bestimmungen in Gesetzen und Verwaltungsrechtsnormen.

Bestimmen Gesetze oder Verwaltungsrechtsnormen, dass die Errichtung einer juristischen Person von den zuständigen Behörden genehmigt sein muss, gelten diese Bestimmungen.

第五十九条　法人的民事权利能力和民事行为能力,从法人成立时产生,到法人终止时消灭。

Article 59　A legal person's capacity for civil right and capacity for civil conduct arise when the legal person is formed and shall cease to exist when the legal person is terminated.

§ 59　Zivilrechtsfähigkeit und Zivilgeschäftsfähigkeit einer juristischen Person entstehen mit dem Zeitpunkt des Zustandekommens der juristischen Person und erlöschen mit der Beendigung der juristischen Person.

第六十条 法人以其全部财产独立承担民事责任。

Article 60　A legal person shall bear civil liabilities independently with all of its property.

§ 60　Eine juristische Person haftet mit ihrem gesamten Vermögen eigenständig zivilrechtlich.

第六十一条 依照法律或者法人章程的规定,代表法人从事民事活动的负责人,为法人的法定代表人。

法定代表人以法人名义从事的民事活动,其法律后果由法人承受。

法人章程或者法人权力机构对法定代表人代表权的限制,不得对抗善意相对人。

Article 61　Pursuant to the provisions of laws or the bylaws of a legal person, the person in charge of the legal who conducts civil activities on behalf of the legal person shall be the legal representative of the legal person.

The legal consequences of civil activities conducted by the legal representative in the name of the legal person shall be assumed by the legal person.

Any restriction on the legal representative's right of representation imposed by the bylaws or the supreme organ of the legal person shall not be set up against ang bona fide counterparty.

§ 61　Der Verantwortliche, der gemäß dem Gesetz oder der

Satzung der juristischen Person in Repräsentation der juristischen Person Zivilaktivitäten unternimmt, ist der gesetzliche Repräsentant der juristischen Person.

Unternimmt der gesetzliche Repräsentant im Namen der juristischen Person Zivilaktivitäten, werden deren Rechtsfolgen von der juristischen Person getragen.

Eine Beschränkung der Repräsentationsmacht des gesetzlichen Repräsentanten durch die Satzung der juristischen Person oder das Machtorgan der juristischen Person darf einem gutgläubigen Gegenüber nicht entgegengehalten werden.

第六十二条 法定代表人因执行职务造成他人损害的,由法人承担民事责任。

法人承担民事责任后,依照法律或者法人章程的规定,可以向有过错的法定代表人追偿。

Article 62 Where the legal representative of a legal person causes any damage to any other person in the performance of duties, the legal person shall bear civil liabilities for such damage.

The legal person may, after assuming such civil liabilities, recover compensation from the legal representative at fault pursuant to the laws or the legal person's bylaws.

§ 62 Verursacht der gesetzliche Repräsentant wegen der Ausführung von Amtsaufgaben eine Schädigung eines anderen, haftet die juristische Person zivilrechtlich.

Nachdem die juristische Person zivilrechtlich gehaftet hat, kann sie gemäß dem Gesetz oder der Satzung der juristischen

Person den schuldhaft handelnden gesetzlichen Repräsentanten in Rückgriff nehmen.

第六十三条 法人以其主要办事机构所在地为住所。依法需要办理法人登记的，应当将主要办事机构所在地登记为住所。

Article 63 A legal person's domicile shall be the place of its principal office. If a legal person needs to be registered pursuant to the law, it shall register the place of its principal office as its domicile.

§ 63 Sitz einer juristischen Person ist der Belegenheitsort ihres Hauptverwaltungsorgans. Ist es nach dem Gesetz notwendig, eine Eintragung der juristischen Person vorzunehmen, muss als Sitz der Belegenheitsort des Hauptverwaltungsorgans eingetragen werden.

第六十四条 法人存续期间登记事项发生变化的，应当依法向登记机关申请变更登记。

Article 64 Where any registered information on a legal person changes during its existence, the legal person shall apply for modification registration to the registration authority pursuant to the law.

§ 64 Treten während des Bestehens einer juristischen Person Änderungen im Hinblick auf Eintragungsgegenstände ein, muss nach dem Recht bei der Registerbehörde eine Änderungseintragung beantragt werden.

第六十五条 法人的实际情况与登记的事项不一致的,不得对抗善意相对人。

Article 65　The inconsistency between the actual circumstances of a legal person and the registered information on the legal person shall not be used against any bona fide counterparty.

§ 65　Ist die tatsächliche Situation einer juristischen Person nicht identisch mit den eingetragenen Gegenständen, darf dies nicht einem gutgläubigen Gegenüber entgegengehalten werden.

第六十六条 登记机关应当依法及时公示法人登记的有关信息。

Article 66　The registration authority shall, pursuant to the law, publish the relevant registration information on a legal person in a timely manner.

§ 66　Die Registerbehörde muss Informationen, welche die Eintragung der juristischen Person betreffen, nach dem Recht unverzüglich bekannt geben.

第六十七条 法人合并的,其权利和义务由合并后的法人享有和承担。
法人分立的,其权利和义务由分立后的法人享有连带债权,承担连带债务,但是债权人和债务人另有约定的除外。

Article 67　In case of merger of legal persons, the surviving legal person shall enjoy the rights and assume the obligations of the legal person.

Where a legal person is divided, the rights and obligations thereof shall be jointly and severally claimed and assumed by the legal persons emerging after the division, unless it is otherwise agreed by the creditors and debtors.

§ 67 Vereinigen sich juristische Personen, werden deren Rechte und Pflichten von der juristischen Person nach der Vereinigung genossen und getragen.

Spaltet sich eine juristische Person, genießen die juristischen Personen nach der Spaltung deren Rechte in Gesamtgläubigerschaft und tragen deren Pflichten als Gesamtschuld, es sei denn, dass Gläubiger und Schuldner etwas anderes vereinbart haben.

第六十八条 有下列原因之一并依法完成清算、注销登记的,法人终止:

(一)法人解散;

(二)法人被宣告破产;

(三)法律规定的其他原因。

法人终止,法律、行政法规规定须经有关机关批准的,依照其规定。

Article 68 A legal person is terminated upon completion of liquidation and de-registration pursuant to the law for any of the following reasons:

(1) the legal person is dissolved;

(2) the legal person is declared bankrupt; or

(3) any other reason specified by laws.

Where the termination of a legal person is subject to the approval of the relevant authority pursuant to any law or administrative regulation, such law or administrative regulation shall prevail.

§ 68 Liegt einer der folgenden Umstände vor und wurde nach dem Recht die Abwicklung und Löschung der Eintragung der juristischen Person vollendet, endet die juristische Person:

1. Die juristische Person wurde aufgelöst;
2. der Konkurs der juristischen Person wurde erklärt;
3. andere gesetzlich bestimmte Gründe.

Bestimmen Gesetze oder Verwaltungsrechtsnormen, dass die Beendigung einer juristischen Person von der betreffenden Behörde genehmigt sein muss, gelten diese Bestimmungen.

第六十九条 有下列情形之一的,法人解散：

(一)法人章程规定的存续期间届满或者法人章程规定的其他解散事由出现;

(二)法人的权力机构决议解散;

(三)因法人合并或者分立需要解散;

(四)法人依法被吊销营业执照、登记证书,被责令关闭或者被撤销;

(五)法律规定的其他情形。

Article 69 A legal person shall be dissolved under any of the following circumstances:

(1) the duration stipulated in the articles of association of the legal person expires or other reasons for dissolution stipulated in the articles of association of the legal person occur;

(2) the authority of the legal person decides to dissolve it;

(3) the legal person needs to be dissoved due to merger or division;

(4) the legal person's business license or registration certificate is revoked pursuant to the law, or the legal person is ordered to close down or is abolished; or

(5) any other circumstances specified by laws.

§ 69　Liegt einer der folgenden Umstände vor, wird eine juristische Person aufgelöst:

1. Die in der Satzung der juristischen Person bestimmte Dauer des Bestehens ist abgelaufen oder ein anderer in der Satzung der juristischen Person bestimmter Auflösungsgrund ist eingetreten;

2. das Machtorgan der juristischen Person beschließt die Auflösung;

3. wegen der Vereinigung oder Spaltung der juristischen Person ist die Auflösung notwendig;

4. der juristischen Person wird nach dem Recht der Gewerbeschein oder die Eintragungsurkunde entzogen, ihre Schließung wird angeordnet oder sie wird aufgehoben;

5. andere gesetzlich bestimmte Umstände.

第七十条　法人解散的,除合并或者分立的情形外,清算义务人应当及时组成清算组进行清算。

法人的董事、理事等执行机构或者决策机构的成员为清算义务人。法律、行政法规另有规定的,依照其规定。

清算义务人未及时履行清算义务,造成损害的,应当承担民事责任;主管机关或者利害关系人可以申请人民法院指定有关人员组成清算组进行清算。

Article 70 Where a legal person is dissolved, except for merger or division, the liquidation obligors shall form a liquidation group to conduct liquidation in a timely manner.

The members of a legal person's executive body or decision-making organ, such as directors or council members, shall be liquidation obligors, except as otherwise provided for by any law or administrative regulation.

Where the liquidation obligors fail to fulfill their liquidation obligations in a timely manner and thereby cause any damage, they shall bear civil liabilities; and the competent authority or an interested party may apply to the competent people's court for designating relevant persons to form a liquidation group to conduct liquidation.

§ 70 Wird eine juristische Person aufgrund anderer Umstände als einer Spaltung oder Vereinigung aufgelöst, müssen die zur Abwicklung Verpflichteten unverzüglich eine Abwicklungsgruppe bilden und die Abwicklung durchführen.

Die Mitglieder des Exekutivorgans oder des Entscheidungsorgans der juristischen Person wie etwa Vorstands oder Direktoriums sind die zur Abwicklung Verpflichteten. Enthalten Gesetze oder Verwaltungsrechtsnormen anderweitige Bestimmungen, gelten diese Bestimmungen.

Führen die zur Abwicklung Verpflichteten die Abwicklungspflicht nicht unverzüglich aus, haften sie zivilrechtlich für hierdurch herbeigeführte Schäden; die zuständige Behörde oder Interessierte können beantragen, dass das Volksgericht betreffende

Personen als Mitglieder der Abwicklungsgruppe zur Durchführung der Abwicklung bestellen.

第七十一条 法人的清算程序和清算组职权，依照有关法律的规定；没有规定的，参照适用公司法律的有关规定。

Article 71 The liquidation procedures and the powers of the liquidation group of a legal person shall be governed by the provisions of relevant laws; and if there are no such provisions, the relevant provisions of the company's laws shall apply *mutatis mutandis*.

§71 Das Abwicklungsverfahren und die Amtsbefugnisse der Abwicklungsgruppe bei juristischen Personen, richten sich nach den betreffenden gesetzlichen Bestimmungen; gibt es keine Bestimmungen, werden die einschlägigen Bestimmungen der Gesetze im Gesellschaftsrecht entsprechend angewandt.

第七十二条 清算期间法人存续，但是不得从事与清算无关的活动。

法人清算后的剩余财产，按照法人章程的规定或者法人权力机构的决议处理。法律另有规定的，依照其规定。

清算结束并完成法人注销登记时，法人终止；依法不需要办理法人登记的，清算结束时，法人终止。

Article 72 In the course of liquidation, a legal person continues to exist, but shall not conduct any activity irrelevant to liquidation.

The residual property left after the legal person is liquidated shall be dealt with pursuant to the provisions of the legal person's bylaws or the resolution of the legal person's supreme organ, except as otherwise provided for by any law.

The legal person shall be terminated upon completion of liquidation and de-registration of the legal person; or if the law does not require the legal person to be registered, the legal person is terminated upon completion of liquidation.

§ 72 Während des Abwicklungszeitraums besteht die juristische Person fort, sie darf jedoch keine Geschäfte tätigen, die nicht die Abwicklung betreffen.

Nach der Abwicklung der juristischen Person wird mit dem Restvermögen gemäß der Satzung der juristischen Person oder dem Beschluss des Machtorgans verfahren. Enthalten Gesetze anderweitige Bestimmungen, gelten diese Bestimmungen.

Ist die Abwicklung beendet und die Registrierung der Löschung der juristischen Person abgeschlossen, endet die juristische Person; ist für die juristische Person die Vornahme einer Registrierung nach dem Recht nicht erforderlich, endet die juristische Person mit der Beendigung der Abwicklung.

第七十三条 法人被宣告破产的,依法进行破产清算并完成法人注销登记时,法人终止。

Article 73 Where a legal person is declared bankrupt, it is terminated upon completion of bankruptcy liquidation and de-registration of the legal person pursuant to the law.

§ 73 Wurde der Konkurs einer juristischen Person erklärt, so ist die juristische Person beendet, wenn die Konkurs-abwicklung dem Recht gemäß durchgeführt wurde und die Registrierung der Löschung der juristischen Person vollendet ist.

第七十四条 法人可以依法设立分支机构。法律、行政法规规定分支机构应当登记的,依照其规定。

分支机构以自己的名义从事民事活动,产生的民事责任由法人承担;也可以先以该分支机构管理的财产承担,不足以承担的,由法人承担。

Article 74 A legal person may form branch offices pursuant to the law. If any law or administrative regulation requires the branch offices to be registered, such a law or administrative regulation shall apply.

Where a branch office of the legal person engages in civil activities in its own name, any civil liabilities arising therefrom shall be assumed by the legal person; but such civil liabilities may be assumed first with the property managed by the branch office and then by the legal person for any deficit.

§ 74 Juristische Personen können nach dem Recht Zweigstellen errichten. Bestimmen Gesetze oder Verwaltungsrechtsnormen, dass für Zweigstellen eine Registrierung vorgenommen werden muss, gelten diese Bestimmungen.

Tätigt eine Zweigstelle im eigenen Namen Zivilaktivitäten, so wird die daraus entstehende zivilrechtliche Haftung von der juristischen Person getragen; sie kann auch vorrangig mit dem von dieser Zweigstelle verwalteten Vermögen getragen werden; ist dieses nicht ausreichend, wird die juristische Person zur Tragung der

Haftung herangezogen.

第七十五条 设立人为设立法人从事的民事活动,其法律后果由法人承受;法人未成立的,其法律后果由设立人承受,设立人为二人以上的,享有连带债权,承担连带债务。

设立人为设立法人以自己的名义从事民事活动产生的民事责任,第三人有权选择请求法人或者设立人承担。

Article 75 The legal consequences of civil activities conducted by a promoter or promoters for the formation of a legal person shall be assumed by the legal person; but if the legal person fails to be formed, shall be assumed by the promoter or promoters, and in latter case, the two or more promoters shall jointly and severally enjoy rights and assume debts.

Where a promoter conducts civil activities in the name of the promoter for the formation of a legal person, a third party shall have the right to require the legal person or the promoter to bear civil liabilities arising therefrom.

§ 75 Tätigt ein Gründer Zivilaktivitäten zur Errichtung einer juristischen Person, werden deren rechtliche Folgen von der juristischen Person getragen; kommt die juristische Person nicht zustande, trägt der Gründer die rechtlichen Folgen; gibt es zwei oder mehr Gründer, genießen sie Rechte als Gesamtgläubiger und tragen Verbindlichkeiten als Gesamtschuldner.

Ergibt sich aus Zivilaktivitäten, die ein Gründer zur Errichtung einer juristischen Person im eigenen Namen tätigt, eine zivilrechtliche Haftung, ist der Dritte befugt, nach seiner Wahl zu verlangen, dass entweder die juristische Person oder der Gründer die Haftung trägt.

第二节 营利法人
Section 2　For-Profit Legal Persons
2. Unterkapitel: Gewinnorientierte juristische Personen

第七十六条 以取得利润并分配给股东等出资人为目的成立的法人,为营利法人。

营利法人包括有限责任公司、股份有限公司和其他企业法人等。

Article 76 A legal person formed for the purpose of making profits and distributing profits to its shareholders or other investors is a for-profit legal person.

For-profit legal persons include limited liability companies, joint stock limited companies, and other enterprise legal persons.

§ 76 Eine gewinnorientierte juristische Person ist eine juristische Person, die zu dem Zwecke gegründet worden ist, Gewinne zu erzielen und an ihre Gesellscahfter und anderen Investoren zu verteilen.

Zu den gewinnorientierten juristischen Personen zählen etwa die Gesellschaft mit beschränkter Haftung, die Aktiengesellschaft und andere juristische Unternehmenspersonen.

第七十七条　营利法人经依法登记成立。

Article 77　A for-profit legal person shall be formed upon registration pursuant to the law.

§ 77　Eine gewinnorientierte juristische Person kommt durch Registrierung gemäß dem Recht zustande.

第七十八条　依法设立的营利法人，由登记机关发给营利法人营业执照。营业执照签发日期为营利法人的成立日期。

Article 78　The registration authority shall issue a for-profit legal person business license to a for-profit legal person legally formed. The issue date of the business license shall be the date of formation of the for-profit legal person.

§ 78　Einer in rechtmäßiger Weise errichteten gewinnorientierten juristischen Person erteilt die Registerbehörde einen Gewerbeschein. Das Ausstellungsdatum des Gewerbescheins gilt als Datum des Zustandekommens der gewinnorientierten juristischen Person.

第七十九条　设立营利法人应当依法制定法人章程。

Article 79　For the formation of a for-profit legal person, the bylaws of the legal person shall be formulated pursuant to the law.

§ 79　Bei der Errichtung einer gewinnorientierten juristischen Person muss eine Satzung für die juristische Person festgelegt werden.

第八十条　营利法人应当设权力机构。

权力机构行使修改法人章程,选举或者更换执行机构、监督机构成员,以及法人章程规定的其他职权。

Article 80　A for-profit legal person shall have a power organ.

The power organ exercises the powers of amending the bylaws of the legal person and electing or replacing members of the executive body and supervisory organ, as well as other powers stated in the bylaws of the legal person.

§ 80　Eine gewinnorientierte juristische Person muss ein Machtorgan errichten.

Das Machtorgan übt die Befugnis aus, die Satzung der juristischen Person zu ändern, die Mitglieder des Exekutivorgans oder des Überwachungsorgans auszuwählen oder auszutauschen, sowie andere ihm in der Satzung der juristischen Person eingeräumte Befugnisse.

第八十一条　营利法人应当设执行机构。

执行机构行使召集权力机构会议,决定法人的经营计划和投资方案,决定法人内部管理机构的设置,以及法人章程规定的其他职权。

执行机构为董事会或者执行董事的,董事长、执行董事或者经理按照法人章程的规定担任法定代表人;未设董事会或者执行董事的,法人章程规定的主要负责人为其执行机构和法定代表人。

Article 81　A for-profit legal person shall have an executive body.

The executive body exercises the powers of convening the meetings of the powe organ, deciding the legal person's business plans and investment proposals, and deciding the internal management structure of the legal person and other powers stated in the bylaws of the legal person.

Where the executive body is the board of directors or is an executive director, the chairman of the board of directors, the executive director, or a manager shall serve as the legal representative pursuant to the provisions of the bylaws of the legal person; or where the legal person has no board of directors or executive director, the primary person in charge stated in the bylaws of the legal person shall be the executive body and legal representative of the legal person.

§ 81 Eine gewinnorientierte juristische Person muss ein Exekutivorgan errichten.

Das Exekutivorgan übt die Befugnis aus, die Versammlung des Machtorgans einzuberufen, über die Geschäftsplanung und das Investitionskonzept zu entscheiden, über die Einrichtung eines internen Verwaltungsorgans der juristischen Person zu entscheiden, sowie andere ihm in der Satzung der juristischen Person eingeräumte Amtsbefugnisse.

Sind der Vorstand oder der geschäftsführende Vorstand das Exekutivorgan, fungiert gemäß den Bestimmungen der Satzung der juristischen Person der Vorstandsvorsitzende, der geschäftsführende Vorstand oder ein Manager als gesetzlicher Repräsentant; ist noch kein Vorstand oder geschäftsführender Vorstand aufgestellt, fungiert der in der Satzung festgelegte Hauptverantwortliche als Exekutivorgan und gesetzlicher Repräsentant.

第八十二条 营利法人设监事会或者监事等监督机构的,监督机构依法行使检查法人财务,监督执行机构成员、高级管理人员执行法人职务的行为,以及法人章程规定的其他职权。

Article 82 Where a for-profit legal person has a supervisory organ such as the board of supervisors or a supervisor, the supervisory organ shall, pursuant to the law, exercise the powers of inspecting the legal person's financial affairs and overseeing the performance of duties by the members of the executive body and the senior executives of the legal person and the powers stated in the bylaws of the legal person.

§ 82 Hat die gewinnorientierte juristische Person ein Überwachungsorgan wie Aufsichtsrat oder Aufseher eingerichtet, übt das Überwachungsorgan gemäß dem Recht die Befugnis aus, die Finanzen zu kontrollieren, das Verhalten der Mitglieder des Exekutivorgans und des hochrangigen Leitungspersonals bei Ausübung der Dienstpflichten zu überwachen, sowie andere ihm in der Satzung der juristischen Person eingeräumte Befugnisse.

第八十三条 营利法人的出资人不得滥用出资人权利损害法人或者其他出资人的利益;滥用出资人权利造成法人或者其他出资人损失的,应当依法承担民事责任。

营利法人的出资人不得滥用法人独立地位和出资人有限

责任损害法人债权人的利益；滥用法人独立地位和出资人有限责任，逃避债务，严重损害法人债权人的利益的，应当对法人债务承担连带责任。

Article 83 The investor of a for-profit legal person shall not abuse the rights as an investor to damage the interests of the legal person or other investors. If the abuse of the rights of the investor causes losses to the legal person or any other investor, the investor shall bear civil liabilities pursuant to the law.

An investor of a for-profit legal person shall not damage the interests of a creditor of the legal person by abusing the independent status of the legal person and the limited liability of the investor. If the investor abuses the legal person's independent status or the investor's limited liability to evade debts, causing serious damage to the interests of a creditor of the legal person, the investor shall be jointly and severally liable for the legal person's debts.

§ 83 Investoren einer gewinnorientierten juristischen Person dürfen nicht die Interessen der juristischen Person oder anderer Investoren schädigen, indem sie ihre Investorenrechte missbrauchen. Wer durch Missbrauch von Investorenrechten der juristischen Person oder anderen Investoren einen Schaden verursacht, muss nach dem Recht die zivilrechtliche Haftung übernehmen.

Investoren einer gewinnorientierten juristischen Person dürfen nicht die Interessen der Gläubiger der juristischen Person schädigen, indem sie die unabhängige Stellung der juristischen Person und die begrenzte Haftung der Investoren missbrauchen. Wer sich Verbindlichkeiten entzieht und die Interessen der

Gläubiger der juristischen Person schwerwiegend schädigt, indem er die unabhängige Stellung der juristischen Person und die begrenzte Haftung der Investoren missbraucht, muss gesamtschuldnerisch für die Schulden der juristischen Person haften.

第八十四条　营利法人的控股出资人、实际控制人、董事、监事、高级管理人员不得利用其关联关系损害法人的利益；利用关联关系造成法人损失的，应当承担赔偿责任。

Article 84　The controlling investor, actual controller, directors, supervisors, and senior executives of a for-profit legal person shall not damage the interests of the legal person through affiliations. One that causes damage to the legal person through affiliations shall assume compensatory liability.

§ 84　Der beherrschende Investor einer gewinnorientierten juristischen Person, derjenige, der eine solche tatsächlich kontrolliert, ein Vorstandsmitglied, Aufsichtsratsmitglied oder hochrangiges Leitungspersonal darf nicht unter Nutzung seiner Verbindungen die Interessen der juristischen Person schädigen. Wer unter Nutzung seiner Verbindungen der juristischen Person einen Schaden verursacht, muss auf Schadensersatz haften.

第八十五条　营利法人的权力机构、执行机构作出决议的会议召集程序、表决方式违反法律、行政法规、法人章程，或者决议内容违反法人章程的，营利法人的出资人可以请求人民法院撤销该决议。但是，营利法人依据该决议与善意相对人形成的民事法律关系不受影响。

Article 85　Where a for-profit legal person's power organ or executive body adopts a resolution under a convening procedure or in a voting mode that violates any law or administrative regulation or the bylaws of the legal person or any content of the resolution violates the bylaws of the legal person, an investor of the for-profit legal person may request the competent people's court to revoke the resolution, without prejudice to the civil legal relations formed between the for-profit legal person and bona fide counterpartys based on such a resolution.

§ 85　Verstößt bei einem Beschluss des Machtorgans oder des Exekutivorgans einer gewinnorientierten juristischen Person das Verfahren der Einberufung der Versammlung oder die Art und Weise der Abstimmung gegen Gesetze, Verwaltungsrechtsnormen oder die Satzung der juristischen Person oder verstößt der Inhalt des Beschlusses gegen die Satzung der juristischen Person, kann ein Investor der gewinnorientierten juristischen Person vom Volksgericht die Aufhebung dieses Beschlusses verlangen; allerdings werden die zivilrechtlichen Beziehungen, welche die juristische Person aufgrund dieses Beschlusses zu einem gutgläubigen Gegenüber eingegangen hat, hiervon nicht beeinflusst.

第八十六条　营利法人从事经营活动,应当遵守商业道德,维护交易安全,接受政府和社会的监督,承担社会责任。

Article 86　In business activities, a for-profit legal person shall comply with business ethics, maintain the safety of transactions, receive government supervision and public scrutiny, and assume social responsibilities.

§ 86 Bei der Ausübung ihrer Geschäftstätigkeit muss die gewinnorientierte juristische Person die Geschäftsethik befolgen, die Sicherheit des Verkehrs wahren, sich der Aufsicht des Staates und der Gesellschaft unterwerfen und gesellschaftliche Verantwortung tragen.

第三节 非营利法人
Section 3 Non-profit Legal Persons
3. Unterkapitel: Nichtgewinnorientierte juristische Personen

第八十七条 为公益目的或者其他非营利目的成立,不向出资人、设立人或者会员分配所取得利润的法人,为非营利法人。

非营利法人包括事业单位、社会团体、基金会、社会服务机构等。

Article 87 A non-profit legal person is a legal person formed for public welfare or any other non-profit purpose without distribution of profits to its investors, promoters, or members.

Non-profit legal persons include but are not limited to public institutions, social groups, foundations, and social service organizations.

§ 87 Nichtgewinnorientierte juristische Personen sind juristische Personen, die zu gemeinnützigen Zwecken oder anderen nichtgewinnorientierten Zwecken gegründet worden sind und keine erzielten Gewinne an ihre Investoren, Gründer oder Mitglieder verteilen.

Zu den nichtgewinnorientierten juristischen Personen zählen etwa öffentliche Institutionen, gesellschaftliche Körperschaften, Stiftungen und Einrichtungen für soziale Dienste.

第八十八条 具备法人条件,为适应经济社会发展需要,提供公益服务设立的事业单位,经依法登记成立,取得事业单位法人资格;依法不需要办理法人登记的,从成立之日起,具有事业单位法人资格。

Article 88 A public institution satisfying the conditions for a legal person and to be formed for meeting the needs of economic and social development and providing public welfare services obtains the status of a public institution legal person upon formation through registration pursuant to the law; or if the law does not require it to undergo legal person registration, obtains the status of a public institution legal person from the date of formation.

§ 88 Eine öffentliche Institution, welche die Voraussetzungen einer juristischen Person besitzt und errichtet wurde, um den Anforderungen der wirtschaftlichen und gesellschaftlichen Entwicklung zu entsprechen und gemeinnützige Dienste zur Verfügung zu stellen, erhält die Rechtspersönlichkeit einer öffentlichen Institution, sobald sie dem Recht gemäß durch Registrierung zustande gekommen ist; ist die Registrierung als juristische Person nach dem Recht nicht erforderlich, so erlangt sie die Rechtspersönlichkeit einer öffentlichen Institution mit dem Tag ihres Zustandekommens.

第八十九条　事业单位法人设理事会的,除法律另有规定外,理事会为其决策机构。事业单位法人的法定代表人依照法律、行政法规或者法人章程的规定产生。

Article 89　Where a public institution legal person has a council, the council shall be its decision-making organ, except as otherwise provided for by any law. The legal representative of a public institution legal person shall be determined pursuant to the laws, administrative regulations, or its bylaws.

§ 89　Richtet die juristische Person der öffentlichen Institution ein Direktorium ein, bildet das Direktorium ihr Entscheidungsorgan, es sei denn, dass Gesetze anderweitige Bestimmungen enthalten. Der gesetzliche Repräsentant der juristischen Person der öffentlichen Institution wird gemäß den Bestimmungen in Gesetzen, Verwaltungsrechtnormen oder der Satzung der juristischen Person gebildet.

第九十条　具备法人条件,基于会员共同意愿,为公益目的或者会员共同利益等非营利目的设立的社会团体,经依法登记成立,取得社会团体法人资格;依法不需要办理法人登记的,从成立之日起,具有社会团体法人资格。

Article 90　A social group satisfying the conditions for a legal person and to be formed based on the common will of its members for public welfare, common interests of its members, or any other non-profit purpose obtains the status of an incorporated legal person upon formation through registration pursuant to the law; or if the law does not require it to undergo legal person registration, obtains the status of an incorporated legal person from the date of formation thereof.

§ 90 Eine gesellschaftliche Körperschaft, die die Voraussetzungen einer juristischen Personen besitzt und aufgrund des gemeinsamen Willens der Mitglieder zur Verwirklichung von nichtgewinnorientierten Zwecken wie etwa gemeinnützigen Zwecken oder dem gemeinsamen Interesse der Mitglieder errichtet worden ist, erlangt die Rechtspersönlichkeit einer gesellschaftlichen Körperschaft, sobald sie dem Recht gemäß durch Registrierung zustande gekommen ist; ist die Registrierung als juristische Person nach dem Recht nicht erforderlich ist, erlangt sie die Rechtspersönlichkeit einer gesellschaftlichen Körperschaft mit dem Tag ihres Zustandekommens.

第九十一条 设立社会团体法人应当依法制定法人章程。

社会团体法人应当设会员大会或者会员代表大会等权力机构。

社会团体法人应当设理事会等执行机构。理事长或者会长等负责人按照法人章程的规定担任法定代表人。

Article 91 For the formation of an incorporated legal person, the bylaws of the legal person shall be developed pursuant to the law.

An incorporated legal person shall have a power organ such as the congress of members or the congress of representatives of members.

An incorporated legal person shall have an executive body

such as a council. The person in charge of the council, such as the chairman or president, shall serve as the legal representative pursuant to the bylaws of the legal person.

§ 91 Bei Errichtung einer gesellschaftlichen Körperschaft als juristische Person muss nach dem Recht eine Satzung der juristischen Person aufgestellt werden.

Eine gesellschaftliche Körperschaft als juristische Person muss ein Machtorgan wie etwa eine Mitgliederversammlung oder eine Mitgliederrepräsentantenversammlung einrichten.

Eine gesellschaftliche Körperschaft als juristische Person muss ein Exekutivorgan wie etwa ein Direktorium aufstellen. Der Verantwortliche wie etwa der Leiter des Direktoriums oder der Präsident sind gemäß der Satzung der juristischen Person der gesetzliche Repräsentant.

第九十二条 具备法人条件，为公益目的以捐助财产设立的基金会、社会服务机构等，经依法登记成立，取得捐助法人资格。

依法设立的宗教活动场所，具备法人条件的，可以申请法人登记，取得捐助法人资格。法律、行政法规对宗教活动场所有规定的，依照其规定。

Article 92 A foundation or a social service organization, among others, satisfying the conditions for a legal person and to be formed with donated property for public welfare purposes shall obtain the status of a donation-based legal person upon formation through registration pursuant to the law.

A venue for religious activities formed pursuant to the law and satisfying the conditions for a legal person may apply for legal person registration and obtain the status of a donation-based legal person, subject to any provisions of laws and administrative regulations relating to the venues for holding religious activities.

§ 92 Organisationen wie etwa Stiftungen und Einrichtungen für soziale Dienste, die die Voraussetzungen juristischer Personen besitzen und für gemeinnützige Zwecke mit gespendetem Vermögen errichtet worden sind, erlangen die Rechtspersönlichkeit einer spendenfinanzierten Organisation, sobald sie gemäß dem Recht durch Registrierung zustande gekommen sind.

Eine nach dem Recht errichtete religiöse Einrichtung, die die Voraussetzungen einer juristischen Person besitzt, kann die Registrierung als juristische Person beantragen und die Rechtspersönlichkeit einer spendenfinanzierten Organisation erlangen. Enthalten Gesetze oder Verwaltungsrechtsnormen Bestimmungen zu religiösen Einrichtungen, gelten diese Bestimmungen.

第九十三条 设立捐助法人应当依法制定法人章程。
捐助法人应当设理事会、民主管理组织等决策机构，并设执行机构。理事长等负责人按照法人章程的规定担任法定代表人。
捐助法人应当设监事会等监督机构。

Article 93 For the formation of a donation-based legal person, the bylaws of the legal person shall be developed pursuant to the law.

A donation-based legal person shall have a decision-making

organ, such as a council or a democratic governing body, and an executive body. The person in charge of the decision-making organ such as the chairman shall serve as the legal representative pursuant to the bylaws of the legal person.

A donation-based legal person shall have a supervisory organ such as a board of supervisors.

§ 93　Bei Errichtung einer spendenfinanzierten juristischen Person muss eine Satzung dem Recht gemäß aufgestellt werden.

Eine spendenfinanzierte juristische Person muss ein Entscheidungsorgan wie etwa ein Direktorium oder eine demokratische Verwaltungsorganisation sowie ein Exekutivorgan einrichten. Der Verantwortliche wie etwa der Leiter des Direktoriums fungiert gemäß der Satzung der juristischen Person als gesetzlicher Repräsentant.

Spendenfinanzierte juristische Personen müssen ein Überwachungsorgan wie etwa einen Aufsichtsrat einrichten.

第九十四条　捐助人有权向捐助法人查询捐助财产的使用、管理情况，并提出意见和建议，捐助法人应当及时、如实答复。

捐助法人的决策机构、执行机构或者法定代表人作出决定的程序违反法律、行政法规、法人章程，或者决定内容违反法人章程的，捐助人等利害关系人或者主管机关可以请求人民法院撤销该决定。但是，捐助法人依据该决定与善意相对人形成的民事法律关系不受影响。

Article 94　Donors shall have the right to ask the donation-based legal person about the use and management of donated property and give their opinions and recommendations, and the donation-based legal person shall give honest replies in a timely manner.

Where a donation-based legal person's decision-making organ, executive body, or legal representative makes a decision under a procedure that violates any law or administrative regulation or the bylaws of the legal person or the content of the decision violates the bylaws of the legal person, a donor or any other interested party or the competent authority may request the competent people's court to revoke the decision, without prejudice to the civil legal relationship formed between the donor-based legal person and bona fide counterpartys based on the decision.

§ 94　Spender haben gegenüber der spendenfinanzierten juristischen Person das Recht, sich über die Nutzung und die Verwaltung des gespendeten Vermögens zu erkundigen sowie Ansichten und Vorschläge einzureichen; die spendenfinanzierte juristische Person muss unverzüglich und wahrheitsgemäß antworten.

Verstößt das Verfahren bei Erlass einer Entscheidung des Entscheidungsorgans, des Exekutivorgans oder des gesetzlichen Repräsentanten einer spendenfinanzierten juristischen Person gegen Gesetze, Verwaltungsrechtsnormen oder die Satzung der juristischen Person oder verstößt der Inhalt der Entscheidung gegen die Satzung der juristischen Person, können Interessierte wie etwa die Spender oder die zuständige Behörde beim Volksgericht die Aufhebung dieser Entscheidung verlangen; allerdings werden die zivilrechtlichen Beziehungen, welche die spendenfinanzierte juristische Person aufgrund dieser Entscheidung zu einem gutgläubigen

Gegenüber eingegangen ha, hiervon nicht beeinflusst.

第九十五条 为公益目的成立的非营利法人终止时,不得向出资人、设立人或者会员分配剩余财产。剩余财产应当按照法人章程的规定或者权力机构的决议用于公益目的;无法按照法人章程的规定或者权力机构的决议处理的,由主管机关主持转给宗旨相同或者相近的法人,并向社会公告。

Article 95 When a non-profit legal person formed for public welfare purposes is terminated, it shall not distribute any residual property to its investors, promoters, or members. The residual property shall be used for public welfare purposes pursuant to the provisions of its bylaws or a resolution of its supreme organ; or if the residual property cannot be dealt with pursuant to the provisions of its bylaws or the resolution of its supreme organ, the competent authority shall cause the transfer of such residual property to other legal persons with the same or a similar vision, and announce it to the public.

§ 95 Endet eine nichtgewinnorientierte juristische Person, die zu gemeinnützigen Zwecken gegründet worden war, darf diese das Restvermögen nicht an ihre Investoren, Gründer oder Mitglieder verteilen. Das Restvermögen muss gemäß den Bestimmungen der Satzung der juristischen Person oder dem Beschluss des Machtorgans für einen gemeinnützigen Zweck verwendet werden; kann nicht gemäß der Satzung der juristischen Person oder dem Beschluss des Machtorgans verfahren werden, leitet die zuständige Behörde die Übertragung des Restvermögens auf eine juristische Person mit dem gleichen oder einem ähnlichen Zweck an und gibt dies gegenüber der Öffentlichkeit bekannt.

第四节 特别法人
Section 4　Special Legal Persons
4. Unterkapitel: Besondere juristische Personen

第九十六条 本节规定的机关法人、农村集体经济组织法人、城镇农村的合作经济组织法人、基层群众性自治组织法人,为特别法人。

Article 96　The state organ legal persons, rural collective economic organization legal persons, urban and rural cooperative economic organization legal persons, and basic self-governing mass organization legal persons as provided for in this section are special legal persons.

§ 96　Die in diesem Unterkapitel geregelte behördliche juristische Person, die juristische Person der ländlichen kollektiven Wirtschaftsorganisation, die juristische Person der städtischen und ländlichen kooperativen Wirtschaftsorganisation sowie die juristische Person der Selbstverwaltungsorganisation der Volksmassen auf Basisebene sind besondere juristische Personen.

第九十七条 有独立经费的机关和承担行政职能的法定机构从成立之日起,具有机关法人资格,可以从事为履行职能所需要的民事活动。

Article 97　An independently funded state organ or a statutory institution assuming administrative functions shall have the status of a state organ legal person from the date of formation, and may conduct civil activities necessary for performing its functions.

§ 97 Behörden, die über eigenständige Mittel für Regelaufwendungen verfügen, und gesetzlich bestimmte Einrichtungen, die Verwaltungsfunktionen übernehmen, besitzen vom Tage ihres Zustandekommens an die Rechtspersönlichkeit einer behördlichen juristischen Person und können die zur Durchführung ihrer Funktionen erforderlichen Zivilaktivitäten ausführen.

第九十八条 机关法人被撤销的,法人终止,其民事权利和义务由继任的机关法人享有和承担;没有继任的机关法人的,由作出撤销决定的机关法人享有和承担。

Article 98 Where a state organ legal person is abolished, the legal person is terminated, and its civil rights shall be enjoyed and its obligations shall be assumed by the state organ legal person as its successor; if there is no such a successor, its rights shall be enjoyed and its obligations shall be assumed by the state organ legal person making the abolition decision.

§ 98 Wird eine behördliche juristische Person aufgehoben, endet die juristische Person, ihre zivilrechtlichen Rechte und Pflichten werden von der ihr nachfolgenden behördlichen juristischen Person genossen und getragen; gibt es keine ihr nachfolgende behördliche juristische Person, werden diese von der behördlichen juristischen Person, die die Aufhebung entschieden hat, genossen und getragen.

第九十九条 农村集体经济组织依法取得法人资格。

法律、行政法规对农村集体经济组织有规定的，依照其规定。

Article 99　A rural collective economic organization shall obtain the status of a legal person pursuant to the law.

Where any laws and administrative regulations provide for rural collective economic organizations, such laws and administrative regulations shall prevail.

§ 99　Ländliche kollektive Wirtschaftsorganisationen erlangen nach dem Recht die Rechtspersönlichkeit.

Enthalten Gesetze oder Verwaltungsrechtsnormen Bestimmungen zu ländlichen kollektiven Wirtschaftsorganisationen, gelten diese Bestimmungen.

第一百条　城镇农村的合作经济组织依法取得法人资格。

法律、行政法规对城镇农村的合作经济组织有规定的，依照其规定。

Article 100　An urban or rural cooperative economic organization shall obtain the status of a legal person pursuant to the law.

Where any laws and administrative regulations provide for urban or rural cooperative economic organizations, such laws and administrative regulations shall prevail.

§ 100　Städtische und ländliche kooperative Wirtschaftsorganisationen erlangen nach dem Recht die Rechtspersönlichkeit.

Enthalten Gesetze oder Verwaltungsrechtsnormen Bestimmungen zu städtischen und ländlichen kooperativen Wirtschaftsorganisationen, gelten diese Bestimmungen.

第一百零一条 居民委员会、村民委员会具有基层群众性自治组织法人资格,可以从事为履行职能所需要的民事活动。

未设立村集体经济组织的,村民委员会可以依法代行村集体经济组织的职能。

Article 101 An urban residents' committee or a villagers' committee has the status of a basic self-governing mass organization legal person, and may conduct civil activities necessary for performing its functions.

Where no village collective economic organization is formed, a villagers' committee may instead perform the functions of a village collective economic organization pursuant to the law.

§ 101 Einwohnerkomitees und Dorfbewohnerkomitees besitzen die Rechtspersönlichkeit als Selbstverwaltungsorganisation der Volksmassen auf Basisebene und können die zur Durchführung ihrer Funktionen erforderlichen Zivilaktivitäten ausführen.

Wurde noch keine dörfliche kollektive Wirtschaftsorganisation gegründet, kann das Dorfbewohnerkomitee dem Recht gemäß der Funktion der dörflichen kollektiven Wirtschaftsorganisation an deren Stelle ausüben.

第四章　非法人组织
Chapter IV　Unincorporated Organizations
4. Kapitel: Organisationen ohne Rechtspersönlichkeit

第一百零二条　非法人组织是不具有法人资格,但是能够依法以自己的名义从事民事活动的组织。

非法人组织包括个人独资企业、合伙企业、不具有法人资格的专业服务机构等。

Article 102　An unincorporated organization is an organization without the status of a legal person but able to conduct civil activities in its own name pursuant to the law.

Unincorporated organizations include but are not limited to sole proprietorships, partnerships, and professional service organizations without the status of a legal person.

§ 102　Organisationen ohne Rechtspersönlichkeit sind Organisationen, die zwar keine Rechtspersönlichkeit besitzen, aber nach dem Recht im eigenen Namen Zivilaktivitäten tätigen können.

Organisationen ohne Rechtspersönlichkeit umfassen Einzelpersonenunternehmen, Partnerschaftsunternehmen sowie Einrichtungen für professionelle Dienstleistungen ohne Rechtspersönlichkeit.

第一百零三条　非法人组织应当依照法律的规定登记。

设立非法人组织,法律、行政法规规定须经有关机关批准的,依照其规定。

Article 103　An unincorporated organization shall be registered pursuant to the provisions of law.

Where the formation of an unincorporated organization shall be subject to the approval of the relevant authority pursuant to any law or administrative regulation, such law or administrative regulation shall prevail.

§ 103　Organisationen ohne Rechtspersönlichkeit müssen sich gemäß den gesetzlichen Bestimmungen registrieren.

Bestimmen Gesetze oder Verwaltungsrechtsnormen, dass zur Gründung einer Organisation ohne Rechtspersönlichkeit eine Genehmigung durch die zuständige Behörde erforderlich ist, gelten diese Bestimmungen.

第一百零四条　非法人组织的财产不足以清偿债务的,其出资人或者设立人承担无限责任。法律另有规定的,依照其规定。

Article 104　Where the property of an unincorporated organization is insufficient for paying its debts, its investors or promoters shall assume unlimited liability for such debts, except as otherwise provided for by any law.

§ 104　Investoren oder Gründer von Organisationen ohne Rechtspersönlichkeit haften unbeschränkt für Verbindlichkeiten der Organisation, die nicht mit dem Vermögen dieser Organisation beglichen werden können. Gibt es andere gesetzliche Bestimmungen, gelten diese Bestimmungen.

第一百零五条 非法人组织可以确定一人或者数人代表该组织从事民事活动。

Article 105 An unincorporated organization may choose one or more persons to conduct civil activities on its behalf.

§ 105 Organisationen ohne Rechtspersönlichkeit können eine Person oder mehrere Personen bestimmen, die sie bei der Tätigung von Zivilaktivitäten repräsentiert bzw. repräsentieren.

第一百零六条 有下列情形之一的,非法人组织解散:
(一)章程规定的存续期间届满或者章程规定的其他解散事由出现;
(二)出资人或者设立人决定解散;
(三)法律规定的其他情形。

Article 106 An unincorporated organization shall be dissolved under any of the following circumstances:
(1) the duration stated in the bylaws expires, or any other cause of dissolution stated in the bylaws arises;
(2) its investors or promoters decide to dissolve it; or
(3) any other circumstances specified by laws.

§ 106 Liegt eine die folgenden Situationen vor, wird die Organisation ohne Rechtspersönlichkeit aufgelöst:
1. Die in der Satzung der Organisation ohne Rechtspersönlichkeit bestimmte Dauer des Fortbestehens ist abgelaufen oder andere in der Satzung bestimmte Auflösungsgründe sind eingetreten;
2. Investoren oder Gründer entscheiden sich zur Auflösung;

3. andere gesetzlich bestimmte Situationen.

第一百零七条 非法人组织解散的,应当依法进行清算。

Article 107 Where an unincorporated organization is dissolved, its liquidation shall be conducted pursuant to the law.

§ 107 Wird eine Organisation ohne Rechtspersönlichkeit aufgelöst, muss eine Abwicklung gemäß dem Recht durchgeführt werden.

第一百零八条 非法人组织除适用本章规定外,参照适用本编第三章第一节的有关规定。

Article 108 In addition to the provisions of this Chapter, the relevant provisions of Section 1 of Chapter Ⅲ of this Book shall apply, on a *mutatis mutandis* basis, to unincorporated organizations.

§ 108 Auf die Organisation ohne Rechtspersönlichkeit sind neben diesem Kapitel auch die Bestimmungen aus Kapitel 3, Unterkapitel 1 dieses Buches entsprechend anwendbar.

第五章　民事权利
Chapter V　Civil Rights
5. Kapitel: Zivile Rechte

第一百零九条 自然人的人身自由、人格尊严受法律保护。

Article 109 The personal freedom and dignity of natural persons shall be protected by law.

§ 109　Die persönliche Freiheit und die Würde der Persönlichkeit natürlicher Personen stehen unter Gesetzesschutz.

第一百一十条　自然人享有生命权、身体权、健康权、姓名权、肖像权、名誉权、荣誉权、隐私权、婚姻自主权等权利。

法人、非法人组织享有名称权、名誉权和荣誉权。

Article 110　A natural person enjoys the rights of life, inviolability and integrity of person, health, name, likeness, reputation, honor, privacy, and marital autonomy, among others.

A legal person or an unincorporated organization enjoys the rights of name, reputation, and honor.

§ 110　Natürliche Personen genießen unter anderem das Recht auf Leben, das Recht auf körperliche Unversehrtheit, das Recht auf Gesundheit, das Recht am eigenen Namen, das Recht am eigenen Bildnis, das Recht auf Schutz des guten Rufs, das Recht auf Schutz der Ehre, das Recht auf Privatsphäre sowie das eheliche Selbstbestimmungsrecht.

Juristische Personen und Organisationen ohne Rechtspersönlichkeit genießen Rechte wie etwa das Recht an der eigenen Bezeichnung, das Recht auf Schutz des guten Rufs und das Recht auf Schutz der Ehre.

第一百一十一条　自然人的个人信息受法律保护。任何组织或者个人需要获取他人个人信息的，应当依法取得并确保信息安全，不得非法收集、使用、加工、传输他人个人信息，不得非法买卖、提供或者公开他人个人信息。

  Article 111 The personal information of a natural person shall be protected by law. Any organization or individual needing to obtain the personal information of other persons shall legally obtain and ensure the security of such information, and shall not illegally collect, use, process, or transmit the personal information of other persons, nor illegally buy, sell, provide, or publish the personal information of other persons.

  § 111 Persönliche Informationen natürlicher Personen werden vom Gesetz geschützt. Jedwede Organisation oder Einzelperson, für die es erforderlich ist, persönliche Informationen einer anderen Person zu erhalten, muss diese nach dem Recht erlangen und die Sicherheit dieser Informationen garantieren, darf persönliche Informationen anderer Personen nicht illegal sammeln, nutzen, verarbeiten oder weitervermitteln und darf nicht persönliche Informationen anderer Personen in unrechtmäßiger Weise kaufen oder verkaufen und zur Verfügung stellen oder veröffentlichen.

  第一百一十二条 自然人因婚姻家庭关系等产生的人身权利受法律保护。

  Article 112 The personal rights of a natural person arising from marriage or family relations, among others, shall be protected by law.

  § 112 Die persönlichen Rechte, die natürlichen Personen aus Verhältnissen wie etwa Ehe und Familie erwachsen, genießen den Schutz des Gesetzes.

第一百一十三条 民事主体的财产权利受法律平等保护。

Article 113 The property rights of the parties to civil affairs shall be equally protected by law.

§ 113 Die Vermögensrechte von Zivilrechtssubjekten werden vom Gesetz gleichberechtigt geschützt.

第一百一十四条 民事主体依法享有物权。

物权是权利人依法对特定的物享有直接支配和排他的权利,包括所有权、用益物权和担保物权。

Article 114 Theparties to civil affairs shall enjoy real rights pursuant to the law.

A real right is the right holder's exclusive right to directly dominate a specific thing pursuant to the law, including ownership, usufruct, and security interest.

§ 114 Zivilrechtssubjekte genießen nach dem Recht dingliche Rechte.

Dingliche Rechte sind Rechte des Berechtigten, über bestimmte Sachen gemäß dem Recht unmittelbar zu verfügen und andere von jeder Einwirkung auszuschließen, einschließlich Eigentumsrechten, dinglicher Nutzungsrechte und dinglicher Sicherungsrechte.

第一百一十五条　物包括不动产和动产。法律规定权利作为物权客体的,依照其规定。

Article 115　Things include immovables and movables. If rights are the objects of any real rights pursuant to any laws, such laws shall apply.

§ 115　Unter den Begriff der Sache fallen sowohl bewegliche als auch unbewegliche Sachen. Soweit Gesetze bestimmen, dass Rechte Gegenstand dinglicher Rechte sind, gelten diese Bestimmungen.

第一百一十六条　物权的种类和内容,由法律规定。

Article 116　The types and contents of real rights shall be prescribed by laws.

§ 116　Die Arten dinglicher Rechte und deren Inhalt werden von Gesetzen bestimmt.

第一百一十七条　为了公共利益的需要,依照法律规定的权限和程序征收、征用不动产或者动产的,应当给予公平、合理的补偿。

Article 117　Fair and reasonable indemnification shall be made if any immovable or movable is expropriated or requisitioned for public interest pursuant to the authority and procedures prescribed by laws.

§ 117　Werden im öffentlichen Interesse gemäß den in Gesetzen bestimmten Befugnissen und Verfahren bewegliche oder unbewegliche Sachen entzogen oder beschlagnahmt, muss eine gerechte und angemessene Entschädigung gewährt werden.

第一百一十八条 民事主体依法享有债权。

债权是因合同、侵权行为、无因管理、不当得利以及法律的其他规定,权利人请求特定义务人为或者不为一定行为的权利。

Article 118 The parties to civil affairs shall enjoy creditor's rights pursuant to the law.

A creditor's right is the right holder's right to request that a specific obligor perform or not perform certain conducts, arising from contracts, torts, management of the business of another under no obligation, unjust enrichment, and other provisions of laws.

§ 118 Zivilrechtssubjekte genießen gemäß dem Recht Rechte aus Schuldverhältnissen.

Ein Recht aus Schuldverhältnis ist das Recht des Berechtigten, aus Vertrag, unerlaubter Handlung, Geschäftsführung ohne Auftrag, unberechtigter Bereicherung und aus anderen gesetzlichen Bestimmungen von einem bestimmten Schuldner ein bestimmtes Handeln oder Unterlassen zu verlangen.

第一百一十九条 依法成立的合同,对当事人具有法律约束力。

Article 119 A contract entered into pursuant to the law shall be legally binding upon the parties to the contract.

§ 119　Nach dem Recht zustande gekommene Verträge haben für die Parteien rechtliche Bindungswirkung.

第一百二十条　民事权益受到侵害的,被侵权人有权请求侵权人承担侵权责任。

Article 120　Where civil rights and interests of a person are infringed upon, the victim has the right to request the tortfeasor to bear the tortious liabilities.

§ 120　Werden zivile Rechte und Interessen verletzt, ist der Verletzte berechtigt zu verlangen, dass der Verletzer wegen der Verletzung von Rechten haftet.

第一百二十一条　没有法定的或者约定的义务,为避免他人利益受损失而进行管理的人,有权请求受益人偿还由此支出的必要费用。

Article 121　A person who, under no statutory or contractual obligation, manages the business of another to prevent damage to the interest of another has the right to request that the beneficiary of such management reimburse the manager for necessary expenses incurred.

§ 121　Wer zur Vermeidung von Schäden an Interessen eines anderen Veranlassungen trifft, ohne rechtlich oder vereinbarungsgemäß hierzu verpflichtet zu sein, ist berechtigt, vom Nutznießer die Erstattung hierbei gezahlter notwendiger Ausgaben zu verlangen.

第一百二十二条　因他人没有法律根据,取得不当利益,受损失的人有权请求其返还不当利益。

Article 122　Where a person is unjustly enriched without any legal basis, the person who so suffers a loss has the right to request that the person unjustly enriched return the amount to the extent of the unjust enrichment.

§ 122　Erlangt ein anderer ohne rechtliche Grundlage einen unangemessenen Vorteil, ist derjenige, der hierdurch einen Schaden erleidet, berechtigt, von der anderen Person die Herausgabe des unangemessenen Vorteils zu verlangen.

第一百二十三条　民事主体依法享有知识产权。
知识产权是权利人依法就下列客体享有的专有的权利:
(一)作品;
(二)发明、实用新型、外观设计;
(三)商标;
(四)地理标志;
(五)商业秘密;
(六)集成电路布图设计;
(七)植物新品种;
(八)法律规定的其他客体。

Article 123　The parties to civil affairs enjoy intellectual property rights pursuant to the law.

Intellectual property rights are the proprietary rights enjoyed by right holders pursuant to the law in respect of the following objects:

(1) works;

(2) inventions, utility models, and designs;

(3) trademarks;

(4) geographic indications;

(5) trade secrets;

(6) layout designs of integrated circuits;

(7) new varieties of plants; or

(8) other objects specified by laws.

§ 123 Zivilrechtssubjekte genießen gemäß dem Recht Rechte an geistigem Eigentum.

Rechte an geistigem Eigentum sind ausschließliche Rechte, die Berechtigte gemäß dem Recht an folgenden Gegenständen genießen:

1. Werke;

2. Erfindungen, Gebrauchsmuster, Designs;

3. Marken;

4. geografische Herkunftsangaben;

5. Geschäftsgeheimnisse;

6. Designs integrierter Schaltkreise;

7. neue Pflanzenarten;

8. andere Gegenstände, die in gesetzlichen Bestimmungen genannt sind.

第一百二十四条　自然人依法享有继承权。

自然人合法的私有财产,可以依法继承。

Article 124　Natural persons enjoy the right of succession pursuant to the law.

The lawful private property of natural persons may be inherited pursuant to the law.

§ 124　Natürliche Personen genießen gemäß dem Recht Erbrechte.

Das rechtmäßige Privatvermögen einer natürlichen Person kann gemäß dem Recht geerbt werden.

第一百二十五条　民事主体依法享有股权和其他投资性权利。

Article 125　The parties to civil affairs enjoy stock rights and other investment rights pursuant to the law.

§ 125　Zivilrechtssubjekte genießen nach dem Recht Anteilsrechte und andere Rechte mit Investitionscharakter.

第一百二十六条　民事主体享有法律规定的其他民事权利和利益。

Article 126　The parties to civil affairs enjoy other civil rights and interests prescribed by laws.

§ 126　Zivilrechtssubjekte genießen die in gesetzlichen Bestimmungen vorgesehenen weiteren zivilen Rechte und Interessen.

第一百二十七条 法律对数据、网络虚拟财产的保护有规定的,依照其规定。

Article 127 Where any law provides for the protection of data and network virtual property, such laws shall apply.

§ 127 Enthalten Gesetze Bestimmungen zum Schutz von Daten oder virtuellem Vermögen im Internet, gelten diese Bestimmungen.

第一百二十八条 法律对未成年人、老年人、残疾人、妇女、消费者等的民事权利保护有特别规定的,依照其规定。

Article 128 Where any laws have special provisions on the protection of civil rights of the minors, the elderly, the disabled, women, and consumers, among others, such special provisions shall apply.

§ 128 Soweit in Gesetzen besondere Bestimmungen zum Schutz der Zivilrechte etwa von Minderjährigen, Alten, Behinderten, Frauen oder Verbrauchern vorhanden sind, gelten diese Bestimmungen.

第一百二十九条 民事权利可以依据民事法律行为、事实行为、法律规定的事件或者法律规定的其他方式取得。

Article 129 Civil rights may be obtained by civil juristic conducts, factual behaviors, events prescribed by laws, or other means prescribed by laws.

§ 129 Zivile Rechte können aufgrund von

Zivilrechtsgeschäften, tatsächlichem Verhalten, gesetzlich bestimmten Ereignissen oder anderer gesetzlich bestimmter Weise erlangt werden.

第一百三十条　民事主体按照自己的意愿依法行使民事权利,不受干涉。

Article 130　The parties to civil affairs shall, based on their free will, exercise civil rights pursuant to the law without any interference.

§ 130　Zivilrechtssubjekte üben ihre zivilen Rechte nach Maßgabe ihres eigenen Willens nach dem Recht aus und dürfen hierbei nicht gestört werden.

第一百三十一条　民事主体行使权利时,应当履行法律规定的和当事人约定的义务。

Article 131　The parties to civil affairs shall perform the obligations imposed by laws and obligations agreed upon by the parties while exercising their rights.

§ 131　Bei der Ausübung ihrer zivilen Rechte müssen Zivilrechtssubjekte ihre gesetzlich bestimmten oder unter den Parteien vereinbarten Pflichten erfüllen.

第一百三十二条　民事主体不得滥用民事权利损害国家利益、社会公共利益或者他人合法权益。

Article 132　The parties to civil affairs shall not abuse civil rights to damage the national interest, public interest, or the lawful rights and interests of any other person.

§ 132 Zivilrechtssubjekte dürfen ihre zivilen Rechte nicht zum Schaden staatlicher Interessen, allgemeiner gesellschaftlicher Interessen oder der legalen Rechte und Interessen anderer Personen missbrauchen.

第六章　民事法律行为
Chapter VI　Civil Juristic Conducts
6. Kapitel: Zivilrechtsgeschäfte

第一节　一般规定
Section 1　General Rules
1. Unterkapitel: Allgemeine Bestimmungen

第一百三十三条　民事法律行为是民事主体通过意思表示设立、变更、终止民事法律关系的行为。

Article 133 Civil juristic conducts are acts of the parties to civil affairs to create, modify, or terminate civil legal relationships through an expression of intention.

§ 133 Zivilrechtsgeschäfte sind Handlungen, mit denen Zivilrechtssubjekte durch Willenserklärung zivilrechtliche Beziehungen begründen, ändern und beenden.

第一百三十四条　民事法律行为可以基于双方或者多方的意思表示一致成立,也可以基于单方的意思表示成立。

法人、非法人组织依照法律或者章程规定的议事方式和表决程序作出决议的,该决议行为成立。

Article 134　Civil juristic conducts may be formed based on the unanimous expression of intention by two or more parties or based on the expression of intention by a single party.

Where a legal person or an unincorporated organization makes a resolution pursuant to the method of deliberation and voting procedures prescribed by laws or its bylaws, the act of resolution is formed.

§ 134　Zivilrechtsgeschäfte können durch übereinstimmende zwei- oder mehrseitige Willenserklärungen zustande kommen; sie können auch durch eine einseitige Willenserklärung zustande kommen.

Fasst eine juristische Person oder eine Organisation ohne Rechtspersönlichkeit gemäß der gesetzlich oder in der Satzung bestimmten Art und Weise der Beratung und des dort bestimmten Abstimmungsverfahrens einen Beschluss, so ist diese Beschlusshandlung zustande gekommen.

第一百三十五条　民事法律行为可以采用书面形式、口头形式或者其他形式;法律、行政法规规定或者当事人约定采用特定形式的,应当采用特定形式。

Article 135　Civil juristic conducts may be made in written, verbal, or other forms; but if any law or administrative regulation requires or the parties agree upon a particular form, such a particular form shall be adopted.

§ 135 Für Zivilrechtsgeschäfte können die schriftliche, die mündliche oder eine andere Form verwendet werden; haben das Gesetz, Verwaltungsrechtsnormen oder eine Parteivereinbarung den Gebrauch einer bestimmten Form bestimmt, muss die bestimmte Form verwendet werden.

第一百三十六条 民事法律行为自成立时生效,但是法律另有规定或者当事人另有约定的除外。

行为人非依法律规定或者未经对方同意,不得擅自变更或者解除民事法律行为。

Article 136 A civil juristic conduct becomes valid upon its formation, except as otherwise provided for by any law or agreed upon by the parties.

The actor shall not modify or rescind the civil juristic conduct at will, except pursuant to any law or as permitted by the other party.

§ 136 Zivilrechtsgeschäfte sind vom Zeitpunkt ihres Zustandekommens an wirksam, es sei denn, dass das Gesetz etwas anderes bestimmt oder die Parteien etwas anderes vereinbaren.

Außer aufgrund gesetzlicher Bestimmung oder mit dem Einverständnis der anderen Seite darf der Handelnde ein Zivilrechtsgeschäft nicht eigenmächtig ändern oder aufheben.

第二节 意思表示
Section 2　Expression of Intention
2. Unterkapitel: Willenserklärungen

第一百三十七条　以对话方式作出的意思表示,相对人知道其内容时生效。

以非对话方式作出的意思表示,到达相对人时生效。以非对话方式作出的采用数据电文形式的意思表示,相对人指定特定系统接收数据电文的,该数据电文进入该特定系统时生效;未指定特定系统的,相对人知道或者应当知道该数据电文进入其系统时生效。当事人对采用数据电文形式的意思表示的生效时间另有约定的,按照其约定。

Article 137　An expression of intention made through dialogue becomes valid at the time when the counterparty knows the content of such intention.

An expression of intention that is not made by dialogue becomes valid at the time when it reaches the counterparty. If a expression of intention not made by dialogue is in the form of data message, and the counterparty has designated a specific system to receive the data message, the expression of intention becomes valid at the time when the data message enters the specific system designated; or in the absence of such designation, the expression of intention becomes valid at the time when the counterparty knows or ought have known that the data message has entered its system. If the parties have otherwise agreed upon the time when an expression of intention made in the form of data message becomes valid, such

an agreement shall apply.

§ 137 Wird eine Willenserklärung in einem Gespräch abgegeben, wird sie wirksam, wenn das Gegenüber von ihrem Inhalt Kenntnis erlangt.

Wird die Willenserklärung nicht in einem Gespräch abgegeben, wird sie wirksam, wenn sie dem Gegenüber zugeht. Wird die Willenserklärung nicht in einem Gespräch, sondern unter Verwendung der Form eines elektronischen Datenschriftstücks abgegeben und das Gegenüber ein bestimmtes Computersystem benannt hat, um elektronische Datenschriftstücke zu empfangen, wird die Willenserklärung wirksam, sobald sie in dieses bestimmte System gelangt. Wurde kein bestimmtes Computersystem benannt, wird die Willenserklärung wirksam, wenn das Gegenüber weiß oder wissen musste, dass das elektronische Datenschriftstück in sein Computersystem gelangt ist. Haben die Parteien für den Zeitpunkt des Wirksamwerdens der von ihnen verwendeten Form eines elektronischen Datenschriftstücks für Willenserklärungen etwas anderes vereinbart, gilt diese Vereinbarung.

第一百三十八条 无相对人的意思表示，表示完成时生效。法律另有规定的，依照其规定。

Article 138 An expression of intention made without any counterparty becomes valid upon completion of expression. If the law provides otherwise, such provisions shall prevail.

§ 138 Nicht empfangsbedürftige Willenserklärungen werden mit Vollendung der Äußerung wirksam. Enthalten Gesetze ander-

weitige Bestimmungen, gelten diese Bestimmungen.

第一百三十九条 以公告方式作出的意思表示,公告发布时生效。

Article 139 An expression of intention made in the form of publishing an announcement becomes valid at the time when the announcement is published.

§ 139 Willenserklärungen in Form einer Bekanntmachung werden mit dem Verkünden der Bekanntmachung wirksam.

第一百四十条 行为人可以明示或者默示作出意思表示。
沉默只有在有法律规定、当事人约定或者符合当事人之间的交易习惯时,才可以视为意思表示。

Article 140 An actor may expressly or impliedly express his or her intention.

Silence can only be regarded as expression of intentiom if there are legal provisions or agreement between the parties or if it is pursuant to the transaction habits between the parties.

§ 140 Der Handelnde kann Willenserklärungen ausdrücklich oder stillschweigend abgeben.

Schweigen kann nur dann als Willenserklärung angesehen werden, wenn es das Gesetz bestimmt, es die Parteien vereinbaren oder wenn dies nach den geschäftlichen Gebräuchen zwischen den Parteien üblich war.

第一百四十一条 行为人可以撤回意思表示。撤回意思表示的通知应当在意思表示到达相对人前或者与意思表示同时到达相对人。

Article 141 An actor may withdraw his or her expression of intention. The notice of withdrawing his or her expression of intention shall reach the counterparty before his or her expression of intention reaches the counterparty or at the same time when his or her expression of intention reaches the counterparty.

§ 141 Der Handelnde kann eine Willenserklärung zurücknehmen. Die Mitteilung der Rücknahme der Willenserklärung muss dem Gegenüber vor dem oder zeitgleich mit dem Zugang der Willenserklärung zugehen.

第一百四十二条 有相对人的意思表示的解释,应当按照所使用的词句,结合相关条款、行为的性质和目的、习惯以及诚信原则,确定意思表示的含义。

无相对人的意思表示的解释,不能完全拘泥于所使用的词句,而应当结合相关条款、行为的性质和目的、习惯以及诚信原则,确定行为人的真实意思。

Article 142 The meaning of an expression of intention made to an counterparty is interpreted pursuant to the words used as well as considering the relevant clauses, nature and purpose of the act, customs, and the principle of good faith.

In the interpretation of an expression of intention made without an counterparty, the genuine will of the actor shall be determined by considering the relevant clauses, nature and purpose of

the act, customs, and the principle of good faith, rather than a total confinement to the words used.

§ 142 Bei der Auslegung einer empfangsbedürftigen Willenserklärung muss anhand des verwendeten Wortlauts unter Einbeziehung relevanter Klauseln, der Natur und des Zwecks der Handlung, der Gebräuche und des Grundsatzes von Treu und Glauben der Inhalt der Willenserklärung bestimmt werden.

Bei der Auslegung einer nicht empfangsbedürftigen Willenserklärung soll nicht mit vollständiger Strenge am verwendeten Wortlaut festgehalten werden, sondern muss unter Einbeziehung relevanter Klauseln, der Natur und des Zwecks der Handlung, der Gebräuche und des Grundsatzes von Treu und Glauben der wahre Wille des Handelnden bestimmt werden.

第三节 民事法律行为的效力
Section 3 Validity of Civil Juristic Conducts
3. Unterkapitel: Wirksamkeit von Zivilrechtsgeschäften

第一百四十三条 具备下列条件的民事法律行为有效：
（一）行为人具有相应的民事行为能力；
（二）意思表示真实；
（三）不违反法律、行政法规的强制性规定，不违背公序良俗。

Article 143 A civil juristic conduct satisfying all of the following conditions is valid:
(1) the actor has corresponding capacity for civil conduct;

(2) the expression of intention is true; and

(3) it neither violates the imperative provisions of laws and administrative regulations, nor is it contrary to public order and good morals.

§ 143　Ein Zivilrechtsgeschäft, das die folgenden Bedingungen erfüllt, ist wirksam:

1. Der Handelnde besitzt eine entsprechende Zivilgeschäftsfähigkeit;

2. die Willenserklärung ist wahr;

3. es verstößt nicht gegen zwingende Bestimmungen in Gesetzen oder Verwaltungsrechtsnormen und läuft nicht der öffentlichen Ordnung und den guten Sitten zuwider.

第一百四十四条　无民事行为能力人实施的民事法律行为无效。

Article 144　A civil juristic conduct performed by a person without capacity for civil conduct is invalid.

§ 144　Ein von einem Zivilgeschäftsunfähigen vorgenommenes Zivilrechtsgeschäft ist unwirksam.

第一百四十五条　限制民事行为能力人实施的纯获利益的民事法律行为或者与其年龄、智力、精神健康状况相适应的民事法律行为有效；实施的其他民事法律行为经法定代理人同意或者追认后有效。

相对人可以催告法定代理人自收到通知之日起三十日内

予以追认。法定代理人未作表示的,视为拒绝追认。民事法律行为被追认前,善意相对人有撤销的权利。撤销应当以通知的方式作出。

Article 145 A civil juristic conduct performed by a person with limited capacity for civil conduct is valid if the act purely benefits the person or is commensurate with his or her age, intelligence, and mental health; and any other civil juristic conducts performed by the person may become valid after they are consented to or ratified by his or her statutory agent.

The counterparty may, by a notice, demand the statutory agent to ratify within 30 days of receipt of the notice. If the statutory agent fails to respond, ratification shall be deemed denied. Before the ratification of a civil juristic conduct, a bona fide counterparty has the right to revoke the act. The revocation shall be made by a notice.

§ 145 Ein von einem beschränkt Zivilgeschäftsfähigen vorgenommenes, rein vorteilhaftes Zivilrechtsgeschäft oder ein Zivilrechtsgeschäft, das seinem Alter und seinen geistigen Fähigkeiten und seiner geistigen Gesundheit entspricht, ist wirksam; andere von ihm vorgenommene Zivilrechtsgeschäfte werden mit dem Einverständnis oder der Genehmigung des gesetzlichen Vertreters wirksam.

Das Gegenüber kann den gesetzlichen Vertreter durch Mitteilung auffordern, innerhalb von 30 Tagen, beginnend mit dem Tag des Erhalts der Mitteilung, die Genehmigung zu erteilen. Äußert sich der gesetzliche Vertreter nicht, gilt die Genehmigung als verweigert. Solange das Zivilrechtsgeschäft nicht genehmigt ist, hat

ein gutgläubiges Gegenüber das Recht zum Widerruf. Der Widerruf muss mittels einer Mitteilung erfolgen.

第一百四十六条 行为人与相对人以虚假的意思表示实施的民事法律行为无效。

以虚假的意思表示隐藏的民事法律行为的效力,依照有关法律规定处理。

Article 146 A civil juristic conduct performed by an actor and the counterparty based on false expression of intention is void.

The validity of a civil juristic conduct under the disguise of a false expression of intention is to be dealt with pursuant to the relevant provisions of laws.

§ 146 Ein Zivilrechtsgeschäft, das der Handelnde mit dem Gegenüber durch falsche Willenserklärung vornimmt, ist unwirksam.

Auf die Wirksamkeit eines Zivilrechtsgeschäfts, das durch falsche Willenserklärung verdeckt wird, finden die einschlägigen gesetzlichen Bestimmungen Anwendung.

第一百四十七条 基于重大误解实施的民事法律行为,行为人有权请求人民法院或者仲裁机构予以撤销。

Article 147 The actor has the right to request the competent people's court or an arbitral institution to revoke a civil juristic conduct performed based on gross misunderstanding.

§ 147 Wurde ein Zivilrechtsgeschäft aufgrund eines schwerwiegenden Irrtums vorgenommen, ist der Handelnde berechtigt, beim Volksgericht oder beim Schiedsorgan die Aufhebung zu verlangen.

第一百四十八条 一方以欺诈手段,使对方在违背真实意思的情况下实施的民事法律行为,受欺诈方有权请求人民法院或者仲裁机构予以撤销。

Article 148 Where a civil juristic conduct is performed by a party against his or her genuine will as a result of fraud by the other party, the defrauded party has the right to request the competent people's court or an arbitral institution to revoke the conduct.

§ 148 Veranlasst eine Seite die andere Seite durch Täuschung, entgegen deren wahren Willen ein Zivilrechtsgeschäft vorzunehmen, ist die getäuschte Seite berechtigt, vom Volksgericht oder Schiedsorgan Aufhebung zu verlangen.

第一百四十九条 第三人实施欺诈行为,使一方在违背真实意思的情况下实施的民事法律行为,对方知道或者应当知道该欺诈行为的,受欺诈方有权请求人民法院或者仲裁机构予以撤销。

Article 149 Where a civil juristic conduct is performed by a party against his or her genuine will as a result of fraud by a third party, the defrauded party has the right to request the competent people's court or an arbitral institution to revoke the act if the other party knows or ought have known the fraud.

§ 149 Veranlasst eine durch einen Dritten vorgenommene Täuschungshandlung eine Seite entgegen dem wahren Willen dazu, ein Zivilrechtsgeschäft vorzunehmen, und wenn die andere Seite die Täuschungshandlung kannte oder kennen musste, ist die getäuschte Seite berechtigt, vom Volksgericht oder Schiedsorgan Aufhebung zu verlangen.

第一百五十条 一方或者第三人以胁迫手段,使对方在违背真实意思的情况下实施的民事法律行为,受胁迫方有权请求人民法院或者仲裁机构予以撤销。

Article 150 Where a party or a third party causes the other party to commit a civil juristic conduct against the true intention of the latter by means of coercion, the party under duress has the right to request the competent people's court or an arbitration institution to revoke the act.

§ 150 Veranlassen eine Seite oder ein Dritter die andere Seite durch Drohung dazu, entgegen dem wahren Willen ein Zivilrechtsgeschäft vorzunehmen, ist die bedrohte Seite berechtigt, vom Volksgericht oder Schiedsorgan Aufhebung zu verlangen.

第一百五十一条 一方利用对方处于危困状态、缺乏判断能力等情形,致使民事法律行为成立时显失公平的,受损害方有权请求人民法院或者仲裁机构予以撤销。

Article 151 Where a civil juristic conduct is evidently unfair when it is formed as a result of one party taking advantage of the other party's distress or lack of judgment, among others, the victim has the right to request the competent people's court or an arbitral institution to revoke the conduct.

§ 151 Nutzt eine Seite die Notlage, die mangelnde Beurteilungsfähigkeit oder sonstige Umstände der anderen Seite aus und führt dies dazu, dass das Zivilrechtsgeschäft zur Zeit seines Zustandekommens deutlich ungerecht ist, ist die geschädigte Seite berechtigt, vom Volksgericht oder Schiedsorgan Aufhebung zu verlangen.

第一百五十二条　有下列情形之一的,撤销权消灭:
(一)当事人自知道或者应当知道撤销事由之日起一年内、重大误解的当事人自知道或者应当知道撤销事由之日起九十日内没有行使撤销权;
(二)当事人受胁迫,自胁迫行为终止之日起一年内没有行使撤销权;
(三)当事人知道撤销事由后明确表示或者以自己的行为表明放弃撤销权。
当事人自民事法律行为发生之日起五年内没有行使撤销权的,撤销权消灭。

Article 152 Under any the following circumstances, the right to revoke a conduct shall be extinguished:
(1) a party fails to exercise its right of revocation within one year as of the day when the party knows or ought have known the cause of revocation, or a party with gross misunderstanding fails to exercise its right of revocation within 90 days as of the day when

the party knows or ought have known the cause of revocation;

(2) a coerced party fails to exercise its right of revocation within one year as of the day when coercion terminates; or

(3) a party renounces its right of revocation, expressly or by its conduct, after knowing the cause of revocation.

Where a party fails to exercise its right of revocation within five years after the day when the civil juristic conduct occurs, the right of revocation is extinguished.

§ 152　Liegt einer der folgenden Umstände vor, erlischt das Recht auf Aufhebung:

1. Das Recht zur Aufhebung wird nicht innerhalb eines Jahres von dem Tag an ausgeübt, an dem die Partei die Gründe für die Aufhebung kannte oder kennen musste; oder es wird nicht innerhalb von 90 Tagen von dem Tag an ausgeübt, an dem die Partei mit einem schwerwiegenden Irrtum die Gründe für die Aufhebung kannte oder kennen musste;

2. das Recht zur Aufhebung wird nicht innerhalb eines Jahres von dem Tag an ausgeübt, an dem die bedrohende Handlung für die bedrohte Partei endet;

3. nachdem die Partei Kenntnis von den Gründen für die Aufhebung erlangt hat, erklärt sie klar oder zeigt durch ihre Handlung deutlich, dass sie auf das Recht zur Aufhebung verzichtet.

Übt die Partei das Recht zur Aufhebung nicht innerhalb von 5 Jahren von dem Tag des Zivilrechtsgeschäfts an aus, erlischt das Recht zur Aufhebung.

第一百五十三条　违反法律、行政法规的强制性规定的民事法律行为无效。但是,该强制性规定不导致该民事法律行为无效的除外。

违背公序良俗的民事法律行为无效。

Article 153　A civil juristic conduct violating the imperative provisions of any law or administrative regulation is void, unless the imperative provisions do not result in the nullity of the civil juristic conduct.

A civil juristic conduct contrary to public order and good morals is invalid.

§ 153　Zivilrechtsgeschäfte, die zwingende Bestimmungen in Gesetzen oder Verwaltungsrechtsnormen verletzen, sind unwirksam; dies gilt jedoch nicht, wenn diese zwingenden Bestimmungen nicht dazu führen, dass diese Zivilrechtsgeschäfte unwirksam sind.

Zivilrechtsgeschäfte, die der öffentlichen Ordnung und den guten Sitten zuwiderlaufen, sind unwirksam.

第一百五十四条　行为人与相对人恶意串通,损害他人合法权益的民事法律行为无效。

Article 154　A civil juristic conduct by which an actor maliciously colludes with the counterparty to damage any other person's lawful rights and interests is invalid.

§ 154　Zivilrechtsgeschäfte, bei denen der Handelnde und das Gegenüber in böswillig Kollusion die legalen Rechte und Interessen anderer Personen schädigen, sind unwirksam.

第一百五十五条 无效的或者被撤销的民事法律行为自始没有法律约束力。

Article 155 An invalid or revoked civil juristic conduct is not legally binding *ab initio*.

§ 155 Unwirksame oder aufgehobene Zivilrechtsgeschäfte haben von Beginn an keine rechtliche Bindungskraft.

第一百五十六条 民事法律行为部分无效,不影响其他部分效力的,其他部分仍然有效。

Article 156 Where a civil juristic conduct is partially invalid and such invalidity does not affect the validity of other parts thereof, such other parts remain valid.

§ 156 Ist ein Teil des Zivilrechtsgeschäfts unwirksam, ohne dass das die Wirkung der anderen Teile beeinflusst, so bleiben die anderen Teile wirksam.

第一百五十七条 民事法律行为无效、被撤销或者确定不发生效力后,行为人因该行为取得的财产,应当予以返还;不能返还或者没有必要返还的,应当折价补偿。有过错的一方应当赔偿对方由此所受到的损失;各方都有过错的,应当各自承担相应的责任。法律另有规定的,依照其规定。

Article 157 After a civil juristic conduct becomes invalid, revoked or determined not to be effective, the property acquired by the actor as a result of the conduct shall be returned. If it is not possible or necessary to return such property, a compensation shall be provided on the basis of the value thereof. The party at fault shall compensate the other party for the losses thus incurred; if all parties are at fault, they shall bear their corresponding shares of liabilities. If the law provides otherwise, such provisions shall apply.

§ 157 Ist ein Zivilrechtsgeschäft unwirksam, aufgehoben worden oder wurde festgestellt, dass es keine Wirkungen entfaltet, müssen die Handelnden aus dieser Handlung erlangtes Vermögensgut zurückgeben; kann es nicht zurückgegeben werden oder ist eine Rückgabe unnötig, muss es in seinen Wert umgerechnet ersetzt werden. Die Seite, bei der Verschulden vorliegt, muss der anderen Seite den infolgedessen erlittenen Schaden ersetzen; liegt auf allen Seiten Verschulden vor, muss jede Seite entsprechend haften. Ist gesetzlich etwas anderes bestimmt, gelten diese Bestimmungen.

第四节 民事法律行为的附条件和附期限
Section 4 Conditions and Time Limits for Civil Juristic Conducts
4. Unterkapitel: Bedingungen und Zeitbestimmung bei Zivilrechtsgeschäften

第一百五十八条 民事法律行为可以附条件,但是根据其性质不得附条件的除外。附生效条件的民事法律行为,自条件成就时生效。附解除条件的民事法律行为,自条件成就时失效。

Article 158 A civil juristic conduct may be subject to a condition, unless such a condition is not allowed by the nature of the civil juristic conduct. A civil juristic conduct whose validity is subject to a condition becomes valid when the condition is fulfilled. A civil juristic conduct whose rescission is subject to a condition ceases to be valid when the condition is fulfilled.

§ 158　Ein Zivilrechtsgeschäft kann bedingt sein, es sei denn, es darf gemäß seiner Natur nicht unter Bedingungen gestellt werden. Ein aufschiebend bedingtes Zivilrechtsgeschäft wird mit dem Eintritt der Bedingung wirksam. Ein auflösend bedingtes Zivilrechtsgeschäft wird mit dem Eintritt der Bedingung unwirksam.

第一百五十九条　附条件的民事法律行为,当事人为自己的利益不正当地阻止条件成就的,视为条件已经成就;不正当地促成条件成就的,视为条件不成就。

Article 159　For a civil juristic conduct subject to a condition, if a party prevents the fulfillment of the condition by improper means for its own benefits, the condition shall be deemed as fulfilled; if a party facilitates the fulfillment of a condition by improper means, the condition shall not be deemed as fulfilled.

§ 159　Wurde ein Zivilrechtsgeschäft unter Bedingungen gestellt und verhindert eine Partei zu ihrem eigenen Vorteil den Eintritt einer Bedingung unlauter, gilt die Bedingung als eingetreten; führt sie unlauter den Eintritt einer Bedingung herbei, gilt die Bedingung als nicht eingetreten.

第一百六十条 民事法律行为可以附期限,但是根据其性质不得附期限的除外。附生效期限的民事法律行为,自期限届至时生效。附终止期限的民事法律行为,自期限届满时失效。

Article 160 A civil juristic conduct may be subject to a time limit, unless such a time limit is not allowed pursuant to the nature of the civil juristic conduct. A civil juristic conduct subject to a time limit for becoming valid becomes valid upon expiration of the term. A civil juristic conduct subject to a time limit for termination becomes invalid upon expiration of the time limit.

§ 160 Ein Zivilrechtsgeschäft kann eine Befristung enthalten, es sei denn, es darf gemäß seiner Natur nicht unter eine Frist gestellt werden. Ein Zivilrechtsgeschäft mit einer Frist für den Eintritt der Wirksamkeit wird mit Fristende wirksam. Ein Zivilrechtsgeschäft mit einer Beendigungsfrist wird mit Fristende unwirksam.

第七章 代理
Chapter VII Agency
7. Kapitel: Vertretung

第一节 一般规定
Section 1 General Rules
1. Unterkapitel: Allgemeine Bestimmungen

第一百六十一条 民事主体可以通过代理人实施民事法律行为。

依照法律规定、当事人约定或者民事法律行为的性质,应当由本人亲自实施的民事法律行为,不得代理。

Article 161 A party to civil affairs may conduct civil juristic conducts through an agent.

A civil juristic conduct that shall be performed by the principal in person pursuant to the provisions of laws, an agreement between the parties, or as is required by the nature of the civil juristic conduct shall not be performed by an agent.

§ 161 Zivilrechtssubjekte können durch Vertreter Zivilrechtsgeschäfte vornehmen.

Bei Zivilrechtsgeschäften, die nach gesetzlicher Bestimmung, Parteivereinbarung oder der Natur der Zivilrechtshandlung persönlich vorgenommen werden müssen, ist Vertretung unzulässig.

第一百六十二条 代理人在代理权限内,以被代理人名义实施的民事法律行为,对被代理人发生效力。

Article 162 A civil juristic conduct performed by an agent in the name of the principal within the power conferred on the agent is binding on the principal.

§ 162 Zivilrechtsgeschäfte, die der Vertreter innerhalb der Grenzen der Vertretungsmacht im Namen des Vertretenen vornimmt, entfalten Wirkung gegenüber dem Vertretenen.

第一百六十三条 代理包括委托代理和法定代理。
委托代理人按照被代理人的委托行使代理权。法定代理人依照法律的规定行使代理权。

Article 163 Agency includes entrusted agency and statutory agency.

An entrusted agent shall exercise the power conferred by the principal. A statutory agent shall exercise the power conferred by laws.

§ 163 Vertretung umfasst die beauftragte Vertretung und die gesetzliche Vertretung.

Der beauftragte Vertreter übt die Vertretungsmacht gemäß dem Auftrag des Vertretenen aus, der gesetzliche Vertreter übt die Vertretungsmacht gemäß den gesetzlichen Bestimmungen aus.

第一百六十四条　代理人不履行或者不完全履行职责，造成被代理人损害的，应当承担民事责任。

代理人和相对人恶意串通，损害被代理人合法权益的，代理人和相对人应当承担连带责任。

Article 164　Where an agent fails to perform or fully perform the duties thereof and thereby causes damage to the principal, the agent shall bear civil liabilities.

Where an agent and the counterparty, in malicious collusion, damages the principal's lawful rights and interests, the agent and the counterparty shall be jointly and severally liable.

§ 164　Führt der Vertreter, indem er seine Amtspflichten nicht oder nicht vollständig erfüllt, eine Schädigung des Vertretenen herbei, muss er zivilrechtlich haften.

Schädigen der Vertreter und das Gegenüber die legalen Rechte und Interessen des Vertretenen in böswilliger Kollusion, müssen der Vertreter und das Gegenüber als Gesamtschuldner haften.

第二节　委托代理

Section 2　Entrusted Agency

2. Unterkapitel: Beauftragte Vertretung

第一百六十五条　委托代理授权采用书面形式的，授权委托书应当载明代理人的姓名或者名称、代理事项、权限和期限，并由被代理人签名或者盖章。

Article 165　Where a civil juristic act is entrusted to an agent in written form, the power of attorney shall clearly state the agent's name, the entrusted matters and the scope and duration of the power of attorney, and shall be signed or sealed by the principal.

§ 165　Wird bei der Bevollmächtigung zur beauftragten Vertretung die Schriftform verwendet, muss die Vollmachtsurkunde den Namen oder die Bezeichnung des Vertreters sowie den Gegenstand der Vertretung, die Befugnisse und die Frist angeben und vom Vertretenen unterschrieben oder gesiegelt sein.

第一百六十六条　数人为同一代理事项的代理人的,应当共同行使代理权,但是当事人另有约定的除外。

Article 166　Where several persons serve as agents of the same matter, they shall jointly exercise the power of agency, unless otherwise agreed by and between the parties.

§ 166　Sind mehrere Personen Vertreter hinsichtlich desselben Vertretungsgegenstandes, müssen sie die Vertretungsmacht gemeinsam ausführen, soweit die Parteien nicht etwas anderes vereinbart haben.

第一百六十七条　代理人知道或者应当知道代理事项违法仍然实施代理行为,或者被代理人知道或者应当知道代理人的代理行为违法未作反对表示的,被代理人和代理人应当承担连带责任。

Article 167　Where an agent knows or ought have known that the object of the mandate is illegal, and nonetheless engages in the agency, or the principal knows or ought have known that an agent's performance is illegal but fails to raise any objection thereto, the principal and the agent shall be jointly and severally liable.

§ 167 Wenn der Vertreter weiß oder wissen musste, dass der Gegenstand der Vertretung gegen das Recht verstößt, und dennoch die Vertretungshandlung vornimmt oder wenn der Vertretene weiß oder wissen musste, dass Vertretungshandlungen des Vertreters gegen das Recht verstoßen, und keinen Widerspruch äußert, müssen der Vertretene und der Vertreter als Gesamtschuldner haften.

第一百六十八条 代理人不得以被代理人的名义与自己实施民事法律行为,但是被代理人同意或者追认的除外。

代理人不得以被代理人的名义与自己同时代理的其他人实施民事法律行为,但是被代理的双方同意或者追认的除外。

Article 168 An agent shall not perform any civil juristic conduct with itself in the name of the principal, unless it is consented to or ratified by the principal.

An agent shall not perform any civil juristic conduct in the name of one principal with any other principal represented by it at the same time, unless it is consented to or ratified by both principals.

§ 168 Vertreter dürfen Zivilrechtsgeschäfte nicht im Namen des Vertretenen mit sich selber vornehmen, es sei denn, der Vertretene ist damit einverstanden oder genehmigt dies.

Vertreter dürfen Zivilrechtsgeschäfte im Namen des Vertrete-

nen nicht mit anderen durch sie selbst zugleich vertretenen Personen vornehmen, es sei denn, beide vertretenen Seiten sind damit einverstanden oder genehmigen dies.

第一百六十九条 代理人需要转委托第三人代理的,应当取得被代理人的同意或者追认。

转委托代理经被代理人同意或者追认的,被代理人可以就代理事务直接指示转委托的第三人,代理人仅就第三人的选任以及对第三人的指示承担责任。

转委托代理未经被代理人同意或者追认的,代理人应当对转委托的第三人的行为承担责任;但是,在紧急情况下代理人为了维护被代理人的利益需要转委托第三人代理的除外。

Article 169 Where an agent needs transfer the agency to a third party, the agent shall obtain the consent or ratification of the principal.

With the principal's consent to or ratification of the transfer, the principal may directly instruct the third party appointed by the agent regarding the object of the agency, and the agent shall only be liable for the selection of the third party and its instructions to the third party.

Without the principal's consent to or ratification of the transfer, the agent shall be liable for the acts of the third party appointed by the agent, unless it is necessary for the agent to appoint the third party in case of emergency to safeguard the interests of the principal.

§ 169 Ist es erforderlich, dass der Vertreter einen Dritten

unterbeauftragt, muss er vorher das Einverständnis oder die Genehmigung des Vertretenen einholen.

Erfolgte die Unterbeauftragung zur Vertretung mit Einverständnis oder Genehmigung des Vertretenen, kann der Vertretene Anweisungen zur Angelegenheit, in der vertreten wird, direkt dem Dritten geben, an den der Auftrag übertragen wurde; der Vertreter haftet nur für die Auswahl des Dritten und die eigenen Anweisungen an den Dritten.

Wurde der Auftrag zur Vertretung ohne Einverständnis oder Genehmigung des Vertretenen übertragen, muss der Vertreter für Handlungen des Dritten haften, an den der Auftrag übertragen wurde; aber abgesehen davon, dass es unter dringenden Umständen zur Wahrung der Interessen des Vertretenen nötig war, dass der Vertreter den Auftrag zur Vertretung an einen Dritten überträgt.

第一百七十条 执行法人或者非法人组织工作任务的人员,就其职权范围内的事项,以法人或者非法人组织的名义实施的民事法律行为,对法人或者非法人组织发生效力。

法人或者非法人组织对执行其工作任务的人员职权范围的限制,不得对抗善意相对人。

Article 170 Where a person who performs tasks for a legal person or an unincorporated organization conducts civil juristic conducts related to matters within his or her scope of powers in the name of the legal person or the unincorporated organization, such conducts have binding force on the legal person or unincorporated organization.

Any restrictions imposed by a legal person or an unincorporated organization on the scope of powers of the person performing tasks for the legal person or unincorporated organization shall not be used against bona fide counterparty.

§ 170 Ein Zivilrechtsgeschäft, das von Personal, das Arbeitsaufgaben für eine juristische Person oder Organisation ohne Rechtspersönlichkeit durchführt, in Bezug auf einen Gegenstand im Bereich seiner Amtsbefugnisse im Namen der juristischen Person oder Organisation ohne Rechtspersönlichkeit vorgenommen wird, entfaltet gegenüber der juristischen Person oder Organisation ohne Rechtspersönlichkeit Wirkung.

Beschränkungen des Bereichs der Amtsbefugnisse von Personal, das Arbeitsaufgaben für eine juristische Person oder eine Organisation ohne Rechtspersönlichkeit durchführt, dürfen nicht einem gutgläubigen Gegenüber entgegengehalten werden.

第一百七十一条 行为人没有代理权、超越代理权或者代理权终止后,仍然实施代理行为,未经被代理人追认的,对被代理人不发生效力。

相对人可以催告被代理人自收到通知之日起三十日内予以追认。被代理人未作表示的,视为拒绝追认。行为人实施的行为被追认前,善意相对人有撤销的权利。撤销应当以通知的方式作出。

行为人实施的行为未被追认的,善意相对人有权请求行为人履行债务或者就其受到的损害请求行为人赔偿。但是,赔偿的范围不得超过被代理人追认时相对人所能获得的利益。

相对人知道或者应当知道行为人无权代理的,相对人和行为人按照各自的过错承担责任。

Article 171 Where an actor still performs an act of agency without a power of attorney, beyond his or her power of attorney, or after his or her power of attorney terminates, the act shall not be binding on the principal without the principal's ratification.

The counterparty may, by a notice, urge the principal to ratify within 30 days from the date of receipt of the notice. If the principal fails to respond, ratification shall be deemed denied. Before the ratification of the act, the bona fide counterparty shall have the right to revoke the act. The revocation shall be made by a notice.

Where ratification of the act is denied, the bona fide counterparty has the right to request that the actor perform obligations or compensate it for any injury suffered by it, but such compensation shall not exceed the interest that could have been obtained by the counterparty if the act were ratified by the principal.

Where the counterparty knows or ought have known that the actor has no power of attorney, the counterparty and the actor shall assume liability pursuant to their respective faults.

§ 171 Wenn ein Handelnder keine Vertretungsmacht hat, die Vertretungsmacht überschreitet oder nach Beendigung der Vertretungsmacht dennoch eine Vertretungshandlung vornimmt und der Vertretene sie nicht genehmigt, entfaltet die Vertretungshandlung gegenüber dem Vertretenen keine Wirkung.

Das Gegenüber kann den Vertretenen durch Mitteilung auffordern, innerhalb von 30 Tagen ab dem Tag des Erhalts der Mitteilung die Genehmigung zu erteilen. Äußert der Vertretene sich nicht, gilt die Genehmigung als verweigert. Bevor die vom Handelnden vorgenommene Handlung genehmigt wurde, hat ein gutgläubiges Gegenüber das Recht zum Widerruf. Der Widerruf muss in Form einer Mitteilung erfolgen.

Wird die vom Handelnden vorgenommene Handlung nicht genehmigt, ist ein gutgläubiges Gegenüber berechtigt, vom Handelnden die Erfüllung der Schuld zu verlangen oder, wenn ein Schaden herbeigeführt wurde, vom Handelnden Schadensersatz zu verlangen; der Umfang des Schadensersatzes darf jedoch nicht den Vorteil überschreiten, den das Gegenüber bei einer Genehmigung durch den Vertretenen erlangt hätte.

Wenn das Gegenüber weiß oder wissen musste, dass der Handelnde keine Berechtigung zur Vertretung hat, haften das Gegenüber und der Handelnde nach ihrem jeweiligen Verschulden.

第一百七十二条 行为人没有代理权、超越代理权或者代理权终止后,仍然实施代理行为,相对人有理由相信行为人有代理权的,代理行为有效。

Article 172 Where an actor performs an act of agency without a power of agency, beyond his or her power of attorney, or after his or her power of attorney terminates, the act is valid if the counterparty has reason to believe that the actor has the power of attorney.

§ 172 Wenn ein Handelnder keine Vertretungsmacht hat, die Vertretungsmacht überschreitet oder nach Beendigung der Vertretungsmacht dennoch eine Vertretungshandlung vornimmt und das Gegenüber Grund zu der Annahme hat, dass der Handelnde

Vertretungsmacht hat, ist diese Vertretungshandlung wirksam.

第三节 代理终止
Section 3 Termination of Agency
3. Unterkapitel: Beendigung der Vertretung

第一百七十三条 有下列情形之一的,委托代理终止:
(一)代理期限届满或者代理事务完成;
(二)被代理人取消委托或者代理人辞去委托;
(三)代理人丧失民事行为能力;
(四)代理人或者被代理人死亡;
(五)作为代理人或者被代理人的法人、非法人组织终止。

Article 173 Entrusted agency terminates under any of the following circumstances:

(1) the term of agency expires or the object of the mandate is fulfilled;

(2) the principal cancels the mandate or the agent surrenders the mandate;

(3) the agent loses capacity for civil conduct;

(4) the agent or the principal dies; or

(5) the legal person or unincorporated organization as the agent or the principal is terminated.

§ 173 Liegt einer der folgenden Umstände vor, endet die beauftragte Vertretung:

1. Die Vertretungsfrist ist abgelaufen oder die Angelegenheit, in der vertreten wird, ist abgeschlossen;

2. der Vertretene widerruft den Auftrag oder der Vertreter kündigt den Auftrag;

3. der Vertreter verliert die Zivilgeschäftsfähigkeit;

4. der Vertreter oder der Vertretene stirbt;

5. die vertretende oder vertretene juristische Person oder Organisation ohne Rechtspersönlichkeit endet.

第一百七十四条 被代理人死亡后,有下列情形之一的,委托代理人实施的代理行为有效:

(一)代理人不知道且不应当知道被代理人死亡;

(二)被代理人的继承人予以承认;

(三)授权中明确代理权在代理事务完成时终止;

(四)被代理人死亡前已经实施,为了被代理人的继承人的利益继续代理。

作为被代理人的法人、非法人组织终止的,参照适用前款规定。

Article 174 After the principal dies, the conducts of agency performed by the entrusted agent is valid under any of the following circumstances:

(1) the agent does not know and ought not have known that the principal has died;

(2) the successor of the principal recognizes such conducts;

(3) the power of attorney expressly states that the power of agency terminates upon fulfillment of the object of the mandate; or

(4) such conducts have been conducted before the principal dies and continue for the benefits of the principal's successors.

The provision of the preceding paragraph shall apply *mutatis mutandis* where a legal person or an unincorporated organization as the principal is terminated.

§ 174 Vertretungshandlungen, die ein beauftragter Vertreter vornimmt, nachdem der Vertretene gestorben ist, sind wirksam, wenn einer der folgenden Umstände vorliegt:

1. Der Vertreter wusste nicht und musste nicht wissen, dass der Vertretene gestorben ist;

2. der Erbe des Vertretenen gewährt die Anerkennung;

3. in der Bevollmächtigung kommt klar zum Ausdruck, dass die Vertretungsmacht erst mit Vollendung der Angelegenheit, in der vertreten wird, endet;

4. , Handlungen wurden vor dem Tod des Vertretenen bereits vorgenommen und die Vertretung wird im Interesse der Erben des Vertretenen fortgesetzt.

Ist der Vertretene eine beendete juristische Person oder Organisation ohne Rechtspersönlichkeit, wird der vorige Absatz entsprechend angewendet.

第一百七十五条 有下列情形之一的,法定代理终止:
(一)被代理人取得或者恢复完全民事行为能力;
(二)代理人丧失民事行为能力;
(三)代理人或者被代理人死亡;
(四)法律规定的其他情形。

Article 175 Statutory agency terminates under any of the following circumstances:

(1) the principal obtains or regains full capacity for civil conduct;

(2) the agent loses capacity for civil conduct;

(3) the agent or the principal dies; or

(4) any other circumstance specified by laws.

§ 175 Liegt einer der folgenden Umstände vor, endet die gesetzliche Vertretung:

1. Der Vertretene erlangt die Zivilgeschäftsfähigkeit oder stellt sie vollständig wieder her;

2. der Vertreter verliert die Zivilgeschäftsfähigkeit;

3. der Vertreter oder der Vertretene stirbt;

4. in anderen durch Gesetz bestimmten Umständen.

第八章 民事责任
Chapter Ⅷ Civil Liabilities
8. Kapitel: Zivilrechtliche Haftung

第一百七十六条 民事主体依照法律规定或者按照当事人约定,履行民事义务,承担民事责任。

Article 176 The parties to civil affairs shall perform their civil obligations and bear civil liabilities pursuant to the provisions of laws or the agreements of the parties.

§ 176 Zivilrechtssubjekte erfüllen gemäß den gesetzlichen Bestimmungen oder den Vereinbarungen der Parteien zivile Pflichten und haften dafür zivilrechtlich.

第一百七十七条 二人以上依法承担按份责任,能够确定责任大小的,各自承担相应的责任;难以确定责任大小的,平均承担责任。

Article 177 Where two or more persons share liabilities pursuant to the law, they shall assume their corresponding shares of liabilities respectively if their respective shares of liabilities can be determined; or they shall share evenly the liabilities if it is difficult to determine their respective share of the liabilities.

§ 177 Haften zwei oder mehr Personen gemäß dem Recht nach Bruchteilen und kann der jeweilige Beitrag zum Haftungsumfang festgestellt werden, haften sie jeweils ihrem Beitrag entsprechend; ist es schwierig, den jeweiligen Beitrag zum Haftungsumfang festzustellen, haften sie gleichmäßig.

第一百七十八条 二人以上依法承担连带责任的,权利人有权请求部分或者全部连带责任人承担责任。

连带责任人的责任份额根据各自责任大小确定;难以确定责任大小的,平均承担责任。实际承担责任超过自己责任份额的连带责任人,有权向其他连带责任人追偿。

连带责任,由法律规定或者当事人约定。

Article 178 Where two or more persons are jointly and severally liable pursuant to the law, the obligee has the right to request assumption of liability by some or all of the persons jointly and severally liable.

The respective shares of persons who are jointly and severally liable shall be identified to the extent of gravity of the liabilities of each person; or the liability shall be evenly shared by the persons if it is difficult to determine the gravity of liabilities of each person. If the liability actually assumed by a person jointly and severally liable exceeds the person's due share of liability, the person has the right to recover compensation from other persons jointly and severally liable.

The joint and several liabilities shall be prescribed by the provisions of laws or by the agreement by and between the parties.

§ 178　Haften zwei oder mehr Personen gemäß dem Recht als Gesamtschuldner, ist der Berechtigte berechtigt, von einem Teil oder von allen Gesamtschuldnern zu verlangen, dass sie haften.

Der Anteil der Haftung der Gesamtschuldner wird gemäß dem jeweiligen Beitrag zum Haftungsumfang festgestellt; ist der jeweilige Beitrag zum Haftungsumfang schwierig festzustellen, haften sie gleichmäßig. Gesamtschuldner, bei denen die tatsächlich zu tragende Haftung den Anteil der eigenen Haftung übersteigt, sind berechtigt, die anderen Gesamtschuldner in Regress zu nehmen.

Die gesamtschuldnerische Haftung wird vom Gesetz bestimmt oder von den Parteien vereinbart.

第一百七十九条　承担民事责任的方式主要有：
（一）停止侵害；
（二）排除妨碍；
（三）消除危险；

(四)返还财产;

(五)恢复原状;

(六)修理、重作、更换;

(七)继续履行;

(八)赔偿损失;

(九)支付违约金;

(十)消除影响、恢复名誉;

(十一)赔礼道歉。

法律规定惩罚性赔偿的,依照其规定。

本条规定的承担民事责任的方式,可以单独适用,也可以合并适用。

Article 179 Civil liabilities are borne primarily in the following manners:

(1) cessation of infringement;

(2) removal of obstruction;

(3) elimination of danger;

(4) restitution of property;

(5) restoration to the original condition;

(6) repair, reworking, or replacement;

(7) continued performance;

(8) compensation for losses;

(9) payment of liquidated damages;

(10) elimination of adverse effects and rehabilitation of reputation; or

(11) extension of an apology.

Where any law provides for punitive damages, such provisions shall prevail.

The manners of assuming civil liabilities as set forth in this Article may be applied exclusively or concurrently.

§ 179　Die Arten der zivilrechtlichen Haftung sind hauptsächlich:

1. Einstellung von Verletzungen;
2. Beseitigung von Behinderungen;
3. Beseitigung von Gefahren;
4. Rückgabe von Vermögensgütern;
5. Wiederherstellung des ursprünglichen Zustandes;
6. Reparatur, erneute Herstellung, Austausch;
7. fortgesetzte Erfüllung;
8. Ersatz des Schadens;
9. Zahlung von Vertragsstrafe;
10. Beseitigung von Auswirkungen, Wiederherstellung des Rufes;
11. Entschuldigung.

Bestimmen Gesetze einen Strafschadensersatz, gelten deren Bestimmungen.

Die in diesem Paragraphen bestimmten Arten der zivilrechtlichen Haftung können allein oder verbunden angewandt werden.

第一百八十条　因不可抗力不能履行民事义务的,不承担民事责任。法律另有规定的,依照其规定。

不可抗力是不能预见、不能避免且不能克服的客观情况。

Article 180 Where the non-performance of a civil obligation is caused by force majeure, no civil liabilities shall arise therefrom, except as otherwise provided for by any law.

Force majeure means any objective circumstance that is unforeseeable, unavoidable, and insurmountable.

§ 180 Kann eine Zivilpflicht wegen höherer Gewalt nicht erfüllt werden, wird dafür nicht zivilrechtlich gehaftet. Gibt es andere gesetzliche Bestimmungen, gelten diese Bestimmungen.

Höhere Gewalt bezeichnet objektive Umstände, die unvorhersehbar, unausweichlich und unüberwindlich sind.

第一百八十一条 因正当防卫造成损害的,不承担民事责任。

正当防卫超过必要的限度,造成不应有的损害的,正当防卫人应当承担适当的民事责任。

Article 181 Where any damage is caused by justifiable self-defense, no civil liabilities arises therefrom.

Where justifiable self-defense exceeds the limit of necessity and causes undue harm, the person in self-defense shall assume appropriate civil liabilities.

§ 181 Für eine durch Notwehr herbeigeführte Schädigung wird nicht zivilrechtlich gehaftet.

Übersteigt die Notwehr das Maß des Notwendigen und führt dies zu unnötigen Schädigungen, muss der in Notwehr Handelnde angemessen zivilrechtlich haften.

第一百八十二条　因紧急避险造成损害的,由引起险情发生的人承担民事责任。

危险由自然原因引起的,紧急避险人不承担民事责任,可以给予适当补偿。

紧急避险采取措施不当或者超过必要的限度,造成不应有的损害的,紧急避险人应当承担适当的民事责任。

Article 182　Where any damage is caused by necessity to avoid any danger in emergency, the person causing the danger shall bear civil liabilities.

Where the danger arises from any natural cause, the person acting to avoid the danger shall not bear civil liabilities, but may make appropriate indemnification.

Where the measures adopted out of necessity to avoid danger in an emergency are improper or exceed the extent of necessity, thus causing undue harm, the person adopting such measures to avoicl the danger shall bear appropriate civil liabilities.

§ 182　Wird eine Schädigung durch das dringend notwendige Ausweichen vor einer Gefahr herbeigeführt, haftet die Person, die die Entstehung des gefährlichen Umstands herbeigeführt hat, zivilrechtlich.

Wurde die Gefahr durch natürliche Ursachen herbeigeführt, so haftet die Person, die dringend einer Gefahr ausweichen musste, nicht zivilrechtlich, kann jedoch einen angemessenen Ausgleich gewähren.

Waren die Maßnahmen, die ergriffen wurden, um dringend einer Gefahr auszuweichen, unangemessen oder überschritten sie das Maß des Notwendigen und haben sie zu unnötigen Schädigungen geführt, muss der, der dringend einer Gefahr ausgewichen ist, angemessen zivilrechtlich haften.

第一百八十三条 因保护他人民事权益使自己受到损害的,由侵权人承担民事责任,受益人可以给予适当补偿。没有侵权人、侵权人逃逸或者无力承担民事责任,受害人请求补偿的,受益人应当给予适当补偿。

Article 183 Where a person suffers any damage in order to protect any other person's civil rights and interests, the tortfeasor shall bear civil liabilities, and the beneficiary may make appropriate indemnification. If there is no tortfeasor or the tortfeasor has fled or is unable to bear civil liabilities, the beneficiary shall make appropriate indemnification if the victim claims indemnification.

§ 183 Erleidet jemand, weil er die zivilen Rechte und Interessen anderer schützt, selbst eine Schädigung, haftet der Verletzer zivilrechtlich, und der Nutznießer kann einen entsprechenden Ausgleich leisten. Wenn es keinen Verletzer gibt, der Verletzer flüchtig oder unfähig ist, zivilrechtlich zu haften, und der Geschädigte einen Ausgleich verlangt, muss der Nutznießer einen angemessenen Ausgleich leisten.

第一百八十四条 因自愿实施紧急救助行为造成受助人损害的,救助人不承担民事责任。

Article 184 Whoever voluntarily provides emergency assistance and thereby causes any damage to the recipient of assistance shall not bear civil liabilities.

§ 184 Verursacht jemand, weil er freiwillig eine dringende Hilfehandlung vorgenommen hat, demjenigen, dem er Hilfe leistet, einen Schaden, haftet er nicht zivilrechtlich.

第一百八十五条 侵害英雄烈士等的姓名、肖像、名誉、荣誉,损害社会公共利益的,应当承担民事责任。

Article 185 Whoever infringes upon the name, likeness, reputation, or honor of a hero or a martyr, among others, and thereby causes any damage to the public interest shall bear civil liabilities.

§ 185 Wer den Namen, das Bildnis, den guten Ruf oder die Ehre von Personen wie etwa Helden oder Märtyrern verletzt und dadurch die allgemeinen gesellschaftlichen Interessen schädigt, muss zivilrechtlich haften.

第一百八十六条 因当事人一方的违约行为,损害对方人身权益、财产权益的,受损害方有权选择请求其承担违约责任或者侵权责任。

Article 186 Where a party breaches a contract and thereby causes damage to the other party's personal or property rights and interests, the victim has the right to request the party to assume liability for breach of contract or assume tortious liabilities.

§ 186 Schädigen vertragsverletzende Handlungen einer der Parteien die persönlichen Rechte und Interessen oder die Rechte und Interessen an Vermögensgütern der anderen Partei, ist die geschädigte Seite berechtigt zu wählen, ob sie von diesem verlangt, wegen Vertragsverletzung zu haften oder die deliktische Haftung zu übernehmen.

第一百八十七条 民事主体因同一行为应当承担民事责任、行政责任和刑事责任的,承担行政责任或者刑事责任不影响承担民事责任;民事主体的财产不足以支付的,优先用于承担民事责任。

Article 187 Where a party to civil affairs shall be held civilly, administratively, and criminally liable for the same act, the assumption of administrative liability or criminal liability does not affect the assumption of civil liabilities; and if the party's property is insufficient for payment, the property shall be used first for assump-tion of civil liabilities.

§ 187 Muss ein Zivilrechtssubjekt wegen derselben Handlung zivilrechtlich haften, verwaltungsrechtlich haften und strafrechtlich haften, beeinflusst die verwaltungsrechtliche Haftung oder die strafrechtliche Haftung nicht die zivilrechtliche Haftung; reicht das Vermögen des Zivilrechtssubjekts zur Zahlung nicht aus, wird es bevorzugt für die zivilrechtliche Haftung verwendet.

第九章 诉讼时效
Chapter IX　Limitation of Action
9. Kapitel：Klageverjährung

第一百八十八条 向人民法院请求保护民事权利的诉讼时效期间为三年。法律另有规定的,依照其规定。

诉讼时效期间自权利人知道或者应当知道权利受到损害以及义务人之日起计算。法律另有规定的,依照其规定。但是,自权利受到损害之日起超过二十年的,人民法院不予保护,有特殊情况的,人民法院可以根据权利人的申请决定延长。

Article 188 The limitation of action period for applying to the competent people's court for the protection of civil rights is three years. Where the law provides otherwise, such provisions shall prevail.

The limitation period shall be calculated as of the day when the obligee knows or ought to have known that his or her right has been infringed upon and who the obligor is, except as otherwise provided for by any law. The competent people's court shall not offer protection if 20 years have elapsed since the infringement; but under special circumstances, the competent people's court may decide to extend the limitation period upon application of the obligee.

§ 188 Die Klageverjährungsfrist für an das Volksgericht gerichtetes Verlangen von Schutz der zivilen Rechte beträgt 3 Jahre. Gibt es andere gesetzliche Bestimmungen, gelten diese Bestimmungen.

Die Verjährungsfrist wird von dem Tag an berechnet, an dem der Berechtigte von der Verletzung seines Rechts sowie von der Person des Verpflichteten erfährt oder erfahren muss. Gibt es andere gesetzliche Bestimmungen, gelten diese Bestimmungen. Sind jedoch über 20 Jahre seit dem Tag der Rechtsverletzung vergangen, gewährt das Volksgericht keinen Schutz; liegen besondere Umstände vor, kann das Volksgericht auf Antrag des Berechtigten entscheiden, die Klageverjährungsfrist zu verlängern.

第一百八十九条 当事人约定同一债务分期履行的，诉讼时效期间自最后一期履行期限届满之日起计算。

Article 189 Where the parties have agreed on the installment performance of a debt, the limitation period shall be calculated as of the day when the time limit for the last installment expires.

§ 189 Vereinbaren die Parteien die Erfüllung einer Schuld in Raten, beginnt die Berechnung der Klageverjährungsfrist mit dem Tag, an dem die Frist für die Erfüllung der letzten Rate abgelaufen ist.

第一百九十条 无民事行为能力人或者限制民事行为能力人对其法定代理人的请求权的诉讼时效期间，自该法定代理终止之日起计算。

Article 190 The limitation period of a claim by a person without capacity for civil conduct or with limited capacity for civil conduct against his or her statutory agent shall be calculated as of the day when the statutory agency is terminated.

§ 190　Die Klageverjährungsfrist für Ansprüche Zivilgeschäftsunfähiger oder beschränkt Zivilgeschäftsfähiger gegen ihre gesetzlichen Vertreter wird vom Tag des Endes dieser gesetzlichen Vertretung an berechnet.

第一百九十一条　未成年人遭受性侵害的损害赔偿请求权的诉讼时效期间，自受害人年满十八周岁之日起计算。

Article 191　The limitation period of a claim for damages by a minor who has suffered sexual assault shall be calculated as of the day when the victim attains the age of eighteen.

§ 191　Die Klageverjährungsfrist für Ansprüche auf Schadensersatz Minderjähriger wegen Erleidens einer sexuellen Verletzung wird vom Tag an berechnet, an dem der Geschädigte das 18. Lebensjahr vollendet.

第一百九十二条　诉讼时效期间届满的，义务人可以提出不履行义务的抗辩。

诉讼时效期间届满后，义务人同意履行的，不得以诉讼时效期间届满为由抗辩；义务人已经自愿履行的，不得请求返还。

Article 192　When the limitation period expires, the obligor may use it as a defense for non-performance of obligations.

Where the obligor agrees to perform after the limitation period expires, the obligor may not defend on the ground that the limitation period has expired; and if the obligor has voluntarily performed, no request for restitution may be made.

§ 192 Ist die Klageverjährungsfrist abgelaufen, kann der Verpflichtete die Erfüllung seiner Verpflichtung verweigern.

War der Verpflichtete nach Ablauf der Klageverjährungsfrist mit der Erfüllung einverstanden, darf er nicht auf Grund des Ablaufs der Klageverjährungsfrist einen Einwand erheben; hat der Verpflichtete freiwillig erfüllt, darf er nicht Herausgabe verlangen.

第一百九十三条 人民法院不得主动适用诉讼时效的规定。

Article 193 The people's courts shall not voluntarily apply the provisions on limitation of action.

§ 193 Das Volksgericht darf die Bestimmungen zur Klageverjährungsfrist nicht von sich aus anwenden.

第一百九十四条 在诉讼时效期间的最后六个月内，因下列障碍，不能行使请求权的，诉讼时效中止：

（一）不可抗力；

（二）无民事行为能力人或者限制民事行为能力人没有法定代理人，或者法定代理人死亡、丧失民事行为能力、丧失代理权；

（三）继承开始后未确定继承人或者遗产管理人；

（四）权利人被义务人或者其他人控制；

（五）其他导致权利人不能行使请求权的障碍。

自中止时效的原因消除之日起满六个月，诉讼时效期间届满。

Article 194 The limitation period is suspended if during the last six months of the period, a claim cannot be filed due to any of the following obstacles:

(1) force majeure;

(2) the person without capacity for civil conduct or with limited capacity for civil conduct has no statutory agent, or his or her statutory agent dies, loses capacity for civil conduct, or loses the power conferred by laws;

(3) the successor or administrator has not been determined after the commencement of succession;

(4) the obligee is controlled by the obligor or any other person; or

(5) any other obstacle resulting in the obligee's failure to file a claim.

The limitation period shall expire six months after the day when the obstacle causing the suspension is eliminated.

§ 194 Kann während der letzten 6 Monate der Klageverjährungsfrist ein Anspruch auf Grund der folgenden Hindernisse nicht ausgeübt werden, ist die Klageverjährung gehemmt:

1. bei höherer Gewalt;

2. wenn ein Zivilgeschäftsunfähiger oder ein beschränkt Zivilgeschäftsfähiger keinen gesetzlichen Vertreter hat oder der gesetzliche Vertreter stirbt, die Zivilgeschäftsfähigkeit verliert oder die Vertretungsmacht verliert;

3. wenn nach Eintritt des Erbfalls die Erben oder der Nachlassverwalter noch nicht bestimmt wurden;

4. wenn die Berechtigten durch die Verpflichteten oder andere Personen kontrolliert werden;

5. wenn andere Hindernisse dazu führen, dass Berechtigte einen Anspruch nicht ausüben können.

Mit Ablauf von 6 Monaten, beginnend mit dem Tag, an dem der Grund der Hemmung entfällt, läuft die Klageverjährungsfrist ab.

第一百九十五条 有下列情形之一的,诉讼时效中断,从中断、有关程序终结时起,诉讼时效期间重新计算:

(一)权利人向义务人提出履行请求;

(二)义务人同意履行义务;

(三)权利人提起诉讼或者申请仲裁;

(四)与提起诉讼或者申请仲裁具有同等效力的其他情形。

Article 195 Where limitation period is interrupted under any of the following circumstances, the calculation of the limitation period starts anew from the time of interruption or the termination of the relevant procedure:

(1) the obligee requests the obligor's performance;

(2) the obligor agrees to perform;

(3) the obligee institutes an action or applies for arbitra-tion; or

(4) any other circumstance with equal effects as instituting an action or applying for arbitration.

§ 195 Liegt einer der folgenden Umstände vor, wird die Klageverjährung unterbrochen, vom Zeitpunkt der Beendigung der

Unterbrechung bzw. des betreffenden Verfahrens an beginnt die Klageverjährungsfrist von neuem:

1. Der Berechtigte verlangt vom Verpflichteten Erfüllung;

2. der Verpflichtete ist mit der Erfüllung der Verpflichtung einverstanden;

3. der Berechtigte erhebt Klage oder beantragt ein Schiedsverfahren;

4. es liegen andere Umstände vor, die die gleiche Wirkung wie die Klageerhebung oder die Beantragung eines Schiedsverfahrens besitzen.

第一百九十六条　下列请求权不适用诉讼时效的规定：

（一）请求停止侵害、排除妨碍、消除危险；

（二）不动产物权和登记的动产物权的权利人请求返还财产；

（三）请求支付抚养费、赡养费或者扶养费；

（四）依法不适用诉讼时效的其他请求权。

Article 196　The provisions on limitation period do not apply to the following claims:

（1）a claim for cessation of infringement, removal of obstacles, or elimination of danger;

（2）a claim by a holder of a real right in an immovable or a registered real right in a movable for restitution of property;

（3）a claim for payment of child support, support for elderly parents, or spousal support; or

（4）any other claim to which the limitation period does not

apply pursuant to the law.

§ 196 Auf die folgenden Ansprüche werden die Bestimmungen über die Klageverjährung nicht angewandt:

1. Forderungen nach Einstellung von Verletzungen, Wegräumen von Behinderungen und Beseitigung von Gefahren;

2. Berechtigte dinglicher Rechte an unbeweglichen Sachen und dinglicher Rechte an eingetragenen beweglichen Sachen fordern die Zurückgabe von Vermögensgütern;

3. Forderungen über die Zahlung von Kindesunterhalt;

4. andere Ansprüche, auf welche die Klageverjährung gemäß dem Recht nicht angewandt wird.

第一百九十七条 诉讼时效的期间、计算方法以及中止、中断的事由由法律规定，当事人约定无效。

当事人对诉讼时效利益的预先放弃无效。

Article 197 The duration, calculation method, and causes of suspension or interruption of the limitation period are provided for by laws, and any agreement thereon between the parties in this respect is invalid.

A party's prior renouncement of the benefit of limitation of action is invalid.

§ 197 Klageverjährungsfristen, Berechnungsmethoden sowie Gründe für Hemmungen und Unterbrechungen werden durch Gesetze bestimmt; Vereinbarungen der Parteien sind unwirksam.

Der Verzicht der Parteien auf die Vorteile der Klageverjährung im Voraus ist unwirksam.

第一百九十八条 法律对仲裁时效有规定的,依照其规定;没有规定的,适用诉讼时效的规定。

Article 198 Where any law prescribes arbitration, such a law shall apply; otherwise, the provisions on limitation period shall apply.

§ 198 Bestimmen Gesetze Verjährungsfristen für Schiedsverfahren, so gelten diese Bestimmungen; gibt es keine Bestimmungen, werden die Bestimmungen über die Klageverjährung angewendet.

第一百九十九条 法律规定或者当事人约定的撤销权、解除权等权利的存续期间,除法律另有规定外,自权利人知道或者应当知道权利产生之日起计算,不适用有关诉讼时效中止、中断和延长的规定。存续期间届满,撤销权、解除权等权利消灭。

Article 199 Except as otherwise provided for by any law, the duration of rights such as the right of revocation and the right of rescission as granted by laws or agreed upon by the parties is calculated as of the day when a right holder knows or ought to have known that such a right has arisen, and the provisions on the suspension, interruption, and extension of limitation of action do not apply to the above duration. The right of revocation, right of rescission, and other rights are extinguished upon expiration of such duration.

§ 199 Fristen für das Fortbestehen gesetzlich bestimmter oder von den Parteien vereinbarter Rechte wie das Recht zur Aufhebung oder das Recht zur Auflösung werden, soweit das Gesetz nichts anderes vorsieht, von dem Tag an berechnet, an dem die Berechtigten erfahren oder erfahren müssen, dass das Recht entstanden ist, hierbei werden die betreffenden Bestimmungen über Hemmung, Unterbrechung und Verlängerung der Klageverjährung nicht angewandt. Sind Fristen für das Fortbestehen abgelaufen, erlöschen Rechte wie etwa das Recht zur Aufhebung oder das Recht zur Auflösung.

第十章 期间计算
Chapter X Calculation of Time Period
10. Kapitel: Berechnung von Zeiträumen

第二百条 民法所称的期间按照公历年、月、日、小时计算。

Article 200 For the purposes of the civil law, a time period is calculated pursuant to the Gregorian calendar by year, month, day, and hour.

§ 200 Die im Zivilrecht bezeichneten Fristen werden in Jahren, Monaten, Tagen und Stunden des Gregorianischen Kalenders berechnet.

第二百零一条 按照年、月、日计算期间的,开始的当日不计入,自下一日开始计算。

按照小时计算期间的,自法律规定或者当事人约定的时间开始计算。

Article 201　Where a time period is calculated in terms of year, month, and day, the first day of the period is not counted, and the period is counted from the next day.

Where a time period is calculated in terms of hour, the period is counted from the time specified by laws or agreed upon by the parties.

§ 201　Wird die Frist nach Jahren, Monaten oder Tagen berechnet, so wird der Anfangstag nicht eingerechnet; sie wird vom folgenden Tag an berechnet.

Wird die Frist nach Stunden berechnet, so beginnt sie am gesetzlich bestimmten oder durch die Parteien vereinbarten Zeitpunkt.

第二百零二条　按照年、月计算期间的,到期月的对应日为期间的最后一日;没有对应日的,月末日为期间的最后一日。

Article 202　Where a time period is calculated in terms of year and month, the corresponding date of the expiry month is the last day of the time period; or if there is no corresponding date, the last day of the expiry month is the last day of the time period.

§ 202　Wird die Frist nach Jahren oder Monaten berechnet, gilt der entsprechende Tag des Ablaufmonats als letzter Tag; hat der Monat keinen entsprechenden Tag, gilt dessen Endtag als letzter Tag der Frist.

第二百零三条 期间的最后一日是法定休假日的,以法定休假日结束的次日为期间的最后一日。

期间的最后一日的截止时间为二十四时;有业务时间的,停止业务活动的时间为截止时间。

Article 203 Where the last day of a time period falls on a legal holiday, the day after the legal holiday is the last day of the time period.

The last day of a time period ends at 24:00 of the day; or if business hours are applicable, the last day ends at the closing hour of business.

§ 203 Ist der letzte Tag der Frist ein gesetzlicher Feiertag, so gilt der auf das Ende der gesetzlichen Feiertage folgende Tag als letzter Tag der Frist.

Der den letzten Tag einer Frist abschließende Zeitpunkt ist 24 Uhr; gibt es Geschäftszeiten, ist der Zeitpunkt des Geschäftsschlusses der abschließende Zeitpunkt.

第二百零四条 期间的计算方法依照本法的规定,但是法律另有规定或者当事人另有约定的除外。

Article 204 Time periods are calculated in methods specified by this Code, except as otherwise provided for by any law or agreed upon by the parties.

§ 204 Die Methode für die Berechnung einer Frist richtet sich nach den Bestimmungen dieses Gesetzes, soweit das Gesetz oder Parteivereinbarungen nichts anderes vorsehen.

第二编　物权

Book Two Real Rights

Zweites Buch：Sachenrecht

第一分编　通则
Part One General Provisions
1. Abschnitt: Allgemeine Grundsätze

第一章　一般规定
Chapter I　General Rules
1. Kapitel: Allgemeine Bestimmungen

第二百零五条　本编调整因物的归属和利用产生的民事关系。

Article 205　This Book governs civil relations arising from the attribution and use of property.

§ 205　Dieses Buch regelt die zivilen Beziehungen, die aus der Zugehörigkeit und den Gebrauch von Sachen entstehen.

第二百零六条　国家坚持和完善公有制为主体、多种所有制经济共同发展，按劳分配为主体、多种分配方式并存，社会主义市场经济体制等社会主义基本经济制度。

国家巩固和发展公有制经济，鼓励、支持和引导非公有制经济的发展。

国家实行社会主义市场经济，保障一切市场主体的平等法律地位和发展权利。

Article 206 The State upholds and improves the co-development of multiple forms of ownership with public ownership playing a dominant role, the co-existence of multiple modes of distribution with distribution pursuant to the amount of labor performed playing a dominant role, the system of socialist market economy, and other basic socialist economic regimes.

The State consolidates and develops the public sector of the economy, and encourages, supports, and guides the development of the non-public sectors of the economy.

The State implements the socialist market economy, and safeguards the equal legal status and development rights of all market entities.

§ 206 Der Staat hält an sozialistischen Grundwirtschaftsordnungen, zu denen die Wirtschaft öffentlicher Eigentumsordnung als Hauptteil bei gemeinsamer Entwicklung der Wirtschaft vielfältiger Eigentumsordnungen, die Verteilung nach Arbeit als Hauptmethode beim Bestehen vielfältiger Verteilungsmethoden und das sozialistische marktwirtschaftliche System gehören, fest und vervollkommnet sie.

Der Staat festigt und entwickelt die Wirtschaft der öffentlichen Eigentumsordnung und spornt die Entwicklung der nichtöffentlichen Eigentumsordnungen an, unterstützt sie und leitet sie an.

Der Staat führt sozialistische Marktwirtschaft durch und gewährleistet die gleiche Rechtsstellung und die gleichen Entwicklungsrechte aller Marktsubjekte.

第二百零七条 国家、集体、私人的物权和其他权利人的物权受法律平等保护,任何组织或者个人不得侵犯。

Article 207 The real rights of the State, collectives, individuals, and other right holders shall be equally protected by law, and shall not be infringed upon by any organization or individual.

§ 207 Die dinglichen Rechte des Staates, des Kollektivs, der Einzelperson und sonstiger Berechtigter werden gesetzlich gleich geschützt, keine Organisation oder kein Einzelner darf sie verletzen.

第二百零八条 不动产物权的设立、变更、转让和消灭,应当依照法律规定登记。动产物权的设立和转让,应当依照法律规定交付。

Article 208 The creation, modification, transfer, or extinction of a real right in an immovable shall be registered pursuant to the provisions of laws. A real right in a movable shall be created or transferred upon delivery pursuant to the provisions of laws.

§ 208 Die Bestellung, Änderung, Übertragung und das Erlöschen dinglicher Rechte an unbeweglichen Sachen müssen nach den gesetzlichen Bestimmungen eingetragen werden. Zur Errichtung und Übertragung von dinglichen Rechten an beweglichen Sachen muss die Übergabe nach den gesetzlichen Bestimmungen erfolgen.

第二章 物权的设立、变更、转让和消灭
Chapter II Creation, Modification, Transfer and Extinction of Real Rights
2. Kapitel: Bestellung, Änderung, Übertragung und Erlöschen dinglicher Rechte

第一节 不动产登记
Section 1 Registratio of Immovables
1. Unterkapitel: Registrierung unbeweglicher Sachen

第二百零九条 不动产物权的设立、变更、转让和消灭，经依法登记，发生效力；未经登记，不发生效力，但是法律另有规定的除外。

依法属于国家所有的自然资源，所有权可以不登记。

Article 209 The creation, modification, transfer, or extinction of a real right in an immovable become valid after it is registered pursuant to the law; it has no binding force if it is not registered pursuant to the law, except as otherwise provided for by any law.

The ownership of natural resources belonging to the State pursuant to the law is not required to be registered.

§ 209 Die Bestellung, Änderung, Übertragung und das Erlöschen dinglicher Rechte an unbeweglichen Sachen entfalten Wirkung, nachdem sie nach dem Recht eingetragen sind; ohne Eintragung entfalten sie keine Wirkung, soweit das Gesetz nichts anderes bestimmt.

Das Eigentum an den nach dem Recht dem Staat gehörenden natürlichen Ressourcen bedarf keiner Eintragung.

第二百一十条　不动产登记,由不动产所在地的登记机构办理。

国家对不动产实行统一登记制度。统一登记的范围、登记机构和登记办法,由法律、行政法规规定。

Article 210　An immovable is registered at the registration authority at the place where the immovable is located.

The State implements the rules for the unified registration of immovables. The scope of unified registration, registration authorities and the measures for registration are provided for by laws and administrative regulations.

§ 210　Die Eintragung bei unbeweglichen Sachen erfolgt durch die Registerstelle des Orts, in dem sich die Sache befindett.

Der Staat führt bei unbeweglichen Sachen ein einheitliches Eintragungssystem durch. Der Umfang der einheitlichen Eintragung, die Registerstelle und das Eintragungsverfahren werden gesetzlich oder durch Verwaltungsrechtsnormen bestimmt.

第二百一十一条　当事人申请登记,应当根据不同登记事项提供权属证明和不动产界址、面积等必要材料。

Article 211　When applying for registration, the parties concerned shall provide certificates of ownership and necessary materials such as the boundary and area of the immovable pursuant to different registration items.

§ 211　Die Partei, die die Eintragung beantragt, muss je nach Gegenstand der Eintragung Nachweise der Rechtszugehörigkeit und notwendige Unterlagen über Grenzen, Fläche und andere Eigenschaften der unbeweglichen Sache beibringen.

第二百一十二条　登记机构应当履行下列职责：
（一）查验申请人提供的权属证明和其他必要材料；
（二）就有关登记事项询问申请人；
（三）如实、及时登记有关事项；
（四）法律、行政法规规定的其他职责。
申请登记的不动产的有关情况需要进一步证明的，登记机构可以要求申请人补充材料，必要时可以实地查看。

Article 212　The registration authority shall perform the following duties:

(1) examining the certificate of ownership and other required materials provided by the applicant;

(2) inquiring the applicant about the relevant registration items;

(3) registering the relevant items based on facts and in a timely manner; or

(4) performing other duties provided for by laws and administrative regulations.

Where the relevant information of the immovable to be applied for registration needs further proof, the registration authority may require the applicant to submit additional materials, and may, when necessary, conduct on-site inspection.

§ 212 Das Registerorgan muss die folgenden Amtsaufgaben wahrnehmen:

1. die vom Antragsteller beigebrachten Nachweise der Rechtszugehörigkeit und anderen notwendigen Unterlagen prüfen;

2. den Antragsteller um Auskunft zu den einzutragenden Gegenständen ersuchen;

3. die betreffenden Gegenstände wahrheitsgemäß und unverzüglich eintragen;

4. andere von Gesetzen oder Verwaltungsrechtsnormen bestimmte Amtsaufgaben.

Erfordern die Umstände zu der unbeweglichen Sache, desren Eintragung beantragt wird, weitere Nachweise, kann die Registerstelle vom Antragsteller ergänzende Unterlagen verlangen und nötigenfalls eine Überprüfung vor Ort vornehmen.

第二百一十三条 登记机构不得有下列行为：

（一）要求对不动产进行评估；

（二）以年检等名义进行重复登记；

（三）超出登记职责范围的其他行为。

Article 213 The registration authority shall not commit any of the following conducts:

(1) requiring the assessment of the immovable;

(2) conducting repeated registration in the name of annual inspection, among others; or

(3) any other conducts beyond the scope of registration duties.

§ 213 Die Registerstelle darf die fogenden Handlungen nicht vornehmen:

1. Verlangen einer Bewertung der unbeweglichen Sache;

2. Wiederholung der Eintragung unter dem Vorwand einer Jahresprüfung oder unter anderen Vorwänden;

3. sonstige über die Amtsaufgaben bei der Eintragung hinausgehende Handlungen.

第二百一十四条 不动产物权的设立、变更、转让和消灭，依照法律规定应当登记的，自记载于不动产登记簿时发生效力。

Article 214 The creation, modification, transfer, or extinction of the real right in an immovable, if it shall be registeredpursuant to the provisions of laws, become valid from the time when it is recorded in the register of immovables.

§ 214 Muss die Bestellung, Änderung, Übertragung oder das Erlöschen eines dinglichen Rechts an einer unbeweglichen Sache nach den gesetzlichen Bestimmungen eingetragen werden, entfaltet die Rechtsänderung Wirkung, sobald sie im Grundbuch aufgezeichnet worden ist.

第二百一十五条 当事人之间订立有关设立、变更、转让和消灭不动产物权的合同，除法律另有规定或者当事人另有约定外，自合同成立时生效；未办理物权登记的，不影响合同效力。

Article 215 A contract entered into by the parties on the creation, modification, transfer, or extinction of the real right in an immovable becomes valid from the date when the contract is entered into, unless it is otherwise provided for by any law or agreed upon by the parties; and if the real right has not been registered, it does not affect the validity of the contract.

§ 215 Ein zwischen den Parteien geschlossener Vertrag über die Bestellung, Änderung, Übertragung oder das Erlöschen eines dinglichen Rechts an einer unbeweglichen Sache wird mit Zustandekommen des Vertrags wirksam, soweit gesetzlich nichts anderes bestimmt ist oder die Parteien nichts anderes vereinbart haben; ist die Eintragung der Änderung des betreffenden dinglichen Rechts nicht erfolgt, berührt dies die Wirksamkeit des Vertrags nicht.

第二百一十六条 不动产登记簿是物权归属和内容的根据。

不动产登记簿由登记机构管理。

Article 216 The register of immovables is the basis for determining the ownership and content of a real right.

The register of immovables is managed by the registration authority.

§ 216 Das Grundbuch ist die Grundlage für die Zuordnung und den Inhalt der dinglichen Rechte.

Das Grundbuch wird von der Registerstelle geführt.

第二百一十七条　不动产权属证书是权利人享有该不动产物权的证明。不动产权属证书记载的事项,应当与不动产登记簿一致;记载不一致的,除有证据证明不动产登记簿确有错误外,以不动产登记簿为准。

Article 217　The certificate of ownership of an immovable is the certificate proving that the right holder is entitled to the real right in the immovable. The items recorded in the certificate of ownership of the immovable shall be consistent with those recorded in the register of immovables; in the case of any discrepancy, the item recorded in the register of immovables shall prevail, except that there is any evidence to prove that there is any error in the item.

§ 217　Die Urkunde über die Rechtszugehörigkeit der unbeweglichen Sache ist der Nachweis dafür, dass der als Berechtigter Genannte das bezeichnete dingliche Recht an der unbeweglichen Sache genießt. Die in der Urkunde über die Rechtszugehörigkeit der unbeweglichen Sache aufgezeichneten Gegenstände müssen mit den Eintragungen im Grundbuch übereinstimmen; stimmt die Aufzeichnung mit der Eintragung im Grundbuch nicht überein, ist das Grundbuch maßgebend, falls nicht Beweismittel vorliegen, die die tatsächliche Unrichtigkeit des Grundbuches nachweisen.

第二百一十八条　权利人、利害关系人可以申请查询、复制不动产登记资料,登记机构应当提供。

Article 218　The right holder or the interested party may apply for consulting or duplicating immovable registration materials, and the registration authority shall provide such materials.

§ 218 Berechtigte und Interessierte können Durchsicht und Kopie der Eintragungsdaten zu unbeweglichen Sachen beantragen; das Eintragunsorgan muss diese zur Verfügung stellen.

第二百一十九条 利害关系人不得公开、非法使用权利人的不动产登记资料。

Article 219 The interested parties shall not make public or illegally use the right holder's immovable registration materials.

§ 219 Interessierte dürfen Eintragungsdaten zu unbeweglichen Sachen von Berechtigten nicht veröffentlichen oder illegal nutzen.

第二百二十条 权利人、利害关系人认为不动产登记簿记载的事项错误的,可以申请更正登记。不动产登记簿记载的权利人书面同意更正或者有证据证明登记确有错误的,登记机构应当予以更正。

不动产登记簿记载的权利人不同意更正的,利害关系人可以申请异议登记。登记机构予以异议登记,申请人自异议登记之日起十五日内不提起诉讼的,异议登记失效。异议登记不当,造成权利人损害的,权利人可以向申请人请求损害赔偿。

Article 220 The right holder or the interested party may apply for correction of the registration if there is any error in the item recorded in the register of immovables. If the right holder recorded in the register of immovables agrees to make correction in a written form or has evidence to prove that there is any error in the registration item, the registration authority shall make correction.

Where the right holder recorded in the register of immovables disagrees to the correction, the interested party may apply for opposition registration. If the registration authority grants the opposition registration, but the applicant fails to institute an action within 15 days from the date of opposition registration, the opposition registration ceases to be effective. If the opposition registration is inappropriate and causes any damage to the right holder, the right holder may claim compensation for damages from the applicant.

§ 220 Halten Berechtigte oder Interessierte eine Eintragung im Grundbuch für unrichtig, können sie die Berichtigung der Eintragung beantragen. Stimmt der im Grundbuch aufgezeichnete Berechtigte der Berichtigung schriftlich zu oder liegen Beweismittel vor, die die tatsächliche Unrichtigkeit der Eintragung nachweisen, muss die Registerstelle die Berichtigung vornehmen.

Stimmt der im Grundbuch aufgezeichnete Berechtigte der Berichtigung nicht zu, kann ein Interessierter die Eintragung eines Widerspruchs beantragen. Trägt die Registerstelle den Widerspruch ein und erhebt der Antragsteller nicht innerhalb von 15 Tagen ab dem Tag der Eintragung des Widerspruchs Klage, verliert die Eintragung des Widerspruchs ihre Wirkung. Ist die Eintragung des Widerspruchs ungerechtfertigt und hat sie dem Berechtigten einen Schaden zugefügt, kann der Berechtigte vom Antragsteller Schadensersatz verlangen.

第二百二十一条 当事人签订买卖房屋的协议或者签订其他不动产物权的协议，为保障将来实现物权，按照约定可以向登记机构申请预告登记。预告登记后，未经预告登记的权利人同意,处分该不动产的,不发生物权效力。

预告登记后,债权消灭或者自能够进行不动产登记之日起九十日内未申请登记的,预告登记失效。

Article 221 Where a party enters into a property purchase agreement or an agreement on a real right in any other immovable, the party may, as agreed upon, apply to the registration authority for advance notice registration so as to guarantee the exercise of the real right in the future. After the advance notice registration, any disposal of the immovable without the consent of the right holder recorded in the advance notice registration produces no effect of real right.

Where, after the advance notice registration, the creditor's right is extinguished or no application for the registration of the immovable is filed within 90 days from the date when the immovable can be registered, the advance notice registration ceases to be effective.

§ 221 Schließen die Parteien eine Vereinbarung über den Kauf von Gebäuden/Wohnungen oder über sonstige dingliche Rechte an unbeweglichen Sachen, können sie, um die zukünftige Realisierung der dinglichen Rechte sicherzustellen, nach der Vereinbarung bei der Registerstelle die Eintragung einer Vormerkung beantragen. Nach der Eintragung der Vormerkung und ohne Zustimmung des Vormerkungsberechtigten entfaltet eine Verfügung über diese unbewegliche Sache keine sachenrechtliche Wirkung.

Erlischt nach dem Eintrag der Vormerkung die Forderung oder wird innerhalb von 90 Tagen ab dem Tag, ab dem die Eintragung des Rechts an der unbeweglichen Sache durchgeführt werden kann, kein Antrag auf Eintragung gestellt, verliert die Eintragung der Vormerkung ihre Wirkung.

第二百二十二条 当事人提供虚假材料申请登记,造成他人损害的,应当承担赔偿责任。

因登记错误,造成他人损害的,登记机构应当承担赔偿责任。登记机构赔偿后,可以向造成登记错误的人追偿。

Article 222 Where a party applies for registration by providing false materials, thereby causing damage to another person, it shall be liable for compensation.

Where the registration authority causes any damage to another person due to any error in registration, it shall assume compensatory liability. After making the compensation, the registration authority may recover the amount from the person causing the error in registration.

§ 222 Stellt eine Partei unter Vorlage falscher Unterlagen einen Antrag und fügt dadurch einem anderen Schaden zu, muss sie auf Schadensersatz haften.

Fügt eine unrichtige Eintragung anderen einen Schaden zu, muss die Registerstelle auf Schadenersatz haften. Nachdem es Ersatz geleistet hat, kann es denjenigen, der die unrichtige Eintragung verursacht hat, in Regress nehmen.

第二百二十三条 不动产登记费按件收取,不得按照不动产的面积、体积或者价款的比例收取。

Article 223 Immovable registration fees is collected on each piece, and may not be collected on the basis of the area or size of the immovable or in proportion to the price.

§ 223 Gebühren für die Eintragung bei unbeweglichen Sachen werden pro Vorgang erhoben; sie dürfen nicht nach Fläche, Raum oder Preis der unbeweglichen Sache erhoben werden.

第二节 动产交付
Section 2 Delivery of Movables
2. Unterkapitel: Übergabe beweglicher Sachen

第二百二十四条 动产物权的设立和转让,自交付时发生效力,但是法律另有规定的除外。

Article 224 The creation or transfer of the real right in a movable becomes valid upon delivery, except as otherwise provided for by any law.

§ 224 Die Bestellung und Übertragung dinglicher Rechte an beweglichen Sachen entfaltet mit Übergabe der Sache Wirkung, sofern das Gesetz nichts anderes bestimmt.

第二百二十五条 船舶、航空器和机动车等的物权的设立、变更、转让和消灭,未经登记,不得对抗善意第三人。

Article 225 The creation, modification, transfer, or extinction of the real right in a vessel, aircraft, or motor vehicle, among others, if it is not registered, shall not be set up against a bona fide third party.

§ 225 Die Bestellung, Änderung, Übertragung und das Erlöschen dinglicher Rechte an Schiffen, Luft- und Kraftfahrzeugen dürfen, sofern die Rechtsänderung nicht eingetragen ist, gutgläubigen Dritten nicht entgegengehalten werden.

第二百二十六条 动产物权设立和转让前,权利人已经占有该动产的,物权自民事法律行为生效时发生效力。

Article 226 Where the right holder has possessed a movable before the real right in the movable is created or transferred, the real right has binding force when the juridical act becomes valid.

§ 226 Besitzt der Berechtigte vor der Bestellung oder Übertragung eines dinglichen Rechts an einer beweglichen Sache bereits diese Sache, entfaltet die Änderung des dinglichen Rechts im Zeitpunkt der Wirksamkeit der Zivilrechtsgeschäfts Wirkung.

第二百二十七条 动产物权设立和转让前,第三人占有该动产的,负有交付义务的人可以通过转让请求第三人返还原物的权利代替交付。

Article 227 Where a third party has possessed a movable before the real right in the movable is created or transferred, the person who is obliged to deliver the movable may transfer the right to request a third party to return the original property to replace the delivery.

§ 227 Besitzt ein Dritter vor der Bestellung oder Übertragung eines didnglichen Rechts an einer beweglichen Sache bereits diese Sache, kann der Übergabepflichtige die Übergabe durch die Übertragung des Anspruchs gegen den Dritten auf Herausgabe der Sache ersetzen.

第二百二十八条　动产物权转让时,当事人又约定由出让人继续占有该动产的,物权自该约定生效时发生效力。

Article 228　Where it is agreed upon by the parties that the transferor continues to possess the movable when the real right in the movable is transferred, the real right has binding force from the time when the agreement becomes valid.

§ 228　Vereinbaren die Parteien bei der Übertragung eines dinglichen Rechts an einer beweglichen Sache wiederum, dass der Übertragende weiter im Besitz dieser Sache bleibt, entfaltet die Änderung des dinglichen Rechts im Zeitpunkt der Wirksamkeit dieser Vereinbarung Wirkung.

第三节　其他规定
Section 3　Other Provisions
3. Unterkapitel: Andere Bestimmungen

第二百二十九条　因人民法院、仲裁机构的法律文书或者人民政府的征收决定等,导致物权设立、变更、转让或者消灭的,自法律文书或者征收决定等生效时发生效力。

Article 229　Where a real right is created, modified, transferred, or extinguished pursuant to the legal document of a people' s court or an arbitration institution or an expropriation decision made by a people's government, among others, it has binding force from the time when the legal document or expropriation decision, among others, becomes valid.

§ 229 Wird die Bestellung, Änderung, Übertragung oder das Erlöschen eines dinglichen Rechts durch eine Rechtsurkunde eines Volksgerichts oder eines Schiedsorgans oder durch einen Enteignungsentscheidung oder eine ähnliche Entscheidung einer Volksregierung herbeigeführt, entfaltet die Rechtsänderung im Zeitpunkt Wirkung, in dem die Rechtsurkunde, die Enteignungsentscheidung oder die ähnliche Entscheidung wirksam wird.

第二百三十条 因继承取得物权的,自继承开始时发生效力。

Article 230 Where a real right is acquired through succession, it has binding force from the time of succession.

§ 230 Die Erlangung eines dinglichen Rechts durch Erbfall entfaltet mit dem Eintritt des Erbfalls Wirkung.

第二百三十一条 因合法建造、拆除房屋等事实行为设立或者消灭物权的,自事实行为成就时发生效力。

Article 231 Where a real right is created or extinguished due to such factual behavior as lawful construction and demolition of buildings, it has binding force at the time when the factual behavior is committed.

§ 231 Wird die Bestellung oder das Erlöschen eines dinglichen Rechts durch die legale Errichtung oder den legalen Abriss von einem Wohnraum oder durch eine sonstige tatsächliche Handlung herbeigeführt, entfaltet die Rechtsänderung im Zeitpunkt Wirkung, in dem die tatsächliche Handlung vollendet ist.

第二百三十二条 处分依照本节规定享有的不动产物权,依照法律规定需要办理登记的,未经登记,不发生物权效力。

Article 232 Any disposal of the real right in an immovable enjoyed pursuant to the provisions of this Section produces no effect of real right if it is not registered as required by laws.

§ 232 Die Verfügung über ein dingliches Recht an einer unbeweglichen Sache, das nach den Bestimmungen dieses Unterkapitels genossen wird, entfaltet keine Wirkung, sofern die Eintragung der Verfügung, welche nach den gesetzlichen Bestimmungen erforderlich ist, nicht erfolgt ist.

第三章 物权的保护
Chapter III Protection of Real Rights
3. Kapitel: Schutz der dinglichen Rechte

第二百三十三条 物权受到侵害的,权利人可以通过和解、调解、仲裁、诉讼等途径解决。

Article 233 Where a real right is infringed upon, the right holder may have the matters ettled by such means as conciliation, mediation, arbitration, and litigation.

§ 233 Wird ein dingliches Recht verletzt, kann der Berechtigte dies durch Vergleich, Schlichtung, Schiedsverfahren, Klage oder auf anderem Wege beilegen.

第二百三十四条 因物权的归属、内容发生争议的,利害关系人可以请求确认权利。

Article 234 Where any dispute arises over the attribution or content of a real right, the interested parties may file a claim for confirmation of the right.

§ 234 Kommt es zu einem Streit über die Zuordnung oder den Inhalt eines dinglichen Rechts, können Interessierte verlangen, dass das Recht bestätigt wird.

第二百三十五条 无权占有不动产或者动产的,权利人可以请求返还原物。

Article 235 With respect of the untitled possession of an immovable or movable, the right holder may file a claim for return of the original property.

§ 235 Wird eine unbewegliche oder bewegliche Sache unberechtigt in Besitz genommen, kann der Berechtigte die Herausgabe dieser Sache verlangen.

第二百三十六条 妨害物权或者可能妨害物权的,权利人可以请求排除妨害或者消除危险。

Article 236　Where a real right has been or may be interfered with, the right holder may file a claim for removal of interference or elimination of danger.

§ 236　Wird ein dingliches Recht behindert oder droht eine Behinderung, kann der Berechtigte verlangen, dass die Behinderung oder die Gefahr beseitigt wird.

第二百三十七条 造成不动产或者动产毁损的,权利人可以依法请求修理、重作、更换或者恢复原状。

Article 237　Where an immovable or movable is damaged, the right holder may file a claim for repair, rebuilding, replacement, or restoration to the original condition, pursuant to the law.

§ 237　Wird ein Schaden an einer unbeweglichen oder beweglichen Sache herbeigeführt, kann der Berechtigte nach dem Recht Reparatur, Neuherstellung, Austausch oder Wiederherstellung des ursprünglichen Zustands verlangen.

第二百三十八条 侵害物权,造成权利人损害的,权利人可以依法请求损害赔偿,也可以依法请求承担其他民事责任。

Article 238　Where the infringement upon a real right causes any damage to the right holder, the right holder may file a claim for damages pursuant to the law, and may also file a claim for assumption of any other civil liability pursuant to the law.

§ 238　Wird ein dingliches Recht verletzt, so dass der Berechtigte geschädigt wird, kann er nach dem Recht Schadensersatz verlangen; er kann auch nach dem Recht die Übernahme sonstiger zivilrechtlicher Haftung verlangen.

第二百三十九条　本章规定的物权保护方式,可以单独适用,也可以根据权利被侵害的情形合并适用。

Article 239　The ways for the protection of a real right as provided for in this Chapter may be applied either separately or jointly, depending on the circumstance of the infringement upon the real right.

§ 239　Die in diesem Kapitel bestimmten Formen des Schutzes dinglicher Rechte können einzeln oder, je nach den Umständen der Rechtsverletzung, miteinander verbunden angewandt werden.

第二分编　所有权
Part Two Title
2. Abschnitt: Eigentum

第四章　一般规定
Chapter Ⅳ　General Rules
4. Kapitel: Allgemeine Bestimmungen

第二百四十条　所有权人对自己的不动产或者动产,依法享有占有、使用、收益和处分的权利。

Article 240　The owner of an immovable or movable has the right to possess, use, enjoy, and dispose of such an immovable or movable pursuant to the law.

§ 240　Der Eigentümer hat das Recht, die eigenen unbeweglichen und beweglichen Sachen nach dem Recht zu besitzen, zu gebrauchen, ihre Nutzungen zu ziehen und über diese Sachen zu verfügen.

第二百四十一条　所有权人有权在自己的不动产或者动产上设立用益物权和担保物权。用益物权人、担保物权人行使权利,不得损害所有权人的权益。

Article 241 The owner of an immovable or movable has the right to create usufructs and security interests on the immovable or movable. In exercising rights, the usufructuary or security interest holder may not damage the owner's rights and interests.

§ 241 Der Eigentümer hat das Recht, an den eigenen unbeweglichen und beweglichen Sachen einen Nießbrauch und dingliche Sicherungsrechte zu bestellen. Der Nießbraucher und der Sicherungsberechtigte dürfen bei der Ausübung ihrer Rechte nicht die Rechtsinteressen des Eigentümers schädigen.

第二百四十二条 法律规定专属于国家所有的不动产和动产,任何组织或者个人不能取得所有权。

Article 242 No organization or individual may acquire the ownership of an immovable or movable exclusively owned by the State as provided for by laws.

§ 242 An unbeweglichen und beweglichen Sachen, die nach gesetzlichen Bestimmungen ausschließlich dem Staat gehören, kann keine Organisation oder Einzelperson Eigentum erlangen.

第二百四十三条 为了公共利益的需要,依照法律规定的权限和程序可以征收集体所有的土地和组织、个人的房屋以及其他不动产。

征收集体所有的土地,应当依法及时足额支付土地补偿费、安置补助费以及农村村民住宅、其他地上附着物和青苗等的补偿费用,并安排被征地农民的社会保障费用,保障被征地农民的生活,维护被征地农民的合法权益。

征收组织、个人的房屋以及其他不动产,应当依法给予征收补偿,维护被征收人的合法权益;征收个人住宅的,还应当保障被征收人的居住条件。

任何组织或者个人不得贪污、挪用、私分、截留、拖欠征收补偿费等费用。

Article 243 Land owned by collectives and buildings and other immovables of organizations or individuals may be expropriated in the interest of the public within the limits of power and under the procedures provided for by laws.

Where land owned by collectives is expropriated, land compensation, resettlement subsidies, and compensation for rural villagers' houses, other fixtures on land, and young crops, among others, shall be paid in full amount pursuant to the law, and social security expenses for the farmers whose land is expropriated shall be arranged for, in order to guarantee the farmers' daily lives and safeguard their lawful rights and interests.

Where the buildings and other immovables of organizations or individuals are expropriated, indemnities for expropriation shall be given pursuant to the law, and the lawful rights and interests of the person whose land is expropriated shall be protected; and if the housing of individuals is expropriated, each individual's residential conditions shall also be guaranteed.

No organization or individual may embezzle, misappropriate, privately divide, withhold, or default on the payment of indemnities for expropriation and other expenses.

§ 243 Im öffentlichen Iteresse und nach den gesetzlich vorgeschriebenen Befugnissen und Verfahren können Kollektiven gehörendes Land sowie Gebäude und sonstige unbewegliche Sachen von Organisationen und Einzelpersonen entgezogen werden.

Bei der Entziehung des Kollektiven gehörenden Landes müssen nach dem Recht rechtzeitig und in vollem Umfang Entschädigungsbeträge wie Ausgleichszahlung für das entzogene Land, Beihilfen für die Unterbringung und Ausgleich für die Wohnräume der ländlichen Dorfbewohner sowie für anderes entzogenes Zubekör und junge Saaten auf dem Land gezahlt werden; und für die Bauern, deren Land eingezogen wurde, müssen die Kosten der sozialen Sicherung arrangiert, das Leben der Bauern, deren Land entgezogen wurde, muss gesichert und ihre legalen Rechtsinteressen müssen gewahrt werden.

Bei der Entziehung von Gebäuden und anderen unbeweglichen Sachen von Organisationen und Privatpersonen muss nach dem Recht Ausgleich für Entziehung geleistett und müssen die legalen Rechte und Iinteressen der von der Einziehung Betroffenen gewahrt werden; werden die privaten Wohnungen entzogen, müssen noch die Wohnbedingungen der von der Entziehung Betroffenen gewährleistet werden.

Keine Organisation oder Einzelperson darf das zum Ausgleich für Entziehung gezahlte Geld und die sonstigen Kosten unterschlagen, veruntreuen, privat aufteilen, zurückbehalten oder die Auszahlung verschleppen.

第二百四十四条 国家对耕地实行特殊保护,严格限制农用地转为建设用地,控制建设用地总量。不得违反法律规定的权限和程序征收集体所有的土地。

Article 244 The State provides special protection for arable land, strictly restricts the repurposing of farmland as land for construction, and controls the total amount of land for construction. No land owned by the collective may be expropriated beyond the limits of power or in violation of the procedures provided for by any law.

§ 244 Das Ackerland steht unter dem besonderen Schutz des Staates; der Staat beschränkt strikt die Umwidmung von landwirtschaftlich genutztem Land in Bauland und kontrolliert die Gesamtmenge des Baulandes. Es ist verboten, kollektiveigenes Land unter Verstoß gegen die gesetzlich bestimmten Befugnisse und Verfahren zu entziehen.

第二百四十五条 因抢险救灾、疫情防控等紧急需要,依照法律规定的权限和程序可以征用组织、个人的不动产或者动产。被征用的不动产或者动产使用后,应当返还被征用人。组织、个人的不动产或者动产被征用或者征用后毁损、灭失的,应当给予补偿。

Article 245 For emergency needs such as rescue, disaster relief, and epidemic containment, the immovable or movable of an organization or individual may be requisitioned within the limits of power under the procedures as provided for by laws. After use, the requisitioned immovable or movable shall be returned to the organization or individual of which/whom the immovable or movable is requisitioned. If the immovable or movable of the organization or individual is requisitioned, or if it is damaged or lost after the requisition thereof, an indemnity shall be given.

§ 245 Zur Gefahrenabwehr und Hilfe bei Katastrophen sowie zum Pandemieschutz oder aufgrund anderer dringender Bedürfnisse können nach den gesetzlich bestimmten Befugnissen und Verfahren unbewegliche und bewegliche Sachen von Organisationen oder Privatpersonen beschlagnahmt werden. Nach der Nutzung müssen die beschlagnahmten unbeweglichen und beweglichen Sachen den von der Beschlagnahme Betroffenen zurückgegeben werden. Für bei oder nach der Beschlagnahme beschädigte oder untergegangene unbewegliche und bewegliche Sachen von Organisationen und Privatpersonen muss ein Ausgleich geleistet werden.

第五章　国家所有权和集体所有权、私人所有权
Chapter V　State Ownership, Collective Ownership and Private Ownership
5. Kapitel: Staatseigentum, Kollektiveigentum und Privateigentum

第二百四十六条　法律规定属于国家所有的财产，属于国家所有即全民所有。

国有财产由国务院代表国家行使所有权。法律另有规定的，依照其规定。

Article 246 The property owned by the State as provided for by laws belong to the State, that is, the whole people.

The State Council exercises the ownership of state-owned property on behalf of the State, except as otherwise provided for by law.

§ 246 Das nach den gesetzlichen Bestimmungen dem Staat gehörende Vermögen gehört zum Staatseigentum, also zum Volkseigentum.

An staatseigenem Vermögen übt der Staatsrat in Vertretung des Staates das Eigentum aus. Bestehen andere gesetzliche Bestimmungen, gelten ihre Bestimmungen.

第二百四十七条 矿藏、水流、海域属于国家所有。

Article 247 All mineral resources, waters and sea areas belong to the State.

§ 247 Bodenschätze, Binnengewässer und Meeresgebiete sind Staatseigentum.

第二百四十八条 无居民海岛属于国家所有,国务院代表国家行使无居民海岛所有权。

Article 248 Uninhabited sea islands belong to the State, and the State Council exercises the ownership of uninhabited sea islands on behalf of the State.

§ 248 Unbewohnte Inseln gehören dem Staat, an denen übt der Staatsrat in Vertretung des Staates das Eigentum aus.

第二百四十九条 城市的土地,属于国家所有。法律规定属于国家所有的农村和城市郊区的土地,属于国家所有。

Article 249 Urban land belongs to the State. Land in rural areas and suburban areas owned by the State as provided for by laws belongs to the State.

§ 249 Städtisches Land ist Staatseigentum. Die nach deb gesetzlichen Bestimmungen dem Staat gehörenden Grundstücke in länglichen Gebieten und städtischen Außenbezirke sind Staatseigentum.

第二百五十条 森林、山岭、草原、荒地、滩涂等自然资源,属于国家所有,但是法律规定属于集体所有的除外。

Article 250 Natural resources such as forests, mountains, grassland, waste land, and intertidal zones belong to the State, except that they are owned collectively as provided for by laws.

§ 250 Wälder, Berge, Grasland, Ödland, Watten und andere natürliche Ressourcen sind Staatseigentum, es sei denn, dass Gesetze bestimmen, dass sie Kollektiveigentum sind.

第二百五十一条 法律规定属于国家所有的野生动植物资源,属于国家所有。

Article 251 The wildlife resources owned by the State as provided for by laws belong to the State.

§ 251 Die Ressourcen wilder Tiere und Pflanzen sind Staatseigentum, soweit Gesetze bestimmen, dass sie dem Staat gehören.

第二百五十二条 无线电频谱资源属于国家所有。

Article 252 Radio-frequency spectrum resources belong to the State.

§ 252 Die Ressourcen an Radiowellenfrequenzen sind Staatseigentum.

第二百五十三条 法律规定属于国家所有的文物,属于国家所有。

Article 253 The cultural relics owned by the State as provided for by laws belong to the State.

§ 253 Die Kulturgüter sind Staatseigentum, soweit Gesetze bestimmten, dass sie dem Staat gehören.

第二百五十四条 国防资产属于国家所有。

铁路、公路、电力设施、电信设施和油气管道等基础设施,依照法律规定为国家所有的,属于国家所有。

Article 254 Assets for national defense belong to the State.

Infrastructures such as railways, highways, electric power facilities, telecommunications facilities, and oil and gas pipelines that are owned by the State as provided for by laws belong to the State.

§ 254 Die der Landesverteidigung dienenden Mittel sind Staatseigentum.

Eisenbahnen, Straßen, Elektrizitäts- und Telekommunikationsanlagen, Öl- und Gasleitungen und sonstige Infrastrukturanlagen sind Staatseigentum, soweit Gesetze bestimmen, dass sie dem Staat gehören.

第二百五十五条 国家机关对其直接支配的不动产和动产,享有占有、使用以及依照法律和国务院的有关规定处分的权利。

Article 255 State organs are entitled to possess and use the immovables and movables directly under their control and to dispose of them pursuant to the laws and the relevant provisions issued by the State Council.

§ 255 Die staatlichen Behörden genießen an den unbeweglichen und beweglichen Sachen, über die sie das unmittelbare Herrschaftsrecht haben, das Recht, sie zu besitzen, zu gebrauchen und über sie nach den Gesetzen und den Bestimmungen des Staatsrates zu verfügen.

第二百五十六条 国家举办的事业单位对其直接支配的不动产和动产,享有占有、使用以及依照法律和国务院的有关规定收益、处分的权利。

Article 256 The public institutions sponsored by the State are entitled to possess and use the immovables and movables directly under their control and to enjoy and dispose of them pursuant to the laws and the relevant provisions issued by the State Council.

§ 256 Vom Staat betriebene öffentliche Institutionen genießen an den unbeweglichen und beweglichen Sachen, über die sie das unmitelbare Herrschaftsrecht haben, das Recht, sie zu besitzen, zu gebrauchen und nach den Gesetzen und den Bestimmungen des Staatsrates ihre Nutzungen zu ziehen und über sie zu verfügen.

第二百五十七条 国家出资的企业,由国务院、地方人民政府依照法律、行政法规规定分别代表国家履行出资人职责,享有出资人权益。

Article 257 With respect to the enterprises invested by the State, the State Council and local people's governments shall, pursuant to the provisions of laws and administrative regulations, perform the duties of investors on behalf of the State, and enjoy the rights and interests of investors.

§ 257 Bei mit staatlichen Investitionen errichteten Unternehmen erfüllen nach den Bestimmungen von Gesetzen und Verwaltungsrechtsnormen jeweils der Staatsrat oder lokale Volksregierung in Vertretung des Staates die Aufgaben des Investors und genießen dessen Rechte und Interessen.

第二百五十八条 国家所有的财产受法律保护,禁止任何组织或者个人侵占、哄抢、私分、截留、破坏。

Article 258 The property owned by the State are protected by law, and no organization or individual may embezzle, loot, privately divide, withhold, or destroy them.

§ 258 Das dem Staat gehörende Vermögen steht unter dem Schutz des Gesetzes; es ist jeder Organisation und jedem Einzelnen verboten, es mit Beschlag zu belegen, zu plündern, privat aufzuteilen, zurückzubehalten oder zu zerstören.

第二百五十九条 履行国有财产管理、监督职责的机构及其工作人员,应当依法加强对国有财产的管理、监督,促进国有财产保值增值,防止国有财产损失;滥用职权,玩忽职守,造成国有财产损失的,应当依法承担法律责任。

违反国有财产管理规定,在企业改制、合并分立、关联交易等过程中,低价转让、合谋私分、擅自担保或者以其他方式造成国有财产损失的,应当依法承担法律责任。

Article 259 The institutions performing the duties of administration and supervision of state-owned property and their staff members shall, pursuant to the law, strengthen the administration and supervision of state-owned property, promote the value preservation and increment of state-owned property, and prevent the loss of state-owned property; and whoever abuses power or neglects duty, causing any loss of state-owned property, shall assume legal liability pursuant to the law.

Whoever, in violation of the provisions on the management of state-owned property, causes any loss of state-owned property by transferring it at a low price, privately dividing it in collusion with others, using it as security without approval or by other means in the course of enterprise restructuring, business combination or division, or affiliated transaction, among others, shall assume legal liability pursuant to the law.

§ 259 Die Organe und ihre Mitarbeiter, welche die Aufgabe

erfüllen, das Staatsvermögen zu verwalten und zu überwachen, müssen nach dem Recht die Verwaltung und Überwachung des Staatsvermögens verstärken, die Wahrung und Mehrung des Wertes des Staatsvermögens vorantreiben, einen Verlust des Staatsvermögens verhindern; wer seine Amtsbefugnisse missbraucht, seine Amtspflicht vernachlässigt und dem Staatsvermögen Verluste zufügt, muss nach dem Recht die gesetzliche Verantwortung tragen.

Wer dem Staatsvermögen unter Verstoß gegen die Bestimmungen über die Verwaltung des Staatsvermögens bei der Umwandlung, Fusion oder Aufspaltung von Unternehmen, bei Geschäften mit verbundenen Parteien und sonstigen Vorgängen durch Veräußerung unter Preis, vereinbarte private Verteilung, unerlaubte Leistung von Sicherheiten oder in anderer Weise einen Vermögensschaden zufügt, muss nach dem Recht die gesetzliche Verantwortung tragen.

第二百六十条 集体所有的不动产和动产包括：
（一）法律规定属于集体所有的土地和森林、山岭、草原、荒地、滩涂；
（二）集体所有的建筑物、生产设施、农田水利设施；
（三）集体所有的教育、科学、文化、卫生、体育等设施；
（四）集体所有的其他不动产和动产。

Article 260 The immovables and movables owned by a collective include:
(1) land, forests, mountains, grassland, waste land and intertidal zones owned by the collective as provided for by laws;

(2) buildings, production facilities, and water conservancy facilities of farmland that are owned by the collective;

(3) educational, scientific, cultural, public health, sports, and other facilities that are owned by the collective; and

(4) other immovables and movables owned by the collective.

§ 260 Zu den unbeweglichen und beweglichen Sachen im Kollektiveigentum gehören:

1. Land, Wälder, Berge, Grasland, Ödland und Watten, die nach gesetzlichen Bestimmungen kollektiveigen sind;

2. kollektiveigene Baulichkeiten, Produktionsanlagen und Bewässerungsanlagen für Felder;

3. kollektiveigne Erziehungs-, Wissenschafts-, Kultur-, Gesundheits-, Sport- und andere Anlagen;

4. andere kollektiveigene unbewegliche und bewegliche Sachen.

第二百六十一条 农民集体所有的不动产和动产,属于本集体成员集体所有。

下列事项应当依照法定程序经本集体成员决定:

(一)土地承包方案以及将土地发包给本集体以外的组织或者个人承包;

(二)个别土地承包经营权人之间承包地的调整;

(三)土地补偿费等费用的使用、分配办法;

(四)集体出资的企业的所有权变动等事项;

(五)法律规定的其他事项。

Article 261   The immovables and movables owned by a farmers' collective belong to all the members of the collective.

The following matters are subject to decision-making by the members of the collective under statutory procedures:

(1) land contracting plan, and offering land to organizations or individuals other than those belonging to the collective;

(2) adjustment of the contracted land among individual land contract operators;

(3) measures for the use and distribution of land compensation and other expenses;

(4) such matters as change in the ownership of any enterprise invested by the collective; or

(5) other matters provided for by laws.

§ 261   Die einem bäuerlichen Kollektiv gehörenden unbeweglichen und beweglichen Sachen stehen im Kollektiveigentum der Mitglieder dieses Kollektivs.

Die folgenden Angelegenheiten müssen nach den gesetzlich bestimmten Verfahren von den Mitgliedern des Kollektivs beschlossen werden:

1. das Konzept über die Landübernahme [zur Bewirtschaftung durch einzelne Mitglieder des Kollektivs] und die Verpachtung von Land an Organisationen oder Einzelperosnen außerhalb dieses Kollektivs durch ein Vergabeverfahren;

2. anpassung von übernommenem Land unter einzelnen Berechtigten, die Land zur Bewirtschaftung übernommen haben;

3. Verfahren zur Verwendung und Verteilung von Ausgleichsbeträgen für entzogenes Land und anderen Beträgen;

4. Eigentumsänderung von Unternehmen mit kollektiven Investitionen und andere Angelegenheiten;

5. gesetzlich bestimmte sonstige Angelegenheiten.

第二百六十二条　对于集体所有的土地和森林、山岭、草原、荒地、滩涂等,依照下列规定行使所有权:

(一)属于村农民集体所有的,由村集体经济组织或者村民委员会依法代表集体行使所有权;

(二)分别属于村内两个以上农民集体所有的,由村内各该集体经济组织或者村民小组依法代表集体行使所有权;

(三)属于乡镇农民集体所有的,由乡镇集体经济组织代表集体行使所有权。

Article 262　The ownership of collectively-owned land, forest, mountain, grassland, waste land or intertidal zone, among others, shall be exercised pursuant to the following provisions:

(1) if it is owned by a farmers' collective of a village, the ownership shall be exercised by a collective economic organization or the villagers' committee of the village on behalf of the collective pursuant to the law;

(2) if it is owned by two or more farmers' collectives of a village, the ownership shall be exercised by all the collective economic organizations or the villagers' groups of the village on behalf of the collective pursuant to the law; or

(3) if it is owned by a farmers' collective of a township or town, the ownership shall be exercised by a collective economic organization of the township or town on behalf of the collective.

§ 262 Das Kollektiveigentum an Land, Wäldern, Bergen, Grasland, Ödland und Watten wird nach den folgenden Bestimmungen ausgeübt:

1. Gehört es dem Kollektiv der bäuerlichen Bevölkerung des Dorfs, wird es rechtsgemäß in Vertretung des Kollektivs von der dörflichen kollektiven Wirtschaftsorganisation oder dem Dorfbevölkerungskomitee ausgeübt;

2. verteilt dieses Eigentum sich auf zwei oder mehr bäuerliche Kollektive im Dorf, wird es rechtsgemäß in Vertretung des Kollektivs jeweils von den betreffenden kollektiven Wirtschaftsorganisationen oder Dorfbevölkerungszellen in diesem Dorf ausgeübt;

3. Gehört es dem Kollektiv der bäuerlichen Bevölkerung einer Gemeinde oder einer Minderstadt, wird es in Vertretung des Kollektivs von der kollektiven Wirtschaftsorganisation dieser Gemeinde oder dieser Minderstadt ausgeübt.

第二百六十三条 城镇集体所有的不动产和动产,依照法律、行政法规的规定由本集体享有占有、使用、收益和处分的权利。

Article 263 An urban collective has the right to possess, use, enjoy, and dispose of any immovable or movable owned by it pursuant to the provisions of laws and administrative regulations.

§ 263 Kollektive von Städten und Minderstädten genießen entsprechend den einschlägigen Bestimmungen der Gesetze und Verwaltungsrechtsnormen das Recht darauf, ihnen gehörende unbewegliche und bewegliche Sache zu besitzen, zu gebrauchen, ihre Nutzungen zu ziehen und über diese Sachen zu verfügen.

第二百六十四条 农村集体经济组织或者村民委员会、村民小组应当依照法律、行政法规以及章程、村规民约向本集体成员公布集体财产的状况。集体成员有权查阅、复制相关资料。

Article 264 A rural collective economic organization, villager's committee or villagers' group shall publicize the status of the property owned by the collective to the members of the collective pursuant to the laws, administrative regulations, its articles of association, village rules and villagers' agreements. Members of the collective have the right to consult and duplicate the relevant materials.

§ 264 Die kollektive Wirtschaftsorganisation des Dorfes oder das Dorfbevölkerungskomitee bzw. die Dorfbevölkerungszellen müssen nach den Gesetzen, Verwaltungsrechtsnormen, Satzungen und Dorfvereinbarungen den Mitgliedern des jeweiligen Kollektivs die Vermögensverhältnisse des Kollektivs bekanntgeben. Die Mitglieder des Kollektivs haben das Recht, die entsprechenden Unterlagen einzusehen und kopieren.

第二百六十五条 集体所有的财产受法律保护,禁止任何组织或者个人侵占、哄抢、私分、破坏。

农村集体经济组织、村民委员会或者其负责人作出的决定侵害集体成员合法权益的,受侵害的集体成员可以请求人民法院予以撤销。

Article 265 The property owned by a collective are protected by law, and no organization or individual may encroach upon, loot, privately divide, or destroy such property.

Where a decision made by a rural collective economic organization, or a villagers' committee or by the person in charge thereof infringes upon the lawful rights and interests of any member of the collective, such a member may request the people's court to revoke such a decision.

§ 265 Das Kollektiven gehörendes Vermögen steht unter dem Schutz des Gesetzes; es ist jeder Organisation und jedem Einzelnen verboten, es mit Beschlag zu belegen, zu plündern, privat aufzuteilen oder zu zerstören ist verboten.

Verletzt ein Beschluss der kollektiven Wirtschaftsorganisation des Dorfes oder des Dorfbevölkerungskomitees oder ihrer Verantwortlichen die legalen Rechte und Interessen von Mitgliedern des Kollektivs, können die verletzten Mitglieder verlangen, dass das Volksgericht diesen Beschluss aufhebt.

第二百六十六条 私人对其合法的收入、房屋、生活用品、生产工具、原材料等不动产和动产享有所有权。

Article 266 An individual has the ownership of his or her lawfully earned income, buildings, articles for daily use, means of production, raw materials, and other immovables and movables.

§ 266 Privatpersonen genießen Eigentum an ihren legalen Einkommen, Gebäuden/Wohnungen, Gütern des täglichen

Bedarfs, Produktionsgeräten, Rohmaterialien und anderen unbeweglichen und beweglichen Sachen.

第二百六十七条 私人的合法财产受法律保护,禁止任何组织或者个人侵占、哄抢、破坏。

Article 267 An individual's lawful property are protected by law, and no organization or individual may encroach upon, loot, or destroy it.

§ 267 Das legale Vermögen von Privatpersonen steht unter dem Schutz des Gesetzes; es ist jeder Organisation und jedem Einzelnen verboten, es mit Beschlag zu belegen, zu plündern oder zu zerstören.

第二百六十八条 国家、集体和私人依法可以出资设立有限责任公司、股份有限公司或者其他企业。国家、集体和私人所有的不动产或者动产投到企业的,由出资人按照约定或者出资比例享有资产收益、重大决策以及选择经营管理者等权利并履行义务。

Article 268 The State, any collective or individual may, pursuant to the law, make investment to form a limited liability company, a joint stock company, or any other enterprise. If the immovable or movable owned by the State, the collective or an individual is invested in an enterprise, the investor enjoys such rights as obtaining asset returns, making major decisions and selecting business managers, and shall perform duties as agreed upon or in proportion to the amount of investment.

§ 268 Staat, Kollektive und Privatpersonen können nach dem Recht mit Investitionen Gesellschaften mit beschränkter Haftung, Aktiengesellschaften und andere Unternehmen einrichten. Werden dem Staat, Kollektiven oder Privatpersonen gehörende unbewegliche oder bewegliche Sachen in ein Unternehmen investiert, genießen die Investoren entsprechend den Vereinbarungen oder im Verhältnis der Investitionen Rechte insbesondere auf die Nutzungen des Vermögens, auf Beteiligung an wichtigen Entscheidungen und an der Auswahl der Betriebsmanager, und sie erfüllen entsprechende Pflichten.

第二百六十九条 营利法人对其不动产和动产依照法律、行政法规以及章程享有占有、使用、收益和处分的权利。

营利法人以外的法人,对其不动产和动产的权利,适用有关法律、行政法规以及章程的规定。

Article 269 A for-profit legal person has the right to possess, use, enjoy, and dispose of its immovables and movables pursuant to the laws and administrative regulations as well as its articles of association.

The rights enjoyed by a legal person other than for-profit legal persons over its immovables and movables are governed by the provisions of relevant laws and administrative regulations as well as its articles of association.

§ 269 Gewinnorientierte juristische Personen haben nach den Gesetzen, Verwaltungsrechtsnormen und Satzungen das Recht, ihre unbeweglichen und beweglichen Sachen zu besitzen, zu gebrauchen, ihre Nutzung zu ziehen und darüber zu verfügen.

Für das Recht an unbeweglichen und beweglichen Sachen anderer juristischer Personen als gewinnorientierte juristische Personen gelten die einschlägigen Gesetze, Verwaltungsrechtsnormen und Satzungen.

第二百七十条 社会团体法人、捐助法人依法所有的不动产和动产,受法律保护。

Article 270 The immovables and movables legally owned by social organization legal persons and legal persons making donations are protected by law.

§ 270 Die nach dem Recht den gesellschaftlichen Körperschaften als juristische Personen oder spendenfinanzierten juristischen Personen gehörenden unbeweglichen und beweglichen Sachen stehen unter dem Schutz des Gesetzes.

第六章 业主的建筑物区分所有权
Chapter VI Owners' Separate Ownership in a Building
6. Kapitel: Sondereigentum und gemeinschaftliches Eigentum an Gebäuden

第二百七十一条 业主对建筑物内的住宅、经营性用房等专有部分享有所有权,对专有部分以外的共有部分享有共有和共同管理的权利。

Article 271 The owners have the ownership of private portions within a building, such as housing units and commercial units, and have the right to co-own and jointly manage the common portions other than the private portions.

§ 271 Die Eigentümer haben Sondereigentum an Wohnungen, gewerblichen Räumen und sonstigen Teilen in dem Gebäude, die sie gesondert innehaben; an den übrigen, gemeinschaftlichen Teilen haben sie gemeinschaftliches Eigentum und in Bezug auf sie das Recht auf gemeinsame Verwaltung.

第二百七十二条 业主对其建筑物专有部分享有占有、使用、收益和处分的权利。业主行使权利不得危及建筑物的安全，不得损害其他业主的合法权益。

Article 272 The owners have the right to possess, use, enjoy, and dispose of the private portions of a building. No owner may, in exercising rights, endanger the safety of the building or infringe upon the lawful rights and interests of any other owner.

§ 272 Die Eigentümer haben das Recht, die Teile des Gebäudes, an denen sie Sondereigentum haben, zu besitzen, zu gebrauchen, ihre Nutzungen zu ziehen und über sie zu verfügen. Sie dürfen bei Ausübung ihrer Rechte die Sicherheit des Gebäudes nicht gefährden und die berechtigten Interessen der anderen Eigentümer nicht beeinträchtigen.

第二百七十三条 业主对建筑物专有部分以外的共有部分，享有权利，承担义务；不得以放弃权利为由不履行义务。

业主转让建筑物内的住宅、经营性用房,其对共有部分享有的共有和共同管理的权利一并转让。

Article 273 An owner enjoys the rights and shall fulfill the obligations over the common portions other than the private portions of a building; and may not refuse to fulfill the obligations on the excuse of waiver of rights.

When an owner transfers its housing unit or commercial unit within a building, the owner's right to co-own and jointly manage the common portions is transferred along with it.

§ 273 Die Eigentümer haben in Bezug auf die gemeinschaftlichen Teile des Gebäudes Rechte und Pflichten; sie können sich ihren Pflichten nicht durch Aufgabe ihrer Rechte entziehen.

Veräußert ein Eigentümer eine Wohnung oder gewerbliche Räume des Gebäudes, so werden auch sein gemeinschaftliches Eigentum an den gemeinschaftlich genutzten Teilen und sein Recht auf Mitverwaltung dieser Teile mit übertragen.

第二百七十四条 建筑区划内的道路,属于业主共有,但是属于城镇公共道路的除外。建筑区划内的绿地,属于业主共有,但是属于城镇公共绿地或者明示属于个人的除外。建筑区划内的其他公共场所、公用设施和物业服务用房,属于业主共有。

Article 274 The roads within the zoning lot are co-owned by owners, except those belonging to the public roads of a city or town. The green spaces within the zoning lot are co-owned by owners, except those belonging to the public green spaces of a city or town or, as it is clearly indicated, belonging to individuals. Other public spaces, public facilities and buildings used for property management services within the zoning lot are co-owned by owners.

§ 274 Wege auf dem bebauten Grundstück stehen im gemeinschaftlichen Eigentum, soweit sie nicht zu den städtischen oder minderstädtischen öffentlichen Wegen gehören. Grünflächen auf dem bebauten Grundstück stehen im gemeinschaftlichen Eigentum, soweit sie nicht zu den städtischen oder minderstädtischen öffentlichen Grünanlagen oder ausdrücklich Einzelpersonen gehören. Andere gemeinsame Plätze und Räume, gemeinsam genutzte Anlagen und für die Hausverwaltung genutzte Räume auf dem bebauten Grundstück stehen im gemeinschaftlichen Eigentum.

第二百七十五条 建筑区划内,规划用于停放汽车的车位、车库的归属,由当事人通过出售、附赠或者出租等方式约定。

占用业主共有的道路或者其他场地用于停放汽车的车位,属于业主共有。

Article 275 In the zoning lot, the attribution of the planned parking spaces and garages should be agreed upon by the parties by such means as sale, additional gift, and lease.

The roads or other spaces co-owned by the owners, which are used for parking vehicles, belong to all the owners.

§ 275 Die Zuordnung der zum Abstellen von Kraftfahrzeugen vorgesehenen Parkplätze und der Garagen auf dem bebauten Grundstück wird von den Parteien anlässlich des Verkaufs einer Wohnung durch Verkauf, Schenkung, Vermietung oder auf andere

Weise vereinbart.

Parkplätze zum Abstellen von Kraftfahrzeugen, die unter Inanspruchnahme von Wegen und anderen im gemeinschaftlichen Eigentum stehenden Plätzen errichtet worden sind, stehen im gemeinschaftlichen Eigentum.

第二百七十六条　建筑区划内,规划用于停放汽车的车位、车库应当首先满足业主的需要。

Article 276　In the zoning lot, the planned parking spaces and garages should first be used to meet the needs of the owners.

§ 276　Garagen und zum Abstellen von Kraftfahrzeugen vorgesehene Parkplätze auf dem bebauten Grundstück müssen in erster Linie die Bedürfnisse der Eigentümer befriedigen.

第二百七十七条　业主可以设立业主大会,选举业主委员会。业主大会、业主委员会成立的具体条件和程序,依照法律、法规的规定。

地方人民政府有关部门、居民委员会应当对设立业主大会和选举业主委员会给予指导和协助。

Article 277　The owners may establish an owners' assembly to elect an owners' committee. The specific conditions and procedures for the establishment of the owners' assembly and owners' committee are governed by the provisions of laws and regulations.

The relevant departments of local people's governments and neighborhood committees should provide guidance and assistance for the establishment of the owners' assembly and the election of

the owners' committee.

§ 277 Die Eigentümer können eine Eigentümerversammlung einichten und einen Eigentümerausschuss wählen. Die konkreten Voraussetzungen und Verfahren für das Zustandekommen der Eigentümerversammlung und des Eigentümerausschusses bestimmen sich nach den Gesetzen und anderen Rechtsnormen.

Die zuständige Abteilung der lokalen Volksregierung und das Einwohnerkomitee müssen die Einrichtung der Eigentümerversammlung und die Wahl des Eigentümerausschusses anleiten und unterstützen.

第二百七十八条　下列事项由业主共同决定：
（一）制定和修改业主大会议事规则；
（二）制定和修改管理规约；
（三）选举业主委员会或者更换业主委员会成员；
（四）选聘和解聘物业服务企业或者其他管理人；
（五）使用建筑物及其附属设施的维修资金；
（六）筹集建筑物及其附属设施的维修资金；
（七）改建、重建建筑物及其附属设施；
（八）改变共有部分的用途或者利用共有部分从事经营活动；
（九）有关共有和共同管理权利的其他重大事项。

业主共同决定事项，应当由专有部分面积占比三分之二以上的业主且人数占比三分之二以上的业主参与表决。决定前款第六项至第八项规定的事项，应当经参与表决专有部分面积四分之三以上的业主且参与表决人数四分之三以上的业主同意。决定前款其他事项，应当经参与表决专有部分面积过半数的业主且参与表决人数过半数的业主同意。

Article 278 The following matters are decided on by all the owners:

(1) developing and amending the rules of procedures of the owners' assembly;

(2) developing and amending management rules and agreements;

(3) electing the owners' committee or replacing members of the owners' committee;

(4) selecting or dismissing the property management service enterprise or any other manager;

(5) using funds for the maintenance of a building and its ancillary facilities;

(6) raising funds for the maintenance of a building and its ancillary facilities;

(7) transforming and reconstructing a building and its ancillary facilities;

(8) changing the use of common portions or using common portions to conduct business activities; or

(9) other major matters relating to co-ownership and joint management rights.

The matters to be decided on by all the owners are to be voted on by no less than two-thirds of all the owners, provided that the area of private portions owned by such owners accounts for no less than two-thirds of the total area. The decisions on the matters set out in subparagraphs (6) through (8) of the preceding paragraph are subject to the consent of no less than three-fourths of the owners participating in the voting, provided that the area of private portions owned by such owners accounts for three-fourths of the total area. The decisions on other matters set out in the preceding paragraph are subject to the consent of over a half of the owners participating in the voting, provided that the area of private portions owned by such owners accounts for over a half of the total area.

§ 278 Die Eigentümer entscheiden gemeinsam über:

1. die Festlegung und Änderung der Geschäftsordnung der Eigentümerversammlung;

2. die Festlegung und Änderung der Verwaltungsvereinbarung;

3. die Wahl des Eigentümerausschusses und den Wechsel dessen Mitglieder;

4. die Einstellung und Kündigung des Hausdienstunternehmens oder sonstiger Verwalter;

5. die Verwendung der Mittel für Instandhaltung und Instandsetzung des Gebäudes und der zugehörigen Anlagen;

6. die Aufbringung der Mittel für Instandhaltung und Instandsetzung des Gebäudes und der zugehörigen Anlagen;

7. den Umbau und Neubau des Gebäudes und der zugehörigen Anlagen;

8. die Änderung des Gebrauchs der gemeinschaftlichen Teile des Anwesens oder die Verwendung der gemeinschaftlichen Teile des Anwesens zu gewerblichen Zwecken.

9. andere wichtige Angelegenheiten, die das gemeinschaftliche Eigentum und das Recht auf gemeinsame Verwaltung betreffen.

Bei gemeinsam durch die Eigentümer beschlossenen Angelegenheiten müssen an der Abstimmung mindestens zwei Drittel der Eigentümer teilnehmen, die zusammen mindesten zwei Drittel der Fläche des Sondereigentums halten. Beschlüsse über die in Nr. 6 bis zur Nr. 8 des vorigen Absatzes geregelten Angelegenheiten bedürfen der Zustimmung von mindestens drei Vierteln aller an der Abstimmung Teilnehmenden, die zusammen mindestens drei Viertel der Fläche des Sondereigentums halten. Beschlüsse über andere im vorigen Absatz geregelte Angelegenheiten bedürfen der Zustimmung mindestens der Hälfte aller an der Abstimmung Teilnehmenden, die zusammen mindestens eine Hälfte der Fläche des Sondereigentums halten.

第二百七十九条 业主不得违反法律、法规以及管理规约，将住宅改变为经营性用房。业主将住宅改变为经营性用房的，除遵守法律、法规以及管理规约外，应当经有利害关系的业主一致同意。

Article 279 No owner may change a housing unit into a commercial unit in violation of any law, regulation or management rule and agreement. If an owner intends to change a housing unit into a commercial unit, the owner shall, in addition to observing laws, regulations and management rules and agreements, obtain the consensus of the owners that have an interest in the change.

§ 279 Kein Eigentümer darf eine Wohnung unter Verstoß

gegen Gesetze und andere Rechtsnormen sowie Vereinbarungen über die Verwaltung des Gebäudes in einen gewerblichen genutzten Raum umwandeln. Bei einer Umwandlung von Wohnungen in gewerblich genutzte Röume müssen die Eigentümer nicht nur die Gesetze und anderen Rechtsnormen sowie die Vereinbarungen über die Verwaltung befolgen, sondern auch die einstimmige Zustimmung der materiell interessierten Eigentümer einholen.

第二百八十条 业主大会或者业主委员会的决定,对业主具有法律约束力。

业主大会或者业主委员会作出的决定侵害业主合法权益的,受侵害的业主可以请求人民法院予以撤销。

Article 280 The decisions made by an owners' assembly or an owners' committee are legally binding upon all the owners.

Where any decision made by the owners' assembly or the owners' committee infringes upon the lawful rights and interests of any owner, such an owner may request a people's court to revoke the decision.

§ 280 Die Beschlüsse der Eigentümerversammlung und des Eigentümerausschusses sind für alle Eigentümer rechtlich bindend.

Schadet ein Beschluss der Eigentümerversammlung oder des Eigentümerausschusses den legalen Rechten und Interessen eines Eigentümers, kann der Eigentümer verlangen, dass das Volksgericht den Beschluss aufhebt.

第二百八十一条 建筑物及其附属设施的维修资金,属于业主共有。经业主共同决定，可以用于电梯、屋顶、外墙、无障碍设施等共有部分的维修、更新和改造。建筑物及其附属设施的维修资金的筹集、使用情况应当定期公布。

紧急情况下需要维修建筑物及其附属设施的，业主大会或者业主委员会可以依法申请使用建筑物及其附属设施的维修资金。

Article 281 The funds for the maintenance of a building and its ancillary facilities are co-owned by owners, which, upon their common decision, may be used for maintaining, renovating and reconstructing the common portions such as elevators, roofs, outer walls, and barrier-free facilities. The information on the raising and use of funds for the maintenance of a building and its ancillary facilities should be published on a periodical basis.

Where a building and its ancillary facilities need to be repaired in case of emergency, the owners' assembly or the owners' committee may apply for the use of funds for the maintenance of a building and its ancillary facilities pursuant to the law.

§ 281 Die Mittel für Instandhaltung und Instandsetzung des Gebäudes und der zugehörigen Anlagen stehen im gemeinschaftlichen Eigentum. Mit Beschluss der Eigentümer können sie zur Instandhaltung, Instandsetzung, Erneurung und Sanierung von Aufzügen, Dächern, Außenwänden, barrierefreien Einrichtungen und anderen im gemeinschaftlichen Eigentum stehenden Teilen verwendet werden. Der Stand der Aufbringung und Verwendung der Mittel für Instandhaltung und Instandsetzung des Gebäudes und der zugehörigen Anlagen muss regelmäßig bekannt gemacht werden.

Ist es unter dringenden Umständen erforderlich, das Gebäude und die zugehörigen Anlagen instandzuhalten und instandzusetzen, kann die Eigentümerversammlung oder der Eigentümerausschuss nach dem Recht die Verwendung der Mittel für Instandhaltung und Instandsetzung des Gebäudes und der zugehörigen Anlagen beantragen.

第二百八十二条 建设单位、物业服务企业或者其他管理人等利用业主的共有部分产生的收入,在扣除合理成本之后,属于业主共有。

Article 282 Income generated by a developer, property management service enterprise or any other manager, among others, after the deduction of reasonable costs, belongs to all the owners.

§ 282 Die Erträge, das durch die Nutzung der im gemeinschaftlichen Eigentum stehenden Teile durch Bauunternehmen, Hausdienstunternehmen und sonstige Verwalter entstanden sind, gehören nach Abzug angemessener Selbstkosten zum gemeinschaftlichen Eigentum der Eigentümer.

第二百八十三条 建筑物及其附属设施的费用分摊、收益分配等事项,有约定的,按照约定;没有约定或者约定不明确的,按照业主专有部分面积所占比例确定。

Article 283 Where there is an agreement on such matters as the apportioning of expenses for a building and its ancillary facilities and the distribution of proceeds therefrom, such an agreement shall prevail; in the absence of such an agreement or if such an agreement is ambiguous, such matters are to be determined based on the proportion of the area of the owners' private portions to the total area of the building.

§ 283 Die Kostenumlage des Gebäudes und der zugehörigen Anlagen sowie die Verteilung von Erträgen und andere Angelegenheiten richten sich nach den getroffenen Vereinbarungen; ist keine Vereinbarung getroffen oder ist die Vereinbarung unklar, bestimmen sich die Kostenumlage und die Verteilung der Erträge nach dem Verhältnis der Fläche des Sondereigentums, das der jeweilige Eigentümer innehat.

第二百八十四条 业主可以自行管理建筑物及其附属设施，也可以委托物业服务企业或者其他管理人管理。

对建设单位聘请的物业服务企业或者其他管理人，业主有权依法更换。

Article 284 The owners may manage the building and its ancillary facilities by themselves, or entrust a property management service enterprise or any other manager to do so.

The owners have the right to legally replace the property management service enterprise or any other manager retained by the developer.

§ 284 Die Eigentümer können das Gebäude und die zugehörigen Anlagen selbst verwalten oder ein Hausdienstunternehmen oder andere Verwalter beauftragen.

Die Eigentümer sind berechtigt, das vom Bauunternehmen bestellte Hausdienstunternehmen oder andere Verwalter nach dem

Recht zu wechseln.

第二百八十五条 物业服务企业或者其他管理人根据业主的委托,依照本法第三编有关物业服务合同的规定管理建筑区划内的建筑物及其附属设施,接受业主的监督,并及时答复业主对物业服务情况提出的询问。

物业服务企业或者其他管理人应当执行政府依法实施的应急处置措施和其他管理措施,积极配合开展相关工作。

Article 285 The property management service enterprise or any other manager shall, as authorized by the owners, manage the building and its ancillary facilities within the zoning lot pursuant to the provisions of Book Three of this Code governing property management service contracts, accept the supervision from the owners, and give replies to the inquiries made by the owners on property management services in a timely manner.

The property management service enterprise or any other manager shall execute the emergency response measures and other management measures legally taken by the government, and actively cooperate in the relevant work.

§ 285 Das Hausdienstunternehmen oder andere Verwalter verwalten das Gebäude und die zugehörigen Anlagen auf dem bebauten Grundstück im Auftrag der Eigentümer und nach den Bestimmungen im dritten Buch dieses Gesetzes, unterliegen der Aufsicht der Eigentümer und beantworten rechtzeitig die von Eigentümern gestellten Fragen über Umstände der Immobiliendienste.

Das Hausdienstunternehmen sowie andere Verwalter müssen

die Notfallmaßnahmen und andere Verwaltungsmaßnahmen, die von der Regierung nach dem Recht vorgenommen werden, ausführen und entfalten unter aktiver Kooperation entsprechende Arbeiten.

第二百八十六条　业主应当遵守法律、法规以及管理规约,相关行为应当符合节约资源、保护生态环境的要求。对于物业服务企业或者其他管理人执行政府依法实施的应急处置措施和其他管理措施,业主应当依法予以配合。

业主大会或者业主委员会,对任意弃置垃圾、排放污染物或者噪声、违反规定饲养动物、违章搭建、侵占通道、拒付物业费等损害他人合法权益的行为,有权依照法律、法规以及管理规约,请求行为人停止侵害、排除妨碍、消除危险、恢复原状、赔偿损失。

业主或者其他行为人拒不履行相关义务的,有关当事人可以向有关行政主管部门报告或者投诉,有关行政主管部门应当依法处理。

Article 286　The owners shall abide by laws, regulations and management rules and agreements, and their relevant acts shall comply with the requirements for the conservation of resources and the protection of ecology and environment. The owners shall, pursuant to the law, cooperate with the property management service enterprise or any other manager in the execution of emergency response measures and other management measures legally taken by the government.

With respect to any act that damages the lawful rights and interests of any other person, such as discarding wastes at will, discharging pollutants, making noises, raising animals in violation of the relevant provisions, illegally building, occupying passages, and refusing to pay property management fees, the owners' assembly or the owners' committee has the right to request the actor to cease the infringement, remove the obstacles, eliminate the danger, restore to the original conditions, and compensate for the losses pursuant to the relevant laws, regulations, and management rules and agreements.

Where the owner or any actor refuses to fulfill relevant obligations, the relevant party may file a report or complaint with the relevant administrative department, and the relevant administrative department shall handle it pursuant to the law.

§ 286 Die Eigentümer müssen die Gesetze und anderen Rechtsnormen sowie die Vereinbarungen über die Verwaltung des Gebäudes befolgen, ihre Handlungen müssen den Anforderungen zur Schonung der Ressourcen und des Schutzes der ökologischen Umwelt entsprechen. Führen das Hausdienstunternehmen oder andere Verwalter die Notfallmaßnahmen und andere Verwaltungsmaßnahmen aus, die von der Regierung nach dem Gesetz vorgenommen werden, müssen die Eigentümer nach dem Gesetz kooperieren,

Die Eigentümerversammlung und der Eigentümerausschuss sind im Fall der willkürlichen Entledigung von Abfällen, bei Immissionen durch Verunreinigungen und Lärm, bei Vorschriftswidriger Tierhaltung, rechtswidriger Errichtung von Konstruktionen, widerrechtlicher Behinderung von

Durchgängen, Verweigerung der Zahlung von Hausdienstgebühren und bei sonstigen die legalen Rechte und Interessen anderer beeinträchtigenden Verhaltensweisen berechtigt, nach den Gesetzen und anderen Rechtsnormen sowie den Vereinbarungen über die Verwaltung des Gebäudes vom Handelnden die Unterlassung der Beeinträchtigung, Beseitigung der Gefahr und der Behinderung, Wiederherstellung des ursprünglichen Zustandes sowie Schadensersatz zu verlangen.

Verweigern Eigentümer und andere Handelnde die Erfüllung ihrer entsprechenden Pflichten, können die betreffende Parteien dies bei der zuständigen Verwaltungsbehörde anzeigen oder Beschwerde erheben; die betreffede zuständige Verwaltungsbehörde muss damit nach dem Recht verfahren.

第二百八十七条 业主对建设单位、物业服务企业或者其他管理人以及其他业主侵害自己合法权益的行为，有权请求其承担民事责任。

Article 287 An owner whose lawful rights and interests are infringed upon by the developer, a property management service enterprise, any other manager or any other owner has the right to request the latter to assume civil liability.

§ 287 Eigentümer sind, wenn ihre legalen Rechte und Interessen durch Handlungen von dem Bauunternehmer, dem Hausdienstunternehmen oder einem anderen Verwalter sowie einem anderen Eigentümer verletzt werden, berechtigt zu verlangen, dass der Verletzer zivilrechtlich haftet.

第七章 相邻关系
Chapter Ⅶ Neighboring Relations
7. Kapitel: Nachbarschaftsbeziehungen

第二百八十八条 不动产的相邻权利人应当按照有利生产、方便生活、团结互助、公平合理的原则,正确处理相邻关系。

Article 288 The right holders of neighboring immovables shall properly handle their neighboring relations under the principles of being conducive to production, convenience for daily life, unity and mutual assistance, and fairness and rationality.

§ 288 Benachbarte Berechtigte an unbeweglichen Sachen müssen ihre Nachbarschaftsbeziehungen nach den Grundsätzen der Förderung der Produktion, der Erleichterung des Lebens, der Eintracht und gegenseitigen Hilfe, der Fairness und der Verhältnismäßigkeit korrekt regeln.

第二百八十九条 法律、法规对处理相邻关系有规定的,依照其规定;法律、法规没有规定的,可以按照当地习惯。

Article 289 Where laws and regulations provide for the handling of neighboring relations, the provisions thereof shall prevail; in the case of no such provision, local customs may be followed.

§ 289 Soweit Gesetze und andere Rechtsnormen Bestimmungen zur Regelung von Nachbarschaftsbeziehungen treffen, gelten deren Bestimmungen; soweit sie keine Bestimmungen treffen, kann nach örtlichen Gebräuchen verfahren werden.

第二百九十条 不动产权利人应当为相邻权利人用水、排水提供必要的便利。

对自然流水的利用,应当在不动产的相邻权利人之间合理分配。对自然流水的排放,应当尊重自然流向。

Article 290 The right holder of an immovable shall provide necessary convenience for water use and drainage by the right holder of the neighboring immovable.

Natural running water should be rationally distributed among the right holders of neighboring immovables. The discharge of natural flowing water shall respect its natural direction.

§ 290 Berechtigte an unbeweglichen Sachen müssen es benachbarten Berechtigten soweit erforderlich ermöglichen, Wasser zu beziehen und abzuleiten.

Die Nutzung natürlicher Wasserläufe muss unter den benachbarten Berechtigten an unbeweglichen Sachen in verhältnismäßiger Weise verteilt werden. Bei der Abführung natürlicher Wasserläufe muss die natürliche Fließrichtung beachtet werden.

第二百九十一条 不动产权利人对相邻权利人因通行等必须利用其土地的,应当提供必要的便利。

Article 291 The right holder of an immovable shall provide necessary convenience if the right holder of a neighboring immovable has to use the land thereof for passage or any other purpose.

§ 291 An unbeweglichen Sachen Berechtigte müssen benachbarten Berechtigten, die darauf angewiesen sind, ihr Grundstück zum Durchgang oder in ähnlicher Weise zu benutzen, diese Benutzung soweit erforderlich ermöglichen.

第二百九十二条 不动产权利人因建造、修缮建筑物以及铺设电线、电缆、水管、暖气和燃气管线等必须利用相邻土地、建筑物的,该土地、建筑物的权利人应当提供必要的便利。

Article 292 Where the right holder of an immovable has to use the neighboring land or building for constructing or maintaining a building, or laying wires, cables, water pipes, heating pipelines, or fuel gas pipelines, among others, the right holder of such land or building shall provide necessary convenience.

§ 292 Sind an unbeweglichen Sachen Berechtigte zur Errichtung oder Reparatur von Bauwerken oder Verlegung von Stromleitungen oder -kabeln, Wasser-, Heizungs-, Gasrohren oder Ähnlichem darauf angewiesen, benachbarte Grundstücke oder Bauwerke zu benutzen, müssen die an diesen Bauwerken oder Grundstücken Berechtigten diese Benutzung soweit erforderlich ermöglichen.

第二百九十三条 建造建筑物,不得违反国家有关工程建设标准,不得妨碍相邻建筑物的通风、采光和日照。

Article 293 In the construction of a building, the relevant engineering construction standards of the State shall not be violated, and the ventilation, light and sunshine of the neighboring building shall not be interfered with.

§ 293 Bei der Errichtung von Bauwerken dürfen die staatlichen bauordnungsrechtlichen Standards nicht verletzt und die Belüftung sowie der Genuss von Licht und Sonne benachbarter Grundstücke nicht beeinträchtigt werden.

第二百九十四条 不动产权利人不得违反国家规定弃置固体废物,排放大气污染物、水污染物、土壤污染物、噪声、光辐射、电磁辐射等有害物质。

Article 294 The right holder of an immovable shall not, in violation of the provisions issued by the State, discard solid waste, discharge air, water, or soil pollutants, make noise, produce optical or electromagnetic radiation, or discharge other hazardous substances.

§ 294 An unbeweglichen Sachen Berechtigten ist es verboten, sich unter Verstoß gegen einschlägige staatliche Bestimmungen ihrer Festabfälle zu entledigen und Luft-, Wasser-, Bodenverunreinigung, Lärm, Lichtstrahlung, elektromagnetische Strahlung oder sonstige schädliche Stoffe abzuführen.

第二百九十五条 不动产权利人挖掘土地、建造建筑物、铺设管线以及安装设备等,不得危及相邻不动产的安全。

Article 295 The right holder of an immovable shall not endanger the safety of neighboring immovable when excavating land, constructing buildings, laying pipelines and installing equipment.

§ 295 Wenn an unbeweglichen Sachen Berechtigte Boden ausheben, Bauwerke errichten, Rohre und Leitungen verlegen, Anlagen errichten oder ähnliche Handlungen vornehmen, dürfen sie die Sicherheit benachbarter unbeweglicher Sachen nicht gefährden.

第二百九十六条 不动产权利人因用水、排水、通行、铺设管线等利用相邻不动产的,应当尽量避免对相邻的不动产权利人造成损害。

Article 296 Where the right holder of an immovable uses the neighboring immovable for water use, drainage, passage, laying pipelines, or any other purpose, the right holder shall do the best to avoid causing any damage to the right holder of theneighboring immovable.

§ 296 Benutzen an unbeweglichen Sachen Berechtigte eine benachbarte unbewegliche Sache zum Bezug oder zur Ableitung von Wasser, zum Durchgang, zur Verlegung von Rohren und Leitungen oder zu ähnlichen Zwecken, müssen sie möglichst vermeiden, dem an der benachbarten unbeweglichen Sache Berechtigten Schaden zuzufügen.

第八章 共有
Chapter VIII Co-ownership
8. Kapitel: Gemeinschaftliches Eigentum

第二百九十七条 不动产或者动产可以由两个以上组

织、个人共有。共有包括按份共有和共同共有。

Article 297　Immovables or movables may be co-owned by two or more organizations or individuals. Co-ownership consists of tenancy in common and joint tenancy.

§ 297　Unbewegliche und bewegliche Sachen können im gemeinschaftlichen Eigentum von zwei oder mehr Organisationen oder Einzelpersonen stehen. Das gemeinschaftliche Eigentum umfasst das Miteigentum nach Bruchteilen und das Gesamthandseigentum.

第二百九十八条　按份共有人对共有的不动产或者动产按照其份额享有所有权。

Article 298　Tenants in common have the ownership of a co-owned immovable or movable in proportion to their shares.

§ 298　Miteigentümer nach Bruchteilen haben an der gemeinschaftlichen unbeweglichen oder beweglichen Sache ihrem Bruchteil entsprechend Eigentum.

第二百九十九条　共同共有人对共有的不动产或者动产共同享有所有权。

Article 299　Joint tenants jointly enjoy the ownership of a co-owned immovable or movable.

§ 299　Eigentümer zur gesamten Hand haben an der gemeinschaftlichen unbeweglichen oder beweglichen Sache Eigentum zur gesamten Hand.

第三百条　共有人按照约定管理共有的不动产或者动产;没有约定或者约定不明确的,各共有人都有管理的权利和义务。

Article 300　Co-owners shall manage the co-owned immovable or movable as agreed upon; in the absence of such an agreement or if such an agreement is ambiguous, all co-owners have the management rights and obligations.

§ 300　Gemeinschaftliche Eigentümer verwalten die gemeinschaftliche unbewegliche oder bewegliche Sache nach den getroffenen Vereinbarungen; ist keine Vereinbarung getroffen oder ist die Vereinbarung unklar, so ist jeder gemeinschaftliche Eigentümer berechtigt und verpflichtet, die Sache zu verwalten.

第三百零一条　处分共有的不动产或者动产以及对共有的不动产或者动产作重大修缮、变更性质或者用途的,应当经占份额三分之二以上的按份共有人或者全体共同共有人同意,但是共有人之间另有约定的除外。

Article 301　The disposal or major repair, or modification of nature or use of a co-owned immovable or movable is subject to the consent of tenants in common holding no less than two-thirds of shares or all joint tenants, unless it is otherwise agreed upon by the co-owners.

§ 301　Verfügungen über die gemeinschaftliche unbewegliche oder bewegliche Sache und große Reparaturen an der Sache sowie eine Änderung ihres Wesens oder ihrer Benutzung bedürfen der Zustimmung von Miteigentümern, die zusammen über mindestens zwei Drittel der Miteigentumsanteile verfügen, oder der Zustimmung aller Gesamthandseigentümer, es sei denn, dass die gemeinschaftlichen Eigentümer eine andere Vereinbarung getroffen haben.

第三百零二条 共有人对共有物的管理费用以及其他负担,有约定的,按照其约定;没有约定或者约定不明确的,按份共有人按照其份额负担,共同共有人共同负担。

Article 302 Where the co-owners have agreed upon the fees for managing the co-owned property and other expenses, such an agreement shall apply; in the absence of such an agreement or if such an agreement is ambiguous, such expenses shall be borne by tenants in common in proportion to their shares, or be jointly borne by joint tenants.

§ 302 Mit den Verwaltungskosten und sonstigen Lasten der gemeinschaftlichen Sache wird nach der Vereinbarung der gemeinschaftlichen Eigentümer verfahren; ist keine Vereinbarung getroffen oder ist die Vereinbarung unklar, so werden sie von Miteigentümern entsprechend deren Bruchteilen, von Gesamthandseigentümern gesamthänderisch getragen.

第三百零三条 共有人约定不得分割共有的不动产或者动产,以维持共有关系的,应当按照约定,但是共有人有重大理由需要分割的,可以请求分割;没有约定或者约定不明确的,按份共有人可以随时请求分割,共同共有人在共有的基础丧失或者有重大理由需要分割时可以请求分割。因分割造成其他共有人损害的,应当给予赔偿。

Article 303 Where the co-owners have agreed not to partition the co-owned immovable or movable in order to maintain the co-ownership, such an agreement shall prevail; however, a co-owner that has any material reason for partition may request partition; in the absence of such an agreement or if the agreement is ambiguous, a tenant in common may request partition at any time, while a joint tenant may request partition only if the basis for co-ownership has ceased to exist or partition is justified by any material reason. If the partition causes any damage to any other co-owner, compensation shall be made.

§ 303 Haben die gemeinschaftlichen Eigentümer vereinbart, dass die gemeinschaftliche unbewegliche oder bewegliche Sache, um die gemeinschaftliche Beziehung aufrechtzuerhalten, nicht geteilt werden darf, so muss nach dieser Vereinbarung verfahren werden; gemeinschaftliche Eigentümer können jedoch die Teilung verlangen, wenn die Teilung für sie aus wichtigem Grund erforderlich ist; ist keine Vereinbarung getroffen oder ist die Vereinbarung unklar, so können Miteigentümer jederzeit, Gesamthandseigentümer dagegen nur dann Teilung verlangen, wenn der Grund, aus dem das Gesamthandseigentum besteht, entfällt oder wenn die Teilung für sie aus wichtigem Grund erforderlich ist. Fügt die Teilung den anderen gemeinschaftlichen Eigentümern einen Schaden zu, so ist Schadensersatz zu leisten.

第三百零四条 共有人可以协商确定分割方式。达不成协议,共有的不动产或者动产可以分割且不会因分割减损价值的,应当对实物予以分割;难以分割或者因分割会减损价值的,应当对折价或者拍卖、变卖取得的价款予以分割。

共有人分割所得的不动产或者动产有瑕疵的,其他共有人应当分担损失。

Article 304 Co-owners may determine the way of partition through consultation. If no agreement is reached and the co-owned immovable or movable may be partitioned without reducing its value, the property shall be partitioned; if it is difficult to partition the property or the partition will decrease its value, the proceeds obtained from the conversion into money, auction or sell-off of the immovable or movable shall be distributed.

Where the immovable or movable obtained by a co-owner through partition has any defect, other co-owners shall share the losses.

§ 304 Gemeinschaftliche Eigentümer können die Art und Weise der Teilung vereinbaren. Erzielen sie keine Vereinbarung und kann eine gemeinschaftliche unbewegliche oder bewegliche Sache ohne Verminderung des Wertes geteilt werden, so muss die Sache in Natur geteilt werden; lässt sie sich nur schwer in Natur teilen oder würde sich ihr Wert durch die Teilung in Natur vermindern, so ist der Erlös, der durch Umrechnung des Wertes der Sache in Geld, durch Versteigerung oder durch freihändigen Verkauf erzielt wird, zu teilen.

Ist die unbewegliche oder bewegliche Sache, die ein Miteigentümer infolge der Teilung erhalten hat, mangelhaft, müssen die übrigen Miteigentümer den Schaden unter sich teilen.

第三百零五条 按份共有人可以转让其享有的共有的不动产或者动产份额。其他共有人在同等条件下享有优先购买的权利。

Article 305 A tenant in common may transfer its share of the co-owned immovable or movable. Other co-owners have the preemptive right under equal conditions.

§ 305 Ein Miteigentümer kann seinen Bruchteil an der gemeinschaftlichen unbeweglichen oder beweglichen Sache veräußern. Die übrigen Miteigentümer haben ein Vorkaufsrecht zu gleichen Bedingungen.

第三百零六条 按份共有人转让其享有的共有的不动产或者动产份额的,应当将转让条件及时通知其他共有人。其他共有人应当在合理期限内行使优先购买权。

两个以上其他共有人主张行使优先购买权的,协商确定各自的购买比例;协商不成的,按照转让时各自的共有份额比例行使优先购买权。

Article 306 A tenant in common that transfers its share of a co-owned immovable or movable shall notify other co-owners of the conditions for transfer in a timely manner. Other co-owners shall exercise the preemptive right within a reasonable period.

Where two or more other co-owners claim the exercise of the preemptive right, they shall determine their respective purchase ratio through consultation; if such consultation fails, they shall exercise the preemptive right in proportion to their respective shares at the time of transfer.

§ 306 Veräußert ein Miteigentümer seinen Bruchteil an der gemeinschaftlichen unbeweglichen oder beweglichen Sache, muss er die Bedingungen der Veräußerung anderen Miteigentümern rechtzeitig mitteilen. Die anderen Miteigentümer müssen innerhalb einer angemessenen Frist das Vorkaufsrecht ausüben.

Machen zwei oder mehr Miteigentümer das Vorkaufsrecht geltend, so verhandeln sie über die jeweiligen Anteile des Kaufs. Ist die Verhandlung erfolglos erwiesen, ist das Vorkaufsrecht nach dem Verhältnis der jeweiligen Anteile dieser Miteigentümer bei der Übertragung auszuüben.

第三百零七条 因共有的不动产或者动产产生的债权债务，在对外关系上，共有人享有连带债权、承担连带债务，但是法律另有规定或者第三人知道共有人不具有连带债权债务关系的除外；在共有人内部关系上，除共有人另有约定外，按份共有人按照份额享有债权、承担债务，共同共有人共同享有债权、承担债务。偿还债务超过自己应当承担份额的按份共有人，有权向其他共有人追偿。

Article 307 In external relations, the co-owners shall have joint and several rights and obligations arising from the co-owned immovable or movable, unless it is otherwise provided for by any law or a third party knows that the co-owners do not have joint and several rights and obligations; in internal relations among the co-owners, unless it is otherwise agreed upon by the co-owners, the tenants in common shall have joint and several rights and obligations in proportion to their shares, while the joint tenants shall jointly have rights and obligations. A tenant in common that pays the debt in excess of its share has the right to recover the overpaid amount from other co-owners.

§ 307 In Bezug auf Forderungen und Verbindlichkeiten, die im Zusammenhang mit gemeinschaftlichen unbeweglichen oder beweglichen Sachen entstanden sind, sind die gemeinschaftlichen Eigentümer im Außenverhältnis als Gesamtgläubiger berechtigt und als Gesamtschuldner verpflichtet, es sei denn, dass das Gesetz etwas anderes bestimmt oder der Dritte weiß, dass die gemeinschaftlichen Eigentümer nicht Gesamtgläubiger oder Gesamtschuldner sind; im Innenverhältnis sind sie, soweit nichts anderes vereinbart ist, im Fall des Miteigentums ihren Bruchteilen entsprechend, im Fall des Gesamthandseigentums zur gesamten Hand als Gläubiger berechtigt und als Schuldner verpflichtet. Ein Miteigentümer, der den Gläubiger über den von ihm zu übernehmenden Anteil hinaus befriedigt, ist berechtigt, bei den übrigen Miteigentümern Regress zu nehmen.

第三百零八条 共有人对共有的不动产或者动产没有约定为按份共有或者共同共有,或者约定不明确的,除共有人具有家庭关系等外,视为按份共有。

Article 308 Where the co-owners fail to agree that the co-owned immovable or movable is subject to tenancy in common or joint tenancy, or such an agreement is ambiguous, the ownership shall be deemed as tenancy in common, unless the co-owners are of a family or have other relations.

§ 308 Haben gemeinschaftliche Eigentümer nicht vereinbart, ob die gemeinschaftliche unbewegliche oder bewegliche Sache im Miteigentum oder Gesamthandseigentum steht, oder ist die Vereinbarung unklar, so sind sie Miteigentümer, es sei denn, dass zwischen ihnen familiäre oder ähnliche Beziehungen bestehen.

第三百零九条 按份共有人对共有的不动产或者动产享有的份额,没有约定或者约定不明确的,按照出资额确定;不能确定出资额的,视为等额享有。

Article 309 Where the tenants in common fail to agree on the shares of the co-owned immovable or movable or such an agreement is ambiguous, the shares shall be determined based on their amount of investment. If the amount of investment cannot be determined, it shall be deemed that they have equal shares.

§ 309 Die den Miteigentümern einer gemeinschaftlichen unbeweglichen oder beweglichen Sache zustehenden Bruchteile bestimmen sich, soweit die Miteigentümer keine Vereinbarung getroffen haben oder die Vereinbarung unklar ist, nach der Höhe ihrer Investition; lässt diese sich nicht bestimmen, so haben sie gleiche Bruchteile.

第三百一十条 两个以上组织、个人共同享有用益物权、担保物权的,参照适用本章的有关规定。

Article 310 The provisions of this Chapter shall apply, mutatis mutandis, to usufruct or security interest enjoyed by two or more organizations or individuals.

§ 310 Auf die dinglichen Nutzungsrechte und dinglichen Sicherungsrechte, die zwei oder mehr Organisationen oder Einzelpersonen zustehen, werden die einschlägigen Bestimmungen dieses Kapitels entsprechende angewandt.

第九章 所有权取得的特别规定
Chapter IX Special Provisions on the Obtainment of Ownership
9. Kapitel: Besondere Bestimmungen über den Erwerb des Eigentums

第三百一十一条 无处分权人将不动产或者动产转让给受让人的,所有权人有权追回;除法律另有规定外,符合下列情形的,受让人取得该不动产或者动产的所有权:

(一)受让人受让该不动产或者动产时是善意;

(二)以合理的价格转让;

(三)转让的不动产或者动产依照法律规定应当登记的已经登记,不需要登记的已经交付给受让人。

受让人依据前款规定取得不动产或者动产的所有权的,原所有权人有权向无处分权人请求损害赔偿。

当事人善意取得其他物权的,参照适用前两款规定。

Article 311 Where a person transfers to the transferee an immovable or movable which such a person has no right to dispose of, the owner has the right to recover the immovable or movable; except as otherwise provided for by any law, the transferee obtains the ownership of the immovable or movable when all of the following circumstances are fulfilled:

(1) the transferee is in good faith when accepting the transferred immovable or movable;

(2) the transfer is made at a reasonable price; and

(3) the transferred immovable or movable has been registered as provided for by laws, or has been delivered to the transferee if no registration is required.

Where the transferee obtains the ownership of the immovable or movable pursuant to the provisions of the preceding paragraph, the original owner has the right to claim compensation for damages from the person that has no right to dispose of the immovable or movable.

The preceding two paragraphs shall apply, mutatis mutandis, to a party's bona fide obtainment of any other real right.

§ 311 Veräußert ein Nichtberechtigter eine unbewegliche oder bewegliche Sache an einen Erwerber, ist der Eigentümer berechtigt, die Herausgabe der Sache zu verlangen. Soweit gesetzlich nichts anderes bestimmt ist, wird der Erwerber unter den folgenden Voraussetzungen Eigentümer der unbeweglichen oder beweglichen Sache:

1. der Erwerber ist bei Erwerb der unbeweglichen oder beweglichen Sache in gutem Glauben;

2. die Veräußerung erfolgt zu einem angemessenen Preis;

3. die Veräußerung der unbeweglichen oder beweglichen Sa-

che ist, sofern nach den gesetzlichen Bestimmungen die Eintragung erforderlich ist, eingetragen worden oder die Sache ist, sofern keine Eintragung erforderlich ist, übergeben worden.

Erlangt der Erwerber nach der Bestimmung des vorigen Absatzes das Eigentum an der unbeweglichen oder beweglichen Sache, ist der ursprüngliche Eigentümer berechtigt, vom Nichtberechtigten Schadensersatz zu verlangen.

Auf den gutgläubigen Erwerb anderer dinglicher Rechte durch eine Partei werden die Bestimmungen der Absätze 1 und 2 entsprechend angewandt.

第三百一十二条 所有权人或者其他权利人有权追回遗失物。该遗失物通过转让被他人占有的,权利人有权向无处分权人请求损害赔偿,或者自知道或者应当知道受让人之日起二年内向受让人请求返还原物;但是,受让人通过拍卖或者向具有经营资格的经营者购得该遗失物的,权利人请求返还原物时应当支付受让人所付的费用。权利人向受让人支付所付费用后,有权向无处分权人追偿。

Article 312 The owner or any other right holder has the right to recover a lost property. If the lost property is possessed by any other person through transfer, the holder has the right to claim compensation for damages from the person that has no right to dispose of the lost property, or request the transferee to return the original property within two years from the date when he knows or should have known of the transferee; however, if the lost property is purchased by the transferee through auction or from a qualified trader, the right holder shall, when requesting the transferee to return the original property, compensate the transferee for the expenses the latter has paid for the property. After compensating the transferee for the expenses the latter has paid for the property, the holder has the right to recover the amount from the person that has no right to dispose of the property.

§ 312 Eigentümer und andere Berechtigte sind berechtigt, die Herausgabe einer verlorenen Sache zu verlangen. Ist eine solche Sache durch Veräußerung in den Besitz eines anderen gelangt, so hat der Berechtigte das Recht, vom Nichtberechtigten Schadensersatz oder innerhalb von zwei Jahren ab dem Tag, an dem er von der Person des Erwerbers Kenntnis erlangt hat oder hätte erlangen müssen, vom Erwerber die Herausgabe der Sache zu verlangen. Hat der Erwerber die Sache in einer öffentlichen Versteigerung oder aufgrund eines Verkaufs durch einen zum freihändigen Verkauf öffentlich Ermächtigten erworben, so muss der Berechtigte, der vom Erwerber Herausgabe verlangt, diesem die Kosten des Erwerbs ersetzen; hat der Berechtigte dem Erwerber diese Kosten ersetzt, ist er berechtigt, beim Nichtberechtigten Regress zu nehmen.

第三百一十三条 善意受让人取得动产后,该动产上的原有权利消灭。但是,善意受让人在受让时知道或者应当知道该权利的除外。

Article 313 After the bona fide transferee obtains a movable, the original rights on the movable are extinguished, unless the bona fide transferee knows or should have known such rights at the time of transfer.

§ 313 Hat ein gutgläubiger Erwerber das Eigentum an einer beweglichen Sache erlangt, so erlöschen die ursprünglichen Rechte an dieser beweglichen Sache. Dies gilt nicht, wenn der gutgläubige Erwerber diese Rechte im Zeitpunkt des Erwerbs kannte oder kennen musste.

第三百一十四条 拾得遗失物,应当返还权利人。拾得人应当及时通知权利人领取,或者送交公安等有关部门。

Article 314 A person who finds the lost property shall return it to the right holder. The finder shall, in a timely manner, notify the right holder to take the property back, or deliver it to the public security organ or any other relevant departments.

§ 314 Eine verlorene Sache muss dem Berechtigten zurückgegeben werden. Der Finder muss den Berechtigten unverzüglich zur Abholung auffordern oder die Sache bei der Polizei oder einer anderen zuständigen Stelle abliefern.

第三百一十五条 有关部门收到遗失物,知道权利人的,应当及时通知其领取;不知道的,应当及时发布招领公告。

Article 315 Where the relevant department that receives the found property knows the right holder of the property, it shall, in a timely manner, notify the right holder to take the property back; otherwise, it shall publish a notice on the finding of the lost property in a timely manner.

§ 315 Erhält die zuständige Stelle eine verlorene Sache und kennt sie den Berechtigten, muss sie ihm unverzüglich mitteilen, die Sache abzuholen; kennt sie ihn nicht, muss sie die Aufforderung zur Abholung unverzüglich öffentlich bekanntmachen.

第三百一十六条　拾得人在遗失物送交有关部门前,有关部门在遗失物被领取前,应当妥善保管遗失物。因故意或者重大过失致使遗失物毁损、灭失的,应当承担民事责任。

Article 316　Lost property shall be properly kept by the finder before it is handed over to the relevant department and by the relevant department before it is taken back. Whoever causes any damage to or loss of the lost property intentionally or for gross negligence shall assume the civil liability.

§ 316　Bis der Finder die verlorene Sache bei der zuständigen Stelle abgeliefert hat, muss er sie sorgfältig aufbewahren; das Gleiche gilt für die zuständige Stelle, bis die verlorene Sache bei ihr abgeholt wird. Wird vom Finder oder der zuständigen Stelle vorsätzlich oder grob fahrlässig eine Beschädigung oder der Untergang der verlorenen Sache herbeigeführt, so haften sie zivilrechtlich.

第三百一十七条　权利人领取遗失物时,应当向拾得人或者有关部门支付保管遗失物等支出的必要费用。

权利人悬赏寻找遗失物的,领取遗失物时应当按照承诺履行义务。

拾得人侵占遗失物的,无权请求保管遗失物等支出的费用,也无权请求权利人按照承诺履行义务。

Article 317 The right holder shall, when taking back the found property, pay to the finder or the relevant department the necessary expenses such as the cost for the safekeeping of the property.

The right holder that offers a reward to find the lost property shall fulfill his or her obligation as promised when taking the property back.

A finder that illegally possesses the found property has no right to claim the expenses paid for the safekeeping of the property, among others, or to request the right holder to fulfill the obligation as promised.

§ 317 Holt der Berechtigte die verlorene Sache ab, muss er dem Finder oder der zuständigen Stelle die notwendigen Kosten der Aufbewahrung der Sache und ähnlicher Handlungen ersetzen.

Hat der Berechtigte eine Belohnung für den Fund der verlorenen Sache ausgelobt, muss er nach dem Versprechen die Leistung bei Abholung der Sache bewirken.

Hat der Finder die verlorene Sache widerrechtlich in Besitz genommen, hat er weder das Recht, den Ersatz der Kosten der Aufbewahrung der Sache und ähnlicher Handlungent zu verlangen, noch das Recht, vom Berechtigten die Bewirkung der versprochenen Leistung zu verlangen.

第三百一十八条　遗失物自发布招领公告之日起一年内无人认领的，归国家所有。

Article 318 Lost property should belong to the state if it is not claimed within one year from the date when the notice of the finding of the lost property is published.

§ 318　Wird die verlorene Sache nicht innerhalb von einem Jahr seit der Fundbekanntmachung abgeholt, fällt sie ins Staatseigentum.

第三百一十九条　拾得漂流物、发现埋藏物或者隐藏物的，参照适用拾得遗失物的有关规定。法律另有规定的，依照其规定。

Article 319　The provisions on the finding of lost property shall apply, mutatis mutandis, to the finding of drifting property, or buried or hidden property, except as otherwise provided for by any law.

§ 319　Wird eine im Wasser treibende Sache geborgen oder eine vergrabene oder versteckte Sache entdeckt, werden die betreffenden Bestimmungen über den Fund verlorener Sachen entsprechend angewandt. Soweit andere Gesetze abweichende Bestimmungen enthalten, gelten deren Bestimmungen.

第三百二十条　主物转让的，从物随主物转让，但是当事人另有约定的除外。

Article 320　Where the principal property is transferred, the accessory property is to transferred along with it, except as otherwise agreed by the parties.

§ 320　Mit Übertragung der Hauptsache geht auch das

Eigentum am Zubehör über, soweit die Parteien nichts anderes vereinbart haben.

第三百二十一条 天然孳息,由所有权人取得;既有所有权人又有用益物权人的,由用益物权人取得。当事人另有约定的,按照其约定。

法定孳息,当事人有约定的,按照约定取得;没有约定或者约定不明确的,按照交易习惯取得。

Article 321 Natural fruits are to be obtained by the owner; if there are both the owner and the usufructuary, natural fruits are to be obtained by the usufructuary. If it is otherwise agreed upon by the parties, their agreement shall prevail.

Where the parties have agreed on legal fruits, the fruits are to be obtained as agreed upon; in the absence of such an agreement or if such an agreement is ambiguous, the fruits are to be obtained pursuant to the usage of trade.

§ 321 Natürliche Früchte erwirbt der Eigentümer; gibt es sowohl einen Eigentümer als auch einen Nutzungsberechtigten, so erwirbt sie der Nutzungsberechtigte; haben die Parteien etwas anderes vereinbart, so gilt ihre Vereinbarung.

Juristische Früchte werden, wenn die Parteien eine Vereinbarung getroffen haben, nach ihrer Vereinbarung erworben; haben sie keine Vereinbarung getroffen oder ist die Vereinbarung unklar, so bestimmt sich der Erwerb nach der Verkehrssitte.

第三百二十二条 因加工、附合、混合而产生的物的归属,有约定的,按照约定;没有约定或者约定不明确的,依照法律规定;法律没有规定的,按照充分发挥物的效用以及保护无过错当事人的原则确定。因一方当事人的过错或者确定物的归属造成另一方当事人损害的,应当给予赔偿或者补偿。

Article 322 Where there is an agreement on the attribution of the property arising from processing, attachment, or mixing, such an agreement shall prevail; in the absence of such an agreement or if such an agreement is ambiguous, the ownership shall be determined pursuant to the provisions of laws; if it is not provided for by laws, the ownership should be determined under the principles of maximum use of the property and protection of innocent parties. If one party's fault or the determination of attribution of the property has caused any damage to the other party, compensation should be made.

§ 322 Die Zugehörigkeit der durch Verarbeitung, Verbindung oder Vermischung entstehenden Sache bestimmt sich, soweit eine Vereinbarung getroffen ist, nach der Vereinbarung; sind keine Vereinbarungen getroffen oder ist die Vereinbarung unklar, gelten die gesetzlichen Bestimmungen; gibt es keine gesetzlichen Bestimmungen, bestimmt sich die Zuordnung nach den Grundsätzen der vollumfänglichen Entfaltung der effektiven Nutzung der Sache und des Schutzes der schuldlosen Partei. Wird einer Partei durch das Verschulden der anderen Partei oder durch die Bestimmung der Zuordnung der Sache Schaden zugefügt, muss Schadensersatz oder Ausgleich geleistet werden.

第三分编　用益物权
Part Three Usufruct
3. Abschnitt：Nießbrauch

第十章　一般规定
Chapter X　General Rules
10. Kapitel：Allgemeine Bestimmungen

第三百二十三条　用益物权人对他人所有的不动产或者动产，依法享有占有、使用和收益的权利。

Article 323　A usufructuary, has the right to lawfully possess, use and enjoy the immovable or movable owned by any other person.

§ 323　Der Nießbraucher genießt nach dem Recht das Recht, anderen gehörende unbewegliche und bewegliche Sachen zu besitzen, zu gebrauchen und ihre Nutzung zu ziehen.

第三百二十四条　国家所有或者国家所有由集体使用以及法律规定属于集体所有的自然资源，组织、个人依法可以占有、使用和收益。

Article 324　An organization or individual may lawfully possess, use and enjoy the natural resources that are owned by the State, or owned by the State but are used by the collective, or owned by the collective as provided for by laws.

§ 324 Nach dem Recht können Organisationen und Einzelpersonen dem Staat gehörende oder dem Staat gehörende und von Kollektiven gebrauchte sowie nach den gesetzlichen Bestimmungen Kollektiven gehörende natürliche Ressourcen besitzen, gebrauchen und deren Nutzungen ziehen.

第三百二十五条 国家实行自然资源有偿使用制度,但是法律另有规定的除外。

Article 325 The State implements the rules for the compensated use of natural resources, except as otherwise provided for by any law.

§ 325 Der Staat führt ein System der entgeltlichen Nutzung von natürlichen Ressourcen durch, es sei denn, dass gesetzlich etwas anderes bestimmt ist.

第三百二十六条 用益物权人行使权利,应当遵守法律有关保护和合理开发利用资源、保护生态环境的规定。所有权人不得干涉用益物权人行使权利。

Article 326 When exercising rights a usufructuary shall comply with the provisions of laws on the protection, reasonable exploita-tion and utilization of resources, and the protection of ecology and environment. The owner shall not interfere with the exercise of rights by the usufrustuary.

§ 326 Die Nießbraucher müssen bei der Ausübung ihrer Rechte die gesetzlichen Bestimmungen zum Schutz und zur vernünftigen Erschließung und Nutzung von Ressourcen sowie zum Umweltschutz einhalten. Der Eigentümer darf sich in die Ausübung der Rechte des Nießbrauchers nicht einmischen.

第三百二十七条 因不动产或者动产被征收、征用致使用益物权消灭或者影响用益物权行使的,用益物权人有权依据本法第二百四十三条、第二百四十五条的规定获得相应补偿。

Article 327 Where an immovable or movable is expropriated or requisitioned, which results in the extinction of the usufruct or affects the use of usufruct, the usufructuary has the right to compensation pursuant to Articles 243 and 245 of this Code.

§ 327 Führt die Entziehung oder die Beschlagnahme einer unbeweglichen oder beweglichen Sache dazu, dass der Nießbrauch erlischt oder seine Ausübung beeinträchtigt wird, so hat der Nießbraucher das Recht, nach den Bestimmungen der § § 243 und 245 einen entsprechenden Ausgleich zu erlangen.

第三百二十八条 依法取得的海域使用权受法律保护。

Article 328 The right to use sea areas that is obtained pursuant to the law shall be protected by law.

§ 328 Das rechtmäßig erlangte Recht zur Nutzung von Meeresgebieten steht unter dem Schutz des Gesetzes.

第三百二十九条 依法取得的探矿权、采矿权、取水权和使用水域、滩涂从事养殖、捕捞的权利受法律保护。

Article 329 The mineral exploration right, the mining right, the water intake right and the right to use water areas or intertidal zones for aquaculture or fishery, which are obtained pursuant to the law, shall be protected by law.

§ 329 Rechtmäßig erlangte Rechte zur Exploration von Bodenschätzen, zum Bergbau, zur Wasserentnahme und zur Nutzung von Wassergebieten und Watten zwecks Aufzucht und Fischfang stehen unter dem Schutz des Gesetzes.

第十一章 土地承包经营权
Chapter XI Conventional Usufruct on Rural Land for Agricultural Operations
11. Kapitel: Das Recht zur Bewirtschaftung von übernommenem Land

第三百三十条 农村集体经济组织实行家庭承包经营为基础、统分结合的双层经营体制。

农民集体所有和国家所有由农民集体使用的耕地、林地、草地以及其他用于农业的土地，依法实行土地承包经营制度。

Article 330 Rural collective economic organizations shall implement the two-level management system characterized by the combination of centralized operation with decentralized operation on the basis of household contracted management.

The system of land contracting for agricultural operations shall, pursuant to the law, be applied to arable land, forest land, grassland and other land for agricultural use, which are owned by farmers collectively or owned by the State but are used by farmers collectively.

§ 330 Die ländlichen kollektiven Wirtschaftsorganisationen führen ein duales Bewirtschaftungssystem mit kombinierter Zentralisierung und Dezentralisierung auf der Basis der familiären Übernahme von Land zur Bewirtschaftung durch.

Für im bäuerlichen Kollektiveigentum stehende und für in bäuerlicher Kollektivnutzung stehende staatseigene Acker-, Forst-, Weide und andere landwirtschaftliche Flächen wird nach dem Recht ein System der Übernahme von Land zur Bewirtschaftung durchgeführt.

第三百三十一条 土地承包经营权人依法对其承包经营的耕地、林地、草地等享有占有、使用和收益的权利，有权从事种植业、林业、畜牧业等农业生产。

Article 331 The holder of a conventional usufruct on rural land for agricultural operations has the right to lawfully possess, use, and enjoy the arable land, forest land, grassland, among others, which are under their contracting for agricultural operations, and has the right to engage in agricultural production, including but not limited to crop cultivation, forestry and animal husbandry.

§ 331 Der aufgrund entsprechender Übernahme von Land

zur Bewirtschaftung Berechtigte genießt das Recht, die von ihm zur Bewirtschaftung übernommenen Acker -, Forst -, Weideflächen und anderen landwirtschaftlichen Flächen nach dem Recht zu besitzen, zu gebrauchen und ihre Nutzungen zu ziehen sowie Pflanzenbau, Forstwirtschaft, Viehwirtschaft und andere landwirtschaftliche Produktion zu betreiben.

第三百三十二条 耕地的承包期为三十年。草地的承包期为三十年至五十年。林地的承包期为三十年至七十年。

前款规定的承包期限届满,由土地承包经营权人依照农村土地承包的法律规定继续承包。

Article 332 The term of a usufruct on arable land is 30 years. The term of a usufruct on grassland ranges from 30 years to 50 years. The term of a usufruct on forest land ranges from 30 years and 70 years.

The term of a usufruct set out in the preceding paragraph may be renewed upon expiration by the holder of a conventional usufruct on rural land for agricultural operations pursuant to the provisions of laws on the contracting of rural land.

§ 332 Die Dauer der Übernahme von Ackerflächen beträgt 30 Jahren. Die Dauer der Übernahme von Weideflächen bträgt 30 bis 50 Jahre. Die Dauer der Übernahme von Forstflächen beträgt 30 bis 70 Jahre.

Nach Ablauf der im vorigen Absatz bestimmten Übernahmefrist setzt der aufgrund entsprechender Übernahme von Land zur Bewirtschaftung Berechtigte die Übernahme nach den gesetzlichen Bestimmungen über die Übernahme ländlicher Grundstücke fort.

第三百三十三条 土地承包经营权自土地承包经营权合同生效时设立。

登记机构应当向土地承包经营权人发放土地承包经营权证、林权证等证书,并登记造册,确认土地承包经营权。

Article 333 A conventional usufruct on rural land for agricultural operations is created from the date when the contract for the usufruct on rural land for agricultural operations becomes valid.

The registration authority shall issue to the holder of a conventional usufruct on rural land for agricultural operations the certificate of a conventional usufruct on rural land for agricultural operations, a certificate of a forest right, or any other certificate for such a purpose, and register it in archives to confirm the conventional usufruct on rural land for agricultural operations.

§ 333 Das Recht zur Bewirtschaftung des übernommenen Landes entsteht zum Zeitpunkt, in dem der Vertrag zur Übernahme des Landes zur Bewirtschaftung wirksam wird.

Um die Rechte des aufgrund entsprechender Übernahme von Land zur Bewirtschaftung Berechtigten festzustellen, muss die Registerstelle Urkunden wie etwa über das Recht zur Bewirtschaftung des übernommenen Landes oder das Forstrecht ausstellen und zur Eintragung dieser Rechte ein Register erstellen.

第三百三十四条 土地承包经营权人依照法律规定,有权将土地承包经营权互换、转让。未经依法批准,不得将承包地用于非农建设。

Article 334 The holder of a conventional usufruct on rural land for agricultural operations has the right to exchange and transfer the conventional usufruct on rural land for agricultural operations pursuant to the provisions of laws. No contracted land may be used for non-agricultural construction without approval pursuant to the law.

§ 334 Der aufgrund entsprechender Übernahme von Land zur Bewirtschaftung Berechtigte ist nach den gesetzlichen Bestimmungen bereicht, das Recht zur Bewirtschaftung des übernommenen Landes gegen das Recht eines anderen Berechtigten auszutauschen oder einem anderen zu überlassen. Ohne rechtmäßige Genehmigung darf das übernommene Land nicht für nichtlandwirtschaftliche Bauvorhaben genutzt werden.

第三百三十五条 土地承包经营权互换、转让的,当事人可以向登记机构申请登记;未经登记,不得对抗善意第三人。

Article 335 In case of the exchange or transfer of the conventional usufruct on rural land for agricultural operations, the party may apply to the registration authority for registration; and if it is not registered, it will not be set up against a bona fide third party.

§ 335 Wird das Recht eines Berechtigten zur Bewirtschaftung des übernommenen Landes gegen das Recht eines anderen Berechtigten ausgetauscht oder einem anderen überlassen, können die Parteien bei der Registerstelle die Eintragung der Rechtsänderung beantragen; ohne Eintragung kann die Rechtsänderung gutgläubigen Dritten nicht entgegengehalten werden.

第三百三十六条 承包期内发包人不得调整承包地。
因自然灾害严重毁损承包地等特殊情形,需要适当调整承包的耕地和草地的,应当依照农村土地承包的法律规定办理。

Article 336 During the term of a usufruct, the landowner shall not adjust the contracted land.

When the contracted arable land or grassland needs to be adjusted appropriately due to special circumstances, such as serious damage to the contracted land or grassland caused by a natural disaster, the matter should be handled pursuant to the provisions of laws on the contracting of rural land.

§ 336 Während der Übernahmedauer darf der Vergeber keine das übernommene Land betreffenden Anpassungen vornehmen.

Ist es wegen einer erheblichen Beschädigung des übernommenen Landes infolge einer Naturkatastrophe oder anderer besonderer Umstände erforderlich, die übernommenen Acker- und Grasflächen in angemessener Weise anzupassen, so muss diese Anpassung nach den gesetzlichen Bestimmungen über die Übernahme ländlicher Grundstücke verfahren werden.

第三百三十七条 承包期内发包人不得收回承包地。法律另有规定的,依照其规定。

Article 337 During the term of a usufruct, the landowner may not recover the contracted land, except as otherwise provided for by any law.

§ 337 Während der Übernahmedauer darf der Vergeber das übernommene Land nicht zurücknehmen. Soweit Gesetze abweichende Bestimmungen treffen, gelten deren Bestimmungen.

第三百三十八条 承包地被征收的,土地承包经营权人有权依据本法第二百四十三条的规定获得相应补偿。

Article 338 Where the contracted land is expropriated, the holder of a conventional usufruct on rural land for agricultural operations has the right to compensation pursuant to Article 243 of this Code.

§ 338 Wird das übernommene Land entzogen, hat der aufgrund entsprechender Übernahme von Land zur Bewirtschaftung Berechtigte das Recht, einen entsprechenden Ausgleich nach den Bstimmungen des § 243 dieses Gesetzes zu erlangen.

第三百三十九条 土地承包经营权人可以自主决定依法采取出租、入股或者其他方式向他人流转土地经营权。

Article 339 The holder of a conventional usufruct on rural land for agricultural operations may, at its own discretion, circulate the land operating right to others by leasing, contribution for shares, or other means pursuant to the law.

§ 339 Der aufgrund entsprechender Übernahme von Land zur Bewirtschaftung Berechtigte kann selbständig entscheiden, durch einen Unterpachtvertrag, Einbringung als Anteil oder in anderer Weise das Recht zur Bewirtschaftung des Landes auf einen anderen zu übertragen.

第三百四十条 土地经营权人有权在合同约定的期限内占有农村土地，自主开展农业生产经营并取得收益。

Article 340 The holder of the land operating right has the right to occupy rural land, carry out agricultural production and operation independently, and obtain proceeds, during the period as agreed upon in the contract.

§ 340 Der zur Bewirtschaftung des Landes Berechtigte hat das Recht, innerhalb der vertraglich vereinbarten der Frist das ländliche Grundstück zu besitzen, selbständig die Landwirtschaft zu betreiben und Erträge zu erziehen.

第三百四十一条 流转期限为五年以上的土地经营权，自流转合同生效时设立。当事人可以向登记机构申请土地经营权登记；未经登记，不得对抗善意第三人。

Article 341 The land operating right with a circulation period of no less than five years shall be created when the circulation contract becomes valid. A party may apply to the registration authority for the registration of the land operating right; and if it is not registered, it will not be set up against a bona fide third party.

§ 341 Das Recht zur Bewirtschaftung des Landes, dessen Übertragungsfrist fünf Jahre oder mehr dauert, ist in dem Zeitpunkt bestellt, in dem der Übertragungsvertrag wirksam wird. Die Parteien können bei der Registerstelle die Eintragung des Rechts zur Bewirtschaftung des Landes beantragen; ohne Eintragung kann die Rechtsänderung gutgläubigen Dritten nicht entgegengehalten werden.

第三百四十二条 通过招标、拍卖、公开协商等方式承包农村土地,经依法登记取得权属证书的,可以依法采取出租、入股、抵押或者其他方式流转土地经营权。

Article 342 Where rural land is contracted by bidding, auction, open consultation, or other means, and the certificate of ownership has been obtained upon registration pursuant to the law, the land operating right may be legally circulated by leasing, contribution for shares, mortgage, or other means.

§ 342 Wer ein ländliches Grundstück im Verfahren einer Ausschreibung, Versteigerung, in öffentlichen Verhandlungen oder in ähnlicher Weise übernommen, die Rechtsänderung nach dem Recht eingetragen und eine Urkunde über die Rechtszugehörigkeit erhalten hat, kann das Recht zur Bewirtschaftung von Land nach dem Recht durch einen Unterpachtvertrag, Einbringung als Anteil, Belastung mit einer Hypothek oder in anderer Weise übertragen.

第三百四十三条　国家所有的农用地实行承包经营的,参照适用本编的有关规定。

Article 343　The relevant provisions of this Book shall apply, mutatis mutandis, to the contracting of land for agricultural use owned by the State for agricultural operations.

§ 343　Wird staatseigenes landwirtschaftlich genutztes Land zur Bewirtschaftung übernommen, werden die einschlägigen Bestimmungen dieses Buches entsprechend angewandt.

第十二章　建设用地使用权
Chapter XII　Right to Use Land for Construction
12. Kapitel: Das Recht zur Nutzung von Bauland

第三百四十四条　建设用地使用权人依法对国家所有的土地享有占有、使用和收益的权利,有权利用该土地建造建筑物、构筑物及其附属设施。

Article 344　The holder of the right to use land for construction has the right to lawfully possess, use and enjoy the land owned by the state, and has the right to use such land to construct buildings, structures and their ancillary facilities.

§ 344　Der zur Nutzung von Bauland Berechtigte hat das Recht, das staatseigene Grundstück nach dem Recht zu besitzen, zu gebrauchen und seine Nutzungen zu ziehen, und das Recht, dieses Grundstück zu nutzen, um darauf Gebäude, Bauwerke und ihnen zugehörige Anlagen zu errichten.

第三百四十五条 建设用地使用权可以在土地的地表、地上或者地下分别设立。

Article 345 The right to use land for construction may be created separately on the surface of, above or under the ground.

§ 345 Das Recht zur Nutzung von Bauland kann separat auf der Erdoberfläche, über der Erdoberfläche und unter der Erdoberfläche bestellt werden.

第三百四十六条 设立建设用地使用权，应当符合节约资源、保护生态环境的要求，遵守法律、行政法规关于土地用途的规定，不得损害已经设立的用益物权。

Article 346 The right to use land for construction should be created pursuant the requirements for the conservation of resources and protection of ecological environment, and the provisions of laws and administrative regulations on land use, and should not damage the usufruct that has already been created.

§ 346 Die Bestellung des Rechts zur Nutzung von Bauland muss den Erfordernissen von der Schonung von Ressourcen und des Schutyes der ökologischen Umwelt entsprechen. Sie muss die Bestimmungen der Gesetze und Verwaltungsrechtsnormen über die Nutzungart des Landes einhalten und darf ein bereits bestelltes Nutzungsrecht nicht verletzen.

第三百四十七条 设立建设用地使用权,可以采取出让或者划拨等方式。

工业、商业、旅游、娱乐和商品住宅等经营性用地以及同一土地有两个以上意向用地者的,应当采取招标、拍卖等公开竞价的方式出让。

严格限制以划拨方式设立建设用地使用权。

Article 347 The right to use land for construction may be created by assignment, allocation, or other means.

Where land is used for industrial, commercial, tourist, or entertaining purposes, constructing commercial residential buildings, or for other profit-making purposes, or two or more persons are willing to use the same tract of land, the right to use land for construction shall be assigned through bidding, auction, or other open bidding methods.

The creation of the right to use land for construction by means of allocation should be strictly controlled.

§ 347 Das Recht zur Nutzung von Bauland kann überlassen oder zugeteilt oder auf andere Weise bestellt werden.

Das Recht zur Nutzung von Land, das für Industrie, Handel, Tourismus, Unterhaltungszwecke, zur Errichtung von zur Veräußerung vorgesehenen Wohnräumen oder für andere gewerbliche Zwecke genutzt werden soll, sowie von Land, dessen Nutzung zwei oder mehr Interessenten beabsichtigen, muss im Wege eines öffentlichen Preiskonkurrenzverfahrens wie einer Ausschreibung oder Versteigerung überlassen werden.

Die Bestellung von Rechten zur Nutzung von Bauland durch

Zuteilung wird strikt beschränkt.

第三百四十八条 通过招标、拍卖、协议等出让方式设立建设用地使用权的，当事人应当采用书面形式订立建设用地使用权出让合同。

建设用地使用权出让合同一般包括下列条款：

（一）当事人的名称和住所；

（二）土地界址、面积等；

（三）建筑物、构筑物及其附属设施占用的空间；

（四）土地用途、规划条件；

（五）建设用地使用权期限；

（六）出让金等费用及其支付方式；

（七）解决争议的方法。

Article 348　Where the right to use land for construction is created through bidding, auction, agreement, or by other means of assignment, the parties shall enter into a written contract on the assignment of the right to use land for construction.

The contract on the assignment of the right to use land for construction generally includes the following clauses:

(1) names and domiciles of the parties;

(2) boundary and area, among others, of the land;

(3) space occupied by buildings, structures and their ancillary facilities;

(4) use of the land and conditions for planning;

(5) term of the right to use land for construction;

(6) land transaction fees and other expenses and the methods

for the payment thereof; and

(7) methods for the resolution of disputes.

§ 348 Wird das Recht zur Nutzung von Bauland durch Überlassung im Wege einer Ausschreibung, Versteigerung, Vereinbarung oder auf einem ähnlichen Weg bestellt, müssen die Parteien einen Vertrag in schriftlicher Form zur Überlassung des Nutzungsrechts schließen.

Der Vertrag über die Überlassung des Rechts zur Nutzung von Bauland enthält in der Regel folgende Klauseln:

1. Bezeichnung und Wohnsitz der Parteien;

2. Grenzen, Fläche und andere Eigenschaften des Grundstücks;

3. den von Gebäuden, Bauwerken und ihnen zugehörigen Anlagen in Anspruch genommenen Raum;

4. Nutzungsart des Grundstücks und Planungsbedingungen;

5. die Frist für das Recht zur Nutzung von Bauland;

6. Überlassungsgebühr und andere Kosten sowie ihre Zahlungsweise;

7. Verfahren zur Beilegung von Streitigkeiten.

第三百四十九条 设立建设用地使用权的,应当向登记机构申请建设用地使用权登记。建设用地使用权自登记时设立。登记机构应当向建设用地使用权人发放权属证书。

Article 349 For the creation of the right to use land for construction, an application for the registration of the right to use land for construction should be filed with the registration authority. The right to use land for construction is created at the time of registration. The registration authority should issue a certificate of ownership to the holder of the right to use land for construction.

§ 349 Wird ein Recht zur Nutzung von Bauland bestellt, muss bei der Registerstelle die Eintragung dieses Rechts beantragt werden. Mit der Eintragung ist das Recht zur Nutzung von Bauland bestellt. die Registerstelle muss dem zur Nutzung des Baulands Berechtigten eine Urkunde über die Rechtszugehörigkeit ausstellen.

第三百五十条 建设用地使用权人应当合理利用土地,不得改变土地用途;需要改变土地用途的,应当依法经有关行政主管部门批准。

Article 350 The holder of the right to use land for construction shall make rational use of the land, and shall not change the use of the land; and if the use of the land needs to be changed, it is subject to the approval of the relevant administrative department pursuant to the law.

§ 350 Der zur Nutzung von Bauland Berechtigte muss das Land zweckmäßig nutzen und darf die Nutzungsart des Landes nicht ändern; ist es erforderlich, die Nutzungsart des Landes zu ändern, muss dies nach dem Recht von der zuständigen Behörde genehmigt werden.

第三百五十一条 建设用地使用权人应当依照法律规定以及合同约定支付出让金等费用。

Article 351 The holder of the right to use land for construction shall pay land transaction fees and other expenses pursuant to the provisions of laws and as agreed upon in the contract.

§ 351 Der zur Nutzung von Bauland Berechtigte muss nach den gesetzlichen Bestimmungen und den vertraglichen Vereinbarungen Überlassungsgebühren und anderen Kosten zahlen.

第三百五十二条 建设用地使用权人建造的建筑物、构筑物及其附属设施的所有权属于建设用地使用权人,但是有相反证据证明的除外。

Article 352 The ownership of the buildings, structures and their ancillary facilities constructed by the holder of the right to use land for construction belongs to the holder of the right to use land for construction, unless it is otherwise proved by contrary evidence.

§ 352 Gebäude, Bauwerke und ihnen zugehörige Anlagen, die der zur Nutzung von Bauland Berechtigte errichtet hat, stehen in seinem Eigentum, es sei denn, dass das Gegenteil bewiesen ist.

第三百五十三条 建设用地使用权人有权将建设用地使用权转让、互换、出资、赠与或者抵押,但是法律另有规定的除外。

Article 353 The holder of the right to use land for construction has the right to transfer, exchange, contribute as capital, gift, or mortgage the right to use land for construction, except as otherwise provided for by any law.

§ 353 Der zur Nutzung von Bauland Berechtigte ist berechtigt, das Recht zur Nutzung des Baulandes übertragen, es gegen das Recht eines anderen Nutzungsberechtigten austauschen, als Einlage einzubringen, zu verschenken oder mit einer Hypothek zu belasten, es sei denn, dass gesetzlich etwas anderes bestimmt ist.

第三百五十四条 建设用地使用权转让、互换、出资、赠与或者抵押的，当事人应当采用书面形式订立相应的合同。使用期限由当事人约定，但是不得超过建设用地使用权的剩余期限。

Article 354 Where the right to use land for construction is transferred, exchanged, contributed as capital, gifted, or mortgaged, the parties shall enter into a corresponding contract in a written form. The use term is to agreed upon by the parties, provided that it shall not exceed the remaining term of the right to use land for construction.

§ 354 Wird das Recht zur Nutzung des Baulandes übertragen, ausgetauscht, als Einlage eingebracht, verschenkt oder mit einer Hypothek belastet, müssen die Parteien einen entsprechenden Vertrag in schriftlicher Form schließen. Die Nutzungsfrist wird von den Parteien vereinbart, darf aber die restliche Laufzeit des Rechts zur Nutzung des Baulandes nicht überschreiten.

第三百五十五条 建设用地使用权转让、互换、出资或者赠与的,应当向登记机构申请变更登记。

Article 355 Where the right to use land for construction is transferred, exchanged, contributed as capital, or gifted, an application for modification registration should be filed with the registration authority.

§ 355 Wird das Recht zur Nutzung von Bauland übertragen, ausgetauscht, als Einlage eingebracht oder verschenkt, muss bei der die Registerstelle die Eintragung der Rechtsänderung beantragt werden.

第三百五十六条 建设用地使用权转让、互换、出资或者赠与的,附着于该土地上的建筑物、构筑物及其附属设施一并处分。

Article 356 Where the right to use land for construction is transferred, exchanged, contributed as capital, or gifted, the buildings, structures and their ancillary facilities on the land should be disposed of along with the right.

§ 356 Wird das Recht zur Nutzung von Bauland übertragen, ausgetauscht, als Einlage eingebracht oder verschenkt, erstreckt sich diese Verfügung auf die mit dem Grundstück verbundenen Gebäude, Bauwerke und ihnen zugehörigen Anlagen.

第三百五十七条　建筑物、构筑物及其附属设施转让、互换、出资或者赠与的,该建筑物、构筑物及其附属设施占用范围内的建设用地使用权一并处分。

Article 357　Where buildings, structures and their ancillary facilities are transferred, exchanged, contributed as capital, or gifted, the right to use land for construction within the area occupied by such buildings, structures and their ancillary facilities should be disposed of along with them.

§ 357　Werden Gebäude, Bauwerke und ihnen zugehörige Anlagen übertragen, ausgetauscht, als Einlage eingebracht oder verschenkt, erstreckt sich diese Verfügung auf das Recht zur Nutzung des Baulandes, soweit das Grundstück von den Gebäuden, Bauwerken und ihnen zugehörigen Anlagen in Anspruch genommen wird.

第三百五十八条　建设用地使用权期限届满前,因公共利益需要提前收回该土地的,应当依据本法第二百四十三条的规定对该土地上的房屋以及其他不动产给予补偿,并退还相应的出让金。

Article 358　Where, before the expiration of the term of the right to use land for construction, the land needs to be recovered in advance in the interest of the public, indemnities for the buildings and other immovables on the land should be given pursuant to Article 243 of this Code, and the corresponding land transaction fees should be refunded.

§ 358　Ist es erforderlich, das Grundstück vor Ablauf der

Nutzungsfrist des Rechts zur Nutzung des Baulandes aufgrund öffentlichen Interesses zurückzunehmen, so muss nach der Bestimmung des § 243 dieses Gesetzes ein Ausgleich für die Häuser und anderen unbeweglichen Sachen auf dem Grundstück geleistet und ein der Restlaufzeit entsprechender Teil der Überlassungsgebühren erstattet werden.

第三百五十九条 住宅建设用地使用权期限届满的,自动续期。续期费用的缴纳或者减免,依照法律、行政法规的规定办理。

非住宅建设用地使用权期限届满后的续期,依照法律规定办理。该土地上的房屋以及其他不动产的归属,有约定的,按照约定;没有约定或者约定不明确的,依照法律、行政法规的规定办理。

Article 359 The term of the right to use land for the construction of housing units is automatically renewed upon expiration. The payment, reduction or exemption of the renewal fee should be handled pursuant to the provisions of laws and administra-tive regulations.

The term of the right to use land not for the construction of housing units is renewed upon expiration pursuant to the provisions of laws. If there is an agreement on the attribution of buildings and other immovables on the aforesaid land, such an agreement shall prevail; in the absence of such an agreement or if such an agreement is ambiguous, the ownership is to be determined pursuant to the provisions of laws and administrative regulations.

§ 359 Die Frist des Rechts zur Nutzung von Bauland für Wohnungen verlängert sich nach ihrem Ablauf automatisch. In Bezug auf die Zahlung oder Ermäßigung oder Befreiung der Gebühren für die Laufzeitverlängerung wird nach den Bestimmungen in Gesetzen und Verwaltungsrechtsnormen vefahren.

Nach Ablauf der Laufzeit des Rechts zur Nutzung von Bauland für andere Nutzungsarten als Wohnungen wird für die Laufzeitverlängerung nach den gesetzlichen Bestimmungen verfahren. Die Zuordnung der Häuser und anderen unbeweglichen Sachen auf dem Grundstück bestimmt sich nach der getroffenen Vereinbarung; ist keine Vereinbarung getroffen oder ist die Vereinbarung unklar, wird nach den Bestimmungen in Gesetze und Verwaltungsrechtsnormen verfahren.

第三百六十条 建设用地使用权消灭的，出让人应当及时办理注销登记。登记机构应当收回权属证书。

Article 360 Where the right to use land for construction is extinguished, the assignor shall undergo deregistration in a timely manner. The registration authority shall take back the ownership certificate.

§ 360 Erlischt das Recht zur Nutzung von Bauland, muss derjenige, der das Recht überlassen hat, das Erlöschen unverzüglich eintragen lassen. Die Registerstelle muss die Urkunde über die Rechtszugehörigkeit einziehen.

第三百六十一条　集体所有的土地作为建设用地的,应当依照土地管理的法律规定办理。

Article 361　Where a tract of land owned by the collective is to be used for construction, the matter should be handled pursuant to the provisions of laws on land administration.

§ 361　Wird im Kollektiveigentum stehendes Land als Bauland genutzt, so muss nach den gesetzlichen Bestimmungen über die Landverwaltung vefahren werden.

第十三章　宅基地使用权
Chapter XIII　Right to Use Rural Land as a Residential Lot
13. Kapitel: Nutzungsrecht an Heimstättenland

第三百六十二条　宅基地使用权人依法对集体所有的土地享有占有和使用的权利,有权依法利用该土地建造住宅及其附属设施。

Article 362　The holder of the right to use rural land as a residential lot, has the right to lawfully possess and use collectively-owned land, and use the land for constructing houses and their ancillary facilities.

§ 362　Der zur Nutzung von Heimstättenland Berechtigte genießt das Recht, nach dem Recht ein kollektiveigenes Grundstück zu besitzen und zu gebrauchen; er hat das Recht, es nach dem Recht zu verwenden, um darauf ein Wohnhaus und ihm zugehörige Anlagen zu errichten.

第三百六十三条 宅基地使用权的取得、行使和转让,适用土地管理的法律和国家有关规定。

Article 363 The laws on land administration and the relevant provisions issued by the state are applicable to the acquisition, exercise and transfer of the right to use rural land as a residen-tial lot.

§ 363 Auf den Erwerb, die Ausübung und die Übertragung des Rechts zur Nutzung von Heimstättenland werden die Gesetze über die Landverwaltung und andere einschlägige staatliche Bestimmungen angewandt.

第三百六十四条 宅基地因自然灾害等原因灭失的,宅基地使用权消灭。对失去宅基地的村民,应当依法重新分配宅基地。

Article 364 When rural land as a residential lot is destroyed or lost due to a natural disaster or any other reason, the right to use rural land as a residential lot is extinguished. New rural land as a residential lot should be allocated to the villagers who have lost their rural land as a residential lot pursuant to the law.

§ 364 Geht Heimstättenland wegen Naturkatastrophen oder anderer Gründe unter, erlischt das Recht zur Nutzung von Heimstättenland. Der Dorfbevölkerung, die das Heimstättenland so verliert, muss nach dem Gesetz erneut Heimstättenland zugeteilt werden.

第三百六十五条 已经登记的宅基地使用权转让或者消灭的,应当及时办理变更登记或者注销登记。

Article 365 Where the registered right to use rural land as a residential lot is transferred or extinguished, modification registration or deregistration should be undergone in a timely manner.

§ 365 Wird ein eingetragenes Recht zur Nutzung von Heimstättenland übertragen oder erlischt es, muss die Änderung oder das Erlöschen unverzüglich eingetragen werden.

第十四章　居住权
Chapter XIV Right of Habitation
14. Kapitel: Wohnungsrecht

第三百六十六条 居住权人有权按照合同约定,对他人的住宅享有占有、使用的用益物权,以满足生活居住的需要。

Article 366 As agreed upon in a contract, a person having a right of habitation enjoys the usufruct to occupy and use another person's housing unit so as to meet the needs of living.

§ 366 Der Wohnungsberechtigte hat das Nutzungsrecht, die Wohnung eines anderen gemäß der vertraglichen Vereinbarung zu besitzen, zu gebrauchen, damit sein Leben- und Wohnbedürfnis befriedigt wird.

第三百六十七条 设立居住权,当事人应当采用书面形式订立居住权合同。

居住权合同一般包括下列条款:

(一)当事人的姓名或者名称和住所;

(二)住宅的位置;

(三)居住的条件和要求;

(四)居住权期限;

(五)解决争议的方法。

Article 367 For the creation of a right of habitation, the parties shall enter into a contract on the right of habitation in a written form.

The contract on the right of habitation generally includes the following clauses:

(1) names or titles, and domiciles of the parties;

(2) location of the housing unit;

(3) conditions and requirements for habitation;

(4) term of the right of habitation; and

(5) methods for the resolution of disputes.

§ 367 Zur Bestellung eines Wohnungsrechts müssen die Parteien einen Vertrag über das Wohnungsrecht in schriftlicher Form schließen.

Der Vertrag über das Wohnungsrecht enthält in der Regel Klauseln über:

1. den Namen oder die Bezeichnung und den Wohnsitz der Parteien;

2. die Lage der Wohnung;

3. die Bedingungen und die Anforderungen des Wohnens;
4. die Frist des Wohnungsrechts;
5. das Verfahren zur Beilegung von Streitigkeiten.

第三百六十八条 居住权无偿设立,但是当事人另有约定的除外。设立居住权的,应当向登记机构申请居住权登记。居住权自登记时设立。

Article 368 The right of habitation is created free of charge, unless it is otherwise agreed upon by the parties. If the right of habitation is created, an application for the registration of the right of habitation should be filed with the registration authority. The right of habitation is created at the time of registration.

§ 368 Das Wohnungsrecht ist unentgeltlich zu bestellen, es sei denn, dass die Parteien etwas anderes vereinbarthaben. Für die Bestellung des Wohnungsrechts muss bei der Registerstelle die Eintragung dieses Rechts beantragt werden. Das Wohnungsrecht ist zum Zeitpunkt der Eintragung bestellt.

第三百六十九条 居住权不得转让、继承。设立居住权的住宅不得出租,但是当事人另有约定的除外。

Article 369 The right of habitation may not be transferred or inherited. A housing unit with the right of habitation created should not be leased, unless it is otherwise agreed upon by the parties.

§ 369 Das Wohnungsrecht ist weder übertragbar noch vererbbar. Die Wohnung mit einem Wohnungsrecht darf nicht vermietet werden, es sei denn, dass die Parteien etwas anderes vereinbart haben.

第三百七十条 居住权期限届满或者居住权人死亡的,居住权消灭。居住权消灭的,应当及时办理注销登记。

Article 370　The right of habitation is extinguished when the term of the right of habitation expires or the person having the right of habitation dies. If the right of habitation is extinguished, deregistration should be undergone in a timely manner.

§ 370　Läuft die Frist des Wohnungsrechts ab oder stirbt der Wohnungsberechtigte, erlischt das Wohnungsrecht. Erlischt das Wohnungsrecht, muss die Eintragung des Erlöschens unverzüglich durchgeführt werden.

第三百七十一条 以遗嘱方式设立居住权的,参照适用本章的有关规定。

Article 371　The relevant provisions of this Chapter are applicable, mutatis mutandis, to the creation of the right of habitation by testament.

§ 371　Ist das Wohnungsrecht durch Testament bestellt, werden die einschlägigen Bestimmungen dieses Kapitels entsprechend angewandt.

第十五章 地役权
Chapter XV Servitude
15. Kapitel: Grunddienstbarkeiten

第三百七十二条 地役权人有权按照合同约定,利用他人的不动产,以提高自己的不动产的效益。

前款所称他人的不动产为供役地,自己的不动产为需役地。

Article 372 The owner of the land to which the servitude is owed has the right to use another person's immovable as agreed upon in the contract, so as to enhance the benefits of its own immovable.

For the purposes of the preceding paragraph, another person's immovable is the servient land, and one's own immovable is the dominant land.

§ 372 Der aus einer Grunddienstbarkeit Berechtigte hat das Recht, eine unbewegliche Sache eines anderen nach den vertraglichen Vereinbarungen zu benutzen, um die Effizienz einer eigenen unbeweglichen Sache zu erhöhen.

Die unbewegliche Sache eines anderen im Sinne des vorigen Absatzes wird als dienendes Grundstück, die eigene unbewegliche Sache als herrschendes Grundstück bezeichnet.

第三百七十三条 设立地役权,当事人应当采用书面形式订立地役权合同。

地役权合同一般包括下列条款:

(一)当事人的姓名或者名称和住所;

(二)供役地和需役地的位置;

(三)利用目的和方法;

(四)地役权期限;

(五)费用及其支付方式;

(六)解决争议的方法。

Article 373 To create servitude, the parties shall enter into a servitude contract in a written form.

The servitude contract generally includes the following clauses:

(1) names or titles, and domiciles of the parties;

(2) locations of the servient land and dominant land;

(3) purposes and methods of use;

(4) term of servitude;

(5) fees and methods for the payment thereof; and

(6) methods for the resolution of disputes.

§ 373 Zur Bestellung einer Grunddienstbarkeit müssen die Parteien einen schriftlichen Vertrag über die Grunddienstbarkeit schließen.

Der Vertrag über die Grunddienstbarkeit enthält in der Regel Klauseln über:

1. den Namen oder die Bezeichnung und den Wohnsitz der Parteien;

2. die Lage des dienenden und des herrschenden Grundstücks;

3. den Zweck sowie die Art und Weise der Benutzung;

4. die Frist der Grunddienstbarkeit;

5. die Kosten und ihre Zahlungsweise;

6. das Verfahren zur Beilegung von Streitigkeiten.

第三百七十四条 地役权自地役权合同生效时设立。当事人要求登记的,可以向登记机构申请地役权登记;未经登记,不得对抗善意第三人。

Article 374 Servitude is created when the servitude contract becomes valid. If the parties request registration, they may apply to the registration authority for the registration of servitude; and if it is not registered, it will not be set up against a bona fide third party.

§ 374 Die Grunddienstbarkeit ist in dem Zeitpunkt bestellt, in dem der Vertrag über die Grunddienstbarkeit wirksam wird. Verlangen die Parteien die Eintragung, können sie die Eintragung der Grunddienstbarkeit bei der Registerstelle beantragen; ohne Eintragung kann sie gutgläubigen Dritten nicht entgegengehalten werden.

第三百七十五条 供役地权利人应当按照合同约定,允许地役权人利用其不动产,不得妨害地役权人行使权利。

Article 375 The owner of the servient land shall, as agreed upon in the contract, allow the owner of the land to which the servitude is owed to use its immovable, and shall not interfere with

the latter's exercise of servitude.

§ 375 Der am dienenden Grundstück Berechtigte muss dem aus der Grunddienstbarkeit Berechtigten nach den vertraglichen Vereinbarungen gestatten, das Grundstück zu benutzen, und darf die Ausübung des Rechts des aus der Grunddienstbarkeit Berechtigten nicht beeinträchtigen.

第三百七十六条 地役权人应当按照合同约定的利用目的和方法利用供役地,尽量减少对供役地权利人物权的限制。

Article 376 The owner of the land to which the servitude is owed shall use the servient land pursuant to the purposes and methods of use as agreed upon in the contract and to reduce as much as possible the restrictions on the real right of the owner of the servient land.

§ 376 Der aus der Grunddienstbarkeit Berechtigte darf das dienende Grundstück nur entsprechend dem vertraglich vereinbarten Zweck und in der vertraglich vereinbarten Art und Weise benutzen und das dingliche Recht des Berechtigten am dienenden Grundstück möglichst wenig einschränken.

第三百七十七条 地役权期限由当事人约定;但是,不得超过土地承包经营权、建设用地使用权等用益物权的剩余期限。

Article 377 The term of servitude is to be agreed upon by the parties, provided that it shall not exceed the remaining term of usufruct, such as the conventional usufruct on rural land for agricul-

tural operations and the right to use land for construction.

§ 377　Die Frist der Grunddienstbarkeit wird von den Parteien vereinbart, darf aber die restliche Laufzeit des Rechts zur Bewirtschaftung übernommenen Landes, des Rechts zur Nutzung des Baulandes oder des anderen Nutzungsrechts nicht überschreiten.

第三百七十八条　土地所有权人享有地役权或者负担地役权的,设立土地承包经营权、宅基地使用权等用益物权时,该用益物权人继续享有或者负担已经设立的地役权。

Article 378　Where the landowner enjoys or is burdened by servitude, when the conventional usufruct on rural land for agricultural operations, the right to use rural land as a residential lot, or any other usufruct is created, the usufructuary continues to enjoy or be burdened by the created servitude.

§ 378　Ist ein Grundstückseigentümer aus einer Grunddienstbarkeit berechtigt oder ist sein Grundstück mit einer Grunddienstbarkeit belastet und bestellt er ein Recht zur Bewirtschaftung übernommenen Landes, ein Recht zur Nutzung von Heimstätenland oder sonstige Nutzungsrechte, so sind im Weiteren die Nutzungsberechtigten aus der Dienstbarkeit berechtigt oder ist auch ihr Recht mit der bereits bestellten Grunddienstbarkeit belastet.

第三百七十九条　土地上已经设立土地承包经营权、建设用地使用权、宅基地使用权等用益物权的,未经用益物权人同意,土地所有权人不得设立地役权。

Article 379 Where the conventional usufruct on rural land for agricultural operations, the right to use land for construction, the right to use rural land as a residential lot, or any other usufruct has been created on land, the landowner shall not create servitude without the consent of the usufructuary.

§ 379 Besteht an einem Grundstück ein Recht zur Bewirtschaftung übernommenen Landes, zur Nutzung von Bauland, zur Nutzung von Heimstätenland oder ein anderes Nutzungsrecht, darf der Grundstückseigentümer ohne Zustimmung des Nutzungsberechtigten keine Grunddienstbarkeit bestellen.

第三百八十条 地役权不得单独转让。土地承包经营权、建设用地使用权等转让的，地役权一并转让，但是合同另有约定的除外。

Article 380 Servitude should not be transferred separately. If the conventional usufruct on rural land for agricultural operations, or the right to use land for construction, among others, is transferred, servitude should be transferred along with it, unless it is otherwise agreed upon in the contract.

§ 380 Eine Grunddienstbarkeit kann nicht für sich allein übertragen werden. Wird das Recht zur Bewirtschaftung übernommenen Landes, das Recht zur Nutzung von Bauland oder ein ähnliches Nutzungsrecht übertragen, so geht auch die Grunddienstbarkeit über, soweit vertraglich nichts anderes vereinbart ist.

第三百八十一条 地役权不得单独抵押。土地经营权、建设用地使用权等抵押的,在实现抵押权时,地役权一并转让。

Article 381 Servitude should not be mortgaged separately. If the usufruct on rural land for agricultural operations, or the right to use land for construction, among others, is mortgaged, servitude should be transferred along with it when mortgage is exercised.

§ 381 Eine Grunddienstbarkeit kann nicht für sich allein mit einer Hypothek belastet werden. Wird das Recht zur Bewirtschaftung übernommenen Landes, das Recht zur Nutzung von Bauland oder ein ähnliches Nutzungsrecht mit einer Hypothek belastet, so wird bei Befriedigung aus der Hypothek auch die Grunddienstbarkeit mit übertragen.

第三百八十二条 需役地以及需役地上的土地承包经营权、建设用地使用权等部分转让时,转让部分涉及地役权的,受让人同时享有地役权。

Article 382 When the dominant land and the conventional usufruct on rural land for agricultural operations or the right to use land for construction thereon, among others, is partially transferred, if servitude is involved in the transferred part, the transferee enjoys the servitude at the same time.

§ 382 Wird das herrschende Grundstück oder ein an diesem Grundstück bestehendes Recht zur Bewirtschaftung übernommenen Landes, das Recht zur Nutzung von Bauland oder ein ähnliches Nutzungsrecht teilweise übertragen und betrifft der übertragene Teil eine Grunddienstbarkeit, so genießt der Erwerber gleichzeitig die

Grunddienstbarkeit.

第三百八十三条 供役地以及供役地上的土地承包经营权、建设用地使用权等部分转让时,转让部分涉及地役权的,地役权对受让人具有法律约束力。

Article 383 When the servient land and the conventional usufruct on rural land for agricultural operations or the right to use land for construction thereon, among others, is partially transferred, if servitude is involved in the transferred part, the servitude is legally binding upon the transferee.

§ 383 Werden das dienende Grundstück oder ein an diesem Grundstück bestehendes Recht zur Bewirtschaftung übernommenen Landes, das Recht zur Nutzung von Bauland oder ein ähnliches Nutzungsrecht teilweise übertragen und betrifft der übertragene Teil eine Grunddienstbarkeit, so ist die Grunddienstbarkeit für den Erwerber rechtlich bindend.

第三百八十四条 地役权人有下列情形之一的,供役地权利人有权解除地役权合同,地役权消灭:
(一)违反法律规定或者合同约定,滥用地役权;
(二)有偿利用供役地,约定的付款期限届满后在合理期限内经两次催告未支付费用。

Article 384 Where the owner of the land to which the servitude is owed falls under any of the following circumstances, the owner of the servient land has the right to rescind the servitude contract, and servitude is extinguished:

(1) abusing servitude in violation of the provisions of any law or those agreed upon in the contract; or

(2) for the paid use of the servient land, after the expiration of the agreed payment period, failing to pay within a reasonable period of time after twice being urged.

§ 384 Liegt in der Person des aus der Grunddienstbarkeit Berechtigten einer der folgenden Umstände vor, hat der am dienenden Grundstück Berechtigte das Recht, den Vertrag über die Grunddienstbarkeit zu kündigen, und erlischt die Grunddienstbarkeit:

1. Der aus der Grunddienstbarkeit Berechtigte missbraucht die Grunddienstbarkeit entgegen gesetzlichen Bestimmungen oder den vertraglichen Vereinbarungen;

2. er zahlt im Fall entgeltlicher Nutzung des dienenden Grundstücks die Kosten nach Ablauf der vereinbarten Zahlungsfrist innerhalb einer angemessenen Frist trotz zweimaliger Mahnung nicht.

第三百八十五条 已经登记的地役权变更、转让或者消灭的,应当及时办理变更登记或者注销登记。

Article 385 Where a registered servitude is modified, transferred, or extinguished, modification registration or deregistration should be undergone in a timely manner.

§ 385 Ändert sich der Inhalt einer eingetragenen Grunddienstbarkeit, wird sie übertragen oder erlischt sie, muss die Rechtsänderung oder das Erlöschen unverzüglich eingetragen werden.

第四分编 担保物权
Part Four Security Interests
4. Abschnitt: Dingliche Sicherungsrechte

第十六章 一般规定
Chapter XVI General Rules
16. Kapitel: Allgemeine Bestimmungen

第三百八十六条 担保物权人在债务人不履行到期债务或者发生当事人约定的实现担保物权的情形，依法享有就担保财产优先受偿的权利，但是法律另有规定的除外。

Article 386 The security interest holder, has the priority of compensation pursuant to the law made from the property posted as security if the debtor fails to pay the due debt or falls under any circumstance where security interest is to be exercised as agreed upon by the parties, except as otherwise provided for by any law.

§ 386 Der Inhaber eines dinglichen Sicherungsrechts [im Folgenden: Sicherungsnehmer] genießt, wenn der Schuldner die fällige Schuld nicht erfüllt oder die von den Parteien als Sicherungsfall vereinbarten Umstände eintreten, nach dem Recht das Recht, sich aus dem als Sicherheit dienenden Vermögensgegenstand vorzugsweise zu befriedigen, es sei denn, dass gesetzlich etwas anderes bestimmt ist.

第三百八十七条 债权人在借贷、买卖等民事活动中,为保障实现其债权,需要担保的,可以依照本法和其他法律的规定设立担保物权。

第三人为债务人向债权人提供担保的,可以要求债务人提供反担保。反担保适用本法和其他法律的规定。

Article 387 The creditor may, in loans, sales or other civil activities, create security interest pursuant to the provisions of this Code and other laws, if security is required to guarantee the performance of obligation.

A third party that provides security to the creditor for the debtor may require the debtor to provide counter guarantee. The relevant provisions of this Code and other laws are appliable to counter guarantee.

§ 387 Benötigt der Gläubiger bei Darlehen, Kauf oder in anderen Fällen zivilrechtlichen Handelns eine Sicherheit, um die Realisierung seiner Forderung zu gewährleisten, kann nach den Bestimmungen dieses Gesetzes und anderer Gesetze ein dingliches Sicherungsrecht bestellt werden.

Bestellt ein Dritter dem Gläubiger für den Schuldner eine Sicherheit, kann der Dritte vom Schuldner eine Rückbürgschaft verlangen. Auf diese Rückbürgschaft finden die Bestimmungen dieses Gesetzes und anderer Gesetze Anwendung.

第三百八十八条 设立担保物权，应当依照本法和其他法律的规定订立担保合同。担保合同包括抵押合同、质押合同和其他具有担保功能的合同。担保合同是主债权债务合同的从合同。主债权债务合同无效的，担保合同无效，但是法律另有规定的除外。

担保合同被确认无效后，债务人、担保人、债权人有过错的，应当根据其过错各自承担相应的民事责任。

Article 388 For the creation of security interest, a contract on the provision of security should be entered into pursuant to the provisions of this Code and other laws. Contracts on the provision of security include mortgage contracts, pledge contracts and other contracts with security functions. A contract on the provision of security is a collateral contract of the master contract on obligations. When the master contract on obligations ceases to be effective, the contract on the provision of security ceases to be effective accordingly, except as otherwise provided for by any law.

After a contract on the provision of security is confirmed to be null and void, if the debtor, the guarantor and the creditor are at fault, they shall assume corresponding civil liability in light of their respective fault.

§ 388 Wird ein dingliches Sicherungsrecht bestellt, muss nach den Bestimmungen dieses Gesetzes und anderer Gesetze ein Sicherungsvertrag geschlossen werden. Die Sicherungsverträge beinhalten Hypothekenverträge, Pfandverträge und andere Verträge mit Sicherungsfunktionen. Der Sicherungsvertrag ist ein akzessorischer Vertrag zum das Hauptschuldverhältnis begründenden

Vertrag. Ist der das Hauptschuldverhältnis begründende Vertrag unwirksam, so ist auch der Sicherungsvertrag unwirksam, es sei denn, dass gesetzlich etwas anderes bestimmt ist.

Wird die Unwirksamkeit des Sicherungsvertrages bestätigt und fällt dem Schuldner, Sicherungsgeber oder Gläubiger ein Verschulden zur Last, so haftet jeder entsprechend seinem Verschulden zivilrechtlich.

第三百八十九条 担保物权的担保范围包括主债权及其利息、违约金、损害赔偿金、保管担保财产和实现担保物权的费用。当事人另有约定的,按照其约定。

Article 389 The scope of security interest covers the principal claim and the interest therefrom, liquidated damages, compensation for damages, and the expenses for keeping the property posted as security and for exercising security interest. If it is otherwise agreed upon by the parties, such an agreement shall prevail.

§ 389 Der Sicherungsumfang des dinglichen Sicherungsrechts beinhaltet die Hauptforderung und deren Zinsen, Vertragsstrafen, Schadensersatzansbeträge sowie die Kosten der Aufbewahrung des als Sicherheit dienenden Gegenstands und der Befriedigung aus der dinglichen Sicherheit. Haben die Parteien etwas anderes vereinbart, so gilt ihre Vereinbarung.

第三百九十条 担保期间,担保财产毁损、灭失或者被征收等,担保物权人可以就获得的保险金、赔偿金或者补偿金等优先受偿。被担保债权的履行期限未届满的,也可以提存该保险金、赔偿金或者补偿金等。

Article 390 Where the property posted as security is damaged, lost, or expropriated, among others, during the term of provision of security, the security interest holder has the priority of compensation made with the insurance money, compensatory damages, or indemnity, among others. The insurance money, compensatory damages, or indemnity, among others, may also be set aside before the term for performing the obligation as secured expires.

§ 390 Wird das Sciherungsgut während der Sicherungszeit beschädigt, geht es unter, wird es entzogen oder tritt ein ähnlicher Umstand ein, kann sich der Sicherungsnehmer aus infolge des Umstandes erlangten Versicherungsleistungen, Schadensersatz-, Ausgleichs- und ähnlichen Zahlungen vorzugsweise befriedigen. Ist die gesicherte Forderung noch nicht fällig, so können die Versicherungsleistungen, Schadensersatz-, Ausgleichs- und ähnlichen Zahlungen auch hinterlegt werden.

第三百九十一条 第三人提供担保,未经其书面同意,债权人允许债务人转移全部或者部分债务的,担保人不再承担相应的担保责任。

Article 391 Where a security is provided by a third party, if the creditor permits the debtor's transfer of all or part of its obligations without the written consent of the third party, the guarantor no longer assumes the corresponding suretyship.

§ 391 Leistet ein Dritter Sicherheit und gestattet der Gläubiger dem Schuldner ohne die schriftliche Zustimmung des

Dritten, die Schuld ganz oder teilweise zu übertragen, haftet der Sicherungsgeber in entsprechendem Umfang nicht mehr.

第三百九十二条　被担保的债权既有物的担保又有人的担保的,债务人不履行到期债务或者发生当事人约定的实现担保物权的情形,债权人应当按照约定实现债权;没有约定或者约定不明确,债务人自己提供物的担保的,债权人应当先就该物的担保实现债权;第三人提供物的担保的,债权人可以就物的担保实现债权,也可以请求保证人承担保证责任。提供担保的第三人承担担保责任后,有权向债务人追偿。

Article 392　Where both property posted as security and suretyship are provided to secure a creditor's right, if the debtor fails to pay the due debt or falls under any circumstance where security interest is to be exercised as agreed upon by the parties, the creditor should exercise the creditor's right as agreed; in the absence of such an agreement or if such an agreement is ambiguous, if the debtor itself or himself provides a property as security, the creditor should first exercise the creditor's right with such a property; if a third party provides a property as security, the creditor may either exercise the creditor's right with such a property or claim the guarantor's assumption of suretyship. The third party has the right of recourse against the debtor after performing the suretyship.

§ 392　Ist die Forderung sowohl dinglich als auch durch einen Bürgen gesichert und erfüllt der Schuldner die fällige Schuld nicht oder treten die von den Parteien als Sicherungsfall vereinbarten Umstände ein, muss der Gläubiger sich nach den Vereinbarungen befriedigen; ist keine Vereinbarung getroffen oder ist die Vereinbarung unklar und hat der Schuldner selbst die dingliche Sicherheit gestellt, muss sich der Gläubiger zunächst aus der dinglichen Sicherheit befriedigen; hat ein Dritter die dingliche Sicherheit gestellt, kann der Gläubiger sich aus dieser dinglichen Sicherheit befriedigen oder vom Bürgen verlangen, dass dieser die Bürgenhaftung übernimmt. Hat ein Dritter, der eine Sicherheit gestellt hat, den Gläubiger befriedigt, so ist der Dritte berechtigt, beim Schuldner Regress zu nehmen.

第三百九十三条 有下列情形之一的,担保物权消灭:

(一)主债权消灭;

(二)担保物权实现;

(三)债权人放弃担保物权;

(四)法律规定担保物权消灭的其他情形。

Article 393 Security interest is extinguished under any of following circumstances:

(1) the principal claim is extinguished;

(2) the security interest is exercised;

(3) the creditor waives the security interest; or

(4) any other circumstance where security interest is extinguished as provided for by any law.

§ 393 Das dingliche Sicherungsrecht erlischt, sofern einer der folgenden Umstände vorliegt:

1. Die Hauptforderung erlischt;

2. der Gläubiger befriedigt sich aus dem dinglichen Si-

cherungsrecht;

3. der Gläubiger gibt das dingliche Sicherungsrecht auf;

4. andere Umstände vorliegen, unter denen das dingliche Sicherungsrecht nach den gesetzlichen Bestimmungen erlischt.

第十七章 抵押权
Chapter XVII Mortgage
17. Kapitel: Hypothek

第一节 一般抵押权
Section 1 General Mortgage
1. Unterkapitel: Gewöhnliche Hypothek

第三百九十四条 为担保债务的履行,债务人或者第三人不转移财产的占有,将该财产抵押给债权人的,债务人不履行到期债务或者发生当事人约定的实现抵押权的情形,债权人有权就该财产优先受偿。

前款规定的债务人或者第三人为抵押人,债权人为抵押权人,提供担保的财产为抵押财产。

Article 394 Where, for securing the performance of an obligation, the debtor or a third party mortgages a property to the creditor instead of transferring the possession of such a property, if the debtor fails to pay the due debt or falls under any circumstance where mortgage is to be exercised as agreed upon by the parties, the creditor has the priority of compensation made from such a property.

For the purposes of the preceding paragraph, the debtor or the third party is the mortgagor, the creditor is the mortgagee, and the property posted as security is the mortgaged property.

§ 394 Wenn der Schuldner oder ein Dritter, um die Erfüllung einer Schuld zu sichern, dem Gläubiger an einem Vermögensgegenstand, ohne den Besitz daran zu übertragen, eine Hypothek bestellt und der Schuldner die fällige Schuld nicht erfüllt oder die von den Parteien als Sicherungsfall vereinbarten Umstände eintreten, ist der Gläubiger berechtigt, sich aus diesem Vermögensgegenstand vorzugsweise zu befriedigen.

Der Schuldner oder der Dritte im Sinne des vorigen Absatzes wird als Hypothekennehmer, der Gläubiger als Hypothekar, der als Sicherheit dienende Vermögensgegenstand als belasteter Gegenstand bezeichnet.

第三百九十五条 债务人或者第三人有权处分的下列财产可以抵押：

（一）建筑物和其他土地附着物；

（二）建设用地使用权；

（三）海域使用权；

（四）生产设备、原材料、半成品、产品；

（五）正在建造的建筑物、船舶、航空器；

（六）交通运输工具；

（七）法律、行政法规未禁止抵押的其他财产。

抵押人可以将前款所列财产一并抵押。

Article 395 The following property which the debtor or a

third party has the right to dispose of may be mortgaged:

(1) buildings and other fixtures on land;

(2) right to use land for construction;

(3) right to use sea areas;

(4) production equipment, raw materials, semi-finished products, and products;

(5) buildings, vessels, and aircrafts under construction;

(6) means of transportation; or

(7) any other property that is not prohibited from being mortgaged by any law or administrative regulation.

The mortgagor may mortgage all the property set out in the preceding paragraph at the same time.

§ 395 Folgende Vermögensgegenstände können mit einer Hypothek belastet werden, sofern der Schuldner oder der Dritte berechtigt ist, über sie zu verfügen:

1. Bauwerke und andere mit dem Grundstück verbundene Sachen;

2. Rechte zur Nutzung von Bauland;

3. Rechte zur Nutzung von Seegebieten;

4. Produktionsanlagen, Rohstoffe, Halbfabrikate und Produkte;

5. im Bau befindliche Bauwerke, Schiffe und Luftfahrzeuge;

6. Verkehrs- und Transportmittel;

7. andere Vermögensgegenstände, an denen die Bestellung einer Hypothek nicht gesetzlich oder durch Verwaltungsrechtsnorm verboten ist.

Der Hypothekennehmer kann eine Hypothek an mehreren der im vorigen Absatz genannten Vermögensgegenstände gemeinsam bestellen.

第三百九十六条 企业、个体工商户、农业生产经营者可以将现有的以及将有的生产设备、原材料、半成品、产品抵押,债务人不履行到期债务或者发生当事人约定的实现抵押权的情形,债权人有权就抵押财产确定时的动产优先受偿。

Article 396 An enterprise, industrial and commercial household, or agricultural producer or trader may mortgage its existing and anticipated production equipment, raw materials, semi-finished products, and products, and if the debtor fails to pay the due debt or falls under any circumstance where mortgage is to be exercised as agreed upon by the parties, the creditor has the priority of compensation made with the movable determined as the mortgaged property.

§ 396 Unternehmen, Einzelgewerbetreibende und Betreiber landwirtschaftlicher Produktion können an Produktionsanlagen, Rohstoffen, Halbfabrikaten und Produkten, die sie gegenwärtig haben oder zukünftig haben werden, eine Hypothek bestellen; erfüllt der Schuldner die fällige Schuld nicht oder treten die von den Parteien als Sicherungsfall vereinbarten Umstände ein, ist der Gläubiger berechtigt, sich aus den zum Zeitpunkt der Hypothekenbestellung bestimmten beweglichen Vermögensgegenständen vorzugsweise zu befriedigen.

第三百九十七条 以建筑物抵押的,该建筑物占用范围内的建设用地使用权一并抵押。以建设用地使用权抵押的,该土地上的建筑物一并抵押。

抵押人未依据前款规定一并抵押的,未抵押的财产视为一并抵押。

Article 397 Where a building is mortgaged, the right to use land for construction within the area occupied by the building should be mortgaged along with the building. If the right to use land for construction is mortgaged, the buildings on the land should be mortgaged along with such a right.

Where the mortgagor fails to mortgage as provided for in the preceding paragraph, the property not mortgaged is deemed to have been mortgaged along with the mortgaged property.

§ 397 Wird ein Bauwerk mit einer Hypothek belastet, so erstreckt sich die Hypothek auf das Recht zur Nutzung des Baulandes, soweit das Grundstück von dem Bauwerk in Anspruch genommen wird. Wird ein Recht zur Nutzung von Bauland mit einer Hypothek belastet, so erstreckt sich die Hypothek auf die Bauwerke auf diesem Grundstück.

Hat der Hypothekennehmer die genannten Vermögensgegenstände nicht nach den Bestimmungen des vorigen Absatzes nicht gemeinsam mit der Hypothek belastet, so gelten diese Vermögensgegenstände als gemeinsam mit der Hypothek belastet.

第三百九十八条　乡镇、村企业的建设用地使用权不得单独抵押。以乡镇、村企业的厂房等建筑物抵押的，其占用范围内的建设用地使用权一并抵押。

Article 398　The right to use land for construction enjoyed by a township (town) or village enterprise may not be mortgaged separately. If the workshop or any other building of a township (town) or village enterprise is mortgaged, the right to use land for construction within the area occupied by the workshop or building should be mortgaged along with the workshop or building.

§ 398　Ein Recht zur Nutzung von Bauland, das einem minderstädtischen, gemeindlichen oder dörflichen Unternehmen zusteht, kann nicht für sich allein mit einer Hypothek belastet werden. Wird an Werksgebäuden und sonstigen Bauwerken solcher Unternehmen eine Hypothek bestellt, so erstreckt sich die Hypothek auf das Recht zur Nutzung des Baulandes, soweit das Grundstück von dem Bauwerk in Anspruch genommen wird.

第三百九十九条　下列财产不得抵押：

（一）土地所有权；

（二）宅基地、自留地、自留山等集体所有土地的使用权，但是法律规定可以抵押的除外；

（三）学校、幼儿园、医疗机构等为公益目的成立的非营利法人的教育设施、医疗卫生设施和其他公益设施；

（四）所有权、使用权不明或者有争议的财产；

（五）依法被查封、扣押、监管的财产；

（六）法律、行政法规规定不得抵押的其他财产。

Article 399 The following property is not to be mortgaged:

(1) land ownership;

(2) the right to use the land owned by the collective, such as rural land as a residential lot, private plots and hilly land allotted for private use, except that it may be mortgaged as provided for by any law;

(3) educational, medical and health, and other public welfare facilities of schools, kindergartens, medical institutions, and other non-profit legal persons formed for public welfare purposes;

(4) property with unknown or controversial ownership and use right;

(5) property seized, detained, or overseen pursuant to the law; or

(6) any other property which may not be mortgaged as provided for by laws and administrative regulations.

§ 399 Folgende Vermögensgegenstände dürfen nicht mit einer Hypothek belastet werden:

1. Grundeigentum;

2. Nutzungsrechte an Heimstättenland, Acker- und Bergland zur privaten Nutzung [durch Mitglieder der Organisationen der ländlichen Kollektivwirtschaft] und andere Nutzungsrechte an kollektiveigenen Grundstücken, es sei denn, dass es gesetzlich als belasbar mit einer Hypothek bestimmt ist;

3. Schulen, Kindergärten und Krankenhäuser und andere zu gemeinnützigen Zwecken gegründete und zu nichtgewinnorientierten juristischen Personen zählenden Erziehungs –, medizinische und sanitäre Einrichtungen sowie andere gemeinnützige Einrichtun-

gen;

4. Vermögensgegenstände, an denen das Eigentum oder Nutzungsrecht unklar oder streitig ist;

5. Vermögensgegenstände, die nach dem Recht versiegelt, sichergestellt oder unter Verwaltungsaufsicht gestellt sind;

6. andere Vermögensgegenstände, die nach Gesetzen oder Verwaltungsrechtsnormen nicht mit einer Hypothek belastet werden dürfen.

第四百条 设立抵押权,当事人应当采用书面形式订立抵押合同。

抵押合同一般包括下列条款:

(一)被担保债权的种类和数额;

(二)债务人履行债务的期限;

(三)抵押财产的名称、数量等情况;

(四)担保的范围。

Article 400 To create mortgage, the parties shall enter into a mortgage contract in a written form.

The mortgage contract generally includes the following clauses:

(1) the type and amount of the secured claim;

(2) the term for the debtor to perform the obligation;

(3) the name, quantity and other information of the mortgaged property; and

(4) the scope of security.

§ 400 Zur Bestellung der Hypothek müssen die Parteien einen Hypothekenvertrag in Schriftform schließen.

Der Hypothekenvertrag enthält in der Regel Klauseln über:

1. die Art und Höhe der gesicherten Forderung;

2. die Frist für die Schuldenerfüllung durch den Schuldner;

3. die Bezeichnung, die Menge und andere Umstände des Sicherungsguts;

4. den Umfang der Sicherung.

第四百零一条 抵押权人在债务履行期限届满前,与抵押人约定债务人不履行到期债务时抵押财产归债权人所有的,只能依法就抵押财产优先受偿。

Article 401 Where, before the expiration of the term for performing obligations, the mortgagee agrees with the mortgagor that the mortgaged property belongs to the creditor when the debtor fails to pay the due debt, the creditor only has the priority of compensation made from the mortgaged property pursuant to the law.

§ 401 Vereinbart der Hypothekar mit dem Hypothekennehmer vor Ablauf der Frist für die Schuldenerfüllung, dass der belastete Gegenstand in das Eigentum des Gläubigers fällt, wenn der Schuldner die fällige Schuld nicht erfüllt, kann sich der Hypothekar nur nach dem Recht aus dem belasteten Vermögensgegenstand vorzugsweise befriedigen.

第四百零二条 以本法第三百九十五条第一款第一项至第三项规定的财产或者第五项规定的正在建造的建筑物抵押的,应当办理抵押登记。抵押权自登记时设立。

Article 402 Where a property set out in items (1) through (3) or a building under construction set out in item (5), paragraph 1 of Article 395 of this Code is mortgaged, mortgage registration should be undergone. Mortgage is created at the time of registration.

§ 402 Wird eine Hypothek an einem der in der Bestimmung des § 395 Abs. 1 Nr. 1 bis Nr. 3 genannten Vermögensgegenstände oder an einem im Bau befindlichen Bauwerk im Sinne des [§ 395 Abs. 1] Nr. 5 bestellt, so muss die Hypothek eingetragen werden. Mit der Eintragung ist die Hypothek bestellt.

第四百零三条 以动产抵押的,抵押权自抵押合同生效时设立;未经登记,不得对抗善意第三人。

Article 403 Where a movable is mortgaged, mortgage is created at the time when the mortgage contract becomes valid; and if it is not registered, it will not be set up against a bona fide third party.

§ 403 Wird eine Hypothek an einer beweglichen Sache bestellt, so ist die Hypothek in dem Zeitpunkt bestellt, in dem der Hypothekenvertrag wirksam wird; ohne Eintragung kann sie gutgläubigen Dritten nicht entgegengehalten werden.

第四百零四条 以动产抵押的,不得对抗正常经营活动中已经支付合理价款并取得抵押财产的买受人。

Article 404　Where a movable is mortgaged, it will not be set up against the buyer that has paid reasonable price and obtain-ed the mortgaged property in ordinary business activities.

§ 404　Wird eine Hypothek an einer beweglichen Sache bestellt, so darf sie einem Erwerber, der den belasteten Gegenstand im ordnungsmäßigen Geschäftsverkehr zu einem bereits bezahlten angemessenen Preis erworben hat, nicht entgegengehalten werden.

第四百零五条 抵押权设立前,抵押财产已经出租并转移占有的,原租赁关系不受该抵押权的影响。

Article 405　Where the mortgaged property has been leased and the possession thereof has been transferred before the creation of mortgage, the original lease relations is not affected by the mortgage.

§ 405　War der belastete Gegenstand vor Bestellung der Hypothek bereits vermietet und der Besitz hieran übergeben, so wird das ursprüngliche Mietverhältnis von der Bestellung der Hypothek nicht beeinflusst.

第四百零六条 抵押期间,抵押人可以转让抵押财产。当事人另有约定的,按照其约定。抵押财产转让的,抵押权不受影响。

抵押人转让抵押财产的,应当及时通知抵押权人。抵押权人能够证明抵押财产转让可能损害抵押权的,可以请求抵押人将转让所得的价款向抵押权人提前清偿债务或者提存。转让的价款超过债权数额的部分归抵押人所有,不足部分由债务人清偿。

Article 406 The mortgagor may transfer the mortgaged property during the mortgage term. If it is otherwise agreed upon by the parties, their agreement shall prevail. Mortgage is not affected if the mortgaged property is transferred.

If the mortgagor transfers the mortgaged property, the mortgagee shall be notified in a timely manner. If the mortgagee is able to prove that mortgage may be damaged due to the transfer of the mortgaged property, the mortgagee may request the mortgagor to pay off the debt with the proceeds obtained from such transfer to the mortgagee in advance or set aside the proceeds. The part of proceeds obtained from transfer exceeding the amount of claim belongs to the mortgagor, and if the proceeds are insufficient to pay the debt, the shortfall is to be paid off by the debtor.

§ 406 Der Hypothekennehmer kann während der Laufzeit der Hypotheke den belasteten Gegenstand übertragen. Haben die Parteien etwas anderes vereinbart, gilt die Vereinbarung. Durch die Übertragung des belasteten Gegenstandes wird die Hypothek nicht beeinflusst.

Überträgt der Hypothekennehmer den belasteten Gegenstand, muss er dies dem Hypothekar rechtzeitig mitteilen. Kann der Hypothekar beweisen, dass die Übertragung des belasteten Gegenstandes der Hypothek Schaden zufügen kann, kann er vom Hypothekennehmer verlangen, mit dem durch

Übertragung erzielten Erlös vorzeitig die Schuld zu erfüllen oder den Erlös zu hinterlegen. Der Teil des Erlöses, der die Höhe der Forderung übersteigt, gehört dem Hypothekennehmer; reicht der Erlös nicht aus, wird der Fehlbetrag vom Schuldner beglichen.

第四百零七条 抵押权不得与债权分离而单独转让或者作为其他债权的担保。债权转让的，担保该债权的抵押权一并转让，但是法律另有规定或者当事人另有约定的除外。

Article 407 Mortgage may not be separated from the creditor's right and transferred alone, or be used as a security for any other creditor's right. If the creditor's right is transferred, the mortgage to secure the creditor's right is to be transferred along with it, unless it is otherwise provided for by any law or agreed upon by the parties.

§ 407 Eine Hypothek darf nicht getrennt von der Forderung übertragen werden oder als Sicherheit für eine andere Forderung dienen. Wird die Forderung übertragen, so geht die diese Forderung sichernde Hypothek mit über, es sei denn, dass gesetzlich etwas anderes bestimmt ist oder die Parteien etwas anderes vereinbart haben.

第四百零八条 抵押人的行为足以使抵押财产价值减少的，抵押权人有权请求抵押人停止其行为；抵押财产价值减少的，抵押权人有权请求恢复抵押财产的价值，或者提供与减少的价值相应的担保。抵押人不恢复抵押财产的价值，也不提供担保的，抵押权人有权请求债务人提前清偿债务。

Article 408 Where the mortgagor's act is sufficient to decrease the value of the mortgaged property, the mortgagee has the right to request the mortgagor to cease such an act. If the value of the mortgaged property decreases, the mortgagee has the right to claim the restoration of the original value of the mortgaged property or the provision of security corresponding to the amount of the value reduced. If the mortgagor fails to restore the original value of the mortgaged property or to provide security, the mortgagee has the right to request the debtor to pay off the debt in advance.

§ 408 Führt eine Handlung des Hypothekennehmers dazu, dass sich der Wert des belasteten Gegenstandes verringert, ist der Hypothekar berechtigt, vom Hypothekennehmer die Unterlassung dieser Handlung zu verlangen. Hat sich der Wert des belasteten Gegenstandes verringert, so ist der Hypothekar berechtigt, die Wiederherstellung des Wertes des belasteten Gegenstandes oder die Leistung einer der Wertminderung entsprechenden Sicherheit zu verlangen. Stellt der Hypothekennehmer den Wert des belasteten Gegenstandes nicht wieder her und leistet auch keine Sicherheit, ist der Hypothekar berechtigt, vom Schuldner die vorzeitige Erfüllung der Schuld zu verlangen.

第四百零九条 抵押权人可以放弃抵押权或者抵押权的顺位。抵押权人与抵押人可以协议变更抵押权顺位以及被担保的债权数额等内容。但是，抵押权的变更未经其他抵押权人书面同意的，不得对其他抵押权人产生不利影响。

债务人以自己的财产设定抵押，抵押权人放弃该抵押权、抵押权顺位或者变更抵押权的，其他担保人在抵押权人丧失优先受偿权益的范围内免除担保责任,但是其他担保人承诺仍然提供担保的除外。

Article 409　The mortgagee may waive the mortgage or its place in the order of mortgage. The mortgagee and the mortgagor may, upon agreement, modify such content as the place in the order of mortgage and the amount of secured claim, provided that such modification should not have any adverse effect on any other mortgagee without the written consent of any other mortgagee.

Where the debtor creates mortgage with the property thereof, if the mortgagee waives the mortgage or place in the order of mortgage or makes any modification in respect of the mortgage thereof, other guarantors are to be exempted from the suretyship to the extent that the mortgagee forfeits the priority of compensation, unless other guarantors are still committed to the suretyship.

§ 409　Der Hypothekar kann auf die Hypothek oder ihren Rang verzichten. Der Hypothekar kann durch Vereinbarung mit dem Hypothekennehmer den Rang der Hypothek, den Betrag, bis zu dem die Forderung gesichert wird, und ähnliche Inhalte der Hypothek ändern; ohne schriftliche Zustimmung der übrigen Hypothekare darf eine Änderung der Hypothek keine Auswirkungen zu Lasten dieser Hypothekare entfalten.

Hat der Schuldner eine Hypothek an einem eigenen Vermögensgegenstand bestellt und verzichtet der Hypothekar auf diese Hypothek oder ihren Rang oder wird die Hypothek geändert, so sind andere Sicherungsgeber insoweit von der Haftung befreit, als der Hypothekar das Recht auf vorzugsweise Befriedigung verliert, es sei denn, die anderen Sicherungsgeber haben zugesagt, weiterhin Sicherheit zu leisten.

第四百一十条 债务人不履行到期债务或者发生当事人约定的实现抵押权的情形,抵押权人可以与抵押人协议以抵押财产折价或者以拍卖、变卖该抵押财产所得的价款优先受偿。协议损害其他债权人利益的,其他债权人可以请求人民法院撤销该协议。

抵押权人与抵押人未就抵押权实现方式达成协议的,抵押权人可以请求人民法院拍卖、变卖抵押财产。

抵押财产折价或者变卖的,应当参照市场价格。

Article 410 Where the debtor fails to pay the due debt or falls under any circumstance where mortgage is to be exercised as agreed upon by the parties, the mortgagee may agree with the mortgagor that it has priority of compensation made with the money into which the mortgaged property is converted or the proceeds obtained from the auction or sell-off of the property. If such an agreement damages the interests of any other creditor, the other creditor may request the people's court to revoke the agreement.

Where the mortgagee and the mortgagor fail to reach an agreement on the means of exercising mortgage, the mortgagee may request the people's court to have the mortgaged property auctioned or sold off.

Where the mortgaged property is converted into money or sold off, its market price is to be taken as the reference.

§ 410 Erfüllt der Schuldner die fällige Schuld nicht oder treten die von den Parteien als Sicherungsfall vereinbarten

Umstände ein, kann der Hypothekar mit dem Hypothekennehmer vereinbaren, dass er durch Anrechnung des Wertes des belasteten Gegenstandes oder aus dem durch Versteigerung oder freihändigen Verkauf erzielten Erlös vorzugsweise befriedigt wird. Beeinträchtigt diese Vereinbarung die Interessen anderer Gläubiger, so können sie verlangen, dass das Volksgericht die Vereinbarung aufhebt.

Haben der Hypothekar und der Hypothekennehmer keine Vereinbarung über die Art und Weise der Befriedigung aus der Hypothek getroffen, so kann der Hypothekar vom Volksgericht die Versteigerung oder den freihändigen Verkauf des belasteten Gegenstandes verlangen.

Die Anrechnung des Wertes und der freihändige Verkauf des belasteten Gegenstandes müssen unter Berücksichtigung des Marktpreises erfolgen.

第四百一十一条 依据本法第三百九十六条规定设定抵押的,抵押财产自下列情形之一发生时确定:

(一)债务履行期限届满,债权未实现;

(二)抵押人被宣告破产或者解散;

(三)当事人约定的实现抵押权的情形;

(四)严重影响债权实现的其他情形。

Article 411 Where mortgage is created pursuant to Article 396 of this Code, the mortgaged property is to be determined upon the occurrence of any of the following circumstances:

(1) the creditor's right is not exercised upon the expiration of the term for performing the obligation;

(2) the mortgagor is declared bankrupt or is dissolved;

(3) any circumstance where mortgage is to be exercised as agreed upon by the parties; or

(4) any other circumstance that seriously affects the exercise of the creditor's right.

§ 411 Wird eine Hypotheke nach den Bestimmungen des § 396 dieses Gesetzes bestellt, gilt der belastete Gegenstand als bestimmt, wenn einer der folgenden Umstände eintritt:

1. Die Schuld ist bei Ablauf der Erfüllungsfrist nicht erfüllt worden;

2. der Konkurs des Hypothekennehmers ist erklärt oder der Hypothekennehmer aufgelöst worden;

3. die von den Parteien als Sicherungsfall vereinbarten Umstände treten ein;

4. unter anderen Umständen, die die Realisierung der Forderung erheblich beeinträchtigen.

第四百一十二条 债务人不履行到期债务或者发生当事人约定的实现抵押权的情形，致使抵押财产被人民法院依法扣押的，自扣押之日起，抵押权人有权收取该抵押财产的天然孳息或者法定孳息，但是抵押权人未通知应当清偿法定孳息义务人的除外。

前款规定的孳息应当先充抵收取孳息的费用。

Article 412 Where the mortgaged property is detained by a people's court pursuant to the law since the debtor fails to pay the due debt or falls under any circumstance where mortgage is to be exercised as agreed upon by the parties, from the date when the property is detained, the mortgagee has the right to collect the natural or legal fruits accrued from the mortgaged property, except that the mortgagee fails to notify the obligor to pay off the legal fruits.

The fruits as mentioned in the preceding paragraph should first be used to pay the expenses for collecting such fruits.

§ 412 Erfüllt der Schuldner die fällige Schuld nicht oder treten die von den Parteien als Sicherungsfall vereinbarten Umstände ein, infolge dessen der belastete Gegenstand durch das Volksgericht nach dem Recht gepfändet worden ist, ist der Hypothekar ab dem Tag der Pfändung berechtigt, die Sach- und Rechtsfrüchte des belasteten Gegenstandes zu ziehen, es sei denn, dass der Hypothekar den zur Leistung der Rechtsfrüchte Verpflichteten nicht benachrichtigt hat.

Die im vorigen Absatz bestimmten Früchte müssen zunächst zur Deckung der Kosten der Fruchtziehung verwendet werden.

第四百一十三条 抵押财产折价或者拍卖、变卖后,其价款超过债权数额的部分归抵押人所有,不足部分由债务人清偿。

Article 413 After the mortgaged property is converted into money, or auctioned or sold off, the part of proceeds therefrom exceeding the amount of claim belongs to the mortgagor; and if the proceeds are insufficient to cover the claim, the shortfall is to be paid off by the debtor.

§ 413 Ist der Wert des belasteten Gegenstandes angerechnet worden oder der belastete Gegenstand versteigert oder freihändig

verkauft worden, gehört der Teil des Erlöses, der die Höhe der Forderung übersteigt, dem Hypothekennehmer; reicht der Erlös nicht aus, wird der Fehlbetrag vom Schuldner beglichen.

第四百一十四条 同一财产向两个以上债权人抵押的,拍卖、变卖抵押财产所得的价款依照下列规定清偿:
（一）抵押权已经登记的,按照登记的时间先后确定清偿顺序;
（二）抵押权已经登记的先于未登记的受偿;
（三）抵押权未登记的,按照债权比例清偿。
其他可以登记的担保物权,清偿顺序参照适用前款规定。

Article 414 Where a same property is mortgaged to two or more creditors, the proceeds from the auction or sell-off of the mortgaged property are to be used for payment pursuant to the following provisions:

(1) if mortgage has been registered, payments are to be made in the order of the registration of the mortgage;

(2) the claim secured by a registered mortgage is to be satisfied prior to the unregistered ones; or

(3) for unregistered mortgage, payments are to be made in proportion to the amount of claims.

The provisions of the preceding paragraph shall apply, mutatis mutandis, to the order of payment with respect to any other security interest that may be registered.

§ 414 Ist derselbe Vermögensgegenstand mit Hypotheken von zwei oder mehr Gläubigern belastet, so wird der durch Ver-

steigerung oder freihändigen Verkauf des Gegenstandes erzielte Erlös nach den folgenden Bestimmungen zur Befriedigung der Gläubiger verwendet:

1. Bei eingetragenen Hypotheken erfolgt die Befriedigung nach der zeitlichen Reihenfolge der Eintragungen;

2. eingetragene Hypotheken gehen bei der Befriedigung nicht eingetragenen Hypotheken vor;

3. sind die Hypotheken nicht eingetragen, so erfolgt die Befriedigung entsprechend dem Verhältnis der gesicherten Forderungen.

Bei den anderen dinglichen Sicherungsrechten, die eingetragen werden können, gelten die Bestimmungen des vorherigen Absatzes für die Reihenfolge der Befriedigung.

第四百一十五条 同一财产既设立抵押权又设立质权的,拍卖、变卖该财产所得的价款按照登记、交付的时间先后确定清偿顺序。

Article 415 Where both mortgage and pledge are created on a same property, the order of payment made with the proceeds obtained from the auction or sell-off of such a property should be determined pursuant to the time of registration and delivery.

§ 415 Sind für denselben Gegenstand sowohl die Hypothek als auch das Pfandrecht bestellt, wird der Erlös, der aus der Versteigerung und dem freihändigen Verkauf des Gegenstands erzielt ist, nach der zeitlichen Reihenfolge der Eintragung bzw. Übergabe zur Befriedigung verwendet.

第四百一十六条 动产抵押担保的主债权是抵押物的价款,标的物交付后十日内办理抵押登记的,该抵押权人优先于抵押物买受人的其他担保物权人受偿,但是留置权人除外。

Article 416 Where the principal claim secured by mortgage on a movable is the price of the mortgaged property, and mortgage registration is undergone within ten (10) days after the delivery of the subject matter, the mortgagee has the priority of compensation over other security interest holders of the buyer of the mortgaged property, except the lienor.

§ 416 Ist die durch die Hypothek an einer beweglichen Sache gesicherte Hauptforderung der Preis des belasteten Gegenstandes und wird dieser Gegenstand innerhalb von zehn Tagen nach Übergabe eingetragen, hat der Hypothekar bei der Befriedigung Vorrang vor anderen dinglichen Sicherungsnehmern des Erwerbers des belasteten Gegenstandes, aber den Zurückbehaltungsberechtigten ausgenommen.

第四百一十七条 建设用地使用权抵押后,该土地上新增的建筑物不属于抵押财产。该建设用地使用权实现抵押权时,应当将该土地上新增的建筑物与建设用地使用权一并处分。但是,新增建筑物所得的价款,抵押权人无权优先受偿。

Article 417 After the right to use land for construction is mortgaged, the new building constructed on the land does not fall within the mortgaged property. If the right to use land for construction is to be disposed of so as to exercise mortgage, the new building constructed on the land should be disposed of together with the right to use land for construction. However, the mortgagee has no

priority of compensation made with the proceeds obtained from the new building.

§ 417 Ist ein Recht zur Nutzung von Bauland mit einer Hypothek belastet worden, gehören die Bauwerke, die nach Bestellung der Hypothek auf dem Grundstück errichtet worden sind, nicht zu den belasteten Vermögensgegenständen. Erfolgt eine Befriedigung aus dem Recht zur Nutzung von Bauland, so muss zusammen mit dem Recht zur Nutzung des Baulandes auch über die auf dem Grundstück neu errichteten Bauwerke verfügt werden. Der Hypothekar hat aber kein Recht auf vorzugsweise Befriedigung aus dem auf diese Bauwerke entfallenden Teil des Erlöses.

第四百一十八条 以集体所有土地的使用权依法抵押的,实现抵押权后,未经法定程序,不得改变土地所有权的性质和土地用途。

Article 418 Where the right to use land owned by the collective is mortgaged pursuant to the law, the nature of the land ownership and the land use purpose may not be changed without undergoing statutory procedures after mortgage is exercised.

§ 418 Ist ein Nutzungsrecht an Land des Kollektiveigentums nach dem Recht mit einer Hypothek bestellt, dürden nach Befriedigung aus der Hypothek die Natur des Landeigentums und die Nutzungsart des Landes ohne Einhaltung des gesetzlich vorgeschriebenen Verfahrens nicht geändert werden.

第四百一十九条　抵押权人应当在主债权诉讼时效期间行使抵押权；未行使的，人民法院不予保护。

Article 419　The mortgagee should exercise mortgage within the prescriptive period of the principal claim, failing which the mortgage will not be protected by the people's court.

§ 419　Der Hypothekar muss innerhalb der Klageverjährungsfrist der Hauptforderung das Recht aus der Hypothek ausüben; hat er es [innerhalb der Frist] nicht ausgeübt, so gewährt ihm das Volksgericht keinen Schutz.

第二节　最高额抵押权
Section 2　Maximum Mortgage
2. Unterkapitel: Höchstbetragshypothek

第四百二十条　为担保债务的履行，债务人或者第三人对一定期间内将要连续发生的债权提供担保财产的，债务人不履行到期债务或者发生当事人约定的实现抵押权的情形，抵押权人有权在最高债权额限度内就该担保财产优先受偿。

最高额抵押权设立前已经存在的债权，经当事人同意，可以转入最高额抵押担保的债权范围。

Article 420　Where, for securing the performance of an obligation, the debtor or a third party provides a property as security for the debts to be incurred consecutively within a given period of time, if the debtor fails to pay the due debt or falls under any circumstance where mortgage is to be exercised as agreed upon by the parties, the mortgagee has the priority of compensation made with the mortgaged property to the extent of the maximum amount of claim.

A creditor's right that exists before the creation of maximum mortgage may be included in the creditor's rights secured by the maximum mortgage with the consent of the parties.

§ 420 Wenn der Schuldner oder ein Dritter, um die Erfüllung einer Schuld zu sichern, eine Sicherheit für die innerhalb eines bestimmten Zeitraums fortwährend entstehenden Forderungen bestellt und der Schuldner die fällige Schuld nicht erfüllt oder die von den Parteien als Sicherungsfall vereinbarten Umstände eintreten, ist der Hypothekar berechtigt, sich bis zum Höchstbetrag der Forderungen aus dem als Sicherheit dienenden Vermögensgegenstand vorzugsweise zu befriedigen.

Mit Zustimmung der Parteien können solche Forderungen, die bereits vor der Bestellung der Höchstbetragshypothek entstanden sind, in den durch die Höchstbetragshypothek gesicherten Forderungsumfang einbezogen werden.

第四百二十一条 最高额抵押担保的债权确定前,部分债权转让的,最高额抵押权不得转让,但是当事人另有约定的除外。

Article 421 Where part of the creditor's right is transferred before the creditor's right secured by the maximum mortgage is determined, the maximum mortgage may not be transferred, except as otherwise agreed upon by the parties.

§ 421 Wird ein Teil der Forderungen vor Feststellung der durch die Höchstbetragshypothek gesicherten Forderungen abgetreten, so darf die Höchstbetragshypothek nicht mit übergehen, es sei denn, dass die Parteien etwas anderes vereinbart haben.

第四百二十二条 最高额抵押担保的债权确定前,抵押权人与抵押人可以通过协议变更债权确定的期间、债权范围以及最高债权额。但是,变更的内容不得对其他抵押权人产生不利影响。

Article 422 Before the creditor's right secured by the maximum mortgage is determined, the mortgagee and the mortgagor may modify the term for determining the creditor's right, the scope of creditor's right and the maximum amount of claim through agreement, provided that such modification will not have any adverse effect on any other mortgagee.

§ 422 Vor Feststellung der durch die Höchstbetragshypothek gesicherten Forderungen kann der Hypothekar mit dem Hypothekennehmer eine Änderung des Zeitpunkts der Feststellung der gesicherten Forderungen sowie des Umfangs und des Höchstbetrages der Forderungen vereinbaren; der geänderte Inhalt darf sich jedoch nicht zulasten anderer Hypothekare auswirken.

第四百二十三条 有下列情形之一的,抵押权人的债权确定:

(一)约定的债权确定期间届满;

(二)没有约定债权确定期间或者约定不明确,抵押权人或者抵押人自最高额抵押权设立之日起满二年后请求确定债权;

(三)新的债权不可能发生;

(四)抵押权人知道或者应当知道抵押财产被查封、扣押;

(五)债务人、抵押人被宣告破产或者解散;

(六)法律规定债权确定的其他情形。

Article 423 The creditor's right of the mortgagee is determined under any of the following circumstances:

(1) the agreed term for determining the creditor's right expires;

(2) in the absence of an agreement on the term for determining the creditor's right or such an agreement is ambiguous, the mortgagee or the mortgagor claims the determination of the creditor's right after the lapse of two years from the date of creation of the maximum mortgage;

(3) no new creditor's right will be created;

(4) the mortgagee knows or should have known that the mortgaged property is seized or detained;

(5) the debtor or the mortgagor is declared bankrupt or is dissolved; or

(6) any other circumstance provided for by any law where the creditor's right is determined.

§ 423 Die Forderungen des Hypothekars gelten als festgestellt, soweit einer der folgenden Umstände vorliegt:

1. Die für die Feststellung der Forderungen vereinbarte Frist ist abgelaufen;

2. keine Frist für die Feststellung der Forderungen wurde vereinbart oder die Vereinbarung ist unklar und der Hypothekar oder

der Hypothekennehmer verlangt nach Ablauf von zwei Jahren seit dem Tag der Bestellung der Höchstbetragshypothek die Feststellung der Forderungen;

3. neue Forderungen können nicht entstehen;

4. der Hypothekar weiß oder muss wissen, dass der belastete Vermögensgegenstand versiegelt oder gepfändet worden ist;

5. der Konkurs des Schuldners oder des Hypothekennehmers wurde erklärt oder der Schuldner oder der Hypothekennehmer ist aufgelöst worden;

6. andere gesetzlich bestimmte Umstände der Feststellung der Forderungen.

第四百二十四条 最高额抵押权除适用本节规定外,适用本章第一节的有关规定。

Article 424 In addition to the provisions of this Section, the relevant provisions of Section 1 of this Chapter are applicable to maximum mortgage.

§ 424 Auf die Höchstbetragshypothek finden neben den Bestimmungen dieses Unterkapitels auch die einschlägigen Bestimmungen des ersten Unterkapitels dieses Kapitels Anwendung.

第十八章 质权
Chapter XVIII Pledge
18. Kapitel: Pfandrecht

第一节 动产质权
Section 1 Pledge of Movables
1. Unterkapitel: Pfandrecht an beweglichen Sachen

第四百二十五条 为担保债务的履行,债务人或者第三人将其动产出质给债权人占有的,债务人不履行到期债务或者发生当事人约定的实现质权的情形,债权人有权就该动产优先受偿。

前款规定的债务人或者第三人为出质人,债权人为质权人,交付的动产为质押财产。

Article 425 Where, for securing the performance of an obligation, the debtor or a third party pledges the movable thereof to the creditor for possession, if the debtor fails to pay the due debt or falls under any circumstance where pledge is to be exercised as agreed upon by the parties, the creditor has the priority of compensation made from such a movable.

For the purposes of the preceding paragraph, the debtor or the third party is the pledgor, the creditor is the pledgee, and the delivered movable is the pledged property.

§ 425 Wenn der Schuldner oder ein Dritter eine ihm gehörende bewegliche Sache dem Gläubiger unter Einräumung des Besitzes als Pfand zur Verfügung stellt, um die Erfüllung einer

Schuld zu sichern, und der Schuldner die fällige Schuld nicht erfüllt oder die von den Parteien als Sicherungsfall vereinbarten Umstände eintreten, ist der Gläubiger berechtigt, sich aus der beweglichen Sache vorzugsweise zu befriedigen.

Der Schuldner oder Dritte im Sinne des vorigen Absatzes wird als Verpfänder, der Gläubiger als Pfandgläubiger, die übergebene bewegliche Sache als Pfand bezeichnet.

第四百二十六条 法律、行政法规禁止转让的动产不得出质。

Article 426 The movables prohibited from transfer by any law or administrative regulation should not be pledged.

§ 426 Bewegliche Sachen, deren Übertragung durch Gesetze oder durch Verwaltungsrechtsnormen verboten ist, dürfen nicht verpfändet werden.

第四百二十七条 设立质权,当事人应当采用书面形式订立质押合同。

质押合同一般包括下列条款:
(一)被担保债权的种类和数额;
(二)债务人履行债务的期限;
(三)质押财产的名称、数量等情况;
(四)担保的范围;
(五)质押财产交付的时间、方式。

Article 427 To create pledge, the parties shall enter into a pledge contract in a written form.

The pledge contract generally includes the following clauses:

(1) type and amount of the secured claim;

(2) term for the debtor to perform the obligation;

(3) name, quantity and other information of the pledged property;

(4) scope of security; and

(5) time and methods for the delivery of the pledged property.

§ 427 Zur Bestellung eines Pfandrechts müssen die Parteien einen Pfandvertrag in Schriftform schließen.

Der Pfandvertrag enthält in der Regel Klauseln über:

1. die Art und Höhe der gesicherten Forderung;

2. die Frist für die Schuldenerfüllung durch den Schuldner;

3. die Bezeichnung, Menge und andere Umstände des Pfands;

4. den Umfang der Sicherung;

5. den Zeitpunkt und die Art der Übergabe des Pfands.

第四百二十八条 质权人在债务履行期限届满前,与出质人约定债务人不履行到期债务时质押财产归债权人所有的,只能依法就质押财产优先受偿。

Article 428 Where, before the expiration of the term for the performance of an obligation, the pledgee agrees with the pledgor that the pledged property shall belong to the creditor if the debtor fails to pay the due debt, the pledgee only has the priority of compensation made with the pledged property pursuant to the law.

§ 428 Vereinbart der Pfandgläubiger vor Ablauf der Frist zur Erfüllung der Schuld mit dem Verpfänder, dass das Pfand in das Eigentum des Pfandgläubigers fällt, wenn der Schuldner die fällige Schuld nicht erfüllt, kann sich der Pfandgläubiger nach dem Recht nur aus dem Pfand vorzugsweise befriedigen.

第四百二十九条 质权自出质人交付质押财产时设立。

Article 429 Pledge is created when the pledged property is delivered by the pledgor.

§ 429 Das Pfandrecht ist im Zeitpunkt der Übergabe des Pfands durch den Verpfänder bestellt.

第四百三十条 质权人有权收取质押财产的孳息,但是合同另有约定的除外。

前款规定的孳息应当先充抵收取孳息的费用。

Article 430 The pledgee has the right to collect the fruits accrued from the pledged property, except otherwise agreed upon in the contract.

The fruits as mentioned in the preceding paragraph should first be used to pay the expenses for collecting the fruits.

§ 430 Der Pfandgläubiger ist berechtigt, die Früchte des Pfands zu ziehen, es sei denn, dass vertraglich etwas anderes vereinbart ist.

Die im vorigen Absatz bestimmten Früchte müssen zunächst zur Deckung der Kosten der Fruchtziehung verwendet werden.

第四百三十一条 质权人在质权存续期间,未经出质人同意,擅自使用、处分质押财产,造成出质人损害的,应当承担赔偿责任。

Article 431 Where, during the existence of pledge, the pledgee uses or disposes of the pledged property without the consent of the pledgor, thus causing any damage to the pledgor, the pledgee shall assume compensatory liability.

§ 431 Fügt der Pfandgläubiger während der Zeit, in der das Pfandrecht besteht, dem Verpfänder dadurch einen Schaden zu, dass er ohne Zustimmung des Verpfänders das Pfand eigenmächtig gebraucht oder über das Pfand verfügt, haftet er auf Schadensersatz.

第四百三十二条 质权人负有妥善保管质押财产的义务;因保管不善致使质押财产毁损、灭失的,应当承担赔偿责任。

质权人的行为可能使质押财产毁损、灭失的,出质人可以请求质权人将质押财产提存,或者请求提前清偿债务并返还质押财产。

Article 432 The pledgee is obliged to properly keep the pledged property; and shall assume compensatory liability if the pledged property is damaged or lost due to inappropriate safekeeping.

Where any act of the pledgee may cause the damage or loss of the pledged property, the pledgor may request the pledgee to set aside the pledged property, or request the advance payment of the

debt and the return of the pledged property.

§ 432 Der Pfandgläubiger ist verpflichtet, das Pfand sorgfältig aufzubewahren. Bei Beschädigung oder Untergang des Pfandes wegen ungeeigneter Aufbewahrung haftet er auf Schadensersatz.

Kann das Verhalten des Pfandgläubigers dazu führen, dass das Pfand beschädigt wird oder untergeht, kann der Verpfänder verlangen, dass der Pfandgläubiger das Pfand hinterlegt, oder verlangen, dass er die Schuld vorzeitig erfüllen darf und das Pfand zurückgegeben wird.

第四百三十三条 因不可归责于质权人的事由可能使质押财产毁损或者价值明显减少，足以危害质权人权利的，质权人有权请求出质人提供相应的担保；出质人不提供的，质权人可以拍卖、变卖质押财产，并与出质人协议将拍卖、变卖所得的价款提前清偿债务或者提存。

Article 433 Where any cause not attributable to the fault of the pledgee may result in the damage or an evident decrease of the value of the pledged property, which is sufficient to damage the rights of the pledgee, the pledgee has the right to request the pledgor to provide the corresponding security. If the pledgor refuses to do so, the pledgee may auction or sell off the pledged property, and may enter into an agreement with the pledgor to pay off the debt with the money obtained from auction or sell-off in advance or set aside the proceeds.

§ 433 Aus Gründen, die der Pfandgläubiger nicht zu ver-

treten hat und dazu führen können, dass das Pfand beschädigt wird oder erheblich an Wert verliert, sodass das Recht des Pfandgläubigers verletzt wird, ist der Pfandgläubiger berechtigt, zu verlangen, dass der Verpfänder eine entsprechende Sicherheit leistet; leistet der Verpfänder keine Sicherheit, kann der Pfandgläubiger das Pfand versteigern oder freihändig verkaufen und mit dem Verpfänder vereinbaren, dass der durch die Versteigerung oder den freihändigen Verkauf erzielte Erlös zur vorzeitigen Erfüllung der Schuld verwendet oder hinterlegt wird.

第四百三十四条 质权人在质权存续期间,未经出质人同意转质,造成质押财产毁损、灭失的,应当承担赔偿责任。

Article 434　Where, during the existence of the pledge, the pledgee transfers the property posted as pledge to a third party without the consent of the pledgor, thus causing damage or loss of the pledged property, the pledgee shall assume compensatory liability.

§ 434　Verpfändet der Pfandgläubiger das Pfand während der Zeit, in der das Pfandrecht besteht, ohne Zustimmung des Verpfänders weiter und wird das Pfand beschädigt oder geht es unter, haftet er auf Schadensersatz.

第四百三十五条 质权人可以放弃质权。债务人以自己的财产出质,质权人放弃该质权的,其他担保人在质权人丧失优先受偿权益的范围内免除担保责任,但是其他担保人承诺仍然提供担保的除外。

Article 435　The pledgee may waive the pledge. If the debtor

pledges the property thereof and the pledgee waives the pledge, other guarantors are exempted from suretyship to the extent that the pledgee forfeits the priority of compensation, unless other guarantors are still committed to the suretyship.

§ 435 Der Pfandgläubiger kann auf das Pfandrecht verzichten. Hat der Schuldner eine ihm gehörende Sache verpfändet und verzichtet der Pfandgläubiger auf das Pfandrecht, so sind andere Sicherungsgeber insoweit von der Haftpflicht befreit, als der Pfandgläubiger das Recht auf vorzugsweise Befriedigung verliert, es sei denn, dass die anderen Sicherungsgeber zugesagt haben, weiterhin Sicherheit zu leisten.

第四百三十六条 债务人履行债务或者出质人提前清偿所担保的债权的,质权人应当返还质押财产。

债务人不履行到期债务或者发生当事人约定的实现质权的情形,质权人可以与出质人协议以质押财产折价,也可以就拍卖、变卖质押财产所得的价款优先受偿。

质押财产折价或者变卖的,应当参照市场价格。

Article 436 Where the debtor performs obligations or the pledgor pays off the secured claim in advance, the pledgee shall return the pledged property.

Where the debtor fails to pay the due debt or falls under any circumstance where the pledge is to be exercised as agreed upon by the parties, the pledgee may enter into an agreement with the pledgor to convert the pledged property into money, or may have the priority of compensation made with the proceeds obtained from the auction or sell-off of the pledged property.

Where the pledged property is converted into money or sold off, market price is to be taken as the reference.

§ 436 Erfüllt der Schuldner die Schuld oder befriedigt der Verpfänder vorzeitig die gesicherte Forderung, muss der Pfandgläubiger das Pfand zurückgeben.

Erfüllt der Schuldner die fällige Schuld nicht oder treten die von den Parteien als Sicherungsfall vereinbarten Umstände ein, kann der Pfandgläubiger mit dem Verpfänder vereinbaren, dass der Wert des Pfandes angerechnet wird, oder sich aus dem durch Versteigerung oder freihändigen Verkauf des Pfandes erzielten Erlös vorzugsweise befriedigen.

Die Anrechnung des Wertes oder der freihändige Verkauf des Pfandes muss unter Berücksichtigung des Marktpreises erfolgen.

第四百三十七条 出质人可以请求质权人在债务履行期限届满后及时行使质权；质权人不行使的，出质人可以请求人民法院拍卖、变卖质押财产。

出质人请求质权人及时行使质权，因怠于行使权利造成出质人损害的，由质权人承担赔偿责任。

Article 437 The pledgor may request the pledgee to exercise the pledge in a timely manner upon the expiration of the term for the performance of the obligation. If the pledgee fails to exercise the pledge, the pledgor may request the people's court to have the pledged property auctioned or sold off.

Where the pledgor requests the pledgee's exercise of pledge

in a timely manner, but the pledgee is slack in exercising the pledge, thus causing any damage to the pledgor, the pledgee shall assume compensatory liability.

§ 437 Der Verpfänder kann vom Pfandgläubiger verlangen, das Pfandrecht nach Ablauf der Frist für die Schuldenerfüllung unverzüglich auszuüben; übt der Pfandgläubiger sein Recht nicht aus, kann der Verpfänder vom Volksgericht verlangen, das Pfand zu versteigern oder freihändig zu verkaufen.

Verlangt der Verpfänder vom Pfandgläubiger, das Pfandrecht unverzüglich auszuüben, und wird der Verpfänder wegen einer verzögerten Ausübung des Pfandrechts durch den Pfandgläubiger beschädigt, haftet der Pfandgläubiger auf Schadensersatz.

第四百三十八条 质押财产折价或者拍卖、变卖后,其价款超过债权数额的部分归出质人所有,不足部分由债务人清偿。

Article 438 After the pledged property is converted into money, auctioned or sold off, the part of the proceeds therefrom exceeding the amount of the claim belongs to the pledgor, and if they are insufficient to repay the debt, the shortfall is to be paid off by the debtor.

§ 438 Ist der Wert des Pfandes angerechnet oder das Pfand versteigert oder freihändig verkauft worden, gehört der Teil des Erlöses, der die Höhe der gesicherten Forderung übersteigt, dem Verpfänder; reicht der Erlös nicht aus, wird der Fehlbetrag vom Schuldner beglichen.

第四百三十九条 出质人与质权人可以协议设立最高额质权。

最高额质权除适用本节有关规定外,参照适用本编第十七章第二节的有关规定。

Article 439 The pledgor and the pledgee may create the maximum pledge by agreement.

In addition that the relevant provisions of this Section are applicable to the maximum pledge, the relevant provisions of Section 2, Chapter XVII of this Book shall apply mutatis mutandis.

§ 439 Der Verpfänder und Pfandgläubiger können die Bestellung eines Höchstbetragspfandrechts vereinbaren.

Auf das Höchstbetragspfandrecht werden neben den Bestimmungen dieses Unterkapitels die einschlägigen Bestimmungen des 2. Unterkapitels des 17. Kapitels dieses Buches [über die Höchstbetragshypothek] entsprechend angewandt.

第二节 权利质权
Section 2　Pledge of Rights
2. Unterkapitel: Pfandrecht an Rechten

第四百四十条 债务人或者第三人有权处分的下列权利可以出质:

(一)汇票、本票、支票;

(二)债券、存款单;

(三)仓单、提单;

(四)可以转让的基金份额、股权;

（五）可以转让的注册商标专用权、专利权、著作权等知识产权中的财产权；

（六）现有的以及将有的应收账款；

（七）法律、行政法规规定可以出质的其他财产权利。

Article 440　The following rights that the debtor or a third party is entitled to dispose of may be pledged:

(1) bills of exchange, promissory notes and checks;

(2) bonds and certificates of deposit;

(3) warehouse receipts and bills of lading;

(4) transferable fund shares and stock rights;

(5) transferable property rights among intellectual property rights, such as the right to the exclusive use of registered trademarks, patents and copyrights;

(6) existing and anticipated accounts receivable; or

(7) other property rights which may be pledged as provided for by laws and administrative regulations.

§ 440　Der Schuldner oder ein Dritter kann folgende Rechte verpfänden, sofern er berechtigt ist, über sie zu verfügen:

1. Wechsel, Solawechsel und Schecks;

2. Schuldverschreibungen und Guthabenscheine;

3. Lagerscheine und Konnossemente;

4. übertragbare Fondsanteile und Anteilsrechte;

5. übertragbare Vermögensrechte bei ausschließlichen Nutzungsrechten eingetragener Marken, Patentrechten, Urheberrechten und anderen geistigen Eigentumsrechten;

6. gegenwärtige und zukünftige Außenstände;

7. nach Gesetzen und Verwaltungsrechtsnormen verpfändbare andere Vermögensrechte.

第四百四十一条 以汇票、本票、支票、债券、存款单、仓单、提单出质的,质权自权利凭证交付质权人时设立;没有权利凭证的,质权自办理出质登记时设立。法律另有规定的,依照其规定。

Article 441 Where a bill of exchange, promissory note, check, bond, certificate of deposit, warehouse receipt or bill of lading is pledged, pledge is created at the time when the right certificate is delivered to the pledgee; in the absence of such a right certificate, pledge is created at the time when pledge is registered, except as otherwise provided for by any law.

§ 441 Bei der Verpfändung von Wechseln, Solawechseln, Schecks, Schuldverschreibungen, Guthabenscheinen, Lagerscheinen und Konnossementen ist das Pfandrecht in dem Zeitpunkt bestellt, in dem der Beleg des Rechts dem Pfandgläubiger übergeben wird; existiert kein solcher Beleg, so ist das Pfandrecht im Zeitpunkt der Eintragung der Verpfändung bestellt. Soweit andere Gesetze abweichende Bestimmungen treffen, gelten deren Bestimmungen.

第四百四十二条 汇票、本票、支票、债券、存款单、仓单、提单的兑现日期或者提货日期先于主债权到期的,质权人可以兑现或者提货,并与出质人协议将兑现的价款或者提取的货物提前清偿债务或者提存。

Article 442　Where the date of payment or of delivery of goods in respect of a pledged bill of exchange, promissory note, check, bond, certificate of deposit, warehouse receipt or bill of lading is matured prior to the date of maturity of the principal claim, the pledgee may accept the payment or the goods delivered, and may enter into an agreement with the pledgor to use the payment or the goods accepted to pay off the debt in advance or set aside them.

§ 442　Werden Wechsel, Solawechsel, Schecks, Schuldverschreibungen, Guthabenscheine, Lagerscheine oder Konnossemente verpfändet, bei denen der Einlösungstermin oder der Abholtermin der Ware vor der Fälligkeit der Hauptforderung liegt, kann der Pfandgläubiger das Papier einlösen oder die Ware abholen und mit dem Verpfänder vereinbaren, dass der Erlös oder die abgeholte Ware zur vorzeitigen Erfüllung der Schuld verwendet oder hinterlegt wird.

第四百四十三条　以基金份额、股权出质的,质权自办理出质登记时设立。

基金份额、股权出质后,不得转让,但是出质人与质权人协商同意的除外。出质人转让基金份额、股权所得的价款,应当向质权人提前清偿债务或者提存。

Article 443　Where fund shares or stock rights are pledged, pledge is created at the time when pledge is registered.

Fund shares or stock rights cannot be transferred after they are pledged, except as otherwise agreed upon by the pledgor and the pledgee upon consultation. The proceeds obtained by the pledgor from the transfer of fund shares or stock rights should be used to pay off the debt to the pledgee in advance or be set aside.

§ 443　Werden Fondsanteile und Anteilsrechte verpfändet, ist das Pfandrecht im Zeitpunkt der Eintragung der Verpfändung bestellt.

Fondsanteile und Anteilsrechte dürfen nach der Verpfändung nicht übertragen werden, es sei denn, dass der Verpfänder und der Pfandgläubiger darüber übereingekommen sind. Überträgt der Verpfänder Fondsanteile oder Anteilsrechte, muss er den Erlös zur vorzeitigen Erfüllung der Schuld gegenüber dem Pfandgläubiger verwenden oder hinterlegen.

第四百四十四条　以注册商标专用权、专利权、著作权等知识产权中的财产权出质的，质权自办理出质登记时设立。

知识产权中的财产权出质后，出质人不得转让或者许可他人使用，但是出质人与质权人协商同意的除外。出质人转让或者许可他人使用出质的知识产权中的财产权所得的价款，应当向质权人提前清偿债务或者提存。

Article 444　Where property rights among intellectual property rights, such as the right to the exclusive use of registered trademarks, patents and copyrights, are pledged, pledge is created at the time when pledge is registered.

The pledgor may not transfer or license other person the use of property rights among intellectual property rights after they are pledged, unless it is agreed upon by the pledgor and the pledgee through consultation. The proceeds obtained by the pledgor from the transfer or licensing other person's use of property rights among intellectual property rights should be used to pay off the debt to the pledgee in advance or be set aside.

§ 444 Bei der Verpfändung von Vermögensrechten bei ausschließlichen Nutzungsrechten eingetragener Marken, Patentrechten, Urheberrechten und anderen geistigen Eigentumsrechten ist das Pfandrecht im Zeitpunkt der Eintragung der Verpfändung bestellt.

Vermögensrechte bei Rechten an geistigem Eigentum darf der Verpfänder nach der Verpfändung nicht übertragen oder anderen ihren Gebrauch gestatten, es sei denn, dass der Verpfänder und der Pfandgläubiger darüber übereingekommen sind. Der mit der Übertragung der Außenstände erzielte Erlös muss zur vorzeitigen Erfüllung der Schuld gegenüber dem Pfandgläubiger verwendet oder hinterlegt werden.

第四百四十五条 以应收账款出质的,质权自办理出质登记时设立。

应收账款出质后,不得转让,但是出质人与质权人协商同意的除外。出质人转让应收账款所得的价款,应当向质权人提前清偿债务或者提存。

Article 445 Where the pledge is made of accounts receivable, the pledge right is created upon the registration of pledge.

The pledged accounts receivable may not be transferred, unless it is agreed upon by the pledgor and the pledgee through consultation. The proceeds obtained by the pledgor from the transfer of the accounts receivable should be used to pay off the debt to the pledgee in advance or be set aside.

§ 445 Bei der Verpfändung von Außenständen ist das Pfandrecht im Zeitpunkt der Eintragung der Verpfändung bestellt.

Außenstände dürfen nach der Verpfändung nicht übertragen werden, es sei denn, dass der Verpfänder und der Pfandgläubiger darüber übereingekommen sind. Der mit der Übertragung oder Gestattung des Gebrauchs erzielte Erlös muss zur vorzeitigen Erfüllung der Schuld gegenüber dem Pfandgläubiger verwendet oder hinterlegt werden.

第四百四十六条 权利质权除适用本节规定外,适用本章第一节的有关规定。

Article 446 In addition to the provisions of this Section, the relevant provisions of Section 1 of this Chapter are appliable to the pledge of rights.

§ 446 Auf das Pfandrecht an Rechten finden neben den Bestimmungen dieses Unterkapitels auch die entsprechenden Bestimmungen des 1. Unterkapitels dieses Kapitels Anwendung.

第十九章　留置权
Chapter XIX　Lien
19. Kapitel：Zurückbehaltungsrecht

第四百四十七条 债务人不履行到期债务,债权人可以留置已经合法占有的债务人的动产,并有权就该动产优先受偿。

前款规定的债权人为留置权人,占有的动产为留置财产。

Article 447 Where the debtor fails to pay the due debt, the creditor may exercise a lien over the legally possessed movable of the debtor, and has the priority of compensation made with such a movable.

For the purposes of the preceding paragraph, the creditor is the lienor, and the possessed movable is the property under lien.

§ 447 Erfüllt der Schuldner eine fällige Schuld nicht, so kann der Gläubiger eine bereits in seinem berechtigten Besitz befindliche bewegliche Sache des Schuldners zurückbehalten und sich aus dieser beweglichen Sache vorzugsweise befriedigen.

Der Gläubiger im Sinne des vorigen Absatzes wird als Zurückbehaltungsberechtigter, die bewegliche Sache in seinem Besitz als zurückbehaltener Vermögensgegenstand bezeichnet.

第四百四十八条 债权人留置的动产,应当与债权属于同一法律关系,但是企业之间留置的除外。

Article 448 The movable on which the creditor exercises a lien should fall under the same legal relationship with the creditor's right, except in the case of a lien between enterprises.

§ 448 Die vom Gläubiger zurückbehaltene beweglichen Sachen müssen zu demselben Rechtsverhältnis gehören wie die Forderung, außer bei Zurückbehaltung zwischen Unternehmen.

第四百四十九条 法律规定或者当事人约定不得留置的动产,不得留置。

Article 449 No lien should be exercised over the movable if it is prohibited by any law or the parties agree not to do so.

§ 449 Bewegliche Sachen, an denen ein Zurückbehaltungsrecht nach den gesetzlichen Bestimmungen oder nach der Vereinbarung der Parteien ausgeschlossen ist, dürfen nicht zurückbehalten werden.

第四百五十条 留置财产为可分物的,留置财产的价值应当相当于债务的金额。

Article 450 Where the property under lien is divisible, the value of the property under lien should be equivalent to the amount of the debt.

§ 450 Ist der zurückbehaltene Vermögensgegenstand eine teilbare Sache, so muss sein Wert der Höhe der Schuld entsprechen.

第四百五十一条 留置权人负有妥善保管留置财产的义务;因保管不善致使留置财产毁损、灭失的,应当承担赔偿责任。

Article 451　The lienor is obliged to properly keep the property under lien; and shall assume compensatory liability if the property under lien is damaged or lost due to inappropriate safekeeping.

§ 451　Der Zurückbehaltungsberechtigte ist verpflichtet, den zurückbehaltenen Vermögensgegenstand sorgfältig aufzubewahren; bei Beschädigung oder Untergang des zurückbehaltenen Vermögensgegenstandes wegen ungeeigneter Aufbewahrung haftet er auf Schadensersatz.

第四百五十二条　留置权人有权收取留置财产的孳息。前款规定的孳息应当先充抵收取孳息的费用。

Article 452　The lienor has the right to collect the fruits accrued from the property under lien.

Fruits as mentioned in the preceding paragraph should first be used to pay the expenses for collecting the fruits.

§ 452　Der Zurückbehaltungsberechtigte ist berechtigt, die Früchte des zurückbehaltenen Vermögensgegenstandes zu ziehen.

Die im vorigen Absatz bestimmten Früchte müssen zunächst zur Deckung der Kosten der Fruchtziehung verwendet werden.

第四百五十三条　留置权人与债务人应当约定留置财产后的债务履行期限；没有约定或者约定不明确的，留置权人应当给债务人六十日以上履行债务的期限，但是鲜活易腐等不易保管的动产除外。债务人逾期未履行的，留置权人可以与债务人协议以留置财产折价，也可以就拍卖、变卖留置财产所得的价款优先受偿。

留置财产折价或者变卖的,应当参照市场价格。

Article 453 The lienor and the debtor shall agree on the term for the performance of the obligation after lien is exercised on the property. In the absence of such an agreement or if such an agreement is ambiguous, the lienor shall allow the debtor to perform the obligation within the term of (60) days or longer, except that the movable is fresh, perishable or hard to keep. If the debtor fails to perform the obligation within the prescribed time limit, the lienor may agree with the debtor to have the property under lien converted into money, or may have the priority of compensati-on made from the auction or sell-off of the property.

Where the property under lien is converted into money or sold off, its market price is to be taken as the reference.

§ 453 Der Zurückbehaltungsberechtigte und der Schuldner müssen eine Frist zur Erfüllung der Schuld nach Zurückbehaltung des Vermögensgegenstandes vereinbaren; treffen sie keine Vereinbarung oder ist die Vereinbarung unklar, so muss der Zurückbehaltungsberechtigte dem Schuldner eine Frist zur Erfüllung der Schuld von mindestens 60 Tagen gewähren, es sei denn, es handelt sich um frische, lebende, leicht verderbliche oder andere nicht leicht aufzubewahrende bewegliche Sachen. Erfüllt der Schuldner die Schuld nicht nach Fristablauf, kann der Zurückbehaltungsberechtigte mit ihm vereinbaren, dass der Wert des zurückbehaltenen Vermögensgegenstandes angerechnet wird, oder sich aus dem durch Versteigerung oder freihändigen Verkauf des zurückbehaltenen Vermögensgegenstandes erzielten

Erlös vorzugsweise befriedigen.

Die Anrechnung des Wertes oder der freihändige Verkauf des zurückbehaltenen Vermögensgegenstandes muss unter Berücksichtigung des Marktpreises erfolgen.

第四百五十四条 债务人可以请求留置权人在债务履行期限届满后行使留置权；留置权人不行使的，债务人可以请求人民法院拍卖、变卖留置财产。

Article 454 The debtor may claim the lienor's exercise of lien after the expiration of the term for the performance of obligation. If the lienor fails to exercise the lien, the debtor may request a people's court to have the property under lien auctioned or sold off.

§ 454 Der Schuldner kann vom Zurückbehaltungsberechtigten verlangen, dass er das Zurückbehaltungsrecht nach Ablauf der Frist für die Schuldenerfüllung ausübt; übt der Zurückbehaltungsberechtigte es nicht aus, kann der Schuldner vom Volksgericht verlangen, dass die Versteigerung oder den freihändigen Verkauf des zurückbehaltenen Vermögensgegenstandes vornimmt.

第四百五十五条 留置财产折价或者拍卖、变卖后，其价款超过债权数额的部分归债务人所有，不足部分由债务人清偿。

Article 455 After the property under lien is converted into money, auctioned or sold off, the part of proceeds therefrom exceeding the amount of claim belongs to the debtor, and if they are insufficient to pay the debt, the shortfall is to be paid off by the

debtor.

§ 455 Ist der Wert des zurückbehaltenen Vermögensgegenstandes angerechnet oder der Gegenstand versteigert oder freihändig verkauft worden, gehört der Teil des Erlöses, der die Höhe der Forderung übersteigt, dem Schuldner; reicht der Erlös nicht aus, wird der Fehlbetrag vom Schuldner beglichen.

第四百五十六条 同一动产上已经设立抵押权或者质权,该动产又被留置的,留置权人优先受偿。

Article 456 Where a lien is exercised on a movable already subject to mortgage or pledge, the lienor has the priority of compensation.

§ 456 Wird eine bewegliche Sache, an der bereits eine Hypothek oder ein Pfandrecht bestellt ist, zurückbehalten, so wird der Zurückbehaltungsberechtigte vorzugsweise befriedigt.

第四百五十七条 留置权人对留置财产丧失占有或者留置权人接受债务人另行提供担保的,留置权消灭。

Article 457 Where the lienor forfeits the possession of the property under lien or accepts other security separately provided by the debtor, the lien is extinguished.

§ 457 Verliert der Zurückbehaltungsberechtigte den Besitz am zurückbehaltenen Vermögensgegenstand oder nimmt er vom Schuldner eine andere Sicherheit an, so erlischt das Zurückbehaltungsrecht.

第五分编 占有
Part Five Possession
5. Abschnitt: Besitz

第二十章 占有
Chapter XX Possession
20. Kapitel: Besitz

第四百五十八条 基于合同关系等产生的占有,有关不动产或者动产的使用、收益、违约责任等,按照合同约定;合同没有约定或者约定不明确的,依照有关法律规定。

Article 458 With respect to possession arising from contractual relations, among others, the use of the relevant immovable or movable, the proceeds therefrom and liability for the breach of contract, among others, should be subject to those agreed upon in the contract. In the absence of such an agreement in the contract or if such an agreement is ambiguous, the provisions of relevant laws shall apply.

§ 458 Gründet sich der Besitz auf einen Vertrag oder ein ähnliches Verhältnis, so bestimmen sich bei unbeweglichen und beweglichen Sachen der Gebrauch, die Ziehung der

Nutzungen, die Haftung wegen Vertragsverletzung und Ähnliches nach den vertraglichen Vereinbarungen; enthält der Vertrag keine Vereinbarung oder ist die Vereinbarung unklar, so finden die einschlägigen gesetzlichen Bestimmungen Anwendung.

第四百五十九条 占有人因使用占有的不动产或者动产,致使该不动产或者动产受到损害的,恶意占有人应当承担赔偿责任。

Article 459 Where the possessor causes any damage to the possessed immovable or movable due to the use thereof, the mala fide possessor shall assume compensatory liability.

§ 459 Beschädigt der Besitzer eine in seinem Besitz befindliche unbewegliche oder bewegliche Sache durch Gebrauch, haftet ein bösgläubiger Besitzer auf Schadensersatz.

第四百六十条 不动产或者动产被占有人占有的,权利人可以请求返还原物及其孳息;但是,应当支付善意占有人因维护该不动产或者动产支出的必要费用。

Article 460 Where an immovable or movable is possessed by the possessor, the right holder may claim the return of the original property and the fruits therefrom; however, the holder shall pay necessary expenses arising from the maintenance of the immovable or movable to the bona fide possessor.

§ 460 Wird eine unbewegliche oder bewegliche Sache vom Besitzer besitzt, so kann der Berechtigte die Herausgabe dieser Sache und ihrer Früchte verlangen; jedoch muss er dem gutgläubigen Besitzer die für die Erhaltung der unbeweglichen oder beweglichen Sache gemachten notwendigen Verwendungen ersetzen.

第四百六十一条 占有的不动产或者动产毁损、灭失,该不动产或者动产的权利人请求赔偿的,占有人应当将因毁损、灭失取得的保险金、赔偿金或者补偿金等返还给权利人;权利人的损害未得到足够弥补的,恶意占有人还应当赔偿损失。

Article 461 Where a possessed immovable or movable is damaged or lost, and the right holder of such an immovable or movable claims compensation, the possessor shall return the insurance money, compensatory damages, or indemnity, among others, as compensation for the damage or loss, to the right holder. If the damage to the right holder is not fully covered thereby, the mala fide possessor shall also compensate for the uncovered part.

§ 461 Wenn eine im Besitz eines anderen befindliche unbewegliche oder bewegliche Sache beschädigt wird oder untergeht und der an dieser Sache Berechtigte Schadensersatz verlangt, muss der Besitzer dem Berechtigten die infolge der Beschädigung oder des Untergangs erlangten Versicherungsleistungen, Schadensersatz-, Ausgleichs- und ähnlichen Zahlungen herausgeben; soweit der entstandene Schaden dadurch nicht hinreichend ersetzt wird, muss ein bösgläubiger Besitzer noch den Schaden ersetzen.

第四百六十二条 占有的不动产或者动产被侵占的,占有人有权请求返还原物;对妨害占有的行为,占有人有权请求排除妨害或者消除危险;因侵占或者妨害造成损害的,占有人有权依法请求损害赔偿。

占有人返还原物的请求权,自侵占发生之日起一年内未行使的,该请求权消灭。

Article 462 Where a possessed immovable or movable is encroached upon, the possessor has the right to file a claim for return of the original property. If possession is interfered with, the possessor has the right to file a claim for removal of interference or elimination of danger. If any damage is caused by encroachment or interference, the possessor has the right to claim damages pursuant to the law.

Where the possessor fails to exercise the right to claim the return of the original property within one year from the date of encroachment, such a right of claim is extinguished.

§ 462 Wird der Besitz einer unbeweglichen oder beweglichen Sache von einem anderen rechtswidrig entzogen, ist der Besitzer berechtigt, die Herausgabe der Sache zu verlangen; wird der Besitzer durch Handlungen eines anderen im Besitz beeinträchtigt, ist er berechtigt, die Beseitigung der Beeinträchtigung oder der Gefahr [weiterer Beeinträchtigungen] zu verlangen; wird der Besitzer durch die Besitzentziehung oder die Beeinträchtigung geschädigt, ist der Besitzer berechtigt, nach dem Recht Schadensersatz zu verlangen.

Macht der Besitzer nicht innerhalb eines Jahres ab dem Tag der Besitzentziehung seinen Anspruch auf die Herausgabe der Sache geltend, so erlischt dieser Anspruch.

第三编 合同

Book Three Contracts

Drittes Buch: Vertrag

第一分编　通则
Part One General Provisions
1. Abschnitt: Allgemeiner Teil

第一章　一般规定
Chapter I　General Rules
1. Kapitel: Allgemeine Bestimmungen

第四百六十三条　本编调整因合同产生的民事关系。

Article 463　This Book governs the civil relations arising from contracts.

§ 463　Dieses Buch regelt die aus dem Vertrag resultierenden zivilen Beziehungen.

第四百六十四条　合同是民事主体之间设立、变更、终止民事法律关系的协议。

婚姻、收养、监护等有关身份关系的协议,适用有关该身份关系的法律规定;没有规定的,可以根据其性质参照适用本编规定。

Article 464　A contract is an agreement between the parties to civil legal relations for the establishment, modification, and termination of civil legal relations.

Agreements concerning personal relations such as marriage, adoption, and guardianship are governed by the provisions of the laws governing such personal relations; or, absent such provisions, this Book may apply mutatis mutandis in light of the nature of such agreements.

§ 464 Ein Vertrag ist eine Vereinbarung, mit der Zivilsubjekte untereinander zivilrechtliche Beziehungen begründen, ändern oder beenden.

Auf Ehe, Adoption oder Vormundschaft oder sonstige auf persönliche Statusbeziehungen bezogene Vereinbarungen werden die Bestimmungen anderer Gesetze zu diesen persönlichen Statusbeziehung angewandt; gibt es keine Bestimmung, können nach ihrer Natur die Bestimmungen dieses Buches entsprechend angewandt werden.

第四百六十五条 依法成立的合同,受法律保护。

依法成立的合同,仅对当事人具有法律约束力,但是法律另有规定的除外。

Article 465 A contract legally formed is protected by the law.

A contract legally formed is legally binding only on the parties thereto, except as otherwise provided by the law.

§ 465 Ein nach dem Recht errichteter Vertrag steht unter dem Schutz des Gesetzes.

Ein nach dem Recht errichteter Vertrag hat nur gegenüber den Parteien rechtliche Bindungswirkung, es sei denn, dass gesetzlich etwas anderes bestimmt ist.

第四百六十六条 当事人对合同条款的理解有争议的,应当依据本法第一百四十二条第一款的规定,确定争议条款的含义。

合同文本采用两种以上文字订立并约定具有同等效力的,对各文本使用的词句推定具有相同含义。各文本使用的词句不一致的,应当根据合同的相关条款、性质、目的以及诚信原则等予以解释。

Article 466 If any dispute arises between the parties over the understanding of a contract clause, the meaning of the disputed clause is to be determined subject to paragraph 1, Article 142 of this Code.

Where a contract is concluded in two or more languages and it is agreed that all versions are equally authentic, the words and sentences in each version are construed to have the same meaning. In case of any inconsistency in the words or sentences used in the different language versions, they should be construed in light of the relevant terms, nature and purpose of the contract and pursuant to the principle of good faith.

§ 466 Besteht zwischen den Parteien Streit über die Auslegung von Vertragsklauseln, muss die Bedeutung der streitigen Klauseln nach § 142 Abs. 1 dieses Gesetzes bestimmt werden.

Ist der Vertragstext in zwei oder mehr Sprachen geschlossen

und so vereinbart worden, dass jeder Text gleiche Wirkung hat, wird vermutet, dass die in jedem Text verwandten Worte die gleiche Bedeutung haben. Stimmen die in den verschiedenen Texten verwandten Worte nicht überein, müssen sie aufgrund der entsprechenden Klauseln, der Natur und des Zwecks des Vertrages sowie nach dem Grundsatz von Treu und Glauben ausgelegt werden.

第四百六十七条 本法或者其他法律没有明文规定的合同，适用本编通则的规定，并可以参照适用本编或者其他法律最相类似合同的规定。

在中华人民共和国境内履行的中外合资经营企业合同、中外合作经营企业合同、中外合作勘探开发自然资源合同，适用中华人民共和国法律。

Article 467 For a contract not expressly provided for in this Code or any other law, the General Provisions of this Book are applicable, and the provisions on the most similar contracts in this Book or any other law may apply mutatis mutandis.

The law of the People's Republic of China is applicable to a contract for a Chinese-foreign equity joint venture, contract for a Chinese-foreign contractual joint venture, or contract for Chinese-foreign cooperative exploration and exploitation of natural resources performed within the territory of the People's Republic of China.

§ 467 Auf Verträge, zu denen sich in diesem Gesetz oder in anderen Gesetzen keine ausdrücklichen Bestimmungen finden, werden die Bestimmungen des Allgemeinen Teils dieses

Buches angewandt und können die Bestimmungen zum ähnlichsten anderen Vertrag in diesem Buch oder anderen Gesetzen entsprechend berücksichtigt werden.

Für im Gebiet der VR China zu erfüllende Verträge über chinesisch-ausländische Joint Ventures, über chinesisch-ausländische kooperativ betriebene Unternehmen und über chinesisch-ausländische kooperative Exploration und Erschließung natürlicher Ressourcen gilt das Recht der Volksrepublik China.

第四百六十八条 非因合同产生的债权债务关系,适用有关该债权债务关系的法律规定;没有规定的,适用本编通则的有关规定,但是根据其性质不能适用的除外。

Article 468 For an obligee-obligor relation not arising from a contract, the provisions of the law on such an obligee-obligor relation are applicable; or absent such provisions, the relevant provisions of the General Provisions of this Book are applicable, unless its nature precludes the application.

§ 468 Auf Schuld-und Forderungsverhältnisse, die nicht durch Verträge entstanden sind, werden die betreffenden Bestimmungen in Gesetzen zu diesen Schuld- und Forderungsverhältnissen angewandt; gibt es keine Bestimmung, werden die einschlägigen Bestimmungen des Allgemeinen Teils dieses Buches angewandt, es sei denn, dass diese aufgrund ihrer Natur nicht angewandt werden können.

第二章 合同的订立
Chapter II Formation of Contracts
2. Kapitel: Errichtung des Vertrags

第四百六十九条 当事人订立合同,可以采用书面形式、口头形式或者其他形式。

书面形式是合同书、信件、电报、电传、传真等可以有形地表现所载内容的形式。

以电子数据交换、电子邮件等方式能够有形地表现所载内容,并可以随时调取查用的数据电文,视为书面形式。

Article 469 The parties may enter into a contract in written, oral, or any other form.

An agreement is in writing if it is contained in the tangible form of a document such as a contract, letter, telegram, telex, or facsimile.

A data message is regarded as in written form if it can express in tangible form the contents thereof by electronic data interch-ange, e-mail, or any other means and can be readily retrieved and inspected.

§ 469 Bei der Errichtung von Verträgen können die Parteien die Schriftform, die mündliche Form oder andere Formen verwenden.

Die Schriftform ist eine Form, in der Schriftstücke wie Verträge, Briefe, Telegramme, Fernschreiben, Telefaxe die darin enthaltenen Inhalte in lesbarer Form zum Ausdruck bringen.

Elektronische Datenschriftstücke, die in Formen wie etwa des elektronischen Datenaustausches und der E‐Mails die darin enthaltenen Inhalte in lesbarer Form zum Ausdruck bringen und jederzeit zur Einsicht oder Verwendung abgerufen werden können, gelten als Schriftform.

第四百七十条 合同的内容由当事人约定,一般包括下列条款:

(一)当事人的姓名或者名称和住所;

(二)标的;

(三)数量;

(四)质量;

(五)价款或者报酬;

(六)履行期限、地点和方式;

(七)违约责任;

(八)解决争议的方法。

当事人可以参照各类合同的示范文本订立合同。

Article 470 The contents of a contract are to be agreed on by the parties, and generally contain the following clauses:

(1) the name and domicile of the parties;

(2) subject matter;

(3) quantity;

(4) quality;

(5) price or remuneration;

(6) time limit, place and method of performance;

(7) liability for breach of contract; and

(8) methods of dispute resolution.

The parties may enter into a contract with reference to various model contracts.

§ 470 Der Vertragsinhalt wird von den Parteien vereinbart und enthält in der Regel folgende Klauseln:

1. Bezeichnung bzw. Name und Wohnsitz der Parteien;
2. Gegenstand des Vertrags;
3. Menge;
4. Qualität;
5. Preis bzw. Entgelt;
6. Erfüllungsfrist und -ort sowie Art und Weise der Erfüllung;
7. Haftung für Vertragsverletzungen;
8. Methoden der Beilegung von Streitigkeiten.

Die Parteien können Verträge nach den Musterverträgen für die einzelnen Vertragsarten schließen.

第四百七十一条 当事人订立合同,可以采取要约、承诺方式或者其他方式。

Article 471 The parties may enter into a contract by offer and acceptance or any other means.

§ 471 Zum Vertragsabschluss können die Parteien Angebot und Annahme oder andere Formen verwenden.

第四百七十二条 要约是希望与他人订立合同的意思表示,该意思表示应当符合下列条件:

(一)内容具体确定;

(二)表明经受要约人承诺,要约人即受该意思表示约束。

Article 472　An offer is an expression of a willingness to enter into a contract with another person, which should:

(1) be specific and definite in its content; and

(2) indicate that the offeror will be bound by the expression of the intent once the offeree accepts the offer.

§ 472　Ein Angebot ist eine Willenserklärung zur Hoffnung, mit einem anderen einen Vertrag abzuschließen; die Willenserklärung muss den folgenden Bedingungen entsprechen:

1. der Inhalt ist konkret festgelegt;

2. sie drückt aus, dass mit der Annahme durch den Empfänger des Angebots der Anbietende an diese Willenserklärung gebunden wird.

第四百七十三条 要约邀请是希望他人向自己发出要约的表示。拍卖公告、招标公告、招股说明书、债券募集办法、基金招募说明书、商业广告和宣传、寄送的价目表等为要约邀请。

商业广告和宣传的内容符合要约条件的,构成要约。

Article 473　An invitation to treat is an expression of a willingness to receive offer from another person, includes auction, bidding, stock prospectus, bond prospectus, fund prospectus, commercial advertisement and publicity, mailed price list, etc.

A commercial advertisement or publicity is an offer if its contents meet the conditions for an offer.

§ 473　Eine Aufforderung zum Angebot ist eine Erklärung der Hoffnung, dass ein anderer dem Auffordernden ein Angebot macht. Bekanntmachungen einer Versteigerung oder Ausschreibung, Wertpapierprospekte, Methoden zur Einwerbung von Schuldverschreibungen, Prospekte zur Einwerbung von Fonds, Handelswerbung und Propaganda, übersandte Preislisten sind Aufforderungen zu Angeboten.

Entspricht der Inhalt von Handelswerbung und Propaganda den Angebotsbedingungen, bilden diese Angebote.

第四百七十四条　要约生效的时间适用本法第一百三十七条的规定。

Article 474　The time when an offer takes effect is governed by Article 137 of this Code.

§ 474　Auf den Zeitpunkt des Wirksamwerdens des Angebots findet die Bestimmungen des § 137 dieses Gesetzes Anwendung.

第四百七十五条　要约可以撤回。要约的撤回适用本法第一百四十一条的规定。

Article 475　An offer may be withdrawn, to which Article 141 of this Code is applicable.

§ 475　Ein Angebot kann zurückgenommen werden. Auf die

Zurücknahme des Angebotes findet die Bestimmungen des § 141 dieses Gesetzes Anwendung.

第四百七十六条 要约可以撤销,但是有下列情形之一的除外:

(一)要约人以确定承诺期限或者其他形式明示要约不可撤销;

(二)受要约人有理由认为要约是不可撤销的,并已经为履行合同做了合理准备工作。

Article 476 An offer may be revoked, unless:

(1) the offeror expressly states, by fixing a time limit for acceptance or otherwise, that the offer is irrevocable; or

(2) the offeree has reasons to believe that the offer is irrevocable, and has made reasonable preparation for performing the contract.

§ 476 Ein Angebot kann widerrufen werden, es sei denn, dass einer der folgenden Umstände vorliegt:

1. der Anbieter hat durch die Festlegung einer Annahmefrist oder auf eine andere Weise ausdrücklich klargestellt, dass das Angebot nicht widerruflich ist;

2. der Angebotsempfänger hat Grund zu der Annahme, dass das Angebot nicht widerruflich ist, und bereits angemessene Vorbereitungen zur Erfüllung des Vertrages getroffen hat.

第四百七十七条 撤销要约的意思表示以对话方式作出的,该意思表示的内容应当在受要约人作出承诺之前为受要约人所知道;撤销要约的意思表示以非对话方式作出的,应当在受要约人作出承诺之前到达受要约人。

Article 477　The expression of an intention to revoke an offer, if made through dialogue, should be known to the offeree before the offeree accepts; or, if made not through dialogue, should reach the offeree before the offeree accepts.

§ 477　Wird die Willenserklärung zum Widerruf des Vertragsangebots in einem Gespräch abgegeben, muss der Inhalt der Willenserklärung dem Angebotsempfänger vor seiner Annahmeerklärung bekannt sein; wird die Willenserklärung zum Widerruf des Angebots nicht in einem Gespräch abgegeben, muss diese Erklärung vor der Annahmeerklärung dem Angebotsempfänger zugegangen sein.

第四百七十八条 有下列情形之一的,要约失效:
(一)要约被拒绝;
(二)要约被依法撤销;
(三)承诺期限届满,受要约人未作出承诺;
(四)受要约人对要约的内容作出实质性变更。

Article 478　An offer lapses if it is:
(1) rejected;
(2) lawfully revoked;
(3) not accepted by the offeree at the expiration of the fixed time which was granted for its acceptance; or

(4) materially changed by the offeree.

§ 478 Das Angebot verliert seine Wirksamkeit, sofern einer der folgenden Umstände vorliegt:

1. Das Angebot ist abgelehnt worden;

2. das Angeot ist nach dem Recht widerrufen worden;

3. die Frist für die Annahme ist abgelaufen und der Angebotsempfänger hat die Annahme nicht erklärt;

4. der Angebotsempfänger ändert den Inhalt des Angebots materiell ab.

第四百七十九条 承诺是受要约人同意要约的意思表示。

Article 479 An acceptance is the expression of assent to the terms offered.

§ 479 Die Annahme ist die Willenserklärung zum Einverständnis mit dem Angebot seitens des Angebotsempfängers.

第四百八十条 承诺应当以通知的方式作出;但是,根据交易习惯或者要约表明可以通过行为作出承诺的除外。

Article 480 An acceptance should be made by notice, except where acceptance may be made by an act pursuant to the usage of trade or as indicated in the offer.

§ 480 Die Annahme muss in Gestalt einer Mitteilung ausgedrückt werden, es sei denn, dass nach der Verkehrssitte oder nach einer Erklärung im Angebot eine Annahme durch eine Handlung abgegeben werden kann.

第四百八十一条 承诺应当在要约确定的期限内到达要约人。

要约没有确定承诺期限的,承诺应当依照下列规定到达:

(一)要约以对话方式作出的,应当即时作出承诺;

(二)要约以非对话方式作出的,承诺应当在合理期限内到达。

Article 481 An acceptance should reach the offeror within the time limit specified in the offer.

Where no time limit is specified in the offer, the acceptance should:

(1) be made immediately if the offer is made through dialogue; or

(2) reach the offeror within a reasonable period limit, if the offer is made not through dialogue.

§ 481 Die Annahme muss in der im Angebot bestimmten Frist dem Anbieter zugehen.

Ist im Angebot keine Frist für die Annahme bestimmt, muss die Annahme nach den folgenden Bestimmungen zugehen:

1. Wird das Angebot in einem Gespräch abgegeben, muss die Annahme unverzüglich erklärt werden;

2. wird das Angebot nicht in einem Gespräch abgegeben, muss die Annahme innerhalb einer angemessenen Frist zugehen.

第四百八十二条 要约以信件或者电报作出的,承诺期限自信件载明的日期或者电报交发之日开始计算。信件未载明日期的,自投寄该信件的邮戳日期开始计算。要约以电话、传真、电子邮件等快速通讯方式作出的,承诺期限自要约到达受要约人时开始计算。

Article 482 The time limit for acceptance commences from the date shown in the letter or from the date on which the telegram is handed in for dispatch, if an offer is made by letter or telegram; from the postmark date on the envelope, if no such date is shown in the letter; from the moment that the offer reaches the offeree, if an offer is made by means of instantaneous communication, such as telephone, facsimile or email.

§ 482 Wird das Angebot brieflich oder telegraphisch abgegeben, beginnt die Annahmefrist mit dem Datum, welches der Brief trägt, bzw. mit dem Tag der Absendung des Telegramms. Ist der Brief nicht datiert, wird der Fristbeginn nach dem Datum des Poststempels für die Absendung des Briefs angesetzt. Wird das Angebot telefonisch, mit Fax oder E-Mail oder in sonstiger Art und Weise der schnellen Kommunikation abgegeben, beginnt die Annahmefrist zu dem Zeitpunkt, zu dem das Angebot dessen Empfänger zugeht.

第四百八十三条 承诺生效时合同成立,但是法律另有规定或者当事人另有约定的除外。

Article 483 A contract is formed when the acceptance takes effect, except as otherwise provided by the law or agreed by the parties.

§ 483 Mit der Wirksamkeit der Annahme ist der Vertrag errichtet, es sei denn, dass gesetzlich etwas anderes bestimmt ist oder die Parteien etwas anderes vereinbart haben.

第四百八十四条 以通知方式作出的承诺,生效的时间适用本法第一百三十七条的规定。

承诺不需要通知的,根据交易习惯或者要约的要求作出承诺的行为时生效。

Article 484 The time when an acceptance made by notice takes effect is governed by Article 137 of this Code.

If notice of acceptance is not required, the acceptance takes effect when an act of acceptance is performed pursuant to the usage of trade or as required in the offer.

§ 484 Wird die Annahme in Gestalt einer Mitteilung abgegeben, werden auf den Zeitpunkt des Wirksamwerdens von Annahme die Bestimmungen des § 137 dieses Gesetzes angewandt.

Erfordert die Annahme keine Mitteilung, wird sie zu dem Zeitpunkt der Handlung wirksam, welche nach der Verkehrssitte oder aufgrund des Verlangens im Angebot ausgeführt wird.

第四百八十五条 承诺可以撤回。承诺的撤回适用本法第一百四十一条的规定。

Article 485 An acceptance may be withdrawn, to which Article 141 of this Code is applicable.

§ 485 Die Annahme kann zurückgenommen werden. Auf die Zurücknahme der Annahme finden die Bestimmungen des § 141 dieses Gesetzes Anwendung.

第四百八十六条 受要约人超过承诺期限发出承诺,或者在承诺期限内发出承诺,按照通常情形不能及时到达要约人的,为新要约;但是,要约人及时通知受要约人该承诺有效的除外。

Article 486 An offer is a new offer if the offeree sends an acceptance beyond the time limit for acceptance, or sends an acceptance within the time limit for acceptance but it is unable to reach the offeror in time under normal circumstances, unless the offeror notifies the offeree in time that the acceptance is valid.

§ 486 Wenn der Angebotsempfänger die Annahme nach Ablauf der Annahmefrist abschickt oder die Annahme zwar innerhalb der Annahmefrist abschickt, aber die Annahme unter gewöhnlichen Umständen nicht rechtzeitig dem Anbieter zugehen kann, ist dies ein neues Angebot, es sei denn, dass der ursprüngliche Anbieter dem ursprünglichen Angebotsempfänger rechtzeitig mitteilt, dass die Annahme wirksam ist.

第四百八十七条 受要约人在承诺期限内发出承诺,按照通常情形能够及时到达要约人,但是因其他原因致使承诺到达要约人时超过承诺期限的,除要约人及时通知受要约人因承诺超过期限不接受该承诺外,该承诺有效。

Article 487 An acceptance is valid if the offeree sends the

acceptance within the time limit for acceptance and under normal circumstances the acceptance would have reached the offeror in time, but for other reasons the acceptance reaches the offeror beyond the time limit for acceptance, unless the offeror notifies the offeree in time that it does not accept the acceptance because acceptance arrives beyond the time limit for acceptance.

§ 487 Wenn der Angebotsempfänger die Annahme innerhalb der Annahmefrist so abschickt, dass sie unter gewöhnlichen Umständen dem Anbietenden rechtzeitig zugehen kann, sie aber aus anderen Gründen dem Anbietenden erst nach Ablauf der Annahmefrist zugeht, ist sie wirksam, es sei denn, dass der Anbieter dem Angebotsempfänger rechtzeitig mitteilt, dass er die Annahme wegen des Ablaufs der Annahmefrist nicht akzeptiert.

第四百八十八条 承诺的内容应当与要约的内容一致。受要约人对要约的内容作出实质性变更的,为新要约。有关合同标的、数量、质量、价款或者报酬、履行期限、履行地点和方式、违约责任和解决争议方法等的变更,是对要约内容的实质性变更。

Article 488 An acceptance should be identical to that of the offer in contents. An offer is a new offer if the offeree makes substantial change to the offer, including change to the subject matter, quality, quantity, price or remuneration, time or place or method of performance, liability for breach of contract, methods of dispute resolution, etc.

§ 488 Der Inhalt der Annahme muss mit dem des Angebots

übereinstimmen. Hat der Angebotsempfänger gegenüber dem Inhalt des Angebots materielle Änderungen vorgenommen, ist dies ein neues Angebot. Änderungen in Bezug auf den Vertragsgegenstand, die Menge, die Qualität, den Preis oder das Entgelt, auf Frist, Ort oder Art und Weise der Erfüllung, auf die Haftung für Vertragsverletzungen oder die Methode der Beilegung von Streitigkeiten sind materielle Änderungen gegenüber dem Inhalt des Angebots.

第四百八十九条 承诺对要约的内容作出非实质性变更的,除要约人及时表示反对或者要约表明承诺不得对要约的内容作出任何变更外,该承诺有效,合同的内容以承诺的内容为准。

Article 489 An acceptance is valid if the acceptance makes no substantial change to the offer, and the contents of the contract should be that as accepted, except as rejected in time by the offeror or indicated in the offer that the acceptance may not make any change to the offer.

§ 489 Sind in der Annahme gegenüber dem Inhalt des Angebots Änderungen nicht materieller Natur vorgenommen worden, ist die Annahme wirksam, und der Inhalt des Vertrages richtet sich nach der Annahme, es sei denn, dass der Anbieter seine Ablehnung rechtzeitig zum Ausdruck bringt oder das Angebot klargestellt hat, dass die Annahme den Inhalt des Angebots in keiner Weise ändern darf.

第四百九十条 当事人采用合同书形式订立合同的,自当事人均签名、盖章或者按指印时合同成立。在签名、盖章或者按指印之前,当事人一方已经履行主要义务,对方接受时,该合同成立。

法律、行政法规规定或者当事人约定合同应当采用书面形式订立,当事人未采用书面形式但是一方已经履行主要义务,对方接受时,该合同成立。

Article 490 Where a contract is entered into in the form of a written contract, it is formed when each party affixes its signature, seal, or fingerprint on the contract; or when one party has performed its principal obligation before the signature, seal or fingerprint is affixed and the other party accepts the performance.

A contract is formed when one party has performed its principal obligation and the other party accepts the performance if the law or administrative regulation requires or the parties agree that a contract should be entered into in written form but the parties fail to enter into the contract in written form.

§ 490 Verwenden die Parteien zum Vertragsschluss die Form einer Vertragsurkunde, ist der Vertrag errichtet, wenn beide Seiten ihn unterzeichnet, gestempelt oder mit Finger abgedrückt haben. Wenn eine Partei vor der Unterzeichnung, Stempelung oder Fingerabdruck die Hauptpflicht erfüllt und die andere sie angenommen hat, ist der Vertrag errichtet.

Haben die Parteien einen Vertrag, für den Gesetze, Verwaltungsrechtsnormen oder Vereinbarungen der Parteien die Schriftform vorschreiben, nicht in Schriftform abgeschlossen, ist der Vertrag errichtet, sobald eine Partei die Hauptpflicht bereits erfüllt und die andere sie angenommen hat.

第四百九十一条 当事人采用信件、数据电文等形式订立合同要求签订确认书的,签订确认书时合同成立。

当事人一方通过互联网等信息网络发布的商品或者服务信息符合要约条件的,对方选择该商品或者服务并提交订单成功时合同成立,但是当事人另有约定的除外。

Article 491 A contract is formed when the written confirmation is signed if the parties enter into a contract by letter, data message, or any other form and require a written confirmation be signed.

Unless the parties agree otherwise, a contract is formed when the information on goods or service released by one party on an information network such as the Internet meets the conditions for an offer and the other party selects the goods or service and successfully submits the order.

§ 491 Verwenden Parteien zum Vertragsschluss Formen wie die Briefform oder die Form elektronischer Datenschriftstücke und verlangen eine schriftliche Bestätigung, ist der Vertrag mit der Unterzeichnung der schriftlichen Bestätigung errichtet.

Entsprechen die durch eine der Parteien über das Internet oder ein sonstiges Informationsnetzwerk geposteten Informationen über Waren oder Dienstleistungen den Angebotsbedingungen, ist der Vertrag errichtet, soweit die andere Partei die Ware oder die Dienstleistung ausgewählt und die Bestellung erfolgreich aufgegeben hat, es sei denn, dass die Parteien etwas anderes vereinbart haben.

第四百九十二条 承诺生效的地点为合同成立的地点。

采用数据电文形式订立合同的,收件人的主营业地为合同成立的地点;没有主营业地的,其住所地为合同成立的地点。当事人另有约定的,按照其约定。

Article 492 A contract is formed at the place where the acceptance takes effect.

Unless the parties agree otherwise, a contract is formed at the recipient's principal place of business or, absent a principal place of business, the place of domicile, if the contract is entered into in the form of a data message.

§ 492 Der Ort, an dem die Annahme wirksam wird, ist der Ort der Vertragserrichtung.

Wird die Form elektronischer Datenschriftstücke zum Vertragsschluss verwandt, ist der Hauptgeschäftssitz des Empfängers des Schriftstücks Ort der Vertragserrichtung; hat er keinen Hauptgeschäftssitz, ist sein gewöhnlicher Aufenthaltsort Ort der Vertragserrichtung. Haben die Parteien etwas anderes vreinbart, gilt die Vereinbarung.

第四百九十三条 当事人采用合同书形式订立合同的,最后签名、盖章或者按指印的地点为合同成立的地点,但是当事人另有约定的除外。

Article 493 Unless the parties agree otherwise, a contract is

formed at the place where the last signature, seal, or fingerprint is affixed, if the contract is entered into in the form of a written contract.

§ 493 Verwenden die Parteien zum Vertragsschluss die Form einer Vertragsurkunde, ist der Ort, an dem der Vertrag zuletzt unterschrieben, gestempelt oder mit einem Fingerabdruck versehen worden ist, Ort des Vertragsschlusses, es sei denn, dass die Parteien etwas anderes vereinbart haben.

第四百九十四条 国家根据抢险救灾、疫情防控或者其他需要下达国家订货任务、指令性任务的，有关民事主体之间应当依照有关法律、行政法规规定的权利和义务订立合同。

依照法律、行政法规的规定负有发出要约义务的当事人，应当及时发出合理的要约。

依照法律、行政法规的规定负有作出承诺义务的当事人，不得拒绝对方合理的订立合同要求。

Article 494 A contract should be entered into by relevant parties to civil legal relations pursuant to the rights and obligations as provided by the relevant laws and administrative regulations, if the State has issued a state purchasing order or a mandatory plan as needed for emergency rescue, disaster relief, epidemic containment, etc.

A party with an obligation to make an offer under laws and administrative regulations shall make a reasonable offer in time.

A party with an obligation to make an acceptance under laws and administrative regulations shall not reject the reasonable requ-

est for contracting from the other party.

§ 494 Weist der Staat aufgrund von Gefahrenabwehr und Katastrophenhilfe, Prävention und Kontrolle von Epidemien oder anderen Erfordernissen staatliche Warenbestellungsaufträge oder verbindliche Aufgaben zu, müssen zwischen den betroffenen Zivilrechtssubjekten entsprechend den in den betreffenden Gesetzen oder Verwaltungsrechtsnormen bestimmten Rechten und Pflichten Verträge geschlossen werden.

Die Partei, die nach den Bestimmungen von Gesetzen oder Verwaltungsrechtsnormen zur Abgabe eines Angebots verpflichtet, muss rechtzeitig ein angemessenes Angebot abgeben.

Die Partei, die nach den Bestimmungen von Gesetzen oder Verwaltungsrechtsnormen zur Annahme verpflichtet, darf die angemessene Anforderung der Gegenpartei zum Vertragsschluss nicht ablehnen.

第四百九十五条 当事人约定在将来一定期限内订立合同的认购书、订购书、预订书等,构成预约合同。

当事人一方不履行预约合同约定的订立合同义务的,对方可以请求其承担预约合同的违约责任。

Article 495 A subscription order, purchase order, pre-order, etc., under which the parties agree to enter into a contract within a certain time limit in the future constitutes a preliminary contract.

If one party fails to perform the obligation to contract as agreed in the preliminary contract, the other party may request it to assume liability for breach of the preliminary contract.

§ 495 Zeichnungsurkunden, Bestellurkunden, Vorbestellungen und andere Schriftstücke, in denen die Parteien vereinbaren, dass zukünftig innerhalb einer bestimmten Frist ein Vertrag abgeschlossen wird, bilden Vorverträge.

Erfüllt eine Seite nicht die in dem Vorvertrag vereinbarte Pflicht, einen Vertrag abzuschließen, kann die andere Seite von ihr fordern, für Vertragsverletzung des Vorvertrags zu haften.

第四百九十六条　格式条款是当事人为了重复使用而预先拟定,并在订立合同时未与对方协商的条款。

采用格式条款订立合同的,提供格式条款的一方应当遵循公平原则确定当事人之间的权利和义务,并采取合理的方式提示对方注意免除或者减轻其责任等与对方有重大利害关系的条款,按照对方的要求,对该条款予以说明。提供格式条款的一方未履行提示或者说明义务,致使对方没有注意或者理解与其有重大利害关系的条款的,对方可以主张该条款不成为合同的内容。

Article 496　Standard terms are terms drawn up by one party in advance for repeated use and not negotiated with the other party at the time of contracting.

Where standard terms are adopted for contracting, the party providing the standard terms shall define the rights and obligations between the parties under the principle of fairness, remind in a reasonable manner the other party to notice the terms excluding or mitigating the liability of the party furnishing the standard terms or otherwise related to the material interest of the other party, and explain the terms at the request of the other party. If the party providing the standard terms fails to perform the reminding or explanation obligation, resulting in the other party failing to notice or understand the terms in which it has a material interest, the other party may claim that the terms do not form a part of the contract.

§ 496 Allgemeine Geschäftsbedingungen sind Klauseln, die von der Partei zur wiederholten Verwendung vorweg entworfen und nicht bei der Errichtung des Vertrages mit der anderen Seite ausgehandelt werden

Werden zur Errichtung eines Vertrages allgemeine Geschäftsbedingungen verwandt, muss die Partei, welche die allgemeinen Geschäftsbedingungen stellt, nach dem Gerechtigkeitsgrundsatz die Rechte und Pflichten der Parteien gegeneinander festsetzen und auf eine angemessene Art und Weise die andere Seite auf Klauseln über Ausschließung oder Minderung der Haftung der die Geschäftsbedingungen stellenden Partei und auf andere Klauseln aufmerksam machen, welche für die andere Seite von erheblichem Interesse sind, , und auf Wunsch der anderen Seite diese Klauseln erklären. Erfüllt die die Geschäftsbedingungen stellende Partei die Hinweis- oder Erklärungspflicht nicht, sodass die andere Seite nicht auf die Klauseln aufmerksam wird oder die Klauseln nicht versteht, die für sie von erheblichem Interesse sind, kann sie geltend machen, dass diese Klauseln nicht Bestandteil des Vertrags sind.

第四百九十七条 有下列情形之一的,该格式条款无效:

(一)具有本法第一编第六章第三节和本法第五百零六条规定的无效情形;

(二)提供格式条款一方不合理地免除或者减轻其责任、加重对方责任、限制对方主要权利;

(三)提供格式条款一方排除对方主要权利。

Article 497 Standard terms are void if:

(1) they fall under any of the circumstances set forth in Section 3, Chapter VI, Book One of this Code and Article 506 of this Code;

(2) the party providing the standard terms unreasonably excludes or mitigates its liability, aggravates the liability of the other party, or restricts the main rights of the other party; or

(3) the party providing the standard terms excludes the main rights of the other party.

§ 497 Die verwendeten Allgemeinen Geschäftsbedingungen sind unwirksam, sofern einer der folgenden Umstände vorliegt:

1. Einer der im 3. Unterkapitel des 6. Kapitels vom ersten Buch und im § 506 dieses Gesetzes bestimmten Umstände der Unwirksamkeit liegt vor;

2. die Seite, die die Geschäftsbedingungen stellt, hat unangemessen ihre Haftung ausgeschlossen oder vermindert, die Haftung der anderen Seite erhöht oder deren Hauptrechte eingeschränkt;

3. die Seite, die die Geschäftsbedingungen stellt, schließt die Hauptrechte der anderen Seite aus.

第四百九十八条　对格式条款的理解发生争议的,应当按照通常理解予以解释。对格式条款有两种以上解释的,应当作出不利于提供格式条款一方的解释。格式条款和非格式条款不一致的,应当采用非格式条款。

Article 498　Standard terms should be interpreted pursuant to its usual meaning if a dispute occurred over the understanding of standard terms, or should be interpreted unfavorable to the party providing the standard terms in case that there are two or more interpretations. Where the standard terms are inconsistent with non-standard terms, the latter prevails.

§ 498　Allgemeine Geschäftsbedingungen müssen bei Streitigkeiten über ihre Auslegung im allgemein üblichen Sinne ausgelegt werden. Sind zwei oder mehr Auslegungen möglich, müssen sie in dem Sinn ausgelegt werden, der für die Seite, die sie gestellt hat, nicht von Vorteil ist. Stehen Allgemeine Geschäftsbedingungen mit Klauseln im Widerspruch stehen, die keine Allgemeinen Geschäftsbedingungen sind, gelten die Klauseln, die keine Allgemeinen Geschäftsbedingungen sind.

第四百九十九条　悬赏人以公开方式声明对完成特定行为的人支付报酬的,完成该行为的人可以请求其支付。

Article 499　Where an offeror of a reward publicly declares that remuneration will be paid to a person who performs a specific act, the person who completed the act may request payment from the offeror.

§ 499　Setzt ein Auslobender durch öffentliche Bekanntmachung demjenigen eine Belohnung für den Abschluss einer bestimmten Handlung, kann derjenige, der die bestimmte Handlung vollendet hat, die Belohnung verlangen.

第五百条 当事人在订立合同过程中有下列情形之一,造成对方损失的,应当承担赔偿责任:

(一)假借订立合同,恶意进行磋商;

(二)故意隐瞒与订立合同有关的重要事实或者提供虚假情况;

(三)有其他违背诚信原则的行为。

Article 500 A party shall assume liability for damages if during the conclusion of the contract losses are caused to the other party due to its:

(1) consultation in bad faith under the pretext of contracting;

(2) deliberate concealment of important facts relating to contracting or provision of false information; or

(3) any other acts violating the principle of good faith.

§ 500 Liegt im Verlauf der Errichtung eines Vertrages bei einer Partei einer der folgenden Umstände vor, sodass bei der anderen Partei ein Schaden verursacht wird, haftet sie auf Schadensersatz:

1. Die Errichtung eines Vertrages wird als Vorwand genutzt, um böswillig zu verhandeln;

2. vorsätzlich werden auf die Vertragserrichtung bezogene wichtige Tatsachen verheimlicht oder zu Umständen werden falsche Angaben gemacht;

3. andere den Grundsatz von Treu und Glauben verletzende Handlungen liegen vor.

第五百零一条 当事人在订立合同过程中知悉的商业秘密或者其他应当保密的信息，无论合同是否成立，不得泄露或者不正当地使用；泄露、不正当地使用该商业秘密或者信息，造成对方损失的，应当承担赔偿责任。

Article 501 A party shall not disclose or improperly use business secrets or other confidential information known to it in contracting, no matter the contract is formed or not; and shall assume liability for damages if it discloses or improperly uses such business secrets or information and causes losses to the other party.

§ 501 Eine Partei darf Geschäftsgeheimnisse oder andere einer Geheimhaltungspflicht unterliegende Informationen, welche sie im Verlauf der Errichtung eines Vertrages erfährt, gleich ob der Vertrag zustande kommt oder nicht, weder bekannt werden lassen noch unlauter verwenden. Wenn sie solche Geschäftsgeheimnisse oder Informationen bekannt werden lässt oder sie unlauter verwendet und damit der anderen Seite einen Schaden verursacht, haftet sie auf Schadenersatz.

第三章　合同的效力
Chapter Ⅲ　Validity of Contracts
3. Kapitel：Wirksamkeit des Vertrags

第五百零二条　依法成立的合同,自成立时生效,但是法律另有规定或者当事人另有约定的除外。

依照法律、行政法规的规定,合同应当办理批准等手续的,依照其规定。未办理批准等手续影响合同生效的,不影响合同中履行报批等义务条款以及相关条款的效力。应当办理申请批准等手续的当事人未履行义务的,对方可以请求其承担违反该义务的责任。

依照法律、行政法规的规定,合同的变更、转让、解除等情形应当办理批准等手续的,适用前款规定。

Article 502 A contract legally formed becomes effective upon its formation, except as otherwise provided by the law or agreed by the parties.

Where a contract is subject to approval or other formalities as stipulated by relevant laws or administrative regulations, such provisions should be followed. If failure to go through the approval or other formalities will affect the validity of the contract, the validity of the terms regarding obligations such as the obligation to apply for approval and related terms of the contract will not be affected. If the party obligated to go through the approval or other formalities fails to perform the obligation, the other party may request it to assume liability for breach of the obligation.

The provisions of the preceding paragraph are applicable if any law or administrative regulation requires that the modification, assignment, rescission, and other circumstances of a contract should be subject to approval or other formalities.

§ 502 Nach dem Recht errichtete Verträge werden mit der Errichtung wirksam, es sei denn, dass gesetzlich etwas anderes bestimmt ist oder die Parteien etwas anderes vereinbart haben.

Muss nach Bestimmungen der Gesetze oder Verwaltungs-rechtsnormen für die Verträge ein Genehmigungs- oder sonstiges Verfahren durchgeführt werden, gelten diese Bestimmungen. Wird das Genehmigungs-oder sonstige Verfahren nicht durchgeführt, sodass die Wirksamkeit der Verträge beeinträchtigt wird, beeinflusst dies nicht die Wirksamkeit von Klauseln des Vertrags zur Erfüllung der Bericht- und Genehmigungspflichten und von damit im Zusammenhang stehenden Klauseln. Erfüllt die Partei, die die Genehmigung beantragen oder sonstige Verfahren durchführen muss, die Pflicht nicht, kann die andere Seite verlangen, dass die Partei für den Verstoß gegen diese Pflicht haftet.

Muss nach den Bestimmungen von Gesetzen oder Verwaltungs-rechtsnormen für die Änderung, Übertragung oder das Erlösen von Verträgen ein Genehmigungs-oder sonstiges Verfahren durchgeführt werden, werden die Bestimmungen des vorherigen Absatzes angewendet.

第五百零三条 无权代理人以被代理人的名义订立合同,被代理人已经开始履行合同义务或者接受相对人履行的,视为对合同的追认。

Article 503 Where an unauthorized agent enters into a contract in the name of the principal, and the principal has begun to perform contractual obligations or accepts the performance from the counterparty, the contract should be deemed to have been ratified.

§ 503 Hat ein Vertreter ohne Vertretungsmacht im Namen des Vertretenen einen Vertrag abgeschlossen und der Vertretene mit der Erfüllung der Vertragspflichten begonnen oder die Erfüllung des Gegenübers angenommen, gilt dies als Genehmigung des Vertrags.

第五百零四条 法人的法定代表人或者非法人组织的负责人超越权限订立的合同,除相对人知道或者应当知道其超越权限外,该代表行为有效,订立的合同对法人或者非法人组织发生效力。

Article 504 Where the legal representative of a legal person or the person in charge of an unincorporated organization enters into a contract ultra vires, such representation is valid unless the other party knows or should have known that he or she acts ultra vires, and the contract so entered into is valid for the legal person or unincorporated organization.

§ 504 Errichtet der gesetzliche Repräsentant einer juristischen Person oder der Verantwortliche einer Organisation ohne Rechtspersönlichkeit unter Überschreitung seiner Befugnisse einen Vertrag, ist die Stellvertretung wirksam und der errichtete Vertrag gegenüber der juristischen Person oder der Organisation ohne Rechtspersönlichkeit Wirkung, es sei denn, dass das Gegenüber von der Überschreitung der Befugnisse weiß oder wissen muss.

第五百零五条 当事人超越经营范围订立的合同的效力,应当依照本法第一编第六章第三节和本编的有关规定确定,不得仅以超越经营范围确认合同无效。

Article 505 The validity of a contract entered into by a party beyond its scope of business should be determined pursuant to the relevant provisions of Section 3, Chapter VI, Book One of this Code and this Book, and the contract should not be invalidated only on the ground that it is entered into beyond its scope of business.

§ 505 Die Wirksamkeit eines Vertrags, den eine Partei unter Überschreitung ihres Geschäftsbereiches abschließt, muss nach den Bestimmungen des 3. Unterkapitels des 6. Kapitels im ersten Buch dieses Gesetzes und den einschlägigen Bestimmungen dieses Buches bestimmt werden; die Nichtigkeit des Vertrags darf nicht nur wegen der Überschreitung des Geschäftsbereiches festgestellt werden.

第五百零六条 合同中的下列免责条款无效:
(一)造成对方人身损害的;
(二)因故意或者重大过失造成对方财产损失的。

Article 506 An exemption clause in a contract is void if it exempts liability for:
(1) personal injury caused to the other party; or
(2) property damage caused to the other party due to willful-

ness or gross negligence.

§ 506 Vertragsklauseln, die von der Haftung in folgenden Punkten befreien, sind unwirksam:

1. für der anderen Seite verursachte persönliche Schäden;

2. für Vermögensschäden, welche der anderen Seite vorsätzlich oder grob fahrlässig verursacht werden.

第五百零七条 合同不生效、无效、被撤销或者终止的,不影响合同中有关解决争议方法的条款的效力。

Article 507 Invalidity, cancellation or termination of a contract should not affect the validity of the provisions of the contract concerning the methods of dispute resolution.

§ 507 Ist ein Vertrag nicht wirksam geworden oder unwirksam oder wird er aufgehoben oder beendet, beeinflusst dies nicht die Wirksamkeit im Vertrag bestehender Klauseln über die Methode der Beilegung von Streitigkeiten.

第五百零八条 本编对合同的效力没有规定的,适用本法第一编第六章的有关规定。

Article 508 Where this Book is silent on the validity of contracts, the relevant provisions of Chapter VI, Book One of this Code apply.

§ 508 Soweit in diesem Buch keine Bestimmungen über die Wirksamkeit von Verträgen vorhanden sind, werden die einschlägigen Bestimmungen des 6. Kapitels des ersten Buches dieses Gesetzes angewendet.

第四章　合同的履行
Chapter IV　Performance of Contracts
4. Kapitel: Vertragserfüllung

第五百零九条　当事人应当按照约定全面履行自己的义务。

当事人应当遵循诚信原则，根据合同的性质、目的和交易习惯履行通知、协助、保密等义务。

当事人在履行合同过程中，应当避免浪费资源、污染环境和破坏生态。

Article 509　The parties shall fully perform their obligations as agreed.

The parties shall abide by the principle of good faith, and perform obligations of notification, assistance, confidentiality, etc. pursuant to the nature and purpose of the contract and the usage of trade.

In performing a contract, the parties shall avoid wasting resources, polluting the environment, and compromising ecology.

§ 509　Die Parteien müssen nach dem Vereinbarten ihre Pflichten in vollem Umfang erfüllen.

Die Parteien müssen unter Wahrung des Grundsatzes von Treu und Glauben aufgrund der Natur und des Zwecks des Vertrags und nach der Verkehrssitte die Pflichten zu Mitteilungen, zur

Mitwirkung, zur Geheimhaltung and anderem erfüllen.

Die Parteien müssen bei der Vertragserfüllung die Verschwendung von Ressourcen, die Verschmutzung der Umwelt und die Schädigung des Ökosystems vermeiden.

第五百一十条　合同生效后,当事人就质量、价款或者报酬、履行地点等内容没有约定或者约定不明确的,可以协议补充;不能达成补充协议的,按照合同相关条款或者交易习惯确定。

Article 510　After the contract comes into effect, the parties may supplement it by agreement if there is no agreement or the agreement is not clear regarding the quality, price or remuneration, place of performance, etc. If no supplementary agreement can be reached, it should be determined pursuant to the relevant provisions of the contract or usage of trade.

§ 510　Ist ein Vertrag wirksam geworden und haben die Parteien zur Qualität, zum Preis oder Entgelt, zum Erfüllungsort oder zu anderen Punkten keine oder keine klare Vereinbarung getroffen, können sie eine ergänzende Vereinbarung treffen; können sie zu keiner ergänzenden Vereinbarung kommen, wird der betreffende Punkt nach den entsprechenden Vertragsklauseln oder der Verkehrssitte bestimmt.

第五百一十一条　当事人就有关合同内容约定不明确,依据前条规定仍不能确定的,适用下列规定:

(一)质量要求不明确的,按照强制性国家标准履行;没有强制性国家标准的,按照推荐性国家标准履行;没有推荐性国家标准的,按照行业标准履行;没有国家标准、行业标准的,按照通常标准或者符合合同目的的特定标准履行;

(二)价款或者报酬不明确的,按照订立合同时履行地的市场价格履行;依法应当执行政府定价或者政府指导价的,依照规定履行;

(三)履行地点不明确,给付货币的,在接受货币一方所在地履行;交付不动产的,在不动产所在地履行;其他标的,在履行义务一方所在地履行;

(四)履行期限不明确的,债务人可以随时履行,债权人也可以随时请求履行,但是应当给对方必要的准备时间;

(五)履行方式不明确的,按照有利于实现合同目的的方式履行;

(六)履行费用的负担不明确的,由履行义务一方负担;因债权人原因增加的履行费用,由债权人负担。

Article 511 Where the parties' agreement on the contents of the contract is ambiguous and cannot be determined pursuant to the preceding Article:

(1) in case of ambiguous quality requirement, state mandatory standards apply; in the absence of state mandatory standards, recommended state standards apply; in the absence of recommended state standards, industry standards apply; in the absence of industry standards, customary standards or particular standard consistent with the purpose of the contract apply;

(2) in case of ambiguous price or remuneration, prevailing market price at the place of performance at the time the contract

was concluded, or government pricing or government-guided pricing required by law apply;

(3) in case of ambiguous place of performance, money should be paid at the place where the payee is located; immovable should be delivered at the place where the immovable is located; any other subject matter should be effected at the place where the party performing the obligations is located;

(4) in case of ambiguous time limit for performance, the obligee may perform, and the obligor may request performance, at any time, provided that the other party should be given time necessary for preparation;

(5) in case of ambiguous method of performance, performance should be rendered in a manner conducive to realizing the purpose of the contract; or

(6) in case of ambiguous apportionment of performance expenses, the party performing the obligations shall bear the expenses, and any additional performance expenses incurred for any reason attributable to the obligee should be borne by the obligee.

§ 511 Haben die Parteien zu den fraglichen Inhalten eines Vertrags keine klare Vereinbarung getroffen und der betreffende Punkt auch nicht gemäß dem vorigen Paragraphen bestimmt werden kann, werden die folgenden Bestimmungen angewandt:

1. Sind die Qualitätserfordernisse unklar, wird nach den zwingenden nationalen Normen erfüllt; gibt es keine zwingenden nationalen Normen, wird nach den empfohlenen nationalen Normen erfüllt; gibt es keine empfohlenen nationalen Normen, wird nach den branchenbezogenen Normen erfüllt; gibt es keine nationalen

oder branchenbezogenen Normen, wird nach den allgemeinen oder dem Vertragszweck entsprechenden spezifischen Normen erfüllt.

2. Ist der Preis oder das Entgelt unklar, wird nach dem Marktpreis am Erfüllungsort zur Zeit der Errichtung des Vertrags erfüllt; muss nach dem Recht der von der Regierung bestimmte Preis oder der Leitpreis der Regierung durchgeführt werden, wird nach diesen Vorschriften erfüllt.

3. Ist der Erfüllungsort unklar und wird Geld geleistet, wird am Ort des Zahlungsempfängers erfüllt; wird unbewegliches Vermögen geleistet, wird am Ort des unbeweglichen Vermögens erfüllt; bei anderen Vertragsgegenständen wird an dem Ort erfüllt, an dem sich die pflichterfüllende Partei befindet.

4. Ist die Erfüllungsfrist unklar, kann der Schuldner zu jeder Zeit erfüllen; der Gläubiger kann auch zu jeder Zeit Erfüllung verlangen, muss aber der anderen Seite die nötige Zeit zur Vorbereitung geben.

5. Ist die Art und Weise der Erfüllung unklar, wird nach der Art und Weise erfüllt, welche für die Verwirklichung des Vertragszwecks von Vorteil ist.

6. Ist unklar, wer die Kosten der Erfüllung trägt, werden sie von der Partei getragen, die die Pflicht zur Erfüllung hat; die durch den Gläubiger verursachten Mehrkosten der Erfüllung werden vom Gläubiger getragen.

第五百一十二条 通过互联网等信息网络订立的电子合同的标的为交付商品并采用快递物流方式交付的,收货人的签收时间为交付时间。电子合同的标的为提供服务的,生成

的电子凭证或者实物凭证中载明的时间为提供服务时间;前述凭证没有载明时间或者载明时间与实际提供服务时间不一致的,以实际提供服务的时间为准。

电子合同的标的物为采用在线传输方式交付的,合同标的物进入对方当事人指定的特定系统且能够检索识别的时间为交付时间。

电子合同当事人对交付商品或者提供服务的方式、时间另有约定的,按照其约定。

Article 512 Where the subject matter of an electronic contract entered into through an information network such as the Internet is to deliver goods, and the delivery is made by means of express shipping service, the time of delivery is the time when the consignee acknowledges receipt. Where the subject matter of an electronic contract is to provide services, the time of providing services is the time specified in the generated electronic document or paper document, or, if the said document specifies no time, or the specified time is inconsistent with the time of actually providing the services, the time of actually providing the services prevails.

Where the subject matter of an electronic contract is delivered by means of online transmission, the time of delivery is the time when the subject matter of the contract enters the specific system designated by the other party and can be retrieved and identified.

If the parties to an electronic contract otherwise agree on the method and time of delivering goods or providing services, such agreement prevails.

§ 512 Ist der Gegenstand eines elektronischen Vertrags, der

über ein Informationsnetzwerk wie das Internet geschlossen wird, die Lieferung von Waren durch einen Kurierdienst, ist der Zeitpunkt der schriftlichen bestätigten Entgegennahme des Empfängers der Übergabezeitpunkt. Ist der Gegenstand eines elektronischen Vertrags die Erbringung von Dienstleistungen, ist der im elektronisch generierten Beleg oder physischen Beleg angegebene Zeitpunkt der Zeitpunkt der Erbringung der Dienstleistung; geht der Zeitpunkt nicht aus dem vorgenannten Beleg hervor oder stimmt der hervorgehende Zeitpunkt mit dem Zeitpunkt der tatsächlichen Erbringung der Dienstleistung überein, ist der tatsächliche Zeitpunkt der Erbringung der Dienstleistung maßgebend.

Wird der Gegenstand eines elektronischen Vertrags in Gestalt einer Online-Übermittlung geliefert, ist den Zeitpunkt, zu dem der Vertragsgegenstand in das von der anderen Partei bestimmte System gelangt und dort gesucht und identifiziert werden kann, die Lieferzeit.

Haben die Parteien eines elektronischen Vertrags über die Art und den Zeitpunkt der Lieferung von Waren oder die Erbringung der Dienstleitung anderes vereinbart, gilt die Vereinbarung.

第五百一十三条 执行政府定价或者政府指导价的,在合同约定的交付期限内政府价格调整时,按照交付时的价格计价。逾期交付标的物的,遇价格上涨时,按照原价格执行;价格下降时,按照新价格执行。逾期提取标的物或者逾期付款的,遇价格上涨时,按照新价格执行;价格下降时,按照原价格执行。

Article 513 In case of government pricing or government-guided pricing, if the price is adjusted within the time limit for delivery as stipulated in the contract, the payment should be calculated pursuant to the price at the time of delivery. If a party delays in delivering the subject matter, the original price should be adopted if the price rises; or the new price should be adopted if the price falls. If a party delays in taking delivery of the subject matter or making payment, the new price should be adopted if the price rises, and the original price should be adopted if the price falls.

§ 513 Gelten von der Regierung [imperativ] bestimmte Preise oder Leitpreise der Regierung und werden diese Preise innerhalb der vertraglich bestimmten Frist für die Lieferung geändert, gilt der Preis im Zeitpunkt der Lieferung. Wird der Vertragsgegenstand nach Fristablauf geliefert und ist der Preis inzwischen gestiegen, gilt der ursprüngliche Preis; ist er gesunken, gilt der neue Preis. Wird der Vertragsgegenstand nach Fristablauf abgeholt oder wird nach Fristablauf gezahlt und ist der Preis inzwischen gestiegen, gilt der neue Preis; ist er gesunken, gilt der ursprüngliche Preis.

第五百一十四条 以支付金钱为内容的债,除法律另有规定或者当事人另有约定外,债权人可以请求债务人以实际履行地的法定货币履行。

Article 514 For an obligation to pay money, the obligee may request the obligor to pay in the legal tender of the place where actual performance takes place, unless otherwise provided by the law or agreed by the parties.

§ 514　Bei einer Schuld, deren Inhalt die Geldzahlung ist, kann der Gläubiger verlangen, dass der Schuldner in der gesetzlichen Währung des tatsächlichen Erfüllungsorts erfüllt, soweit gesetzlich nichts anderes bestimmt ist oder die Parteien nichts anderes vereinbart haben.

第五百一十五条　标的有多项而债务人只需履行其中一项的,债务人享有选择权;但是,法律另有规定、当事人另有约定或者另有交易习惯的除外。

享有选择权的当事人在约定期限内或者履行期限届满未作选择,经催告后在合理期限内仍未选择的,选择权转移至对方。

Article 515　Where there are several subject matters and the obligor only needs to perform one of them, the obligor has the right of choice, unless otherwise provided by the law, agreed by the parties, or required by the usage of trade.

If the party having the right of choice fails to make a choice within the agreed time limit or upon the expiry of the time limit for performance, and still fails to make a choice within a reasonable period limit after being requested, the right of choice is reverted to the other party.

§ 515　Gibt es mehrere Vertragsgegenstände und muss der Schuldner nur einen dieser Gegenstände erfüllen, genießt er ein Wahlrecht; dies gilt jedoch nicht, wenn gesetzlich etwas anderes bestimmt ist, die Parteien etwas anderes vereinbart haben oder eine andere Verkehrssitte besteht.

Nimmt die Partei, die das Wahlrecht genießt, innerhalb der vereinbarten Frist oder nach Ablauf der Erfüllungsfrist die Wahl nicht vor und wird die Wahl trotz der Mahnung nicht innerhalb einer angemessenen Frist vorgenommen, geht das Wahlrecht auf die andere Partei über.

第五百一十六条 当事人行使选择权应当及时通知对方,通知到达对方时,标的确定。标的确定后不得变更,但是经对方同意的除外。

可选择的标的发生不能履行情形的,享有选择权的当事人不得选择不能履行的标的,但是该不能履行的情形是由对方造成的除外。

Article 516 A party exercising its right of choice shall notify the other party in time, and when the notice is received by the other party, the subject matter is determined. The subject matter so determined may not be modified, except with the consent of the other party.

If any of the alternative subject matters becomes impossible to be performed, the party having the right of choice shall not choose the subject matter that cannot be performed, unless the performance is made impossible by the other party.

§ 516 Übt die Partei das Wahlrecht aus, muss sie die andere Seite rechtzeitig unterrichten; mit Zugang der Mitteilung bei der anderen Seite ist der Vertragsgegenstand bestimmt. Nach Bestimmung des Vertragsgegenstandes darf dieser nicht geändert werden, es sei denn, dass die andere Partei der Änderung zustimmt.

Treten bei wählbaren Vertragsgegenständen Umstände der Nicht-Erfüllbarkeit ein, darf die Partei, die das Wahlrecht genießt, keinen der nicht erfüllbaren Vertragsgegenstände wählen, es sei denn, dass der Umstand der Nicht-Erfüllbarkeit von der anderen Partei verursacht wird.

第五百一十七条 债权人为二人以上,标的可分,按照份额各自享有债权的,为按份债权;债务人为二人以上,标的可分,按照份额各自负担债务的,为按份债务。

按份债权人或者按份债务人的份额难以确定的,视为份额相同。

Article 517 A claim is several when there is more than one obligee with subject matter divisible in such a manner that each obligee owns the claim to the extent of its share; and an obligation is several when there are not less than two obligors with subject matter divisible in such a manner that each obligor owes the obligation to the extent of its share.

If the shares of several obligees or several obligors are difficult to determine, the shares are treated as being equal.

§ 517 Gibt es bei einem teilbaren Vertragsgegenstand zwei oder mehr Gläubiger und genießt jeder von ihnen die Forderung nach seinem Bruchteil, liegt eine Forderung nach Bruchteilen vor; gibt es bei einem teilbaren Vertragsgegenstand zwei oder mehr Schuldner und trägt jeder von ihnen die Schuld nach seinem Bruchteil, liegt eine Schuld nach Bruchteilen vor.

Sind die Bruchsteile der Teilgläubiger oder Teilschuldner schwer zu bestimmen, gelten ihre Bruchsteile als gleich.

第五百一十八条 债权人为二人以上,部分或者全部债权人均可以请求债务人履行债务的,为连带债权;债务人为二人以上,债权人可以请求部分或者全部债务人履行全部债务的,为连带债务。

连带债权或者连带债务,由法律规定或者当事人约定。

Article 518 A claim is joint and several when there is more than one obligee and all or some of the obligees may claim performance by the obligor; and an obligation is joint and several when there is more than one obligee and the obligee may claim performance by all or some of the obligors.

A joint and several claim or obligation is provided by the law or agreed on by the parties.

§ 518 Gibt es zwei oder mehr Gläubiger und kann ein Teil von ihnen oder können alle Gläubiger vom Schuldner die Erfüllung der Schuld verlangen, liegt eine Gesamtgläubigerschaft vor; gibt es zwei oder mehr Schuldner und kann der Gläubiger von allen Schuldnern oder einem Teil davon verlangen, die gesamte Schuld zu erfüllen, liegt eine Gesamtschuldschaft vor.

Die Gesamtgläubigerschaft oder Gesamtschuldschaft wird gesetzlich bestimmt oder von den Parteien vereinbart.

第五百一十九条 连带债务人之间的份额难以确定的,视为份额相同。

实际承担债务超过自己份额的连带债务人,有权就超出部分在其他连带债务人未履行的份额范围内向其追偿,并相应地享有债权人的权利,但是不得损害债权人的利益。其他连带债务人对债权人的抗辩,可以向该债务人主张。

被追偿的连带债务人不能履行其应分担份额的,其他连带债务人应当在相应范围内按比例分担。

Article 519 Where it is difficult to determine the shares of joint and several obligors, their shares are treated as being equal.

A joint and several obligor who actually pays the obligation in excess of its share has a right of recourse against the other joint and several obligors for the excess to the extent of the shares not performed and accordingly enjoys the rights of the obligee without prejudice to the interest of the obligee. The other joint and several obligors may raise against the obligor defenses against the obligee.

Where a joint and several obligor against whom the right of recourse is exercised is unable to perform its share, the other joint and several obligors shall share the share pro rata within the corresponding scope.

§ 519 Sind die Bruchteile zwischen den Gesamtschuldnern schwer zu bestimmen, gelten ihre Bruchteile als gleich.

Ein Gesamtschuldner, bei dem die tatsächlich getragene Schuld den eigenen Bruchteil übersteigt, ist berechtigt, für den Überschreitungsanteil bei den übrigen Gesamtschuldnern im Rahmen der von ihnen nicht erfüllten Anteile Regress zu nehmen; dementsprechend genießt er die Rechte des Gläubigers, darf aber die Interessen des Gläubigers nicht schädigen. Die übrigen Gesamtschuldner können die Einwendungen, die sie gegen den Gläubiger haben, gegenüber diesem Schuldner geltend machen.

Kann ein in Regress genommene Gesamtschuldner den auf ihn verteilten Anteil nicht erfüllen, muss dieser Anteil von den anderen Gesamtschuldnern innerhalt des entsprechenden Umfangs im Verhältnis übernommen werden.

第五百二十条 部分连带债务人履行、抵销债务或者提存标的物的,其他债务人对债权人的债务在相应范围内消灭;该债务人可以依据前条规定向其他债务人追偿。

部分连带债务人的债务被债权人免除的,在该连带债务人应当承担的份额范围内,其他债务人对债权人的债务消灭。

部分连带债务人的债务与债权人的债权同归于一人的,在扣除该债务人应当承担的份额后,债权人对其他债务人的债权继续存在。

债权人对部分连带债务人的给付受领迟延的,对其他连带债务人发生效力。

Article 520 Where a joint and several obligor performs or sets off the obligation, or tenders and deposits the subject matter, the obligation owed by the other obligors to the obligee is extinguished to the corresponding extent; and the obligor may exercise the right of recourse against the other obligors pursuant to the preceding Article.

If the obligation owed by a joint and several obligor is released by the obligee, the obligation owed by the other obligors to the obligee are extinguished to the extent of the share that the joint and several obligor shall assume.

If a joint and several obligor's obligation and the obligee's claim are vested in the same person, the obligee's claim against the other obligors subsists, less the share that should be assumed by the obligor.

If an obligee delays in receiving payment from a joint and several obligor, the effect attaches to the other joint and several obligors.

§ 520 Hat ein Teil der Gesamtschuldner die Schuld erfüllt, [seine Forderung gegen die Forderung des Gläubigers] aufgerechnet oder den Vertragsgegenstand hinterlegt, erlischt die Schuld die übrigen Schuldner gegenüber dem Gläubiger im Rahmen des entsprechenden Bruchteils. Der leistende Schuldner kann gemäß dem vorigen Paragraphen die übrigen Schuldner in Regress nehmen.

Wird die Schuld eines Teils der Gesamtschuldner vom Gläubiger erlassen, erlischt im Rahmen des Bruchteils, den dieser Teil der Gesamtschuldner zu tragen hat, die Schuld der übrigen Gesamtschuldner gegenüber dem Gläubiger.

Fällt die Schuld von einem Teil der Gesamtschuldner mit der Forderung des Gläubigers in einer Person zusammen, bleibt die Forderung des Gläubigers nach Abzug des Bruchteils, der betroffene Teil der Gesamtschuldner zu tragen hat, gegen die übrigen Gesamtschuldner weiter bestehen.

Ist der Gläubiger mit der Annahme der Leistung von einem

Teil der Gesamtschuldner im Verzug, entfaltet dies auch für die übrigen Gesamtschuldner Wirkung.

第五百二十一条 连带债权人之间的份额难以确定的,视为份额相同。

实际受领债权的连带债权人,应当按比例向其他连带债权人返还。

连带债权参照适用本章连带债务的有关规定。

Article 521 Where it is difficult to determine the shares between joint and several obligees, the shares are treated as being equal.

A joint and several obligee who actually received the claim shall make restitution to the other joint and several obligees in proportion.

The provisions on joint and several obligation in this Chapter apply mutatis mutandis to joint and several claim.

§ 521 Sind die Bruchteile der Gesamtgläubigen zueinander schwer zu bestimmen, gelten die Bruchteile als gleich.

Gesamtgläubiger, die eine die Forderung erfüllende Leistung tatsächlich eingezogen haben, müssen diese im Verhältnis an die anderen Gesamtgläubiger herausgeben.

Auf die Gesamtgläuberschaft werden die einschlägigen Bestimmungen dieses Kapitels zu der Gesamtschuldnerschaft entsprechend angewandt.

第五百二十二条　当事人约定由债务人向第三人履行债务，债务人未向第三人履行债务或者履行债务不符合约定的，应当向债权人承担违约责任。

法律规定或者当事人约定第三人可以直接请求债务人向其履行债务，第三人未在合理期限内明确拒绝，债务人未向第三人履行债务或者履行债务不符合约定的，第三人可以请求债务人承担违约责任；债务人对债权人的抗辩，可以向第三人主张。

Article 522　Where the parties agree that the obligor shall perform the obligation to a third party, and the obligor fails to perform the obligation to the third party or the performance of the obligation does not conform to the agreement, the obligor shall assume liability to the obligee for breach of contract.

When the law requires or the parties agree that a third party may directly request performance by the obligor, if the third party fails to expressly refuse within a reasonable period limit, and the obligor fails to perform the obligation to the third party, or the performance of the obligation does not conform to the agreement, the third party may claim liability of the obligor for breach of contract; and the obligor may raise against the third party defenses against the obligee.

§ 522　Vereinbaren die Parteien, dass der Schuldner die Schuld gegenüber einem Dritten erfüllt, und hat der Schuldner die Schuld gegenüber dem Dritten nicht oder nicht entsprechend der Vereinbarung erfüllt, haftet er gegenüber dem Gläubiger für die Vertragsverletzung.

Wenn Gesetze bestimmen oder die Parteien vereinbaren, dass ein Dritter direkt vom Schuldner verlangen kann, ihm gegenüber die Schuld zu erfüllen, der Dritte dies nicht innerhalbe einer angemessenen Frist ausdrücklich ablehnt und der Schuldner dem Dritte gegenüber die Schuld nicht oder nicht entsprechend der Vereinbarung erfüllt, kann der Dritte vom Schuldner verlangen, für die Vertragsverletzung zu haften; der Schuldner kann die Einwendungen, die er gegen den Gläubiger hat, bei dem Dritten geltend machen.

第五百二十三条 当事人约定由第三人向债权人履行债务,第三人不履行债务或者履行债务不符合约定的,债务人应当向债权人承担违约责任。

Article 523 Where the parties agree that a third party shall perform the obligation to the obligee, and the third party fails to perform the obligation, or the performance does not conform to the agreement, the obligor shall assume liability to the obligee for breach of contract.

§ 523 Wenn die Parteien vereinbaren, dass die Schuld von einem Dritten gegenüber dem Gläubiger erfüllt wird, und der Dritte die Schuld nicht oder nicht entsprechend der Vereinbarung erfüllt, haftet der Schuldner gegenüber dem Gläubiger für die Vertragsverletzung.

第五百二十四条 债务人不履行债务,第三人对履行该债务具有合法利益的,第三人有权向债权人代为履行;但是,根据债务性质、按照当事人约定或者依照法律规定只能由债务人履行的除外。

债权人接受第三人履行后,其对债务人的债权转让给第三人,但是债务人和第三人另有约定的除外。

Article 524 Where an obligor fails to perform the obligation, and a third party has a lawful interest in performing the obligation, the third party has the right to perform the obligation to the obligee on the behalf of the obligor, unless the nature of the debt, the parties' agreement, or the law requires that only the obligor may perform.

After the obligee accepts the performance by the third party, the obligee's claim against the obligor is assigned to the third party, unless otherwise agreed by the obligor and the third party.

§ 524 Erfüllt der Schuldner die Schuld nicht und hat ein Dritter ein legales Interesse an der Erfüllung dieser Schuld, ist der Dritte berechtigt, gegenüber dem Gläubiger ersatzweise zu erfüllen; dies gilt aber nicht, wenn die Schuld nach ihrer Natur, nach der Parteivereinbarung oder nach den gesetzlichen Bestimmungen nur vom Schuldner zu erfüllen ist.

Hat der Gläubiger die Erfüllung durch den Dritten angenommen, geht sein Forderungsanspruch gegenüber dem Schuldner auf den Dritten über, es sei denn, dass der Schuldner und der Dritte etwas anderes vereinbart haben.

第五百二十五条 当事人互负债务,没有先后履行顺序的,应当同时履行。一方在对方履行之前有权拒绝其履行请求。一方在对方履行债务不符合约定时,有权拒绝其相应的履行请求。

Article 525 Where both parties have obligations toward each other and there is no order of performance, the parties shall perform the obligations simultaneously. One party has the right to reject the other party's request for performance prior to the other party's performance. If one party's performance does not conform to the agreement, the other party has the right to reject the party's request for corresponding performance.

§ 525 Haben die Parteien gegenseitig Verbindlichkeiten, für deren Erfüllung es keine Reihenfolge gibt, müssen sie gleichzeitig erfüllen. Eine Seite hat vor der Erfüllung durch die andere Seite das Recht, deren Verlangen nach Erfüllung abzulehnen. Entspricht die Erfüllung einer Seite den Vereinbarungen nicht, hat die andere Seite das Recht, das Verlangen dieser Seite nach der entsprechenden Erfüllung abzulehnen.

第五百二十六条 当事人互负债务,有先后履行顺序,应当先履行债务一方未履行的,后履行一方有权拒绝其履行请求。先履行一方履行债务不符合约定的,后履行一方有权拒绝其相应的履行请求。

Article 526 Where both parties have obligations toward each other and there is an order of performance, and the party required to perform the obligation first fails to do so, the party who is to perform later has the right to reject the other party's request for performance. If the performance of the obligations of the party who is to perform first does not conform to the agreement, the party who is to perform later has the right to reject the other party's request for corresponding performance.

§ 526　　Haben die Parteien gegenseitig Verbindlichkeiten, für deren Erfüllung eine Reihenfolge besteht, und hat die Seite, die zuerst erfüllen muss, nicht erfüllt, hat die Seite, die danach erfüllen muss, das Recht, das Verlangen der zuerst erfüllungspflichtigen Seite nach Erfüllung abzulehnen. Entspricht die Erfüllung der Verbindlichkeit die Seite, die zuerst erfüllen muss, den Vereinbarungen nicht, hat die Seite, die danach erfüllen muss, das Recht, das Verlangen dieser Seite nach einer entsprechenden Erfüllung abzulehnen.

第五百二十七条　应当先履行债务的当事人,有确切证据证明对方有下列情形之一的,可以中止履行:

（一）经营状况严重恶化;

（二）转移财产、抽逃资金,以逃避债务;

（三）丧失商业信誉;

（四）有丧失或者可能丧失履行债务能力的其他情形。

当事人没有确切证据中止履行的,应当承担违约责任。

Article 527　The party required to perform the obligation first may suspend its performance if it has conclusive evidence that the other party:

(1) suffers from serious deterioration of business operation;

(2) transfers assets or withdraws funds for the purpose of evading obligation;

(3) loses its business creditworthiness; or

(4) any other circumstances which will or may cause it to lose its ability to perform the obligation.

Where a party suspends performance without conclusive evidence, it shall assume liability for breach of contract.

§ 527　Hat die Partei, die zuerst eine Schuld erfüllen muss, eindeutige Beweise dafür, dass bei der anderen Seite einer der folgenden Umstände vorliegt, kann sie die Erfüllung aussetzen:

1. Die Geschäftsverhältnisse haben sich erheblich verschlechtert;

2. um sich Verbindlichkeiten zu entziehen, werden Vermögensgüter verschoben, Geldmittel massiv abgezogen;

3. der Handelskredit ist verlorengegangen;

4. es liegen andere Umstände vor, unter denen die Fähigkeit zur Erfüllung der Verbindlichkeit verloren geht oder verloren gehen kann.

Hat die Partei die Erfüllung ohne eindeutige Beweise ausgesetzt, haftet sie für die Vertragsverletzung.

第五百二十八条　当事人依据前条规定中止履行的,应当及时通知对方。对方提供适当担保的,应当恢复履行。中止履行后,对方在合理期限内未恢复履行能力且未提供适当担保的,视为以自己的行为表明不履行主要债务,中止履行的一方可以解除合同并可以请求对方承担违约责任。

Article 528 Where a party suspends its performance pursuant to the preceding Article, it shall notify the other party in time. If the other party provides appropriate assurance for its performance, the party shall resume performance. After performance is suspended, if the other party fails to regain its ability to perform and fails to provide appropriate assurance within a reasonable period, the other party is treated as repudiating its principal obligations by act, and the party suspending performance may rescind the contract and claim liability of the other party for breach of contract.

§ 528 Setzt eine Partei gemäß dem vorigen Paragraphen die Erfüllung aus, muss sie dies der anderen Seite rechtzeitig mitteilen. Stellt die andere Seite entsprechende Sicherheiten, muss die Erfüllung wiederaufgenommen werden. Erlangt nach dem Aussetzen die andere Seite nicht innerhalb einer angemessenen Frist ihre Erfüllungsfähigkeit wieder und stellt auch keine angemessenen Sicherheiten, gilt dies als eine durch das eigene Handeln bewiesene Nichterfüllung der Hauptschulden, und die Seite, die die Erfüllung unterbrochen hat, kann den Vertrag kündigen und von der anderen Seite verlangen, für die Vertragsverletzung zu haften.

第五百二十九条 债权人分立、合并或者变更住所没有通知债务人,致使履行债务发生困难的,债务人可以中止履行或者将标的物提存。

Article 529 Where the obligee fails to notify the obligor of its split, combination, or change of domicile, rendering the performance of the obligation difficult, the obligor may suspend its performance or tender and deposit the subject matter.

§ 529 Wenn ein Gläubiger sich spaltet, fusioniert oder seinen Sitz ändert und dies dem Schuldner nicht mitteilt, so dass die Erfüllung der Schuld erschwert wird, kann der Schuldner die Erfüllung aussetzen oder den Gegenstand der Schuld hinterlegen.

第五百三十条 债权人可以拒绝债务人提前履行债务,但是提前履行不损害债权人利益的除外。

债务人提前履行债务给债权人增加的费用,由债务人负担。

Article 530 The obligee may reject the obligor's earlier performance of its obligation, except that the earlier performance does not harm the obligee's interests.

Any additional expense incurred by the obligee due to the obligor's earlier performance of its obligation shall be borne by the obligor.

§ 530 Der Gläubiger kann eine vorzeitige Erfüllung der Schuld durch den Schuldner ablehnen, es sei denn, dass die vorzeitige Erfüllung die Interessen des Gläubigers nicht schädigt.

Zusätzliche Kosten, welche dem Gläubiger die vorzeitige Erfüllung der Schuld durch den Schuldner verursacht, trägt der Schuldner.

第五百三十一条 债权人可以拒绝债务人部分履行债务,但是部分履行不损害债权人利益的除外。

债务人部分履行债务给债权人增加的费用,由债务人负担。

Article 531 The obligee may reject the obligor's partial performance of its obligation, except that the partial performance of its obligation does not harm the obligee's interests.

Any additional expense incurred by the obligee due to the obligor's partial performance of its obligation shall be borne by the obligor.

§ 531 Eine teilweise Erfüllung der Schuld durch den Schuldner kann der Gläubiger ablehnen, es sei denn, dass die teilweise Erfüllung die Interessen des Gläubigers nicht schädigt.

Zusätzliche Kosten, welche dem Gläubiger die teilweise Erfüllung der Schuld durch den Schuldner verursacht, trägt der Schuldner.

第五百三十二条 合同生效后,当事人不得因姓名、名称的变更或者法定代表人、负责人、承办人的变动而不履行合同义务。

Article 532 Once a contract becomes effective, a party may not refuse to perform its obligation thereunder due to a change to its name, legal representative, person in charge, or person handling the contract.

§ 532 Ist der Vertrag wirksam geworden, dürfen Parteien

nicht wegen einer Änderung des Namens oder der Bezeichnung oder wegen einer Veränderung des gesetzlichen Repräsentanten, des Verantwortlichen oder der Sachbearbeiter die Vertragspflichten nicht erfüllen.

第五百三十三条 合同成立后,合同的基础条件发生了当事人在订立合同时无法预见的、不属于商业风险的重大变化,继续履行合同对于当事人一方明显不公平的,受不利影响的当事人可以与对方重新协商;在合理期限内协商不成的,当事人可以请求人民法院或者仲裁机构变更或者解除合同。

人民法院或者仲裁机构应当结合案件的实际情况,根据公平原则变更或者解除合同。

Article 533 Where, after the formation of the contract, the basic conditions of the contract undergo a material change that is unforeseeable by the parties at the time of contracting and that is not a commercial risk, rendering the continuation of the contract's performance unconscionable for one party, the adversely affected party may renegotiate with the other party; and if the renegotiation fails within a reasonable period limit, the party may request the people's court or an arbitration institution to modify or rescind the contract.

The people's court or arbitration institution shall modify or rescind the contract in light of the actual circumstances of the case and under the principle of fairness.

§ 533 Wenn nach der Vertragserrichtung schwerwiegende Änderungen bei den grundlegenden Bedingungen des Vertrags eintreten, die von den Parteien zum Zeitpunkt des Vertragsabschlusses nicht vorausgesehen werden konnten und nicht zu den Geschäftsrisiken gehören, und die Weitererfüllung des Vertrags für eine Partei offensichtlich ungerecht ist, kann die nachteilig beeinflusste Partei mit der anderen Partei neu aushandeln; hat das Aushandeln innerhalb einer angemessenen Frist keinen Erfolgt erzielt, können die Parteien beim Volksgericht oder beim Schiedsorgan Änderung oder aufhebung des Vertrags verlangen.

Das Volksgericht oder das Schiedsorgan muss unter Berücksichtigung der tatsächlichen Umstände des Falles und nach dem Gerechtigkeitsgrundsatz den Vertrag ändern oder aufheben.

第五百三十四条 对当事人利用合同实施危害国家利益、社会公共利益行为的,市场监督管理和其他有关行政主管部门依照法律、行政法规的规定负责监督处理。

Article 534 Where a party uses a contract to compromise the national interest or public interest, the market regulation and other relevant administrative departments shall be responsible for supervision and disposition pursuant to the laws and administrative regulations.

§ 534 Führen die Parteien unter Nutzung von Verträgen Handlungen aus, welche Interessen des Staates oder gesellschaftliche öffentliche Interessen gefährden, sind die Behörden für Marktaufsicht und andere betreffende Verwaltungsbehörden zuständig, diese Handlungen nach den Bestimmungen von Gesetzen und Verwaltungsrechtsnormen zu überwachen und zu regeln.

第五章 合同的保全
Chapter V　Preservation of Contracts
5. Kapitel: Sicherung des Vertrags

第五百三十五条 因债务人怠于行使其债权或者与该债权有关的从权利,影响债权人的到期债权实现的,债权人可以向人民法院请求以自己的名义代位行使债务人对相对人的权利,但是该权利专属于债务人自身的除外。

代位权的行使范围以债权人的到期债权为限。债权人行使代位权的必要费用,由债务人负担。

相对人对债务人的抗辩,可以向债权人主张。

Article 535　Where the realization of the obligee's due claim is affected by the obligor's reluctance to exercise his claim or any right accessory thereto, the obligee may request the people's court that the obligee in its own name exercises, by subrogation, the obligor's right against the counterparty, except that such right is exclusively personal to the obligor.

The right of subrogation is exercised to the extent of the obligee's due claim. The expenses necessary for the obligee to exercise the right of subrogation are borne by the obligor.

The counterparty may raise against the obligee defenses against the obligor.

§ 535　Wird die Realisierung fälliger Forderungen des Gläubigers dadurch beeinträchtigt, dass der Schuldner die Geltendmachung der eigenen Forderung oder die zu dieser Forderung gehörenden Nebenrechte vernachlässigt, kann der Gläubiger beim Volksgericht verlangen, die Rechte, die der Schuldner gegenüber dem Gegenüber hat, anstelle des Schuldners im eigenen Namen geltend zu machen, es sei denn, dass diese Rechte ausschließlich dem Schuldner persönlich zustehen.

Der Ausübungsumfang des Subrogationsrechts ist auf den Umfang der fälligen Forderung des Gläubigers beschränkt. Für die Ausübung des Subrogationsrechts durch den Gläubiger erforderliche Kosten trägt der Schuldner.

Einwendungen des Gegenübers gegen den Schuldner können gegenüber dem Gläubiger geltend gemacht werden.

第五百三十六条 债权人的债权到期前,债务人的债权或者与该债权有关的从权利存在诉讼时效期间即将届满或者未及时申报破产债权等情形,影响债权人的债权实现的,债权人可以代位向债务人的相对人请求其向债务人履行、向破产管理人申报或者作出其他必要的行为。

Article 536 Where, before the obligee's claim becomes due, the obligor's claim or any accessory right related thereto falls under any circumstances such as imminent expiry of the prescribed period for litigation or failure to declare claims in bankruptcy proceedings in time, thus affecting the realization of the obligee's claim, the obligee may, by subrogation, be subrogated to request performance by the obligor's counterparty to the obligor, declaration to the bankruptcy administrator, or performance of any other necessary act.

§ 536　Wird die Realisierung fälliger Forderungen des Gläubigers vor ihrer Fälligkeit dadurch beeinträchtigt, dass bei Forderungen des Schuldners oder bei zu diesen Forderungen gehörenden Nebenrechte Umstände vorliegen wie etwa, dass die Klageverjährungsfrist bald abläuft oder dass die Insolvenzforderungen nicht rechtzeitig angemeldet wurden, kann der Gläubiger anstelle des Schuldners von dessen Gegenüber verlangen, beim Schuldner die Forderungen zu erfüllen, beim Insolvenzverwalter die Insolvenzforderungen anmelden oder andere erforderliche Handlungen vornehmen.

第五百三十七条　人民法院认定代位权成立的,由债务人的相对人向债权人履行义务,债权人接受履行后,债权人与债务人、债务人与相对人之间相应的权利义务终止。债务人对相对人的债权或者与该债权有关的从权利被采取保全、执行措施,或者债务人破产的,依照相关法律的规定处理。

Article 537　Where the people's court determines that there is a right of subrogation, the obligor's counterparty shall perform the obligation to the obligee, and after the obligee has accepted the performance, the corresponding rights and obligations between the obligee and the obligor and between the obligor and the counterparty should terminate. If the obligor's claim against the counterparty or any accessory right related thereto is subject to preservation or enforcement measure, or the obligor is bankrupt, the provisions of relevant laws are applicable.

§ 537　Stellt das Volksgericht fest, dass das Subrogations-

recht begründet ist, erfüllt das Gegenüber des Schuldners gegenüber dem Gläubiger die Pflicht; nachdem der Gläubiger die Erfüllung angenommen hat, sind die entsprechenden Rechte und Pflichten zwischen dem Gläubiger und dem Schuldner sowie zwischen dem Schuldner und dem Gegenüber beendet. Werden Sicherungs oder Vollstreckungsmaßnahmen in Bezug auf die Forderungen oder die zu den Forderungen gehörenden Nebenrechte durchgeführt oder ist der Schuldner insolvent, ist nach den betreffenden gesetzlichen Bestimmungen zu verfahren.

第五百三十八条 债务人以放弃其债权、放弃债权担保、无偿转让财产等方式无偿处分财产权益,或者恶意延长其到期债权的履行期限,影响债权人的债权实现的,债权人可以请求人民法院撤销债务人的行为。

Article 538 Where an obligor gratuitously disposes of its property interests by such means as waiving its claim, waiving the security for the claim, or gratuitously transferring property, or maliciously extends the time limit for performance of its due claim, thus affecting the realization of the obligee's claim, the obligee may request the people's court to revoke the obligor's act.

§ 538 Wird die Forderungsrealisierung des Gläubigers dadurch beeinträchtigt, dass der Schuldner durch Verzicht auf eigene fällige Forderungen oder auf Sicherheiten für Forderungen oder durch unentgeltliche Übertragung der Vermögensgüter oder auf andere Weisen unentgeltlich über Vermögensrechte verfügt oder böswillig die Erfüllungsfrist für eigene fällige Forderungen verlängert, kann der Gläubiger beim Volksgericht die Aufhebung der Handlungen des Schuldners verlangen.

第五百三十九条 债务人以明显不合理的低价转让财产、以明显不合理的高价受让他人财产或者为他人的债务提供担保,影响债权人的债权实现,债务人的相对人知道或者应当知道该情形的,债权人可以请求人民法院撤销债务人的行为。

Article 539 Where an obligor transfers its property at a low price which is manifestly unreasonable, acquires by transfer the property of another person at a high price which is manifestly unreasonable, or provides security for another person's obligation, thus affecting the realization of the obligee's claim, and the obligor's counterparty knows or should have known the circumstances, the obligee may request the people's court to revoke the obligor's act.

§ 539 Wird die Forderungsrealisierung des Gläubigers dadurch beeinträchtigt, dass der Schuldner zu einem offensichtlich unvernünftig niedrigen Preis Vermögensgüter überträgt, zu einem offensichtlich unvernünftig hohen Preis Vermögensgüter eines anderen übernimmt oder eine Sicherheit für die Schuld eines anderen stellt und das Gegenüber des Schuldners von diesen Umständen weiß oder wissen muss, kann der Gläubiger beim Volksgericht die Aufhebung der Handlungen des Schuldners verlangen.

第五百四十条 撤销权的行使范围以债权人的债权为限。债权人行使撤销权的必要费用,由债务人负担。

Article 540 The right of revocation should be exercised to the extent of the obligee's claim. The expenses necessary for the obligee to exercise the right of revocation should be borne by the obligor.

§ 540 Der Ausübungsumfang des Rechts auf Aufhebung ist auf den Umfang der Forderung des Gläubigers beschränkt. Für die Ausübung des Rechts auf Aufhebung durch den Gläubiger erforderliche Kosten trägt der Schuldner.

第五百四十一条 撤销权自债权人知道或者应当知道撤销事由之日起一年内行使。自债务人的行为发生之日起五年内没有行使撤销权的,该撤销权消灭。

Article 541 The right of revocation should be exercised within one year from the date the obligee knows or should have known the cause for revocation. If the right of revocation is not exercised within five years from the date of the obligor's act, the right of revocation will extinguish.

§ 541 Das Recht auf Aufhebung muss innerhalb eines Jahres ab dem Tag, an dem der Gläubiger den Aufhebungsgrund kennen oder kennen muss. Wird das Recht auf Aufhebung nicht innerhalb von fünf Jahren ab dem Tag des Eintritts der Handlung des Schuldners ausgeübt, erlischt es.

第五百四十二条 债务人影响债权人的债权实现的行为被撤销的,自始没有法律约束力。

Article 542 The obligor's act that affects the realization of the obligee's claim, once revoked, is not legally binding ab initio.

§ 542 Ist die Handlung des Schuldners, welche die Forderungsrealisierung des Gläubigers beeinträchtigt, hat sie von Anfang an keine rechtliche Bindungswirkung.

第六章 合同的变更和转让
Chapter VI Modification and Assignment of Contracts
6. Kapitel: Änderung und Übertragung von Verträgen

第五百四十三条 当事人协商一致,可以变更合同。

Article 543 A contract may be modified if the parties reach a consensus through consultation.

§ 543 Einigen sich die Parteien in Verhandlungen, können sie den Vertrag ändern.

第五百四十四条 当事人对合同变更的内容约定不明确的,推定为未变更。

Article 544 Where an agreement by the parties is ambiguous regarding the contents of modification, the contract is presumed as not being modified.

§ 544 Haben die Parteien den Inhalt einer Vertragsänderung nicht klar vereinbart, wird die Nichtänderung vermutet.

第五百四十五条 债权人可以将债权的全部或者部分转让给第三人,但是有下列情形之一的除外:

(一)根据债权性质不得转让;

(二)按照当事人约定不得转让;

(三)依照法律规定不得转让。

当事人约定非金钱债权不得转让的,不得对抗善意第三人。当事人约定金钱债权不得转让的,不得对抗第三人。

Article 545 An obligee may assign all or part of its claim to a third party, unless the claim may not be assigned:

(1) due to the nature of the claim;

(2) as agreed by the parties; or

(3) pursuant to the laws.

The parties' agreement that a non-monetary claim cannot be assigned is not effective against a bona fide third party; and the parties' agreement that a monetary claim cannot be assigned is not effective against a third party.

§ 545 Der Gläubiger kann Forderungen ganz oder teilweise einem Dritten übertragen, es sei denn, dass einer der folgenden Umstände vorliegt:

1. Die Forderungen dürfen nach ihrer Natur nicht übertragen werden;

2. sie dürfen nach den Vereinbarungen der Parteien nicht übertragen werden;

3. sie dürfen nach den gesetzlichen Bestimmungen nicht übertragen werden.

Vereinbaren die Parteien, dass eine nicht monetäre Forderung nicht übertragen werden darf, darf diese Vereinbarung einem gutgläubigen Dritten nicht entgegengehalten werden. Vereinbaren die Parteien, dass eine monetäre Forderung nicht übertragen werden darf, darf diese Vereinbarung einem Dritten nicht entgegengehalten werden.

第五百四十六条 债权人转让债权,未通知债务人的,该转让对债务人不发生效力。

债权转让的通知不得撤销,但是经受让人同意的除外。

Article 546 An obligee's assignment of its claim without notifying the obligor is not effective on the obligor.

The notice for assignment of claim cannot be revoked, unless agreed by the assignee.

§ 546 Überträgt der Gläubiger Forderungen, ohne dies dem Schuldner mitzuteilen, bleibt die Übertragung gegenüber dem Schuldner wirkungslos.

Die Mitteilung der Forderungsübertragung durch den Gläubiger darf nicht widerrufen werden, es sei denn, dass der Übertragungsempfänger hiermit einverstanden ist.

第五百四十七条 债权人转让债权的,受让人取得与债权有关的从权利,但是该从权利专属于债权人自身的除外。

受让人取得从权利不因该从权利未办理转移登记手续或者未转移占有而受到影响。

Article 547 Where an obligee assigns its claim, the assignee acquires the accessory right related to the claim, unless the accessory right is exclusively personal to the obligee.

The assignee's acquisition of the accessory right is not affected by the failure to go through formalities for registration or by the failure to transfer the possession of the accessory right.

§ 547 Überträgt der Gläubiger Forderungen, erlangt der Übertragungsempfänger auch die auf die Forderungen bezüglichen Nebenrechte, es sei denn, dass diese Nebenrechte ausschließlich dem Gläubiger persönlich zustehen.

Der Erwerb der Nebenrechte durch den Übertragungsempfänger wird nicht dadurch berührt, dass die Übertragung der Nebenrechte nicht eingetragen oder die Übertragung des Besitzes nicht überträgt.

第五百四十八条 债务人接到债权转让通知后,债务人对让与人的抗辩,可以向受让人主张。

Article 548 Upon receipt of the notice of assignment of the claim, an obligor may raise against the assignee any defenses against the assignor.

§ 548 Nachdem der Schuldner die Mitteilung von der Forderungsübertragung erhalten hat, kann er gegenüber dem Übertragungsempfänger die Einwendungen, die er gegen den Übertragenden hat, geltend machen.

第五百四十九条 有下列情形之一的,债务人可以向受让人主张抵销:

(一)债务人接到债权转让通知时,债务人对让与人享有债权,且债务人的债权先于转让的债权到期或者同时到期;

(二)债务人的债权与转让的债权是基于同一合同产生。

Article 549　An obligor may claim set-off against the assignee if:

(1) upon receipt of the notice of assignment of the claim, the obligor has a claim against the assignor, and the obligor's claim becomes due prior to or at the same time as the claim assigned; or

(2) the obligor's claim and the claim assigned arise from the same contract.

§ 549　Der Schuldner kann gegenüber dem Übertragungsempfänger eine Aufrechnung geltend machen, sofern einer der folgenden Umstände vorliegt:

1. der Schuldner hat zu der Zeit, zu der er die Mitteilung von der Übertragung einer Forderung erhalten hat, gegenüber dem Übertragenden eine Forderung und diese Forderung des Schuldners wird vor oder gleichzeitig mit der übertragenen Forderung fällig;

2. die Forderung des Schuldners und die übertragene Forderung sind aus demselben Vertrag entstanden.

第五百五十条　因债权转让增加的履行费用,由让与人负担。

Article 550　Any additional expenses of performance caused by the assignment of the claim should be borne by the assignor.

§ 550　Wegen der Forderungsübertragung steigende Erfüllungskosten trägt der Übertragende.

第五百五十一条 债务人将债务的全部或者部分转移给第三人的,应当经债权人同意。

债务人或者第三人可以催告债权人在合理期限内予以同意,债权人未作表示的,视为不同意。

Article 551 The obligor's assignment of all or part of its obligation to a third party should be subject to the obligee's consent.

The obligor or the third party may request the obligee to consent within a reasonable period limit, and obligee's failure to consent should be treated as not giving its consent.

§ 551 Überträgt der Schuldner seine Schulden ganz oder teilweise einem Dritten, muss er dazu das Einverständnis des Gläubigers einholen.

Der Schuldner oder der Dritte kann den Gläubiger mahnen, innerhalb einer angemessenen Frist zuzustimmen; äußert sich der Gläubiger nicht, gilt das als Nichtzustimmung.

第五百五十二条 第三人与债务人约定加入债务并通知债权人,或者第三人向债权人表示愿意加入债务,债权人未在合理期限内明确拒绝的,债权人可以请求第三人在其愿意承担的债务范围内和债务人承担连带债务。

Article 552 Where a third party agrees with the obligor to join in the obligation and notifies the obligee, or the third party notifies the obligee of its willingness to join in the obligation, and the obligee fails to explicitly refuse within a reasonable period limit, the obligee may require the third party, to the extent of the obligation that it is willing to assume, and the obligor to assume the

obligation jointly and severally.

§ 552 Vereinbart der Dritter mit dem Schuldner einen Schuldbeitritt und teilt dies dem Gläubiger mit oder der Dritter dem Gläubiger erklärt, dass er der Schuld beitreten will, und lehnt der Gläubiger dies nicht innerhalb einer angemessenen Frist ausdrücklich ab, kann der Gläubiger verlangen, dass der Dritter im Rahmen der von ihm bereitwillig zu tragenden Schuld mit dem Schuldner Gesamtschuld trägt.

第五百五十三条 债务人转移债务的,新债务人可以主张原债务人对债权人的抗辩;原债务人对债权人享有债权的,新债务人不得向债权人主张抵销。

Article 553 Where an obligor delegates its obligation, the new obligor may raise defenses that the original obligor had against the obligee; and if the original obligor has a claim against the obligee, the new obligor may not claim set-off against the obligee.

§ 553 Hat der Schuldner seine Schulden übertragen, kann der neue Schuldner die Einwendungen, die der ursprüngliche Schuldner gegeb den Gläubiger hatte, geltend machen; hat der ursprüngliche Schuldner gegen den Gläubiger Forderungen, darf der neue Schuldner nicht gegenüber dem Gläubiger eine Aufrechnung geltend machen.

第五百五十四条 债务人转移债务的,新债务人应当承担与主债务有关的从债务,但是该从债务专属于原债务人自身的除外。

Article 554 Where an obligor delegates its obligation, the new obligor shall assume any accessory obligation related to the principal obligation, unless the accessory obligation is exclusively personal to the original obligor.

§ 554 Hat der Schuldner seine Schulden übertragen, muss der neue Schuldner die auf die Hauptschuld bezüglichen Nebenschulden übernehmen, es sei denn, dass diese Nebenschulden ausschließlich dem ursprünglichen Schuldner persönlich zustehen.

第五百五十五条 当事人一方经对方同意,可以将自己在合同中的权利和义务一并转让给第三人。

Article 555 With the consent of the other party, one party may transfer its rights and obligations under the contract to a third party.

§ 555 Eine Partei kann mit dem Einverständnis der anderen Seite ihre vertraglichen Rechte und Pflichten insgesamt einem Dritten übertragen.

第五百五十六条 合同的权利和义务一并转让的,适用债权转让、债务转移的有关规定。

Article 556 Where the rights and obligations under a contract are transferred altogether, the provisions on the assignment of claims and delegation of obligations are applicable.

§ 556 Werden die vertraglichen Rechte und Pflichten insgesamt einem Dritten übertragen, werden die betreffenden Bestimmungen zur Forderungsabtretung und Schuldübertragung angewandt.

第七章 合同的权利义务终止
Chapter VII Termination of Rights and Obligations under a Contract
7. Kapitel: Beendung der Rechte und Pflichten aus Verträgen

第五百五十七条 有下列情形之一的,债权债务终止:

(一)债务已经履行;

(二)债务相互抵销;

(三)债务人依法将标的物提存;

(四)债权人免除债务;

(五)债权债务同归于一人;

(六)法律规定或者当事人约定终止的其他情形。

合同解除的,该合同的权利义务关系终止。

Article 557 Claims and obligations are terminated if:

(1) the obligation has been performed;

(2) the obligations are set off against each other;

(3) the obligor tenders and deposits the subject matter pursuant to the law;

(4) the obligee remits the obligation;

(5) the claim and obligation are vested in the same person; or

(6) any other circumstances for termination as stipulated by

laws or agreed on by the parties.

When a contract is rescinded, the rights and obligations under the contract are terminated.

§ 557 Forderungen und Verbindlichkeiten sind beendet, sofern einer der folgenden Umstände vorliegt:
1. Die Verbindlichkeiten sind bereits erfüllt;
2. die Verbindlichkeiten sind gegenseitig aufgerechnet worden;
3. der Schuldner hat den Vertragsgegenstand nach dem Recht hinterlegt;
4. der Gläubiger erlässt die Verbindlichkeit;
5. Forderung und Verbindlichkeit fallen in einer Person zusammen;
6. andere von Gesetzen bestimmte und von den Parteien vereinbarte Umstände der Beendigungen.

Wird der Vertrag aufgelöst, sind dessen Rechte und Pflichten aus diesem Vertrag beendet.

第五百五十八条 债权债务终止后,当事人应当遵循诚信等原则,根据交易习惯履行通知、协助、保密、旧物回收等义务。

Article 558 After the termination of the claim and obligation, the parties shall observe the principles such as good faith and perform the obligations of notification, assistance, confidentiality, and recycling of used goods pursuant to the relevant usage of trade.

§ 558 Nach der Beendung der Forderungen und Verbindlichkeiten müssen die Parteien unter Wahrung des Grundsatzes von Treu und Glauben und anderer Grundsätze und nach der Verkehrssitte ihre Pflichten erfüllen, wie diejenigen zur Mitteilung, gegenseitiger Unterstützung, Geheimhaltung und Rücknahme des verbrauchten Gegenstandes.

第五百五十九条 债权债务终止时,债权的从权利同时消灭,但是法律另有规定或者当事人另有约定的除外。

Article 559 Upon the termination of the claim and obligation, any right accessory to the claim is extinguished simultaneously, except as otherwise provided by the law or agreed on by the parties.

§ 559 Mit der Beendigung von Forderungen und Verbindlichkeiten löschen die Nebenrechte der Forderungen, es sei denn, dass gesetzlich etwas anderes bestimmt ist oder die Parteien etwas anderes vereinbart haben.

第五百六十条 债务人对同一债权人负担的数项债务种类相同,债务人的给付不足以清偿全部债务的,除当事人另有约定外,由债务人在清偿时指定其履行的债务。

债务人未作指定的,应当优先履行已经到期的债务;数项债务均到期的,优先履行对债权人缺乏担保或者担保最少的债务;均无担保或者担保相等的,优先履行债务人负担较重的债务;负担相同的,按照债务到期的先后顺序履行;到期时间相同的,按照债务比例履行。

Article 560 Where an obligor owes several obligations of the same type to the same obligee, and the payment by the obligor is insufficient to cover all the obligations, the obligor may indicate the obligation to be performed, unless otherwise agreed by the parties.

Priority in performance should be given to the obligation which is due, if no indication is made; to the obligation with no security or with the least security to the obligee, if several obligations fall due; to the obligation more burdensome to the obligor, if all the obligations are without security or with equal security. The obligations should be performed in the order of priority when they become due, if the burdens are the same; or in proportion to the obligations, if they become due at the same time.

§ 560 Hat der Schuldner bei demselben Gläubiger mehrere gleichartige Verbindlichkeiten und reicht die Leistung des Schuldners nicht zur Befriedigung der gesamten Verbindlichkeiten aus, bestimmt der Schuldner bei der Befriedigung, welche Verbindlichkeit er erfüllt, es sei denn, dass die Parteien etwas anderes vereinbart haben.

Hat der Schuldner keine Bestimmung getroffen, muss die fällige Verbindlichkeit vorrangig erfüllt werden; sind mehrere Schulden fällig, wird vorrangig die Verbindlichkeit erfüllt, die gegenüber dem Gläubiger nicht oder am wenigsten gesichert ist; sind die Schulde alle nicht oder gleich gesichert, wird vorrangig die Verbindlichkeit erfüllt, die eine höhere Belastung für den Schuldner darstellt; sind die Belastungen gleich hoch, werden die Verbindlichkeiten nach der Reihenfolge des Fälligwerdens erfüllt; sind die Verbindlichkeiten zum gleichen Zeitpunkt fällig, werden sie nach deren Verhältnis erfüllt.

第五百六十一条 债务人在履行主债务外还应当支付利息和实现债权的有关费用,其给付不足以清偿全部债务的,除当事人另有约定外,应当按照下列顺序履行:

(一)实现债权的有关费用;

(二)利息;

(三)主债务。

Article 561 In addition to the performance of the principal obligation, the obligor shall also pay interest and expenses related to the realization of the claim. If the performance is not sufficient to cover all the obligations, unless otherwise agreed by the parties, the obligor shall perform in the order of:

(1) the expenses related to the realization of the claim;

(2) the interest; and

(3) the principal obligation.

§ 561 Muss der Schuldner neben der Erfüllung der Hauptschuld noch Zinsen und die entsprechenden Kosten der Forderungsrealisierung zahlen und reicht seine Leistung nicht zur Befriedigung der gesamten Schulden aus, müssen die Schulden nach der folgenden Reihenfolge erfüllt werden, es sei denn, dass die Parteien etwas anderes vereinbart haben:

1. betreffende Kosten der Forderungsrealisierung;

2. Zinsen;

3. Hauptschuld.

第五百六十二条 当事人协商一致,可以解除合同。

当事人可以约定一方解除合同的事由。解除合同的事由发生时,解除权人可以解除合同。

Article 562 The parties may rescind a contract if they reach a consensus through consultation.

The parties may agree upon the causes for rescission of the contract by either party. Once a cause occurs, the party having the right of rescission may rescind the contract.

§ 562 Einigen sich die Parteien in Verhandlungen, können sie den Vertrag auflösen.

Die Parteien können im Vertrag Gründe für die einseitige Vertragsauflösung vereinbaren. Bei Eintritt eines Vertragsauflösungsgrundes kann der zur Auflösung Berechtigte den Vertrag auflösen.

第五百六十三条 有下列情形之一的,当事人可以解除合同:

(一)因不可抗力致使不能实现合同目的;

(二)在履行期限届满前,当事人一方明确表示或者以自己的行为表明不履行主要债务;

(三)当事人一方迟延履行主要债务,经催告后在合理期限内仍未履行;

(四)当事人一方迟延履行债务或者有其他违约行为致使不能实现合同目的;

(五)法律规定的其他情形。

以持续履行的债务为内容的不定期合同,当事人可以随时解除合同,但是应当在合理期限之前通知对方。

Article 563 The parties may rescind the contract if:

(1) it becomes impossible to achieve the purpose of the contract due to force majeure;

(2) prior to the expiration of the term for the performance, the other party expressly states, or indicates through its conduct, that it will not perform its principal obligation;

(3) the other party delays performance of its principal obligation, and after being requested, still fails to perform within a reasonable period;

(4) the other party delays performance of its obligations, or breaches the contract in some other manner, making it impossible to achieve the purpose of the contract; or

(5) other circumstance as provided by the law.

An at-will contract requiring successive performance of the obligation may be rescinded by a party any time, provided that the other party is notified within a reasonable period.

§ 563 Liegt einer der folgenden Umstände vor, kann eine Partei den Vertrag auflösen:

1. Das Vertragsziel läßt sich wegen höherer Gewalt nicht verwirklichen;

2. vor dem Ablauf der Frist für die Erfüllung erklärt eine Seite klar oder bringt sie mit ihren Handlungen zum Ausdruck, dass sie eine Hauptverbindlichkeit nicht erfüllen wird;

3. eine Seite ist mit der Erfüllung einer Hauptverbindlichkeit in Verzug und erfüllt sie nach der Mahnung nicht innerhalb einer angemessenen Frist;

4. der Verzug einer Partei bei der Erfüllung von Verbindlich-

keiten oder andere Vertragsverletzungen führen dazu, dass das Vertragsziel nicht verwirklicht werden kann;

5. andere von Gesetzen bestimmte Umstände.

Eine Partei kann einen unbefristeten Vertrag, der ein Dauerschuldverhältnis zum Inhalt hat, jederzeit kündigen, aber sie muss dies vor Beginn einer angemessenen Frist der anderen Partei mitteilen.

第五百六十四条 法律规定或者当事人约定解除权行使期限,期限届满当事人不行使的,该权利消灭。

法律没有规定或者当事人没有约定解除权行使期限,自解除权人知道或者应当知道解除事由之日起一年内不行使,或者经对方催告后在合理期限内不行使的,该权利消灭。

Article 564 Where the law provides for or the parties agree upon the time limit for exercising the right of rescission, if such right is not exercised upon the expiry of the time limit, the right extinguishes.

Where neither the law provides for nor the parties agree on the time limit for exercising the right of rescission, if such right is not exercised within one year from the day when the party with the right of rescission knows or should have known the cause for rescission or within a reasonable period after the other party requests, the right extinguishes.

§ 564 Wird eine Frist für die Ausübung des Kündigungsrechts gesetzlich bestimmt oder von den Parteien vereinbart und übt die Partei das Recht bis zum Ablauf der Frist nicht aus, erlischt dieses Recht.

Wenn keine Frist für die Ausübung des Kündigungsrechts gesetzlich bestimmt oder von den Parteien vereinbart wird und das Recht nicht innerhalb eines Jahres ab dem Tag, an dem die kündigungsberechtigte Partei vom Auflösungsgrund weiß oder wissen muss, oder nach der Mahnung der anderen Seite nicht innerhalb einer angemessenen Frist ausgeübt wird, erlischt es.

第五百六十五条 当事人一方依法主张解除合同的,应当通知对方。合同自通知到达对方时解除;通知载明债务人在一定期限内不履行债务则合同自动解除,债务人在该期限内未履行债务的,合同自通知载明的期限届满时解除。对方对解除合同有异议的,任何一方当事人均可以请求人民法院或者仲裁机构确认解除行为的效力。

当事人一方未通知对方,直接以提起诉讼或者申请仲裁的方式依法主张解除合同,人民法院或者仲裁机构确认该主张的,合同自起诉状副本或者仲裁申请书副本送达对方时解除。

Article 565 A party demanding rescission of a contract pursuant to the law shall notify the other party. The contract is rescinded upon the receipt of the notice by the other party, or, if the notice states that the contract will be automatically rescinded by the obligor's failure to perform the obligation within a time limit and the obligor fails to do so, at the expiration of the time limit stated in the notice. If the other party objects to such rescission, either party may petition the people's court or an arbitration institution to confirm the validity of the rescission.

Where one party fails to notify the other party and lawfully claims the rescission of the contract by directly instituting an action or applying for arbitration, if the people's court or arbitration institution affirms the claim, the contract is rescinded when a copy of the written complaint or a copy of the arbitration application is served on the other party.

§ 565　Macht eine Partei nach dem Recht die Vertragskündigung geltend, muss sie dies der anderen Partei mitteilen. Der Vertrag wird aufgelöst, sobald die Mitteilung der anderen Seite zugeht; ist in der Mitteilung festgehalten, dass der Vertrag automatisch aufgelöst wird, wenn der Schuldner die Verbindlichkeit nicht innerhalb einer bestimmten Frist erfüllt, dann wird der Vertrag nach Ablauf der in der Mitteilung festgehaltenen Frist aufgelöst, sobald der Schuldner die Verbindlichkeit nicht innerhalb dieser Frist erfüllt hat. Widerspricht die andere Seite der Vertragskündigung, kann jede Seite beim Volksgericht oder Schiedsorgan die Feststellung der Wirksamkeit des Auflösungshandlung verlangen.

Macht eine Partei, statt der anderen Partei die Vertragskündigung mitzuteilen, direkt durch Einreichung einer Klage oder Beantragung eines Schiedsverfahrens die Kündigung des Vertrags geltend und stellt das Volksgericht oder das Schiedsorgan diese Geltendmachung fest, wird der Vertrag mit Zustallung der Abschrift der Klageschrift oder des Schiedsantrags an die andere Partei aufgelöst.

第五百六十六条　合同解除后,尚未履行的,终止履行;已经履行的,根据履行情况和合同性质,当事人可以请求恢复原状或者采取其他补救措施,并有权请求赔偿损失。

合同因违约解除的,解除权人可以请求违约方承担违约责任,但是当事人另有约定的除外。

主合同解除后,担保人对债务人应当承担的民事责任仍应当承担担保责任,但是担保合同另有约定的除外。

Article 566　After the rescission of a contract, if the contract has not been performed, performance ceases; if the contract has been performed, a party may, in light of the circumstances of performance or the nature of the contract, request restitution or adopt other remedial measures, and has the right to claim damages.

If a contract is rescinded due to breach of contract, the party having the right of rescission may request the breaching party to assume the liability for breach of contract, unless otherwise agreed by the parties.

After the rescission of the principal contract, the guarantor shall continue to assume guarantee liability in respect of the civil liability that the obligor should bear, except as otherwise stipulated in the guarantee contract.

§ 566　Ist der Vertrag nach der Auflösung noch nicht erfüllt worden, wird die Erfüllung beendet. Ist er schon erfüllt worden, kann eine Partei aufgrund der Umstände der Erfüllung und der Natur des Vertrags die Wiederherstellung des ursprünglichen Zustands verlangen oder andere Maßnahmen zur Abhilfe ergreifen, und sie ist auch berechtigt, Schadenersatz zu verlangen.

Wird der Vertrag wegen Vertragsverletzung aufgelöst, kann der Auflösungsberechtigte die verletzende Partei verlangen, dass die vertragsverletzende Seite für die Vertragsverletzung zu haften, es sei denn, dass die Parteien etwas anderes vereinbart haben.

Nachdem der Hauptvertrag aufgelöst wurde, haftet der Sicherungsgeber im Hinblick auf die vom Schuldner zu tragende zivilrechtliche Haftung weiterhin für die Sicherheit, es sei denn, dass im Sicherungsvertrag etwas anderes vereinbart wurde.

第五百六十七条 合同的权利义务关系终止，不影响合同中结算和清理条款的效力。

Article 567 The termination of the rights and obligations under a contract does not affect the validity of clauses that related to settlement of accounts and winding-up.

§ 567 Die Beendigung der Rechte und Pflichten aus dem Vertrag beeinträchtigt nicht die Wirksamkeit der Verrechnung- und Bereinigungsklauseln im Vertrag.

第五百六十八条 当事人互负债务，该债务的标的物种类、品质相同的，任何一方可以将自己的债务与对方的到期债务抵销；但是，根据债务性质、按照当事人约定或者依照法律规定不得抵销的除外。

当事人主张抵销的，应当通知对方。通知自到达对方时生效。抵销不得附条件或者附期限。

Article 568 Where the parties owe obligations to each other, and the type and nature of the subject matter of such obligations are the same, any party may set off its own obligation against the obligation of the other party that falls due, unless such set-off is not allowed by the nature of the obligations, as agreed on by the parties, or pursuant the laws and regulations.

A party who claims set-off should notify the other party. The notice is effective when it reaches the other party. The set-off should not be subject to any condition or term.

§ 568 Haben die Parteien wechselseitig Verbindlichkeiten, die Gegenstände gleicher Art und Güte betreffen, kann jede die eigene gegen die fällige Verbindlichkeit der anderen Seite aufrechnen, es sei denn, dass nach der Natur der Verbindlichkeiten, nach der Vereinbarung der Parteien oder nach gesetzlichen Bestimmungen nicht aufgerechnet werden darf.

Macht eine Partei die Aufrechnung geltend, muss sie dies der anderen Seite mitteilen. Die Mitteilung wird wirksam, sobald sie der anderen Seite zugegangen ist. Die Aufrechnung darf nicht bedingt oder befristet sein.

第五百六十九条 当事人互负债务,标的物种类、品质不相同的,经协商一致,也可以抵销。

Article 569 Where the parties owe obligations to each other, and the type and nature of the subject matter of such obligations are different, the obligations may also be set off upon consensus through consultation.

§ 569 Haben die Parteien wechselseitig Verbindlichkeiten, die nicht Gegenstände gleicher Art und Güte betreffen, können sie ebenfalls aufrechnen, wenn sie darüber in Verhandlungen übereinkommen.

第五百七十条 有下列情形之一，难以履行债务的，债务人可以将标的物提存：

（一）债权人无正当理由拒绝受领；

（二）债权人下落不明；

（三）债权人死亡未确定继承人、遗产管理人，或者丧失民事行为能力未确定监护人；

（四）法律规定的其他情形。

标的物不适于提存或者提存费用过高的，债务人依法可以拍卖或者变卖标的物，提存所得的价款。

Article 570 If it is hard to perform the obligation under any of the following circumstances, the obligor may tender and deposit the subject matter:

(1) the obligee refuses to accept performance without justification;

(2) the whereabouts of the obligee are unknown;

(3) the obligee is deceased and the successor or administrator has not been determined, or the obligee has lost civil capacity and a guardian has not been appointed; or

(4) other circumstances as provided by the law.

If the subject matter is not fit for tender and deposit or the tender and deposit costs are excessively high, the obligor may auction or sell the subject matter pursuant to the law, and tender and deposit the proceeds.

§ 570 Liegt einer der folgenden Umstände vor und ist die Verbindlichkeit dadurch schwer zu erfüllen, kann der Schuldner deren Gegenstand hinterlegen:
1. Der Gläubiger lehnt ohne rechtfertigenden Grund die Annahme ab;
2. der Verbleib des Gläubigers ist unklar;
3. der Gläubiger ist gestorben und weder Erbe noch Nachlassverwalter bestimmt worden, oder er hat seine Geschäftsfähigkeit verloren und kein Vormund ist bestimmt worden.
4. andere von Gesetzen bestimmte Umstände.

Ist der Gegenstand zur Hinterlegung ungeeignet oder sind die Hinterlegungskosten zu hoch, kann der Schuldner ihn nach dem Recht versteigern oder verwerten und den Erlös hinterlegen.

第五百七十一条 债务人将标的物或者将标的物依法拍卖、变卖所得价款交付提存部门时,提存成立。

提存成立的,视为债务人在其提存范围内已经交付标的物。

Article 571 Tender and deposit is made when an obligor delivers the subject matter or the proceeds from the lawful auction or sale of the subject matter to the depositary.

When the tender and deposit is made, the obligor is deemed to have delivered the subject matter to the extent of the tender and deposit.

§ 571 Sobald der Schuldner den Gegenstand oder den Erlös, den er aus der Versteigerung oder Verwertung des Gegenstandes nach dem Recht erzielt hat, bei der Hinlegungsstelle einliefert, ist die Hinterlegung erfolgt.

Ist die Hinterlegung erfolgt, wird davon ausgegangen, dass der Schuldner den Gegenstand im Rahmen seiner Hinterlegung eingeliefert hat.

第五百七十二条 标的物提存后,债务人应当及时通知债权人或者债权人的继承人、遗产管理人、监护人、财产代管人。

Article 572 An obligor shall notify the obligee, or the obligee's successor, administrator, guardian or receiver in time after the subject matter is tendered and deposited.

§ 572 Nach der Hinterlegung des Gegenstands muss der Schuldner dies dem Gläubiger bzw. seinem Erben, dem Nachlassverwalter, dem Vormund oder dem Vermögensverwalter rechtzeitig mitteilen.

第五百七十三条 标的物提存后,毁损、灭失的风险由债权人承担。提存期间,标的物的孳息归债权人所有。提存费用由债权人负担。

Article 573 Once the subject matter is tendered and deposited, the obligee shall assume the risk of damage to or loss of the subject matter, owns any fruits of the subject matter during the tender and deposit period, and shall bear the tender and deposit costs.

§ 573　Nach der Hinterlegung des Gegenstands trägt der Gläubiger die Gefahr, dass der Gegenstand beschädigt wird oder untergeht. Früchte des Gegenstands fallen während der Hinterlegungszeit ins Eigentum des Gläubigers. Die Kosten der Hinterlegung trägt der Gläubiger.

第五百七十四条　债权人可以随时领取提存物。但是,债权人对债务人负有到期债务的,在债权人未履行债务或者提供担保之前,提存部门根据债务人的要求应当拒绝其领取提存物。

债权人领取提存物的权利,自提存之日起五年内不行使而消灭,提存物扣除提存费用后归国家所有。但是,债权人未履行对债务人的到期债务,或者债权人向提存部门书面表示放弃领取提存物权利的,债务人负担提存费用后有权取回提存物。

Article 574　An obligee may take delivery of the thing tendered and deposited at any time, unless the obligee has any due obligations toward the obligor, in which case, prior to the obligee's performance of its obligations or the obligee's provision of security for its performance, the depositary shall, at the request of the obligor, refuse the obligee's taking delivery of the thing tendered and deposited.

The obligee's right of taking delivery of the thing tendered and deposited extinguishes if it is not exercised within five years from the tender and deposit date, and the thing tendered and deposited passes to the state treasury after the deduction of the tender and deposit costs. However, if the obligee fails to perform its due obligation owed to the obligor, or notifies the depositary in writing of waiving its right to claim the thing tendered and deposited, the obligor has the right to recover the thing tendered and deposited after paying the tender and deposit costs.

§ 574 Der Gläubiger kann sich den hinterlegten Gegenstand jederzeit herausgeben lassen. Hat der Gläubiger gegenüber dem Schuldner aber eine fällige Verbindlichkeit, muss die Hinterlegungsstelle auf Verlangen des Schuldners die Herausgabe der hinterlegten Sache an den Gläubiger verweigern, solange der Gläubiger diese Verbindlichkeit nicht erfüllt und keine Sicherheit geleistet hat.

Das Recht des Gläubigers auf Herausgabe der hinterlegten Sache erlischt, wenn es nicht innerhalb von fünf Jahren ab dem Tag der Hinterlegung ausgeübt wird; dann fällt die hinterlegte Sache abzüglich der Hinterlegungskosten in das Eigentum des Staates. Erfüllt der Gläubiger gegenüber dem Schuldner seine fällige Verbindlichkeit aber nicht oder gibt er durch schriftliche Erklärung gegenüber der Hinterlegungsstelle das Recht zur Herausgabe der hinterlegten Sache auf, ist der Schuldner berechtigt, sich nach Zahlung der Hinterlegungskosten die hinterlegte Sache herausgeben zu lassen.

第五百七十五条 债权人免除债务人部分或者全部债务的,债权债务部分或者全部终止,但是债务人在合理期限内拒绝的除外。

Article 575 Where an obligee remits part or all of the obligor's obligation, the obligation terminates in whole or in part, unless the obligor refuses within a reasonable period limit.

§ 575 Erlässt der Gläubiger dem Schuldner dessen Verpflichtungen ganz oder teilweise, enden die Forderungen und Verbindlichkeiten ganz bzw. teilweise, es sei denn, dass der Schuldner den Erlass der Verbindlichkeiten innerhalb einer angemessenen Frist ablehnt.

第五百七十六条 债权和债务同归于一人的,债权债务终止,但是损害第三人利益的除外。

Article 576 Where a claim and an obligation are vested in the same person, the claim and obligation terminate, unless it is detrimental to the interests of a third party.

§ 576 Fallen Forderungen und Verbindlichkeiten in einer Person zusammen, enden die Forderungen und Verbindlichkeiten, es sei denn, dass Interessen Dritter dadurch geschädigt werden.

第八章 违约责任
Chapter VIII Liability for Breach of Contract
8. Kapitel: Haftung für Vertragsverletzungen

第五百七十七条 当事人一方不履行合同义务或者履行合同义务不符合约定的,应当承担继续履行、采取补救措施或者赔偿损失等违约责任。

Article 577 Where a party fails to perform its obligations under a contract or renders a non-conforming performance, it shall assume liability for breach of contract by continuing to perform, taking remedial measures or paying damages.

§ 577 Erfüllt eine Partei Vertragspflichten nicht oder entspricht die Erfüllung der Vertragspflichten nicht den Vereinbarungen, haftet sie für die Vertragsverletzung wie etwa darauf, weiter zu erfüllen, Maßnahmen zur Abhilfe zu ergreifen oder den Schaden zu ersetzen.

第五百七十八条 当事人一方明确表示或者以自己的行为表明不履行合同义务的,对方可以在履行期限届满前请求其承担违约责任。

Article 578 Where one party expressly states or indicates through its conduct that it will not perform its obligations under a contract, the other party may, before the expiry of the time limit for performance, claim liability for breach of contract.

§ 578 Wenn eine Partei klar erklärt oder durch ihr Handeln zum Ausdruck bringt, dass sie Vertragspflichten nicht erfüllen wird, kann die andere Seite sie schon vor dem Ablauf der Erfüllungsfrist vor ihr verlangen, für Vertragsverletzung zu haften.

第五百七十九条 当事人一方未支付价款、报酬、租金、利息,或者不履行其他金钱债务的,对方可以请求其支付。

Article 579 Where a party fails to pay the price, remuneration, rent, or interest, or fails to perform any other monetary obligation, the other party may request it to pay.

§ 579 Hat eine Partei den Preis, das Entgelt, die Miete, die Zinsen bezahlt oder andere Geldschulden nicht erfüllt, kann die andere Seite von ihr die Zahlung verlangen.

第五百八十条 当事人一方不履行非金钱债务或者履行非金钱债务不符合约定的,对方可以请求履行,但是有下列情形之一的除外:
(一)法律上或者事实上不能履行;
(二)债务的标的不适于强制履行或者履行费用过高;
(三)债权人在合理期限内未请求履行。
有前款规定的除外情形之一,致使不能实现合同目的的,人民法院或者仲裁机构可以根据当事人的请求终止合同权利义务关系,但是不影响违约责任的承担。

Article 580 Where a party fails to perform the non-monetary obligations, or fails to perform the non-monetary obligations as agreed, the other party may request performance unless:
(1) it is legally or practically impossible to perform;
(2) the subject matter of the obligation is unfit for compulsory performance or the performance expenses are excessively high; or
(3) the obligee fails to request performance within a reasonable time limit.
If any of the foregoing circumstances makes it impossible to achieve the purpose of contract, the people's court or arbitration institution may terminate the contractual rights and obligations at the request of either party, without prejudice to the assumption of the liability for breach of contract.

§ 580 Erfüllt eine Partei eine nicht monetäre Verbindlichkeit nicht oder nicht gemäß den Vereinbarungen, kann die andere Partei Erfüllung verlangen, es sei denn, dass einer der folgenden Umstände vorliegt:

1. Es kann rechtlich oder tatsächlich nicht erfüllt werden;

2. der Gegenstand der Verbindlichkeit ist zu einer zwangsweisen Erfüllung ungeeignet oder die Kosten der Erfüllung sind zu hoch;

3. der Gläubiger hat nicht innerhalb einer angemessenen Frist die Erfüllung verlangt.

Führt einer der im vorstehenden Absatz genannten Ausschlussumstände dazu, dass das Vertragsziel nicht mehr verwirklicht werden kann, kann das Volksgericht oder das Schiedsorgan auf Antrag der Vertragspartei die Rechte und Pflichten aus dem Vertrag beenden, dies beeinträchtigt aber nicht die Haftung wegen Vertragsverletzung.

第五百八十一条 当事人一方不履行债务或者履行债务不符合约定,根据债务的性质不得强制履行的,对方可以请求其负担由第三人替代履行的费用。

Article 581 Where one party fails to perform the obligation or renders a non-conforming performance, and the nature of the obligation precludes compulsory performance, the other party may request it to bear the costs of substitute performance by a third party.

§ 581 Erfüllt eine Partei die Verbindlichkeiten nicht oder nicht gemäß den Vereinbarungen und darf die Erfüllung nach der

Natur derVerbindlichkeit nicht erzwungen werden, kann die andere Partei von ihr verlangen, die Kosten für die Ersatzerfüllung durch einen Dritten zu tragen.

第五百八十二条 履行不符合约定的,应当按照当事人的约定承担违约责任。对违约责任没有约定或者约定不明确,依据本法第五百一十条的规定仍不能确定的,受损害方根据标的的性质以及损失的大小,可以合理选择请求对方承担修理、重作、更换、退货、减少价款或者报酬等违约责任。

Article 582 Where one party renders non-conforming performance, it shall assume the liability for breach of contract as agreed by the parties. Where there is no agreement in the contract on the liability for breach of contract or such agreement is not clear, nor can it be determined pursuant to Article 510 of this Code, the aggrieved party may, in light of the nature of the subject matter and the degree of loss, reasonably choose to request the other party to assume the liability for breach of contract by repairing, remaking, replacing, returning the goods, reducing the price or remuneration, etc.

§ 582 Entspricht die Erfüllung nicht dem Vereinbarten, wird entsprechend der Vereinbarung der Parteien für die Vertragsverletzung gehaftet. Gibt es dazu keine oder keine klare Vereinbarung und lässt die Frage sich auch gemäß § 510 dieses Gesetzes nicht klären, kann die geschädigte Seite entsprechend der Art des Gegenstands und der Größe des Schadens durch eine vernünftige Wahl zwischen unter anderem Reparatur, erneuter

Herstellung, Austausch, Rückgabe und Minderung des Preises bzw. des Entgelts verlangen, dass die andere Seite für die Vertragsverletzung haftet.

第五百八十三条 当事人一方不履行合同义务或者履行合同义务不符合约定的,在履行义务或者采取补救措施后,对方还有其他损失的,应当赔偿损失。

Article 583 Where a party fails to perform its obligations under the contract or renders non-conforming performance, and the other party still suffers other losses after the performance of the obligations or adoption of remedial measures, the party shall compensate the other party for such losses.

§ 583 Erfüllt eine Partei Vertragspflichten nicht oder entspricht die Erfüllung nicht den Vereinbarungen und hat die andere Seite nach Erfüllung der Vertragspflichten oder dem Ergreifen von Maßnahmen zur Abhilfe noch weiteren Schaden, muss der Schaden ersetzt werden.

第五百八十四条 当事人一方不履行合同义务或者履行合同义务不符合约定,造成对方损失的,损失赔偿额应当相当于因违约所造成的损失,包括合同履行后可以获得的利益;但是,不得超过违约一方订立合同时预见到或者应当预见到的因违约可能造成的损失。

Article 584 Where a party fails to perform its obligations under the contract or renders non-conforming performance, causing losses to the other party, the amount of compensation for the losses should be equal to the losses caused by the breach of contract, including the benefits receivable after the performance of the contract, but not exceeding the probable losses caused by the breach of contract which have been foreseen or should have been foreseen when the breaching party concludes the contract.

§ 584 Erfüllt eine Partei Vertragspflichten nicht oder entspricht die Erfüllung nicht den Vereinbarungen, sodass die andere Seite geschädigt wird, muss der Betrag des Schadensersatzes dem durch die Vertragsverletzung verursachten Schaden entsprechen, einschließlich des nach Vertragserfüllung zu erlangenden Gewinns; der Betrag darf aber den Schaden nicht überschreiten, den die vertragsverletzende Seite bei Errichtung des Vertrags als mögliche Folge einer Vertragsverletzung vorhergesehen hat oder vorhersehen musste.

第五百八十五条 当事人可以约定一方违约时应当根据违约情况向对方支付一定数额的违约金,也可以约定因违约产生的损失赔偿额的计算方法。

约定的违约金低于造成的损失的,人民法院或者仲裁机构可以根据当事人的请求予以增加;约定的违约金过分高于造成的损失的,人民法院或者仲裁机构可以根据当事人的请求予以适当减少。

当事人就迟延履行约定违约金的,违约方支付违约金后,还应当履行债务。

Article 585 The parties may agree that if one party breaches the contract, it shall pay a certain sum of liquidated damages to the other party in light of the circumstances of the breach, and may also agree on a method for the calculation of the amount of damages arising from breach of contract.

The people's court or arbitration institution may, at the request of a party, increase the amount of liquidated damages agreed by the parties if it is lower than the losses incurred, or appropriately reduce it if it is significantly higher than the losses incurred.

Where the parties agree upon liquidated damages for delay in performance, the party in breach shall still perform the obligations after paying the liquidated damages.

§ 585　Die Parteien können vereinbaren, dass eine Seite, die den Vertrag verletzt, entsprechend den Umständen der Vertragsverletzung der anderen einen bestimmten Betrag als Vertragsstrafe zahlt; sie können auch vereinbaren, wie der Ersatz für den durch die Vertragsverletzung verursachten Schaden berechnet wird.

Ist die vereinbarte Vertragsstrafe niedriger als der verursachte Schaden, kann das Volksgericht oder das Schiedsoargan auf Verlangen einer Partei die Vertragsstrafe erhöhen; ist die vereinbarte Vertragsstrafe allzu viel höher als der verursachte Schaden, kann das Volksgericht oder das Schiedsorgan sie auf Verlangen einer Partei angemessen reduzieren.

Haben die Parteien eine Vertragsstrafe für verzögerte Erfüllung vereinbart, muss die vertragsverletzende Seite nach Zahlung der Vertragsstrafe noch die Verbindlichkeit erfüllen.

第五百八十六条 当事人可以约定一方向对方给付定金作为债权的担保。定金合同自实际交付定金时成立。

定金的数额由当事人约定；但是，不得超过主合同标的额的百分之二十，超过部分不产生定金的效力。实际交付的定金数额多于或者少于约定数额的，视为变更约定的定金数额。

Article 586 The parties may agree that one party pays a deposit to the other party as the security for the claim. The deposit contract is formed when the deposit is actually paid.

The amount of the deposit is to be agreed by the parties, but should not exceed 20% of the value of the subject matter of the principal contract, and any excess does not have the effect of deposit. If the amount of the deposit actually paid is more or less than the agreed amount, it is regarded as being modified.

§ 586 Die Parteien können vereinbaren, dass eine Seite der anderen als Sicherheit für die Forderung eine Daraufgabe zahlt. Der Daraufgabevertrag wird mit dem Tag der tatsächlichen Zahlung der Daraufgabe errichtet.

Der Betrag der Daraufgabe wird von den Parteien vereinbart; er darf aber 20% des Betrags des Gegenstands des Hauptvertrages nicht übersteigen und der überschreitende Teil entfaltet keine Wirkung einer Daraufgabe. Liegt der tatsächliche Einzahlungsbetrag der Daruafgabe mehr oder weniger als der vereinbarte Betrag, gilt dies als Änderung des vereinbarten Betrags der Daraufgabe.

第五百八十七条 债务人履行债务的,定金应当抵作价款或者收回。给付定金的一方不履行债务或者履行债务不符合约定,致使不能实现合同目的的,无权请求返还定金;收受定金的一方不履行债务或者履行债务不符合约定,致使不能实现合同目的的,应当双倍返还定金。

Article 587　Where the obligor performs its obligation, the deposit is to be set off against the price or refunded to the obligor. If the party that pays the deposit fails to perform the obligation or renders non-conforming performance, making it impossible to achieve the purpose of the contract, it has no right to request the refunding of the deposit; where the party accepting the deposit fails to perform its obligations or renders non-conforming performance, making it impossible to achieve the purpose of the contract, it shall refund twice the amount of the deposit.

§ 587　Hat der Schuldner die Schuld erfüllt, muss die Daraufgabe auf den Preis angerechnet oder zurückerhalten werden. Erfüllt die Seite, die die Daraufgabe gezahlt hat, die Verbindlichkeiten nicht oder nicht gemäß den Vereinbarungen, sodass der Vertragszweck nicht verwirklicht werden kann, ist sie nicht berechtigt, die Herausgabe der Daraufgabe zu verlangen; erfüllt die Seite, die die Daraufgabe erhalten hat, die Verbindlichkeiten nicht oder nicht gemäß den Vereinbarungen, sodass der Vertragszweck nicht verwirklicht werden kann, muss er das Doppelte der Daraufgabe herausgben.

第五百八十八条 当事人既约定违约金,又约定定金的,一方违约时,对方可以选择适用违约金或者定金条款。

定金不足以弥补一方违约造成的损失的,对方可以请求赔偿超过定金数额的损失。

Article 588 Where the parties agree on both liquidated damages and a deposit, if one party is in breach, the other party may choose to apply either the liquidated damages clause or the deposit clause.

If the deposit is not sufficient to make up for the loss caused by one party's breach of contract, the other party may request compensation for the loss exceeding the deposit.

§ 588 Haben die Parteien sowohl Daraufgabe als auch Vertragsstrafe vereinbart und verletzt eine Seite den Vertragt, kann die andere Seite wählen, ob sie die Vertragsstrafeklausel oder die Daraufgabeklausel anwendet.

Reicht die vereinbarte Daraufgabe nicht aus, um den durch die Vertragsverletzung einer Seite verursachten Schaden auszugleichen, kann die andere Seite verlangen, dass der den Betrag der Daraufgabe überschreitende Teil des Schadens ersetzt wird.

第五百八十九条 债务人按照约定履行债务,债权人无正当理由拒绝受领的,债务人可以请求债权人赔偿增加的费用。

在债权人受领迟延期间,债务人无须支付利息。

Article 589 Where an obligor performs the obligation as agreed, and the obligee refuses to accept without justification, the obligor may claim compensation for the increased expenses from the obligee.

During the obligee's delay in acceptance, the obligor is not required to pay interest.

§ 589 Erfüllt der Schuldner entsprechend dem Vereinbarten seine Verbindlichkeit und lehnt der Gläubiger ohne rechtfertigenden Grund die Annahme ab, kann der Schuldner Ersatz der erhöhten Aufwendungen vom Gläubiger verlangen.

Während des Annahmeverzugs des Gläubigers hat der Schuldner keine Verzugszinsen zu zahlen.

第五百九十条 当事人一方因不可抗力不能履行合同的,根据不可抗力的影响,部分或者全部免除责任,但是法律另有规定的除外。因不可抗力不能履行合同的,应当及时通知对方,以减轻可能给对方造成的损失,并应当在合理期限内提供证明。

当事人迟延履行后发生不可抗力的,不免除其违约责任。

Article 590 Where a party is unable to perform the contract due to force majeure, the party is exempted from liability in part or in whole in light of the impact of force majeure, except as otherwise provided by the law. In such a case, the party shall notify the other party in time, so as to mitigate the loss possibly caused to the other party, and provide proof within a reasonable period limit.

If a force majeure occurs after a party delays performance, the party is not exempted from liability for breach of contract.

§ 590 Kann eine Partei den Vertrag wegen höherer Gewalt

nicht erfüllen, entfällt entsprechend dem Einfluss der höheren Gewalt die Haftung ganz oder teilweise, es sei denn, dass gesetzlich etwas anderes bestimmt ist. Die Partei, die den Vertrag wegen höherer Gewalt nicht erfüllt kann, muss dies rechtzeitig der anderen Seite mitteilen, um den Schaden, welcher der anderen Seite entstehen kann, zu mindern, und innerhalb einer angemessenen Frist Nachweise für die höhere Gewalt vorlegen.

Tritt höhere Gewalt ein, nachdem eine Partei mit der Erfüllung in Verzug geraten ist, wird sie nicht von ihrer Haftung für Vertragsverletzung befreit.

第五百九十一条 当事人一方违约后,对方应当采取适当措施防止损失的扩大;没有采取适当措施致使损失扩大的,不得就扩大的损失请求赔偿。

当事人因防止损失扩大而支出的合理费用,由违约方负担。

Article 591 Where a party breaches the contract, the other party should take appropriate measures to prevent further losses; and if the failure to do so results in further losses, the other party may not claim compensation for the further losses.

The reasonable expenses incurred by the other party to prevent further losses should be borne by the breaching party.

§ 591 Har eine Partei den Vertrag verletzt, muss die andere Seite angemessene Maßnahmen ergreifen, um eine Ausweitung des Schadens zu verhindern; ergreift sie keine angemessenen Maßnahmen, sodass sich der Schaden ausweitet, darf sie für den ausgeweiteten Schaden keinen Ersatz verlangen.

Angemessene Aufwendungen, die die Parteien zur Verhinderung einer Ausweitung des Schadens geleistet haben, trägt die vertragsverletzende Seite.

第五百九十二条 当事人都违反合同的,应当各自承担相应的责任。

当事人一方违约造成对方损失,对方对损失的发生有过错的,可以减少相应的损失赔偿额。

Article 592 If both parties breach the contract, each party shall assume its own respective and corresponding liabilities.

If one party's breach of contract causes loss to the other party, and the other party is at fault for the occurrence of the loss, the amount of compensation for the loss may be reduced correspondingly.

§ 592 Verletzen alle Parteien den Vertrag, haftet jeder seiner Verletzung entsprechend.

Hat die Vertragsverletzung einer Partei die andere Partei geschädigt und hat bei der Entstehung des Schadens ein Verschulden der anderen Partei mitgewirkt, kann die Schadensersatzsumme entsprechend gemindert werden.

第五百九十三条 当事人一方因第三人的原因造成违约的,应当依法向对方承担违约责任。当事人一方和第三人之间的纠纷,依照法律规定或者按照约定处理。

Article 593 Where a party's breach is attributable to a third party, it shall assume liability to the other party for breach of contract pursuant to the law. Any dispute between the party and such third party should be resolved pursuant to the law or as agreed.

§ 593 Verletzt eine Partei aus Gründen, die bei einem Dritten liegen, den Vertrag, haftet sie nach dem Recht gegenüber der anderen Seite für die Vertragsverletzung. Bei einem Streit zwischen der Partei und dem Dritten muss nach gesetzlichen Bestimmungen oder nach den Vereinbarungen verfahren werden.

第五百九十四条 因国际货物买卖合同和技术进出口合同争议提起诉讼或者申请仲裁的时效期间为四年。

Article 594 For a dispute arising from a contract for the international sale of goods or a technology import or export contract, the prescribed period for instituting a lawsuit or applying for arbitration is four years.

§ 594 Bei Streitigkeiten aus internationalen Warenkaufverträgen und Verträgen über die Ein- oder Ausfuhr von Techniken beträgt die Verjährungsfrist für die Klageerhebung bzw. für Beantragung eines Schiedsverfahrens vier Jahre.

第二分编　典型合同
Part Two Nominate Contracts
2. Abschnitt: Typische Verträge

第九章　买卖合同
Chapter IX　Sales Contracts
9. Kapitel: Kaufvertrag

第五百九十五条　买卖合同是出卖人转移标的物的所有权于买受人，买受人支付价款的合同。

Article 595　A sales contract is a contract whereby the seller transfers the ownership of the subject matter to the buyer and the buyer pays the price for it.

§ 595　Der Kaufvertrag ist ein Vertrag, bei dem der Verkäufer dem Käufer das Eigentum am Vertragsgegenstand überträgt der Käufer dem Verkäufer den Preis zahlt.

第五百九十六条　买卖合同的内容一般包括标的物的名称、数量、质量、价款、履行期限、履行地点和方式、包装方式、检验标准和方法、结算方式、合同使用的文字及其效力等条款。

Article 596　Among the terms typically included in a sales contract are the name, quantity, quality and price of the subject matter; term, place and method for performance; packing method, inspection standards and methods, settlement method, language used in the contract and its validity.

§ 596　Der Kaufvertrag kann typischerweise Klauseln u. a. zum Namen, zur Menge, zur Qualität, zum Preis des Vertragsgegenstands, zur Erfüllungsfrist, zum Erfüllungsort und zu der Art und Weise der Erfüllung, zur Verpackung, zu den Normen und der Art und Weise der Warenuntersuchung, zur Zahlungsweise und zu den vom Vertrag verwandten Sprachen und zu deren Wirkung umfassen.

第五百九十七条　因出卖人未取得处分权致使标的物所有权不能转移的，买受人可以解除合同并请求出卖人承担违约责任。

法律、行政法规禁止或者限制转让的标的物，依照其规定。

Article 597　Where the ownership of the subject matter cannot be transferred due to the seller's failure to obtain the right of disposal, the buyer may rescind the contract and claim liability for breach of contract from the seller.

Where the transfer of the subject matter is prohibited or restricted by any law or administrative regulation, such provisions prevail.

§ 597　Kann das Eigentum am Vertragsgegenstand nicht übertragen werden, weil derVerkäufer das Verfügungsrecht nicht

erlangt, kann der Käufer den Vertrag kündigen und verlangen, dass der Verkäufer Haftung für die Vertragsverletzung trägt.

Wird die Übertragung des Gegenstands von einem Gesetz oder eienr Verwaltungsrechtsnorm verboten oder eingeschränkt, gelten die entsprechenden Bestimmungen dort.

第五百九十八条 出卖人应当履行向买受人交付标的物或者交付提取标的物的单证,并转移标的物所有权的义务。

Article 598 The seller shall perform the obligations of delivering the subject matter or a document for taking delivery of the subject matter, and transferring the ownership of the subject matter.

§ 598 Der Verkäufer ist verpflichtet, dem Käufer den Vertragsgegenstand oder die Dokumente zur Inempfangnahme des Vertragsgegenstandes zu übergeben und ihm das Eigentum am Vertragsgegenstand zu übertragen.

第五百九十九条 出卖人应当按照约定或者交易习惯向买受人交付提取标的物单证以外的有关单证和资料。

Article 599 In addition to the document for taking delivery of the subject matter, the seller shall deliver to the buyer the relevant documents and information pursuant to the agreement or usage of trade.

§ 599 Der Verkäufer muss entsprechend den Vereinbarungen oder der Verkehrssitte dem Käufer außer den Dokumenten zur Inempfangnahme des Vertragsgegenstands auch noch die sonstigen

einschlägigen Dokumente und Unterlagen übergeben.

第六百条 出卖具有知识产权的标的物的,除法律另有规定或者当事人另有约定外,该标的物的知识产权不属于买受人。

Article 600 In a sale of any subject matter with intellectual property rights, the intellectual property rights in the subject matter do not belong to the buyer, except as otherwise provided by the law or agreed by the parties.

§ 600 Ist ein Vertragsgegenstand verkauft worden, der Rechte am geistigen Eigentum enthält, gehören die geistigen Eigentumsrechte dieses Vertragsgegenstandes nicht dem Käufer, es sei denn, dass gesetzlich etwas anderes bestimmt ist oder die Parteien etwas anderes vereinbart haben.

第六百零一条 出卖人应当按照约定的时间交付标的物。约定交付期限的,出卖人可以在该交付期限内的任何时间交付。

Article 601 The seller shall deliver the subject matter at the agreed time. Where a period for delivery is agreed on, the seller may deliver at any time within the period.

§ 601 Der Verkäufer muss den Vertragsgegenstand zum vereinbarten Zeitpunkt übergeben. Ist eine Frist für die Übergabe vereinbart worden, kann der Verkäufer zu einem beliebigen Zeitpunkt innerhalb dieser Frist übergeben.

第六百零二条 当事人没有约定标的物的交付期限或者约定不明确的,适用本法第五百一十条、第五百一十一条第四项的规定。

Article 602 Where the parties have not agreed on the period for delivery of the subject matter or the agreement is not clear, Articles 510 and 511(4) of this Code are applicable.

§ 602 Haben die Parteien keine Frist für die Übergabe vereinbart oder ist die Vereinbarung unklar, werden die § 510, 511 Nr. 4 dieses Gesetzes angewandt.

第六百零三条 出卖人应当按照约定的地点交付标的物。

当事人没有约定交付地点或者约定不明确,依据本法第五百一十条的规定仍不能确定的,适用下列规定:

(一)标的物需要运输的,出卖人应当将标的物交付给第一承运人以运交给买受人;

(二)标的物不需要运输的,出卖人和买受人订立合同时知道标的物在某一地点的,出卖人应当在该地点交付标的物;不知道标的物在某一地点的,应当在出卖人订立合同时的营业地交付标的物。

Article 603 The seller shall deliver the subject matter at the agreed place.

Where the parties have not agreed on the place of delivery or such agreement is not clear, nor can it be determined pursuant to Article 510 of this Code:

(1) if the subject matter needs transportation, the seller shall

deliver the subject matter to the first carrier for transportation to the buyer; or

(2) if the subject matter does not need transportation, the seller shall deliver the subject matter at the place that the seller and buyer know when concluding the contract, or, if the place is unknown, at the business place of the seller when concluding the contract.

§ 603 Der Verkäufer muss den Vertragsgegenstand am vereinbarten Ort übergeben.

Haben die Parteien keinen Übergabeort vereinbart oder ist die Vereinbarung unklar und lässt sich der Punkt auch nicht nach § 510 dieses Gesetzes bestimment, gelten die folgenden Regelungen:

1. Muss der Vertragsgegenstand versandt werden, muss der Verkäufer ihn dem ersten Beförderer zur Beförderung zum Käufer übergeben;

2. braucht der Vertragsgegenstand nicht versandt zu werden und wissen Käufer und Verkäufer bei Vertragsschluss, wo sich der Vertragsgegenstand befindet, muss der Verkäufer ihn an diesem Ort übergeben; wissen sie das nicht, muss an dem Ort übergeben werden, der im Zeitpunkt des Vertragsschlusses Geschäftsbetriebsort des Verkäufers ist.

第六百零四条 标的物毁损、灭失的风险,在标的物交付之前由出卖人承担,交付之后由买受人承担,但是法律另有规定或者当事人另有约定的除外。

Article 604 The risk of damage to or loss of a subject matter should be assumed by the seller prior to the delivery, and by the buyer after delivery, of the subject matter, except as otherwise stipulated by law or agreed by the parties.

§ 604 Die Gefahr, dass der Vertragsgegenstand beschädigt wird oder untergeht, trägt vor der Übergabe der Verkäufer, nach der Übergabe der Käufer, es sei denn, dass gesetzlich etwas anderes bestimmt ist der die Parteien etwas anderes vereinbart haben.

第六百零五条 因买受人的原因致使标的物未按照约定的期限交付的,买受人应当自违反约定时起承担标的物毁损、灭失的风险。

Article 605 Where a subject matter fails to be delivered within the agreed time limit due to any reason attributable to the buyer, the buyer shall assume the risk of damage to or loss of the subject matter from the time of breach of the contract.

§ 605 Kann aus beim Käufer liegenden Gründen der Vertragsgegenstand nicht zu der vereinbarten Zeit übergeben werden, trägt der Käufer von dem Tag der Verletzung der Vereinbarung an die Gefahr, dass der Vertragsgegenstand beschädigt wird oder untergeht.

第六百零六条 出卖人出卖交由承运人运输的在途标的物,除当事人另有约定外,毁损、灭失的风险自合同成立时起由买受人承担。

Article 606 Where the seller sells a subject matter delivered to a carrier for carriage and is in transit, unless otherwise agreed on by the parties, the risk of damage to or loss of the subject matter passes to the buyer at the time of formation of the contract.

§ 606 Verkauft der Verkäufer einen Vertragsgegenstand, der dem Beförderer zur Beförderung übergeben wurde und unterwegs ist, trägt derKäufer ab dem Wirksamwerden des Vertrags die Gefahr, dass der Vertragsgegenstand beschädigt wird oder untergeht, es sei denn, dass die Parteien etwas anderes vereinbart haben.

第六百零七条 出卖人按照约定将标的物运送至买受人指定地点并交付给承运人后,标的物毁损、灭失的风险由买受人承担。

当事人没有约定交付地点或者约定不明确,依据本法第六百零三条第二款第一项的规定标的物需要运输的,出卖人将标的物交付给第一承运人后,标的物毁损、灭失的风险由买受人承担。

Article 607 After the seller has the subject matter transported to the place designated by the buyer and delivered to the carrier pursuant to the contract, the risk of damage to or loss of the subject matter should be assumed by the buyer.

Where the parties have not agreed on the place of delivery or the agreement is not clear, and the subject matter needs to be transported pursuant to paragraph 2(1), Article 603 of this Code, the risk of damage to or loss of the subject matter should be as-

sumed by the buyer after the seller has delivered the subject matter to the first carrier.

§ 607 Nachdem der Verkäufer nach den Vereinbarungen des Vertrags den Vertragsgegenstand an den Ort, den der Käufer bestimmt hat, transportiert und ihn dem Beförderer übergeben hat, trägt der Käufer die Gefahr für die Beschädigung und den Untergang des Vertragsgegenstandes.

Haben die Parteien keinen Übergabeort vereinbart oder ist die Vereinbarung unklar und muss der Vertragsgegenstand nach § 603 Abs. 2 Nr. 1 dieses Gesetzes befördert werden, geht die Gefahr, dass der Vertragsgegenstand beschädigt wird oder untergeht, auf den Käufer über, sobald der Verkäufer dem ersten Beförderer den Vertragsgegenstand übergeben hat.

第六百零八条 出卖人按照约定或者依据本法第六百零三条第二款第二项的规定将标的物置于交付地点,买受人违反约定没有收取的,标的物毁损、灭失的风险自违反约定时起由买受人承担。

Article 608 Where the seller places the subject matter at the place of delivery as agreed or pursuant to paragraph 2(2), Article 603 of this Code, if the buyer breaches by failing to take delivery, the risk of damage to or loss of the subject matter passes to the buyer from the time of breach of the contract.

§ 608 Hat der Verkäufer nach den Vereinbarungen oder gemäß § 603 Abs. 2 Nr. 2 dieses Gesetzes den Vertragsgegenstand am Übergabeort platziert und nimmt der Käufer ihn unter Verletzung der Vereinbarungen nicht in Empfang, trägt der Käufer ab der Verletzung der Vereinbarungen die Gefahr, dass der Vertragsgegenstand beschädigt wird oder untergeht.

第六百零九条 出卖人按照约定未交付有关标的物的单证和资料的,不影响标的物毁损、灭失风险的转移。

Article 609 Seller's failure to deliver the documents and materials related to the subject matter pursuant to the contract will not affect the passing of the risk of damage to or loss of the subject matter.

§ 609 Hat der Verkäufer vereinbarungsgemäß nicht die Dokumente und sonstigen Unterlagen zum Vertragsgegenstand übergeben, wirkt sich dies auf den Übergang der Gefahr der Beschädigung und des Untergangs des Vertragsgegenstands nicht aus.

第六百一十条 因标的物不符合质量要求,致使不能实现合同目的的,买受人可以拒绝接受标的物或者解除合同。买受人拒绝接受标的物或者解除合同的,标的物毁损、灭失的风险由出卖人承担。

Article 610 Where the quality of the subject matter does not conform to the quality requirements, making it impossible to achieve the purpose of the contract, the buyer may refuse to accept the subject matter or may rescind the contract, under which circumstances the risk of damage to or loss of the subject matter should be assume by the seller.

§ 610　Entspricht der Vertragsgegenstand nicht den Qualitätsanforderungen, sodass der Vertragszweck nicht verwirklicht werden kann, kann der Käufer die Annahme des Vertragsgegenstands verweigern oder den Vertrag kündigen. Hat der Käufer die Annahme des Vertragsggegenstands verweigert oder den Vertrag gekündigt, trägt der Verkäufer die Gefahr, dass der Vertragsgegenstand beschädigt wird oder untergeht.

第六百一十一条　标的物毁损、灭失的风险由买受人承担的,不影响因出卖人履行义务不符合约定,买受人请求其承担违约责任的权利。

Article 611　Buyer's assumption of the risk of damage to or loss of the subject matter will not affect the buyer's right to request the seller to assume the liability for breach of contract due to noncompliance of the seller's performance with the contract.

§ 611　Trägt der Käufer die Gefahr, dass der Vertragsgegenstand beschädigt wird oder untergeht, wird sein Recht darauf nicht beeinflusst, vom Verkäufer zu verlangen, dass er wegen dessen den Vereinbarungen nicht entsprechenden Erfüllung der Pflichten Haftung für die Vertragsverletzung trägt.

第六百一十二条　出卖人就交付的标的物,负有保证第三人对该标的物不享有任何权利的义务,但是法律另有规定的除外。

Article 612　Unless otherwise provided by the law, the seller has the obligation to warrant that no third party has any right to the delivered subject matter.

§ 612 Der Verkäufer ist hinsichtlich des übergebenen Vertragsgegenstasndes verpflichtet, zu gewährleisten, dass ein Dritter keinerlei Rechte am übergebenen Vertragsgegenstand genießt, es sei denn, dass gesetzlich etwas anderes bestimmt ist.

第六百一十三条 买受人订立合同时知道或者应当知道第三人对买卖的标的物享有权利的,出卖人不承担前条规定的义务。

Article 613 Where the buyer knows or should have known, at the time of contracting, that a third party has rights to the subject matter for sale, the seller will not assume the obligation prescribed in the preceding Article.

§ 613 Wenn der Käufer bei Vertragsschluss weiß oder wissen muss, dass ein Dritter Rechte am Kaufgegenstand genießt, hat der Verkäufer nicht die Pflicht nach dem vorigen Paragrphen.

第六百一十四条 买受人有确切证据证明第三人对标的物享有权利的,可以中止支付相应的价款,但是出卖人提供适当担保的除外。

Article 614 Where the buyer has conclusive evidence that a third party has rights to the subject matter, it may suspend payment of the corresponding price, except where the seller provides appropriate security.

§ 614 Hat der Käufer eindeutige Beweise dafür, dass ein

Dritter Rechte am Vertragsgegenstand genießt, kann er die Bezahlung des entsprechenden Preises aussetzen, es sei denn, dass der Verkäufer angemessene Sicherheiten stellt.

第六百一十五条　出卖人应当按照约定的质量要求交付标的物。出卖人提供有关标的物质量说明的,交付的标的物应当符合该说明的质量要求。

Article 615　The seller shall deliver the subject matter pursuant to the agreed quality requirements. Where the seller gives the quality specifications for the subject matter, the subject matter delivered should comply with the quality requirements set forth therein.

§615　Der Verkäufer muss einen Vertragsgegenstand entsprechend den vereinbarten Qualitätsanforderungen übergeben. Gibt der Verkäufer Erklärungen zur Qualität des Vertragsgegenstands ab, muss der übergebene Vertragsgegenstand den Qualitätsanforderungen nach diesen Erklärungen entsprechen.

第六百一十六条　当事人对标的物的质量要求没有约定或者约定不明确,依据本法第五百一十条的规定仍不能确定的,适用本法第五百一十一条第一项的规定。

Article 616　Where the quality requirements for the subject matter is not agreed by parties or such agreement is not clear, nor can it be determined pursuant to Article 510 of this Code, Article 511(1) of this Code applies.

§ 616　Haben die Parteien keine oder keine klaren Vereinbarungen zu den Qualitätsanforderungen an den Vertragsgegenstand getroffen und können die Qualitätsanforderungen auch nicht gemäß § 510 dieses Gesetzes bestimmt werden, wird § 511 Nr. 1 dieses Gesetzes angewandt.

第六百一十七条　出卖人交付的标的物不符合质量要求的,买受人可以依据本法第五百八十二条至第五百八十四条的规定请求承担违约责任。

Article 617　Where the subject matter delivered by the seller fails to comply with the quality requirements, the buyer may request the seller to assume liability for breach of contract pursuant to Articles 582 through 584 of this Code.

§ 617　Entspricht der vom Verkäufer übergebene Vertragsgegenstand den Qualitätsanforderungen nicht, kann der Käufer gemäß den §§ 582 bis 584 dieses Gesetzes Haftung verlangen, dass der Verkäufer für die Vertragsverletzung haftet.

第六百一十八条　当事人约定减轻或者免除出卖人对标的物瑕疵承担的责任,因出卖人故意或者重大过失不告知买受人标的物瑕疵的,出卖人无权主张减轻或者免除责任。

Article 618　Where the parties agree to mitigate or exempt seller's liability for any defect in the subject matter, and the seller fails to notify the buyer of the defect in the subject matter intentionally or due to gross negligence, the seller has no right to claim mitigation or exemption of the liability.

§ 618 Haben die Parteien vereinbart, dass die Haftung des Verkäufers für Mängeln des Vertragsgegenstandes vermindert oder ausgeschlossen ist, ist der Verkäufer nicht berechtigt, eine Verminderung oder den Verschluss der Haftung geltend zu machen, insofern er vorsätzlich oder grob fahrlässig dem Käufer nicht Mängel des Vertragsgegenstandes bekanntgibt.

第六百一十九条 出卖人应当按照约定的包装方式交付标的物。对包装方式没有约定或者约定不明确，依据本法第五百一十条的规定仍不能确定的，应当按照通用的方式包装；没有通用方式的，应当采取足以保护标的物且有利于节约资源、保护生态环境的包装方式。

Article 619 The seller shall deliver the subject matter packed in the agreed manner. Where there is no agreement on the manner of packing or the agreement is not clear, nor can it be determined pursuant to Article 510 of this Code, the subject matter should be packed in a general manner; where there is no general manner, a manner of packing enough to protect the subject matter and conducive to conserving resources and protecting the ecology and environment should be adopted.

§ 619 Der Verkäufer muss den Vertragsgegenstand in der vereinbarten Verpackung übergeben. Ist die Verpackung nicht vereinbart worden oder die Vereinbarung unklar und kann die Art und Weise der Verpackung gemäß § 510 dieses Gesetzes auch nicht bestimmt werden, muss auf die übliche Art und Weise verpackt werden; gibt es bei der Verpackung keine übliche Art und

Weise, muss eine Verpackung verwandt werden, die zum Schutz des Vertragsgegenstandes ausreicht und für die Schonung von Ressourcen und den Schutz der ökologischen Umwelt von Nutzen ist.

第六百二十条　买受人收到标的物时应当在约定的检验期限内检验。没有约定检验期限的,应当及时检验。

Article 620　Upon receipt of the subject matter, the buyer shall inspect it within the agreed inspection period. If there is no agreed inspection period, the buyer shall inspect the subject matter in time.

§ 620　Der Käufer muss den Vertragsgegenstand bei Erhalt innerhalb der vereinbarten Prüfungsfrist prüfen; ist keine Prüfungsfrist vereinbart worden, muss der Vertragsggenstand rechtzeitig geprüft werden.

第六百二十一条　当事人约定检验期限的,买受人应当在检验期限内将标的物的数量或者质量不符合约定的情形通知出卖人。买受人怠于通知的,视为标的物的数量或者质量符合约定。

当事人没有约定检验期限的,买受人应当在发现或者应当发现标的物的数量或者质量不符合约定的合理期限内通知出卖人。买受人在合理期限内未通知或者自收到标的物之日起二年内未通知出卖人的,视为标的物的数量或者质量符合约定;但是,对标的物有质量保证期的,适用质量保证期,不适用该二年的规定。

出卖人知道或者应当知道提供的标的物不符合约定

的,买受人不受前两款规定的通知时间的限制。

Article 621 Where the parties have agreed on an inspection period, the buyer shall notify the seller of any non-compliance in quantity or quality of the subject matter within such inspection period. Where the buyer is reluctant to notify the seller, it shall be deemed that the quantity or quality of the subject matter comply with the contract.

Where there is no agreed inspection period, the buyer shall notify the seller within a reasonable period within which the buyer discovers or should have discovered that the quantity or quality does not conform to the agreement. If the buyer fails to notify within such reasonable period or fails to notify within two years from the date of receipt of the subject matter, the quantity or quality of the subject matter is deemed to be in conformity with the contract. However, if there is a quality guarantee period for the subject matter, such quality guarantee period rather than the two-year period applies.

Where the seller knows or should have known the non-compliance of the subject matter, the buyer is not subject to the time limits for notification prescribed in the preceding two paragraphs.

§ 621 Haben die Parteien eine Prüfungsfrist vereinbart, muss der Käufer, wenn Menge oder Qualität des Vertragsgegenstands den Vereinbarungen nicht entsprechen, dies innerhalb dieser Frist dem Verkäufer mitteilen. Vernachlässigt der Käufer die Mitteilung, werden Menge und Qualität des Vertragsgegenstands als den Vereinbarungen entsprechend angesehen.

Haben die Parteien keine Prüfungsfrist vereinbart, muss der

Käufer, wenn er feststellt oder feststellen muss, dass Menge oder Qualität des Vertragsgegenstands den Vereinbarungen nicht entsprechen, dies innerhalb einer angemessenen Frist dem Verkäufer mitteilen. Hat der Käufer nicht innerhalb einer angemessenen Frist oder nicht innerhalb von zwei Jahren ab dem Tag des Erhalts des Vertragsgegenstands den Verkäufer unterrichtet, werden Menge und Qualität des Vertragsgegenstands als den Vereinbarungen entsprechend angesehen; gibt es aber für den Vertragsgegenstand eine Qualitätsgewährleistungsfrist, wird diese Frist statt der Bestimmung über die zwei Jahre angewand.

Wenn der Verkäufer weiß oder wissen muss, dass der geleistete Vertragsgegenstand nicht den Vereinbarungen entspricht, ist der Käufer nicht an die Mitteilungsfristen der vorigen zwei Absätze gebunden.

第六百二十二条 当事人约定的检验期限过短,根据标的物的性质和交易习惯,买受人在检验期限内难以完成全面检验的,该期限仅视为买受人对标的物的外观瑕疵提出异议的期限。

约定的检验期限或者质量保证期短于法律、行政法规规定期限的,应当以法律、行政法规规定的期限为准。

Article 622 Where the inspection period agreed by the parties is so short that, in light of the nature of the subject matter and usage of trade, it is difficult for the buyer to complete a comprehensive inspection during the inspection period, the period is treated only as a period for the buyer to raise an objection to an apparent defect.

If the agreed inspection period or quality guarantee period is shorter than that prescribed by the laws and administrative regulations, the period prescribed by the laws and administrative regulations prevails.

§ 622 Ist die von den Parteien vereinbarte Prüfungsfrist zu kurz, sodass es für den Käufer aufgrund der Natur des Vertragsgegenstandes und der Verkehrssitte schwer ist, innerhalb der Prüfungsfrist die Prüfung in vollem Umfang zu vollenden, gilt diese Frist nur als Frist für das Erheben von Einwänden durch den Käufer gegen äußere Mängel des Vertragsgegenstandes.

Ist die vereinbarte Prüfungsfrist oder die Qualitätsgewährleistungsfrist kürzer als die in Gesetzen und Verwaltungsrechtsnormen bestimmte Frist, gilt die in Gesetzen und Verwaltungsrechtsnormen bestimmte Frist als maßgeblich.

第六百二十三条 当事人对检验期限未作约定,买受人签收的送货单、确认单等载明标的物数量、型号、规格的,推定买受人已经对数量和外观瑕疵进行检验,但是有相关证据足以推翻的除外。

Article 623 Where the parties fail to agree on an inspection period, and the delivery note or acknowledgment signed by the buyer states the quantity, model, and specifications of the subject matter, the buyer is presumed to have made an inspection in respect of quantity and apparent defects, unless there is sufficient evidence to the contrary.

§ 623 Haben die Parteien keine Vereinbarung über die

Prüfungsfrist getroffen und sind auf den vom Käufer gezeichneten Dokumenten, wie etwa Lieferschein oder Bestätigungsschein, Quantität, Typ und Spezifikationen des Vertragsgegenstandes angegeben, wird vermutet, dass der Käufer bereits eine Prüfung im Hinblick auf Quantität und äußere Mängel durchgeführt hat, es sei denn, dass es entsprechende Beweise gibt, die ausreichen, um die Vermutung umzustoßen.

第六百二十四条 出卖人依照买受人的指示向第三人交付标的物,出卖人和买受人约定的检验标准与买受人和第三人约定的检验标准不一致的,以出卖人和买受人约定的检验标准为准。

Article 624 Where the seller delivers the subject matter to a third party pursuant to the buyer's instructions, and the inspection standard agreed on by the seller and the buyer is inconsistent with the inspection standard agreed on by the buyer and the third party, the inspection standard agreed on by the seller and the buyer prevails.

§ 624 Übergibt der Verkäufer den Vertragsgegenstand nach Anweisung durch den Käufer einem Dritten und stimmen der zwischen Verkäufer und Käufer vereinbarte und der zwischen Käufer und Drittem vereinbarte Prüfungsstandard nicht überein, giltl der zwischen demVerkäufer und dem Käufer vereinbarte Prüfungsstandard als maßgelblich.

第六百二十五条　依照法律、行政法规的规定或者按照当事人的约定,标的物在有效使用年限届满后应予回收的,出卖人负有自行或者委托第三人对标的物予以回收的义务。

Article 625　Where any law or administrative regulation requires or the parties agree that the subject matter should be recovered after the expiration of its useful life, the seller is obligated to recover the subject matter in person or entrust a third party to do so.

§ 625　Muss nach den Bestimmungen von Gesetzen oder Verwaltungsrechtsnormen oder nach den Vereinbarungen der Parteien der Vertragsgegenstand nach Ablauf seiner effektiven Nutzungsdauer recycelt werden, ist der Verkäufer verpflichtet, den Gegenstand selbst zu recyceln oder einen Dritten hiermit zu beauftragen.

第六百二十六条　买受人应当按照约定的数额和支付方式支付价款。对价款的数额和支付方式没有约定或者约定不明确的,适用本法第五百一十条、第五百一十一条第二项和第五项的规定。

Article 626　The buyer shall pay the price pursuant to the agreed amount and payment method. If there is no agreement or the agreement is not clear regarding the amount and payment method, Article 510 and Article 511(2) and (5) of this Code apply.

§ 626　Der Käufer muss den Kaufpreis in der vereinbarten Höhe und Zahlungsweise zahlen. Ist keine Vereinbarung zu dem Preis und der Zahlungsweise getroffen worden oder ist die Vereinbarung unklar, gelten die Bestimmungen der § § 510, 511 Nr. 2 und Nr. 5 dieses Gesetzes.

第六百二十七条 买受人应当按照约定的地点支付价款。对支付地点没有约定或者约定不明确,依据本法第五百一十条的规定仍不能确定的,买受人应当在出卖人的营业地支付;但是,约定支付价款以交付标的物或者交付提取标的物单证为条件的,在交付标的物或者交付提取标的物单证的所在地支付。

Article 627 The buyer shall pay the price at the agreed place. If the place of payment is not agreed or the agreement is not clear, nor can it be determined pursuant to Article 510 of this Code, the buyer shall make payment at the seller's place of business, provided that if the parties agree that payment is conditional upon delivery of the subject matter or the document for taking delivery thereof, payment should be made at the place where the subject matter or the document for taking delivery thereof is delivered.

§ 627 Der Käufer muss den Kaufpreis am vereinbarten Ort zahlen. Ist keine oder keine klare Vereinbarung zum Zahlungsort getroffen worden und kann der Zahlungsort auch nicht gemäß § 510 bestimmt werden, muss der Käufer am Ort des Geschäftsbetriebs des Verkäufers zahlen; wird aber vereinbart, dass die Zahlung des Preises durch die Übergabe des Vertragsgegenstands oder der Dokumente zur Inempfangnahme des Vertragsgegenstands bedingt ist, wird an dem Ort gezahlt, an dem der Vertragsgegenstand bzw. die Dokumente zur Inempfangnahme des Vertragsgegenstands übergeben werden.

第六百二十八条 买受人应当按照约定的时间支付价款。对支付时间没有约定或者约定不明确,依据本法第五百一十条的规定仍不能确定的,买受人应当在收到标的物或者提取标的物单证的同时支付。

Article 628 The buyer shall pay the price at the agreed time. If the time for payment is not agreed or the agreement is not clear, nor can it be determined pursuant to Article 510 of this Code, the buyer shall make payment at the same time it receives the subject matter or the document for taking delivery thereof.

§ 628 Der Käufer muss den Preis zum vereinbarten Zeitpunkt zahlen. Ist keine oder keine klare Vereinbarung zum Zeitpunkt der Zahlung getroffen worden und kann der Zahlungszeitpunkt auch nicht gemäß § 510 bestimmt werden, muss der Käufer bei Empfang des Vertragsgegenstands bzw. der Dokumente zur Inempfangnahme des Vertragsgegenstands zahlen.

第六百二十九条 出卖人多交标的物的,买受人可以接收或者拒绝接收多交的部分。买受人接收多交部分的,按照约定的价格支付价款;买受人拒绝接收多交部分的,应当及时通知出卖人。

Article 629 Where the seller delivers the subject matter in a quantity greater than that agreed in the contract, the buyer may accept or reject the excess part. The buyer shall pay the price as agreed if the buyer accepts the excess part, or notify the seller in time if the buyer rejects the excess part.

§ 629 Leistet der Verkäufer mehr als den vereinbarten Vertragsgegenstand, kann der Käufer die Mehrlieferung annehmen oder ablehnen. Nimmt er sie an, zahlt er den Preis nach dem vereinbarten Betrag; lehnt er sie ab, muss er dies rechtzeitig dem Verkäufer mitteilen.

第六百三十条 标的物在交付之前产生的孳息,归出卖人所有;交付之后产生的孳息,归买受人所有。但是,当事人另有约定的除外。

Article 630 The fruits of the subject matter belong to the seller if accrued before delivery, and to the buyer if accrued after delivery, unless otherwise agreed by the parties.

§ 630 Früchte des Vertragsgegenstandes bis zur Übergabe fallen ins Eigentum des Verkäufers, nach der Übergabe ins Eigentum des Käufers. Dies gilt jedoch nicht, wenn die Parteien etwas anderes vereinbart haben.

第六百三十一条 因标的物的主物不符合约定而解除合同的,解除合同的效力及于从物。因标的物的从物不符合约定被解除的,解除的效力不及于主物。

Article 631 The effect of rescission of a contract extends to the accessory things of the subject matter if a contract is rescinded because the principal things is not in compliance with the agreement, but does not extend to the principal things if the contract is

rescinded because the accessory things is not in compliance with the agreement.

§ 631 Wird der Vertrag gekündigt, weil die Hauptsache des Vertragsgegenstands nicht den Vereinbarungen entspricht, erstreckt sich die Wirkung der Vertragskündigung auf das Zubehör. Wird der Vertrag gekündigt, weil das Zubehör des Vertragsgegenstandes nicht den Vereinbarungen entspricht, erstreckt sich die Wirkung der Vertragskündigung nicht auf die Hauptsache.

第六百三十二条 标的物为数物,其中一物不符合约定的,买受人可以就该物解除。但是,该物与他物分离使标的物的价值显受损害的,买受人可以就数物解除合同。

Article 632 Where the subject matter comprises of a number of things and one of them does not conform to the contract, the buyer may rescind with regard to the thing, but if severance of such a thing with the others will significantly diminish the value of the subject matter, the buyer may rescind the contract in respect of such number of things.

§ 632 Besteht der Vertragsgegenstand aus mehreren Sachen, von denen eine nicht den Vereinbarungen entspricht, kann der Käufer in Bezug auf diese Sache den Vertrag kündigen; wird aber der Wert des Vertragsgegenstands durch die Trennung dieser Sache von anderen verkauften Sachen deutlich beeinträchtigt, kann der Käufer in Bezug auf mehrere Sachen den Vertrag kündigen.

第六百三十三条　出卖人分批交付标的物的,出卖人对其中一批标的物不交付或者交付不符合约定,致使该批标的物不能实现合同目的的,买受人可以就该批标的物解除。

出卖人不交付其中一批标的物或者交付不符合约定,致使之后其他各批标的物的交付不能实现合同目的的,买受人可以就该批以及之后其他各批标的物解除。

买受人如果就其中一批标的物解除,该批标的物与其他各批标的物相互依存的,可以就已经交付和未交付的各批标的物解除。

Article 633　Where the seller is to deliver the subject matter in installments, if the seller fails to deliver one installment of the subject matter or the delivery does not conform to the contract, thus rendering the installment of the subject matter unable to fulfill the purpose of the contract, the buyer may rescind with respect to such installment of the subject matter.

If the seller fails to deliver one installment of the subject matter or the delivery does not conform to the contract, thus rendering the delivery of all subsequent installments of the subject matter unable to fulfill the purpose of the contract, the buyer may rescind with respect to such installment and all subsequent installments of the subject matter.

If the buyer rescinds with respect to one installment which is interdependent with all other installments, the buyer may rescind with respect to all delivered and undelivered installments of the subject matter.

§ 633　Liefert der Verkäufer die Sachen des Vertragsgegen-

standes in aufeinanderfolgenden Teillieferungen und übergibt die Sachen des Vertragsgegenstandes einer Teillieferungen nicht oder nicht vereinbarungsgemäß, so dass die Sachen des Vertragsgegenstandes dieser Teillieferung nicht den Vertragszweck erfüllen können, kann der Käufer in Bezug auf diese Teillieferung den Vertrag kündigen.

Übergibt der Verkäufer die Sachen des Vertragsgegenstandes einer Teillieferung nicht oder nicht vereinbarungsgemäß, so dass die anderen nachfolgenden Teillieferungen nicht den Vertragszweck erfüllen können, kann der Käufer in Bezug auf diese Teillieferung und die nachfolgenden Teillieferungen den Vertrag kündigen.

Kündigt der Käufer in Bezug auf die Sachen des Vertragsgegenstandes einer Teillieferung den Vertrag und sind die Sachen des Vertragsgegenstandes dieser Teillieferung und der anderen Teillieferungen wechselseitig vonnander abhängig, kann der Vertrag in Bezug auf die bereits übergebenen und die noch nicht übergebenen Sachen des Vertragsgegenstandes aller Teillieferungen gekündigt werden.

第六百三十四条 分期付款的买受人未支付到期价款的数额达到全部价款的五分之一，经催告后在合理期限内仍未支付到期价款的，出卖人可以请求买受人支付全部价款或者解除合同。

出卖人解除合同的，可以向买受人请求支付该标的物的使用费。

Article 634 Where the buyer in a sale by installment payments fails to make payments as they become due up to one fifth of the total price, and still fails to pay within a reasonable period after being requested, the seller may request payment of the full price by the buyer or rescind the contract.

If the seller rescinds the contract, it may request the buyer to pay a fee for its use of the subject matter.

§ 634 Erreicht bei Ratenzahlung der vom Käufer nicht bezahlte fällige Teil des Preises ein Fünftel des gesamten Preises und wird der fällige Preis auch nach Mahnung nicht innerhalb einer angemesenen Frist gezahlt, kann der Verkäufer vom Käufer die Zahlung des ganzen Kaufpreises verlangen oder den Vertrag kündigen.

Kündigt der Verkäufer den Vertrag, kann er vom Käufer die Zahlung einer Gebrauchsgebühr für den Vertragsgegenstand verlangen.

第六百三十五条 凭样品买卖的当事人应当封存样品,并可以对样品质量予以说明。出卖人交付的标的物应当与样品及其说明的质量相同。

Article 635 The parties in a sale by sample shall place the sample under seal, and may specify the quality of the sample. The subject matter delivered by the seller should be of the same quality as the sample and its description.

§ 635 Bei Kauf nach Probe müssen die Parteien die Probe versiegelt aufbewahren und können Erklärungen zur Qualität der Probe abgeben. Der vom Verkäufer übergebene Vertragsgegenstand muss in der Qualität mit der Probe und den Erklärungen übereinstimmen.

第六百三十六条　凭样品买卖的买受人不知道样品有隐蔽瑕疵的，即使交付的标的物与样品相同，出卖人交付的标的物的质量仍然应当符合同种物的通常标准。

Article 636　If the buyer in a sale by sample is not aware of a latent defect in the sample, the subject matter delivered by the seller should nevertheless conform to the normal quality standard for a like item, even though the subject matter delivered conforms to the sample.

§ 636　Kennt beim Kauf nach Probe der Käufer verborgene Mängel der Probe nicht, muss unabhängig davon, ob der übergebene Vertragsgegenstand mit der Probe übereinstimmt, die Qualität des vom Verkäufer übergebenen Vertragsgegenstands den allgemeinen Normen gleichartiger Gegenstände entsprechen.

第六百三十七条　试用买卖的当事人可以约定标的物的试用期限。对试用期限没有约定或者约定不明确，依据本法第五百一十条的规定仍不能确定的，由出卖人确定。

Article 637　The parties in a sale by trial may agree on the trial period for the subject matter. Where a trial period is not agreed on or the agreement is not clear, nor can it be determined pursuant to Article 510 of this Code, it shall be determined by the seller.

§ 637　Die Parteien des Kaufs auf Probe können die Probezeit für den Gebrauch des Vertragsgegenstands vereinbaren. Ist keine oder keine klare Vereinbarung über die Probefrist getroffen worden und kann die Probefrist auch nicht gemäß § 510 bestimmt werden, wird die Probefrist vom Verkäufer festgesetzt.

第六百三十八条 试用买卖的买受人在试用期内可以购买标的物,也可以拒绝购买。试用期限届满,买受人对是否购买标的物未作表示的,视为购买。

试用买卖的买受人在试用期内已经支付部分价款或者对标的物实施出卖、出租、设立担保物权等行为的,视为同意购买。

Article 638　The buyer in a sale by trial may either purchase or reject the subject matter during the trial period. Upon expiry of the trial period, the buyer is deemed to purchase if it fails to manifest its intent to purchase or not.

The buyer in a sale by trial is deemed to purchase if it has paid part of the price or has sold, leased, or created a security interest on the subject matter during the trial period.

§ 638　Der Käufer kann beim Kauf auf Probe während der Probezeit den Vertragsgegenstand erwerben oder den Erwerb ablehnen. Hat sich der Käufer bis zum Ablauf der Probezeit nicht erklärt, ob er den Vertragsgegenstand erwirbt oder nicht, gilt das als Erwerb.

Hat der Käufer beim Kauf auf Probe während der Probezeit bereits einen Teil des Kaufpreises gezahlt oder im Hinblick auf den Vertragsgegenstand Handlungen vorgenommen wie etwa den Verkauf, die Vermietung oder die Bestellung einer dinglichen Sicherheit, gilt dies als Einverständnis zum Erwerb.

第六百三十九条 试用买卖的当事人对标的物使用费没有约定或者约定不明确的,出卖人无权请求买受人支付。

Article 639 If there is no agreement by the parties to a sale by trial or the agreement is not clear regarding the fees for the use of the subject matter, the seller has no right to request the buyer to pay.

§ 639 Haben die Parteien des Kaufs auf Probe keine Gebrauchsgebühr vereinbart oder ist die Vereinbarung nicht klar, ist der Verkäufer nicht berechtigt, vom Käufer die Zahlung einer Gebrauchsgebühr zu verlangen.

第六百四十条 标的物在试用期内毁损、灭失的风险由出卖人承担。

Article 640 The risk of damage to or loss of the subject matter during the trial period should be assumed by the seller.

§ 640 Die Gefahr für die Beschädigung und den Untergang des Vertragsgegenstandes wird während der Probezeit vom Verkäufer getragen.

第六百四十一条 当事人可以在买卖合同中约定买受人未履行支付价款或者其他义务的,标的物的所有权属于出卖人。

出卖人对标的物保留的所有权,未经登记,不得对抗善意第三人。

Article 641 The parties may agree in the sales contract that the ownership remains with the seller if the buyer fails to pay the price or perform other obligations.

The ownership of the subject matter retained by the seller is not effective against a bona fide third party without registration.

§ 641 Die Parteien können im Kaufvertrag vereinbaren, dass das Eigentum am Vertragsgegenstand solange dem Verkäufer zusteht, als der Käufer seine Pflicht, den Preis zu zahlen, oder andere Pflichten nicht erfüllt hat.

Ohne Eintragung darf der Verkäufer einem gutgläubigen Dritten den Eigentumsvorbehalt nicht entgegengehalten.

第六百四十二条 当事人约定出卖人保留合同标的物的所有权,在标的物所有权转移前,买受人有下列情形之一,造成出卖人损害的,除当事人另有约定外,出卖人有权取回标的物:

(一)未按照约定支付价款,经催告后在合理期限内仍未支付;

(二)未按照约定完成特定条件;

(三)将标的物出卖、出质或者作出其他不当处分。

出卖人可以与买受人协商取回标的物;协商不成的,可以参照适用担保物权的实现程序。

Article 642 Where the parties agree that the seller retains the ownership of the subject matter of the contract, and before the ownership of the subject matter is transferred, the buyer has any of the following circumstances that causes damage to the seller, the seller has the right to retake the subject matter, unless otherwise agreed by the parties:

(1) the buyer fails to pay the price as agreed and still fails to pay within a reasonable period limit after being requested;

(2) the buyer fails to satisfy specific conditions as agreed; or

(3) the buyer sells, pledges, or otherwise improperly disposes the subject matter.

The seller may negotiate with the buyer for retaking the subject matter; and if the negotiation fails, the procedures for the realization of security interests may apply *mutatis mutandis*.

§ 642 Haben die Parteien einen Eigentumsvorbehalt des Verkäufers am Vertragsgegenstand vereinbart und liegt vor Übergang des Eigentums am Vertragsgegenstand beim Käufer einer der folgenden Umstände vor, sodass beim Verkäufer ein Schaden verursacht wird, hat der Verkäufer das Recht, den Vertragsgegenstand zurückzunehmen, soweit die Parteien nichts anderes vereinbaren haben:

1. Der Kaufpreis ist nicht vereinbarungsgemäß gezahlt worden und wird auch nach Mahnung nicht innerhalb einer angemessenen Frist gezahlt;

2. besondere Bedingungen werden nicht vereinbarungsgemäß erfüllt;

3. der Vertragsgegenstand wird verkauft, verpfändet oder andere ungerechtigte Verfügungen über ihn werden vorgenommen.

Der Verkäufer kann mit dem Käufer über die Rückgabe des Vertragsgegenstandes aushandeln; gelingt das Aushandeln nicht, kann das Verfahren zur Realisierung des dinglichen Sicherungsrechts entsprechend angewandt wenden.

第六百四十三条 出卖人依据前条第一款的规定取回标的物后,买受人在双方约定或者出卖人指定的合理回赎期限内,消除出卖人取回标的物的事由的,可以请求回赎标的物。

买受人在回赎期限内没有回赎标的物,出卖人可以以合理价格将标的物出卖给第三人,出卖所得价款扣除买受人未支付的价款以及必要费用后仍有剩余的,应当返还买受人;不足部分由买受人清偿。

Article 643 Where after a seller has retaken the subject matter pursuant to paragraph 1 of the preceding Article, the buyer removes the cause for which the seller retook the subject matter within a reasonable redemption period agreed by the parties or specified by the seller, the seller may request redemption of the subject matter.

If the buyer fails to redeem the subject matter within the redemption period, the seller may sell the subject matter to a third party at a reasonable price, and if there is any surplus from the sale price after deducting the buyer's unpaid price and necessary expenses, the buyer should be refunded, and any deficiency should be borne by the buyer.

§ 643 Hat der Verkäufer gemäß dem ersten Absatz des vorigen Paragraphen den Vertragsgegenstand zurückgenommen und beseitigt der Käufer innerhalb der von beiden Parteien vereinbarten oder der vom Verkäufer bestimmten angemessenen Auslösefrist den Grund für die Rücknahme des Vertragsgegenstandes durch den Verkäufer, kann der Käufer die Auslösung des Vertragsgegenstandes verlangen.

Löst der Käufer den Vertragsgegenstand nicht innerhalb der Auslösefrist aus, kann der Verkäufer den Vertragsgegenstand zu einem angemessenen Preis an einen Dritten verkaufen; verbleibt vom Erlös nach Abzug des vom Käufer nicht gezahlten Kaufpreises und der notwendigen Kosten noch ein Rest, muss er dem Käufer zurückgegeben werden; ein Fehlbetrag wird vom Käufer beglichen.

第六百四十四条 招标投标买卖的当事人的权利和义务以及招标投标程序等,依照有关法律、行政法规的规定。

Article 644 The parties' rights and obligations and the bid and bidding procedures in a sale by bid and bidding are governed by the relevant laws and administrative regulations.

§ 644 Rechte und Pflichten der Parteien bei einem Kauf nach Ausschreibung und das Ausschreibungsverfahren richten sich nach den einschlägigen Bestimmungen von Gesetzen und Verwaltungsrechtsnormen.

第六百四十五条 拍卖的当事人的权利和义务以及拍卖程序等,依照有关法律、行政法规的规定。

Article 645 The parties' rights and obligations and the auction procedures in a sale by auction are governed by the relevant laws and administrative regulations.

§ 645 Rechte und Pflichten der Parteien bei einer Versteigerung und das Versteigerungsverfahren richten sich nach den einschlägigen Bestimmungen von Ggesetzen und Verwaltungsrechtsnormen.

第六百四十六条　法律对其他有偿合同有规定的,依照其规定;没有规定的,参照适用买卖合同的有关规定。

Article 646　If there are provisions in the law for other onerous contracts, such provisions apply; in the absence of such provisions, the provisions on sales contract apply *mutatis mutandis*.

§ 646　Enthalten Gesetze Bestimmungen für andere entgeltliche Verträge, gelten diese Bestimmungen; gibt es keine solchen Bestimmungen, werden die Bestimmungen zum Kaufvertrag entsprechend angewandt.

第六百四十七条　当事人约定易货交易,转移标的物的所有权的,参照适用买卖合同的有关规定。

Article 647　Where the parties agree on a barter transaction involving transfer of ownership of the subject matter, the relevant provisions on sales contracts apply *mutatis mutandis*.

§ 647　Vereinbaren die Parteien einen Tauschhandel mit Übertragung des Eigentums am Vertragsgegenstand, werden die Bestimmungen zum Kaufvertrag entsprechend angewandt.

第十章　供用电、水、气、热力合同
Chapter X　Contracts for Supply of Power, Water, Gas or Heat
10. Kapitel: Verträge über die Lieferung von Elektrizität, Wasser, Gas und Wärme

第六百四十八条　供用电合同是供电人向用电人供电,用电人支付电费的合同。

向社会公众供电的供电人,不得拒绝用电人合理的订立合同要求。

Article 648　A power supply contract is a contract whereby the power supplier supplies power to the power customer, and the power customer pays power bill.

A power supplier who supplies power to the public may not reject a power customer's reasonable request for contracting.

§ 648　Der Elektrizitätslieferungsvertrag ist ein Vertrag, bei dem der Elektrizitätslieferant Elektrizität an den Stromverbraucher liefert und der Stromverbraucher Elektrizitätsgebühren zahlt.

Der Elektrizitätslieferant, der Elektrizität an die Allgemeinheit liefert, darf nicht das angemessene Verlangen des Stromverbrauchers nach dem Vertragsabschluss ablehnen.

第六百四十九条　供用电合同的内容一般包括供电的方式、质量、时间,用电容量、地址、性质,计量方式,电价、电费的结算方式,供用电设施的维护责任等条款。

Article 649 Among the terms typically included in a power supply contract are the method, quality, and time of power supply; the capacity, location and nature of power use; the metering method, electricity rate, the method of settlement of power bill, and the maintenance responsibility of power supply and use facilities.

§ 649 Der Elektrizitätslieferungsvertrag enthält insbesondere Klauseln zur Art und Weise, Qualität und Zeit der Lieferung von Elektrizität, zu der Kapazität, dem Ort und der Natur des Stromverbrauchs und zur Art und Weise der Messung der Strommenge, zum Strompreis und zur Art und Weise der Verrechnung der Elektrizitätsgebühren und zur Verantwortung für die Wartung der Stromversorgungsanlagen.

第六百五十条 供用电合同的履行地点,按照当事人约定;当事人没有约定或者约定不明确的,供电设施的产权分界处为履行地点。

Article 650 The place of performance of a power supply contract is the place agreed by the parties, or, if there is no agreement or the agreement is not clear, the boundary where ownership of the power supply facilities is divided.

§ 650 Der Erfüllungsort des Elektrizitätslieferungsvertrags richtet sich nach den Vereinbarungen der Parteien; haben die Parteien den Erfüllungsort nichts vereinbart oder ist die Vereinbarung unklar, ist die vermögensrechtliche Grenze der Stromversorgungsanlagen der Erfüllungsort.

第六百五十一条　供电人应当按照国家规定的供电质量标准和约定安全供电。供电人未按照国家规定的供电质量标准和约定安全供电,造成用电人损失的,应当承担赔偿责任。

Article 651　The power supplier shall supply power in a safe manner pursuant to the standards for power supply stipulated by the State and the terms of the contract, or shall assume liability for compensation if failure to do so causes losses to the power customer.

§ 651　Der Elektrizitätslieferant muss nach den staatlich bestimmten Qualitätsstandards für Stromlieferung und den Vereinbarungen Elektrizität sicher liefern. Liefert der Elektrizitätslieferant nicht nach den staatlich bestimmten Qualitätsstandards für Stromlieferung und den Vereinbarungen sicher Elektrizität und fügt damit dem Stromverbraucher einen Schaden zu, haftet er auf Schadenersatz.

第六百五十二条　供电人因供电设施计划检修、临时检修、依法限电或者用电人违法用电等原因,需要中断供电时,应当按照国家有关规定事先通知用电人;未事先通知用电人中断供电,造成用电人损失的,应当承担赔偿责任。

Article 652　Where the power supplier needs to suspend the power supply due to reasons such as planned maintenance or provisional inspection and repair of the power supply facilities, lawful restriction on power use, or illegal use of power by the power customer, etc., it shall notify the power customer in advance pursuant to relevant State regulations, or shall assume liability for compensation if failure to do so causes losses to the power customer.

§ 652 Ist es erforderlich, dass der Elektrizitätslieferant wegen planmäßiger oder außerplanmäßiger Überprüfungen und Reparaturen der Stromlieferungsanlagen, wegen Strombeschränkungen nach dem Recht oder wegen rechtswidrigen Stromverbrauchs durch Stromverbraucher oder aus anderen Gründen die Elektrizitätslieferung unterbrechen muss, muss er nach den einschlägigen staatlichen Bestimmungen den Stromverbraucher vorher unterrichten. Unterbricht er die Elektrizitätslieferung, ohne den Stromverbraucher vorher unterrichtet zu haben, und fügt damit dem Stromverbraucher einen Schaden zu, haftet er auf Schadenersatz.

第六百五十三条 因自然灾害等原因断电,供电人应当按照国家有关规定及时抢修;未及时抢修,造成用电人损失的,应当承担赔偿责任。

Article 653 Where the power supply is suspended due to a natural disaster or other causes, the power supplier shall make emergency repair in time pursuant to relevant State regulations, or shall assume liability for compensation if failure to do so causes losses to the power customer.

§ 653 Fällt der Strom wegen Naturkatastrophen oder anderen Ursachen aus, muss der Elektrizitätslieferant nach den einschlägigen staatlichen Bestimmungen dringende Reparaturen unverzüglich durchführen. Führt er nicht unverzüglich dringende Reparaturen durch und fügt damit dem Stromverbraucher einen Schaden zu, haftet er auf Schadensersatz.

第六百五十四条 用电人应当按照国家有关规定和当事人的约定及时支付电费。用电人逾期不支付电费的，应当按照约定支付违约金。经催告用电人在合理期限内仍不支付电费和违约金的，供电人可以按照国家规定的程序中止供电。

供电人依据前款规定中止供电的，应当事先通知用电人。

Article 654 The power customer shall pay power bills in time pursuant to relevant State regulations and the agreement of the parties. A power customer who delays in paying the power bills shall pay liquidated damages as agreed, and, upon being requested if still fails to pay the power bills and liquidated damages within a reasonable period limit, shall be suspended of power supply pursuant to relevant procedures as prescribed by the State.

A power supplier suspending power supply pursuant to the preceding paragraph shall notify the power customer in advance.

§ 654 Der Stromverbraucher muss nach den einschlägigen staatlichen Bestimmungen und den Vereinbarungen der Parteien Elektrizitätsgebühren rechtzeitig zahlen. Zahlt der Stromverbraucher Elektrizitätsgebühren nach Fristablauf nicht, muss er nach den Vereinbarungen Vertragsstrafe zahlen. Zahlt der Stromverbraucher auch nach Mahnung die Elektrizitätsgebühren und die Vertragsstrafe nicht innerhalb einer angemessenen Frist, kann der Elektrizitätslieferant nach dem staatlich bestimmten Verfahren die Stromlieferungen aussetzen.

Setzt der Elektrizitätslieferant nach dem vorigen Absatz die Stromlieferungen aus, muss er den Stromverbraucher vorher unterrichten.

第六百五十五条　用电人应当按照国家有关规定和当事人的约定安全、节约和计划用电。用电人未按照国家有关规定和当事人的约定用电,造成供电人损失的,应当承担赔偿责任。

Article 655　The power customer shall use power in a safe, conservative, and planned manner pursuant to relevant State regulations and agreement of the parties, or shall assume liability for compensation if failure to do so causes losses to the power supplier.

§ 655　Der Stromverbraucher muss nach den einschlägigen staatlichen Bestimmungen und den Vereinbarungen der Parteien Strom sicher, sparsam und planmäßig verbrauchen. Verbraucht der Stromverbraucher nicht nach den einschlägigen staatlichen Bestimmungen und den Vereinbarungen der Parteien Strom und fügt damit dem Elektrizitätslieferanten Schaden zu, haftet er auf Schadensersatz.

第六百五十六条　供用水、供用气、供用热力合同,参照适用供用电合同的有关规定。

Article 656　The provisions on power supply contracts apply *mutatis mutandis* to a contract for the supply of water, gas or heat.

§ 656　Auf Verträge über die Lieferung von Wasser, Gas und Wärme werden die Bestimmungen für den Elektrizitätslieferungsvertrag entsprechend angewandt.

第十一章 赠与合同
Chapter XI Donation Contracts
11. Kapitel: Schenkungsvertrag

第六百五十七条 赠与合同是赠与人将自己的财产无偿给予受赠人,受赠人表示接受赠与的合同。

Article 657 A donation contract is a contract whereby the donor gratuitously conveys his property to the donee and the donee manifests his acceptance of the donation.

§ 657 Der Schenkungsvertrag ist ein Vertrag, nach dem der Schenker eigenes Vermögensgut dem Beschenkten unentgeltlich zuwendet, und der Beschenkte die Annahme der Schenkung erklärt.

第六百五十八条 赠与人在赠与财产的权利转移之前可以撤销赠与。

经过公证的赠与合同或者依法不得撤销的具有救灾、扶贫、助残等公益、道德义务性质的赠与合同,不适用前款规定。

Article 658 The donor may revoke the donation prior to the transfer of rights to the property donated.

The preceding paragraph is not applicable to a notarized donation contract or a donation contract with the nature of disaster relief, poverty alleviation, disability assistance, or any other public interest or moral obligation of which the law precludes revocation.

§ 658 Vor der Übertragung der Rechte am geschenkten

Vermögensgut kann der Schenker die Schenkung widerrufen.

Auf öffentlich beurkundete oder nach dem Recht unaufhebbare Schenkungsverträge, die die Natur der Gemeinnützigkeit oder einer moralischen Verpflichtung wie etwa zur Katastrophenhilfe, zur Unterstützung bei Armut oder zur Behindertenhilfe haben, werden die Bestimmungen des vorigen Absatzes nicht angewandt.

第六百五十九条 赠与的财产依法需要办理登记或者其他手续的,应当办理有关手续。

Article 659 Where the property donated needs to undergo registration or other formalities pursuant to the law, relevant formalities should be undergone.

§ 659 Ist es nach dem Recht erforderlich, das geschenkte Vermögensgut einzutragen oder andere Formalitäten zu erledigen, muss das betreffende Verfahren durchgeführt werden.

第六百六十条 经过公证的赠与合同或者依法不得撤销的具有救灾、扶贫、助残等公益、道德义务性质的赠与合同,赠与人不交付赠与财产的,受赠人可以请求交付。

依据前款规定应当交付的赠与财产因赠与人故意或者重大过失致使毁损、灭失的,赠与人应当承担赔偿责任。

Article 660 In the case of a notarized donation contract or a donation contract with the nature of disaster relief, poverty alleviation, disability assistance, or any other public interest or moral obligation of which the law precludes revocation, if the donor fails to deliver the property donated, the donee may request delivery.

Where the property to be donated as required to be delivered pursuant to the preceding paragraph is damaged or lost due to the donor's intentional act or gross negligence, the donor shall assume liability for compensation.

§ 660 Bei einem öffentlich beurkundeten oder einem nach dem Recht unaufhebbaren Sechenkungsvertrag, der die Natur der Gemeinnützigkeit oder eienr moralischen Verpflichtung wie etwa zur Katastrophenhilfe, zur Unterstützung bei Armut oder zur Behindertenhilfe hat, kann der Beschenkte die Übergabe verlangen, wenn der Schenker das geschenkte Vermögensgut nicht übergibt.

Wenn das geschenkte Vermögensgut, das gemäß dem vorigen Absatz übergeben werden muss, wegen Vorsatzes oder grober Fahrlässigkeit des Schenkers beschädigt oder untergeht, haftet der Schenker auf Schadensersatz.

第六百六十一条 赠与可以附义务。

赠与附义务的,受赠人应当按照约定履行义务。

Article 661 Donation may be accompanied by obligations.

Where donation is accompanied by obligations, the donee shall perform his obligations as agreed.

§ 661 Die Schenkung kann mit einer Auflage verbunden werden.

Wird die Schenkung mit einer Auflage verbunden, muss der Beschenkte die Auflage vereinbarungsgemäß erfüllen.

第六百六十二条　赠与的财产有瑕疵的,赠与人不承担责任。附义务的赠与,赠与的财产有瑕疵的,赠与人在附义务的限度内承担与出卖人相同的责任。

赠与人故意不告知瑕疵或者保证无瑕疵,造成受赠人损失的,应当承担赔偿责任。

Article 662　The donor shall not assume liability for any defect in the property donated, but, in case of donation accompanied by obligations, shall assume the same liabilities as the seller to the extent of such accompanied obligations.

A donor who intentionally conceals the defect or guarantees that there is no defect, thereby causing losses to the donee, shall assume liability for compensation.

§ 662　Hat das geschenkte Vermögensgut Mängel, haftet der Schenker nicht für diese Mängel. Hat bei einer mit einer Auflage verbundenen Schenkung das geschenkte Vermögensgut Mängel, haftet der Schenker in den Grenzen der mit der Schenkung verbundenen Auflage gleichermaßen wie ein Verkäufer.

Wenn der Schenker die Mängel vorsätzlich nicht bekannt gibt oder ein mangelfreies Vermögensgut gewährleistet und damit dem Beschenkten einen Schaden zufügt, haftet er auf Schadensersatz.

第六百六十三条　受赠人有下列情形之一的,赠与人可以撤销赠与:

(一)严重侵害赠与人或者赠与人近亲属的合法权益;

(二)对赠与人有扶养义务而不履行;

(三)不履行赠与合同约定的义务。

赠与人的撤销权,自知道或者应当知道撤销事由之日起一年内行使。

Article 663 The donor may revoke the donation if the donee:

(1) seriously harms the lawful rights and interests of the donor or any of his or her close relatives;

(2) fails to perform support obligations owed to the donor; or

(3) fails to perform the obligations under the donation contract.

The donor shall exercise the right of revocation within one year from the date the donor knows or should have known of the cause for revocation.

§ 663 Liegt bei dem Beschenkten einer der folgenden Umstände vor, kann der Schenker die Schenkung widerrufen:

1. Er verletzt die legalen Rechte und Interessen des Schenkers oder eines nahen Verwandten des Schenkers erheblich;

2. er erfüllt eine gegenüber dem Schenker bestehende Unterhaltspflicht nicht;

3. er erfüllt eine im Schenkungsvertrag vereinbarte Auflage nicht.

Das Widerrufsrecht des Schenkers muss innerhalb eines Jahres ab dem Tag, an dem er von dem Widerrufsgrund erfährt oder erfahren muss, ausgeübt werden.

第六百六十四条 因受赠人的违法行为致使赠与人死亡或者丧失民事行为能力的,赠与人的继承人或者法定代理人可以撤销赠与。

赠与人的继承人或者法定代理人的撤销权,自知道或者应当知道撤销事由之日起六个月内行使。

Article 664 Where the donor is deceased or incapacitated due to the donee's illegal act, the donor's heir or legal representative may revoke the donation.

The heir or legal representative of the donor should exercise the right of revocation within six months from the date the donor knows or should have known of the cause for revocation.

§ 664 Führt eine rechtswidrige Handlung des Beschenkten zum Tod oder zum Verlust der Geschäftsfähigkeit des Schenkers, kann der Erbe oder gesetzliche Vertreter des Schenkers die Schenkung widerrufen.

Das Widerrufsrecht des Erben oder gesetzlichen Vertreters des Schenkers muss innerhalb von 6 Monaten ab dem Tag, an dem er von dem Widerrufsgrund erfährt oder erfahren muss, ausgeübt werden,

第六百六十五条 撤销权人撤销赠与的,可以向受赠人请求返还赠与的财产。

Article 665 The person with the right of revocation may request the donee to return the property donated.

§ 665 Widerruft der Widerrufsberechtigte die Schenkung, kann er vom Beschenkten die Rückgabe des geschenkten Vermögensgutes verlangen.

第六百六十六条 赠与人的经济状况显著恶化,严重影响其生产经营或者家庭生活的,可以不再履行赠与义务。

Article 666 A donor whose economic situation is significantly deteriorated, seriously impacting the donor's business operation or family life, may no longer perform the donation obligations.

§ 666 Verschlechtern sich die wirtschaftlichen Verhältnisse des Schenkers deutlich, sodass sein Produktions- und Geschäftsbetrieb oder sein Familienleben erheblich beeinträchtigt wird, braucht er die Schenkungspflicht nicht mehr zu erfüllen.

第十二章 借款合同
Chapter XII Loan Contracts
12. Kapitel: Darlehensvertrag

第六百六十七条 借款合同是借款人向贷款人借款,到期返还借款并支付利息的合同。

Article 667 A loan contract is a contract whereby the borrower borrows a sum of money from the lender, and repays the borrowed money with interest thereon when it becomes due.

§ 667 Der Darlehensvertrag ist ein Vertrag, bei dem der Darlehensnehmer ein Darlehen vom Darlehensgeber aufnimmt, es fristgemäß zurückzahlt und Zinsen zahlt.

第六百六十八条 借款合同应当采用书面形式,但是自然人之间借款另有约定的除外。

借款合同的内容一般包括借款种类、币种、用途、数额、利率、期限和还款方式等条款。

Article 668 A loan contract should be in written form, except where the loan is between natural persons who have agreed otherwise.

Among the terms typically included in a loan contract are the type, currency, purpose, amount, interest rate, term, and method of repayment for a loan.

§ 668 Der Darlehensvertrag muss die Schriftform verwenden, es sei denn, dass bei Darlehen unter natürlichen Personen etwas anderes vereinbart wird.

Der Darlehensvertrag enthält im Allgemeinen Klauseln wie etwa zu Art, Währung, Verwendung, Höhe, Zinssatz, Frist und Art und Weise der Rückzahlung des Darlehens.

第六百六十九条 订立借款合同,借款人应当按照贷款人的要求提供与借款有关的业务活动和财务状况的真实情况。

Article 669 In entering into a loan contract, the borrower shall provide true information concerning its business operation and financial condition in connection with the loan as required by the lender.

§ 669 Beim Abschluss eines Darlehensvertrages muss der Darlehensnehmer auf Verlangen des Darlehensgebers die mit dem

Darlehen in Verbindung stehenden geschäftlichen Aktivitäten und finanziellen Verhältnisse wahrheitsgemäß offenlegen.

第六百七十条　借款的利息不得预先在本金中扣除。利息预先在本金中扣除的,应当按照实际借款数额返还借款并计算利息。

Article 670　Interest on the loan should not be deducted from the loan principal in advance. If interest is deducted from the principal in advance, the loan should be repaid and interest should be calculated on the basis of the actual amount borrowed.

§ 670　Darlehenszinsen dürfen nicht vorweg vom Darlehensbetrag abgezogen werden. Sind Zinsen vorweg vom Darlehensbetrag abgezogen worden, müssen Rückzahlung und Zinsberechnung nach dem tatsächlich aufgenommenen Darlehensbetrag erfolgen.

第六百七十一条　贷款人未按照约定的日期、数额提供借款,造成借款人损失的,应当赔偿损失。

借款人未按照约定的日期、数额收取借款的,应当按照约定的日期、数额支付利息。

Article 671　The lender who fails to provide the loan on the agreed date and in the agreed amount, thereby causing losses to the borrower, shall compensate for the losses.

The borrower who fails to collect the loan on the agreed date and in the agreed amount shall pay the interest on the agreed date and in the agreed amount.

§ 671 Stellt der Darlehensgeber das Darlehen nicht zu dem vereinbarten Datum oder in der vereinbarten Höhe zur Verfügung und fügt damit dem Darlehensnehmer Schaden zu, muss er den Schaden ersetzen.

Nimmt der Darlehensnehmer das Darlehen nicht zu dem vereinbarten Datum oder in der vereinbarten Höhe auf, muss er trotzdem entsprechend dem vereinbarten Datum und der vereinbarten Höhe Zinsen zahlen.

第六百七十二条 贷款人按照约定可以检查、监督借款的使用情况。借款人应当按照约定向贷款人定期提供有关财务会计报表或者其他资料。

Article 672 The lender may examine and monitor the use of the loan as agreed. The borrower shall periodically provide the lender with related financial statements or other materials as agreed.

§ 672 Der Darlehensgeber kann die Verwendung des Darlehens entsprechend den Vereinbarungen überprüfen und überwachen. Der Darlehensnehmer muss dem Darlehensgeber vereinbarungsgemäß zu bestimmten Fristen die betreffenden Finanz- und Buchführungsberichte und sonstigen Unterlagen zur Verfügung stellen.

第六百七十三条 借款人未按照约定的借款用途使用借款的，贷款人可以停止发放借款、提前收回借款或者解除合同。

Article 673 Where the borrower fails to use the loan for the prescribed purpose, the lender may withhold funding, recover the loan in advance, or rescind the contract.

§ 673 Verwendet der Darlehensnehmer das Darlehen nicht für den vereinbarten Zweck, kann der Darlehensgeber die Auszahlung des Darlehens unterlassen, Darlehen vorfristig zurücknehmen oder den Vertrag kündigen.

第六百七十四条 借款人应当按照约定的期限支付利息。对支付利息的期限没有约定或者约定不明确，依据本法第五百一十条的规定仍不能确定，借款期间不满一年的，应当在返还借款时一并支付；借款期间一年以上的，应当在每届满一年时支付，剩余期间不满一年的，应当在返还借款时一并支付。

Article 674 The borrower shall pay the interest within the agreed time limit. Where the time limit for interest payment is not agreed or the agreement is not clear, nor can it be determined pursuant to Article 510 of this Code, the interest should be paid together with the principal at the time of repayment if the loan period is less than one year, or be paid at the end of a year if the loan period is one year or longer, or be paid together with the principal at the time of repayment if the remaining period is less than one year.

§ 674 Der Darlehensnehmer muss die Zinsen zu den vereinbarten Fristen zahlen. Sind die Fristen für die Zinszahlungen nicht oder nicht klar vereinbart worden und können sie auch nicht gemäß § 510 dieses Gesetzes bestimmt werden, müssen die Zinsen, wenn die Darlehenslaufzeit weniger als ein Jahr beträgt, bei der

Rückzahlung des Darlehens zusammen gezahlt werden; beträgt die Darlehenslaufzeit ein Jahr oder mehr beträgt, müssen die Zinsen bei Ablauf jedes Jahres gezahlt werden; beträgt die verbleibende Laufzeit weniger als ein Jahr, müssen sie bei der Rückzahlung des Darlehens zusammen gezahlt werden.

第六百七十五条 借款人应当按照约定的期限返还借款。对借款期限没有约定或者约定不明确,依据本法第五百一十条的规定仍不能确定的,借款人可以随时返还;贷款人可以催告借款人在合理期限内返还。

Article 675 The borrower shall repay the principal within the agreed time limit. Where the loan term is not agreed or the agreement is not clear, nor can it be determined pursuant to Article 510 of this Code, the borrower may repay at any time; and the lender may request repayment from the borrower within a reasonable period limit.

§ 675 Der Darlehensnehmer muss das Darlehen zur vereinbarten Frist zurückzahlen. Ist die Darlehenslaufzeit nicht oder nicht klar vereinbart worden und kann sie auch nicht gemäß § 510 dieses Gesetzes bestimmt werden, kann der Darlehensnehmer jederzeit zurückzahlen; der Darlehensgeber kann den Darlehensnehmer mahnen, innerhalb einer angemessenen Frist zurückzuzahlen.

第六百七十六条 借款人未按照约定的期限返还借款的,应当按照约定或者国家有关规定支付逾期利息。

Article 676 The borrower who fails to repay the loan at the agreed time limit shall pay the overdue interest as agreed or pursuant to relevant State regulations.

§ 676 Zahlt der Darlehensnehmer das Darlehen nicht zur vereinbarten Frist zurück, muss er nach den Vereinbarungen oder den einschlägigen staatlichen Bestimmungen Verzugszinsen zahlen.

第六百七十七条 借款人提前返还借款的,除当事人另有约定外,应当按照实际借款的期间计算利息。

Article 677 Where the borrower prepays the loan, unless otherwise agreed by the parties, the interest should be calculated based on the actual loan period.

§ 677 Zahlt der Darlehensnehmer das Darlehen vorfristig zurück, müssen die Zinsen nach der tatsächlichen Darlehenslaufzeit berechnet werden, es sei denn, dass die Parteien etwas anderes vereinbart haben.

第六百七十八条 借款人可以在还款期限届满前向贷款人申请展期;贷款人同意的,可以展期。

Article 678 The borrower may apply to the lender for extension of the loan period before its maturity. Upon consent by the lender, the loan period may be extended.

§ 678 Der Darlehensnehmer kann vor Ablauf der Rückzahlungsfrist beim Darlehensgeber eine Verlängerung der Frist beantragen; ist der Darlehensgeber damit einverstanden, kann die Rückzahlungsfrist verlängert werden.

第六百七十九条 自然人之间的借款合同,自贷款人提供借款时成立。

Article 679 A loan contract between natural persons is formed when the lender provides the loan.

§ 679 Darlehensverträge zwischen natürlichen Personen kommen zustande, sobald der Darlehensgeber das Darlehen zur Verfügung stellt.

第六百八十条 禁止高利放贷,借款的利率不得违反国家有关规定。

借款合同对支付利息没有约定的,视为没有利息。

借款合同对支付利息约定不明确,当事人不能达成补充协议的,按照当地或者当事人的交易方式、交易习惯、市场利率等因素确定利息;自然人之间借款的,视为没有利息。

Article 680 Usury is prohibited, and the loan interest rate must not violate relevant State regulations.

A loan contract with no agreement on the payment of interest should be deemed interest free.

If the loan contract is not clear about the payment of interest, and the parties are unable to reach a supplementary agreement, the interest should be determined pursuant to local or the parties' trading method, usage of trade, market interest rate, and other factors; and a loan between natural persons should be treated as interest free.

§ 680 Die Vergabe hochverzinster Darlehen ist verboten;

der Darlehenszinssatz darf nicht gegen die einschlägigen staatlichen Bestimmungen verstoßen.

Ist im Darlehensvertrag keine Vereinbarung über Zinszahlungen getroffen, gilt das Darlehen als zinsfrei.

Ist im Darlehensvertrag die Vereinbarung über Zinszahlung unklar und können die Parteien keine ergänzende Vereinbarung treffen, werden die Zinsen nach örtlichen oder von den Parteien verwendeten Faktoren wie etwa der Handelsweise, der Verkehrssitte und dem Marktzinssatz bestimmt; handelt es sich um Darlehen zwischen natürlichen Personen, gilt das Darlehen als zinsfrei.

第十三章 保证合同
Chapter XIII Guarantee Contracts
13. Kapitel: Bürgschaftsvertrag

第一节 一般规定
Section 1 General Rules
1. Unterkapitel: Allgemeine Bestimmungen

第六百八十一条 保证合同是为保障债权的实现,保证人和债权人约定,当债务人不履行到期债务或者发生当事人约定的情形时,保证人履行债务或者承担责任的合同。

Article 681 A guarantee contract is a contract whereby the guarantor and the obligee agree that the guarantor will perform the obligation or assume liability when the obligor fails to perform the obligation that falls due or when circumstances agreed on by the

parties occur to ensure the realization of the obligation.

§ 681 Der Bürgschaftsvertrag ist ein Vertrag, bei dem der Bürge und der Gläubiger zur Gewährleistung der Realisierung der Forderung vereinbaren, dass der Bürge die Verbindlichkeit erfüllt oder haftet, wenn der Schuldner seine fällige Verbindlichkeit nicht erfüllt oder von den Parteien vereinbarte Umstände eintreten.

第六百八十二条 保证合同是主债权债务合同的从合同。主债权债务合同无效的,保证合同无效,但是法律另有规定的除外。

保证合同被确认无效后,债务人、保证人、债权人有过错的,应当根据其过错各自承担相应的民事责任。

Article 682 A guarantee contract is an accessory contract to the principal contract. If the principal contract is invalid, the guarantee contract is invalid, except as otherwise provided by the law.

After a guarantee contract is confirmed to be invalid, any obligor, guarantor or obligee, if at fault, shall assume civil liability to the extent of its respective fault.

§ 682 Der Bürgschaftsvertrag ist ein akzessorischer Vertrag zum Vertrag über das Hauptschuldverhältnis; ist der Vertrag über das Hauptverhältnis unwirksam, ist auch der Bürgschaftsvertrag unwirksam, es sei denn, dass gesetzlich etwas anderes bestimmt ist.

Wird die Unwirksamkeit des Bürgschaftsvertrags festgestellt und fällt dem Schuldner, Bürgen oder Gläubiger ein Verschulden zur Last, haftet jeder entsprechend seinem Verschulden zivilrechtlich.

第六百八十三条 机关法人不得为保证人,但是经国务院批准为使用外国政府或者国际经济组织贷款进行转贷的除外。

以公益为目的的非营利法人、非法人组织不得为保证人。

Article 683 A government unit with legal personality must not act as a guarantor, except for re-lending of loans from foreign governments or international economic organizations with the approval of the State Council.

A non-profit legal person or unincorporated organization for the purpose of public interest must not be a guarantor.

§ 683 Behördliche juristische Personen dürfen nicht Bürge sein, es sei denn, dass sie mit Genehmigung des Staatsrats zur Nutzung von Darlehen ausländischer Regierungen oder internationaler Wirtschaftsorganisationen weiterzureichende Darlehen aufnehmen.

Nichtgewinnorientierte juristische Personen, die einen gemeinnützigen Zweck verfolgen, und Organisation ohne Rechtspersönlichkeit, dürfen nicht Bürge sein.

第六百八十四条 保证合同的内容一般包括被保证的主债权的种类、数额,债务人履行债务的期限,保证的方式、范围和期间等条款。

Article 684 Among the terms typically included in a guarantee contract are the type and amount of the principal claim to be guaranteed; the time limit for the obligor to perform the obligation; and the method, scope, and period of the guarantee.

§ 684　Der Bürgschaftsvertrag enthält im Allgemienen Klauseln wie etwa zu der Art und dem Betrag der verbürgten Hauptforderung, der Frist für die Erfüllung der Verbindlichkeit durch den Schuldner sowie der Art und Weise, dem Bereich und der Laufzeit der Bürgschaft.

第六百八十五条　保证合同可以是单独订立的书面合同,也可以是主债权债务合同中的保证条款。

第三人单方以书面形式向债权人作出保证,债权人接收且未提出异议的,保证合同成立。

Article 685　A guarantee contract may be a separate written contract, or a guarantee clause in the principal contract.

A guarantee contract is formed if a third party unilaterally provides a guaranty to the obligee in writing and the obligee receives the guaranty without raising any objection.

§ 685　Der Bürgschaftsvertrag kann ein einzeln abgeschlossener schriftlicher Vertrag, aber auch eine Bürgschaftsklausel im Vertrag über das Hauptschuldverhältnis sein.

Bürgt ein Dritter einseitig in Schriftform gegenüber dem Gläubiger, nimmt der Gläubiger dieses Schriftstück entgegen und keinen Einwand erhebt, ist der Bürgschaftsvertrag zustande gekommen.

第六百八十六条 保证的方式包括一般保证和连带责任保证。

当事人在保证合同中对保证方式没有约定或者约定不明确的,按照一般保证承担保证责任。

Article 686 Guarantee includes general guarantee and joint and several liability guarantee.

If there is no agreement or the agreement is not clear regarding to the form of guarantee in the guarantee contract, the parties shall assume guarantee liability based on the general guarantee.

§ 686 Arten der Bürgschaft umfassen die gewöhnliche und die gesamtschuldnerische Bürgschaft.

Haben die Parteien im Bürgschaftsvertrag zur Bürgschaftsart nichts vereinbart oder ist die Vereinbarung nicht klar, wird für eine gewöhnliche Bürgschaft gehaftet.

第六百八十七条 当事人在保证合同中约定,债务人不能履行债务时,由保证人承担保证责任的,为一般保证。

一般保证的保证人在主合同纠纷未经审判或者仲裁,并就债务人财产依法强制执行仍不能履行债务前,有权拒绝向债权人承担保证责任,但是有下列情形之一的除外:

(一)债务人下落不明,且无财产可供执行;

(二)人民法院已经受理债务人破产案件;

(三)债权人有证据证明债务人的财产不足以履行全部债务或者丧失履行债务能力;

(四)保证人书面表示放弃本款规定的权利。

Article 687 A guarantee is a general guarantee when the parties agree in the guarantee contract that the guarantor assumes guarantee liability when the obligor fails to perform the obligation.

A guarantor under general guarantee has the right to refuse to assume guarantee liability to the obligee before the dispute over the principal contract is adjudicated or arbitrated and the obligation cannot be satisfied after lawful enforcement of the obligor's property, except:

(1) the obligor's whereabouts are unknown, with no property available for enforcement;

(2) the people's court has accepted the obligor's bankruptcy case;

(3) the obligee has evidence that the obligor's property is insufficient to perform the whole obligation or has lost the capacity to perform the obligation; or

(4) the guarantor waives in writing the rights under this paragraph.

§ 687 Vereinbaren die Parteien im Bürgschaftsvertrag, dass der Bürge dann für eine Bürgschaft haftet, wenn der Schuldner die Verbindlichkeit nicht erfüllen kann, handelt es sich um eine gewöhnliche Bürgschaft.

Bei der gewöhnlichen Bürgschaft ist der Bürge berechtigt, die Bürgschaftshaftung gegenüber dem Gläubiger solange abzulehnen, bis eine Streitigkeit über den Hauptvertrag gerichtlich oder schiedsgerichtlich entschieden worden ist und auch durch Zwangsvollstreckung nach dem Recht in das Vermögen des Schuldners die Verbindlichkeit nicht erfüllt werden kann, se sei denn, dass einer der folgenden Umstände vorliegt:

1. Der Verbleib des Schuldners ist unklar und es gibt kein Vermögensgut, in das vollstreckt werden könnte;

2. das Volksgericht hat bereits die Insolvenzsache des Schuldners angenommen;

3. der Gläubiger hat Beweise, die nachweisen, dass das Vermögensgut des Schuldners nicht ausreicht, um die Verbindlichkeit vollständig zu erfüllen, oder dass der Schuldner seine Fähigkeit zur Erfüllung der Verbindlichkeit verloren hat;

4. der Bürge erklärt schriftlich den Verzicht auf das Recht nach diesem Absatz.

第六百八十八条 当事人在保证合同中约定保证人和债务人对债务承担连带责任的，为连带责任保证。

连带责任保证的债务人不履行到期债务或者发生当事人约定的情形时，债权人可以请求债务人履行债务，也可以请求保证人在其保证范围内承担保证责任。

Article 688 A guarantee is a joint and several liability guarantee when the parties agree in the guarantee contract that the guarantor and the obligor shall assume joint and several liability for the obligation.

When an obligor in a joint and several liability guarantee fails to perform the obligation that falls due or any circumstance agreed by the parties occurs, the obligee may request the obligor to perform the obligation, or request the guarantor to assume guarantee liability to the extent of its guarantee.

§ 688 Vereinbaren die Parteien im Bürgschaftsvertrag, dass der Bürge und der Schuldner für die Verbindlichkeit als Gesamtschuldner haften, handelt es sich um eine gesamtschuldnerische Bürgschaft.

Sobald der Schuldner, für den gesamtschuldnerisch gebürgt wird, seine fällige Verbindlichkeit nicht erfüllt oder von den Parteien vereinbarte Umstände eintreten, kann der Gläubiger verlangen, dass der Schuldner die Verbindlichkeit erfüllt, und er kann auch verlangen, dass der Bürge im Bereich seiner Bürgschaft die Bürgschaftshaftung übernimmt.

第六百八十九条　保证人可以要求债务人提供反担保。

Article 689　A guarantor may require the obligor to provide counter guarantee.

§ 689　Der Bürge kann vom Schuldner verlangen, eine Rückbürgschaft zu stellen.

第六百九十条　保证人与债权人可以协商订立最高额保证的合同，约定在最高债权额限度内就一定期间连续发生的债权提供保证。

最高额保证除适用本章规定外，参照适用本法第二编最高额抵押权的有关规定。

Article 690　A guarantor and the obligee may through negotiation enter into a maximum guarantee contract, agreeing to provide guarantee for the claims arising successively within a certain period to the extent of the maximum amount of claims.

In addition to the provisions of this Chapter, the provisions on maximum mortgages in Book Two of this Code apply *mutatis mutandis to* maximum guarantee.

§ 690 Der Bürge und der Gläubiger können durch Aushandlung einen Vertrag über eine Höchstbetragsbürgschaft abschließen und vereinbaren, dass bis zu einem bestimmten Höchstbetrag für die innerhalb eines bestimmten Zeitraums fortwährend entstehenden Forderungen eine Bürgschaft gestellt wird.

Auf die Höchstbetragsbürgschaft werden neben den Bestimmungen dieses Kapitels die Bestimmungen des zweiten Buches zur Höchstbetragshypothek entsprechend angewandt.

第二节 保证责任
Section 2 Guarantee Liability
2. Unterkapitel: Bürgschaftshaftung

第六百九十一条 保证的范围包括主债权及其利息、违约金、损害赔偿金和实现债权的费用。当事人另有约定的,按照其约定。

Article 691 The scope of guarantee covers the principal claim and its interest, liquidated damages, damages, and the expenses for realizing the claim, unless otherwise agreed by the parties.

§ 691 Der Bereich der Bürgschaft umfasst die Hauptforderung und Zinsen, Vertragsstrafen, Schadensersatzbeträge und die Kosten der Realisierung der Forderung. Haben die Parteien etwas anderes vereinbart, gilt die Vereinbarung.

第六百九十二条 保证期间是确定保证人承担保证责任的期间,不发生中止、中断和延长。

债权人与保证人可以约定保证期间,但是约定的保证期间早于主债务履行期限或者与主债务履行期限同时届满的,视为没有约定;没有约定或者约定不明确的,保证期间为主债务履行期限届满之日起六个月。

债权人与债务人对主债务履行期限没有约定或者约定不明确的,保证期间自债权人请求债务人履行债务的宽限期届满之日起计算。

Article 692 The guarantee period is the period during which the guarantor is determined to assume guarantee liability, and is not subject to suspension, interruption, or extension.

The obligee and the guarantor may agree on a guarantee period, but if the agreed guarantee period precedes, or expires at the same time as, the time limit for performance of the principal obligation, it is deemed that there is no agreement. If there is no agreement or the agreement is not clear, the guarantee period is six months from the expiration of the time limit for performance of the principal obligation.

If there is no agreement between the obligee and the obligor or the agreement is not clear regarding the time limit for performance of the principal obligation, the guarantee period is calculated from the expiration of the grace period when the obligee requests the obligor to perform the obligation.

§ 692 Die Laufzeit der Bürgschaft ist eine festgelegte Dauer, während der der Bürge die Bürgschaftshaftung übernimmt, und eine Hemmung, Unterbrechung und Verlängerung tritt nicht ein.

Der Gläubiger und der Bürge können die Laufzeit der Bürgschaft vereinbaren; läuft die vereinbarte Laufzeit der Bürgschaft aber früher als die Frist für die Erfüllung der Hauptverbindlichkeit oder gleichzeitig mit der Frist für die Erfüllung der Hauptverbindlichkeit ab, gilt sie als nicht vereinbart; gibt es keine Vereinbarung oder ist die Vereinbarung unklar, dauert die Bürgschaft sechs Monate ab dem Tag, an dem die Frist für die Erfüllung der Hauptverbindlichkeit abläuft.

Haben der Gläubiger und der Schuldner die Frist für die Erfüllung der Hauptverbindlichkeit nicht vereinbart oder ist die Vereinbarung unklar, wird die Laufzeit der Bürgschaft ab dem Tag berechnet, an dem die Schonfrist abläuft, die der Gläubiger dem Schuldner zur Erfüllung der Verbindlichkeit gesetzt hat.

第六百九十三条 一般保证的债权人未在保证期间对债务人提起诉讼或者申请仲裁的,保证人不再承担保证责任。

连带责任保证的债权人未在保证期间请求保证人承担保证责任的,保证人不再承担保证责任。

Article 693 Where an obligee of a general guarantee fails to bring an action or apply for arbitration against the obligor within the guarantee period, the guarantor will no longer assume guarantee liability.

Where an obligee of a joint and several liability guarantee fails to request the guarantor to assume guarantee liability during the guarantee period, the guarantor will no longer assume guarantee liability.

§ 693 Erhebt der Gläubiger bei gewöhnlicher Bürgschaft nicht innerhalb der Laufzeit der Bürgschaft gegen den Schuldner Klage oder beantragt ein Schiedsverfahren, trägt der Bürge keine Bürgschaftshaftung mehr.

Fordert der Gläubiger bei gesamtschuldnerischer Bürgschaft nicht innerhalbe der Laufzeit der Bürgschaft vom Bürgen, die Bürgenhaftung zu tragen, haftet der Bürge nicht mehr als Bürge.

第六百九十四条 一般保证的债权人在保证期间届满前对债务人提起诉讼或者申请仲裁的,从保证人拒绝承担保证责任的权利消灭之日起,开始计算保证债务的诉讼时效。

连带责任保证的债权人在保证期间届满前请求保证人承担保证责任的,从债权人请求保证人承担保证责任之日起,开始计算保证债务的诉讼时效。

Article 694 Where an obligee of a general guarantee brings an action or applies for arbitration against the obligor before the expiration of the guarantee period, the prescribed period for litigation regarding the guarantee obligation commences to run from the date when the guarantor's right to refuse to assume the guarantee liability is extinguished.

Where an obligee of a joint and several liability guarantee requests the guarantor to assume guarantee liability before the expiration of the guarantee period, the prescribed period for litigation regarding the guarantee obligation commences to run from the date when the obligee so requests.

§ 694 Erhebt der Gläubiger bei gewöhnlicher Bürgschaft vor Ablauf der Laufzeit der Bürgschaft gegen den Schuldner Klage oder beantragt ein Schiedsverfahren, beginnt die Berechnung der Klageverjährungsfrist für die Bürgschaftsverbindlichkeit ab dem Tag, an dem das Recht des Bürgen erlischt, die Haftung als Bürge abzulehnen.

Fordert der Gläubiger bei gesamtschuldnerischer Bürgschaft vor Ablauf der Laufzeit der Bürgschaft vom Bürgen, als Bürge zu haften, beginnt die Berechnung der Klageverjährungsfrist fürdie Bürgschaftsverbindlichkeit ab dem Tag, an dem der Gläubiger vom Bürgen fordert, als Bürge zu haften.

第六百九十五条 债权人和债务人未经保证人书面同意,协商变更主债权债务合同内容,减轻债务的,保证人仍对变更后的债务承担保证责任;加重债务的,保证人对加重的部分不承担保证责任。

债权人和债务人变更主债权债务合同的履行期限,未经保证人书面同意的,保证期间不受影响。

Article 695 Where an obligee and the obligor, without the written consent of the guarantor, alter the principal contract through negotiation, if the obligation is reduced, the guarantor will continue to assume guarantee liability for the obligation so altered; or if the obligation is increased, the guarantor will not assume guarantee liability for the obligation so altered.

Where the obligee and the obligor, without the written consent of the guarantor, alter the time limit for performance of the principal contract, the guarantee period is not affected.

§ 695 Haben der Gläubiger und der Schuldner ohne das schriftliche Einverständnis des Bürgen durch Aushandlung den Inhalt des Vertrags über das Hauptschuldverhältnis verändert und wird die Verbindlichkeit vermindert, trägt der Bürge weiterhin die Bürgschaftshaftung für die veränderte Verbindlichkeit; wird die Verbindlichkeit erhöht, trägt der Bürge keine Bürgschaftshaftung für den erhöhten Teil.

Ändern der Gläubiger und der Schuldner die Erfüllungsfrist des Vertrags über das Hauptschuldverhältnis ohne das schriftliche Einverständnis des Bürgen, wird die Laufzeit der Bürgschaft hiervon nicht beeinflusst.

第六百九十六条 债权人转让全部或者部分债权,未通知保证人的,该转让对保证人不发生效力。

保证人与债权人约定禁止债权转让,债权人未经保证人书面同意转让债权的,保证人对受让人不再承担保证责任。

Article 696 Where an obligee assigns all or part of the claim without notifying the guarantor, the assignment has no effect on the guarantor.

Where a guarantor and the obligee agree to prohibit the assignment of the claim, if the obligee assigns the claim without the written consent of the guarantor, the guarantor will no longer assume guarantee liability for the guarantee.

§ 696 Überträgt der Gläubiger die Forderung ganz oder teilweise, ohne den Bürgen zu unterrichten, bleibt die Übertragung gegenüber dem Bürgen wirkungslos.

Hat der Bürge mit dem Gläubiger ein Verbot der Übertragung der Forderung vereinbart und überträgt der Gläubiger ohne das schriftliche Einverständnis des Bürgen die Forderung, trägt der Bürge gegenüber dem Übertragungsempfänger keine Bürgschaftshaftung mehr.

第六百九十七条 债权人未经保证人书面同意,允许债务人转移全部或者部分债务,保证人对未经其同意转移的债务不再承担保证责任,但是债权人和保证人另有约定的除外。

第三人加入债务的,保证人的保证责任不受影响。

Article 697 Where the obligee allows the obligor to delegate all or part of the obligation without the written consent of the guarantor, the guarantor will no longer assume guarantee liability for the obligation delegated without its consent, unless otherwise agreed by the obligee and the guarantor.

If a third party joins in the obligation, the guarantor's guarantee liability is not affected.

§ 697 Gestattet der Gläubiger ohne das schriftliche Einverständnis des Bürgen, dass der Schuldner die Verbindlichkeit ganz oder teilweise überträgt, trägt der Bürge keine Bürgschaftshaftung mehr für die Verbindlichkeit, die ohne sein schriftliches Einverständnis übertragen wird, es sei denn, dass der Gläubiger und der Bürge etwas anderes vereinbart haben.

Tritt ein Dritter der Verbindlichkeit bei, wird die Bürgschaftshaftung des Bürgen hiervon nicht beeinflusst.

第六百九十八条 一般保证的保证人在主债务履行期限届满后,向债权人提供债务人可供执行财产的真实情况,债权人放弃或者怠于行使权利致使该财产不能被执行的,保证人在其提供可供执行财产的价值范围内不再承担保证责任。

Article 698 Where a guarantor of a general guarantee provides the obligee with the actual circumstances of the obligor's property available for enforcement after the expiration of the time limit for performance of the principal obligation, and the obligee waives or is reluctant in exercising its right, resulting in impossibility of enforcement against the property, the guarantor will no longer assume guarantee liability to the extent of the value of the property available for enforcement.

§ 698 Wenn der Bürge einer gewöhnlichen Bürgschaft nach Ablauf der Frist für die Erfüllung der Hauptverbindlichkeit dem Gläubiger wahrheitsgemäß Tatsachen zu dem Vermögen des Schuldners, in das vollstreckt werden kann, zur Verfügung stellt und der Gläubiger darauf verzichtet oder verzögert, seine Rechte auszuüben, so dass in dieses Vermögen nicht vollstreckt werden kann, trägt der Bürge keine Bürgschaftshaftung mehr im Bereich des Wertes des Vermögens, in das vollstreckt werden kann.

第六百九十九条 同一债务有两个以上保证人的,保证人应当按照保证合同约定的保证份额,承担保证责任;没有约定保证份额的,债权人可以请求任何一个保证人在其保证范围内承担保证责任。

Article 699 Where there are more than one guarantee for the same obligation, the guarantors shall assume guarantee liability in proportion to the share of guarantee agreed in the guarantee contract. In the absence of any agreement on the share of guarantee, the obligee may request any guarantor to assume guarantee liability to the extent of its guarantee.

§ 699 Haben zwei oder mehr Bürgen für dieselbe Verbindlichkeit gebürgt, haften sie nach den im Bürgschaftsvertrag vereinbarten Teilbeträgen für die Bürgschaften; sind keine Teilbeträge für die Bürgschaften vereinbart worden, kann der Gläubiger verlangen, dass ein beliebiger Bürge innerhalb des Bereichs seiner Bürgschaft die Bürgschaftshaftung trägt.

第七百条 保证人承担保证责任后,除当事人另有约定外,有权在其承担保证责任的范围内向债务人追偿,享有债权人对债务人的权利,但是不得损害债权人的利益。

Article 700 Unless otherwise agreed by the parties, a guarantee who has assumed the guarantee liability has the right of recourse against the obligor to the extent of the guaranee liability it has assumed, and enjoys the obligee's right against the obligor, provided that the obligee's interests should not be harmed.

§ 700 Soweit die Parteien nichts anderes vereinbart

haben, ist der Bürge, nachdem er als Bürge gehaftet hat, berechtigt, innerhalb des Bereichs seiner Bürgschaftshaftung den Schuldner in Regress zu nehmen, und er genießt die Rechte des Gläubigers gegenüber dem Schuldner, darf aber die Interessen des Gläubigers nicht schädigen.

第七百零一条 保证人可以主张债务人对债权人的抗辩。债务人放弃抗辩的,保证人仍有权向债权人主张抗辩。

Article 701 A guarantor may claim any defense which the obligor has against the obligee. If the obligor waives the defense, the guarantor still has the right to raise the defense against the obligee.

§ 701 Der Bürge kann die Einwendungen geltend machen, die der Schuldner gegen den Gläubiger hat. Verzichtet der Schuldner auf die Einwendungen, ist der Bürge weiterhin berechtigt, diese gegen den Gläubiger geltend zu machen.

第七百零二条 债务人对债权人享有抵销权或者撤销权的,保证人可以在相应范围内拒绝承担保证责任。

Article 702 Where the obligor has the right of set-off or revocation against the obligee, the guarantor may refuse to assume guarantee liability to the corresponding extent.

§ 702 Genießt der Schuldner gegen den Gläubiger ein Aufrechnungsrecht oder ein Anfechtungsrecht, kann der Bürge im entsprechenden Bereich verweigern, als Bürge zu haften.

第十四章 租赁合同
Chapter XIV Lease Contracts
14. Kapitel: Mietvertrag

第七百零三条 租赁合同是出租人将租赁物交付承租人使用、收益,承租人支付租金的合同。

Article 703 A lease contract is a contract whereby the lessor delivers to the lessee the leased thing for it to use or collect profits therefrom, and the lessee pays the rent.

§ 703 Der Mietvertrag ist ein Vertrag, bei dem der Vermieter die Mietsache dem Mieter zum Gebrauch und zur Zielung von Nutzungen übergibt sowie der Mieter Mietzins bezahlt.

第七百零四条 租赁合同的内容一般包括租赁物的名称、数量、用途、租赁期限、租金及其支付期限和方式、租赁物维修等条款。

Article 704 Among the terms typically included in a lease contract are the name, quantity, purpose, lease term, rent, payment term and method, and maintenance of the leased thing.

§ 704 Der Mietvertrag enthält im Allgemeinen Klauseln wie etwa zu der Bezeichnung, der Menge und dem Verwendungszweck der Mietsachen, zur Mietdauer, zu dem Mietzins, seinen Zahlungsfristen und seiner Zahlungsweise sowie zur Wartung und Reparatur der Mietsachen.

第七百零五条　租赁期限不得超过二十年。超过二十年的,超过部分无效。

租赁期限届满,当事人可以续订租赁合同;但是,约定的租赁期限自续订之日起不得超过二十年。

Article 705　The lease term must not exceed twenty years. If the lease term exceeds twenty years, the excess is invalid.

Upon expiration of the lease term, the parties may renew the lease contract, provided that the renewed term may not exceed twenty years from the date of renewal.

§ 705　Die Mietdauer darf zwanzig Jahre nicht übersteigen. Übersteigt sie zwanzig Jahre, ist die darüberhinausgehende Teil unwirksam.

Bei Ablauf der Mietdauer können die Parteien einen das bisherige Mietverhältnis fortsetzenden Mietvertrag abschließen; die vereinbarte Mietdauer darf aber zwanzig Jahre ab dem Tag nicht übersteigen, an dem der das bisherige Mietverhältnis fortsetzende Vertrag abgeschlossen wird.

第七百零六条　当事人未依照法律、行政法规规定办理租赁合同登记备案手续的,不影响合同的效力。

Article 706　Where the parties fail to go through formalities for registration and filing of a lease contract pursuant to the laws and administrative regulations, the validity of the contract is not affected.

§ 706 Führen die Parteien nicht nach den Bestimmungen von Gesetzen und Verwaltungsrechtsnormen das Eintragungs- oder Meldeverfahren bei Mietverträgen durch, beeinflusst dies nicht die Wirksamkeit des Mietvertrages.

第七百零七条 租赁期限六个月以上的,应当采用书面形式。当事人未采用书面形式,无法确定租赁期限的,视为不定期租赁。

Article 707 Where the lease term is six months or longer, the lease should be in writing. If the parties fail to adopt a writing form, rendering the determination of a lease term impossible, the lease is deemed a lease at will.

§ 707 Beträgt die Mietdauer mindestens sechs Monate, muss für den Mietvertrag die Schriftform verwandt werden. Haben die Parteien nicht die Schriftform verwandt und die Mietdauer nicht bestimmt werden kann, gilt das Mietverhältnis als unbefristet.

第七百零八条 出租人应当按照约定将租赁物交付承租人,并在租赁期限内保持租赁物符合约定的用途。

Article 708 The lessor shall deliver the leased thing to the lessee pursuant to the contract and shall, during the lease term, keep the leased thing fit for the agreed purpose.

§ 708 Der Vermieter muss die Mietsachen vereinbarungsgemäß dem Mieter übergeben und während der Mietdauer in einem Zustand erhalten, der dem vereinbarten Verwendungszweck entspricht.

第七百零九条 承租人应当按照约定的方法使用租赁物。对租赁物的使用方法没有约定或者约定不明确，依据本法第五百一十条的规定仍不能确定的，应当根据租赁物的性质使用。

Article 709 The lessee shall use the leased thing in the agreed manner. Where the manner of use of the leased thing is not agreed or the agreement is not clear, nor can it be determined pursuant to Article 510 of this Code, the leased thing should used in a manner consistent with its nature.

§ 709 Der Mieter muss die Mietsachen in der vereinbarten Art und Weise gebrauchen. Ist die Art und Weise des Gebrauchs der Mietsachen nicht oder nicht klar vereinbart worden und kann auch nicht gemäß § 510 dieses Gesetzes bestimmt werden, müssen die Mietsachen entsprechend ihrer Natur gebraucht werden.

第七百一十条 承租人按照约定的方法或者根据租赁物的性质使用租赁物，致使租赁物受到损耗的，不承担赔偿责任。

Article 710 The lessee who uses the leased thing in the agreed manner or in a manner consistent with its nature, thereby causing wear and tear to the leased thing, will not assume liability for compensation.

§ 710 Gebraucht der Mieter die Mietsachen in der vereinbarten Weise bzw. entsprechend ihrer Natur und werden die Mietsachen dadurch abgenutzt, haftet er nicht auf Schadensersatz.

第七百一十一条 承租人未按照约定的方法或者未根据租赁物的性质使用租赁物,致使租赁物受到损失的,出租人可以解除合同并请求赔偿损失。

Article 711 Where the lessee fails to use the leased thing in the agreed manner or in a manner consistent with its nature, thereby causing losses to the leased thing, the lessor may rescind the contract and claim compensation for the losses.

§ 711 Gebraucht der Mieter die Mietsachen nicht in der vereinbarten Weise bzw. nicht entsprechend ihrer Natur, sodass die Mietsachen Schaden erleiden, kann der Vermieter den Vertrag kündigen und Schadensersatz verlangen.

第七百一十二条 出租人应当履行租赁物的维修义务,但是当事人另有约定的除外。

Article 712 The lessor shall perform the obligation of making repairs of the leased thing, except otherwise agreed by the parties.

§ 712 Der Vermieter muss die Prlicht zur Instandhaltung und Instandsetzung der Mietsachen erfüllen, es sei denn, dass die Parteien etwas anderes vereinbart haben.

第七百一十三条 承租人在租赁物需要维修时可以请求出租人在合理期限内维修。出租人未履行维修义务的,承租人可以自行维修,维修费用由出租人负担。因维修租赁物影响承租人使用的,应当相应减少租金或者延长租期。

因承租人的过错致使租赁物需要维修的,出租人不承担前款规定的维修义务。

Article 713 Where the leased thing needs repair, the lessee may require the lessor to make repairs within a reasonable period limit. If the lessor fails to fulfill its obligation of making repairs, the lessee may make repairs of the leased thing on its own at the lessor's expenses. Where the lessee's use of the leased thing is impaired due to repairs thereof, the rent should be reduced or the lease term should be extended accordingly.

If the leased thing needs repairing due to the fault of the lessee, the lessor shall not assume the obligation of making repairs as specified in the preceding paragraph.

§ 713 Ist die Instandhaltung oder Instandsetzung der Mietsachen erforderlich, kann der Mieter vom Vermieter verlangen, die Mietsachen innerhalb einer angemessenen Frist instandzuhalten oder instandzusetzen. Erfüllt der Vermieter die Pflicht zur Instandhaltung oder Instandsetzung nicht, kann der Mieter die Instandhaltung oder Instandsetzung selbst durchführen; die Kosten für Instandhaltung oder Instandsetzung werden vom Vermieter getragen. Wird durch die Instandhaltung oder Instandsetzung der Mietsachen deren Gebrauch durch den Mieter beeinträchtigt, muss der Mietzins entsprechend gemindert oder die Mietdauer verlängert werden.

Führt ein Verschulden des Mieters dazu, dass eine Instandhaltung oder Instansetzung der Mietsachen erforderlich ist, ist der Vermieter zur Instandhaltung oder Instandsetzung nach dem vorigen Absatz nicht verpflichtet.

第七百一十四条 承租人应当妥善保管租赁物,因保管不善造成租赁物毁损、灭失的,应当承担赔偿责任。

Article 714 The lessee shall keep the leased thing with due care and shall assume liability for compensation if the leased thing is damaged or lost because of undue care.

§ 714 Der Mieter muss die Mietsachen zweckmäßig bewahren. Führt seine ungeeignete Bewahrung der Mietsachen dazu, dass sie deshalb beschädigt werden oder untergehen, haftet er auf Schadensersatz.

第七百一十五条 承租人经出租人同意,可以对租赁物进行改善或者增设他物。

承租人未经出租人同意,对租赁物进行改善或者增设他物的,出租人可以请求承租人恢复原状或者赔偿损失。

Article 715 With the consent of the lessor, the lessee may make improvement on or addition to the leased thing.

If the lessee makes improvement on or addition to the leased thing without consent of the lessor, the lessor may request restitution or compensation for the losses from the lessee.

§ 715 Mit dem Einverständnis des Vermieters kann der Mieter die Mietsachen verbessern oder ihnen andere Sachen hinzufügen.

Hat der Mieter ohne Einverständnis des Vermieters die Mietsachen verbessert oder ihnen andere Sachen hinzugefügt, kann der Vermieter vom Mieter die Wiederherstellung des ursprünglichen

Zustands oder Schadensersatz verlangen.

第七百一十六条 承租人经出租人同意,可以将租赁物转租给第三人。承租人转租的,承租人与出租人之间的租赁合同继续有效;第三人造成租赁物损失的,承租人应当赔偿损失。

承租人未经出租人同意转租的,出租人可以解除合同。

Article 716 With the consent of the lessor, the lessee may sublease the leased thing to a third party, under which circumstances the lease contract between the lessee and the lessor remains valid, and any loss caused by the third party to the leased thing should be compensated by the lessee.

Where the lessee subleases the leased thing without the consent of the lessor, the lessor may rescind the contract.

§ 716 Mit dem Einverständnis des Vermieters kann der Mieter Mietsachen einem Dritten weitervermieten. Vermietet der Mieter weiter, bleibt der Mietvertrag zwischen ihm und dem Vermieter weiter wirksam; verursacht der Dritte einen Schaden an den Mietsachen, muss der Mieter den Schaden ersetzen.

Vermietet der Mieter ohne Einverständnis des Vermieters weiter, kann der Vermieter den Vertrag kündigen.

第七百一十七条 承租人经出租人同意将租赁物转租给第三人,转租期限超过承租人剩余租赁期限的,超过部分的约定对出租人不具有法律约束力,但是出租人与承租人另有约定的除外。

Article 717 Where a lessee subleases the leased thing to a

third party with the consent of the lessor for a term in excess of the lessee's remaining lease term, the agreement on the excess is not legally binding on the lessor, unless otherwise agreed by the lessor and the lessee.

§ 717 Vermietet der Mieter mit dem Einverständnis des Vermieters einem Dritten die Mietsachen weiter und überschreitet die Dauer der Weitervermietung die verbleibende Mietdauer, hat die Vereinbarung über den überschreitenden Teil keine rechtliche Bindungswirkung gegenüber dem Vermieter, es sei denn, dass der Vermieter und der Mieter etwas anderes vereinbart haben.

第七百一十八条 出租人知道或者应当知道承租人转租,但是在六个月内未提出异议的,视为出租人同意转租。

Article 718 A lessor who knows or should have known of the lessee's sublease without raising an objection within six months is deemed as giving consent to the sublease.

§ 718 Wenn der Vermieter weiß oder wissen muss, dass der Mieter weitervermietet, aber innerhalb von sechs Monaten keine Einwände erhebt, gilt es als Einverständnis des Vermieters mit der Weitervermietung.

第七百一十九条 承租人拖欠租金的,次承租人可以代承租人支付其欠付的租金和违约金,但是转租合同对出租人不具有法律约束力的除外。

次承租人代为支付的租金和违约金,可以充抵次承租人应当向承租人支付的租金;超出其应付的租金数额的,可以向承租人追偿。

Article 719 Where a lessee is in default on rent, the sublessee may pay the rent and liquidated damages due on behalf of the lessee, unless the sublease contract is not legally binding on the lessor.

The rent and liquidated damages so paid may be set off against the rent payable by the sublessee to the lessee; and the excess over the rent payable by the sublessee may be recovered from the lessee.

§ 719 Gerät der Mieter mit dem Mietzins in Verzug, kann der Untermieter anstelle des Mieters dessen geschuldeten Mietzins und Vertragsstrafen zahlen, es sei denn, dass der Vertrag über die Weitervermietung gegenüber dem Vermieter rechtliche Bindungswirkung hat.

Der Mietzins und die Vertragsstrafe, die der Untermieter anstelle des Mieters gezahlt hat, können vom Mietzins, den er dem Mieter zahlen muss, gedeckt werden; für den Betrag, der die vom ihm zu zahlenden Mietzinse übersteigt, kann er den Mieter in Regress nehmen.

第七百二十条 在租赁期限内因占有、使用租赁物获得的收益,归承租人所有,但是当事人另有约定的除外。

Article 720 Any benefit accrued from the possession or use of the leased thing during the lease term belongs to the lessee, unless otherwise agreed by the parties.

§ 720 Nutzungen, die während der Mietdauer aus Besitz

und Gebrauch der Mietsachen erlangt werden, gehören dem Mieter, es sei denn, dass die Parteien etwas anderes vereinbart haben.

第七百二十一条 承租人应当按照约定的期限支付租金。对支付租金的期限没有约定或者约定不明确，依据本法第五百一十条的规定仍不能确定，租赁期限不满一年的，应当在租赁期限届满时支付；租赁期限一年以上的，应当在每届满一年时支付，剩余期限不满一年的，应当在租赁期限届满时支付。

Article 721 The lessee shall pay the rent at the agreed time. Where the time of payment is not agreed or the agreement is not clear, nor can it be determined pursuant to Article 510 of this Code, the rent should be paid at the end of the lease term if it is less than one year; at the end of each annual period if the lease term is one year or longer; and at the end of the lease term if the remaining period is less than one year.

§ 721 Der Mieter muss den Mietzins zu der vereinbarten Frist zahlen. Ist die Mietzahlungsfrist nicht vereinbart worden oder die Vereinbarung unklar und kann auch nicht gemäß § 510 bestimmt werden, muss der Mietzins, wenn die Mietdauer weniger als ein Jahr beträgt, bei Ablauf der Mietdauer gezahlt werden; beträgt die Mietdauer ein Jahr oder mehr, muss er bei Ablauf jedes Jahres gezahlt werden; beträgt die verbleibende Dauer weniger als ein Jahr, muss er bei Ablauf der Mietdauer gezahlt werden.

第七百二十二条　承租人无正当理由未支付或者迟延支付租金的，出租人可以请求承租人在合理期限内支付；承租人逾期不支付的，出租人可以解除合同。

Article 722　Where the lessee fails to pay or delays in paying the rent without justification, the lessor may request the lessee to pay the rent within a reasonable period limit; and if the lessee fails to pay the rent upon the expiry of such time limit, the lessor may rescind the contract.

§ 722　Zahlt der Mieter ohne rechtfertigenden Grund den Mietzins nicht oder verspätet, kann der Vermieter vom Mieter verlangen, innerhalb einer angemessenen Frist zu zahlen; zahlt der Mieter nach Fristablauf nicht, kann der Vermieter den Vertrag kündigen.

第七百二十三条　因第三人主张权利，致使承租人不能对租赁物使用、收益的，承租人可以请求减少租金或者不支付租金。

第三人主张权利的，承租人应当及时通知出租人。

Article 723　If due to any claim by a third party, the lessee is unable to use or accrue benefit from the leased thing, the lessee may require reduction in rent or not to pay the rent.

In case of any claim by a third party, the lessee shall notify the lessor in time.

§ 723　Macht ein Dritter Rechte geltend, sodass der Mieter die Mietsache nicht gebrauchen oder keine Nutzungen daraus ziehen kann, kann der Mieter eine Herabsetzung der Miete verlangen oder keine Miete zahlen.

Macht ein Dritter Rechte geltend, muss der Mieter rechtzeitig den Vermieter benachrichtigen.

第七百二十四条 有下列情形之一,非因承租人原因致使租赁物无法使用的,承租人可以解除合同:

(一)租赁物被司法机关或者行政机关依法查封、扣押;

(二)租赁物权属有争议;

(三)租赁物具有违反法律、行政法规关于使用条件的强制性规定情形。

Article 724 A lessee may rescind the contract if the loss of use of the leased thing is caused by such reasons not attributable to the lessee as:

(1) the leased thing being lawfully attached or seized by the judicial or administrative authority;

(2) title to the leased thing being in dispute; or

(3) other circumstances where the leased thing is in violation of the mandatory provisions of laws and administrative regulations on conditions of use.

§ 724 Liegt einer der folgenden Umstände vor, sodass der Mieter wegen einer nicht bei ihm liegenden Ursache die Mietsache nicht gebrauchen kann, kann der Mieter den Vertrag kündigen:

1. Die Mietsache wurde von einer Justiz- oder Verwaltungsbehörde nach dem Recht versiegelt oder beschlagnahmt;

2. es gibt Streitigkeiten über die Zugehörigkeit des Eigentums der Mietsache;

3. bei der Mietsache liegen Umstände vor, die gegen zwingende Bestimmungen über Gebrauchsbedingungen in Gesetzen oder verwaltungsrechtsnormen verstoßen.

第七百二十五条 租赁物在承租人按照租赁合同占有期限内发生所有权变动的,不影响租赁合同的效力。

Article 725 Any change to the ownership of the leased thing when the lessee is in possession pursuant to the lease contract does not affect the validity of the lease contract.

§ 725 Wird das Eigentum an der Mietsache innerhalb der Mietdauer geändert, in der der Mieter die Mietsache nach dem Mietvertrag besetzt, beeinflusst das die Wirksamkeit des Mietvertrages nicht.

第七百二十六条 出租人出卖租赁房屋的,应当在出卖之前的合理期限内通知承租人,承租人享有以同等条件优先购买的权利;但是,房屋按份共有人 行使优先购买权或者出租人将房屋出卖给近亲属的除外。

出租人履行通知义务后,承租人在十五日内未明确表示购买的,视为承租人放弃优先购买权。

Article 726 The lessor who is to sell the leased house shall give the lessee a notice within a reasonable period limit before the sale, and the lessee has the right of first refusal under the same conditions, unless a tenant in common exercises the right of first refusal or the lessor sells the property to any of its close relatives.

If a lessee fails to expressly indicate the purchase within fifteen days after the lessor performs its obligation to give notice, the lessee shall be deemed to have waived the right of first refusal.

§ 726 Verkauft der Vermieter ein vermietetes Haus (eine vermietete Wohnung), muss er in einer angemessenen Frist vor dem Verkauf den Mieter davon unterrichten, und der Mieter genießt ein Vorkaufsrecht zu gleichen Bedingungen; es sei denn, dass die Miteigentümer des Hauses (der Wohnung) nach Bruchteilen das Vorkaufsrecht ausüben oder der Vermieter das Haus (die Wohnung) an seinen nahen Verwandten verkauft.

Erklärt der Mieter, nachdem der Vermieter die Unterrichtungspflicht erfüllt hat, nicht innerhalb von fünfzehn Tagen klar, dass er das Haus (die Wohnung) kauft, gilt dies als Verzicht auf das Vorkaufsrecht durch den Mieter.

第七百二十七条 出租人委托拍卖人拍卖租赁房屋的,应当在拍卖五日前通知承租人。承租人未参加拍卖的,视为放弃优先购买权。

Article 727 Where a lessor entrusts an auctioneer with the auction of the leased house, the lessor shall notify the lessee five days before the auction. The lessee's failure to participate in the auction should be deemed to have waived the right of first refusal.

§ 727 Beauftragt der Vermieter einen Versteigerer, das vermietete Haus (die vermietete Wohnung) zu versteigern, muss er im Voraus fünf Tage vor der Versteigerung den Mieter davon unterrichten. Nimmt der Mieter nicht an der Versteigerung teil, gilt dies als Verzicht auf das Vorkaufsrecht.

第七百二十八条 出租人未通知承租人或者有其他妨害承租人行使优先购买权情形的，承租人可以请求出租人承担赔偿责任。但是，出租人与第三人订立的房屋买卖合同的效力不受影响。

Article 728 Where a lessor fails to notify the lessee or otherwise interferes with the lessee's exercising the right of first refusal, the lessee may request the lessor to assume liability for compensation, provided the validity of the house sales contract entered into between the lessor and a third party is not so affected.

§ 728 Benachrichtigt der Vermieter den Mieter nicht oder liegen andere Umstände vor, die die Ausübung des Vorkaufrechts durch den Mieter beeinträchtigen, kann der Mieter vom Vermieter verlangen, auf Schadensersatz zu haften. Die Wirksamkeit des zwischen dem Vermieter und einem Dritten abgeschlossenen Kaufvertrags über das Haus (die Wohnung) wird aber nicht beeinflusst.

第七百二十九条 因不可归责于承租人的事由，致使租赁物部分或者全部毁损、灭失的，承租人可以请求减少租金或者不支付租金；因租赁物部分或者全部毁损、灭失，致使不能实现合同目的的，承租人可以解除合同。

Article 729 Where the leased thing is damaged or lost in part or in whole due to any reason not attributable to the lessee, the lessee may request reduction in rent or not to pay rent; where the purpose of the contract cannot be achieved due to damage to or loss of the leased thing in part or in whole, the lessee may rescind the contract.

§ 729　Wenn aus Gründen, für die dem Mieter keine Verantwortung zugewiesen werden kann, die Mietsache ganz oder teilweise beschädigt wird oder untergeht, kann der Mieter eine Herabsetzung der Miete verlangen oder keine Miete zahlen; kann der Vertragszweck nicht verwirklicht werden, weil die Mietsache ganz oder teilweise beschädigt wird oder untergeht, kann der Mieter den Vertrag kündigen.

第七百三十条　当事人对租赁期限没有约定或者约定不明确,依据本法第五百一十条的规定仍不能确定的,视为不定期租赁;当事人可以随时解除合同,但是应当在合理期限之前通知对方。

Article 730　Where the lease term is not agreed or the agreement is not clear, nor can it be determined pursuant to Article 510 of this Code, such lease is deemed a tenancy at will. Either party may rescind the contract at any time, provided a reasonable notice is given to the other party.

§ 730　Haben die Parteien die Mietdauer nicht vereinbart oder ist die Vereinbarung unklar und kann die Mietdauer auch nicht gemäß § 510 dieses Gesetzes bestimmt werden, gilt das Mietverhältnis als unbefristet; eine Partei kann jederzeit den Vertrag kündigen, muss aber dies der anderen Seite im Voraus mit

einer angemessenen Frist mitteilen.

第七百三十一条 租赁物危及承租人的安全或者健康的,即使承租人订立合同时明知该租赁物质量不合格,承租人仍然可以随时解除合同。

Article 731 Where the leased thing endangers the safety or health of the lessee, the lessee may rescind the contract at any time even if the lessee knows the leased thing does not meet the quality requirements when concluding the contract.

§ 731 Gefährden die Mietsachen die Sicherheit oder Gesundheit des Mieters, kann er auch dann, wenn er bei Vertragsschluss wusste, dass die Qualität der Mietsachen nicht normgemäß war, jederzeit den Vertrag kündigen.

第七百三十二条 承租人在房屋租赁期限内死亡的,与其生前共同居住的人或者共同经营人可以按照原租赁合同租赁该房屋。

Article 732 Where the lessee is deceased during the lease term of the leased house, the person living with the lessee or the joint operators may lease the house pursuant to the original lease contract.

§ 732 Stirbt der Mieter während der Mietdauer eines Hauses (einer Wohnung), können die Personen, die zu seinen Lebzeiten mit ihm zusammengewohnt oder gemeinsam Geschäfte betrieben haben, das Haus (die Wohnung) nach dem

ursprünglichen Mietvertrag mieten.

第七百三十三条 租赁期限届满,承租人应当返还租赁物。返还的租赁物应当符合按照约定或者根据租赁物的性质使用后的状态。

Article 733 The lessee shall return the leased thing upon expiry of the lease term. The leased thing returned should be in a condition after use as agreed or consistent with its nature.

§ 733 Bei Ablauf der Mietdauer muss der Mieter die Mietsachen zurückgeben. Die zurückgegebenen Mietsachen müssen dem Zustand nach einem vereinbarungsgemäßen bzw. der Natur der Mietsachen gemäßen Gebrauch entsprechen.

第七百三十四条 租赁期限届满,承租人继续使用租赁物,出租人没有提出异议的,原租赁合同继续有效,但是租赁期限为不定期。

租赁期限届满,房屋承租人享有以同等条件优先承租的权利。

Article 734 Upon expiry of the lease term, if the lessee continues to use the leased thing without objection by the lessor, the original lease contract remains effective, provided that it becomes an tenancy at will.

Upon the expiry of the lease term, the lessee of the house has the priority to lease on equal terms.

§ 734 Begraucht der Mieter nach Ablauf der Mietdauer die

Mietsachen weiter und erhebt der Vermieter keine Einwände, bleibt der ursprüngliche Mietvertrag weiter wirksam, aber die Miete ist unbefristet.

Nach Ablauf der Mietdauer genießt der Mieter ein Vormietrecht zu gleichen Bedingungen.

第十五章 融资租赁合同
Chapter XV Financial Leasing Contracts
15. Kapitel: Finanzierungsleasingvertrag

第七百三十五条 融资租赁合同是出租人根据承租人对出卖人、租赁物的选择,向出卖人购买租赁物,提供给承租人使用,承租人支付租金的合同。

Article 735 A financial leasing contract is a contract whereby the lessor purchases such leased thing from such seller as slected by the lessee, provides the leased thing to the lessee for its use, and collects the rent from the lessee.

§ 735 Der Finanzierungsleasingvertrag ist ein Vertrag, bei dem der Vermieter [Leasinggeber] aufgrund der vom Mieter [Leasingnehmer] getroffenen Wahl eines Verkäufers und einer Mietsache vom Verkäufer die Mietsache erwirbt und dem Mieter zum Gebrauch zur Verfügung stellt sowie der Mieter Mietzins zahlt.

第七百三十六条 融资租赁合同的内容一般包括租赁物的名称、数量、规格、技术性能、检验方法,租赁期限、租金构成

及其支付期限和方式、币种,租赁期限届满租赁物的归属等条款。

融资租赁合同应当采用书面形式。

Article 736 Among the terms typically included in a financial leasing contract are the name, quantity, specifications, technical performance, and method of inspection of the leased thing, the lease term, the rental components and the time, method and currency of payment, the attribution of the leased thing at the end of the lease term.

A financial leasing contract should be in writing.

§ 736 Der Finanzierungsleasingvertrag enthält im Allgemeinen Klauseln wie etwa zu der Bezeichnung, der Menge, den Spezifikationen, technischen Funktionen und dem Verfahren der Überprüfung der Mietsache, zu der Mietdauer, der Zusammensetzung des Mietzinses, der Zahlungsfrist und -weise und der Währung des Mietzinses sowie zur Zuordnung der Mietsache bei Ablauf der Mietdauer.

Für den Finanzierungsleasingvertrag muss die Schriftform verwandt werden.

第七百三十七条 当事人以虚构租赁物方式订立的融资租赁合同无效。

Article 737 A financial leasing contract concluded by the parties by fabricating the leased thing is invalid.

§ 737 Ein Finanzierungsleasingvertrag, den die Parteien über fiktive Mietsachen abschließen, ist unwirksam.

第七百三十八条 依照法律、行政法规的规定,对于租赁物的经营使用应当取得行政许可的,出租人未取得行政许可不影响融资租赁合同的效力。

Article 738 Where any law or administrative regulation requires a lessee to obtain administrative license for the operation and use of the leased thing, the lessor's failure to obtain administrative license will not affect the validity of the financial leasing contract.

§ 738 Muss nach den Bestimmungen in Gesetzen oder Verwaltungsrechtsnormen eine Verwaltungsgenehmigung für Betrieb und Gebrauch der Mietsache erlangt werden, wird die Wirksamkeit des Finanzierungsleasingvertrags nicht beeinflusst, wenn der Vermieter die Verwaltungsgenehmigung nicht erlangt hat.

第七百三十九条 出租人根据承租人对出卖人、租赁物的选择订立的买卖合同,出卖人应当按照约定向承租人交付标的物,承租人享有与受领标的物有关的买受人的权利。

Article 739 Under the sales contract concluded by the lessor pursuant to the lessee's selection of the seller and the leased thing, the seller shall deliver the subject matter to the lessee as agreed, and the lessee enjoys the buyer's rights regarding taking delivery of the subject matter.

§ 739 Bei dem vom Vermieter aufgrund der vom Mieter getroffenen Wahl eines Verkäufers und einer Mietsache errichteten Kaufvertrag muss der Verkäufer vereinbarungsgemäß dem Mieter den Vertragsgegenstand übergeben, und der Mieter genießt die auf die Annahme des Vertragsgegenstands bezüglichen Rechte des Käufers.

第七百四十条 出卖人违反向承租人交付标的物的义务,有下列情形之一的,承租人可以拒绝受领出卖人向其交付的标的物:

(一)标的物严重不符合约定;

(二)未按照约定交付标的物,经承租人或者出租人催告后在合理期限内仍未交付。

承租人拒绝受领标的物的,应当及时通知出租人。

Article 740 Where a seller breaches the obligation to deliver the subject matter to the lessee, the lessee may refuse to accept the subject matter delivered to it by the seller if:

(1) the subject matter is seriously inconsistent with the agreement; or

(2) the seller fails to deliver the subject matter as agreed, and upon request of the lessee or the lessor still fails to deliver within a reasonable period limit.

If the lessee refuses to accept the subject matter, it shall notify the lessor in time.

§ 740 Verletzt der Verkäufer seine Pflicht, dem Mieter den Gegenstand zu übergeben, kann der Mieter die Annahme des vom Verkäufer an ihn übergebenen Vertragsgegenstands ablehnen, wenn einer der folgenden Umstände vorliegt:

1. Der Vertragsgegenstand weicht erheblich von den Vereinbarungen ab;

2. der Vertragsgegenstand wird nicht nach der Vereinbarung und auch nach der Mahnung durch den Mieter oder Vermieter nicht innerhalb einer angemessenen Frist übergeben.

Lehnt der Mieter die Annahme des Gegenstands ab, muss er den Vermieter rechtzeitig benachrichtigen.

第七百四十一条 出租人、出卖人、承租人可以约定,出卖人不履行买卖合同义务的,由承租人行使索赔的权利。承租人行使索赔权利的,出租人应当协助。

Article 741 The lessor, the seller and the lessee may agree that if the seller fails to perform its obligations under the sales contract, the lessee may exercise the right to claim compensation. If the lessee exercises the right to claim compensation, the lessor shall assist.

§ 741 Vermieter, Verkäufer und Mieter können vereinbaren, dass der Mieter das Recht ausübt, Ersatz zu verlangen, wenn der Verkäufer die Pflichten aus dem Kaufvertrag nicht erfüllt. Übt der Mieter das Recht aus, Ersatz zu verlangen, muss der Vermieter ihn unterstützen.

第七百四十二条 承租人对出卖人行使索赔权利,不影响其履行支付租金的义务。但是,承租人依赖出租人的技能确定租赁物或者出租人干预选择租赁物的,承租人可以请求减免相应租金。

Article 742 The lessee's exercise of the right to claim compensation against the seller does not affect its performance of the obligation to pay rent. However, if the lessee relies on the lessor's skills to select the leased thing, or the lessor intervenes in selecting the leased thing, the lessee may request a reduction or exemption of the corresponding rent.

§ 742 Übt der Mieter gegenüber dem Verkäufer das Recht aus, Ersatz zu verlangen, wird seine Erfüllungspflicht der Mietzinszahlung nicht beeinflusst. Hat sich der Mieter bei der Bestimmung der Mietsache auf die Fähigkeiten des Vermieters verlassen oder hat sich der Vermieter in die Wahl der Mietsache eingemischt, kann der Mieter aber eine Minderung oder den Erlass von entsprechenden Mietzinsen verlangen.

第七百四十三条 出租人有下列情形之一,致使承租人对出卖人行使索赔权利失败的,承租人有权请求出租人承担相应的责任:

(一)明知租赁物有质量瑕疵而不告知承租人;

(二)承租人行使索赔权利时,未及时提供必要协助。

出租人怠于行使只能由其对出卖人行使的索赔权利,造成承租人损失的,承租人有权请求出租人承担赔偿责任。

Article 743 Where any of the lessor's following acts causes failure of the lessee to exercise its right to claim compensation against the seller, the lessee has the right to request the lessor to assume corresponding liability:

(1) not informing the lessee with knowledge that the leased thing is defective in quality; or

(2) not providing necessary assistance in time when the les-

see exercises the right to claim compensation.

If the lessor is reluctant to exercise the right to claim compensation that may be exercised only by the lessor against the seller, causing loss to the lessee, the lessee has the right to request the lessor to assume liability for compensation.

§ 743 Liegt beim Vermieter einer der folgenden Umstände vor, sodass die Ausübung des Rechts auf eine Ersatzforderung durch den Mieter gegenüber dem Verkäufer scheitert, ist der Mieter berechtigt, zu verlangen, dass der Vermieter entsprechend haftet:

1. Er weiß von Qualitätsmängeln der Mietsache, bringt diese dem Mieter aber nicht zur Kenntnis;

2. bei der Ausübung des Rechts durch den Mieter, Ersatz zu fordern, gewährt er nicht rechtzeitig die nötigen Unterstützungen.

Verzögert der Vermieter die Ausübung des Rechts auf Ersatzforderung, das nur von ihm gegenüber dem Verkäufer ausgeübt werden kann, sodass dem Mieter ein Schaden zugefügt wird, ist der Mieter berechtigt, zu verlangen, dass der Vermieter auf Schadensersatz haftet.

第七百四十四条 出租人根据承租人对出卖人、租赁物的选择订立的买卖合同,未经承租人同意,出租人不得变更与承租人有关的合同内容。

Article 744 With regard to the sales contract concluded by the lessor subject to the lessee's selection of the seller and the leased thing, without the consent of the lessee, the lessor may not alter the contents of the contract related to the lessee.

§744 In dem vom Vermieter aufgrund der vom Mieter getroffenen Wahl eines Verkäufers und einer Mietsache errichteten Kaufvertrag darf der Vermieter ohne Einverständnis des Mieters die den Mieter betreffenden Vertragsinhalte nicht ändern.

第七百四十五条 出租人对租赁物享有的所有权,未经登记,不得对抗善意第三人。

Article 745 A lessor's ownership of the leased thing is not effective against a bona fide third party without registration.

§745 Das Eigentum, das der Vermieter in Bezug auf die Mietsache genießt, darf ohne Eintragung gutgläubigen Dritten nicht entgegengehalten werden.

第七百四十六条 融资租赁合同的租金,除当事人另有约定外,应当根据购买租赁物的大部分或者全部成本以及出租人的合理利润确定。

Article 746 Unless otherwise agreed by the parties, the rent under a financial leasing contract should be determined based on the most or full cost of purchasing the leased thing and the lessor's reasonable profit.

§746 Der Mietzins nach dem Finanzierungsleasingvertrag muss, soweit die Parteien nichts anderes vereinbaren, aufgrund eines großen Teils der Kosten oder der gesamten Kosten des Erwerbs der Mietsache und eines angemessenen Gewinns des Vermieters bestimmt werden.

第七百四十七条 租赁物不符合约定或者不符合使用目的的,出租人不承担责任。但是,承租人依赖出租人的技能确定租赁物或者出租人干预选择租赁物的除外。

Article 747　Where the leased thing does not con-form to the agreement or is not fit for the intended purpose, the lessor is not liable, except where the lessee relies on the lessor's skills to select the leased thing or the lessor interferes with the selection thereof.

§ 747　Entspricht die Mietsache nicht den Vereinbarungen oder nicht dem Gebrauchszweck, haftet der Vermieter nicht. Dies gilt aber nicht, wenn der Mieter sich bei der Bestimmung der Mietsache auf die Fähigkeiten des Vermieters verlassen oder der Vermieter sich in die Wahl der Mietsache eingemischt hat.

第七百四十八条 出租人应当保证承租人对租赁物的占有和使用。

出租人有下列情形之一的,承租人有权请求其赔偿损失:

(一)无正当理由收回租赁物;

(二)无正当理由妨碍、干扰承租人对租赁物的占有和使用;

(三)因出租人的原因致使第三人对租赁物主张权利;

(四)不当影响承租人对租赁物占有和使用的其他情形。

Article 748　The lessor shall ensure the lessee's possession and use of the leased thing.

The lessee has the right to request the lessor to make compensation for its loss if the lessor:

(1) takes back the leased thing without justification;

(2) obstructs or interferes with the lessee's possession and use of the leased thing without justification;

(3) causes a third party to claim right to the leased thing due to any reason attributable to the lessor; or

(4) has any other circumstances that unduly affect the lessee's possession and use of the leased thing.

§748 Der Vermieter muss dem Mieter Besitz und Gebrauch der Mietsache gewährleisten.

Liegt beim Vermieter einer der folgenden Umstände vor, ist der Mieter berechtigt, von ihm den Ersatz des Schadens zu verlangen:

1. Ohne rechtfertigenden Grund nimmt er die Mietsache zurück;

2. ohne rechtfertigenden Grund behindert oder stört er den Mieter bei Besitz und Gebrauch der Mietsache;

3. aus beim Vermieter liegenden Gründen macht ein Dritter ein Recht an der Mietsache geltend;

4. andere Umstände, die den Besitz und Gebrauch der Mietsache durch den Mieter ungerechtfertigt beeinflussen.

第七百四十九条 承租人占有租赁物期间,租赁物造成第三人人身损害或者财产损失的,出租人不承担责任。

Article 749 During the lessee's possession of the leased

thing, if the leased thing causes personal injury or property damage to a third party, the lessor shall not be liable.

§ 749 Verursacht die Mietsache während der Zeit, in der der Mieter die Mietsache besitzt, bei einem Dritten Personen‑ oder Vermögensschäden, haftet der Vermieter nicht.

第七百五十条 承租人应当妥善保管、使用租赁物。
承租人应当履行占有租赁物期间的维修义务。

Article 750 The lessee shall keep and use the leased thing with due care.

While in possession of the leased thing, the lessee shall perform the obligations of maintenance and repair thereof.

§ 750 Der Mieter muss die Mietsache zweckmäßig bewahren und gebrauchen.

Der Mieter muss, während er die Mietsache besitzt, die Pflicht zur Instandhaltung und Instandsetzung der Mietsache erfüllen.

第七百五十一条 承租人占有租赁物期间,租赁物毁损、灭失的,出租人有权请求承租人继续支付租金,但是法律另有规定或者当事人另有约定的除外。

Article 751 Where the leased thing is damaged or lost during the lessee's possession, the lessor has the right to request the lessee to continue paying the rent, unless otherwise provided by the law or agreed by the parties.

§ 751 Wenn die Mietsache während der Zeit, in der der Mieter sie besitzt, beschädigt wird oder untergeht, ist der Vermieter berechtigt, zu verlangen, dass der Mieter den Mietzins weiterzahlt, es sei denn, dass gesetzlich etwas anderes bestimmt ist oder die Parteien etwas anderes vereinbart haben.

第七百五十二条 承租人应当按照约定支付租金。承租人经催告后在合理期限内仍不支付租金的，出租人可以请求支付全部租金；也可以解除合同，收回租赁物。

Article 752 The lessee shall pay the rent as agreed. If the lessee fails to pay the rent within a reasonable period limit after being requested by the lessor, the lessor may either request payment of the full rent or rescind the contract and take back the leased thing.

§ 752 Der Mieter muss den Mietzins nach der Vereinbarung zahlen. Zahlt der Mieter auch nach Mahnung den Mietzins nicht innerhalb einer angemessenen Frist, kann der Vermieter Zahlung des gesamten Mietzinses verlangen; er kann auch den Vertrag kündigen und die Mietsache zurücknehmen.

第七百五十三条 承租人未经出租人同意，将租赁物转让、抵押、质押、投资入股或者以其他方式处分的，出租人可以解除融资租赁合同。

Article 753 If the lessee transfers, mortgages, pledges, invests for capital stock, or otherwise disposes of the leased thing without the consent of the lessor, the lessor may rescind the financial leasing contract.

§ 753 Wenn der Mieter ohne Einverständnis des Vermieters die Mietsache überträgt, mit einer Hypothek belastet, verpfändet, als Anteil investiert oder auf andere Art und Weise über sie verfügt, kann der Vermieter den Finanzierungsleasingvertrag kündigen.

第七百五十四条 有下列情形之一的,出租人或者承租人可以解除融资租赁合同:

（一）出租人与出卖人订立的买卖合同解除、被确认无效或者被撤销,且未能重新订立买卖合同;

（二）租赁物因不可归责于当事人的原因毁损、灭失,且不能修复或者确定替代物;

（三）因出卖人的原因致使融资租赁合同的目的不能实现。

Article 754 A lessor or lessee may rescind the financial leasing contract if:

(1) the sales contract entered into between the lessor and the seller is rescinded, nullified, or revoked, and a new sales contract fails to be concluded;

(2) the leased property is damaged or lost for reasons not attributable to the parties, and is beyond repair or irreplaceable; or

(3) the purpose of the financial leasing contract is defeated due to reasons attributable to the seller.

§ 754 Liegt einer der folgenden Umstände vor, kann der Vermieter oder der Mieter den Finanzierungsleasingvertrag kündigen:

1. Der von dem Vermieter und dem Verkäufer errichtete Kaufvertrag wird gekündigt, als unwirksam festgestellt oder aufgehoben und ein Kaufvertrag kann nicht erneuert errichtet werden;

2. die Mietsache wird beschädigt oder geht unter wegen Ursachen, für die die Parteien nicht verantwortlich gemacht werden können, und es ist nicht möglich, die Mietsache zu reparieren und wiederherzustellen oder einen Ersatz dafür zu bestimmen;

3. wegen einer beim Verkäufer liegenden Ursache kann der Zweck des Finanzierungsleasingvertrags nicht verwirklicht werden.

第七百五十五条 融资租赁合同因买卖合同解除、被确认无效或者被撤销而解除，出卖人、租赁物系由承租人选择的，出租人有权请求承租人赔偿相应损失；但是，因出租人原因致使买卖合同解除、被确认无效或者被撤销的除外。

出租人的损失已经在买卖合同解除、被确认无效或者被撤销时获得赔偿的，承租人不再承担相应的赔偿责任。

Article 755 Where a financial leasing contract is rescinded because the sales contract is rescinded, nullified, or revoked, if the seller and the leased thing are selected by the lessee, the lessor has the right to request the lessee to make compensation for the corresponding loss, unless the sales contract is rescinded, nullified, or revoked due to reasons attributable to the lessor.

If the lessor is compensated for its loss when the sales contract is rescinded, nullified, or revoked, the lessee shall not be liable for corresponding compensation.

§ 755 Wenn der Finanzierungsleasingvertrag aufgrund des-

sen, dass der Kaufvertrag gekündigt, als unwirksam festgestellt oder aufgehoben wird, aufgelöst wird, ist der Vermieter berechtigt, zu verlangen, dass der Mieter den entsprechenden Schaden ersetzt, soweit der Verkäufer und die Mietsache vom Mieter gewählt geworden sind; dies gilt aber nicht, wenn die beim Vermieter liegende Ursache zur Kündigung oder Aufhebung des Kaufvertrags oder zur Feststellung dessen Unwirksamheit führt.

Hat der Vermieter bereits bei der Kündigung oder Aufhebung des Kaufvertrags oder zur Feststellung dessen Unwirksamheit Ersatz für den Schaden erlangt, haftet der Mieter nicht mehr auf entsprechenden Ersatz.

第七百五十六条 融资租赁合同因租赁物交付承租人后意外毁损、灭失等不可归责于当事人的原因解除的，出租人可以请求承租人按照租赁物折旧情况给予补偿。

Article 756 Where a financial leasing contract is rescinded due to damage to or loss of the leased thing by accident or other reasons not attributable to the parties after the leased thing is delivered to the lessee, the lessor may request the lessee to make compensation in light of the depreciation of the leased thing.

§ 756 Wird der Finanzierungsleasingvertrag aufgelöst wegen einer Ursache, für die die Parteien nicht verantwortlich gemacht werden können, wie etwa, dass die Mietsache nach der Übergabe an den Mieter unerwartet beschädigt oder untergeht, kann der Vermieter verlangen, dass der Mieter nach den Umständen der Abnutzung der Mietsache einen Ausgleich leistet.

第七百五十七条 出租人和承租人可以约定租赁期限届满租赁物的归属；对租赁物的归属没有约定或者约定不明确，依据本法第五百一十条的规定仍不能确定的，租赁物的所有权归出租人。

Article 757 The lessor and the lessee may agree on the ownership of the leased thing at the expiry of the lease term. If ownership of the leased thing is not agreed or the agreement is not clear, nor can it be determined pursuant to Article 510 of this Code, the ownership of the leased thing vests with the lessor.

§ 757 Der Vermieter und der Mieter können vereinbaren, wem das Eigentum an der Mietsache bei Ablauf der Mietdauer zuzuordnen ist; Ist die Zuordnung der Mietsache nicht vereinbart worden oder ist die Vereinbarung unklar und kann sie auch nicht gemäß § 510 dieses Gesetzes bestimmt werden, wird das Eigentum der Mietsache dem Vermieter zugeordnet.

第七百五十八条 当事人约定租赁期限届满租赁物归承租人所有，承租人已经支付大部分租金，但是无力支付剩余租金，出租人因此解除合同收回租赁物，收回的租赁物的价值超过承租人欠付的租金以及其他费用的，承租人可以请求相应返还。

当事人约定租赁期限届满租赁物归出租人所有，因租赁物毁损、灭失或者附合、混合于他物致使承租人不能返还的，出租人有权请求承租人给予合理补偿。

Article 758 Where the parties agree that the leased thing vests with the lessee at the expiry of the lease term, the lessee has paid the majority of the rent but is unable to pay the remaining rent, and the lessor therefore rescinds the contract and takes back the leased thing, if the value of the leased thing taken back exceeds the rent and other expenses owed by the lessee, the lessee may request corresponding return from the lessor.

Where the parties agree that the leased thing vests with the lessor at the expiry of the lease term, if the lessee is unable to return the leased thing because the leased thing is damaged, lost, attached to or mixed with another thing, the lessor has the right to request the lessee to make reasonable compensation.

§ 758 Haben die Parteien vereinbart, dass die Mietsache bei Ablauf der Mietdauer dem Eigentum des Mieters zuzuordnen ist, und hat der Mieter bereits einen großen Teil des Mietzinses bezahlt, ist aber nicht fähig, den Rest zu zahlen, und kündigt der Vermieter deshalb den Vertrag und nimmt die Mietsache zurück, kann der Mieter eine entsprechende Erstattung verlangen, wenn der Wert der zurückgenommenen Mietsache höher als die austehenden Mietzinse und anderen Kosten des Mieters ist.

Haben die Parteien vereinbart, dass die Mietsache bei Ablauf der Mietdauer dem Eigentum des Vermieters zuzuordnen ist, und kann der Mieter sie wegen derer Beschädigung oder Zerstörung oder Untergangs oder wegen derer Verbindung oder Vermischung mit anderen Sachen nicht zurückgeben, ist der Vermieter berechtigt, zu verlangen, dass der Mieter einen angemessenen Ausgleich leistet.

第七百五十九条 当事人约定租赁期限届满,承租人仅需向出租人支付象征性价款的,视为约定的租金义务履行完毕后租赁物的所有权归承租人。

Article 759 Where the parties agree that the lessee only needs to pay a nominal price to the lessor at the expiry of the lease term, the ownership of the leased thing should be treated as passing to the lessee after the agreed obligation to pay rent has been performed.

§ 759 Haben die Parteien vereinbart, dass der Mieter bei Ablauf der Mietdauer dem Vermieter nur einen symbolischen Preis zu zahlen braucht, gilt dies als Vereinbarung, dass das Eigentum an der Mietsache nach Abschluss der Erfüllung der vereinbarten Mietzinspflicht dem Mieter zugeordnet wird.

第七百六十条 融资租赁合同无效,当事人就该情形下租赁物的归属有约定的,按照其约定;没有约定或者约定不明确的,租赁物应当返还出租人。但是,因承租人原因致使合同无效,出租人不请求返还或者返还后会显著降低租赁物效用的,租赁物的所有权归承租人,由承租人给予出租人合理补偿。

Article 760 If a financial leasing contract is void, and the parties agree on the ownership of the leased thing under the circumstance, such agreement applies; or if there is no agreement or the agreement is not clear, the leased thing should be returned to the lessor. However, if the contract becomes void due to any reason attributable to the lessee, and the lessor fails to request return, or the return will significantly reduce the effectiveness of the leased thing, the ownership of the leased thing passes to the lessee, and the lessee shall give the lessor reasonable compensation.

§ 760 Ist der Finanzierungsleasingvertrag unwirksam und haben die Parteien die Zuordnung der Mietsache in diesem Fall vereinbart, wird die Mietsache nach dieser Vereinbarung zugeordnet; ist keine oder keine klare Vereinbarung getroffen worden, muss der Mietsache an den Vermieter zurückgegeben werden. Führt eine beim Mieter liegende Ursache zur Unwirksamkeit des Finanzierungsleasingvertrags und fordert der Vermieter nicht die Rückgabe oder kann die effektive Nutzung der Mietsache nach der Zurückgabe erheblich reduziert werden, wird aber das Eigentum an der Mietsache dem Mieter zugeordenet, und der Mieter leistet dem Vermieter einen angemessenen Ausgleich.

第十六章 保理合同
Chapter XVI Factoring Contracts
16. Kapitel: Factoringvertrag

第七百六十一条 保理合同是应收账款债权人将现有的或者将有的应收账款转让给保理人,保理人提供资金融通、应收账款管理或者催收、应收账款债务人付款担保等服务的合同。

Article 761 A factoring contract is a contract whereby an obligee of accounts receivable assigns existing or future accounts receivable to a factor, and the factor provides financial facilities, management or collection of accounts receivable, payment guarantee for obligors of accounts receivable, and other services.

§ 761 Der Factoringvertrag ist ein Vertrag, bei dem der Gläubiger von Außenständen gegenwärtige oder zukünftige Außenstände an einen Factor abtritt und der Factor die Dienstleistungen wie etwa Finanzierung, Verwaltung oder Einziehung von Außenständen und Zahlungssicherheiten für den Debitor von Außenständen anbietet.

第七百六十二条 保理合同的内容一般包括业务类型、服务范围、服务期限、基础交易合同情况、应收账款信息、保理融资款或者服务报酬及其支付方式等条款。

保理合同应当采用书面形式。

Article 762 Among the terms typically included in a factoring contract are business type, scope of service, term of service, underlying transaction contract, information on accounts receivable, factorage financing funds or service remuneration, and payment method.

A factoring contract should be in writing.

§ 762 Der Factoringvertrag enthält im Allgemeinen Klauseln wie etwa zu der Geschäftsart, dem Umfang und der Frist der Dienstleistung, den dem Factoring zugrundeliegenden Umständen des Geschäftsvertrags, den Informationen über die Außenstände, dem Betrag der Factoringfinanzierung oder dem Entgelt für Dienstleistungen und dessen Zahlungsweise.

Für den Factoringvertrag muss die Schriftform verwandt werden.

第七百六十三条 应收账款债权人与债务人虚构应收账款作为转让标的,与保理人订立保理合同的,应收账款债务人不得以应收账款不存在为由对抗保理人,但是保理人明知虚构的除外。

Article 763 Where the obligee and obligor of accounts receivable fabricate accounts receivable as the subject matter of assignment and enter into a factoring contract with a factor, the obligor of accounts receivable cannot set up the nonexistence of accounts receivable against the factor, unless the factor knows the fabrication.

§ 763 Hat der Kreditor mit dem Debitor der Außenstände fiktive Außenstände als Gegenstand der Übertragung vorgespiegelt und mit dem Factor einen Factoringvertrag errichtet, darf der Debitor der Außenstände dem Factor nicht entgegenhalten, dass die Außenstände nicht existieren, es sei denn, dass der Factor weiß, dass diese fiktiv sind.

第七百六十四条 保理人向应收账款债务人发出应收账款转让通知的,应当表明保理人身份并附有必要凭证。

Article 764 A factor shall state its identity as a factor and attach necessary documents when issuing a notice of assignment of accounts receivable to the obligor of accounts receivable.

§ 764 Teilt der Factor dem Debitor der Außenstände

mit, dass die Außenstände abgetreten worden sind, muss er seine Identität als Factor deutlich machen und nötige Belege beifügen.

第七百六十五条 应收账款债务人接到应收账款转让通知后，应收账款债权人与债务人无正当理由协商变更或者终止基础交易合同，对保理人产生不利影响的，对保理人不发生效力。

Article 765 Where after an obligor of accounts receivable receives a notice of assignment of accounts receivable, the obligee and obligor of accounts receivable negotiate the modification or termination of the underlying transaction contract without justification, which adversely affects the factor, such modification or termination is not effective against the factor.

§ 765 Wenn der Kreditor mit dem Debitor der Außenstände, nachdem dieser die Mitteilung über die Abtretung der Außenstände erhalten hat, ohne rechtfertigenden Grund eine Änderung oder Beendigung des dem Factoring zugrundeliegenden Geschäftsvertrags aushandelt und dies sich nachteilig auf den Fictor auswirkt, hat dies keine Wirkung gegenüber dem Factor.

第七百六十六条 当事人约定有追索权保理的，保理人可以向应收账款债权人主张返还保理融资款本息或者回购应收账款债权，也可以向应收账款债务人主张应收账款债权。保理人向应收账款债务人主张应收账款债权，在扣除保理融资款本息和相关费用后有剩余的，剩余部分应当返还给应收账款债权人。

Article 766 Where the parties agree on factoring with recourse, the factor may claim the return of the principal and interest of factorage financing or buyback of the accounts receivable against the obligee of accounts receivable, or claim the accounts receivable against the obligor of accounts receivable. In the latter case, the remainder, if any, after the deduction of the principal and interest of factorage financing and related expenses should be returned to the obligee of accounts receivable.

§ 766 Vereinbaren die Parteien ein unechtes Factoring, kann der Factor gegen den Kreditor geltend machen, das Kapital und die Zinsen der Factoringfinanzierung zurückzuzahlen oder die ausstehenden Forderungen zurückzukaufen, und kann auch gegen den Debitor die ausstehenden Forderungen geltend machen. Macht der Factor gegen den Debitor die ausstehenden Forderungen geltend, muss der den Rest, der nach Abzug des Kapitals und der Zinsen der Factoringfinanzierung sowie der bezüglichen Kosten verbleibt, an den Kreditor der Außenstände zurückzahlen.

第七百六十七条 当事人约定无追索权保理的,保理人应当向应收账款债务人主张应收账款债权,保理人取得超过保理融资款本息和相关费用的部分,无需向应收账款债权人返还。

Article 767 Where the parties agree on factoring without recourse, the factor shall claim accounts receivable against the obligor of accounts receivable and is not required to return to the obligee of accounts receivable any excess acquired by the factor over

the principal and interest of factorage financing and related expenses.

§ 767 Vereinbaren die Parteien ein echtes Factoring, muss der Factor gegen den Debitor die ausstehenden Forderungen geltend machen; den Teil, den der Factor über das Kapital und die Zinsen der Factoringfinanzierung sowie der bezüglichen Kosten hinaus erlangt, braucht er nicht an den Kreditor der Außenstände zurückzuzahlen.

第七百六十八条 应收账款债权人就同一应收账款订立多个保理合同，致使多个保理人主张权利的，已经登记的先于未登记的取得应收账款；均已经登记的，按照登记时间的先后顺序取得应收账款；均未登记的，由最先到达应收账款债务人的转让通知中载明的保理人取得应收账款；既未登记也未通知的，按照保理融资款或者服务报酬的比例取得应收账款。

Article 768 Where an obligee of accounts receivable enters into multiple factoring contracts for the same accounts receivable, causing multiple factors to assert their rights, the factor that has made registration should obtain the accounts receivable in preference to the factors that have not made registration; if all factors have made registration, the accounts receivable should be obtained in the order of the time of registration; if none has made registration, the factor stated in the notice of assignment that first reaches the obligor of accounts receivable should obtain the accounts receivable; and if no registration nor notice is made, the accounts receivable should be obtained in proportion to the proceeds of fac-

torage financing or service remuneration.

§ 768 Schließt der Kreditor über dieselben Außenstände mehrere Factoringverträge ab, sodass mehrere Factoren Rechte geltend machen, erlangt ein eingetragener Factor vor einem nicht eingetragenen Factor die Außenstände; sind alle Factoren eingetragen, erlangen sie nach der zeitlichen Reihenfolge der Eintragungen die Außenstände; ist kein Factor eingetragen, erlangt der Factor die Außenstände, der in der dem Debitor zuerst zugegangenen Mitteilung über die Abtretung der Außenstände angegeben ist; gibt es weder eine Eintragung der Factoren noch Mitteilungen, erlangen die Factoren nach dem Verhältnis des Betrags der Factoringfinanzierung oder Entgeltes der Dienstleistungen die Außenstände.

第七百六十九条 本章没有规定的,适用本编第六章债权转让的有关规定。

Article 769 In case of any matter not covered in this Chapter, the provisions on assignment of claims in Chapter VI of this Book apply.

§ 769 Soweit dieses Kapitel keine Bestimmungen enthält, werden die einschlägigen Bestimmungen über die Forderungsabtretung im 6. Kapital dieses Buches angewandt.

第十七章　承揽合同
Chapter XVII　Contracts for Work
17. Kapitel：Werkvertrag

第七百七十条　承揽合同是承揽人按照定作人的要求完成工作，交付工作成果，定作人支付报酬的合同。

承揽包括加工、定作、修理、复制、测试、检验等工作。

Article 770　A contract for work is a contract whereby, pursuant to the requirements of the ordering party, the contractor completes certain work and delivers the work results, and the ordering party pays remuneration.

Contracting includes processing, ordering, repairing, duplicating, testing, inspecting, etc.

§ 770　Der Werkvertrag ist ein Vertrag, bei dem der Unternehmer nach den Anforderungen des Bestellers eine Arbeit vollendet und das Arbeitsergebnis übergibt sowie der Besteller das Entgelt zahlt.

Zu den Arbeiten gehören Bearbeitungen, Herstellung, Reparaturen, Nachbildung, Messungen, Tests, Prüfungen und anderes.

第七百七十一条　承揽合同的内容一般包括承揽的标的、数量、质量、报酬，承揽方式，材料的提供，履行期限，验收标准和方法等条款。

Article 771　Among the terms typically included in a contract for work are the subject matter, quantity, quality, remuneration, method of the contracting, supply of materials, term of performance, standards and method of acceptance inspection.

§ 771　Der Werkvertrag enthält im Allgemeinen Klauseln wie etwa zu dem Gegenstand des Auftrags, dessen Menge und Qualität, dem Entgelt, der Art und Weise der übernommenen Arbeit, der Zurverfügungstellung von Materialien, der Ausführungsfrist sowie dem Standard und der Methode der Abnahme.

第七百七十二条　承揽人应当以自己的设备、技术和劳力,完成主要工作,但是当事人另有约定的除外。

承揽人将其承揽的主要工作交由第三人完成的,应当就该第三人完成的工作成果向定作人负责;未经定作人同意的,定作人也可以解除合同。

Article 772　The contractor shall use its own equipment, skills and labor to complete the main work, unless otherwise agreed by the parties.

Where the contractor delegates the main work to a third party for completion, the contractor shall be responsible to the ordering party in respect of the work results completed by the third party; however, if the assignment is not approved by the ordering party, the ordering party may rescind the contract.

§ 772　Der Unternehmer muss die Hauptarbeiten mit den eigenen Anlagen, Techniken und Arbeitskräften erledigen, es sei denn, dass die Parteien etwas anderes vereinbart haben.

Lässt der Unternehmer die von ihm übernommenen Hauptarbeiten von Dritten erledigen, ist er dem Besteller für das Ergebnis der von Dritten erledigten Arbeiten verantwortlich; der Besteller kann, wenn er der Erledigung durch Dritte nicht zugestimmt hatte, auch den Vertrag kündigen.

第七百七十三条　承揽人可以将其承揽的辅助工作交由第三人完成。承揽人将其承揽的辅助工作交由第三人完成的，应当就该第三人完成的工作成果向定作人负责。

Article 773　The contractor may delegate the ancillary work to a third party for completion. Where the contractor delegates some ancillary work to a third party for completion, the contractor shall be responsible to the ordering party for the work results completed by a third party.

§ 773　Der Unternehmer kann die von ihm übernommenen ergänzenden Arbeiten von Dritten erledigen lassen. Lässt er diese Arbeiten vom Dritten erledigen, ist er dem Besteller für das Ergebnis der von Dritten erledigten Arbeiten verantwortlich.

第七百七十四条　承揽人提供材料的，应当按照约定选用材料，并接受定作人检验。

Article 774　Where the contractor is to supply the materials, the contractor shall select the materials as agreed and shall make such materials available for inspection by the ordering party.

§ 774 Stellt der Unternehmer Material zur Verfügung, muss er Material nach der Vereinbarung auswählen und verwenden sowie sich Prüfungen durch den Besteller unterziehen.

第七百七十五条 定作人提供材料的,应当按照约定提供材料。承揽人对定作人提供的材料应当及时检验,发现不符合约定时,应当及时通知定作人更换、补齐或者采取其他补救措施。

承揽人不得擅自更换定作人提供的材料,不得更换不需要修理的零部件。

Article 775 Where the ordering party is to supply the materials, it shall supply the materials as agreed. The contractor shall inspect the materials supplied by the ordering party in time, and if it discovers that they do not conform to the agreement, it shall notify the ordering party in time to replace, replenish or take other remedial measures.

The contractor may not replace the materials supplied by the ordering party without authorization, and may not replace any components which do not need to be repaired.

§ 775 Stellt der Besteller Material zur Verfügung, muss er Material nach der Vereinbarung zur Verfügung stellen. Der Unternehmer muss das vom Besteller zur Verfügung gestellte Material rechtzeitig prüfen; entdeckt er, dass es den Vereinbarungen nicht entspricht, muss er den Besteller rechtzeitig unterrichten, damit dieser es austauscht oder ergänzt oder andere Maßnahmen zur Abhilfe ergreift.

Der Unternehmer darf das vom Besteller zur Verfügung gestellte Material nicht eigenmächtig austauschen, er darf auch keine Teile austauschen, die keiner Reparatur bedürfen.

第七百七十六条 承揽人发现定作人提供的图纸或者技术要求不合理的,应当及时通知定作人。因定作人怠于答复等原因造成承揽人损失的,应当赔偿损失。

Article 776 Where the contractor discovers that the drawings or technical requirements provided by the ordering party are unreasonable, it shall notify the ordering party in time. Where any losses are caused to the contractor due to the delayed reply of the ordering party or other reasons, the ordering party shall compensate for the losses.

§ 776 Entdeckt der Unternehmer, dass die vom Besteller zur Verfügung gestellten Pläne oder die von ihm gestellten technische Anforderungen unvernünftig sind, muss er dem Besteller rechtzeitig unterrichten. Verursacht der Besteller durch Verzögerung der Antwort oder aus sonstigen Gründen dem Unternehmer einen Schaden, muss er den Schaden ersetzen.

第七百七十七条 定作人中途变更承揽工作的要求,造成承揽人损失的,应当赔偿损失。

Article 777 Where the ordering party changes its requirements for the contracted work while the work is under way, thereby causing losses to the contractor, the ordering party shall compensate for the losses.

§ 777 Ändert der Besteller während der Arbeiten die Anforderungen an das Werk und fügt damit dem Unternehmer einen Schaden zu, muss er den Schaden ersetzen.

第七百七十八条 承揽工作需要定作人协助的,定作人有协助的义务。定作人不履行协助义务致使承揽工作不能完成的,承揽人可以催告定作人在合理期限内履行义务,并可以顺延履行期限;定作人逾期不履行的,承揽人可以解除合同。

Article 778 Where the performance of the contracted work requires assistance of the ordering party, the ordering party has the obligation to provide assistance. Where the contracted work is unable to be completed due to the ordering party's failure in fulfilling its obligation of assistance, the contractor may request the ordering party to perform its obligation within a reasonable period limit and may extend the term of its performance; where the ordering party fails to perform such obligation within the time limit, the contractor may rescind the contract.

§ 778 Ist die Unterstützung des Bestellers zu der übernommenen Arbeit erforderlich, ist der Besteller dazu verpflichtet. Kommt der Besteller seiner Unterstützungspflicht nicht nach, sodass die übernommene Arbeit nicht erledigt werden kann, kann der Unternehmer den Besteller mahnen, seiner Pflicht innerhalb einer angemessenen Frist nachzukommen, und die Erfüllungsfrist für die eigenen Pflichten entsprechend verlängern; erfüllt der Besteller seine Unterstützungspflicht nach Ablauf der vom Unternehmer gesetzten angemessenen Frist nicht, kann der Unternehmer den Vertrag kündigen.

第七百七十九条　承揽人在工作期间,应当接受定作人必要的监督检验。定作人不得因监督检验妨碍承揽人的正常工作。

Article 779　During the work period, the contractor shall accept the necessary supervision and inspection by the ordering party. The ordering party may not obstruct the normal work of the contractor with the supervision and inspection.

§ 779　Während der Dauer der Arbeit muss sich der Unternehmer der erforderlichen Überwachung und Prüfung durch den Besteller unterziehen. Der Besteller darf um der Überwachung und Ürüfung willen nicht die ordnungsmäßige Arbeit des Unternehmers behindern.

第七百八十条　承揽人完成工作的,应当向定作人交付工作成果,并提交必要的技术资料和有关质量证明。定作人应当验收该工作成果。

Article 780　Upon completion of the contracted work, the contractor shall deliver the work results to the ordering party and shall submit necessary technical materials and the relevant quality certificates. The ordering party shall conduct acceptance inspection of the work results.

§ 780　Hat der Unternehmer die Arbeit beendet, muss er dem Besteller das Arbeitsergebnis und die notwendigen technischen Unterlagen sowie die betreffenden Qualitätsnachweise übergeben. Der Besteller muss das Arbeitsergebnis abnehmen.

第七百八十一条　承揽人交付的工作成果不符合质量要求的,定作人可以合理选择请求承揽人承担修理、重作、减少报酬、赔偿损失等违约责任。

Article 781　Where the work results delivered by the contractor fail to meet the quality requirements, the ordering party may reasonably choose to request the contractor to assume such liability for breach as repairing, remaking, reducing remuneration, or compensating for the losses.

§ 781　Entspricht das vom Unternehmer übergebene Arbeitsergebnis nicht den Qualitätsanforderungen, kann der Besteller vom Unternehmer verlangen, dass er für die Vertragsverletzung haftet, und hierbei zwischen Reparatur, Neuanfertigung, Minderung des Entgelts, Schadensersatz und Anderem vernünftig auswählen.

第七百八十二条　定作人应当按照约定的期限支付报酬。对支付报酬的期限没有约定或者约定不明确,依据本法第五百一十条的规定仍不能确定的,定作人应当在承揽人交付工作成果时支付;工作成果部分交付的,定作人应当相应支付。

Article 782　The ordering party shall pay the remuneration within the agreed time limit. Where the time limit of payment is not agreed or the agreement is not clear, nor can it be determined pursuant to Article 510 of this Code, the ordering party shall pay it at the time when the contractor delivers the work results; where the work results are partially delivered, the ordering party shall make payment accordingly.

§ 782 Der Besteller muss in der vereinbarten Frist das Entgelt zahlen. Ist keine oder keine klare Vereinbarung für die Zahlungsfrist des Entgelts getroffen worden und kann die Frist auch nicht gemäß § 510 dieses Gesetzes bestimmt werden, muss der Besteller bei der Übergabe des Arbietsergebnisses durch den Unternehmer bezahlen; wird das Arbeitsergebnis teilweise übergeben, muss der Besteller eine entsprechende Zahlung leisten.

第七百八十三条 定作人未向承揽人支付报酬或者材料费等价款的,承揽人对完成的工作成果享有留置权或者有权拒绝交付,但是当事人另有约定的除外。

Article 783 Where the ordering party fails to pay the remuneration or cost for the materials to the contractor, the contractor has a lien on the work results or the right to refuse to make delivery, unless otherwise agreed by the parties.

§ 783 Hat der Besteller dem Unternehmer das Entgelt oder den Preis wie etwa Kosten für Material nicht gezahlt, hat der Unternehmer das Recht, das vollendete Arbeitsergebnis zurückzuhalten oder die Übergabe zu verweigern, es sei denn, dass die Parteien etwas anderes vereinbart haben.

第七百八十四条 承揽人应当妥善保管定作人提供的材料以及完成的工作成果,因保管不善造成毁损、灭失的,应当承担赔偿责任。

Article 784 The contractor shall keep the materials supplied by the ordering party and the completed work results with due care, and shall assume the liability for compensation in case of any damage or losses due to improper care.

§ 784 Der Unternehmer muss das vom Besteller zur Verfügung gestellte Material und die vollendeten Arbeitsergebnisse zweckmäßig aufbewahren; wenn durch nicht zweckmäßige Aufbewahrung etwas beschädigt oder zerstört wird oder untergeht, haftet der Unternehmer auf Schadensersatz.

第七百八十五条 承揽人应当按照定作人的要求保守秘密，未经定作人许可，不得留存复制品或者技术资料。

Article 785 The contractor shall keep the relevant information confidential as required by the ordering party, and may not retain any replica or technical materials without consent of the ordering party.

§ 785 Der Unternehmer muss nach den Anforderungen des Bestellers Geheimhaltung wahren; ohne Genehmigung des Bestellers darf er keine Kopien oder technische Unterlagen behalten.

第七百八十六条 共同承揽人对定作人承担连带责任，但是当事人另有约定的除外。

Article 786 Joint contractors are jointly and severally liable to the ordering party, unless otherwise agreed by the parties.

§ 786 Mehrere Unternehmer, die gemeinsam vom Besteller eine Arbeit übernehmen, haften diesem als Gesamtschuldner, es sei denn, dass die Parteien etwas anderes vereinbart haben.

第七百八十七条 定作人在承揽人完成工作前可以随时解除合同,造成承揽人损失的,应当赔偿损失。

Article 787 The ordering party may rescind the contract at any time before the contractor completes the work, but, shall compensate for the losses, if any, suffered by the contractor.

§ 787 Vor der Vollendung der Arbeit durch den Unternehmer kann der Besteller zu jeder Zeit den Werkvertrag kündigen; wird dadurch dem Unternehmer ein Schaden zugefügt, muss der Besteller den Schaden ersetzen.

第十八章 建设工程合同
Chapter XVIII Contracts for Construction Projects
18. Kapitel: Bauleistungsverträge

第七百八十八条 建设工程合同是承包人进行工程建设,发包人支付价款的合同。

建设工程合同包括工程勘察、设计、施工合同。

Article 788 A contract for construction project is a contract whereby the contractor performs project construction and the employer pays the price.

Contracts for construction projects include contracts for survey, design, and construction.

§ 788 Der Bauleistungsvertrag ist ein Vertrag, bei dem der Unternehmer Bauleistungen durchführt und der Auftraggeber den Preis dafür zahlt.

Zu den Bauleistungsverträgen gehören Verträge über die Voruntersuchung von Bauland, die Bauplanung und die Bauausführung.

第七百八十九条　建设工程合同应当采用书面形式。

Article 789　A contract for construction project should be in writing.

§ 789　Für Bauleistungsverträge muss die Schriftform verwandt werden.

第七百九十条　建设工程的招标投标活动，应当依照有关法律的规定公开、公平、公正进行。

Article 790　Bidding and bid for a construction project should be conducted in an open, fair and impartial manner subject to the relevant laws.

§ 790　Ausschreibungen für Bauleistungen müssen nach den einschlägigen gesetzlichen Bestimmungen öffentlich, gerecht und unparteiisch durchgeführt werden.

第七百九十一条　发包人可以与总承包人订立建设工程合同，也可以分别与勘察人、设计人、施工人订立勘察、设计、施工承包合同。发包人不得将应当由一个承包人完成的建设工程支解成若干部分发包给数个承包人。

总承包人或者勘察、设计、施工承包人经发包人同意,可以将自己承包的部分工作交由第三人完成。第三人就其完成的工作成果与总承包人或者勘察、设计、施工承包人向发包人承担连带责任。承包人不得将其承包的全部建设工程转包给第三人或者将其承包的全部建设工程支解以后以分包的名义分别转包给第三人。

禁止承包人将工程分包给不具备相应资质条件的单位。禁止分包单位将其承包的工程再分包。建设工程主体结构的施工必须由承包人自行完成。

Article 791 The employer may enter into a contract for construction project with a general contractor, or enter into contracts for survey, design, and construction with the surveyor, designer, and constructor respectively. The employer may not divide a construction project which should be completed by one contractor into several parts and contract them out to several contractors.

With the consent of the employer, the general contractor or the contractor for survey, design, or construction may delegate part of the contracted work to a third party. The third party and the general contractor or the contractor for survey, design, or construction shall be jointly and severally liable to the employer in respect of the work results completed by such third party. The contractor may not assign in whole to any third party the contracted construction project, or divide the whole contracted construction project into several parts and separately assign each part to a third party in the name of sub-contracting.

The contractor is prohibited from sub-contracting any part of the project to an entity who has no corresponding qualifications. A sub-contractor is prohibited from further sub-contracting its contracted work. The main structure of the construction project must be constructed by the contractor itself.

§ 791 Der Auftraggeber kann mit einem Generalunternehmer einen Bauleistungsvertrag abschließen; er kann auch Verträge über Voruntersuchung, Bauplanung und Bauausführung getrennt mit denen abschließen, die diese Leistungen übernehmen. Der Auftraggeber darf Bauleistungen, die von einem Unternehmer vollendet werden müssen, nicht in mehrere Teile aufsplittern und diese auf mehrere Unternehmer verteilt in Auftrag geben.

Mit dem Einverständnis des Auftraggebers können der Generalunternehmer bzw. die Unternehmer von Voruntersuchung, Bauplanung oder Bauausführung einen Teil der von ihnen übernommene Arbeiten von Dritten vollenden lassen. Die Dritten haften dem Auftraggeber für das Ergebnis der von ihnen vollendeten Arbeiten zusammen mit dem Generalunternehmer bzw. dem Unternehmer von Voruntersuchung, Bauplanung oder Bauausführung als Gesamtschuldner. Der Unternehmer darf nicht die gesamte von ihm übernommene Bauleistung einem Dritten übertragen oder sie aufsplittern und dann, als Teilübertragung bezeichnet, verteilt auf mehrere Dritte übertragen.

Es ist dem Unternehmer verboten, Teile der Bauleistung Einheiten zu übertragen, die nicht die entsprechenden Qualifikationsbedingungen erfüllen. Es ist den Einheiten, denen Teile der Bauleistung übertragen worden sind, verboten, diese weiter verteilt zu übertragen. Die Ausführung der Hauptkonstruktion der Bauleistung ist von dem Unternehmer selbst zu vollenden.

第七百九十二条 国家重大建设工程合同,应当按照国家规定的程序和国家批准的投资计划、可行性研究报告等文件订立。

Article 792 A contract for a major state construction project should be concluded pursuant to the procedures prescribed by the State and the state-approved documents such as the investment plan and feasibility studies report, etc.

§ 792 Verträge zu großen staatlichen Bauvorhaben müssen nach dem staatlich vorgeschriebenen Verfahren und den Schriftstücken wie etwa dem staatlich genehmigten Investitionsplan und der Machbarkeitsstudie abgeschlossen werden.

第七百九十三条 建设工程施工合同无效,但是建设工程经验收合格的,可以参照合同关于工程价款的约定折价补偿承包人。

建设工程施工合同无效,且建设工程经验收不合格的,按照以下情形处理:

(一)修复后的建设工程经验收合格的,发包人可以请求承包人承担修复费用;

(二)修复后的建设工程经验收不合格的,承包人无权请求参照合同关于工程价款的约定折价补偿。

发包人对因建设工程不合格造成的损失有过错的,应当承担相应的责任。

Article 793 If a contract for construction of a construction project is void, but the construction project passes the acceptance inspection, an allowance can be made to the contractor with reference to the agreement on the project price in the contract.

Where a contract for construction of a construction project is void and the construction project fails the acceptance inspection:

(1) if the construction project after repair passes the acceptance inspection, the employer may request the contractor to bear the repair costs; or

(2) if the construction project after repair fails the acceptance inspection, the contractor has no right to request that an allowance be made with reference to the agreement on the project price in the contract.

If the employer is at fault for the loss caused by the nonconformity of the construction project, the employer shall assume corresponding liability.

§ 793 Ist der Vertrag über die Ausführung der Bauleistungen unwirksam, aber die Bauleistung als normgerecht abgenommen worden, kann dem Unternehmer die Leistung unter entsprechender Berücksichtigung der vertraglichen Vereinbarung über den Preis für die Leistung in ihren Wert umgerechnet ersetzt werden.

Ist der Vertrag über die Ausführung der Bauleistungen unwirksam und die Bauleistung als nicht normgerecht abgenommen worden, wird dies je nach den folgenden Umständen geregelt:

1. Wird die nachgebesserte Bauleistung als normgerecht abgenommen, kann der Auftraggeber verlangen, dass der Unternehmer die Nachbesserungskosten trägt;

2. wird die nachgebesserte Bauleistung als nicht normgerecht abgenommen, ist der Unternehmer nicht berechtigt, zu

verlangen, dass die Leistung unter der Berücksichtigung der vertraglichen Vereinbarung über den Preis für die Leistung in ihren Wert umgerechnet ersetzt wird.

Für Schäden, die durch die nicht normgerechte Bauleistung hervorgeführt werden, haftet der Auftraggeber entsprechend, wenn ein Verschulden bei ihm vorliegt.

第七百九十四条 勘察、设计合同的内容一般包括提交有关基础资料和概预算等文件的期限、质量要求、费用以及其他协作条件等条款。

Article 794 Among the terms typically included in contract for survey or design are the time limit for submission of the relevant basic information, budget estimate and other documents, quality requirements, fees, and other conditions of cooperation.

§ 794 Verträge über Voruntersuchung und über Bauplanung enthalten im Allgemeinen Klauseln wie etwa zu den Fristen für die Übergabe der einschlägigen grundlegenden Unterlagen und für die Übergabe der Schriftstücke bezüglich der Schätzung der Kosten, zu den Qualitätsanforderungen, den Gebühren und anderen Bedingungen der Zusammenarbeit.

第七百九十五条 施工合同的内容一般包括工程范围、建设工期、中间交工工程的开工和竣工时间、工程质量、工程造价、技术资料交付时间、材料和设备供应责任、拨款和结算、竣工验收、质量保修范围和质量保证期、相互协作等条款。

Article 795 Among the terms typically included in a construction contract are the scope of the project, the construction period, the commencement and completion time of any work to be commissioned in the interim, the quality of the project, the cost of the project, the time for delivery of technical materials, the responsibilities for the supply of materials and equipment, the appropriation of funds and settlement of accounts, inspection upon completion of the project, the scope and period of quality guarantee, and cooperation.

§ 795 Verträge über die Bauausführung enthalten im Allgemeinen Klauseln wie etwa zum Bereich der Leistungen, zur Bauzeit, zur Start- und Fertigstellungszeit einzelner während der Arbeiten zu übergebender Teilleistungen, zu der Qualität und dem Preis der Leistungen, zum Zeitpunkt der Übergabe der technischen Unterlagen, zur Haftung für die Lieferung von Materialien und Anlagen, zu der Zuweisung von Geldern und der Verrechnung, zur Abschlussabnahme , zum Bereich der Gewährleistung von Reparaturen bei Qualitätsmängeln, zur Qualitätsgewährleistungsfrist und zur Zusammenarbeit.

第七百九十六条 建设工程实行监理的,发包人应当与监理人采用书面形式订立委托监理合同。发包人与监理人的权利和义务以及法律责任,应当依照本编委托合同以及其他有关法律、行政法规的规定。

Article 796 Where a construction project is subject to supervision, the employer shall enter into an entrustment contract for project supervision with a project supervisor in writing. The rights, obligations and legal liability of the employer and supervisor should be prescribed pursuant to the provisions of this Book concerning entrustment contracts and other relevant laws and administrative regulations.

§ 796 Wird eine Bauüberwachung durchgeführt, muss der Auftraggeber mit dem Bauüberwacher einen schriftlichen Geschäftsbesorgungsvertrag über die Bauüberwachung schließen. Rechte, Pflichten und gesetzliche Haftung des Auftraggebers und des Bauüberwachers müssen sich nach den Bestimmungen dieses Buches zum Geschäftsbesorgungsvertrag und anderer einschlägiger Gesetze sowie verwaltungsrechtsnormen richten.

第七百九十七条 发包人在不妨碍承包人正常作业的情况下,可以随时对作业进度、质量进行检查。

Article 797 The employer may inspect the progress and quality of the operation at any time without interfering with the normal operation of the contractor.

§ 797 Der Auftraggeber kann jederzeit den Fortgang und die Qualität der Arbeiten überprüfen, soweit die ordnungsgemäßen Arbeiten des Unternehmens nicht behindert werden.

第七百九十八条 隐蔽工程在隐蔽以前,承包人应当通知发包人检查。发包人没有及时检查的,承包人可以顺延工程日期,并有权请求赔偿停工、窝工等损失。

Article 798 Before concealed works are concealed, the contractor shall notify the employer to inspect them. If the employer fails to conduct inspection in time, the contractor may extend the relevant project milestones, and is entitled to claim damages for work stoppage or work slowdown.

§ 798 Bevor zu verdeckende Leistungen verdeckt werden, muss der Unternehmer dem Auftraggeber mitteilen, sie zu überprüfen. Überprüft der Auftraggeber sie nicht rechtzeitig, kann der Unternehmer den Termin für die Bauleistung entsprechend verlegen und ist berechtigt, Ersatz für die Einstellung und Verzögerung von Arbeiten und andere Schäden zu verlangen.

第七百九十九条 建设工程竣工后，发包人应当根据施工图纸及说明书、国家颁发的施工验收规范和质量检验标准及时进行验收。验收合格的，发包人应当按照约定支付价款，并接收该建设工程。

建设工程竣工经验收合格后，方可交付使用；未经验收或者验收不合格的，不得交付使用。

Article 799 Upon completion of the construction project, the employer should conduct acceptance inspection pursuant to the construction drawings and specifications, and the rules of construction inspection and quality inspection standard prescribed by the State. Once the construction project has passed the acceptance inspection, the employer shall pay the prescribed price and accept the construction project.

The completed construction project may be delivered for use only after it has passed the acceptance inspection; if the construction project has not been inspected or has failed the inspection, it may not be delivered for use.

§ 799 Nach dem Abschluss von Bauleistungen muss der Auftraggeber aufgrund der Pläne für die Bauausführung und der Bauanleitungen sowie der vom Staat erlassenen Normen für die Abnahme ausgeführter Arbeiten und Qualitätsprüfungsstandards die Leistungen rechtzeitig abnehmen. Wird die Leistung als normgerecht abgenommen, muss der Auftraggeber nach den Vereinbarungen den Preis zahlen und die Bauleistung annehmen.

Erst wenn die fertiggestellte Leistung als normgerecht abgenommen worden ist, kann sie übergeben und in Gebrauch genommen werden; ist sie nicht oder als nicht normgerecht abgenommen worden, darf sie nicht übergeben und in Gebrauch genommen werden.

第八百条 勘察、设计的质量不符合要求或者未按照期限提交勘察、设计文件拖延工期,造成发包人损失的,勘察人、设计人应当继续完善勘察、设计,减收或者免收勘察、设计费并赔偿损失。

Article 800 Where the employer suffers any loss from construction delay due to non-compliance of the survey or design or due to delayed delivery of the survey or design documents, the surveyor or the designer shall continue to improve the survey or design, reduce or waive the survey fee or design fee, and compensate for the losses.

§ 800 Wenn die Qualität von Voruntersuchung oder Bauplanung nicht den Anforderungen entspricht oder die Voruntersuchungs- oder Bauplanungsschriftstücke nicht fristgemäß übergeben werden, sodass die daraus resultierende Verzögerung der Bauzeit dem Auftraggeber einen Schaden verursacht, müssen diejenigen, die Voruntersuchung oder Bauplanung ausführen, diese vervollkommnen, die Gebühren dafür ermäßigen oder erlassen und den Schaden ersetzen.

第八百零一条 因施工人的原因致使建设工程质量不符合约定的，发包人有权请求施工人在合理期限内无偿修理或者返工、改建。经过修理或者返工、改建后，造成逾期交付的，施工人应当承担违约责任。

Article 801 Where the construction project fails to meet the prescribed quality requirements due to any reason attributable to the constructor, the employer has right to require the constructor to repair, re-construct or make alteration gratuitously within a reasonable period. Where delivery of the project is delayed due to such repair, re-construction or alteration, the constructor shall assume liability for breach of contract.

§ 801 Führen Ursachen, die beim Ausführenden der Arbeiten liegen, dazu, dass die Qualität der Bauleistungen nicht den Vereinbarungen entspricht, ist der Auftraggeber berechtigt, zu verlangen, dass der Ausführende der Arbeiten innerhalb einer angemessenen Frist unentgeltlich Reparaturen durchführt oder die Arbeiten wiederholt oder umbaut. Werden die Bauleistungen infolge der Reparatur, Wiederholung oder des Umbaus nicht mehr fristgemäß übergeben, haftet der Ausführende der Arbeiten für Vertragsverletzung.

第八百零二条　因承包人的原因致使建设工程在合理使用期限内造成人身损害和财产损失的,承包人应当承担赔偿责任。

Article 802　Where the construction project causes personal injury and property loss within its reasonable period of use due to any reason attributable to the contractor, the contractor shall assume liability for compensation.

§ 802　Führen Ursachen, die beim Unternehmer liegen, dazu, dass die Bauleistungen während einer angemessenen Gebrauchsdauer Körper- oder Vermögensschäden verursachen, haftet der Unternehmer auf Schadensersatz.

第八百零三条　发包人未按照约定的时间和要求提供原材料、设备、场地、资金、技术资料的,承包人可以顺延工程日期,并有权请求赔偿停工、窝工等损失。

Article 803　Where the employer fails to provide raw materials, equipment, site, funds, or technical information at the prescribed time and pursuant to the contractual requirements, the contractor may extend the relevant project milestones, and has right to request compensation for work stoppage, slowdown, or other losses.

§ 803　Stellt der Auftraggeber Materialien, Anlagen, Plätze, Geldmittel oder technische Unterlagen nicht zum vereinbarten Zeitpunkt und nach den vereinbarten Anforderungen zur Verfügung, kann der Unternehmer den Termin für die Bauleistung entsprechend verlegen und ist berechtigt, Ersatz für die Einstellung und Verzögerung von Arbeiten sowie andere Schäden zu verlangen.

第八百零四条　因发包人的原因致使工程中途停建、缓建的,发包人应当采取措施弥补或者减少损失,赔偿承包人因此造成的停工、窝工、倒运、机械设备调迁、材料和构件积压等损失和实际费用。

Article 804　If an ongoing project is stopped or delayed due to any reason attributable to the employer, the employer shall take appropriate measures to make up for or mitigate the loss, and shall indemnify the contractor for its loss and out-of-pocket expenses arising from work stoppage, slowdown, re-shipment, re-dispatch of mechanical equipment, and excess inventory of materials and assemblies so caused.

§ 804　Führen Ursachen, die beim Auftraggeber liegen, dazu, dass während der Projektzeit eine Einstellung oder Aussetzung von Arbeiten eintritt, muss der Auftraggeber Maßnahmen ergreifen, um den Schaden auszugleichen oder zu verringern, und dem Unternehmer die daraus resultierenden Schäden bei Umständen wie etwa Arbeitsausfall oder -stockung, Hin- und Weitertransport, Umleitung von Maschinen und Anlagen oder Stauung von Materialien und Bauelementen sowie tatsächliche Kosten ersetzen.

第八百零五条　因发包人变更计划,提供的资料不准确,或者未按照期限提供必需的勘察、设计工作条件而造成勘察、设计的返工、停工或者修改设计,发包人应当按照勘察人、设计人实际消耗的工作量增付费用。

Article 805 Where, in the course of survey or design, any repeating work, work stoppage or change of design occurs due to the employer's change of plan, provision of incorrect information, or its failure to provide the working conditions necessary for the survey or design at the prescribed time, the employer shall pay additional fees in light of the actual amount of workload consumed by the surveyor or designer.

§ 805 Wenn die Voruntersuchungs- oder Planungsarbeiten wiederholt oder ausgesetzt werden oder die Planung korrigiert wird, weil der Auftraggeber Pläne ändert, ungenaue Unterlagen zur Verfügung stellt oder die notwendigen Arbeitsbedingungen für Voruntersuchung und Planung nicht fristgemäß zur Verfügung stellt, muss der Auftraggeber demjenigen, der die Voruntersuchung oder Planung durchführt, nach der tatsächlich aufgewandten Arbeitsmenge zusätzliche Gebühren zahlen.

第八百零六条　承包人将建设工程转包、违法分包的，发包人可以解除合同。

发包人提供的主要建筑材料、建筑构配件和设备不符合强制性标准或者不履行协助义务，致使承包人无法施工，经催告后在合理期限内仍未履行相应义务的，承包人可以解除合同。

合同解除后，已经完成的建设工程质量合格的，发包人应当按照约定支付相应的工程价款；已经完成的建设工程质量不合格的，参照本法第七百九十三条的规定处理。

Article 806　Where a contractor assigns the whole or illegally subcontracts any part of the construction project, the employer may rescind the contract.

If the employer furnishes main building materials, building components and equipment not in conformity with mandatory standards, or fails to perform its obligation to assist, thus rendering the contractor unable to perform construction, and, upon request, still fails to perform the corresponding obligation within a reasonable period limit, the contractor may rescind the contract.

After the contract is rescinded, if the quality of the completed construction project is up to standard, the employer shall pay the corresponding project price as agreed; and if the quality of the completed construction project is not up to standard, Article 793 of this Code applies *mutatis mutandis*.

§ 806　Überträgt der Unternehmer die Bauleistung ganz oder rechtswidrig teilweise, kann der Auftraggeber den Vertrag kündigen.

Entsprechen die vom Auftraggeber zur Verfügung gestellten Baumaterialien, Bauelemente und zubehörteile sowie Anlagen den zwingenden Standards nicht oder erfüllt er seine Unterstützungspflichten nicht, sodass der Unternehmer den Bau nicht ausführen kann, kann der Unternehmer den Vertrag kündigen, wenn der Auftraggeber auch nach Mahnung nicht innerhalb einer angemessenen Frist seine entsprechenden Pflichten erfüllt.

Nach der Vertragskündigung muss der Auftraggeber nach der Vereinbarung den entsprechenden Preis für die Leistung zahlen, wenn die Qualität der vollendeten Bauleistung normgerecht ist; ist die Qualität der vollendeten Bauleistung nicht normgerecht, wird dies unter entsprechender Berücksichtigung von Bestimmungen im § 793 dieses Gesetzes geregelt.

第八百零七条 发包人未按照约定支付价款的,承包人可以催告发包人在合理期限内支付价款。发包人逾期不支付的,除根据建设工程的性质不宜折价、拍卖外,承包人可以与发包人协议将该工程折价,也可以请求人民法院将该工程依法拍卖。建设工程的价款就该工程折价或者拍卖的价款优先受偿。

Article 807 If the employer failed to pay the price as agreed, the contractor may request the employer to make payment within a reasonable period. Where the employer fails to pay the price upon the expiry of such period, the contractor may agree with the employer to make allowance of the project, and may also petition the people's court to auction the project pursuant to the law, unless such project is not fit for allowance or auction in light of its nature. The construction project price should be paid in priority out of proceeds from the allowance or auction of the project.

§ 807 Zahlt der Auftraggeber den Preis nicht nach der Vereinbarung, kann der Unternehmer den Auftraggeber mahnen, den Preis innerhalb einer angemessenen Frist zu zahlen. Zahlt der Auftraggeber nach Fristablauf weiterhin nicht, kann der Unternehmer mit dem Auftraggeber eine Umrechnung des Wertes dieser Leistung in Geld vereinbaren, und er kann auch beim Volksgericht verlangen, dass das Ergebnis der Bauleistung nach dem Recht versteigert wird, es sei denn, dass sich die Bauleistung aufgrund ihrer Natur nicht zur Umrechnung ihres Wertes in Geld oder zur Versteigerung eignet. Der Preis für die Bauleistung wird dann aus dem Erlös, der in Bezug auf diese Leistung durch Umrechnung ihres Wertes in Geld bzw. durch Versteigerung ihres Ergebnisses erlangt wird, vorzugsweise beglichen.

第八百零八条 本章没有规定的,适用承揽合同的有关规定。

Article 808 In case of any matter not covered in this Chapter, the relevant provisions on contracts for work apply.

§ 808 Soweit dieses Kapitel keine Bestimmungen enthält, werden die einschlägigen Bestimmungen für den Werkvertrag angewandt.

第十九章 运输合同
Chapter XIX Transportation Contracts
19. Kapitel: Beförderungsvertrag

第一节 一般规定
Section 1 General Rules
1. Unterkapitel: Allgemeine Bestimmungen

第八百零九条 运输合同是承运人将旅客或者货物从起运地点运输到约定地点,旅客、托运人或者收货人支付票款或者运输费用的合同。

Article 809　A transportation contract is a contract whereby the carrier transports passengers or cargoes from the place of departure to the agreed place, and the passenger, consignor or consignee pays for the ticket-fare or freight.

§ 809　Der Beförderungsvertrag ist ein Vertrag, bei dem der Beförderer Reisende oder Güter vom Ausgangsort zu einem vereinbarten Ort befördert und der Reisende, Absender oder Empfänger den Ticketpreis bzw. die Fracht bezahlt.

第八百一十条　从事公共运输的承运人不得拒绝旅客、托运人通常、合理的运输要求。

Article 810　A carrier engaged in public transportation may not refuse the normal and reasonable carriage request of a passenger or consignor.

§ 810　Im öffentlichen Transportwesen tätige Beförderer dürfen gewöhnliche angemessene Verlangen von Reisenden und Absendern nach Beförderung nicht ablehnen.

第八百一十一条　承运人应当在约定期限或者合理期限内将旅客、货物安全运输到约定地点。

Article 811　The carrier shall safely transport the passengers or cargoes to the agreed place within the agreed time or within a reasonable period.

§ 811　Der Beförderer muss Reisende und Güter innerhalb

einer vereinbarten oder angemessenen Frist sicher zu dem vereinbarten Ort befördern.

第八百一十二条 承运人应当按照约定的或者通常的运输路线将旅客、货物运输到约定地点。

Article 812　The carrier shall transport the passengers or cargoes to the agreed place via the agreed route or the customary carriage route.

§ 812　Der Beförderer muss Reisende und Güter auf den vereinbarten oder gewöhnlichen Transportwegen zu dem vereinbarten Ort befördern.

第八百一十三条 旅客、托运人或者收货人应当支付票款或者运输费用。承运人未按照约定路线或者通常路线运输增加票款或者运输费用的，旅客、托运人或者收货人可以拒绝支付增加部分的票款或者运输费用。

Article 813　The passenger, consignor or consignee shall pay the ticket-fare or freight. Where the carrier fails to transport the passengers or the cargoes via the agreed or customary carriage route, thereby increasing the ticket-fare or freight, the passenger, consignor or consignee may refuse to pay any increased portion thereof.

§ 813　Reisende, Absender bzw. Empfänger müssen den Ticketpreis oder die Fracht bezahlen. Wenn der Beförderer die Beförderung nicht auf dem vereinbarten oder gewöhnlichen Weg durchführt und dann einen erhöhten Ticketpreis bzw. eine erhöhte

Fracht verlangt, kann der Reisende, Absender bzw. Empfänger die Zahlung des Mehrbetrags verweigern.

第二节 客运合同
Section 2　Passenger Transportation Contracts
2. Unterkapitel: Personenbeförderungsvertrag

第八百一十四条　客运合同自承运人向旅客出具客票时成立，但是当事人另有约定或者另有交易习惯的除外。

Article 814　A passenger transportation contract is formed when the carrier issues a passenger ticket to the passenger, unless otherwise agreed by the parties or there are other usage of trade.

§ 814　Ein Personenbeförderungsvertrag kommt zu dem Zeitpunkt zustande, zu dem der Beförderer dem Reisenden das Ticket ausstellt, es sei denn, dass die Parteien etwas anderes vereinbart haben oder andere geschäftliche Gebräuche bestehen.

第八百一十五条　旅客应当按照有效客票记载的时间、班次和座位号乘坐。旅客无票乘坐、超程乘坐、越级乘坐或者持不符合减价条件的优惠客票乘坐的，应当补交票款，承运人可以按照规定加收票款；旅客不支付票款的，承运人可以拒绝运输。

实名制客运合同的旅客丢失客票的，可以请求承运人挂失补办，承运人不得再次收取票款和其他不合理费用。

Article 815　A passenger shall board pursuant to the time, frequency, and seat number indicated on his valid passenger ticket. If the passenger boards without a ticket, exceeds the distance paid for, takes a higher class or higher berth than booked, or boards with a concessional ticket lacking eligibility for concession, the passenger shall make up the payment for an appropriate ticket, and the carrier may charge an additional payment pursuant to the relevant regulations. Where the passenger fails to pay the ticket-fare, the carrier may refuse to transport.

A passenger under a real-name passenger transportation contract who loses his ticket may request loss registration and a replacement from the carrier, and the carrier shall not further charge a fare or any other unreasonable fee.

§ 815 Der Reisende muss zu der Zeit, mit der Verbindung und auf dem Sitzplatz reisen, was auf dem gültigen Ticket angegeben ist. Reist er ohne Ticket, über die Reisestrecke hinaus, in einer höheren Klasse oder mit einem Vorzugsticket, ohne den Bedingungen für die Ermäßigung zu entsprechen, muss er den Ticketpreis nachzahlen; der Beförderer kann einen Zuschlag nach den Bestimmungen beanspruchen; bezahlt der Reisende den Ticketpreis nicht, kann der Beförderer die Beförderung ablehnen.

Ist dem Reisenden eines Personenbeförderungsvertrags mit Klarnamen das Ticket abhandengekommen, kann er vom Beförderer das Vermerken der Meldung des Abhandenkommens und die Ausstellung eines Ersatztickets verlangen; der Beförderer darf nicht den Ticketpreis nochmals und andere unangemessene Gebühren einziehen.

第八百一十六条　旅客因自己的原因不能按照客票记载的时间乘坐的,应当在约定的期限内办理退票或者变更手续;逾期办理的,承运人可以不退票款,并不再承担运输义务。

Article 816　A passenger who is unable to travel at the time stated on the passenger ticket due to any reason attributable to himself shall go through formalities for refund or change within the agreed period. Where the passenger fails to do so within the period, the carrier may refuse to refund the ticket-fare, and no longer assumes the obligation of transportation.

§ 816　Kann der Reisende aus eigenen Gründen nicht zu der auf dem Ticket angegebenen Zeit reisen, muss er innerhalb der vereinbarten Frist das Stornierungs- oder Umbuchungsverfahren durchführen; wird das erst nach Fristablauf durchgeführt, braucht der Beförderer den Ticketpreis nicht zurückzuzahlen und ist nicht mehr zur Beförderung verpflichtet.

第八百一十七条　旅客随身携带行李应当符合约定的限量和品类要求;超过限量或者违反品类要求携带行李的,应当办理托运手续。

Article 817　A passenger's carry-on luggage should meet the prescribed quantity limit and category requirements; and if the luggage exceeds the limit of quantity or is carried in violation of the requirements for the category, the passenger shall go through formalities for consignment of luggage.

§ 817　Das Handgepäck des Reisenden muss den vereinbarten Begrenzungen und Anforderungen der Handgepäck-Kategorien entsprechen; nimmt er über die vereinbarten Begrenzungen hinaus oder wider die Anforderungen der Kategorie Gepäck mit, muss er es als unbegleitetes Gepäck zur Beförderung aufgeben.

第八百一十八条 旅客不得随身携带或者在行李中夹带易燃、易爆、有毒、有腐蚀性、有放射性以及可能危及运输工具上人身和财产安全的危险物品或者违禁物品。

旅客违反前款规定的,承运人可以将危险物品或者违禁物品卸下、销毁或者送交有关部门。旅客坚持携带或者夹带危险物品或者违禁物品的,承运人应当拒绝运输。

Article 818 A passenger is not allowed to carry on his person or carry in his luggage any flammable, explosive, toxic, corrosive, or radioactive articles, or any dangerous or contraband articles that might endanger the safety of the person and property on board the means of transportation.

If the passenger violates the provisions of the preceding paragraph, the carrier may unload, destroy or turn over to the relevant authority the dangerous articles or contraband articles. Where the passenger insists on carrying on his person or in his luggage the dangerous or contraband articles, the carrier shall refuse to transport.

§ 818 Der Reisende darf keine gefährlichen oder verbotenen Gegenstände, die leicht entzündlich, leicht explosiv, giftig, ätzend, radioaktiv sind oder die Sicherheit von Menschen oder Vermögensgütern auf dem Beförderungsmittel gefährden können, bei sich führen oder im Gepäck versteckt mitnehmen.

Verstößt der Reisende gegen die Bestimmungen des vorigen Absatzes, kann der Beförderer die gefährlichen oder verbotenen Gegenstände ausladen, vernichten oder den zuständigen Stellen abliefern. Besteht der Reisende darauf, die gefährlichen oder verbotenen Gegenstände bei sich zu führen oder im Gepäck versteckt mitzunehmen, muss der Beförderer die Beförderung ablehnen.

第八百一十九条 承运人应当严格履行安全运输义务,及时告知旅客安全运输应当注意的事项。旅客对承运人为安全运输所作的合理安排应当积极协助和配合。

Article 819 A carrier shall strictly perform its obligations of safe transportation, and promptly notify passengers of the matters that should be noted for safe transportation. A passenger shall actively assist and cooperate with the carrier in the reasonable arrangements made for safe transportation.

§ 819 Der Beförderer muss ihre Pflichten zur sicheren Beförderung streng erfüllen und dem Reisenden unverzüglich die Angelegenheiten, die für die Sicherheit der Beförderung zu beachten sind, zur Kenntnis bringen. Reisende müssen die angemessenen Arrangements, die der Beförderer getroffen hat, aktiv unterstützen und dabei aktiv kooperieren.

第八百二十条 承运人应当按照有效客票记载的时间、班次和座位号运输旅客。承运人迟延运输或者有其他不能正常运输情形的,应当及时告知和提醒旅客,采取必要的安置措施,并根据旅客的要求安排改乘其他班次或者退票;由此造成旅客损失的,承运人应当承担赔偿责任,但是不可归责于承运人的除外。

Article 820 The carrier shall transport the passenger pursuant to the time, frequency, and seat number indicated on the valid passenger ticket. Where the carrier delays the transportation or is otherwise unable to normally perform transportation, it shall notify and remind the passenger, take necessary accommodating measures, and, upon request by the passenger, either arrange the passenger to use another service or refund the ticket-fare; and if the passenger suffers loss as a result, the carrier shall assume liability for compensation, except where the liability cannot be imputed to the carrier.

§ 820 Der Beförderer muss den Reisenden zu der Zeit, mit der Verbindung und auf dem Sitzplatz befördern, was auf dem gültigen Ticket angegeben ist. Wenn der Beförderer die Beförderung verzögert oder andere Umstände vorliegen, unter denen die Beförderung nicht ordnungsgemäß durchgeführt werden kann, muss er dies dem Reisenden unverzüglich zur Kenntnis bringen und ihn daran erinnern, die erforderlichen Maßnahmen der Unterbringung ergreifen, und dem Reisenden auf dessen Verlangen eine andere Verbindung arrangieren oder den Ticketpreis erstatten; ist dem Reisenden hierdurch ein Schaden entstanden, haftet der Beförderer für den Schadensersatz, es sei denn, dass er für den Schaden nicht verantwortlich gemacht werden kann.

第八百二十一条 承运人擅自降低服务标准的,应当根据旅客的请求退票或者减收票款;提高服务标准的,不得加收票款。

Article 821　Where the carrier unilaterally lowers the standards of service, it shall, upon request by the passenger, refund the ticket-fare or lower the price of the ticket; where the carrier raises the standards of service, it shall not charge additional ticket-fare.

§ 821　Setzt der Beförderer eigenmächtig den Standard der Dienstleistung herab, muss er auf Verlangen des Reisenden den Ticketpreis erstatten oder ermäßigen; erhöht er den Standard der Dienstleistung, darf er keinen Mehrpreis verlangen.

第八百二十二条　承运人在运输过程中，应当尽力救助患有急病、分娩、遇险的旅客。

Article 822　In the course of transportation, the carrier shall make every effort to rescue the passenger suffering from acute illness, childbirth or distress.

§ 822　Während der Beförderung muss der Beförderer sich nach Kräften bemühen, Reisenden zu helfen, die akut erkranken, ein Kind gebären oder in Gefahr geraten.

第八百二十三条　承运人应当对运输过程中旅客的伤亡承担赔偿责任；但是，伤亡是旅客自身健康原因造成的或者承运人证明伤亡是旅客故意、重大过失造成的除外。

前款规定适用于按照规定免票、持优待票或者经承运人许可搭乘的无票旅客。

Article 823　The carrier shall assume liability for compensation in case of injury or death of the passenger in the course of transportation, except where such injury or death is attributable to the passenger's own health, or the carrier proves that such injury or death is caused by the passenger's intentional misconduct or gross egligence.

The provisions of the preceding paragraph apply to a passenger who is exempted from buying a ticket or holds a preferential ticket pursuant to the relevant provisions, or who is permitted by the carrier to be on board without a ticket.

§ 823 Der Beförderer haftet auf Schadensersatz für Verletzungen und den Tod von Reisenden während der Beförderung, es sei denn, dass die Verletzung bzw. der Tod aus den beim Reisenden liegenden gesundheitliche Gründen verursacht worden ist oder der Beförderer nachweist, dass die Verletzung bzw. der Tod durch den Reisenden selbst vorsätzlich oder grob fahrlässig verursacht worden ist.

Die Bestimmungen des vorigen Absatzes gelten auch für Reisende, die nach den Bestimmungen kein Ticket brauchen, ein Vorzugsticket haben oder mit Zustimmung des Beförderers ohne Ticket reisen.

第八百二十四条 在运输过程中旅客随身携带物品毁损、灭失,承运人有过错的,应当承担赔偿责任。

旅客托运的行李毁损、灭失的,适用货物运输的有关规定。

Article 824 Where an article that the passenger carries on his person is damaged or lost during the period of transportation, if the carrier is at fault, it shall assume the liability for compensa-

tion.

Where the passenger's consigned luggage is damaged or lost, the relevant provisions on cargo transportation apply.

§ 824 Wenn die vom Reisenden bei sich geführten Gegenstände während der Beförderung beschädigt werden oder untergehen, haftet der Beförderer auf Schadensersatz, soweit bei ihm ein Verschulden vorliegt.

Wenn ein vom Reisenden zur unbegleiteten Beförderung aufgegebenes Gepäck beschädigt oder untergeht, gelten die einschlägigen Bestimmungen über die Beförderung von Gütern.

第三节 货运合同

Section 3　Cargo Transportation Contracts

3. Unterkapitel: Vertrag über die Beförderung von Gütern

第八百二十五条 托运人办理货物运输,应当向承运人准确表明收货人的姓名、名称或者凭指示的收货人,货物的名称、性质、重量、数量,收货地点等有关货物运输的必要情况。

因托运人申报不实或者遗漏重要情况,造成承运人损失的,托运人应当承担赔偿责任。

Article 825　In going through formalities for cargo transportation, the consignor shall precisely indicate to the carrier the name of the consignee or the consignee by order, the name, nature, weight, amount and the place for taking delivery of the cargo, and other information necessary for cargo transportation.

Where the carrier suffers losses due to false declaration or o-

mission of important information by the consignor, the consignor shall assume liability for compensation.

§ 825 Lässt ein Absender Güter befördern, muss er dem Beförderer den Namen bzw. die Bezeichnung des Empfängers oder einen Empfänger auf Anweisung, die Bezeichnung, die Natur, das Gewicht und die Menge der Güter, den Empfangsort und andere auf die Beförderung der Güter bezügliche notwendige Umstände angeben.

Der Absender haftet auf Ersatz für den Schaden, der dem Beförderer dadurch entsteht, dass der Absender unwahre Angaben gemeldet oder wichtige Umstände weggelassen hat.

第八百二十六条 货物运输需要办理审批、检验等手续的,托运人应当将办理完有关手续的文件提交承运人。

Article 826 Where cargo transportation is subject to such procedures as examination and approval or inspection, the consignor shall submit to the carrier the documents of fulfillment of the relevant procedures.

§ 826 Ist für die Beförderung von Gütern die Durchführung von Bewilligungs- und Untersuchungs- oder anderen Verfahren erforderlich, muss der Absender die Schriftstücke über die Erledigung dieser Verfahren dem Beförderer übergeben.

第八百二十七条 托运人应当按照约定的方式包装货物。对包装方式没有约定或者约定不明确的,适用本法第六百一十九条的规定。

托运人违反前款规定的,承运人可以拒绝运输。

Article 827 The consignor shall pack the cargo in the agreed manner. If there is no agreement or the agreement is not clear regarding the package, Article 619 of this Code applies.

Where the consignor violates the provisions of the preceding paragraph, the carrier may refuse to transport.

§ 827 Der Absender muss die Güter in der vereinbarten Art und Weise verpacken. Ist die Art und Weise der Verpackung nicht oder nicht klar vereinbart worden, wird § 619 dieses Gesetzes angewandt.

Verstößt der Absender gegen die Bestimmungen des vorigen Absatzes, kann der Beförderer die Beförderung ablehnen.

第八百二十八条 托运人托运易燃、易爆、有毒、有腐蚀性、有放射性等危险物品的,应当按照国家有关危险物品运输的规定对危险物品妥善包装,做出危险物品标志和标签,并将有关危险物品的名称、性质和防范措施的书面材料提交承运人。

托运人违反前款规定的,承运人可以拒绝运输,也可以采取相应措施以避免损失的发生,因此产生的费用由托运人负担。

Article 828 In consigning any dangerous articles which are inflammable, explosive, toxic, corrosive, or radioactive, the consignor shall, pursuant to relevant State regulations on the transportation of dangerous articles, properly pack the dangerous articles, affix thereon signs and labels for dangerous articles, and submit to the carrier the written materials relating to the name, nature and precautionary measures of the dangerous articles.

If the consignor violates the provisions of the preceding paragraph, the carrier may refuse to transport, and may also take corresponding measures to avoid losses, and expenses thus caused shall be borne by the consignor.

§ 828 Gibt der Absender leicht entzündliche, leicht explosive, giftige, ätzende, radioaktive oder andere gefährliche Güter zur Beförderung auf, muss er entsprechend den staatlichen Bestimmungen über die Beförderung gefährlicher Güter diese gefährlichen Güter zweckmäßig verpacken, als gefährliche Güter kennzeichnen und entsprechende Etiketten anbringen sowie dem Beförderer schriftliche Unterlagen über die Bezeichnung und Natur der gefährlichen Güter und die Maßnahmen zum Gefahrenschutz übergeben.

Verstößt der Absender gegen die Bestimmungen des vorigen Absatzes, kann der Beförderer die Beförderung ablehnen, und er kann auch entsprechende Maßnahmen ergreifen, um den Eintritt von Schäden zu vermeiden; dadurch entstehende Kosten trägt der Absender.

第八百二十九条 在承运人将货物交付收货人之前,托运人可以要求承运人中止运输、返还货物、变更到达地或者将货物交给其他收货人,但是应当赔偿承运人因此受到的损失。

Article 829 Prior to carrier's delivery of the cargoes to the consignee, the consignor may request the carrier to suspend the transportation, return the cargoes, change the destination or deliver the cargoes to another consignee, provided that the consignor shall compensate the carrier for any losses thus caused.

§ 829 Bevor der Beförderer die Güter dem Empfänger übergibt, kann der Absender verlangen, dass der Beförderer die Beförderung unterbricht, die Güter zurückschickt, den Zielort ändert oder die Güter einem anderen Empfänger übergibt, muss aber die Schäden ersetzen, die dem Beförderer dadurch entstehen.

第八百三十条 货物运输到达后,承运人知道收货人的,应当及时通知收货人,收货人应当及时提货。收货人逾期提货的,应当向承运人支付保管费等费用。

Article 830 Upon arrival of the cargoes, if the carrier knows the consignee, it shall promptly notify the consignee and the consignee shall promptly take delivery. If the consignee delays in taking delivery, it shall pay such expenses as storage fee of the cargos.

§ 830 Sind die beförderten Güter angekommen und kennt der Beförderer den Empfänger, muss er ihn rechtzeitig benachrichtigen, der Empfänger muss rechtzeitig die Güter abholen. Holt der Empfänger die Güter nach Fristablauf ab, muss er dem Beförderer Aufbewahrungs- und andere Kosten bezahlen.

第八百三十一条 收货人提货时应当按照约定的期限检验货物。对检验货物的期限没有约定或者约定不明确,依据本法第五百一十条的规定仍不能确定的,应当在合理期限内检验货物。收货人在约定的期限或者合理期限内对货物的数量、毁损等未提出异议的,视为承运人已经按照运输单证的记载交付的初步证据。

Article 831 Upon taking delivery of the cargoes, the consignee shall inspect the cargoes within the agreed time limit. Where the time limit for inspection is not agreed or the agreement is not clear, nor can it be determined pursuant to Article 510 of this Code, the consignee shall inspect the cargo within a reasonable period limit. The consignee's failure to raise any objection on the quantity of or any damage to the cargoes within the agreed time limit or within a reasonable period limit is deemed *prima facie* evidence of delivery by the carrier in compliance with the description in the transportation documents.

§ 831 Beim Abholen der Güter muss der Empfänger sie innerhalb der vereinbarten Frist prüfen. Ist keine oder keine klare Vereinbarung zur Frist für die Prüfung der Güter getroffen worden und kann sie gemäß § 510 dieses Gesetzes auch nicht bestimmt werden, muss er die Güter innerhalb einer angemessenen Frist prüfen. Erhebt der Empfänger innerhalb der vereinbarten Frist bzw. einer angemessenen Frist keine Einwände, welche die Menge oder Beschädigung von Gütern oder anderes betreffen, gilt dies als Anfangsbeweis dafür, dass der Beförderer die Güter nach den Aufzeichnungen der Beförderungsdokumenten übergeben hat.

第八百三十二条 承运人对运输过程中货物的毁损、灭失承担赔偿责任。但是,承运人证明货物的毁损、灭失是因不可抗力、货物本身的自然性质或者合理损耗以及托运人、收货人的过错造成的,不承担赔偿责任。

Article 832 The carrier shall assume liability for compensation in case of damage to or loss of the cargoes in the course of transportation. However, the carrier does not assume liability for compensation if it proves that such damage to or loss of the cargoes is caused by force majeure, the intrinsic characteristics of the cargoes, reasonable wear and tear, or the fault of the consignor or consignee.

§ 832 Der Beförderer haftet auf Schadensersatz für Beschädigung und Untergang der Güter während der Beförderung. Weist der Beförderer nach, dass die Beschädigung oder der Untergang der Güter durch höhere Gewalt oder eigene natürliche Eigenschaft oder einen normalen Schwund der Güter oder durch Verschulden des Absenders oder des Empfängers verursacht worden ist, haftet er nicht auf den Schadensersatz.

第八百三十三条 货物的毁损、灭失的赔偿额,当事人有约定的,按照其约定;没有约定或者约定不明确,依据本法第五百一十条的规定仍不能确定的,按照交付或者应当交付时货物到达地的市场价格计算。法律、行政法规对赔偿额的计算方法和赔偿限额另有规定的,依照其规定。

Article 833 With regard to the amount of compensation for damage to or loss of the cargoes, if there is an agreement between the parties, such agreement applies; if there is no agreement or the agreement is not clear, nor can it be determined pursuant to Article 510 of this Code, it shall be calculated on the basis of the prevailing market price at the destination when the cargoes are or ought to be delivered, unless otherwise provided by the law or administrative regulation on the method of calculation of compensation and the limit of the amount of compensation.

§ 833 Haben die Parteien eine Vereinbarung über den Betrag des Ersatzes für Beschädigung und Untergang der Güter getroffen, wird der Betrag nach dieser Vereinbarung berechnet; wurde keine Vereinbarung getroffen oder ist die Vereinbarung unklar und kann auch nicht gemäß § 510 dieses Gesetzes bestimmt werden, wird der Betrag nach dem Marktpreis der Güter am Zielort zum Zeitpunkt der Übergabe bzw. zum Soll-Zeitpunkt der Übergabe berechnet. Gibt es in Gesetzen oder Verwaltungsrechtsnormen andere Bestimmungen über die Berechnungsmethode oder Obergrenze des Ersatzbetrages, gelten diese Bestimmungen.

第八百三十四条 两个以上承运人以同一运输方式联运的,与托运人订立合同的承运人应当对全程运输承担责任;损失发生在某一运输区段的,与托运人订立合同的承运人和该区段的承运人承担连带责任。

Article 834 Where two or more carriers engage in combined transportation through the same mode of transportation, the carrier contracting with the consignor shall be responsible for the whole course of transportation. If the loss occurs at a particular segment, the carrier contracting with the consignor and the carrier for such segment shall assume joint and several liability.

§ 834 Befördern zwei oder mehr Beförderer kombiniert die

Güter auf die gleiche Art und Weise der Beförderung, haftet derjenige Beförderer, welcher den Vertrag mit dem Absender geschlossen hat, für die gesamte Beförderung; tritt der Schaden auf einem bestimmten Transportabschnitt ein, haften derjenige Beförderer, welcher den Vertrag mit dem Absender abgeschlossen hat, und der Beförderer auf diesem Abschnitt als Gesamtschuldner.

第八百三十五条 货物在运输过程中因不可抗力灭失,未收取运费的,承运人不得请求支付运费;已经收取运费的,托运人可以请求返还。法律另有规定的,依照其规定。

Article 835 Where the cargoes are lost in the course of transportation due to force majeure, if the freight has not been collected, the carrier may not request the payment thereof; if the freight has been collected, the consignor may request the refund of the freight, except as otherwise provided by the law.

§ 835 Gehen die Güter während der Beförderung wegen höherer Gewalt unter und ist noch keine Fracht erhoben worden, darf der Beförderer keine Fracht verlangen; ist bereits die Fracht erhoben worden, kann der Absender sie zurückverlangen. Soweit Gesetze abweichende Bestimmungen treffen, gelten deren Bestimmungen.

第八百三十六条 托运人或者收货人不支付运费、保管费或者其他费用的,承运人对相应的运输货物享有留置权,但是当事人另有约定的除外。

Article 836　Where the consignor or consignee fails to pay the freight, storage fees or other expenses, the carrier is entitled to lien on the relevant transported cargoes, unless as otherwise agreed by the parties.

§ 836　Bezahlt der Absender oder Empfänger die Fracht, Aufbewahrungsgebühr oder sonstige Kosten nicht, hat der Beförderer an den entsprechenden beförderten Gütern ein Zurückbehaltungsrecht, es sei denn, dass die Parteien etwas anderes vereinbart haben.

第八百三十七条　收货人不明或者收货人无正当理由拒绝受领货物的,承运人依法可以提存货物。

Article 837　Where the consignee is unknown or refuses to take delivery of the cargoes without justification, the carrier may lawfully tender and deposit the cargoes.

§ 837　Ist der Empfänger unklar oder lehnt er die Annahme der Güter ohne rechtfertigenden Grund ab, kann der Beförderer die Güter nach dem Recht hinterlegen.

第四节　多式联运合同
Section 4　Multimodal Transportation Contracts
4. Unterkapitel: Vertrag über multimodale Beförderung

第八百三十八条　多式联运经营人负责履行或者组织履行多式联运合同,对全程运输享有承运人的权利,承担承运人的义务。

Article 838　A multimodal transport operator is responsible for performing, or arranging for the performance of, the multimodal transportation contract, and it enjoys the rights and assumes the obligations of a carrier throughout the course of transportation.

§ 838　Wer multimodale Beförderung betreibt, ist für die Ausführung oder die Organisation der Ausführung des Vertrags über die multimodale Beförderung verantwortlich; für die gesamte Beförderung hat er die Rechte und Pflichten des Beförderers.

第八百三十九条　多式联运经营人可以与参加多式联运的各区段承运人就多式联运合同的各区段运输约定相互之间的责任;但是,该约定不影响多式联运经营人对全程运输承担的义务。

Article 839　The multimodal transport operator and the segment carriers participating in the multimodal transportation may enter into agreements on their respective duties concerning each segment, provided that the obligations of the multimodal transport operator with respect to the entire course of carriage are not affected by any such agreement.

§ 839　Wer multimodale Beförderung betreibt, kann mit den Beförderern des einzelnen Abschnitts, die sich an der multimodalen Beförderung beteiligen, in Bezug auf die jeweilige Beförderung des Vertrags über die multimodale Beförderung Vereinbarungen über die gegenseitige Verantwortung treffen; diese Vereinbarungen beeinflussen aber nicht seine für die gesamte Beförderung übernommenen Pflichten.

第八百四十条 多式联运经营人收到托运人交付的货物时，应当签发多式联运单据。按照托运人的要求，多式联运单据可以是可转让单据，也可以是不可转让单据。

Article 840 Upon receipt of the cargoes delivered by the consignor, the multimodal transport operator shall issue a multimodal transport document, which, subject to the requirements of the consignor, may either be assignable or non-assignable.

§ 840 Wer multimodale Beförderung betreibt, muss einen Ladeschein für multimodale Beförderung ausstellen, wenn er die vom Absender übergebenen Güter erhalten hat. Der Ladeschein für multimodale Beförderung kann je nach dem Verlangen des Absenders übertragbar oder nicht übertragbar sein.

第八百四十一条 因托运人托运货物时的过错造成多式联运经营人损失的，即使托运人已经转让多式联运单据，托运人仍然应当承担赔偿责任。

Article 841 Where the multimodal transport operator suffers any loss due to the fault of the consignor in consigning the cargo, the consignor shall assume liability for compensation despite of its subsequent assignment of the multimodal transport document.

§ 841 Entsteht demjenigen, der multimodale Beförderung betreibt, durch Verschulden des Absenders bei der Absendung der Güter ein Schaden, haftet der Absender auch noch auf Schadensersatz, wenn er den Ladeschein für multimodale Beförderung weiter übertragen hat.

第八百四十二条 货物的毁损、灭失发生于多式联运的某一运输区段的,多式联运经营人的赔偿责任和责任限额,适用调整该区段运输方式的有关法律规定;货物毁损、灭失发生的运输区段不能确定的,依照本章规定承担赔偿责任。

Article 842 Where damage to or loss of the cargoes occurred within a particular segment of multimodal transportation, the multimodal transport operator's liability for and limit of compensation are governed by the applicable regulations governing such segment of transportation. Where the segment in which the cargoes are damaged or lost cannot be determined, the liability for compensation should be assumed pursuant to the provisions of this Chapter.

§ 842 Tritt die Beschädigung oder der Untergang der Güter auf einem bestimmten Transportabschnitt der multimodalen Beförderung ein, richtet sich die Haftung des Betreibers der multimodalen Beförderung auf Schadensersatz und deren Obergrenze nach den einschlägigen gesetzlichen Bestimmungen, die die Beförderungsart auf diesem Abschnitt regeln: kann der Abschnitt, auf dem die Beschädigung oder der Untergang der Güter eingetreten ist, nicht bestimmt werden, wird die Haftung auf Schadensersatz nach den Bestimmungen dieses Kapitels geregelt.

第二十章 技术合同
Chapter XX Technology Contracts
20. Kapitel: Technologieverträge

第一节 一般规定
Section 1 General Rules
1. Unterkapitel: Allgemeine Bestimmungen

第八百四十三条 技术合同是当事人就技术开发、转让、许可、咨询或者服务订立的确立相互之间权利和义务的合同。

Article 843 A technology contract is a contract concluded by the parties to establish their rights and obligations with respect to technology development, transfer, licensing, consulting or services.

§ 843 Der Technologievertrag ist ein Vertrag, den die Parteien in Bezug auf die Entwicklung, die Übertragung und die Lizenzierung von Technologien sowie die technologische Beratung oder Dienstleistungen abschließen, um gegenseitige Rechte und Pflichten zu begründen.

第八百四十四条 订立技术合同,应当有利于知识产权的保护和科学技术的进步,促进科学技术成果的研发、转化、应用和推广。

Article 844 A technology contract should be concluded to facilitate the protection of intellectual property rights and advancement of science and technology, and promote the research and development, transformation, application and dissemination of scientific and technological achievements.

§ 844 Der Abschluss von Technologieverträgen muss für den Schutz der Rechte am geistigen Eigentum und den wissenschaftlich-technologischen Fortschritt von Nutzen sein und die Entwicklung, Transformation, Anwendung und Verbreitung wissenschaftlich-technologischer Ergebnisse fördern.

第八百四十五条 技术合同的内容一般包括项目的名称、标的的内容、范围和要求、履行的计划、地点和方式、技术信息和资料的保密、技术成果的归属和收益的分配办法、验收标准和方法、名词和术语的解释等条款。

与履行合同有关的技术背景资料、可行性论证和技术评价报告、项目任务书和计划书、技术标准、技术规范、原始设计和工艺文件，以及其他技术文档，按照当事人的约定可以作为合同的组成部分。

技术合同涉及专利的，应当注明发明创造的名称、专利申请人和专利权人、申请日期、申请号、专利号以及专利权的有效期限。

Article 845 Among the terms typically included in a technology contract are the name of the project; the content, scope and requirements of the subject matter; the plan, place, and method for performance; confidentiality of technical information and materials; ownership of the technical achievements and method for allocating benefits; standards and method for acceptance inspection; definitions and interpretation.

The parties may agree to include the following materials relating to the performance of the contract as an integral part thereof: technical background information, feasibility studies and technical evaluation report, project charter and project plan, technical standard, technical specifications, original design and technique documents, as well as other technical documentation.

Where the technology contract involves any patent, it should indicate the name of the invention-creation, the patent applicant and the patentee, the date of application, the application number, patent number and the term of the patent.

§ 845 Technologieverträge enthalten im Allgemeinen Klauseln wie etwa zur Bezeichnung des Projekts, zu Inhalt, Bereich und Anforderungen des Vertragsgegenstands, zu Planung, Ort sowie Art und Weise der Erfüllung, zur Geheimhaltung technologischer Informationen und Unterlagen, zur Zuordnung technologischer Ergebnissse und zum Verfahren der Verteilung von Erträgen, zu Normen und Methoden der Abnahme sowie zur Erklärung von Begriffen und Termini.

Auf Vertragserfüllung bezogene Unterlagen zum technologischen Hintergrund, Durchführbarkeitsstudien und Berichte zur technologischen Bewertung, Aufgabenstellungen und Planungsdokumente des Projekts, technologische Normen und Spezifikationen, Schriftstücke zum originalen Designen und zum technischen Verfahren sowie andere technologische Akten können nach den Vereinbarungen der Parteien Bestandteile des Vertrages sein.

Betrifft der Technologievertrag ein Patent, müssen im Vertrag die Bezeichnung der Erfindungsschöpfung, der Patentanmelder und der Patentinhaber, das Datum und die Nummer der Anmeldung, die Nummer und die Schutzdauer des Patents angegeben werden.

第八百四十六条 技术合同价款、报酬或者使用费的支付方式由当事人约定，可以采取一次总算、一次总付或者一次总算、分期支付，也可以采取提成支付或者提成支付附加预付入门费的方式。

约定提成支付的，可以按照产品价格、实施专利和使用技术秘密后新增的产值、利润或者产品销售额的一定比例提成，也可以按照约定的其他方式计算。提成支付的比例可以采取固定比例、逐年递增比例或者逐年递减比例。

约定提成支付的，当事人可以约定查阅有关会计账目的办法。

Article 846 The method for payment of the price, remuneration or licensing fee under a technology contract should be agreed on by the parties, which may be lump-sum payment based on one-time calculation or installment payment based on one-time calculation, and may also be royalty payment or royalty payment plus advance payment of entry fee.

Where a royalty payment method is agreed on, the royalty may be calculated as a percentage of the product price, any increase in output value resulting from exploitation of the patent or use of the know-how, profit, or product sales, and may also be calculated by any other method agreed on by the parties. The royalty rate may be fixed or subject to annual increase or decrease.

Where a royalty payment is agreed on, the parties may agree on the method for inspection of relevant accounting records.

§ 846 Die Zahlungsweise des Preises, Entgelts oder der Gebrauchsgebühr des Technologievertrags wird von den Parteien vereinbart; sie können die Weise anwenden, bei der die Vergütung auf einmal berechnet und auf einmal gezahlt oder auf einmal berechnet und in Raten gezahlt wird; sie können auch die Weise anwenden, bei der Tantiemen oder Tantiemen zuzüglich eines Eintrittsgeldes gezahlt werden.

Wird die Tantiemenzahlung vereinbart, können die Tantiemen nach einem bestimmten Verhältnis zum Produktpreis oder zum nach Patentverwertung oder Nutzung des Knowhows angestiegenen Produktionswert, Geweinn oder Produktumsatz berechnet werden; die Tantiemen können auch auf eine andere vereinbarte Weise berechnet werden. Für die Berechnung der Tentiemenzahlung kann ein festes oder ein jährlich steigendes oder sinkendes Verhältnis angewandet werden.

Wird die Tantiemenzahlung vereinbart, können die Parteien das Verfahren zur Einsicht der betroffenen Buchführung vereinbaren.

第八百四十七条 职务技术成果的使用权、转让权属于法人或者非法人组织的,法人或者非法人组织可以就该项职务技术成果订立技术合同。法人或者非法人组织订立技术合同转让职务技术成果时,职务技术成果的完成人享有以同等条件优先受让的权利。

职务技术成果是执行法人或者非法人组织的工作任务,或者主要是利用法人或者非法人组织的物质技术条件所完成的技术成果。

Article 847 Where the right to use and the right to transfer service technology achievements rest with a legal person or an unincorporated organization, the legal person or unincorporated organization may enter into a technology contract in respect of such service technology. Where the legal person or unincorporated organization is to enter into a technology contract for the transfer of the service technology, the individual who accomplished such technological achievements has the right of first refusal under the same conditions.

Service technology achievements are those accomplished in the process of carrying out the task assigned by a legal person or an unincorporated organization, or by mainly using the material and technological resources thereof.

§ 847 Steht einer juristischen Person oder einer Organisation ohne Rechtspersönlichkeit das Recht auf die Nutzung oder Übertragung einer Diensterfindung zu, kann sie in Bezug auf diese Diensterfindung Technologieverträge abschließen. Schließt die juristische Person oder die Organisation ohne Rechtspersönlichkeit einen Technologievertrag über die Übertragung einer Diensterfindung, hat derjenige, welcher diese Erfindung vollendet hat, ein Vorrecht auf den Erwerb der Erfindung zu gleichen Bedingungen.

Diensterfindungen sind technologische Errungenschaften, die in Ausführung der Arbeitsaufgaben der juristischen Person oder der Organisation ohne Rechtspersönlichkeit oder vorwiegend unter Benutzung der materiellen und technischen Bedingungen der juristischen Person oder der Organisation ohne Rechtspersönlichkeit vollendet werden.

第八百四十八条 非职务技术成果的使用权、转让权属于完成技术成果的个人,完成技术成果的个人可以就该项非职务技术成果订立技术合同。

Article 848 The right to use and the right to transfer non-service technology achievements rest with the individual who accomplished such technological achievements, who may enter into a technology contract in respect thereof.

§ 848 Das Recht auf die Nutzung oder Übertragung von technischen Erfindungen, die keine Diensterfindungen sind, steht den Einzelpersonen zu, die sie vollendet haben; sie können in Bezug auf diese freien Erfindungen Technologieverträge abschließen.

第八百四十九条 完成技术成果的个人享有在有关技术成果文件上写明自己是技术成果完成者的权利和取得荣誉证书、奖励的权利。

Article 849 The individual who accomplished such technological achievements has right to identify himself as the individual who accomplished such technological achievements in the documentation related thereto, and to receive honor certificate and reward.

§ 849 Einzelpersonen, die freie Erfindungen vollendet

haben, genießen das Recht darauf, dass auf den die technischen Erfindungen betreffenden Schriftstücken angegeben wird, dass sie diese Erfindungen vollendet haben, und das Recht, Ehrenurkunden und Belohnungen zu erhalten.

第八百五十条　非法垄断技术或者侵害他人技术成果的技术合同无效。

Article 850　A technology contract is void if it illegally monopolizes technology or infringes on the technology achievements of another person.

§ 850　Technologieverträge, die Technologien illegal monopolisieren oder die technischen Erfindungen anderer verletzen, sind unwirksam.

第二节　技术开发合同

Section 2　Technology Development Contracts

2. Unterkapitel: Technologieentwicklungsverträge

第八百五十一条　技术开发合同是当事人之间就新技术、新产品、新工艺、新品种或者新材料及其系统的研究开发所订立的合同。

技术开发合同包括委托开发合同和合作开发合同。

技术开发合同应当采用书面形式。

当事人之间就具有实用价值的科技成果实施转化订立的合同，参照适用技术开发合同的有关规定。

Article 851 A technology development contract is a contract concluded between the parties in respect of a new technology, product, technique, variety, or material and the systematical research and development thereof.

Technology development contracts include commissioned development contracts and cooperative development contracts.

A technology development contract should be in writing.

For a contract between parties on the transformation of a scientific and technological achievement of practical value, the provisions on technology development contracts apply *mutatis mutandis*.

§ 851 Der Technologieentwicklungsvertrag ist ein Vertrag, den die Parteien in Bezug auf neue Technologien, neue Produkte, neue Verfahren, neue Sorten oder neue Materialien sowie deren systematische Forschung und Entwicklung abschließen.

Zu Technologieentwicklungsverträgen gehören Entwicklungsauftragsverträge und Entwicklungskooperationsverträge.

Der Technologieentwicklungsvertrag muss die Schriftform verwenden.

Auf Verträge, die zwischen den Parteien in Bezug auf den Transfer wissenschaftlich-technologischer Ergebnisse mit praktischem Wert in die Anwendung abgeschlossen werden, werden die Bestimmungen zum Technologieentwicklungsvertrag entsprechend angewandt.

第八百五十二条 委托开发合同的委托人应当按照约定支付研究开发经费和报酬,提供技术资料,提出研究开发要求,完成协作事项,接受研究开发成果。

Article 852 The commissioning party under a commissioned development contract shall, as agreed in the contract, pay development funds and remuneration, supply technical materials, propose requirements for research and development, complete its tasks of cooperation, and accept the achievements of research and development.

§ 852 Der Auftraggeber eines Entwicklungsauftragsvertrags muss nach den Vereinbarungen den Zuschuss und das Entgelt für Forschungs und Entwicklung zahlen, technische Unterlagen zur Verfügung stellen, die Forschungs- und Entwicklungsanforderungen stellen, seine Kooperationsaufgaben vollenden sowie das Forschungs- und Entwicklungsergebnis annehmen.

第八百五十三条 委托开发合同的研究开发人应当按照约定制定和实施研究开发计划，合理使用研究开发经费，按期完成研究开发工作，交付研究开发成果，提供有关的技术资料和必要的技术指导，帮助委托人掌握研究开发成果。

Article 853 The research developer under a commissioned development contract shall, as agreed in the contract, prepare and implement the research and development plan, use research and development funds in a reasonable manner, complete the research and development work as scheduled, deliver the research and development achievements, provide the relevant technical materials and necessary technical guidance, and help the commissioning party master the research and development achievements.

§ 853 Der Forschende oder Entwickelnde eines Entwick-

lungsauftragsvertrags muss nach den Vereinbarungen einen Forschungs- und Entwicklungsplan aufstellen und ausführen, den Forschungs- und Entwicklungszuschuss angemessen verwenden, die Forschungs- und Entwicklungsarbeiten fristgemäß vollenden, das Forschungs - und Entwicklungsergebnis übergeben, die betreffenden technologischen Unterlagen und die nötige technologischen Anleitungen zur Verfügung stellen sowie dem Auftraggeber dabei helfen, das Forschungs- und Entwicklungsergebnis zu beherrschen.

第八百五十四条 委托开发合同的当事人违反约定造成研究开发工作停滞、延误或者失败的,应当承担违约责任。

Article 854 A party to a commissioned development contract shall assume the liability for breach of contract if its violation of the agreement results in the stoppage, delay, or failure of the research and development work.

§ 854 Führt eine Partei des Entwicklungsauftragsvertrags unter Verstoß gegen die Vereinbarungen einen Stillstand, eine Verzögerung oder das Scheitern der Forschungs- und Entwicklungsarbeit herbei, haftet sie für Vertragsverletzung.

第八百五十五条 合作开发合同的当事人应当按照约定进行投资,包括以技术进行投资,分工参与研究开发工作,协作配合研究开发工作。

Article 855 Parties to a cooperative development contract shall, as agreed in the contract, make investment, including in-

vestment in the form of technology, participate in the research and development work by performing their respective tasks, and cooperate with each other in the research and development work.

§ 855 Die Parteien des Entwicklungskooperationsvertrags müssen nach den Vereinbarungen Investitionen einschließlich Investieren in Technologie vornehmen, sich arbeitsteilig an der Forschungs- und Entwicklungsarbeit beteiligen sowie bei der Forschungs- und Entwicklungsarbeit mitwirken und kooprieren.

第八百五十六条 合作开发合同的当事人违反约定造成研究开发工作停滞、延误或者失败的,应当承担违约责任。

Article 856 A party to a cooperative development contract shall assume the liability for breach of contract if its violation of the agreement results in the stoppage, delay, or failure of the research and development work.

§ 856 Führt eine Partei des Entwicklungskooperationsvertrags unter Verstoß gegen die Vereinbarungen einen Stillstand, eine Verzögerung oder das Scheintern der Forschungs- und Entwicklungsarbeit herbei, haftet sie für Vertragsverletzung.

第八百五十七条 作为技术开发合同标的的技术已经由他人公开,致使技术开发合同的履行没有意义的,当事人可以解除合同。

Article 857 Where the technology as the subject matter of a technology development contract is made public by another person, thereby making the performance of the technology development

contract meaningless, the parties may rescind the contract.

§ 857 Ist die Technologie, die der Gegenstand eines Technologieentwicklungsvertrags ist, schon von anderen veröffentlicht worden, sodass die Erfüllung des Vertrags sinnlos geworden ist, können die Parteien den Vertrag auflösen.

第八百五十八条 技术开发合同履行过程中,因出现无法克服的技术困难,致使研究开发失败或者部分失败的,该风险由当事人约定;没有约定或者约定不明确,依据本法第五百一十条的规定仍不能确定的,风险由当事人合理分担。

当事人一方发现前款规定的可能致使研究开发失败或者部分失败的情形时,应当及时通知另一方并采取适当措施减少损失;没有及时通知并采取适当措施,致使损失扩大的,应当就扩大的损失承担责任。

Article 858 If, during the performance of a technology development contract, the research and development failed in whole or in part due to any insurmountable technical difficulty, the assumption of such risks should be agreed on by the parties; if it is not agreed orthe agreement is not clear, nor can it be determined pursuant to Article 510 of this Code, such risks should be shared by the parties in a reasonable manner.

Where a party discovers any circumstance which may lead to the failure of the research and development in whole or in part as described in the preceding paragraph, it shall promptly notify the other party and take the appropriate measures to mitigate the losses; if the party fails to promptly notify the other party and take the

appropriate measures, thereby increasing the losses, it shall assume liability for the increased losses.

§ 858 Die Verteilung des Risikos, dass bei der Erfüllung eines Technologieentwicklungsvertrags unüberwindbare technische Schwierigkeiten auftreten, sodass die Forschung und Entwicklung ganz oder teilweise scheitert, wird von den Parteien vereinbart; ist keine oder keine klare Vereinbarung über die Risikoverteilung getroffen worden und kann sie auch nicht gemäß § 510 dieses Gesetzes bestimmt werden, wird dieses Risiko von den Parteien angemessen verteilt getragen.

Stellt eine Partei die im vorigen Absatz bestimmten Umstände fest, die dazu führen können, dass die Forschung und Entwicklung ganz oder teilweise scheitert, muss sie rechtzeitig die andere Seite unterrichten und angemessene Maßnahmen ergreifen, um den Schaden zu mindern; wenn sie nicht rechtzeitig unterrichtet und angemessene Maßnahmen ergreift, sodass sich der Schaden ausweitet, haftet sie für den ausgeweiteten Schaden.

第八百五十九条 委托开发完成的发明创造,除法律另有规定或者当事人另有约定外,申请专利的权利属于研究开发人。研究开发人取得专利权的,委托人可以依法实施该专利。

研究开发人转让专利申请权的,委托人享有以同等条件优先受让的权利。

Article 859 Unless otherwise provided by the law or agreed on by the parties, the right to apply for patent on the invention-creation resulting from a commissioned development rests with the research developer. Where the research developer is granted a patent, the commissioning party may exploit such patent pursuant to the law.

Where the research developer is to assign the right to apply for a patent, the commissioning party has the right of first refusal under the same conditions.

§ 859 Das Recht, Patente für die Erfindungsschöpfungen zu beantragen, die bei einer im Auftrag durchgeführten Entwicklung vollendet worden sind, steht dem Forschenden und Entwickelnden zu, es sei denn, dass gesetzlich etwas anderes bestimmt ist oder die Parteien etwas anderes vereinbart haben. Enthält der Forschende und Entwickelnde das Patent, kann der Auftraggeber dieses Patent nach dem Recht anwenden.

Überträgt der Forschende und Entwickelnde das Recht, ein Patent zu beantragen, hat der Auftraggeber ein Vorrecht auf Erwerb dieses Rechts zu gleichen Bedingungen.

第八百六十条 合作开发完成的发明创造,申请专利的权利属于合作开发的当事人共有;当事人一方转让其共有的专利申请权的,其他各方享有以同等条件优先受让的权利。但是,当事人另有约定的除外。

合作开发的当事人一方声明放弃其共有的专利申请权的,除当事人另有约定外,可以由另一方单独申请或者由其他各方共同申请。申请人取得专利权的,放弃专利申请权的一方可以免费实施该专利。

合作开发的当事人一方不同意申请专利的,另一方或者其他各方不得申请专利。

Article 860 Unless otherwise agreed by the parties, the right to apply for a patent on the invention-creation resulting from a cooperative development rests with the parties to the cooperative development jointly; and if a party is to assign its jointly-owned right to apply for a patent, each of the other parties has the right of first refusal under the same conditions.

Where a party in the cooperative development declares to waive its jointly-owned right to apply for a patent, the other party may apply alone, or the other parties may jointly apply, as the case may be, unless otherwise agreed on by the parties. Where the applicant acquires the patent right, the party waiving its right to apply for a patent may exploit such patent free of charge.

If a party in the cooperative development does not agree to apply for a patent, the other party or parties may not apply for a patent.

§ 860 Das Recht, Patente für die Erfindungsschöpfungen zu beantragen, die bei einer Entwicklungskooperation vollendet worden sind, steht den kooperativ entwickelnden Parteien gemeinsam zu; überträgt eine Partei das ihr mit den anderen gemeinsam zustehende Recht, ein Patent zu beantragen, haben die anderen ein Vorrecht auf Erwerb dieses Rechts zu gleichen Bedingungen. Das gilt jedoch nicht, wenn die Parteien etwas anderes vereinbart haben.

Erklärt eine Partei, dass sie auf das ihr mit den anderen gemeinsam zustehende Recht, ein Patent zu beantragen, verzichtet, kann die andere Partei allein bzw. können die anderen

Parteien gemeinsam das Patent beantragen, es sei denn, dass die Parteien etwas anderes vereinbart haben. Wird das Patent dem Antragsteller bzw. den Antragstellern erteilt, kann die Partei, die auf das Recht, das Patent zu beantragen, verzichtet hat, es unentgeltlich umzusetzen.

Ist eine Partei der Entwicklungskooperation nicht mit der Beantragung eines Patents einverstanden, darf die andere bzw. dürfen die anderen es nicht beantragen.

第八百六十一条　委托开发或者合作开发完成的技术秘密成果的使用权、转让权以及收益的分配办法，由当事人约定；没有约定或者约定不明确，依据本法第五百一十条的规定仍不能确定的，在没有相同技术方案被授予专利权前，当事人均有使用和转让的权利。但是，委托开发的研究开发人不得在向委托人交付研究开发成果之前，将研究开发成果转让给第三人。

Article 861　The right to use and transfer the know-how resulting from a commissioned or cooperative development, and the method for allocation of income should be agreed on by the parties. Where such matters are not agreed or the agreement is not clear, nor can they be determined pursuant to Article 510 of this Code, each party is entitled to use and transfer the technology before a patent is granted on the same technical solution, provided that the developer in a commissioned development may not transfer the technology to a third party before it delivers the technology to the commissioning party.

§ 861　Die Zuordnung des Rechts, die bei Entwicklung im Auftrag oder Entwicklungskoopration vollendeten technologischen Knowhow-Ergbenisse zu nutzen und zu übertragen, sowie das Verfahren der Verteilung von Erträgen werden von den Parteien vereinbart; ist keine oder keine klare Vereinbarung getroffen worden und kann es auch nicht gemäß § 510 dieses Gesetzes bestimmt werden, hat vor Erteilung des Patents auf das gleiche technologische Konzept jede Partei gleichermaßen das Recht zur Nutzung und zur Übertragung. Allerdings darf bei der Auftragsentwicklung der Forschende und Entwickelnde das Forschungs- und Entwicklungsergebnis nicht dem Dritten übertragen, bevor es dem Auftraggeber übergeben geworden ist.

第三节　技术转让合同和技术许可合同
Section 3　Technology Transfer Contracts and Technology License Contracts
3. Unterkapitel: Technologietransfer-Verträge und Technologie-Lizenzverträge

第八百六十二条　技术转让合同是合法拥有技术的权利人,将现有特定的专利、专利申请、技术秘密的相关权利让与他人所订立的合同。

技术许可合同是合法拥有技术的权利人,将现有特定的专利、技术秘密的相关权利许可他人实施、使用所订立的合同。

技术转让合同和技术许可合同中关于提供实施技术的专用设备、原材料或者提供有关的技术咨询、技术服务的约定,属于合同的组成部分。

Article 862 A technology transfer contract is a contract whereby a right holder that legally owns technology assigns rights related to an existing specific patent, patent application, or knowhow to another person.

A technology licensing contract is a contract by which a right holder who legally owns technology licenses another person to exploit and use rights related to an existing specific patent and knowhow.

The stipulations in a technology transfer contract or technology licensing contract regarding the provision of special equipment and raw materials for the exploitation of the technology or the provision of related technical consulting and technical services are an integral part of the contract.

§ 862 Der Technologietransfer-Vertrag ist ein Vertrag, den der rechtmäßige Inhaber von Technologien abschließt, um die mit einem vorhandenen bestimmten Patent, einer Patentanmeldung oder einem Knowhow im Zusammenhang stehenden Rechte auf andere zu übertragen.

Der Technologie - Lizenzvertrag ist ein Vertrag, den der rechtmäßige Inhaber von Technologie abschließt, um die Umsetzung oder die Nutzung der mit einem vorhandenen bestimmten Patent oder Knowhow im Zusammenhang stehenden Rechte durch andere zu gestatten.

Vereinbarungen im Technologietransfer-Vertrag und im Technologie-Lizenzvertrag über das Zurverfügungstellen von Spezialanlagen und Rohstoffen zur Nutzung der Technologie oder über das Zurverfügungstellen der die Technologie betreffenden Beratung und

Dienstleistungen sind Bestandteile des Vertrags.

第八百六十三条 技术转让合同包括专利权转让、专利申请权转让、技术秘密转让等合同。

技术许可合同包括专利实施许可、技术秘密使用许可等合同。

技术转让合同和技术许可合同应当采用书面形式。

Article 863 Technology transfer contracts include contracts for the assignment of patent, assignment of patent application right, and transfer of know-how, among others.

Technology licensing contracts include patent licensing, know-how licensing and other contracts.

Technology transfer contracts and technology licensing contracts shall be in written form.

§ 863 Zu den Technologietransfer – Verträgen gehören Verträge wie etwa über die Übertragung von Patenten, über die Übertragung des Rechts, ein Patenz zu beantragen, und über die Übertragung von Know-how.

Zu den Technologie-Lizenzverträgen gehören Verträge wie etwa Patentlizenzverträge und Knowhow-Lizenzverträge.

Der Technologietransfer-Vertrag und der Technologie-Lizenzvertrag müssen die Schriftform verwenden.

第八百六十四条 技术转让合同和技术许可合同可以约定实施专利或者使用技术秘密的范围，但是不得限制技术竞争和技术发展。

Article 864 A technology transfer contract or technology licensing contract may set forth the scope of exploitation of the patent or the use of the know-how by the transferor and the transferee, provided that it may not restrict technological competition and technological development.

§ 864 Im Technologietransfer-Vertrag und Technologie-Lizenzvertragkann vereinbart werden, in welchem Umfang ein Patent verwertet oder Know-how genutzt wird, aber der technologische Wettbewerb und die technologische Entwicklung dürfen nicht dadurch eingeschränkt werden.

第八百六十五条 专利实施许可合同仅在该专利权的存续期限内有效。专利权有效期限届满或者专利权被宣告无效的,专利权人不得就该专利与他人订立专利实施许可合同。

Article 865 A patent licensing contract is valid only when the patent subsists. Where the term of the patent expires or the patent is invalidated, the patentee may not enter into a patent licensing contract with any other person in respect thereof.

§ 865 Der Patentlizenzvertrag ist nur binnen der Schutzdauer des Patents gültig. Ist die Schutzdauer des Patents abgelaufen oder das Patent für nichtig erklärt worden, darf der Patentinhaber mit anderen keinen Vertrag über eine Lizenzierung dieses Patents abschließen.

第八百六十六条 专利实施许可合同的许可人应当按照约定许可被许可人实施专利,交付实施专利有关的技术资料,提供必要的技术指导。

Article 866 The licensor under a patent licensing contract shall, pursuant to the contract, license the licensee to exploit the patent, deliver the technical materials related to the exploitation of the patent, and provide the necessary technical guidance.

§ 866 Bei einem Patentlizenzvertrag muss der Lizenzgeber nach den Vereinbarungen dem Lizenznehmer gestatten, das Patent zu verwerten, ihm die die Verwertung des Patents betreffenden technologischen Unterlagen übergeben und die notwendigen technischen Anleitungen zur Verfügung stellen.

第八百六十七条 专利实施许可合同的被许可人应当按照约定实施专利,不得许可约定以外的第三人实施该专利,并按照约定支付使用费。

Article 867 The licensee under a patent licensing contract shall exploit the patent pursuant to the contract and may not license the patent to any third party except as provided for in the contract; and shall pay the licensing fee pursuant to the contract.

§ 867 Der Lizenznehmer eines Patentlizenzvertrags muss nach den Vereinbarungen das Patent verwerten, darf nicht einem Dritten außerhalb der Vereinbarungen die Verwertung dieses Patents gestatten und ist verpflichtet, nach den Vereinbarungen Lizenzgebühren zu zahlen.

第八百六十八条　技术秘密转让合同的让与人和技术秘密使用许可合同的许可人应当按照约定提供技术资料,进行技术指导,保证技术的实用性、可靠性,承担保密义务。

前款规定的保密义务,不限制许可人申请专利,但是当事人另有约定的除外。

Article 868　A transferor under a contract for transfer of know-how or a licensor under a know-how licensing contract shall, pursuant to the contract, supply the technical materials, provide technical guidance, and warrant the practical applicability and reliability of the technology, and shall abide by its confidentiality obligations.

For the purpose of the preceding paragraph, the confidentiality obligation does not restrict the licensor from applying for a patent, unless otherwise agreed by the parties.

§ 868　Der Übertragende eines Knowhow-Übertragungsvertrags bzw. Der Lizenzgeber eines Knowhow-Lizenzvertrags muss nach den Vereinbarungen technologische Unterlagen zur Verfügung stellen, technische Anleitungen vornehmen, die Anwendbarkeit und Verlässlichkeit der Technologie gewährleisten und die Pflicht zur Geheimhaltung tragen.

Die im vorigen Absatz bestimmte Pflicht zur Geheimhaltung schränkt den Lizenzgeber nicht ein, ein Patent zu beantragen, es sei denn, dass die Vertragsparteien etwas anderes vereinbart haben.

第八百六十九条　技术秘密转让合同的受让人和技术秘密使用许可合同的被许可人应当按照约定使用技术,支付转让费、使用费,承担保密义务。

Article 869 The transferee under a contract for transfer of know-how, or a licensee under a know-how licensing contract, shall, pursuant to the contract, use the technology, pay the proceeds of transfer or licensing fee, and abide by its confidentiality obligations.

§ 869 Der Erwerber eines Knowhow – Übertragunsvertrags bzw. der Lizenznehmer eines Knowhow–Lizenzvertrags muss nach den Vereinbarungen die Technologie nutzen, Übertragungs– bzw. Nutzungsgebühren zahlen und die Pflicht zur Geheimhaltung tragen.

第八百七十条 技术转让合同的让与人和技术许可合同的许可人应当保证自己是所提供的技术的合法拥有者,并保证所提供的技术完整、无误、有效,能够达到约定的目标。

Article 870 The transferor under a technology transfer contract or licensor under a technology licensing contract shall warrant that it is the lawful owner of the technology provided, and shall warrant that the technology provided is complete, free from error, effective, and capable of achieving the prescribed goals.

§ 870 Der Übertragende eines Technologietransfer–Vertrags bzw. der Lizenzgeber eines Technologie – Lizenzvertrags muss gewährleisten, dass er der legale Inhaber der von ihm zur Verfügung gestellten Technologie ist und dass die zur Verfügung gestellten Technologie vollständig, fehlerfrei und effektiv ist, damit die vereinbarte Ziel erreicht werden kann.

第八百七十一条　技术转让合同的受让人和技术许可合同的被许可人应当按照约定的范围和期限,对让与人、许可人提供的技术中尚未公开的秘密部分,承担保密义务。

Article 871　The transferee under a technology transfer contract or licensee under a technology licensing contract shall, in conformity with the scope and the period as agreed on in the contract, abide by its confidentiality obligations in respect of the non-public and secret portion of the technology provided by the transferor or licensor.

§ 871　Der Erwerber eines Technologietransfer – Vertrags bzw. der Lizenznehmer eines Technologie–Lizenzvertrags muss in dem vereinbarten Umfang und Zeitraum die Pflicht zur Geheimhaltung nicht veröffentlicher geheimer Teile der vom Übertragenden bzw. Lizenzgeber zur Verfügung gestellten Technologie tragen.

第八百七十二条　许可人未按照约定许可技术的,应当返还部分或者全部使用费,并应当承担违约责任;实施专利或者使用技术秘密超越约定的范围的,违反约定擅自许可第三人实施该项专利或者使用该项技术秘密的,应当停止违约行为,承担违约责任;违反约定的保密义务的,应当承担违约责任。

让与人承担违约责任,参照适用前款规定。

Article 872　Where the licensor fails to license technology pursuant to the contract, it shall refund the licensing fee in part or in whole, and shall be liable for the breach of contract; where the licensor exploits the patent or uses the know-how beyond the agreed scope, or unilaterally allows the patent to be exploited or the know-how to be used by a third party in breach of the contract, it shall cease the breach and be liable for the breach of contract; and where the licensor breaches any agreed confidentiality obligation, it shall be liable for the breach of contract.

If a transferor is liable for breach of contract, the provisions of the preceding paragraph apply *mutatis mutandis*.

§ 872　Lizenziert der Lizenzgeber die Technologie nicht nach der Vereinbarung, muss er die Nutzungsgebühren ganz oder teilweise zurückzahlen und haftet für Vertragsverletzung; wenn er in Bezug auf die Verwertung des betreffenden Patents bzw. die Nutzung des Knowhows den vereinbarten Bereich überschreitet oder unter Verstoß gegen die Vereinbarung eigenmächtig einem Dritten gestattet, dieses Patent bzw. Knowhow zu verwerten oder zu nutzen, muss er die vertragsverletzende Handlung unterlassen und haftet wegen Vertragsverletzung; verstößt er gegen die vereinbarte Geheimhaltungspflicht, haftet er für Vertragsverletzung.

Auf die Haftung des Übertragenden für Vertragsverletzung werden die Bestimmungen des vorigen Absatzes entsprechend angewandt.

第八百七十三条　被许可人未按照约定支付使用费的,应当补交使用费并按照约定支付违约金;不补交使用费或者支付违约金的,应当停止实施专利或者使用技术秘密,交还技术资料,承担违约责任;实施专利或者使用技术秘密超越约定的范围的,未经许可人同意擅自许可第三人实施该专利或者使用该技术秘密的,应当停止违约行为,承担违约责任;违反约定的保密义务的,应当承担违约责任。

受让人承担违约责任,参照适用前款规定。

Article 873 Where the licensee fails to pay the agreed licensing fee, it shall pay the overdue licensing fee and pay liguidated damages pursuant to the contract; where it fails to pay the overdue licensing fee or liguidated damages, it shall cease exploitation of the patent or use of the know-how, return the technical materials, and be liable for the breach of contract; where the licensee exploits the patent or uses the know-how beyond the agreed scope, or allows the patent to be exploited or the know-how to be used by a third party without consent of the licensor in breach of the contract, it shall cease the breach and be liable for the breach of contract; and where the licensee breaches any agreed confidenti-ality obligation, it shall be liable for the breach of contract.

If a transferee assumes the liability for breach of contract, the provisions of the preceding paragraph apply *mutatis mutandis*.

§ 873 Zahlt der Lizenznehmer nicht nach der Vereinbarung die Lizenzgebühren, muss er sie nachzahlen und nach den Vereinbarungen Vertragsstrafe zahlen; wenn er die Lizenzgebühren nicht nachzahlt oder keine Vertragsstrafe zahlt, muss er die Verwertung des Patents bzw. die Nutzung des Knowhows einstellen, die technologischen Unterlagen zurückgeben und haftet wegen Vertragsverletzung; wenn er in Bezug auf die Verwertung des betreffenden Patents bzw. die Nutzung Knowhows den vereinbarten Bereich überschreitet oder ohne die Zustimmung des Lizenzgebers eigenmächtig einem Dritten gestattet, dieses Patent bzw. Knowhow zu verwerten oder zu nutzen, muss er die vertragsverletzende

Handlung unterlassen und haftet wegen Vertragsverletzung; verstößt er gegen die vereinbarte Geheimhaltungspflicht, haftet er für Vertragsverletzung.

Auf die Haftung des Lizenznehmers für Vertragsverletzung werden die Bestimmungen des vorigen Absatzes entsprechend angewandt.

第八百七十四条 受让人或者被许可人按照约定实施专利、使用技术秘密侵害他人合法权益的,由让与人或者许可人承担责任,但是当事人另有约定的除外。

Article 874 Where the exploitation of the patent or the use of the know-how by a transferee or licensee pursuant to the contract infringes on the lawful interests of any other person, the liability shall be borne by the transferor or licensee, except as otherwise agreed on by the parties.

§ 874 Wenn der Erwerber bzw. der Lizenznehmer nach der Vereinbarung das Patent verwertet bzw. das Knowhow nutzt und dies aber die legalen Rechte und Interessen anderer verletzt, haftet der Übertragende oder der Lizenzgeber, es sei denn, dass die Parteien etwas anderes vereinbart haben.

第八百七十五条 当事人可以按照互利的原则,在合同中约定实施专利、使用技术秘密后续改进的技术成果的分享办法;没有约定或者约定不明确,依据本法第五百一十条的规定仍不能确定的,一方后续改进的技术成果,其他各方无权分享。

Article 875 The parties may, on the basis of mutual benefit, provide in the contract for the method of sharing any subsequent improvement resulting from the exploitation of the patent or use of the know-how. If such method is not agreed or the agreement is not clear, nor can it be determined pursuant to Article 510 of this Code, neither party is entitled to share any subsequent improvement made by the other party.

§ 875 Im Vertrag können die Parteien nach dem Prinzip des gegenseitigen Nutzens Methoden vereinbaren, nach denen sie an weiter verbesserten technologischen Ergebnissen des verwerteten Patents bzw. des genutzten Knowhows teilhaben; ist dazu keine oder keine klare Vereinbarung getroffen worden und kann es auch nach § 510 dieses Gesetzes nicht bestimmt werden, ist keine Partei berechtigt, an den von den anderen Parteien weiter verbesserten technologischen Ergebnissen teilzuhaben.

第八百七十六条 集成电路布图设计专有权、植物新品种权、计算机软件著作权等其他知识产权的转让和许可,参照适用本节的有关规定。

Article 876 For the assignment and licensing of other intellectual property rights such as exclusive rights of integrated circuit layout design, rights to new plant varieties, and copyright of computer software, the relevant provisions of this Section apply *mutatis mutandis*.

§ 876 Auf die Übertragung und Lizenzierung von anderen Rechten am geistigen Eigentum wie etwa ausschließlichen Rechten am Design der Topografie von integrierten Schaltkreisen, Rechten an neuen Pflanzensorten und Urheberrechten an Computersoftware werden die entsprechenden Bestimmungen dieses Abschnitts entsprechend angewandt.

第八百七十七条 法律、行政法规对技术进出口合同或者专利、专利申请合同另有规定的,依照其规定。

Article 877 Where the relevant laws or administrative regulations provide otherwise in respect of technology import or export contracts or in respect of patent contracts or contracts for patent application, such provisions prevail.

§ 877 Gibt es in Gesetzen oder Verwaltungsrechtsnormen andere Bestimmungen für Verträge über die Einfuhr oder Ausfuhr von Technologien oder für Verträge über Patente und Patentanmeldungen, gelten diese Bestimmungen.

第四节 技术咨询合同和技术服务合同
Section 4 Technical Consulting Contracts and Technical Service Contracts
4. Unterkapitel: Verträge über technologische Beratung und Verträge über technologische Dienstleistungen

第八百七十八条 技术咨询合同是当事人一方以技术知识为对方就特定技术项目提供可行性论证、技术预测、专题技术调查、分析评价报告等所订立的合同。

技术服务合同是当事人一方以技术知识为对方解决特定技术问题所订立的合同,不包括承揽合同和建设工程合同。

Article 878   A technical consulting contract is a contract whereby a party with technical knowledge provides the other party with feasibility studies, technical forecast, specialized technical investigation, and analysis and evaluation report, among others, in respect of a particular technical project.

A technical service contract is a contract whereby one party solves a particular technical problem for the other party by utilizing its technical knowledge, other than a contract of work or contract for construction project.

§ 878   Der Vertrag über technische Beratung ist ein Vertrag, der abgeschlossen wird, damit eine Partei mit technologischem Wissen der anderen Partei in Bezug auf ein bestimmtes technologisches Vorhaben Durchführbarkeitsstudien, technologische Prognosen, technologische Untersuchungen zu bestimmten Problemen, Analyse- und Bewertungsberichte und andere Beratung zur Verfüng stellt.

Der Vertrag über technologische Dienstleistungen ist ein Vertrag, der abgeschlossen wird, damit eine Partei mit technologischem Wissen für die andere Partei bestimmte technologische Probleme löst, ausgenommen sind Werkverträge und Bauleistungsverträge.

第八百七十九条　技术咨询合同的委托人应当按照约定阐明咨询的问题,提供技术背景材料及有关技术资料,接受受托人的工作成果,支付报酬。

Article 879   The client under a technical consulting contract shall, pursuant to the contract, describe the problem on which consultancy is sought, provide the technical background information as well as related technical materials, and accept the work product from, and pay the remuneration to, the consultant.

§ 879 Der Auftraggeber eines Vertrags über technologische Beratung muss nach den Vereinbarungen das zu beratende Problem erklären, technologisches Hintergrundmaterial und die einschlägigen technologischen Unterlagen zur Verfügung stellen, die Arbeitsergebnisse des Auftragnehmers annehmen und das Entgelt zahlen.

第八百八十条 技术咨询合同的受托人应当按照约定的期限完成咨询报告或者解答问题,提出的咨询报告应当达到约定的要求。

Article 880 The consultant under a technical consulting contract shall complete the consulting report or answer the question within the agreed period, and the consulting report submitted should comply with the requirements set forth in the contract.

§ 880 Der Auftragnehmer eines Vertrags über technologische Beratung muss zu den vereinbarten Fristen den Beratungsbericht fertigstellen oder die Fragen beantworten; der vorgelegte Beratungsbericht muss den vereinbarten Anforderungen genügen.

第八百八十一条 技术咨询合同的委托人未按照约定提供必要的资料,影响工作进度和质量,不接受或者逾期接受工作成果的,支付的报酬不得追回,未支付的报酬应当支付。

技术咨询合同的受托人未按期提出咨询报告或者提出的

咨询报告不符合约定的,应当承担减收或者免收报酬等违约责任。

技术咨询合同的委托人按照受托人符合约定要求的咨询报告和意见作出决策所造成的损失,由委托人承担,但是当事人另有约定的除外。

Article 881 Where the client under a technical consulting contract fails to provide the necessary materials pursuant to the contract, thereby impairing the progress and quality of the work, or fails to accept or delays in accepting the work result, it may not claim refund of the remuneration paid, and shall pay any unpaid remuneration.

Where the consultant under the technical consulting contract fails to provide the consulting report within the agreed period or the consulting report submitted does not comply with the contract, it shall be liable for the breach of contract by way of reducing or foregoing the remuneration.

The client under a technical consulting contract shall be liable for the loss resulting from any decision made by it based on the complying consulting report and opinion provided by the consultant, except as otherwise agreed on by the parties.

§ 881 Wenn der Auftraggeber eines Vertrags über technologische Beratung nicht nach den Vereinbarungen die notwendigen Unterlagen zur Verfügung stellt, sodass Fortgang und Qualität der Arbeiten beeinträchtigt werden, oder das Arbeitsergebnis nicht oder erst nach Fristablauf annimmt, darf das gezahlte Entgelt nicht zurückverlangt und muss das noch nicht gezahlte Entgelt gezahlt werden.

Legt der Auftragnehmer eines Vertrags über technologische Beratung nicht fristgemäß den Beratungsbericht vor oder entspricht der vorgelegte Beratungsbericht nicht den Vereinbarungen, haftet er für die Vertragsverletzung in Formen wie der Minderung oder des Erlasses des Entgelts.

Schäden, die dadurch herbeigeführt werden, dass der Auftraggeber eines Vertrags über technologische Beratung nach den den vereinbarten Anforderungen entsprechenden Beratungsberichten und und Vorschlägen des Auftragnehmers Entscheidungen getroffen hat, werden vom Auftraggeber getragen, es sei denn, dass die Parteien etwas anderes vereinbart haben.

第八百八十二条 技术服务合同的委托人应当按照约定提供工作条件,完成配合事项,接受工作成果并支付报酬。

Article 882 The client under a technical service contract shall, pursuant to the contract, provide the working conditions and complete its tasks of cooperation, and accept the work results and pay the remuneration.

§ 882 Der Auftraggeber eines Vertrags über technologische Dienstleistungen muss nach den Vereinbarungen Arbeitsbedingungen zur Verfügung stellen, Kooperationsleistungen erbringen, das Arbeitsergebnis annehmen und das Entgelt zahlen.

第八百八十三条 技术服务合同的受托人应当按照约定完成服务项目,解决技术问题,保证工作质量,并传授解决技术问题的知识。

Article 883 The service provider under a technical service contract shall, pursuant to the contract, complete the service project, solve the technical problem, warrant the quality of its work, and communicate the knowledge for solving the technical problem.

§ 883 Der Auftragnehmer eines Vertrags über technologische Dienstleistungen muss nach den Vereinbarungen die Dienstleistung vollenden, die technischen Probleme lösen, die Qualität der Arbeit gewährleisten und das Wissen zur Lösung der technologischen Probleme vermitteln.

第八百八十四条 技术服务合同的委托人不履行合同义务或者履行合同义务不符合约定,影响工作进度和质量,不接受或者逾期接受工作成果的,支付的报酬不得追回,未支付的报酬应当支付。

技术服务合同的受托人未按照约定完成服务工作的,应当承担免收报酬等违约责任。

Article 884 Where the client under a technical service contract fails to perform its contractual obligations, or the performance is not in conformity with the contract, thereby impairing the progress and quality of the work, or fails to accept or delays in accepting the work results, it may not claim refund of the remuneration paid, and shall pay any unpaid remuneration.

Where the service provider under a technical service contract fails to provide services as agreed, it shall be liable for the breach of contract by way of forgoing the remuneration.

§ 884 Wenn der Auftraggeber eines Vertrags über technolo-

gische Dienstleistungen die vertraglichen Pflichten nicht oder nicht entsprechend den Vereinbarungen erfüllt, sodass Fortgang und Qualität der Arbeiten beeinträchtigt werden, oder das Arbeitsergebnis nicht oder erst nach Fristablauf annimmt, darf das gezahlte Entgelt nicht zurückverlangt und muss das noch nicht gezahlte Entgelt gezahlt werden.

Vollendet der Auftragnehmer eines Vertrags über technologische Dienstleistungen die Dienstleistung nicht nach den Vereinbarungen, haftet er für die Vertragsverletzung in Formen wie des Erlasses des Entgelts.

第八百八十五条 技术咨询合同、技术服务合同履行过程中,受托人利用委托人提供的技术资料和工作条件完成的新的技术成果,属于受托人。委托人利用受托人的工作成果完成的新的技术成果,属于委托人。当事人另有约定的,按照其约定。

Article 885 In the course of performing a technical consulting contract or a technical service contract, any new technology developed by the consultant or service provider utilizing the technical materials and working conditions provided by the client belongs to the consultant or service provider. Any new technology developed by the client utilizing the work results provided by the consultant or service provider belongs to the client. If the parties agree otherwise, such agreement prevails.

§ 885 Neue technische Ergebnisse, die der Auftragnehmer bei der Erfüllung eines Vertrags über technologische Beratung oder über technologische Dienstleistungen unter Verwendung der vom Auftraggeber zur Verfügung gestellten technologischen Unterlagen und Arbeitsbedingungen vollendet, gehören dem Auftragnehmer. Neue technische Ergebnisse, die der Auftraggeber unter Verwendung des Arbeitsergebnisses des Auftragnehmers vollendet, gehören dem Auftraggeber. Haben die Parteien etwas anderes vereinbaren, gilt die Vereinbarung.

第八百八十六条 技术咨询合同和技术服务合同对受托人正常开展工作所需费用的负担没有约定或者约定不明确的,由受托人负担。

Article 886 Where a technical consulting contract or technical service contract is silent, or is not clear, or the payment of the expenses necessary for the consultant or service provider to normally conduct work, the consultant or service provider shall pay the expenses.

§ 886 Ist im Vertrag über technologische Beratung oder über technologische Dienstleistungen das Tragen der Kosten, die für die ordnungsgemäße Entfaltung der Arbeit durch den Auftragnehmer erforderlich sind, nicht oder nicht klar vereinbart worden, werden die Kosten vom Auftragnehmer getragen.

第八百八十七条 法律、行政法规对技术中介合同、技术培训合同另有规定的,依照其规定。

Article 887 Where a relevant law or administrative regulation provides otherwise in respect of technology intermediary service contracts or technical training contracts, such provisions prevail.

§ 887 Gibt es in Gesetzen oder Verwaltungsrechtsnormen andere Bestimmungen für Technologievermittlungsverträge oder Verträge über technologische Ausbildung, gelten diese Bestimmungen.

第二十一章　保管合同
Chapter XXI　Deposit Contracts
21. Kapitel: Verwahrungsvertrag

第八百八十八条　保管合同是保管人保管寄存人交付的保管物,并返还该物的合同。

寄存人到保管人处从事购物、就餐、住宿等活动,将物品存放在指定场所的,视为保管,但是当事人另有约定或者另有交易习惯的除外。

Article 888　A deposit contract is a contract whereby the depositary keeps the deposited thing delivered by the depositor and eventually returns it to the depositor.

Where a depositor goes to the depository for shopping, dining, accommodation or other activities, and stores the thing in a designated place, it should be deemed as depositing, except as otherwise agreed by the parties or there are other trade customs.

§ 888　Der Verwahrungsvertrag ist ein Vertrag, bei dem der Verwahrer die vom Hinterleger übergebene Sache aufbewahrt und diese Sache zurückgibt.

Unternimmt der Hinterleger beim Verwahrer Aktivitäten wie etwa Einkäufe, Speisen oder Beherbergung und lagert Gegenstände an einem dafür vorgesehenen Ort, gilt dies als Verwahrung, se sei denn, dass die Parteien etwas anderes vereinbart haben oder andere Verkehrssitten bestehen.

第八百八十九条 寄存人应当按照约定向保管人支付保管费。

当事人对保管费没有约定或者约定不明确,依据本法第五百一十条的规定仍不能确定的,视为无偿保管。

Article 889 The depositor shall pay a deposit fee to the depositary as agreed.

Where the deposit fee is not agreed or the agreement is not clear, nor can it be determined pursuant to Article 510 of this Code, the deposit should be deemed as free of charge.

§ 889 Der Hinterleger muss dem Verwahrer nach den Vereinbarungen Verwahrungsgebühr zahlen.

Haben die Parteien zur Verwahrungsgebühr keine oder keine klare Vereinbarung getroffen haben und kann die Gebühr gemäß § 510 dieses Gesetzes auch nicht bestimmt werden, gilt die Verwahrung als unentgeltlich.

第八百九十条 保管合同自保管物交付时成立,但是当事人另有约定的除外。

Article 890 A deposit contract is formed upon delivery of the deposited thing, unless otherwise agreed by the parties.

§ 890 Der Verwahrungsvertrag kommt mit der Übergabe der verwahrten Sache zustande, es sei denn, dass die Parteien etwas anderes vereinbart haben.

第八百九十一条 寄存人向保管人交付保管物的,保管人应当出具保管凭证,但是另有交易习惯的除外。

Article 891 Upon the depositor's delivery of the deposited thing to the depositary, the depositary shall issue a deposit document thereto, unless there are other trade customs.

§ 891 Übergibt der Hinterleger dem Verwahrer die verwahrte Sache, muss der Verwahrer ihm einen Verwahrungsbeleg ausstellen, es sei denn, dass andere Verkehrssitten bestehen.

第八百九十二条 保管人应当妥善保管保管物。

当事人可以约定保管场所或者方法。除紧急情况或者为维护寄存人利益外,不得擅自改变保管场所或者方法。

Article 892 The depositary shall keep the deposited thing with due care.

The parties may agree on the place and method of depositing, which may not be changed without authorization, except in an emergency situation or for the purpose of protecting the depositor's interests.

§ 892 Der Verwahrer muss die verwahrte Sache zweckmäßig verwahren.

Die Parteien können Ort oder Methode der Verwahrung vereinbaren. Außer unter dringenden Umständen oder zum Schutze der Interessen des Hinterlegers darf Ort oder Methode der Verwahrung nicht eigenmächtig geändert werden.

第八百九十三条 寄存人交付的保管物有瑕疵或者根据保管物的性质需要采取特殊保管措施的,寄存人应当将有关情况告知保管人。寄存人未告知,致使保管物受损失的,保管人不承担赔偿责任;保管人因此受损失的,除保管人知道或者应当知道且未采取补救措施外,寄存人应当承担赔偿责任。

Article 893 Where the deposited property delivered by the depositor is defective or requires special deposit measures in light of its nature, the depositor shall inform the depositary of the relevant facts. Where the depositor fails to do so, thereby causing damage to the deposited property, the depositary shall be exempt from liability for compensation; where the depositary sustains any loss as a result, the depositor shall assume liability for compensation, except where the depositary knows or should have known the facts and fails to take remedial measures.

§ 893 Ist die vom Hinterleger übergebene verwahrte Sache mangelhaft oder ist es aufgrund der Natur der verwahrten Sache erforderlich, besondere Maßnahmen zur Verwahrung zu ergreifen, muss der Hinterleger die betreffenden Umstände dem Verwahrer zur Kenntnis bringen. Bringt der Hinterleger sie nicht zur Kenntnis, sodass die verwahrte Sache einen Schaden erleidet, haftet der Verwahrer nicht auf Schadensersatz; erleidet der Verwahrer infolgedessen einen Schaden, haftet der Hinterleger auf dessen Ersatz, es sei denn, dass der Verwahrer die Umstände kennt oder kennen musste und trotzdem keine Maßnahmen zur Abhilfe ergriffen hat.

第八百九十四条 保管人不得将保管物转交第三人保管,但是当事人另有约定的除外。

保管人违反前款规定,将保管物转交第三人保管,造成保管物损失的,应当承担赔偿责任。

Article 894 The depositary may not transfer the deposited property to a third party for depositing, except as otherwise agreed by the parties.

Where the depositary transfers the deposited property to a third party for depositing in violation of the provisions of the preceding paragraph, thereby causing damage to the deposited property, the depositary shall assume liability for compensation.

§ 894 Der Verwahrer darf die verwahrte Sache nicht einem Dritten in Verwahrung geben, es sei denn, dass die Parteien etwas anderes vereinbart haben.

Gibt der Verwahrer unter Verstoß gegen die Bestimmung des vorigen Absatzes die verwahrte Sache einem Dritten in Verwahrung und fügt damit der verwahrten Sache einen Schaden zu, haftet er auf Schadensersatz.

第八百九十五条 保管人不得使用或者许可第三人使用保管物,但是当事人另有约定的除外。

Article 895 The depositary may neither use nor permit a

third party to use the deposited property, except as otherwise agreed by the parties.

§ 895 Der Verwahrer darf die verwahrte Sache nicht nutzen oder einem Dritten ihre Nutzung gestatten, es sei denn, dass die Parteien etwas anderes vereinbart haben.

第八百九十六条 第三人对保管物主张权利的,除依法对保管物采取保全或者执行措施外,保管人应当履行向寄存人返还保管物的义务。

第三人对保管人提起诉讼或者对保管物申请扣押的,保管人应当及时通知寄存人。

Article 896 Where a third party makes a claim on the deposited property, the depositary shall perform its obligation of restitution of the deposit to the depositor, except where preservation or enforcement measures are taken against the deposited property pursuant to the law.

Where a third party institutes an action against the depositary or applies for attachment of the deposited property, the depositary shall promptly notify the depositor.

§ 896 Macht ein Dritter ein Recht an der verwahrten Sache geltend, muss der Verwahrer, außer dass in Bezug auf die verwahrte Sache nach dem Recht Sicherungs- oder Vollstreckungsmaßnahmen ergriffen werden, die Pflicht zur Rückgabe der verwahrten Sache an den Hinterleger erfüllen.

Erhebt der Dritte Klage gegen den Verwahrer oder beanragt die Pfändung der verwahrten Sachet, muss der Verwahrer den

Hinterleger rechtzeitig davon benachrichtigen.

第八百九十七条 保管期内,因保管人保管不善造成保管物毁损、灭失的,保管人应当承担赔偿责任。但是,无偿保管人证明自己没有故意或者重大过失的,不承担赔偿责任。

Article 897 If the deposited property is damaged or lost due to improper safekeeping by the depositary during the deposit period, the depositary shall assume liability for compensation, but if a gratuitous depositary proves the absence of its willfulness or gross negligence, it shall be exempt from liability for compensation.

§ 897 Verwahrt der Verwahrer die verwahrte Sache während der Verwahrung nicht ungeeignet, sodass sie beschädigt oder zerstört wird oder untergeht, haftet der Verwahrer auf Schadensersatz. Beweist der derjenige, der die Sache unentgeltlich verwahrt, dass er sich nicht vorsätzlich oder grob fahrlässig verhalten hat, haftet er nicht auf Schadensersatz.

第八百九十八条 寄存人寄存货币、有价证券或者其他贵重物品的,应当向保管人声明,由保管人验收或者封存;寄存人未声明的,该物品毁损、灭失后,保管人可以按照一般物品予以赔偿。

Article 898 A depositor who deposits money, denominated securities, or any other valuable property shall make a declaration to the depositary on such property, which shall be inspected or sealed by the depositary. Where the depositor fails to make such declaration and the property is damaged, destroyed or lost after-

wards, the depositary may make compensation as if it were ordinary property.

§ 898 Hinterlegt der Hinterleger Geld, Wertpapiere oder andere Wertsachen, muss er das dem Verwahrer erklären, und die Sachen werden vom Verwahrer geprüft und abgenommen oder versiegelt verwahrt. Hat der Hinterleger keine Erklärung abgegeben, kann der Verwahrer bei der Beschädigung oder dem Untergang dieser Sachen Ersatz wie für gewöhnliche Sachen leisten.

第八百九十九条 寄存人可以随时领取保管物。

当事人对保管期限没有约定或者约定不明确的，保管人可以随时请求寄存人领取保管物；约定保管期限的，保管人无特别事由，不得请求寄存人提前领取保管物。

Article 899 The depositor may reclaim the deposited property at any time.

Where a deposit period is not agreed or the agreement is not clear, the depositary may request the depositor to reclaim the deposited property at any time; where a deposit period is agreed, without special reason, the depositary may not request the depositor to reclaim the deposited property before the expiry of the deposit period.

§ 899 Der Hinterleger kann die verwahrte Sache jederzeit abholgen.

Haben die Parteien die Verwahrungsfrist nicht oder nicht klar vereinbart, kann der Verwahrer jederzeit vom Hinterleger die Abholung der verwahrten Sache verlangen; ist eine Verwahrungsfrist vereinbart worden, darf der Verwahrer ohne besonderen Grund nicht vom Hinterleger die vorzeitige Abholung der verwahrten Sache verlangen.

第九百条 保管期限届满或者寄存人提前领取保管物的,保管人应当将原物及其孳息归还寄存人。

Article 900 Upon the expiry of the deposit period, or if the depositor reclaims the deposited property before the expiry of the deposit period, the depositary shall return the original property together with any fruit thereof to the depositor.

§ 900 Ist die Verwahrungsfrist abgelaufen oder holt der Hinterleger die verwahrte Sache vorzeitig ab, muss der Verwahrer die ursprüngliche Sache und deren Früchte dem Hinterleger zurückgeben.

第九百零一条 保管人保管货币的,可以返还相同种类、数量的货币;保管其他可替代物的,可以按照约定返还相同种类、品质、数量的物品。

Article 901 Where the depositary keeps custody of money, it may return money of the same type and quantity. Where the depositary keeps any other fungible property, it may return any property of the same type, quality and quantity pursuant to the contract.

§ 901 Verwahrt der Verwahrer Geld, kann er Geld gleicher Art und Menge zurückgeben; verwahrt er andere vertretbare Sachen, kann er nach der Vereinbarung Sachen gleicher Art,

Qualität und Menge zurückgeben.

第九百零二条 有偿的保管合同,寄存人应当按照约定的期限向保管人支付保管费。

当事人对支付期限没有约定或者约定不明确,依据本法第五百一十条的规定仍不能确定的,应当在领取保管物的同时支付。

Article 902 Under an onerous deposit contract, the depositor shall pay to the depositary the deposit fee within the agreed time limit.

Where the time of payment of the deposit fee is not agreed or the agreement is not clear, nor can it be determined pursuant to Article 510 of this Code, the deposit fee should be paid at the same time the deposit is reclaimed.

§ 902 Beim entgeltlichen Verwahrungsvertrag muss der Hinterleger dem Verwahrer zu der vereinbarten Frist die Verwahrungsgebühr bezahlen.

Haben die Parteien die Zahlungsfrist nicht oder nicht klar vereinbart und kann sie gemäß § 510 auch nicht bestimmt werden, muss die Verwaltungsgebühr bei der Abholung der verwahrten Sache gleichzeitig gezahlt werden.

第九百零三条 寄存人未按照约定支付保管费或者其他费用的,保管人对保管物享有留置权,但是当事人另有约定的除外。

Article 903 Where the depositor fails to pay the deposit fee or other expenses, the depositary is entitled to lien on the deposited property, unless as otherwise agreed by the parties.

§ 903 Zahlt der Hinterleger nicht nach der Vereinbarung die Verwahrungsgebühr und andere Kosten, genießt der Verwahrer an der verwahrten Sache ein Zurückbehaltungsrecht, es sei denn, dass die Parteien etwas anderes vereinbart haben.

第二十二章 仓储合同
Chapter XXII　Warehousing Contracts
22. Kapitel: Lagervertrag

第九百零四条 仓储合同是保管人储存存货人交付的仓储物,存货人支付仓储费的合同。

Article 904　A warehousing contract is a contract whereby the depositary stores the warehoused property delivered by the depositor, and the depositor pays the warehousing fee.

§ 904 Der Lagervertrag ist ein Vertrag, bei dem der Lagerhalter das vom Einlagerer übergebene Lagergut lagert und der Einlagerer Lagergebühren zahlt.

第九百零五条 仓储合同自保管人和存货人意思表示一致时成立。

Article 905　A warehousing contract is formed when there is mutual consent between the depositary and the depositor.

§ 905 Der Lagervertrag kommt mit dem Übereinstimmen der Willenserklärungen des Lagerhalters und des Einlagerers zustande.

第九百零六条 储存易燃、易爆、有毒、有腐蚀性、有放射性等危险物品或者易变质物品的,存货人应当说明该物品的性质,提供有关资料。

存货人违反前款规定的,保管人可以拒收仓储物,也可以采取相应措施以避免损失的发生,因此产生的费用由存货人负担。

保管人储存易燃、易爆、有毒、有腐蚀性、有放射性等危险物品的,应当具备相应的保管条件。

Article 906 A depositor who intends to store any dangerous article which is inflammable, explosive, toxic, corrosive, or radioactive, or any material susceptible to deterioration shall indicate the nature of the property and provide the relevant information.

Where the depositor violates the provisions of the preceding paragraph, the depositary may reject the warehoused property and may also take appropriate measures to avoid losses, with the cost consequently incurred borne by the depositor.

A depositary who is to store any dangerous article that is inflammable, explosive, toxic, corrosive, or radioactive, shall have the appropriate safekeeping conditions.

§ 906 Bei der Einlagerung leicht entzündlicher, explosiver, giftiger, ätzender, radioaktiver oder anderer gefährlicher Güter oder leicht verderblicher Güter muss der Einlagerer die Natur diese Güter erklären und einschlägige Unterlagen zur Verfügung stellen.

Verstäßt der Einlagerer gegen die Bestimmungen des vorigen Absatzes, kann der Lagerhalter die Annahme des Lagerguts ablehnen; er kann auch entsprechende Maßnahmen ergreifen, um den Eintritt von Schäden zu vermeiden; dadurch entstehende Auslagen trägt der Einlagerer.

Lagert der Lagerhalter leicht entzündliche, explosive, giftige, ätzende, radioaktive oder andere gefährliche Güter ein, muss er über entsprechende Aufbewahrungsbedingungen verfügen.

第九百零七条 保管人应当按照约定对入库仓储物进行验收。保管人验收时发现入库仓储物与约定不符合的,应当及时通知存货人。保管人验收后,发生仓储物的品种、数量、质量不符合约定的,保管人应当承担赔偿责任。

Article 907 The depositary shall inspect the received warehoused property as agreed. Where, during the inspection, the depositary discovers that the warehoused property is not in conformity with the agreement, it shall promptly notify the depositor. After acceptance inspection by the depositary, if it is discovered that the category, quantity or quality of the warehoused property is not in conformity with the agreement, the depositary shall assume the liability for compensation.

§ 907 Der Lagerhalter muss im Hinblick auf das ins Lager kommende Lagergut nach den Vereinbarungen eine Abnahmeprüfung durchführen. Entdeckt der Lagerhalter bei der

Abnahmeprüfung, dass das ins Lager kommende Lagergut den Vereinbarungen nicht entspricht, muss er den Einlagerer rechtzeitig unterrichten. Treten nach der Abnahmeprüfung durch den Lagerhalter Abweichungen der Arten, Menge oder Qualität des Lagerguts von den Vereinbarungen auf, haftet der Lagerhalter auf Schadensersatz.

第九百零八条 存货人交付仓储物的,保管人应当出具仓单、入库单等凭证。

Article 908 Upon the depositor's delivery of the warehoused property, the depositary shall issue a warehouse receipt, stock-in receipt, and other documents.

§ 908 Wird Lagergut vom Einlagerer übergeben, muss der Lagerhalter Belege wie etwa einen Lagerschein oder einen Einlagerungsschein ausstellen.

第九百零九条 保管人应当在仓单上签名或者盖章。仓单包括下列事项：
（一）存货人的姓名或者名称和住所；
（二）仓储物的品种、数量、质量、包装及其件数和标记；
（三）仓储物的损耗标准；
（四）储存场所；
（五）储存期限；
（六）仓储费；
（七）仓储物已经办理保险的,其保险金额、期间以及保险人的名称；

（八）填发人、填发地和填发日期。

Article 909　The depositary shall affix its name or seal on the warehouse receipt. The warehouse receipt contains:

(1) the name and domicile of the depositor;

(2) the category, quantity, quality, package, number of pieces and marks of the warehoused property;

(3) standards of spoilage of the warehoused property;

(4) place of warehousing;

(5) period of warehousing;

(6) warehousing fee;

(7) the insured amount, term of insurance and the name of the insurer, if the warehoused property is insured; and

(8) the name of the person issuing the warehouse receipt, and the place and the date of issuance.

§ 909　Der Lagerhalter muss den Lagerschein unterschreiben oder stempeln. Der Lagerschein enthält folgende Punkte:

1. Name bzw. Bezeichnung und Sitz des Einlagerers;

2. Arten, Menge, Qualität, Verpackung, Stückzahl und Kennzeichnung des Lagerguts;

3. Normen für den Schwund des Lagerguts;

4. Lagerort;

5. Lagergebühren;

6. Lagerungsfrist;

7. Versicherungssumme und -dauer des Lagerguts sowie Bezeichnung des Versicherers, wenn das Lagergut versichert worden ist;

8. Name des Ausstellers, Ort und Datum der Ausstellung.

第九百一十条 仓单是提取仓储物的凭证。存货人或者仓单持有人在仓单上背书并经保管人签名或者盖章的,可以转让提取仓储物的权利。

Article 910 The warehouse receipt is the voucher for taking delivery of the warehoused property. Where the depositor or holder of the warehouse receipt has endorsed the warehouse receipt and the depositary has affixed its name or seal thereon, the right to take delivery of the warehoused property may be assigned.

§ 910 Der Lagerschein ist der Beleg für die Abholung des Lagerguts. Der Einlagerer bzw. der Inhaber des Lagerscheins kann, wenn er den Lagerschein indossiert hat und der indossierte Lagerschein Unterschrift oder Stempel des Lagerhalters enthält, das Recht auf die Abholung des Lagerguts übertragen.

第九百一十一条 保管人根据存货人或者仓单持有人的要求,应当同意其检查仓储物或者提取样品。

Article 911 Upon request of the depositor or the holder of the warehouse receipt, the depositary shall allow the person to inspect the warehoused property or take samples therefrom.

§ 911 Der Lagerhalter muss auf Verlangen des Einlagerers bzw. des Inhabers des Lagerscheins zustimmen, dass dieser das Lagergut überprüft oder Proben entnimmt.

第九百一十二条 保管人发现入库仓储物有变质或者其他损坏的,应当及时通知存货人或者仓单持有人。

Article 912 A depository who discovers that the warehoused property is deteriorating or are otherwise damaged shall promptly notify the depositor or holder of the warehouse receipt.

§ 912 Entdeckt der Lagerhalter, dass das eingelagerte Lagergut verdirbt oder sonstige Beschädigungen aufweist, muss er den Einlagerer bzw. den Inhaber des Lagerscheins rechtzeitig unterrichten.

第九百一十三条 保管人发现入库仓储物有变质或者其他损坏,危及其他仓储物的安全和正常保管的,应当催告存货人或者仓单持有人作出必要的处置。因情况紧急,保管人可以作出必要的处置;但是,事后应当将该情况及时通知存货人或者仓单持有人。

Article 913 A depositary who discovers that the warehoused property is deteriorating or are otherwise damaged, thereby endangering the safety and normal safekeeping of other warehoused property, shall request necessary disposal of the warehoused property by the depositor or the holder of the warehouse receipt. In an emergency situation, the depositary may dispose of the warehoused property as necessary, but shall promptly notify the depositor or holder of the warehouse receipt of the situation.

§ 913 Entdeckt der Lagerhalter, dass das eingelagerte Lagergut verdirbt oder sonstige Beschädigungen aufweist, sodass die Sicherheit und ordnungsgemäße Lagerung anderer Lagergüter gefährdet wird, muss er den Einlagerer bzw. den Inhaber des Lagerscheins mahnen, die notwendigen Verfügungen zu treffen. In dringlichen Umständen kann der Lagerhalter die notwendigen Verfügungen treffen; er muss aber danach den Einlagerer bzw. den Inhaber des Lagerscheins rechtzeitig über die Umstände unterrichten.

第九百一十四条 当事人对储存期限没有约定或者约定不明确的,存货人或者仓单持有人可以随时提取仓储物,保管人也可以随时请求存货人或者仓单持有人提取仓储物,但是应当给予必要的准备时间。

Article 914 Where the warehousing period is not agreed or the agreement is not clear, the depositor or holder of the warehouse receipt may take delivery of the warehoused property at any time, and the depositary may request the depositor or holder of the warehouse receipt to take delivery of the warehoused property at any time, provided that the other party shall be given the time necessary for preparation.

§ 914 Haben die Parteien die Lagerfrist nicht oder nicht klar vereinbart, kann der Einlagerer bzw. der Inhaber des Lagerscheins das Lagergut jederzeit abholen; der Lagerhalter kann ebenfalls jederzeit vom Einlagerer bzw. vom Inhaber des Lagerscheins die Abholung des Lagerguts verlangen, wobei ihm aber eine nötige Vorbereitungszeit gegeben werden muss.

第九百一十五条 储存期限届满,存货人或者仓单持有人应当凭仓单、入库单等提取仓储物。存货人或者仓单持有人逾期提取的,应当加收仓储费;提前提取的,不减收仓储费。

Article 915 Upon the expiry of the warehousing period, the depositor or holder of the warehouse receipt shall take delivery of the warehoused property by presenting the warehouse receipt and stock-in receipt to the depositary. Where the depositor or holder of the warehouse receipt fails to take delivery of the warehoused property, additional warehousing fees should be charged; where delivery of the warehoused property is taken before the expiry the warehousing period, the warehousing fee should not be reduced.

§ 915 Bei Ablauf der Lagerfrist muss der Einlagerer bzw. der Inhaber des Lagerscheins mit dem Lagerschein, dem Einlagerungsschein oder einem anderen Beleg das Lagergut abholen. Holt der Einlagerer bzw. der Inhaber des Lagerscheins das Lagergut erst nach Fristablauf ab, müssen zusätzliche Lagergebühren erhoben werden; holt er es vorzeitig ab, werden die Lagergebühren nicht ermäßigt.

第九百一十六条 储存期限届满,存货人或者仓单持有人不提取仓储物的,保管人可以催告其在合理期限内提取;逾期不提取的,保管人可以提存仓储物。

Article 916 Upon the expiry of the warehousing period, if the depositor or holder of the warehouse receipt fails to take delivery of the warehoused property, the depositary may request delivery taken within a reasonable period limit, and if the delivery of the warehoused property is not taken at the expiry of such time limit, the depositary may tender and deposit the warehoused property.

§ 916　Holt der Einlagerer bzw. der Inhaber des Lagerscheins bei Ablauf des Lagerguts das Lagergut nicht ab, kann der Lagerhalter ihn mahnen, es innerhalb einer angemessenen Frist abzuholen; holt er es nach Ablauf dieser Frist auch nicht ab, kann der Lagerhalter das Lagergut hinterlegen.

第九百一十七条　储存期内,因保管不善造成仓储物毁损、灭失的,保管人应当承担赔偿责任。因仓储物本身的自然性质、包装不符合约定或者超过有效储存期造成仓储物变质、损坏的,保管人不承担赔偿责任。

Article 917　Where the warehoused property is damaged or lost during the warehousing period due to improper keeping by the depositary, the depositary shall assume liability for compensation. If the warehoused property is deteriorated or damaged because the warehoused property does not conform to the agreement in terms of its natural nature and packing, or passes its expiration date for storage, the depositary shall be exempt from liability for compensation.

§ 917　Wenn das Lagergut während der Lagerfrist wegen ungeeigneter Aufbewahrung beschädigt wird oder untergeht, haftet der Lagerhalter auf Schadensersatz. Wenn das Lagergut aufgrund seiner eigenen natürlichen Eigenschaft oder wegen seiner den Vereinbarungen nicht entsprechenden Verpackung oder infolge der Überschreitung seiner gültigen Lagerzeit verdirbt oder beschädigt wird, haftet der Lagerhalter nicht auf Schadensersatz.

第九百一十八条 本章没有规定的,适用保管合同的有关规定。

Article 918 In case of any matter not covered in this Chapter, the relevant provisions on deposit contracts apply.

§ 918 Soweit dieses Kapitel keine Bestimmungen enthält, werden die entsprechenden Bestimmungen für den Verwahrungsvertrag angewandt.

第二十三章　委托合同
Chapter XXIII　Contracts of Mandate
23. Kapitel: Geschäftsbesorgungsvertrag

第九百一十九条 委托合同是委托人和受托人约定,由受托人处理委托人事务的合同。

Article 919 A contract of mandate is a contract whereby the mandator and the mandatary agree that the mandatary handle the affairs of the mandator.

§ 919 Der Geschäftsbesorgungsvertrag ist ein Vertrag, bei dem der Auftraggeber und der Auftragnehmer verbeinbaren, dass der Auftragnehmer die Angelegenheiten des Auftraggebers erledigt.

第九百二十条 委托人可以特别委托受托人处理一项或者数项事务,也可以概括委托受托人处理一切事务。

Article 920 The mandator may specifically mandate a mandatary to handle one or more of its affairs, or generally mandate the mandatary to handle all of its affairs.

§ 920　Der Auftraggeber kann den Auftragnehmer speziell mit der Erledigung einer oder mehrerer Angelegenheiten oder allgemein mit der Erledigung sämtlicher Angelegenheiten beauftragen.

第九百二十一条　委托人应当预付处理委托事务的费用。受托人为处理委托事务垫付的必要费用，委托人应当偿还该费用并支付利息。

Article 921　The mandator shall advance the expenses for handling the mandated affairs. For any expense necessary for handling the mandated affairs advanced by the mandatary, the mandator shall make reimbursement for the expense with interest thereon.

§ 921　Der Auftraggeber muss die Kosten für die Erledigung der beauftragten Angelegenheiten im Voraus bezahlen. Er muss notwendige Kosten, die der Auftragnehmer zur Erledigung der beauftragten Angelegenheiten vorgeschossen hat, erstatten und Zinsen zahlen.

第九百二十二条　受托人应当按照委托人的指示处理委托事务。需要变更委托人指示的，应当经委托人同意；因情况紧急，难以和委托人取得联系的，受托人应当妥善处理委托事务，但是事后应当将该情况及时报告委托人。

Article 922　The mandatary shall handle the mandated affairs pursuant to the mandator's instructions. Any required deviation from the mandator's instruction is subject to consent of the mandator; in an emergency where the mandatary has difficulty in contacting the mandator, the mandatary shall properly handle the mandated affairs but shall promptly report to the mandator thereafter.

§ 922 Der Auftragnehmer muss den Auftrag nach den Anweisungen des Auftraggebers erledigen. Ist ein Abweichern von den Anweisungen des Auftraggebers erforderlich, muss dessen Einverständnis eingeholt werden; ist es in dringlichen Umständen schwierig, mit dem Auftraggeber vorher in Verbindung zu treten, muss der Auftragnehmer die beauftragten Angelegenheiten zweckmäßig erledigen, aber danach dem Auftraggeber rechtzeitig über diese Umstände berichten.

第九百二十三条 受托人应当亲自处理委托事务。经委托人同意,受托人可以转委托。转委托经同意或者追认的,委托人可以就委托事务直接指示转委托的第三人,受托人仅就第三人的选任及其对第三人的指示承担责任。转委托未经同意或者追认的,受托人应当对转委托的第三人的行为承担责任;但是,在紧急情况下受托人为了维护委托人的利益需要转委托第三人的除外。

Article 923 The mandatary shall handle the mandated affairs in person. Subject to consent by the mandator, the mandatary may delegate the mandate to a third party. If the delegation is approved or ratified, the mandator may issue instructions concerning the mandated affairs directly to the delegatee, and the mandatary is only responsible for its selection of the delegatee or its own instructions thereto. Where the mandate is delegated without consent or ratification, the mandatary shall be liable for any act of the delegatee, except in an emergency where the mandatary needs to delegate the mandate to a third party in order to safeguard the interests of the mandator.

§ 923 Der Auftragnehmer muss die beauftragten Angelegenheiten persönlich erledigen. Er kann mit dem Einverständnis des Auftraggebers den Auftrag übertragen. Wurde der Auftrag mit Einverständnis oder Genehmigung übertragen, kann der Auftraggeber den Dritten, auf den der Auftrag übertragen worden ist, in Bezug auf die beauftragten Angelegenheiten direkt anweisen; der Auftragnehmer haftet nur für die Auswahl des Dritten und für seine Anweisungen an den Dritten. Wurde der Auftrag ohne Einverständnis oder Genehmigung übertragen, haftet der Auftragnehmer für die Handlungen des Dritten, auf den der Auftrag übertragen worden ist, es sei denn, dass in dringlichen Umständen der Auftragnehmer zum Schutze der Interessen des Auftraggebers den Auftrag auf einen Dritten übertragen musste.

第九百二十四条 受托人应当按照委托人的要求,报告委托事务的处理情况。委托合同终止时,受托人应当报告委托事务的结果。

Article 924 Upon request by the mandator, the mandatary shall report on the progress of the mandated affairs. Upon termination of the contract of mandate, the mandatary shall render an account of the mandated affairs.

§ 924 Der Auftragnehmer muss auf Verlangen des Auftraggebers über den Zustand der Ausführung des Auftrags Bericht erstatten. Zum Ende des Geschäftsbesorgungsvertrags muss der Auftragnehmer über die Ergebnisse der Erledigung des Auftrags Bericht erstatten.

第九百二十五条 受托人以自己的名义,在委托人的授权范围内与第三人订立的合同,第三人在订立合同时知道受托人与委托人之间的代理关系的,该合同直接约束委托人和第三人;但是,有确切证据证明该合同只约束受托人和第三人的除外。

Article 925 Where the mandatary, acting within the scope of authority granted by the mandator, enter into a contract in its own name with a third party who is aware of the mandate relationship between the mandator and mandatary, the contract is directly binding upon the mandator and such third party, except where there is conclusive evidence that the contract is only binding upon the mandatary and such third party.

§ 925 Wenn der Auftragnehmer im eigenen Namen und im Rahmen der vom Auftraggeber erteilten Vollmacht mit einem Dritten einen Vertrag schließt und der Dritte bei Vertragsschluss die Vertretungsbeziehung zwischen Auftragnehmer und Auftraggeber kennt, bindet dieser Vertrag den Auftraggeber und Dritten unmittelbar, es sei denn, dass eindeutige Beweise nachweisen, dass dieser Vertrag nur den Auftragnehmer und Dritten bindet.

第九百二十六条 受托人以自己的名义与第三人订立合同时,第三人不知道受托人与委托人之间的代理关系的,受托人因第三人的原因对委托人不履行义务,受托人应当向委托人披露第三人,委托人因此可以行使受托人对第三人的权利。但是,第三人与受托人订立合同时如果知道该委托人就不会订立合同的除外。

受托人因委托人的原因对第三人不履行义务,受托人应当向第三人披露委托人,第三人因此可以选择受托人或者委托人作为相对人主张其权利,但是第三人不得变更选定的相对人。

委托人行使受托人对第三人的权利的,第三人可以向委托人主张其对受托人的抗辩。第三人选定委托人作为其相对人的,委托人可以向第三人主张其对受托人的抗辩以及受托人对第三人的抗辩。

Article 926 Where the mandatary contracts in its own name with a third party who is not aware of the mandate relationship between the mandatary and the mandator, if the mandatary fails to perform its obligation toward the mandator due to any reason attributable to such third party, the mandatary shall disclose the third party to the mandator, allowing it to exercise the mandatary's rights against such third party, except where the third party would not have contracted with the mandatary if he knew the mandator at the time of contracting.

Where the mandatary fails to perform its obligation toward the third party because of the mandator, the mandatary shall disclose the mandator to the third party, allowing the third party to select in alternative either the mandator or the mandatary as the counterparty against whom rights are asserted, provided that the third party may not subsequently modify its selection of the counterparty.

Where the mandator exercises the rights of the mandatary against the third party, the third party may avail itself of any defense it has against the mandatary. Where the third party selects the mandator as the counterparty to the contract, the mandator may avail itself of any defense it has against the mandatary as well as any defense the mandatary has against the third party.

§ 926 Wenn der Auftragnehmer im eigenen Namen mit einem Dritten einen Vertrag schließt, der Dritte die Vertretungsbeziehung zwischen Auftragnehmer und Auftraggeber nicht kennt, und der Auftragnehmer aus beim Dritten liegenden Gründen seine Pflichten gegenüber dem Auftraggeber nicht erfüllt, muss der Auftragnehmer dem Auftraggeber offenlegen, wer der Dritte ist, und der Auftraggeber kann aufgrund dessen die Rechte, die der Auftragnehmer gegenüber dem Dritten hat, ausüben. Dies gilt jedoch nicht, wenn der Dritte den Vertrag dann nicht geschlossen hätte, wenn er beim Vertragsschluss mit dem Auftragnehmer diesen Auftraggeber gekannt hätte.

Erfüllt der Auftragnehmer aus beim Auftraggeber liegenden Gründen seine Pflichten gegenüber dem Dritten nicht, muss er dem Dritten offelegen, wer der Auftraggeber ist, und der Dritte kann aufgrund dessen wählen, ob er seine Rechte gegenüber dem Auftragnehmer oder gegenüber dem Auftraggeber geltend macht; der Dritte kann aber diese Wahl nicht mehr ändern.

Übt der Auftraggeber die Rechte aus, die der Auftragnehmer

gegenüber dem Dritten hat, kann der Dritte Einwendungen, die ihm gegenüber dem Auftragnehmer zustehen, gegenüber dem Auftraggeber geltend machen. Wählt der Dritte den Auftraggeber als Gegenüber, kann der Auftraggeber Einwendungen, die ihm gegenüber dem Auftragnehmer und die dem Auftragnehmer gegenüber dem Dritten zustehen, gegenüber dem Dritten geltend machen.

第九百二十七条 受托人处理委托事务取得的财产,应当转交给委托人。

Article 927 Any property acquired by the mandatary in the course of handling the mandated affairs should be turned over to the mandator.

§ 927 Der Auftragnehmer muss Vermögen, das er bei der Erledigung des Auftrags erlangt, dem Auftraggeber weitergeben.

第九百二十八条 受托人完成委托事务的,委托人应当按照约定向其支付报酬。

因不可归责于受托人的事由,委托合同解除或者委托事务不能完成的,委托人应当向受托人支付相应的报酬。当事人另有约定的,按照其约定。

Article 928 Upon completion of the mandated affairs by the mandatary, the mandator shall pay the remuneration thereto as agreed.

Where the contract of mandate is rescinded or the mandated affairs is not capable of being completed due to any reason not attributable to the mandatary, the mandator shall pay to the mandatary an appropriate amount of remuneration, unless otherwise agreed by the parties.

§ 928　Hat der Auftragnehmer den Auftrag erledigt hat, muss der Auftraggeber ihm nach den Vereinbarungen ein Entgelt zahlen.

Wenn der Geschäftsbesorgungsvertrag aus vom Auftragnehmer nicht zu verantwortenden Gründen aufgelöst wird oder nicht vollendet werden kann, muss der Auftraggeber dem Auftragnehmer ein entsprechendes Entgelt zahlen. Haben die Parteien etwas anderes vereinbart, gilt die Vereinbarung.

第九百二十九条　有偿的委托合同,因受托人的过错造成委托人损失的,委托人可以请求赔偿损失。无偿的委托合同,因受托人的故意或者重大过失造成委托人损失的,委托人可以请求赔偿损失。

受托人超越权限造成委托人损失的,应当赔偿损失。

Article 929　Under an onerous contract of mandate, if the mandator sustains any loss due to the mandatary's fault, the mandator may request compensation for the loss. Under a gratuitous contract of mandate, if the mandator sustains any loss due to the mandatary's willfulness or gross negligence, the mandator may request compensation for the loss.

A mandatary who acts beyond its power, thereby causing loss to the mandator, shall pay compensation for the loss.

§ 929　Wird dem Auftraggeber bei einem entgeltlichen

Geschäftsbesorgungsvertrag durch Verschulden des Auftragnehmers ein Schaden zugefügt, kann der Auftraggeber Schadensersatz verlangen. Wird dem Auftraggeber bei einem nicht entgeltlichen Geschäftsbesorgungsvertrag durch Vorsatz oder grobe Fahrlässigkeit des Auftragnehmers ein Schaden zugefügt, kann der Auftraggeber Schadensersatz verlangen.

Hat der Auftragnehmer durch Überschreitung seiner Befugnisse dem Auftraggeber einen Schaden zugefügt, muss er den Schaden ersatzen.

第九百三十条 受托人处理委托事务时,因不可归责于自己的事由受到损失的,可以向委托人请求赔偿损失。

Article 930 In the course of handling the mandated affairs, if the mandatary sustains any loss due to any reason not attributable to itself, the mandatary may request compensation for the loss from the mandator.

§ 930 Erleidet der Auftragnehmer bei der Erledigung der beauftragten Angelegenheiten aus vom Auftragnehmer nicht zu verantwortenden Gründen einen Schaden, kann er vom Auftraggeber Schadensersatz verlangen.

第九百三十一条 委托人经受托人同意,可以在受托人之外委托第三人处理委托事务。因此造成受托人损失的,受托人可以向委托人请求赔偿损失。

Article 931 Subject to consent of the mandatary, the mandator may, in addition to mandating the mandatary, mandate a third party to handle the mandated affairs. If such mandate results in loss to the mandatary, it may request compensation for the loss from the mandator.

§ 931　Der Auftraggeber kann mit Einverständnis des Auftragnehmers außer ihm einen Dritten mit der Erledigung der beauftragten Angelegenheiten beauftragen. Wird dadurch dem Auftragnehmer ein Schaden zugefügt, kann er vom Auftraggeber Schadensersatz verlangen.

第九百三十二条　两个以上的受托人共同处理委托事务的,对委托人承担连带责任。

Article 932　Two or more mandataries who jointly handle the mandated affairs shall assume joint and several liability to the mandator.

§ 932　Erledigen zwei oder mehr Auftragnehmer die beauftragten Angelegenheiten gemeinsam, haften sie dem Auftraggeber als Gesamtschuldner.

第九百三十三条　委托人或者受托人可以随时解除委托合同。因解除合同造成对方损失的,除不可归责于该当事人的事由外,无偿委托合同的解除方应当赔偿因解除时间不当造成的直接损失,有偿委托合同的解除方应当赔偿对方的直接损失和合同履行后可以获得的利益。

Article 933　Either the mandator or the mandatary may rescind the contract of mandate at any time. When the other party sustains any loss due to rescission of the contract, the rescinding party shall make compensation for the direct loss caused by the improper timing of rescission, as in the case of a gratuitous contract of mandate; or compensate the other party for the direct loss and the interests acquirable if the contract were performed, as in the case of an onerous contract of mandate, except for a cause not attributable to the rescinding party.

§ 933 Sowohl der Auftraggeber als auch der Auftragnehmer kann jederzeit den Geschäftsbesorgungsvertrag kündigen. Wird der anderen Seite durch die Kündigung des Geschäftsbesorgungsvertrags ein Schaden zugegügt, muss die kündigende Seite, außer von ihr nicht zu verantwortenden Gründen, bei einem nicht entgeltlichen Geschäftsbesorgungsvertrag den durch den unangemessenen Kündigungszeipunkt herbeigeführten direkten Verlust und bei einem entgeltlichen Geschäftsbesorgungsvertrag den direkten Verlust und die nach Vertragserfüllung zu erlangenden Interessen der anderen Seite ersetzen.

第九百三十四条 委托人死亡、终止或者受托人死亡、丧失民事行为能力、终止的，委托合同终止；但是，当事人另有约定或者根据委托事务的性质不宜终止的除外。

Article 934 Where a mandator is deceased or terminated, or a mandatary is deceased, incapacitated, or terminated, the contract of mandate is terminated, except as otherwise agreed by the parties, or where the termination is inappropriate in light of the nature of the mandated affairs.

§ 934　Der Geschäftsbesorgungsvertrag endet, wenn der Auftraggeber stirbt oder [als juristische Person] beendet wird oder der Auftragnehmer stirbt, die Geschäftsfähigkeit verliert oder [als juristische Person] beendet wird, es sei denn, dass die Parteien etwas anderes vereinbart haben oder dass aufgrund der Natur der beauftragten Angelegenheiten eine Beendigung unangebracht ist.

第九百三十五条　因委托人死亡或者被宣告破产、解散,致使委托合同终止将损害委托人利益的,在委托人的继承人、遗产管理人或者清算人承受委托事务之前,受托人应当继续处理委托事务。

Article 935　Where the mandator is deceased, or declared bankrupt or dissolved, resulting in the termination of the contract of mandate which will harm the mandator's interests, the mandatary shall continue to handle the mandated affairs before the successor, administrator or liquidator of the mandator takes over the mandated affairs.

§ 935　Könnte die Beendigung des Geschäftsbesorgungsvertrags infolge des Todes, der Insolvenzeröffnung oder der Auflösung des Auftraggebers die Interessen des Auftraggebers schädigen, muss sich der Auftragnehmer weiter um die beauftragten Angelegenheiten kümmern, bis der Erbe, der Nachlassverwalter oder der Liquidator des Auftraggebers die beauftragten Angelegenheiten übernommen hat.

第九百三十六条 因受托人死亡、丧失民事行为能力或者被宣告破产、解散,致使委托合同终止的,受托人的继承人、遗产管理人、法定代理人或者清算人应当及时通知委托人。因委托合同终止将损害委托人利益的,在委托人作出善后处理之前,受托人的继承人、遗产管理人、法定代理人或者清算人应当采取必要措施。

Article 936 Where a contract of mandate is terminated because the mandatary is deceased or is incapacitated, declared bankrupt, or dissolved, the successor, administrator, legal representative, or liquidator of the mandatary shall promptly notify the mandator. Where the termination of a contract of mandate is to harm the mandator's interests, before the mandator makes any remedial measures, the successor, administrator, legal representative or liquidator of the mandatary shall take necessary measures.

§ 936 Wird der Geschäftsbesorgungsvertrag infolge des Todes, des Verlusts der Geschäftsfähigkeit, der Insolvenzeröffnung oder der Auflösung des Auftragnehmers beendet, muss der Erbe, der Nachlassverwalter, der gesetzliche Vertreter oder der Liquidator des Auftragnehmers rechtzeitig den Auftraggeber benachrichtigen. Könnte die Beendigung des Geschäftsbesorgungsvertrags die Interessen des Auftraggebers schädigen, muss der Erbe, der Nachlassverwalter, der gesetzliche Vertreter oder der Liquidator des Auftragnehmers die notwendigen Maßnahmen ergreifen, bis der Auftraggeber Folgen des Ereignisses geregelt hat.

第二十四章 物业服务合同
Chapter XXIV Property Management Service Contracts
24. Kapitel: Immobiliendienstleistungsvertrag

第九百三十七条 物业服务合同是物业服务人在物业服务区域内,为业主提供建筑物及其附属设施的维修养护、环境卫生和相关秩序的管理维护等物业服务,业主支付物业费的合同。

物业服务人包括物业服务企业和其他管理人。

Article 937 A property management service contract is a contract whereby a property management service provider provides an owner with property management services such as maintenance of buildings and auxiliary facilities, environmental sanitation, and management and maintenance of related order in the property management service area, and the owner pays a management fee.

Property management service providers include property management enterprises and other managers.

§ 937 Der Immobiliendienstleistungsvertrag ist ein Vertrag, bei dem der Immobiliendienstleister innerhalb des Immobiliendienstleistungsgebiets den Hauseigentümern Immobiliendienstleistungen wie etwa Instandhaltung, Instandsetzung und Pflege von Gebäuden und deren zugehörigen Anlagen sowie Verwaltung und Wahrung der Umwelthygiene und der damit verbundenen Ordnungen erbringt und die Eigentümer Huasgelder zahlen.

Zu den Immobiliendienstleistern zählen Immobiliendienstleis-

tungsunternehmen und andere Verwalter.

第九百三十八条 物业服务合同的内容一般包括服务事项、服务质量、服务费用的标准和收取办法、维修资金的使用、服务用房的管理和使用、服务期限、服务交接等条款。

物业服务人公开作出的有利于业主的服务承诺,为物业服务合同的组成部分。

物业服务合同应当采用书面形式。

Article 938 Among the terms typically included in a property management service contract are service items, service quality, service fee rates and collection methods, use of maintenance funds, management and use of service premises, service term, and service handover.

A service commitment made publicly by a property management service provider in favor of the owner is an integral part of the property management service contract.

A property management service contract shall be in writing.

§ 938 Immobiliendienstleistungsverträge enthalten im Allgemeinen Klauseln wie etwa zu den Angelegenheiten und Qualität der Dienstleistung, dem Standard und Verfahren der Erhebung und des Einzugs der Kosten für die Dienstleistungen, die Verwendung der Mittel für Instandhaltung und Instandsetzung, der Verwaltung und dem Gebrauch der Diensträume für die Hausverwaltung, der Dienstdauer sowie der −übergabe.

Versprechen, die der Dienstleister im Hinblick auf die Dienste zugunsten der Eigentümer öffentlich abgegebene hat, sind Be-

standteile des Immobiliendienstleistungsvertrags.

Der Immobiliendienstleistungsvertrag muss schriftlich abgeschlossen werden.

第九百三十九条 建设单位依法与物业服务人订立的前期物业服务合同,以及业主委员会与业主大会依法选聘的物业服务人订立的物业服务合同,对业主具有法律约束力。

Article 939 The preliminary property management service contract entered into between a construction employer and a property management service provider pursuant to the law, or the property management service contract entered into between an owners' committee and a property management service provider selected by the owners' meeting pursuant to the law, is legally binding on owners.

§ 939 Der Frühphasen-Immobiliendienstleistungsvertrag, den ein Bauträger mit einem Immobiliendienstleister nach dem Recht abgeschlossen hat, und der Immobiliendienstleistungsvertrag, den der Eigentümerausschuss mit dem von der Eigentümerversammlung nach dem Recht ausgewählten Immobiliendienstleister abgeschlossen hat, sind für die Eigentümer rechtsverbindlich.

第九百四十条 建设单位依法与物业服务人订立的前期物业服务合同约定的服务期限届满前,业主委员会或者业主与新物业服务人订立的物业服务合同生效的,前期物业服务合同终止。

Article 940 Where, prior to the expiration of the service

term stipulated in the preliminary property management service contract entered into between a construction employer and a property management service provider pursuant to the law, the property management service contract entered into by the owners' committee or owners and a new property management service provider becomes effective, the preliminary property management service contract should be terminated.

§ 940 Wird ein von dem Eigentümerausschuss oder den Eigentümern mit einem neuen Immobiliendienstleister abgeschlossener Immobiliendienstleistungsvertrag vor Ablauf der im Frühphasen‐Immobiliendienstleistungsvertrag zwischen dem Bauträger und einem Immobiliendienstleister vereinbarten Dauer der Dienstleistung wirksam, endet der Frühphasen‐Immobiliendienstleistungsvertrag.

第九百四十一条 物业服务人将物业服务区域内的部分专项服务事项委托给专业性服务组织或者其他第三人的,应当就该部分专项服务事项向业主负责。

物业服务人不得将其应当提供的全部物业服务转委托给第三人,或者将全部物业服务支解后分别转委托给第三人。

Article 941 Where a property management service provider delegates some specialized services in the property management service area to a specialized service organization or any other third party, the property management service provider shall be responsible to owners for the specialized services.

A property management service provider shall not delegate to a third party all the property management services it should provide, or, upon splitting up of all property managed services, delegate them to third parties respectively.

§ 941 Beauftragt der Immobiliendienstleister spezialisierte Dienstleistungsorganisation oder andere Dritte mit einem Teil der speziellen Dienstangelegenheiten innerhalb des Immobiliendienstleistungsgebiets, ist er gegenüber den Eigentümern für diese speziellen Dienstangelegenheiten verantwortlich.

Der Immobiliendienstleister darf nicht die gesamten von ihm zu erbringenden Immobiliendienstleistungen als Auftrag auf einen Dritteen übertragen oder die Immobiliendienstleistungen aufsplittern und dann als Aufträge auf mehrere Dritte übertragen.

第九百四十二条 物业服务人应当按照约定和物业的使用性质,妥善维修、养护、清洁、绿化和经营管理物业服务区域内的业主共有部分,维护物业服务区域内的基本秩序,采取合理措施保护业主的人身、财产安全。

对物业服务区域内违反有关治安、环保、消防等法律法规的行为,物业服务人应当及时采取合理措施制止、向有关行政主管部门报告并协助处理。

Article 942 A property management service provider shall, pursuant to the agreement and the nature of the use of property, properly maintain, service, clean, green, and manage the common elements of the property management service area, maintain the basic order in the property management service area, and take reasonable measures to protect the person and property of owners.

For any violation of the relevant laws and regulations on public security, environmental protection, and fire protection in the property management service area, the property management service provider shall promptly take reasonable measures to restrain the violation, make a report to the relevant authority, and assist in handling.

§ 942 Der Immobiliendienstleister muss nach den Vereinbarungen und der Nutzungsart der Immobilien die innerhalb des Immobiliendienstleistungsgebiets im gemeinschaftlichen Eigentum stehenden Teile der Eigentümer zweckmäßig instande halten und instand setzen, warten, pflegen, reinigen, begrünen, betreiben und verwalten, die Grundordnung im Immobiliendienstleistungsgebiet wahren sowie angemessene Maßnahmen zum Schutz der Sicherheit der Person und des Vermögens der Eigentümer ergreifen.

Bei Handlungen innerhalb des Immobiliendienstleistungsgebiets, die gegen Bestimmungen von Gesetzen und Verwaltungsrechtsnormen wie etwa zur Wahrungs der öffentlichen Sicherheit, zum Umweltschutz und zur Brandbekämpfung verstoßen, muss der Immobiliendienstleister unverzüglich angemessene Maßnahmen ergreifen, um diese Handlungen zu unterbinden, der zuständige Verwaltungsbehörde über das Geschehen der Handlungen berichten und bei der Behandlung mitwirken.

第九百四十三条 物业服务人应当定期将服务的事项、负责人员、质量要求、收费项目、收费标准、履行情况,以及维修资金使用情况、业主共有部分的经营与收益情况等以合理方式向业主公开并向业主大会、业主委员会报告。

Article 943 A property management service provider shall regularly disclose in a reasonable manner to owners and report to the owners' meeting and the owners' committee on services, responsible personnel, quality requirements, chargeable items, fee rates, performance, the use of maintenance funds, the management and income of the common elements, etc.

§ 943 Der Immobiliendienstleister muss regelmäßig in angemessener Weise den Eigentümern die Dienstangelegenheiten, das verantwortliche Personal, die Qualitätsanforderungen, die Gegenstände und Standards der Gebührenerhebung, die Umstände der Auftragserfüllung, der Verwendung der Mittel für Instandhaltung und Instandsetzung, des Betriebs der im gemeinschaftlichen Eigentum stehenden Teile der Eigentümer sowie die Erträge daraus offenlegen und der Eigentümerversammlung und dem Eigentümerausschuss berichten.

第九百四十四条 业主应当按照约定向物业服务人支付物业费。物业服务人已经按照约定和有关规定提供服务的，业主不得以未接受或者无需接受相关物业服务为由拒绝支付物业费。

业主违反约定逾期不支付物业费的，物业服务人可以催告其在合理期限内支付；合理期限届满仍不支付的，物业服务人可以提起诉讼或者申请仲裁。

物业服务人不得采取停止供电、供水、供热、供燃气等方式催交物业费。

Article 944 An owner shall pay a management fee to the

property management service provider as agreed. If the property management service provider has provided services pursuant to the agreement and relevant provisions, the owner may not refuse to pay the management fee on the grounds that it has not accepted or need not accept relevant property management services.

If the owner fails to pay the management fee overdue in breach of the agreement, the property management service provider may request payment within a reasonable period limit; and if no payment is made within the reasonable period limit, the property management service provider may institute an action or apply for arbitration.

The property management service provider may not collect the management fee by shutting off power, water, heat, or gas supply or any other means.

§ 944 Der Eigentümer muss nach den Vereinbarungn dem Immobiliendienstleister die Immobiliendienstleistungsgebühr zahlen. Hat der Immobiliendienstleister bereits nach den Vereinbarungen und einschlägigen Bestimmungen Dienstleistungen erbracht, darf der Eigentümer die Zahlung der Immobiliendienstleistungsgebühr nicht mit der Begründung verweigern, dass er betreffenden Dienstleistungen nicht akzeptiert hat oder nicht in Anspruch nehmen muss.

Zahlt der Eigentümer gegen die Vereinbarungen die Immobiliendienstleistungsgebühr nach Fristablauf nicht, kann ihn der Immobiliendienstleister mahnen, innerhalb einer angemessenen Frist zu zahlen; zahlt der Eigentümer bei Ablauf dieser Frist weiterhin nicht, kann der Immobiliendienstleister Klage erheben oder ein Schiedsverfahren beantragen.

Der Immobiliendienstleister darf die Immobiliendienstleistungsgebühr nicht auf die Weise eintreiben, dass er etwa die Lieferung von Strom, Wasser, Wärme oder Gas einstellt.

第九百四十五条 业主装饰装修房屋的，应当事先告知物业服务人，遵守物业服务人提示的合理注意事项，并配合其进行必要的现场检查。

业主转让、出租物业专有部分、设立居住权或者依法改变共有部分用途的，应当及时将相关情况告知物业服务人。

Article 945 An owner who decorates a house shall notify the property management service provider in advance, follow the reasonable precautions given by the property management service provider, and cooperate with it in necessary on-site inspection.

An owner who transfers or leases the part of the property held in exclusive ownership, creates a right of habitation, or changes the use of the common elements pursuant to the law, shall promptly inform the property management service provider of the relevant circumstances.

§ 945 Nehmen Eigentümer Dekorationen oder Austauscharbeiten an Häusern vor, müssen sie den Immobiliendienstleister vorher darüber informieren, die angemessenen Vorsichtsmaßnahmen, auf die der Immobiliendienstleister hinweist, befolgen und mit ihm bei der Durchführung der erforderlichen Vor-Ort-Inspektionen kooprieren.

Wenn ein Eigentümer den im Sondereigentum stehenden Teil der Immobilie überträgt oder vermietet, ein Wohnungsrecht bestellt oder nach dem Recht die Nutzungsart eines im gemeinschaftlichen

Eigentum stehenden Teils ändert, muss er den Immobiliendienstleister unverzüglich über die betreffenden Umstände informieren.

第九百四十六条 业主依照法定程序共同决定解聘物业服务人的,可以解除物业服务合同。决定解聘的,应当提前六十日书面通知物业服务人,但是合同对通知期限另有约定的除外。

依据前款规定解除合同造成物业服务人损失的,除不可归责于业主的事由外,业主应当赔偿损失。

Article 946 Owners who jointly decide to expel the property management service provider pursuant to legal procedures may rescind the property management service contract. In such a case, the property management service provider shall be notified in writing sixty days in advance, unless otherwise agreed in the contract.

If the rescission of the contract under the preceding paragraph causes loss to the property management service provider, the owners shall make compensation therefor, except for reasons not attributable to the owners.

§ 946 Beschließen die Eigentümer auf der Grundlage des gesetzlichen Verfahrens gemeinsam, den Immobiliendienstleister zu entpflichten, können sie den Immobiliendienstleistungsvertrag kündigen. Ist die Entpflichtung berschlossen worden, müssen die Eigentümer den Immobiliendienstleister 60 Tage vor der Vertragskündigung schriftlich benachrichtigt, es sei denn, dass im Vertrag zur Benachrichtigungsfrist etwas anderes vereinbart worden ist.

Wird der Vertrag gemäß dem vorigen Absatz gekündigt und dadurch dem Immobiliendienstleister ein Schaden zugefügt, müssen die Eigentümer den Schaden ersetzen, außer von ihnen nicht zu verantwortenden Gründen.

第九百四十七条　物业服务期限届满前,业主依法共同决定续聘的,应当与原物业服务人在合同期限届满前续订物业服务合同。

物业服务期限届满前,物业服务人不同意续聘的,应当在合同期限届满前九十日书面通知业主或者业主委员会,但是合同对通知期限另有约定的除外。

Article 947　Owners who jointly decide for further employment before the expiration of the term of property management services shall renew the property management service contract with the current property management service provider before the expiration of the contractual term.

A property management service provider who does not consent to further employment before the expiration of the term of property management services shall notify the owners or the owners' committee in writing ninety days before the expiration of the contractual term, unless otherwise agreed in the contract.

§ 947　Beschließen die Eigentümer vor Ablauf der Frist für die Immobiliendienstleistungen nach dem Recht gemeinsam, die Beschäftigung des ursprünglichen Immobiliendienstleisters fortzusetzen, müssen sie mit ihm vor Ablauf der Vertragslaufzeit einen das bisherige Vertragsverhältnis fortsetzenden Immobiliendienstleistungsvertrag abschließen.

Ist der Immobiliendienstleister vor Ablauf der Frist für die Immobiliendienstleistungen nicht mit der Fortsetzung der Beschäftigung einverstanden, muss er 90 Tage vor Ablauf der Vertragslaufzeit die Eigentümer oder den Eigentümerausschuss schriftlich benachrichtigt, es sei denn, dass im Vertrag zur Benachrichtigungsfrist etwas anderes vereinbart worden ist.

第九百四十八条 物业服务期限届满后,业主没有依法作出续聘或者另聘物业服务人的决定,物业服务人继续提供物业服务的,原物业服务合同继续有效,但是服务期限为不定期。

当事人可以随时解除不定期物业服务合同,但是应当提前六十日书面通知对方。

Article 948 Where, after the expiration of the term of property management services, owners fail to make a decision for further employment or for employment of another property management service provider pursuant to the law, and the property management service provider continues to provide property management services, the original property management service contract remains in effect, but becomes a property management service contract at will.

Either party may at any time rescind the property management service contract at will, but shall notify the other party in writing sixty days in advance.

§ 948 Haben die Eigentümer nach Ablauf der Frist für die

Immobiliendienstleistung nicht nach dem Recht beschlossen, die Beschäftigung fortzusetzen oder anderweitig einen Immobiliendienstleister einzustellen, und erbringt der ursprüngliche Immobiliendienstleister Immobiliendienstleistungen weiterhin, bleibt der ursprüngliche Immobiliendienstleistungsvertrag weiter wirksam, aber die Dienstleistungen sind unbefristet.

Die Parteien können den unbefristeten Immobiliendienstleistungsvertrag jederzeit kündigen, müssen dies der anderen Partei aber 60 Tage vorher schriftlich mitteilen.

第九百四十九条 物业服务合同终止的,原物业服务人应当在约定期限或者合理期限内退出物业服务区域,将物业服务用房、相关设施、物业服务所必需的相关资料等交还给业主委员会、决定自行管理的业主或者其指定的人,配合新物业服务人做好交接工作,并如实告知物业的使用和管理状况。

原物业服务人违反前款规定的,不得请求业主支付物业服务合同终止后的物业费;造成业主损失的,应当赔偿损失。

Article 949 Where the property management service contract is terminated, the original property management service provider shall vacate the property management service area within an agreed or reasonable period limit, surrender the property management service premises, related facilities, and relevant information necessary for property management services to the owners' committee, owners who decide to exercise management themselves, or the person designated by them, cooperate with the new property management service provider in effectively conducting handover work, and truthfully state the use and management status of property.

An original property management service provider who violates the preceding paragraph shall not request the owners to pay the management fee after the termination of the property management service contract; and shall make compensation for the loss if loss is caused to the owners.

§ 949 Wird der Immobiliendienstleistungsvertrag beendet, muss sich der ursprüngliche Immobiliendienstleister innerhalb der vereinbarten oder einer angemessenen Frist das Immobiliendienstleistungsgebiet verlassen, die für die Hausverwaltung genutzten Räume, die mit den Immobiliendienstleistungen im Zusammenhang stehenden Anlagen, die für die Immobiliendienstleistungen notwendigen Unterlagen usw. an den Eigentümerausschuss, die Eigentümer, die eine Selbstverwaltung beschlossen haben, oder die von diesen bestimmte Person zurückgeben, mit dem neuen Immobiliendienstleister bei der Erledigung der Übergabearbeiten kooprieren und diesem wahrheitsgemäß über den Nutzungs – und Verwaltungsstatus der Immobilien informieren.

Verstößt der ursprüngliche Immobiliendienstleister gegen die Bestimmungen des vorigen Absatzes, darf er die Eigentümer nicht verlangen, die Immobiliendienstleistungsgebühr nach Beendigung des Immobiliendienstleistungsvertrags zu zahlen; fügt er den Eigentümern einen Schaden zu, muss er den Schaden ersetzen.

第九百五十条 物业服务合同终止后,在业主或者业主大会选聘的新物业服务人或者决定自行管理的业主接管之前,原物业服务人应当继续处理物业服务事项,并可以请求业主支付该期间的物业费。

Article 950 Between the termination of a property management service contract and the handover to the new property management service provider selected by owners or the owners' meeting or to the owners who decide to exercise management themselves, the original property management service provider shall continue to provide property management services, and may request the owners to pay the management fee for the period.

§ 950 Nach der Beendigung des Immobiliendienstleistungsvertrags bis zur Übernahme der Immobilienverwaltung durch den von den Eigentümern oder der Eigentümergemeinschaft ausgewählten neuen Immobiliendienstleister oder durch die Eigentümer, die eine Selbstverwaltung beschlossen haben, muss der ursprüngliche Immobiliendienstleister die Besorgung der Angelegenheiten der Immobiliendiestleistungen fortsetzen und kann von den Eigentümern die Zahlung der Immobiliendienstleistungsgebühr für diesen Zeitraum verlangen.

第二十五章 行纪合同
Chapter XXV Contracts of Commission Agency
25. Kapitel: Kommissionsvertrag

第九百五十一条 行纪合同是行纪人以自己的名义为委托人从事贸易活动，委托人支付报酬的合同。

Article 951 A contract of commission agency is a contract

whereby the commission agent conducts trading activities in its own name for the principal, and the principal pays the remuneration.

§ 951 Der Kommissionsvertrag ist ein Vertrag, bei dem der Kommissionär im eigenen Namen für den Kommittenten Handelsgeschäfte tätigt und der Kommittent ihm ein Entgelt zahlt.

第九百五十二条 行纪人处理委托事务支出的费用,由行纪人负担,但是当事人另有约定的除外。

Article 952 The expenses incurred by the commission agent in the course of handling the commissioned affairs are borne by the commission agent, except as otherwise agreed by the parties.

§ 952 Die Kosten des Kommissionärs für die Geschäftsbesorgung übernimmt der Kommissionär, es sei denn, dass die Parteien etwas anders vereinbart haben.

第九百五十三条 行纪人占有委托物的,应当妥善保管委托物。

Article 953 A commission agent who is in possession of the entrusted item shall keep the entrusted item with due care.

§ 953 Hat der Kommissionär das Kommissionsgut in Besitz, muss er es zweckmäßig aufbewahren.

第九百五十四条 委托物交付给行纪人时有瑕疵或者容易腐烂、变质的,经委托人同意,行纪人可以处分该物;不能与委托人及时取得联系的,行纪人可以合理处分。

Article 954 Where an entrusted item is defective, perishable or susceptible to deterioration at the time it was delivered to the commission agent, upon the consent of the principal, the commission agent may dispose of the item; where it is unable to promptly contact the principal, it may dispose of the entrusted item in a reasonable manner.

§ 954 Wenn das Kommissionsgut bei Übergabe an den Kommissionär mangelhaft ist oder leicht zersetzlich ist oder leicht verderben kann, kann der Kommissionär mit dem Einverständnis des Kommittenten darüber verfügen; kann er mit dem Auftraggeber nicht rechtzeitig in Verbindung treten, kann er darüber vernünftig verfügen.

第九百五十五条 行纪人低于委托人指定的价格卖出或者高于委托人指定的价格买入的,应当经委托人同意;未经委托人同意,行纪人补偿其差额的,该买卖对委托人发生效力。

行纪人高于委托人指定的价格卖出或者低于委托人指定的价格买入的,可以按照约定增加报酬;没有约定或者约定不明确,依据本法第五百一十条的规定仍不能确定的,该利益属于委托人。

委托人对价格有特别指示的,行纪人不得违背该指示卖出或者买入。

Article 955 A commission agent who is to sell the entrusted item below, or purchase the entrusted item above, the price designated by the principal, shall obtain consent from the principal. If such sale is effected without consent of the principal, and the commission agent makes up the deficiency on its own, it is binding on the principal.

Where the commission agent sells the entrusted item above, or purchases the entrusted item below, the price designated by the principal, the remuneration may be increased pursuant to the contract; and where such matter is not agreed or the agreement is not clear, nor can it be determined pursuant to Article 510 of this Code, the benefit belongs to the principal.

Where the principal gives special pricing instruction, the commission agent may not make any sale or purchase in contravention thereof.

§ 955 Wenn der Kommissionär zu einem niedrigeren als dem vom Kommittenten bestimmten Preis verkauft oder zu einem höheren als vom Kommittenten bestimmten Preis kauft, muss er dazu das Einverständnis des Kimmittenten einholen; handelt der Kommissionär ohne Einverständnis des Kommittenten und die Preisdifferenz ausgleicht, entfaltet das Kommissionsgeschäft gegenüber dem Auftraggeber Wirkung.

Wenn der Kommissionär zu einem höheren als dem vom Kommittenten bestimmten Preis verkauft oder zu einem niedrigeren als dem vom Kommittenten bestimmten Preis kauft, kann das Entgelt nach der Vereinbarung erhöht werden; ist keine oder keine klare Vereinbarung getroffen worden und kann das Entgeld auch nicht gemäß § 510 dieses Gesetzes bestimmt werden, steht dieser Gewinn dem Kommittenten zu.

Hat der Kommittent besondere Anweisungen zu den Preisen gegeben, darf der Kommissionär nicht entgegen diesen Anweisungen verkaufen oder kaufen.

第九百五十六条 行纪人卖出或者买入具有市场定价的商品,除委托人有相反的意思表示外,行纪人自己可以作为买受人或者出卖人。

行纪人有前款规定情形的,仍然可以请求委托人支付报酬。

Article 956 A commission agent who is to sell or purchase a commodity the price of which is fixed by the market may act as the purchaser or seller itself, unless the principal expresses a contrary intention.

A commission agent who falls under the circumstances prescribed in the preceding paragraph may still request payment of remuneration from the principal.

§ 956 Verauft oder kauft der Kommissionär Waren, die einen festen Marktpreis haben, kann er selbst als Käufer oder Verkäufer handeln, es sei denn, dass der Kommittent eine entgegenstehende Willenerklärung abgegeben hat.

Liegen die im vorigen Absatz bestimmten Umstände vor, kann der Kommissionär weiterhin vom Kommittenten ein Entgelt verlangen.

第九百五十七条 行纪人按照约定买入委托物,委托人应当及时受领。经行纪人催告,委托人无正当理由拒绝受领的,行纪人依法可以提存委托物。

委托物不能卖出或者委托人撤回出卖,经行纪人催告,委托人不取回或者不处分该物的,行纪人依法可以提存委托物。

Article 957 Once the commission agent purchases the entrusted item pursuant to the contract, the principal shall promptly take delivery thereof. Where, upon request by the commission agent, the principal refuses to take delivery without justification, the commission agent may tender and deposit the entrusted item pursuant to the law.

Where the entrusted item fails to be sold or the principal withdraws it from sale, the commission agent may tender and deposit the entrusted item pursuant to the law if the principal fails to claim or dispose of it upon request by the commission agent.

§ 957 Kauft der Kommissionär nach der Vereinbarung das Kommissionsgut, muss der Kommittent es rechtzeitig annehmen. Lehnt der Kommittent nach Mahnung durch den Kommissionär die Annahme ohne rechtfertigenden Grund ab, kann der Kommissionär das Kommissionsgut nach dem Recht hinterlegen.

Wenn das Kommissionsgut nicht verkauft werden kann oder der Kommittent den Verkauf zurücknimmt und nach Mahnung durch den Kommissionär das Kommissionsgut weder zurücknimmt noch darüber verfügt, kann der Kommissionär es nach dem Recht hinterlegen.

第九百五十八条 行纪人与第三人订立合同的,行纪人对该合同直接享有权利、承担义务。

第三人不履行义务致使委托人受到损害的,行纪人应当承担赔偿责任,但是行纪人与委托人另有约定的除外。

Article 958 A commission agent who enters into a contract with a third party directly enjoys the rights and assumes the obligations thereunder.

Where the third party fails to perform its obligations, thereby causing damage to the principal, the commission agent shall be liable for compensation, except as otherwise agreed by the commission agent and the principal.

§ 958 Schließt der Kommissionär einen Vertrag mit einem Dritten ab, hat der Kommissionär die Rechte und Pflichten unmittelbar aus diesem Vertrag.

Erfüllt der Dritte seine Pflichten nicht, sodass der Kommittent geschädigt wird, haftet der Kommissionär auf Schadensersatz, es sei denn, dass der Kommissionär und der Kommittent etwas anderes vereinbart haben.

第九百五十九条 行纪人完成或者部分完成委托事务的,委托人应当向其支付相应的报酬。委托人逾期不支付报酬的,行纪人对委托物享有留置权,但是当事人另有约定的除外。

Article 959 Where the commission agent has completed the entrusted matter or has partially completed the entrusted matter, the principal shall pay the appropriate remuneration thereto. Where the principal fails to pay the remuneration within the prescribed time limit, the commission agent is entitled to lien on the entrusted item, except as otherwise agreed by the parties.

§ 959 Hat der Kommissionär den Kommissionsauftrag ganz oder teilweise ausgeführt, muss der Kommittent ihm ein entsprechendes Entgelt zahlen. Zahlt der Kommittent das Entgelt nach Fristablauf nicht, hat der Kommissionär am Kommissionsgut ein Zurückbehaltungsrecht, es sei denn, dass die Parteien etwas anderes vereinbart haben.

第九百六十条 本章没有规定的,参照适用委托合同的有关规定。

Article 960 In case of any matter not covered in this Chapter, the provisions on contracts of mandate apply *mutatis mutandis*.

§ 960 Soweit dieses Kapitel keine Bestimmungen enthält, werden die einschlägigen Bestimmungen für den Geschäftsbesorgungsvertrag entsprechend angewandt.

第二十六章 中介合同
Chapter XXVI Intermediary Contracts
26. Kapitel: Vermittlungsvertrag

第九百六十一条 中介合同是中介人向委托人报告订立合同的机会或者提供订立合同的媒介服务,委托人支付报酬的合同。

Article 961 An intermediary contract is a contract whereby the intermediary presents to the client an opportunity for entering into a contract or provides the client with intermediary services in connection with the conclusion thereof, and the client pays the re-

muneration.

§ 961　Der Vermittlungsvertrag ist ein Vertrag, bei dem der Vermittler dem Auftraggeber die Gelegenheiten zum Abschluss eines Vertrages meldet oder Vermittlungsdienste zum Vertragsschluss eines Vertrags leistet und der Auftraggeber dafür ein Entgelt zahlt.

第九百六十二条　中介人应当就有关订立合同的事项向委托人如实报告。

中介人故意隐瞒与订立合同有关的重要事实或者提供虚假情况，损害委托人利益的，不得请求支付报酬并应当承担赔偿责任。

Article 962　The intermediary shall faithfully report to the client on matters concerning contracting.

An intermediary who intentionally conceals any material fact or provided false information on contracting, thereby harming the client's interests, may not request payment of any remuneration and shall be liable for compensation.

§ 962　Der Vermittler muss dem Auftraggeber über die den Vertragsschluss betreffenden Angelegenheiten wahrheitsgemäß Bericht erstatten.

Wenn der Vermittler vorsätzlich den Vertragsschluss betreffende wichtige Tatsachen verheimlicht oder zu Umständen falsche Angaben macht und damit die Interessen des Auftraggebers schädigt, darf er kein Entgelt verlangen und haftet auf Schadensersatz.

第九百六十三条 中介人促成合同成立的,委托人应当按照约定支付报酬。对中介人的报酬没有约定或者约定不明确,依据本法第五百一十条的规定仍不能确定的,根据中介人的劳务合理确定。因中介人提供订立合同的媒介服务而促成合同成立的,由该合同的当事人平均负担中介人的报酬。

中介人促成合同成立的,中介活动的费用,由中介人负担。

Article 963 Once the intermediary facilitates the formation of the proposed contract, the client shall pay the remuneration pursuant to the intermediary contract. Where remuneration to the intermediary is not agreed or the agreement is not clear, nor can it be determined pursuant to Article 510 of this Code, it shall be reasonably fixed in light of the amount of labor expended by the intermediary. Where the intermediary facilitates the formation of a contract by providing intermediary services in connection with contracting, the remuneration paid to the intermediary should be equally borne by parties thereto.

Where the intermediary facilitates the formation of the proposed contract, the intermediary expenses should be borne by the intermediary itself.

§ 963 Führt der Vermittler das Zustandekommen eines Vertrags herbei, muss der Auftraggeber nach der Vereinbarung das Entgelt zahlen. Ist über das Entgelt des Vermittlers keine oder keine klare Vereinbarung getroffen worden und kann das Entgeld auch nicht gemäß § 510 dieses Gesetzes bestimmt werden, wird es entsprechend der Dienstleistung des Vermittlers angemessen festgesetzt. Wird das Zustandekommen eines Vertrags dadurch

herbeigeführt, dass der Vermittler Vermittlungsdienste zum Vertragsabschluss leistet hat, tragen die Parteien dieses Vertrages das Entgelt des Vermittlers gleichmäßig.

Führt der Vermittler das Zustandekommen eines Vertrages herbei, trägt er die Aufwendungen seiner Vermittlungstätigkeit.

第九百六十四条 中介人未促成合同成立的,不得请求支付报酬;但是,可以按照约定请求委托人支付从事中介活动支出的必要费用。

Article 964 An intermediary who fails to facilitate the formation of the proposed contract may not request payment of remuneration, provided that it may request the client to reimburse the necessary expenses incurred as agreed.

§ 964 Führt der Vermittler das Zustandekommen eines Vertrages nicht herbei, darf er kein Entgelt verlangen; er kann aber nach der Vereinbarung vom Auftraggeber die Zahlung der notwendigen Aufwendungen verlangen, die der Vermittler für seine Vermittlungstätigkeit geleistet hat.

第九百六十五条 委托人在接受中介人的服务后,利用中介人提供的交易机会或者媒介服务,绕开中介人直接订立合同的,应当向中介人支付报酬。

Article 965 A client who, after accepting the services from the intermediary, uses the trading opportunity or intermediary services provided by the intermediary to bypass the intermediary and directly enter into a contract shall pay remuneration to the interme-

diary.

§ 965 Wenn der Auftraggeber nach der Annahme der Dienste des Vermittlers die vom Vermittler zur Verfügung gestellten Geschäftsgelegenheiten oder Vermittlungsdienste ausgenutzt hat und unter Umgehung des Vermittlers direkt einen Vertrag abschließt, muss er dem Vermittler ein Entgeld zahlen.

第九百六十六条 本章没有规定的,参照适用委托合同的有关规定。

Article 966 In case of any matter not covered in this Chapter, the provisions on contracts of mandate apply *mutatis mutandis*.

§ 966 Soweit dieses Kapitel keine Bestimmungen enthält, werden die einschlägigen Bestimmungen für den Geschäftsbesorgungsvertrag entsprechend angewandt.

第二十七章 合伙合同
Chapter XXVII Contracts of Partnership
27. Kapitel: Partnerschaftsvertrag

第九百六十七条 合伙合同是两个以上合伙人为了共同的事业目的,订立的共享利益、共担风险的协议。

Article 967 A contract of partnership is an agreement between not less than two partners to share benefits and risks for a joint enterprise.

§ 967 Ein Partnerschaftsvertrag ist eine Vereinbarung, die von zwei oder mehr Partner zum Zweck einer gemeinsamen Unternehmung geschlossen wird und nach der Interessen gemeinsam genossen und Risiken gemeinsam getragen werden.

第九百六十八条 合伙人应当按照约定的出资方式、数额和缴付期限,履行出资义务。

Article 968 A partner shall perform its obligation to contribute capital pursuant to the agreed method, amount, and time limit for payment.

§ 968 Partner müssen die Einlagepflicht nach der vereinbarten Art, Höhe und Einzahlungsfrist erfüllen.

第九百六十九条 合伙人的出资、因合伙事务依法取得的收益和其他财产,属于合伙财产。

合伙合同终止前,合伙人不得请求分割合伙财产。

Article 969 The capital contributions made by partners and the proceeds and other property lawfully acquired because of partnership business are partnership property.

A partner may not request the division of partnership property before the termination of the contract of partnership.

§ 969 Die Einlagen der Partner, die nach dem Recht aus Geschäften der Partnerschaft erhaltenen Erträge und anderen Vermögen gehören zu den Partnerschaftsvermögen.

Vor Beendigung des Partnerschaftsvertrags dürfen die Partner die Aufteilung des Partnerschaftsvermögens nicht fordern.

第九百七十条 合伙人就合伙事务作出决定的,除合伙合同另有约定外,应当经全体合伙人一致同意。

合伙事务由全体合伙人共同执行。按照合伙合同的约定或者全体合伙人的决定,可以委托一个或者数个合伙人执行合伙事务;其他合伙人不再执行合伙事务,但是有权监督执行情况。

合伙人分别执行合伙事务的,执行事务合伙人可以对其他合伙人执行的事务提出异议;提出异议后,其他合伙人应当暂停该项事务的执行。

Article 970 Partners shall make a decision on partnership business with the unanimous consent of all the partners, unless otherwise agreed in the contract of partnership.

Partnership business shall be jointly managed by all partners. As agreed in the contract of partnership or decided by all partners, one or more partners may be mandated to manage partnership business; and the other partners shall cease to manage partnership business, but have the right to supervise the management.

If partners manage partnership business separately, the managing partner may raise objections to the business managed by other partners, in which case the other partners shall suspend the management of the business.

§ 970 Sofern Partner in Bezug auf die Partnerschaftsangelegenheiten Beschlüsse fassen, muss die einstimmige Zustimmung aller Partner eingebolt werden, es sei denn, dass im Partnerschaftsvertrag etwas anderes vereinbart worden ist.

Die Partnerschaftsangelegenheiten werden von allen Partnern gemeinsam ausgeführt. Nach der Vereinbarung des Partnerschaftsvertrags oder einem Beschluss aller Partner können ein oder mehrere Partner mit der Ausführung der Partnerschaftsangelegenheiten beauftragt werden; andere Partner führen die Partnerschaftsangelegenheiten nicht mehr aus, haben jedoch das Recht, die Umstände der Ausführung zu überwachen.

Führen Partner die Partnerschaftsangelegenheiten getrennt aus, können die Ausführungspartner Einwände gegen die von anderen Partnern ausgeführten Angelegenheiten erheben; nachdem ein Einwand erhoben worden ist, müssen die anderen Partner die Ausführung dieser Angelegenheiten vorläufig einstellen.

第九百七十一条 合伙人不得因执行合伙事务而请求支付报酬,但是合伙合同另有约定的除外。

Article 971 A partner may not request remuneration for management of partnership business, except as otherwise agreed in the contract of partnership.

§ 971 Partner dürfen keine Vergütung für die Ausführung von Partnerschaftsangelegenheiten verlangen, es sei denn, dass im Partnerschaftsvertrag etwas anderes vereinbart worden ist.

第九百七十二条 合伙的利润分配和亏损分担,按照合伙合同的约定办理;合伙合同没有约定或者约定不明确的,由合伙人协商决定;协商不成的,由合伙人按照实缴出资比例分配、分担;无法确定出资比例的,由合伙人平均分配、分担。

Article 972 The allocation of the profits and sharing of losses of a partnership are governed by the contract of partnership; if there is no agreement in the contract of partnership or the agreement is not clear, the partners shall make a decision upon negotiation; if the negotiation fails, the partners shall receive allocations and shares in proportion to the paid-in capital; and if the proportions of paid-in capital cannot be determined, the partners shall receive allocations and shares equally.

§ 972 Die Gewinnverteilung bzw. Verlustteilung der Partnerschaft wird nach den Vereinbarungen des Partnerschaftsvertrags vorgenommen; ist im Partnerschaftsvertrag keine oder keine klare Vereinbarung getroffen worden, wird die Gewinnverteilung bzw. Verlustteilung von den Partnern ausgehandelt und beschlossen; gelingt das Aushandeln nicht, werden die Gewinne bzw. Verluste von den Partnern nach dem Verhältnis ihrer tatsächlichen eingezahlten Einlagen verteilt bzw. geteilt; kann das Verhältnis der Einlagen zueinander nicht bestimmt werden, werden die Gewinne bzw. Verluste von den Partnern gleichmäßig verteilt bzw. getelt.

第九百七十三条 合伙人对合伙债务承担连带责任。清偿合伙债务超过自己应当承担份额的合伙人,有权向其他合伙人追偿。

Article 973 Partners shall assume joint and several liability for partnership obligations. A partner who performs a partnership obligation in excess of its share is entitled to reimbursement from the other partners.

§ 973 Die Partner haften gesamtschuldnerisch für die Schulden der Partnerschaft. Ein Partner, der Schulden der Partnerschaft über den von ihm zu tragenden Anteil hinaus begleicht, ist berechtigt, die anderen Partner in Regress zu nehmen.

第九百七十四条 除合伙合同另有约定外,合伙人向合伙人以外的人转让其全部或者部分财产份额的,须经其他合伙人一致同意。

Article 974 Unless the contract of partnership provides otherwise, a partner shall transfer all or part of its share of property to a person other than a partner with the unanimous consent of the other partners.

§ 974 Überträgt ein Partner seinen Vermögensanteil ganz oder teilweise an eine andere Person als einen Partner, muss die einstimmige Zustimmung der anderen Partner eingeholt werden, es sei denn, dass im Partnerschaftsvertrag etwas anderes vereinbart worden ist.

第九百七十五条 合伙人的债权人不得代位行使合伙人依照本章规定和合伙合同享有的权利,但是合伙人享有的利益分配请求权除外。

Article 975 An obligee of a partner shall not, by subrogation, exercise any right of the partner under this Chapter and the contract of partnership, unless the partner has a claim for allocation of benefits.

§ 975 Der Gläubiger eines Partners darf nicht an dessen Stelle die Rechte ausüben, welche die Partner auf Grundlage der Bestimmungen dieses Kapitels und des Partnerschaftsvertrags genießen; dies gilt jedoch nicht für die Ansprüche, welche die Partner auf die Gewinnverteilung genießen.

第九百七十六条 合伙人对合伙期限没有约定或者约定不明确,依据本法第五百一十条的规定仍不能确定的,视为不定期合伙。

合伙期限届满,合伙人继续执行合伙事务,其他合伙人没有提出异议的,原合伙合同继续有效,但是合伙期限为不定期。

合伙人可以随时解除不定期合伙合同,但是应当在合理期限之前通知其他合伙人。

Article 976 If there is no agreement between the partners or the agreement is not clear regarding the term of partnership, nor can it be determined pursuant to Article 510 of this Code, the partnership is treated as partnership at will.

If a partner continues to manage partnership business at the expiration of the term of the partnership, and the other partners fail to raise any objection, the original contract of partnership remains in effect, but the partnership becomes partnership at will.

A partner may at any time rescind a contract of partnership at will, but shall give a reasonable notice to the other partners.

§ 976 Haben die Partner zur Frist der Partnerschaft keine

oder keine klare Vereinbarung getroffen und kann die Frist auch nicht gemäß § 510 bestimmt werden, gilt die Partnerschaft als unbefristet.

Setzen die Partner nach Ablauf der Partnerschaftsfrist die Ausführung der Partnerschaftsgeschäfte fort und erheben die anderen Partner keine Einwände, bleibt der ursprüngliche Partnerschaftsvertrag weiterhin wirksam, die Partnerschaftsfrist ist aber unbefristet.

Die Partner können den unbefristeten Partnerschaftsvertrag jederzeit auflösen, müssen dies aber den anderen Partnern im Voraus mit angemessener Frist mitteilen.

第九百七十七条 合伙人死亡、丧失民事行为能力或者终止的,合伙合同终止;但是,合伙合同另有约定或者根据合伙事务的性质不宜终止的除外。

Article 977 Where a partner is deceased, incapacitated, or terminated, the contract of partnership is terminated, unless the contract of partnership otherwise stipulates, or the termination is inappropriate in light of the nature of partnership business.

§ 977 Wenn ein Partner stirbt, seine zivilrechtliche Geschäftsfähigkeit verliert oder [als juristische Person] beendet wird, endet der Partnerschaftsvertrag, es sei denn, dass im Partnerschaftsvertrag etwas anderes bestimmt oder die Beendigung aufgrund der Naturt der Partnerschaftsangelegenheiten ungeeignet ist.

第九百七十八条 合伙合同终止后,合伙财产在支付因终止而产生的费用以及清偿合伙债务后有剩余的,依据本法第九百七十二条的规定进行分配。

Article 978 After a contract of partnership terminates, the remainder of partnership property, if any, after the payment of the expenses incurred as a result of the termination and the performance of partnership obligations should be allocated pursuant to Article 972 of this Code.

§ 978 Verbleibt vom Partnerschaftsvermögen nach Beendigung des Partnerschaftsvertrags ein Rest, nachdem die durch die Beendigung entstandenen Kosten bezahlt und die Verbindlichkeiten der Partnerschaft beglichen worden sind, wird die Verteilung gemäß § 972 dieses Gesetzes durchgeführt.

第三分编　准合同
Part Three Quasi-contracts
3. Abschnitt: Quasivertrag

第二十八章　无因管理
Chapter XXVIII　Management of Affairs (*negotiorum gestio*)
28. Kapitel: Geschäftsführung ohne Auftrag

第九百七十九条　管理人没有法定的或者约定的义务,为避免他人利益受损失而管理他人事务的,可以请求受益人偿还因管理事务而支出的必要费用;管理人因管理事务受到损失的,可以请求受益人给予适当补偿。

管理事务不符合受益人真实意思的,管理人不享有前款规定的权利;但是,受益人的真实意思违反法律或者违背公序良俗的除外。

Article 979　A manager who, under no statutory or agreed obligation, manages the affairs of another in order to avoid the damage to the interests of another may request the beneficiary to make reimbursement for the necessary expenses of the management of the affairs; and if the manager sustains losses because of the management of the affairs, the manager may request the benefici-ary to make appropriate compensation.

If the management of the affairs is contrary to the true intention of the beneficiary, the manager enjoys no rights under the preceding paragraph, unless the true intention of the beneficiary violates the law or is contrary to public order and good morals.

§ 979 Führt ein Geschäftsführer ohne gesetzliche oder vertraglich vereinbarte Verpflichtung die Geschäfte einer anderen Person, um zu vermeiden, dass deren Interessen einen Schaden erleiden, kann er vom Begünstigten verlangen, die für die Geschäftsführung gezahlten notwendigen Aufwendungen zu erstatten; erleidet der Geschäftsführer durch die Geschäftsführung einen Schaden, kann er vom Begünstigte verlangen, eine angemessene Entschädigung zu gewähren.

Entspricht die Geschäftsführung dem wahren Willen des Begünstigten nicht, genießt der Geschäftsführer die im vorigen Absatz bestimmten Rechte nicht, es sei denn, dass der wahre Wille des Begünstigten gegen das Gesetz verstößt oder der öffentlichen Ordnung und den guten Sitten zuwiderläuft.

第九百八十条 管理人管理事务不属于前条规定的情形,但是受益人享有管理利益的,受益人应当在其获得的利益范围内向管理人承担前条第一款规定的义务。

Article 980 Where the management of affairs by the manager falls not under the circumstances listed in the preceding Article, but the beneficiary has the benefit of the management, the beneficiary shall assume the obligation under paragraph 1 of the preceding Article towards the manager to the extent of the benefit it obtained.

§ 980　　Gehört die Geschäftsführung durch den Geschäftsführer nicht zu den im vorigen Paragraphen bestimmten Umständen, genießt der Begünstigte jedoch Vorteile aus der Geschäftsführung, muss der Begünstigte im Rahmen seiner erlangten Vorteile gegenüber dem Geschäftsführer die im Absatz 1 des vorigen Paragraphen bestimmten Pflichten tragen.

第九百八十一条　管理人管理他人事务,应当采取有利于受益人的方法。中断管理对受益人不利的,无正当理由不得中断。

Article 981　A manager shall manage another's affairs in a manner favorable to the beneficiary. If the interruption of management is to put the beneficiary at a disadvantage, the management may not be interrupted without justification.

§ 981　Bei der Führung der Geschäfte einer anderen Person muss der Geschäftsführer eine Methode ergreifen, die für den Begünstigten von Nutzen ist. Ist eine Unterbrechung der Geschäftsführung für die Begünstigten nachteilig, darf sie ohne rechtfertigenden Grund nicht unterbrochen werden.

第九百八十二条　管理人管理他人事务,能够通知受益人的,应当及时通知受益人。管理的事务不需要紧急处理的,应当等待受益人的指示。

Article 982　When managing another's affairs, the manager shall promptly notify the beneficiary if he is able to do so. If the affairs under management need not be handled urgently, the instructions of the beneficiary should be awaited.

§ 982　Bei der Führung der Geschäfte muss der Geschäftsführer, wenn er den Begünstigten benachrichtigen kann, ihn rechtzeitig benachrichtigen. Ist eine dringende Besorgung der geführten Geschäfte nicht erforderlich, muss er auf die Anweisungen der Begünstigten warten.

第九百八十三条　管理结束后,管理人应当向受益人报告管理事务的情况。管理人管理事务取得的财产,应当及时转交给受益人。

Article 983　After management, a manager shall report the management of affairs to the beneficiary. The property acquired by the manager in the management of affairs should be surrendered promptly to the beneficiary.

§ 983　Nach dem Ende der Geschäftsführung muss der Geschäftsführer dem Begünstigten über die Umstände der Geschäftsführung Bericht erstatten. Der Geschäftsführer muss das bei der Geschäftsführung erlangte Vermögen dem Begünstigten rechtzeitig weitergeben.

第九百八十四条　管理人管理事务经受益人事后追认的,从管理事务开始时起,适用委托合同的有关规定,但是管理人另有意思表示的除外。

Article 984 Where the management of affairs by a manager is subsequently ratified by the beneficiary, the provisions on contracts of mandate apply from the commencement of the management of affairs, unless a special intention is expressed by the manager.

§ 984 Auf die Geschäftsführung, die vom Begünstigten nachträglich genehmigt wird, werden vom Beginn der Geschäftsführung an die einschlägigen Bestimmungen für den Geschäftsbesorgungsvertrag angewandt, es sei denn, dass der Geschäftsführer eine anderweitige Willenerklärung abgegeben hat.

第二十九章 不当得利
Chapter XXIX Unjust Enrichment
29. Kapitel: Ungerechtfertigte Bereicherung

第九百八十五条 得利人没有法律根据取得不当利益的,受损失的人可以请求得利人返还取得的利益,但是有下列情形之一的除外:
(一)为履行道德义务进行的给付;
(二)债务到期之前的清偿;
(三)明知无给付义务而进行的债务清偿。

Article 985 Where a person is enriched without a legal basis, the person impoverished may request the person enriched to make restitution of the enrichment, unless:
(1) payment is made for the performance of a moral obligation;

(2) payment is made for an obligation not due; or

(3) payment is made for an obligation with knowledge that there is no obligation to pay.

§ 985 Erlangt ein Bereicherter ohne rechtlichen Grund unangemessene Vorteile, kann der Geschädigte vom Bereicherten verlangen, die erlangten Vorteile herauszugeben, es sei denn, dass einer der folgenden Umstände vorliegt:

1. Leistung zur Erfüllung einer moralischen Verpflichtung;

2. Erfüllung einer Verbindlichkeit vor Fälligkeit;

3. Erfüllung einer Verbindlichkeit in Kenntnis des Nichtbestehens einer Leistungspflicht.

第九百八十六条 得利人不知道且不应当知道取得的利益没有法律根据,取得的利益已经不存在的,不承担返还该利益的义务。

Article 986 Unless a person enriched knows or should have known that the enrichment is without a legal basis, and the enrichment exists, the person assumes no obligation to make restitution of the enrichment.

§ 986 Ein Bereicherter, der nicht weiß oder nicht wissen muss, dass die erlangten Vorteile keine rechtliche Grundlage haben, ist nicht verpflichtet, diese Vorteile herauszugeben, wenn die erlangten Vorteile bereits nicht mehr bestehen.

第九百八十七条　得利人知道或者应当知道取得的利益没有法律根据的，受损失的人可以请求得利人返还其取得的利益并依法赔偿损失。

Article 987　Where a person enriched knows or should have known that the enrichment is without a legal basis, the person impoverished may request the person enriched to make restitution of the enrichment and make compensation for the losses pursuant to the law.

§ 987　Wenn ein Bereicherter weiß oder wissen muss, dass die erlangten Vorteile keine rechtliche Grundlage haben, kann die Geschädigte vom Bereicherten verlangen, die erlangten Vorteile herauszugeben und nach dem Recht den Schaden zu ersetzen.

第九百八十八条　得利人已经将取得的利益无偿转让给第三人的，受损失的人可以请求第三人在相应范围内承担返还义务。

Article 988　Where a person enriched has transferred the enrichment to a third party gratuitously, the person impoverished may request the third party to assume the obligation to make restitution to the corresponding extent.

§ 988　Hat ein Bereicherter die erlangten Vorteile bereits unentgeltlich einem Dritten übertragen, kann der Geschädigte verlangen, dass der Dritte im entsprechenden Umfang die Herausgabepflicht trägt.

第四编 人格权

Book Four Personality Rights

Viertes Buch: Persönlichkeitsrechte

第一章 一般规定
Chapter Ⅰ General Rules
1. Kapitel: Allgemeine Bestimmungen

第九百八十九条 本编调整因人格权的享有和保护产生的民事关系。

Article 989 this Book governs the civil relations arising from the enjoyment and protection of personality rights.

§ 989 Dieses Buch regelt die durch den Genuss und den Schutz von Persönlichkeitsrechten entstandenen zivilen Beziehungen.

第九百九十条 人格权是民事主体享有的生命权、身体权、健康权、姓名权、名称权、肖像权、名誉权、荣誉权、隐私权等权利。

除前款规定的人格权外,自然人享有基于人身自由、人格尊严产生的其他人格权益。

Article 990 Personality rights are the rights to life, body, health, name, likeness, reputation, honor, and privacy, among others, enjoyed by parties to civil affairs.

Besides the personality rights prescribed in the preceding paragraph, a natural person enjoys other personality rights arised on the basis of personal freedom and personal dignity.

§ 990 Persönlichkeitsrechte sind Zivilsubjekten zustehende Rechte wie etwa das Recht auf Leben, das Recht am eigenen Körper, das Recht auf Gesundheit, das Recht am eigenen Namen, das Recht an der eigenen Bezeichnung, das Recht am eigenen Bildnis, das Recht auf Schutz des guten Rufes, das Recht auf Schutz der persönlichen Ehre und das Recht auf Schutz der Privatsphäre.

Über die im vorigen Absatz genannten Persönlichkeitsrechte hinaus genießen natürliche Personen weitere Persönlichkeitsrechte und -interessen, die auf der persönlichen Freiheit und der Würde der Persönlichkeit beruhen.

第九百九十一条 民事主体的人格权受法律保护，任何组织或者个人不得侵害。

Article 991 The personality rights of parties to civil affairs are protected by law and should not be infringed upon by any organiza-tion or individual.

§ 991 Persönlichkeitsrechte von Zivilsubjekten werden durch das Gesetz geschützt, keine Organisation und Einzelperson darf sie verletzen.

第九百九十二条 人格权不得放弃、转让或者继承。

Article 992 The personality rights should not be waived, transferred, or inherited.

§ 992 Persönlichkeitsrechte dürfen nicht aufgegeben, übertragen oder vererbt werden.

第九百九十三条 民事主体可以将自己的姓名、名称、肖像等许可他人使用,但是依照法律规定或者根据其性质不得许可的除外。

Article 993 A party to civil affairs may license another person to use his name and likeness, among others, except where such licensing is not permitted by law or by the nature of such name.

§ 993 Zivilsubjekte können anderen Personen die Nutzung von Persönlichkeitsrechten wie etwa ihres eigenen Namens, ihrer Bezeichnung und ihres Bildnisses gestatten, es sei denn, dass eine Gestattung gemäß den gesetzlichen Bestimmungen oder nach dem Wesen dieser Persönlichkeitsrechte nicht erlaubt ist.

第九百九十四条 死者的姓名、肖像、名誉、荣誉、隐私、遗体等受到侵害的,其配偶、子女、父母有权依法请求行为人承担民事责任;死者没有配偶、子女且父母已经死亡的,其他近亲属有权依法请求行为人承担民事责任。

Article 994 Where the name, likeness, reputation, honor, privacy, or remains of a deceased person is infringed upon, his spouse, children, and parents have the right to request the actor to bear civil liability pursuant to the law; and where the deceased has no spouse or children, and his parents are dead, other close relatives have the right to request the actor to bear civil liability pursu-

ant to the law.

§ 994 Werden etwa der Name, das Bildnis, der gute Ruf, die Ehre, die Privatsphäre und der Leichnam eines Verstorbenen verletzt, sind sein Ehegatte, seine Kinder und seine Eltern berechtigt, nach dem Recht zu verlangen, dass der Handelnde zivilrechtlich haftet; hat der Verstorbene keinen Ehegatten, keine Kinder, und seine Eltern bereits gestorben sind, so sind andere nahe Verwandte berechtigt, nach dem Recht zu verlangen, dass der Handelnde zivilrechtlich haftet.

第九百九十五条 人格权受到侵害的,受害人有权依照本法和其他法律的规定请求行为人承担民事责任。受害人的停止侵害、排除妨碍、消除危险、消除影响、恢复名誉、赔礼道歉请求权,不适用诉讼时效的规定。

Article 995 Where any of the personality rights of a person is infringed upon, the victim has the right to request the actor to bear civil liability pursuant to this Code and other laws. The provisions on limitation of action do not apply to the right of the victim to request for cessation of infringement, removal of obstruction, elimination of danger, elimination of adverse effects, rehabilitation of reputation, or extending a formal apology.

§ 995 Werden Persönlichkeitsrechte verletzt, ist der Geschädigte gemäß den Bestimmungen dieses Gesetzes und anderer Gesetze berechtigt, zu verlangen, dass der Handelnde zivilrechtlich haftet. Auf die Ansprüche des Geschädigten auf Einstellung der Verletzungen, Beseitigung von Behinderungen, Beseitigung von

Gefahren, Beseitigung von Auswirkungen, Wiederherstellung des guten Rufes sowie Entschuldigung werden die Bestimmungen zur Klageverjährung nicht angewandt.

第九百九十六条 因当事人一方的违约行为,损害对方人格权并造成严重精神损害,受损害方选择请求其承担违约责任的,不影响受损害方请求精神损害赔偿。

Article 996 Where a party breaches a contract, causing damage to the other party's personality rights and causing serious mental distress, the aggrieved party's choice to request the party to bear liability for breach of contract shall not affect the aggrieved party's request for compensation for mental distress.

§ 996 Wird durch eine vertragsverletzende Handlung einer Partei ein Persönlichkeitsrecht der anderen Partei geschädigt und ihr eine schwere psychische Schädigung zugefügt und wählt die Geschädigte zu verlangen, dass sie für die Vertragsverletzung haftet, beeinflusst dies nicht die Forderung des Geschädigten auf Ersatz für die psychische Schädigung.

第九百九十七条 民事主体有证据证明行为人正在实施或者即将实施侵害其人格权的违法行为,不及时制止将使其合法权益受到难以弥补的损害的,有权依法向人民法院申请采取责令行为人停止有关行为的措施。

Article 997 Where a party to civil affairs has evidence that an actor is committing or is about to commit any illegal conduct infringing upon his personality rights, and if such conduct is not

timely ceased, his lawful rights and interests will suffer irreparable damages, the party to civil affairs has the right to apply to the people's court pursuant to the law to adopt measures ordering the actor to cease the conduct.

§ 997 Hat ein Zivilsubjekt Beweise dafür, dass der Handelnde eine rechtswidrige Handlung, die seine Persönlichkeitsrechte verletzt, gegenwärtig vornimmt oder im Begriff ist, diese vorzunehmen, und dass bei nicht unverzüglicher Unterbindung der Vornahme seine legalen Rechte und Interessen irreparabel geschädigt würden, ist es berechtigt, nach dem Recht beim Volksgericht beantragen, durch Ergreifung von Maßnahmen die Einstellung der betreffenden Handlung des Handelnden anzuordnen.

第九百九十八条 认定行为人承担侵害除生命权、身体权和健康权外的人格权的民事责任,应当考虑行为人和受害人的职业、影响范围、过错程度,以及行为的目的、方式、后果等因素。

Article 998 In determining whether an actor shall bear civil liability for infringing upon any other personality right other than the rights to life, body and health of another person, consideration should be given to the occupation, scope of influence and degree of fault of the actor and victim, as well as the purpose, methods, and consequences of the conducts, among others.

§ 998 Bei der Feststellung der zivilrechtlichen Haftung des Handelnden für die Verletzung eines Persönlichkeitsrechts außer bei Verletzung des Rechts auf Leben, des Rechts am eigenen

Körper sowie des Rechts auf Gesundheit [des anderen], müssen Faktoren wie der Beruf des Handelnden und Geschädigten, der Umfang der Auswirkungen, der Grad des Verschuldens sowie Zweck, Art und Folgen der Handlung berücksichtigt werden.

第九百九十九条 为公共利益实施新闻报道、舆论监督等行为的,可以合理使用民事主体的姓名、名称、肖像、个人信息等;使用不合理侵害民事主体人格权的,应当依法承担民事责任。

Article 999 Whoever carries out such conducts as news reporting and supervision by public opinions, among others, for public interests, may use in an appropriate manner the name, likeness, and personal information, among others, of a party to civil affairs; and whoever uses the name, likeness, or personal information of a party to civil affairs and infringes upon the personality rights of the party to civil affairs shall bear civil liability pursuant to the law.

§ 999 Für Handlungen, die im öffentlichen Interesse ausgeführt werden, wie etwa die Berichterstattungen und die Überwachung durch die öffentliche Meinung, können etwa Namen, Bezeichnungen, Bildnisse und persönliche Informationen von Zivilsubjekten angemessen genutzt werden; wird durch unangemessene Nutzung das Persönlichkeitsrecht eines Zivilrechtssubjekts verletzt, wird nach dem Recht zivilrechtlich gehaftet.

第一千条　行为人因侵害人格权承担消除影响、恢复名誉、赔礼道歉等民事责任的,应当与行为的具体方式和造成的影响范围相当。

行为人拒不承担前款规定的民事责任的,人民法院可以采取在报刊、网络等媒体上发布公告或者公布生效裁判文书等方式执行,产生的费用由行为人负担。

Article 1000　Where an actor bears civil liabilities such as elimination of adverse effects, rehabilitation of reputation, extension of an apology, etc. due to infringement on personal rights, such liabilities should be appropriate for specific manner in which the infringement is carried out and the scope of effects caused thereby.

Where the actor refuses to bear the civil liabilities prescribed in the preceding paragraph, the people's court may enforce the judgment by such methods as issuing an announcement thereon on newspapers and periodicals or online or releasing effective judgment documents on the case to the public. The expenses so incurred should be borne by the actor.

§ 1000　Haftet ein Handelnder wegen Verletzung eines Persönlichkeitsrechts zivilrechtlich, wie etwa auf Beseitigung von Auswirkungen, Wiederherstellung des guten Rufs oder Entschuldigung, muss dies der konkreten Art der Handlung und dem Umfang der zugefügten Auswirkungen entsprechen.

Verweigert der Handelnde, gemäß der Bestimmung des vorigen Absatzes zivilrechtlich zu haften, kann das Volksgericht durch Bekanntmachung in Medien wie Zeitungen, Zeitschriften oder dem Internet, durch Veröffentlichung der rechtskräftigen Entscheidung

oder auf andere Weise vollstrecken; die anfallenden Kosten werden vom Handelnden getragen.

第一千零一条 对自然人因婚姻家庭关系等产生的身份权利的保护,适用本法第一编、第五编和其他法律的相关规定;没有规定的,可以根据其性质参照适用本编人格权保护的有关规定。

Article 1001 The protection of a natural person's right to identity arising from marital and family relations, among others, is governed by Book One and Book Five of this Code, as well as the relevant provisions of other laws; where there are no such provisions, the relevant provisions of this Book on the protection of personality rights apply on *mutatis mutandis* basis in light of the nature of such right to identity.

§ 1001 Zum Schutz von Statusrechten, die natürlichen Personen aus Verhältnissen wie etwa Ehe und Familie erwachsen, sind die Bestimmungen des ersten und fünften Buches dieses Gesetzes und einschlägige Bestimmungen anderer Gesetze anzuwenden; gibt es keine Bestimmungen, können aufgrund ihrer Natur die einschlägigen Bestimmungen zum Schutz von Persönlichkeitsrechten dieses Buches angewandt werden.

第二章　生命权、身体权和健康权
Chapter II　Rights to Life, Body and Health
2. Kapitel: Recht auf Leben, Recht am eigenen Körper und Recht auf Gesundheit

第一千零二条　自然人享有生命权。自然人的生命安全和生命尊严受法律保护。任何组织或者个人不得侵害他人的生命权。

Article 1002　A natural person enjoys the right to life. The safety and dignity of a natural person's life are protected by law. No organization or individual may infringe upon any other person's right to life.

§ 1002　Natürliche Personen genießen das Recht auf Leben. Die Sicherheit des Lebens und die Würde des Lebens natürlicher Personen werden durch das Gesetz geschützt. Keine Organisation oder Einzelperson darf das Recht auf Leben einer anderen Person verletzen.

第一千零三条　自然人享有身体权。自然人的身体完整和行动自由受法律保护。任何组织或者个人不得侵害他人的身体权。

Article 1003　A natural person enjoys the right to body. The bodily integrity and freedom of movement of a natural person are protected by law. No organization or individual may infringe upon any other person's bodily rights.

§ 1003 Natürliche Personen genießen das Recht am eigenen Körper. Die körperliche Integrität und die Handlungsfreiheit natürlicher Personen werden durch das Gesetz geschützt. Keine Organisation oder Einzelperson darf das Recht am eigenen Körper einer anderen Person verletzen.

第一千零四条 自然人享有健康权。自然人的身心健康受法律保护。任何组织或者个人不得侵害他人的健康权。

Article 1004 A natural person enjoys the right to health. The physical and mental health of a natural person are protected by law. No organization or individual may infringe upon any other person's right to health.

§ 1004 Natürliche Personen genießen das Recht auf Gesundheit. Die physische und psychische Gesundheit natürlicher Personen wird durch das Gesetz geschützt. Keine Organisation oder Einzelperson darf das Recht auf Gesundheit einer anderen Person verletzen.

第一千零五条 自然人的生命权、身体权、健康权受到侵害或者处于其他危难情形的,负有法定救助义务的组织或者个人应当及时施救。

Article 1005 Where a natural person's rights to life, body, or health is infringed upon or is subject to any other situation of danger, the organizations or individuals under the legal obligation to render assistance shall render assistance in a timely manner.

§ 1005 Wird das Recht auf Leben, das Recht am eigenen

Körper oder das Recht auf Gesundheit natürlicher Personen verletzt oder befindet es sich in einer anderen Gefahrensituation, müssen Organisationen oder Einzelpersonen mit gesetzlichen Hilfspflichten unverzüglich Hilfe leisten.

第一千零六条 完全民事行为能力人有权依法自主决定无偿捐献其人体细胞、人体组织、人体器官、遗体。任何组织或者个人不得强迫、欺骗、利诱其捐献。

完全民事行为能力人依据前款规定同意捐献的,应当采用书面形式,也可以订立遗嘱。

自然人生前未表示不同意捐献的,该自然人死亡后,其配偶、成年子女、父母可以共同决定捐献,决定捐献应当采用书面形式。

Article 1006 A person with full capacity for civil conduct has the autonomy to decide to donate his human cells, human tissues, human organs, and remains pursuant to the law. No organization or individual may force or induce any person to make any such donation or deceive any person into making such donation.

Where a person with full capacity for civil conduct agrees to make such donation pursuant to the provisions of the preceding paragraph, such person should agree in writing or make a will thereon.

Where a natural person does not express his disagreement to make such donation before his death, his spouse, adult children and parents may jointly decide to make such donation after the death of such natural person, and the decision to donate should be

in writing.

§ 1006　Voll Zivilgeschäftsfähige haben das Recht, nach dem Recht selbstständig zu entscheiden, ihre menschlichen Zellen, ihr menschliches Gewebe, ihre menschlichen Organe oder ihren Leichnam zu spenden. Keine Organisation oder Einzelperson darf sie zu dieser Spende zwingen, täuschen oder verlocken.

Stimmr ein voll Zivilgeschäftsfähiger gemäß dem vorigen Absatz einer Spende zu, muss Schriftform genutzt werden; es kann auch ein Testament errichtet werden.

Hat eine natürliche Person zu Lebzeiten nicht erklärt, mit einer Spende nicht einverstanden zu sein, können nach dem Tod dieser natürlichen Person deren Ehegatte, volljährige Kinder und Eltern gemeinsam über eine Spende entscheiden. Diese Entscheidung muss in Schriftform erfolgen.

第一千零七条　禁止以任何形式买卖人体细胞、人体组织、人体器官、遗体。

违反前款规定的买卖行为无效。

Article 1007　Trading in human cells, human tissues, human organs, and human remains in any form is prohibited.

Any sale or purchase in violation of the provisions of the preceding paragraph is invalid.

§ 1007　Der Kauf oder Verkauf von menschlichen Zellen, menschlichem Gewebe, menschlichen Organen oder eines Leichnams in jeglicher Form ist verboten.

Kauf- oder Verkaufshandlungen, die gegen den vorigen Ab-

satz verstoßen, sind unwirksam.

第一千零八条 为研制新药、医疗器械或者发展新的预防和治疗方法,需要进行临床试验的,应当依法经相关主管部门批准并经伦理委员会审查同意,向受试者或者受试者的监护人告知试验目的、用途和可能产生的风险等详细情况,并经其书面同意。

进行临床试验的,不得向受试者收取试验费用。

Article 1008 Where it is necessary to carry out any clinical experiment on any human subject for the development of new drugs and medical devices or the development of new prevention and treatment methods, such clinical experiment must be approved by the relevant competent departments pursuant to the law and subject to the examination and approval by the ethics committee, and the subject or the guardian thereof should be informed of the detailed information such as the purposes, use and possible risks of the experiment, and their written consent must be obtained.

No experiment fee should be charged on the subject for such clinical experiment.

§ 1008 Bedarf es zur Entwicklung neuer Medikamente oder medizinischer Geräte oder zur Entwicklung neuer Methoden der Prävention und Behandlung der Durchführung klinischer Experimente, müssen nach dem Recht die Genehmigungen der betreffenden zuständigen Behörde sowie nach Überprüfung das Einverständnis des Ethikrates eingeholt werden und gegenüber dem Teilnehmer der klinischen Experimente oder dem Vormund des

Teilnehmers die genauen Umstände wie etwa der Zweck der Experimente, der Verwendungszweck und die möglicherweise entstehenden Risiken zur Kenntnis gebracht sowie dessen schriftliches Einverständnis eingeholt werden.

Bei der Durchführung klinischer Experimente dürfen keine Kosten für die Experimente erhoben werden.

第一千零九条 从事与人体基因、人体胚胎等有关的医学和科研活动,应当遵守法律、行政法规和国家有关规定,不得危害人体健康,不得违背伦理道德,不得损害公共利益。

Article 1009 Medical and scientific research in relation to human genes and human embryos, among others, should be carried out pursuant to the laws and administrative regulations, as well as relevant provisions issued by the State, and must not endanger human health, violate moral principles, or damage public interests.

§ 1009 Bei der Vornahme medizinischer oder wissenschaftlicher Forschungsaktivitäten im Zusammenhang mit Genen oder Embryonen des menschlichen Körpers müssen die Gesetze, Verwaltungsrechtsnormen und einschlägige staatliche Bestimmungen eingehalten werden; es darf nicht die menschliche Gesundheit gefährdet, gegen Ethik and Moral verstoßen oder das öffentliche Interesse beeinträchtigt werden.

第一千零一十条 违背他人意愿,以言语、文字、图像、肢体行为等方式对他人实施性骚扰的,受害人有权依法请求行为人承担民事责任。

机关、企业、学校等单位应当采取合理的预防、受理投诉、调查处置等措施，防止和制止利用职权、从属关系等实施性骚扰。

Article 1010 Where sexual harassment is committed against the will of another person by means of verbal speech, text, image or physical conducts, the victim has the right to request the actor to bear civil liability pursuant to the law.

Institutions, enterprises, schools and other entities should adopt reasonable measures, such as prevention of sexual harassment, acceptance of complaints against sexual harassment, investigation and handling of harassment, so as to prevent and stop sexual harassment conducted by abusing power, subordination, etc.

§ 1010 Wird entgegen den Willen einer anderen Person eine sexuelle Belästigung etwa durch Worte, Texte, Bilder oder körperliche Handlungen begangen, ist der Geschädigte berechtigt, nach dem Recht zu verlangen, dass der Handelnde zivilrechtlich haftet.

Einheiten wie Behörden, Unternehmen und Schulen müssen angemessene Maßnahmen wie etwa der Prävention, der Annahme von Anzeigen oder der Ermittlung und Behandlungen ergreifen, um die Begehung sexueller Belästigung durch die Ausnutzung etwa von Amtsbefugnissen oder Zugehörigkeitsverhältnissen zu verhindern und zu unterbinden.

第一千零一十一条 以非法拘禁等方式剥夺、限制他人的行动自由，或者非法搜查他人身体的，受害人有权依法请求

行为人承担民事责任。

Article 1011 Where a person's freedom of movement is deprived or restricted by means of unlawful detention or other means, or a person's body is unlawfully searched, the victim has the right to request the actor to bear civil liability pursuant to the law.

§ 1011 Wird die Bewegungsfreiheit einer anderen Person etwa durch einen illegalen Arrest entzogen oder eingeschränkt oder wird die Körper einer anderen Person illegal durchsucht, ist der Geschädigte berechtigt, nach dem Recht zu verlangen, dass der Handelnde zivilrechtlich haftet.

第三章　姓名权和名称权
Chapter Ⅲ　Right to Name
3. Kapitel：Recht am eigenen Namen und Recht an der eigenen Bezeichnung

第一千零一十二条　自然人享有姓名权,有权依法决定、使用、变更或者许可他人使用自己的姓名,但是不得违背公序良俗。

Article 1012 A natural person has the right to name and has the right to determine, use, change or permit another person's use of his own name pursuant to the law, without being contrary to public order and good morals.

§ 1012 Natürliche Personen genießen das Recht am eigenen

Namen und sind berechtigt, nach dem Recht über den eigenen Namen zu entscheiden, ihn zu nutzen, zu ändern oder einer anderen Person die Nutzung zu gestatten, jedoch darf nicht der öffentlichen Ordnung und den guten Sitten zuwidergehandelt werden.

第一千零一十三条 法人、非法人组织享有名称权,有权依法决定、使用、变更、转让或者许可他人使用自己的名称。

Article 1013 Legal persons and unincorporated organizations have the right to name and the right to decide, use, change, transfer or license another person' use of their names pursuant to the law.

§ 1013 Juristische Personen und Organisationen ohne Rechtspersönlichkeit genießen das Recht an der eigenen Bezeichnung und sind berechtigt, nach dem Recht über die eigene Bezeichnung zu entscheiden, sie zu nutzen, zu ändern, zu übertragen oder einer anderen Person die Nutzung zu gestatten.

第一千零一十四条 任何组织或者个人不得以干涉、盗用、假冒等方式侵害他人的姓名权或者名称权。

Article 1014 No organization or individual may infringe upon any other person's right to name by interference, misappropriation, or counterfeiting.

§ 1014 Keine Organisation oder Einzelperson darf etwa durch Eingriff, Mißbrauch oder Anmaßung das Recht einer anderen Person am eigenen Namen oder an der eigenen Bezeichnung verletzen.

第一千零一十五条 自然人应当随父姓或者母姓,但是有下列情形之一的,可以在父姓和母姓之外选取姓氏:

(一)选取其他直系长辈血亲的姓氏;

(二)因由法定扶养人以外的人扶养而选取扶养人姓氏;

(三)有不违背公序良俗的其他正当理由。

少数民族自然人的姓氏可以遵从本民族的文化传统和风俗习惯。

Article 1015 A natural person should adopt the surname of either the father or mother thereof, provided, however, under one of the following circumstances, the natural person may adopt a surname other than that of the father or mother thereof:

(1) where the surname of a senior lineal relative by blood is adopted;

(2) where the natural person adopts the surname of the person who supports him/her and who is not a legal supporter; or

(3) any other justified reason that is not contrary to public order and good morals.

A natural person of a minority ethnic group may adopt his surname based on the cultural traditions and customs of such ethnic minority.

§ 1015 Eine natürliche Person muss den Nachnamen ihres Vaters oder ihrer Mutter annehmen, kann aber einen vom Nachnamen des Vaters oder der Mutter abweichenden Familiennamen wählen, wenn einer der folgenden Umstände vorliegt:

1. Wahl des Familiennamens eines anderen Blutsverwandten in gerader aufsteigender Linie;

2. Wahl des Familiennamens eines Unterhaltsleistenden, der nicht gesetzlich zum Unterhalt verpflichtet ist;

3. aus anderen rechtfertigenden Gründen, die der öffentlichen Ordnung und den guten Sitten nicht zuwiderlaufen.

Die Familiennamen natürlicher Personen von ethnischen Minderheiten können die kulturellen Traditionen und die Bräuche der jeweiligen Ethnie befolgen.

第一千零一十六条 自然人决定、变更姓名,或者法人、非法人组织决定、变更、转让名称的,应当依法向有关机关办理登记手续,但是法律另有规定的除外。

民事主体变更姓名、名称的,变更前实施的民事法律行为对其具有法律约束力。

Article 1016 Where a natural person decides or changes his name, or a legal person or an unincorporated organization decides, changes or transfers his name, they shall go through the registration formalities with the relevant authorities pursuant to the law, unless the law stipulates otherwise.

Where a party to civil affairs changes the party's name, the civil legal conduct conducted by such party prior to the change shall be legally binding upon such party.

§ 1016 Wenn natürliche Personen über ihre Namen entscheiden oder diese ändern oder wenn juristische Personen oder Organisationen ohne Rechtspersönlichkeit über ihre Bezeichnungen entscheiden, diese ändern oder übertragen, müssen sie nach dem Recht bei den zuständigen Behörden die Eintragungsformalitäten erledigen, es sei denn, dass gesetzlich etwas anderes bestimmt ist.

Ändern Zivilsubjekte ihren Namen bzw. ihre Bezeichnung, haben die vor der Änderung vorgenommenen zivilrechtlichen Rechtsgeschäfte ihnen gegenüber rechtliche Bindungswirkung.

第一千零一十七条 具有一定社会知名度,被他人使用足以造成公众混淆的笔名、艺名、网名、译名、字号、姓名和名称的简称等,参照适用姓名权和名称权保护的有关规定。

Article 1017 For pen names, stage names, net names, translated names, brand names, and abbreviations of names, among others, with certain social popularity, whose use by any person than owner thereof is sufficient to cause confusion among the public, relevant provisions on the protection of the right to name apply *mutatis mutandis*.

§ 1017 Auf etwa Pseudonyme, Künstlernamen, im Internet verwendete Namen, Namensübersetzungen, Firmennamen oder Abkürzungen von Namen und Bezeichnungen, die über eine gewisse gesellschaftliche Bekanntheit verfügen und deren Verwendung durch andere Personen in der Öffentlicheit Verwirrung stiften wird, werden die einschlägigen Bestimmungen zum Schutz des Rechts am eigenen und des Rechts an der eigenen Bezeichnung entsprechend angewandt.

第四章 肖像权
Chapter Ⅳ Right to Likeness
4. Kapitel: Recht am eigenen Bildnis

第一千零一十八条 自然人享有肖像权,有权依法制作、使用、公开或者许可他人使用自己的肖像。

肖像是通过影像、雕塑、绘画等方式在一定载体上所反映的特定自然人可以被识别的外部形象。

Article 1018 A natural person has the right to likeness and has the right to make, use, publish or permit another person's use of his own likeness pursuant to the law.

A likeness is an external image presented on a certain carrier by means of video, sculpture, and painting, among others, through which a specific natural person can be identified.

§ 1018 Natürliche Personen genießen das Recht am eigenen Bildnis und sind berechtigt, nach dem Recht ein eigenes Bildnis anzufertigen, zu nutzen, zu veröffentlichen oder einer anderen Person die Nutzung zu gestatten.

Das eigene Bildnis ist eine äußere Darstellung, die etwa durch Bildaufnahmen, Skulpturen oder Zeichnungen auf einem bestimmten Medium wiedergegeben wird und anhand derer eine bestimmte natürliche Person identifiziert werden kann.

第一千零一十九条　任何组织或者个人不得以丑化、污损,或者利用信息技术手段伪造等方式侵害他人的肖像权。未经肖像权人同意,不得制作、使用、公开肖像权人的肖像,但是法律另有规定的除外。

未经肖像权人同意,肖像作品权利人不得以发表、复制、发行、出租、展览等方式使用或者公开肖像权人的肖像。

Article 1019　No organization or individual may infringe upon any other person's right to likeness by defaming, defacing, or information-technology-enabled forgery, among others. Without cons-ent of the owner of the right to likeness, the likeness of such owner should not be made, used, or published, except as otherwise prescribed by law.

Without consent of the owner of the right to likeness, the owner of rights to a work of art containing such likeness may not use or publish such likeness by means of publication, reproduction, distribution, rental or exhibition.

§1019　Keine Organisation oder Einzelperson darf das Recht einer anderen Person am eigenen Bildnis etwa durch Verunstaltung, Beschmutzung oder Fälschung unter Nutzung von Mitteln der Informationstechnologie verletzen. Ohne die Zustimmung des Inhabers des Rechts am eigenen Bildnis darf das Bildnis des Inhabers des Rechts am eigenen Bildnis nicht angefertigt, genutzt oder veröffentlicht werden, es sei denn, dass gesetzlich etwas anderes bestimmt ist.

Ohne die Zustimmung des Inhabers des Rechts am eigenen Bildnis darf der Inhaber des Werkrechts an einem Bildnis dieses

Bildnis nicht etwa durch Publikation, Vielfältigung, Verbreitung, Verleih oder Ausstellung nutzen oder veröffentlichen.

第一千零二十条　合理实施下列行为的,可以不经肖像权人同意:

（一）为个人学习、艺术欣赏、课堂教学或者科学研究,在必要范围内使用肖像权人已经公开的肖像;

（二）为实施新闻报道,不可避免地制作、使用、公开肖像权人的肖像;

（三）为依法履行职责,国家机关在必要范围内制作、使用、公开肖像权人的肖像;

（四）为展示特定公共环境,不可避免地制作、使用、公开肖像权人的肖像;

（五）为维护公共利益或者肖像权人合法权益,制作、使用、公开肖像权人的肖像的其他行为。

Article 1020 The following conducts, if carried out properly, are not subject to the consent of the owner of the right to likeness:

(1) using a likeness of the owner that has been published, for personal study, art appreciation, classroom teaching or scientific research within a necessary scope;

(2) inevitably producing, using, or publishing a likeness of the owner of the right to likeness, for the purpose of news reporting;

(3) producing, using, or publishing a likeness of the owner of the right to the likeness within a necessary scope, for the purpose of fulfilling duties pursuant to the law;

(4) inevitably producing, using, or publishing a likeness of the owner of the right to likeness, for displaying a specific public environment; or

(5) other conducts of producing, using, or publishing a likeness of the owner of the right to likeness, for protecting the public interests or the lawful rights and interests of the owner of the right to likeness.

§ 1020 Wer die folgenden Handlungen angemessen vornimmt, kann dies ohne die Zustimmung des Inhabers des Rechts am eigenen Bildnis tun:

1. Nutzung eines bereits veröffentlichten Bildnisses eines Inhabers des Rechts am eigenen Bildnis im notwendigen Umfang zum Zweck des individuellen Lernens, der künstlerischen Würdigung, des Unterrichts im Klassenzimmer oder der wissenschaftlichen Forschung;

2. die nicht vermeidbare Anfertigung, Nutzung oder Veröffentlichung des Bildnisses eines Inhabers des Rechts am eigenen Bildnis für Presseberichterstattungen;

3. Anfertigung, Nutzung oder Veröffentlichung des Bildnisses eines Inhalbers des Rechts am eigenen Bildnis durch staatliche Behörden im notwendigen Umfang zur gesetzmäßigen Erfüllung von Amtsaufgaben;

4. die nicht vermeidbare Anfertigung, Nutzung oder Veröffentlichung des Bildisses eines Inhabers des Rechts am eigenen Bildnis zur Darstellung einer bestimmten öffentlichen Umgebung;

5. andere Handlungen der Anfertigung, Nutzung oder

Veröffentlichung des Bildnisses eines Inhabers des Rechts am eigenen Bildnis zur Wahrung öffentlicher Interessen oder der legalen Rechte und Interessen des Inhabers des Rechts am eigenen Bildnis.

第一千零二十一条　当事人对肖像许可使用合同中关于肖像使用条款的理解有争议的,应当作出有利于肖像权人的解释。

Article 1021　Where the parties have disputes over the understanding of the terms and conditions in the likeness licensing contract in connection with the use of the likeness, an interpretation in favor of the owner of the right to likeness should be made.

§ 1021　Bei Streitigkeiten der Parteien über das Verständnis von Klauseln eines Lizenzvertrags zur Nutzung eines Bildnisses müssen diese zugunsten des Inhabers des Rechts am eigenen Bildnis ausgelegt werden.

第一千零二十二条　当事人对肖像许可使用期限没有约定或者约定不明确的,任何一方当事人可以随时解除肖像许可使用合同,但是应当在合理期限之前通知对方。

当事人对肖像许可使用期限有明确约定,肖像权人有正当理由的,可以解除肖像许可使用合同,但是应当在合理期限之前通知对方。因解除合同造成对方损失的,除不可归责于肖像权人的事由外,应当赔偿损失。

Article 1022　Where there is no agreement by and between the parties over the term of use of the likeness, or the agreement is not clear, either party may rescind the likeness licensing contract, provided, that it shall notify the other party prior to a reasonable period of time.

Where there is an express agreement between the parties on the time limit for the licensed use of a likeness, the owner of the right to likeness may, with justified reasons, terminate the likeness, provided, licensing contract that if shall notify the other party prior to a reasonable period of time. The party shall indemnify the other party against any and all losses that the latter may sustain from the termination of the contract, unless such termination is not attributable to the owner of the right to likeness.

§ 1022 Haben die Parteien keine Frist für die lizenzierte Nutzung eines Bildnisses vereinbart oder ist die Vereinbarung unklar, kann jede Partei den Vertrag über die lizenzierte Nutzung eines Bildnisses jederzeit kündigen, aber sie muss dies der anderen Partei im Voraus mit einer angemessenen Frist mittteilen.

Haben die Parteien eine Frist für die lizenzierte Nutzung eines Bildnisses klar vereinbart, kann der Inhaber des Rechts am eigenen Bildnis den Vertrag über die lizenzierte Nutzung eines Bildnisses bei Vorliegen rechtfertigender Gründe kündigen, muss dies aber der anderen Partei im Voraus mit einer angemessenen Frist mitteilen. Wird der Gegenpartei infolge der Vertragskündigung ein Schaden zugefügt, muss der Inhaber des Rechts am eigenen Bildnis den Schaden ersetzen, es sei denn, dass er für die Kündigungsgründe nicht verantwortlich gemacht werden kann.

第一千零二十三条 对姓名等的许可使用,参照适用肖像许可使用的有关规定。

对自然人声音的保护,参照适用肖像权保护的有关规定。

Article 1023 For the licensed use of a name, etc., the relevant provisions on the licensed use of likeness, apply *mutatis mutandis*.

For the protection of a natural person's voice, the relevant provisions on the protection of the right to likeness of a natural person apply *mutatis mutandis*.

§ 1023 Bezüglich der Lizenzierung der Nutzung etwa des Namens werden die einschlägigen Bestimmungen über die Lizenzierung der Nutzung des Bildnisses entsprechend angewandt.

Bezüglich des Schutzes der Stimmen einer natürlichen Person werden die einschlägigen Bestimmungen zum Schutz des Rechtes am eigenen Bildnis entsprechend angewandt.

第五章 名誉权和荣誉权
Chapter V　Right to Reputation and Right to Honor
5. Kapitel: Recht auf Schutz des guten Rufs und Recht auf Schutz der Ehre

第一千零二十四条 民事主体享有名誉权。任何组织或者个人不得以侮辱、诽谤等方式侵害他人的名誉权。

名誉是对民事主体的品德、声望、才能、信用等的社会评价。

Article 1024　A party to civil affairs enjoys the right to reputation. No organization or individual may infringe upon any other person's right to reputation by insulting, defaming or any other means.

Reputation is the social evaluation of a party to civil affairs in terms of the moral character, prestige, talent, and credit, etc., thereof.

§ 1024　Zivilsubjekte genießen das Recht auf Schutz des guten Rufes. Keine Organisation oder Einzelperson darf das Recht auf Schutz des guten Rufes einer anderen Person etwas durch Beleidigung oder Verleumdung verletzen.

Der gute Ruf ist die gesellschaftliche Bewertung etwa der Moral, des Ansehens, der Kompetenz und der Bonität eines Zivilsubjekts.

第一千零二十五条　行为人为公共利益实施新闻报道、舆论监督等行为,影响他人名誉的,不承担民事责任,但是有下列情形之一的除外:

(一)捏造、歪曲事实;

(二)对他人提供的严重失实内容未尽到合理核实义务;

(三)使用侮辱性言辞等贬损他人名誉。

Article 1025　Where an actor carries out any conduct for the purpose of public interest, such as news reporting and supervision through public opinions, which affects the reputation of another person, such actor shall not bear civil liability, except for where the actor is under any of the following circumstances:

(1) fabricating and distorting facts;

(2) failing to fulfill the obligation of rational verification for any seriously inaccurate content provided by any other person; or

(3) degrading any other person's reputation with insulting words.

§ 1025 Der Handelnde haftet nicht zivilrechtlich für Handlungen wie etwa Presseberichte oder die Überwachung durch die öffentliche Meinung, die im öffentlichen Interesse ausgeführt werden und den guten Ruf einer anderen Person beeinflussen, es sei denn, dass einer der folgenden Umstände vorliegt:

1. Tatsachen werden erfunden oder entstellt;

2. bei einem erheblich unwahren Inhalt, der von anderen Personen zur Verfügung gestellt wird, wird der angemessenen Pflicht zur Verifizierung des Inhalts nicht nachgekommen;

3. Herabwürdigung des guten Rufes einer anderen Person durch Verwendung von ewas beleidigender Sprache.

第一千零二十六条 认定行为人是否尽到前条第二项规定的合理核实义务,应当考虑下列因素:

(一)内容来源的可信度;

(二)对明显可能引发争议的内容是否进行了必要的调查;

(三)内容的时限性;

(四)内容与公序良俗的关联性;

(五)受害人名誉受贬损的可能性;

(六)核实能力和核实成本。

Article 1026 The following factors should be taken into account in determining whether the actor has fulfilled his obligation of reasonable verification under Item (2) of the preceding Article:

(1) the credibility of the source of content;

(2) whether necessary investigations have been conducted into the content that obviously may give rise to any dispute;

(3) timeliness of the content;

(4) relevance between the content and the public order and good morals;

(5) the likelihood that the reputation of the victim will be degraded; and

(6) capability and cost of such verification.

§ 1026 Bei der Feststellung, ob der Handelnde der angemessenen Verifizierungspflicht aus Ziffer 2 des vorigen Paragrafen nachgekomme ist, müssen die folgenden Faktoren berücksichtigt werden:

1. Grad der Verlässlichkeit der inhaltlichen Quellen;

2. ob die notwendige Untersuchung der Inhalte durchgeführt wurden, die offensichtlich zu Streitigkeiten führen könnten;

3. die Aktualität der Inhalte;

4. die Relevanz der Inhalte für die öffentliche Ordnung und die guten Sitten;

5. die Wahrscheinlichkeit der Herabwürdigung des guten Rufes des Geschädigten;

6. Verifizierungsfähigkeit und -kosten.

第一千零二十七条　行为人发表的文学、艺术作品以真人真事或者特定人为描述对象,含有侮辱、诽谤内容,侵害他人名誉权的,受害人有权依法请求该行为人承担民事责任。

行为人发表的文学、艺术作品不以特定人为描述对象,仅其中的情节与该特定人的情况相似的,不承担民事责任。

Article 1027　Where any literary and artistic works that are published by an actor and which describe a real person, a real event or a specific person, contain insulting or defamatory content, and infringe upon the right to reputation of another person, the victim has the right to request the actor to bear the civil liability pursuant to the law.

Where the literary and artistic works published by an actor do not describe a specific person, and instead only involve a plot similar to the experiences of the specific person, the actor shall not bear any civil liability.

§ 1027　Veröffentlicht der Handelnde ein literarisches oder ein künstlerisches Werk, das auf einer realen Person und realen Begebenheiten oder einer bestimmten Person als Objekt der Beschreibung basiert, beleidigende oder verleumdende Inhalte enthält und den guten Ruf einer anderen Person verletzt, ist der Geschädigten berechtigt, nach dem Recht zu verlangen, dass der Handelnde zivilrechtlich haftet.

Basiert das vom Handelnden veröffentliche literarische oder künstlerische Werk nicht auf einer bestimmten Person als Objekt der Beschreibung, sondern sind nur die darin beschriebenen Umstände der Situation dieser bestimmten Person ähnlich, haftet er nicht zivilrechtlich.

第一千零二十八条 民事主体有证据证明报刊、网络等媒体报道的内容失实，侵害其名誉权的，有权请求该媒体及时采取更正或者删除等必要措施。

Article 1028 Where a party to civil affairs proves with evidence that any content in any report carried by any newspaper, periodical, or on the internet or any other media outlet is inaccurate and therefore infringes on the right to reputation of a party to civil affairs, the party to civil affairs has the right to request the media outlet to timely adopt necessary measures to correct or delete the content.

§ 1028 Hat ein Zivilsubjekt Beweise, die nachweisen, dass der von Medien wie Zeitungen, Zeitschriften oder Internet berichtete Inhalt unwahr ist und dessen guten Ruf verletzt, ist es berechtigt, von diesen Medien zu verlangen, die notwendigen Maßnahmen wie etwa eine unverzügliche Berichtigung oder Löschung zu ergreifen.

第一千零二十九条 民事主体可以依法查询自己的信用评价；发现信用评价不当的，有权提出异议并请求采取更正、删除等必要措施。信用评价人应当及时核查，经核查属实的，应当及时采取必要措施。

Article 1029 A party to civil affairs may check the party's own credit rating pursuant to the law; and upon discovery of any inappropriateness in such credit rating, such party has the right to raise an objection and to request that necessary measures, such as making corrections and deletion, should be adopted. The credit rater shall conduct inspection in a timely manner, and adopt necessary measures in a timely manner, where such inappropriateness is verified and confirmed.

§ 1029 Zivilsubjekte können nach dem Recht die Bewertung der eigenen Bonität einsehen; finden sie heraus, dass die Bonitätsbewertungen ungerechtfertigt sind, sind sie berechtigt, Einwände zu erheben und die notwendigen Maßnahmen wie Korrektur und Löschung zu verlangen. Die die Bonität bewertende Seite muss dies unverzüglich prüfen und nach positiver Prüfung unverzüglich die notwendigen Maßnahmen ergreifen.

第一千零三十条 民事主体与征信机构等信用信息处理者之间的关系,适用本编有关个人信息保护的规定和其他法律、行政法规的有关规定。

Article 1030 The relationship between the parties to civil affairs and credit information handlers such as credit rating agencies is governed by the provisions of this Book on the protection of personal information and other relevant laws and administrative regulations.

§ 1030 Auf das Verhältnis zwischen Zivilsubjekten und Bonitätsinformationsverarbeitern wie Auskunfteien werden die Bestimmungen dieses Buches zum Schutz personenbezogener Daten sowie die einschlägigen Bestimmungen anderer Gesetze oder Verwaltungsrechtsnormen angewandt.

第一千零三十一条 民事主体享有荣誉权。任何组织或者个人不得非法剥夺他人的荣誉称号,不得诋毁、贬损他人的荣誉。

获得的荣誉称号应当记载而没有记载的,民事主体可以请求记载;获得的荣誉称号记载错误的,民事主体可以请求更正。

Article 1031 A party to civil affairs enjoys the right to honor. No organization or individual may illegally deprive any other person of honorary titles, or denigrate or degrade any other person's honor.

Where an honorary title obtained by a party to civil affairs which should be recorded is not recorded, the party to civil affairs may request that it be recorded; and where an honorary title obtained by the party to civil affairs is incorrectly recorded, the party to civil affairs may request for correction.

§ 1031 Zivilsubjekte genießen das Recht auf Schutz der Ehre. Keine Organisation oder Einzelperson darf die Ehrentitel einer anderen Person illegal entziehen oder die Ehre einer anderen Person verunglimpfen oder herabwürdigen.

Bei erlangten Ehrentiteln, die aufgezeichnet werden müssen, aber nicht aufgezeichnet wurden, kann das Zivilsubjekt die Aufzeichnung verlangen; enthält die Aufzeichnung der erlangten Ehrentitel Fehler, kann das Zivilsubjekt eine Korrektur verlangen.

第六章 隐私权和个人信息保护
Chapter VI Right to Privacy and Right to Protection of Personal Information
6. Kapitel: Recht auf Privatsphäre und Schutz persönlicher Informationen

第一千零三十二条 自然人享有隐私权。任何组织或者个人不得以刺探、侵扰、泄露、公开等方式侵害他人的隐私权。

隐私是自然人的私人生活安宁和不愿为他人知晓的私密空间、私密活动、私密信息。

Article 1032 A natural person enjoys the right to priva-cy. No organization or individual may infringe upon any other person's right to privacy by way of prying, harassment, leaking, disclosure, etc.

Privacy refers to the peace of a natural person's private life, as well as the private space, private activities, and private information thereof that the natural person wishes to keep from being known by others.

§ 1032 Natürliche Personen genießen das Recht auf Privatsphäre. Keine Organisation oder Einzelperson darf das Recht auf Privatsphäre einer anderen Person etwa durch Ausspähen, Eindringen, Preisgabe oder Veröffentlichung verletzen.

Die Privatsphäre umfasst den Frieden des Privatlebens einer natürlichen Person und deren Privaträume, private Aktivitäten und private Informationen, von denen sie nicht möchte, dass andere davon erfahren.

第一千零三十三条 除法律另有规定或者权利人明确同意外,任何组织或者个人不得实施下列行为:
(一)以电话、短信、即时通讯工具、电子邮件、传单等方式侵扰他人的私人生活安宁;
(二)进入、拍摄、窥视他人的住宅、宾馆房间等私密空间;
(三)拍摄、窥视、窃听、公开他人的私密活动;
(四)拍摄、窥视他人身体的私密部位;
(五)处理他人的私密信息;
(六)以其他方式侵害他人的隐私权。

Article 1033 Except as otherwise prescribed by law or with the express consent of the right holder, no organization or individual may carry out any of the following conducts:
(1) disturbing the peace and tranquility of any other person's private life by means of telephone calls, text messages, instant messaging tools, E-mail, leaflets, etc.;
(2) entering, photographing, or peeping into any person's residence, hotel room, or any other private space;
(3) photographing, peeping at, eavesdropping on, or publishing the private activities of any other person;
(4) photographing or peeping at any private part of any other person's body;
(5) handling the private information of any other person; or
(6) infringing upon the right to privacy of any other person by any other means.

§ 1033 Keine Organisation oder Einzelperson darf die folgenden Handlungen vornehmen, außer wenn Gesetze etwas anderes bestimmen oder Berechtigte ausdrücklich damit einverstanden sind:

1. das Eindringen in den Frieden des Privatlebens anderer Personen etwa durch Anrufe, Kurznachriten, Instant-Messaging-Software, E-Mails oder Flugblätter;

2. das Betreten, Filmen oder Ausspähen der Privaträume einer anderen Person wie etwa Wohnung oder Hotelzimmer;

3. das Filmen, Ausspähen, Abhören oder Veröffentlichen privater Aktivitäten einer anderen Person;

4. das Filmen oder Ausspähen des Intimbereichs des Körpers einer anderen Person;

5. die Verarbeitung privater Informationen einer anderen Person;

6. die Verletzung des Rechts auf Privatsphäre einer anderen Person auf andere Art und Weise.

第一千零三十四条 自然人的个人信息受法律保护。

个人信息是以电子或者其他方式记录的能够单独或者与其他信息结合识别特定自然人的各种信息，包括自然人的姓名、出生日期、身份证件号码、生物识别信息、住址、电话号码、电子邮箱、健康信息、行踪信息等。

个人信息中的私密信息，适用有关隐私权的规定；没有规定的，适用有关个人信息保护的规定。

Article 1034 Personal information of natural persons should

be protected by law.

Personal information refers to all kinds of information recorded electronically or otherwise, which, either alone or in combination with any other information, can identify a specific natural person, including the name, date of birth, identity card number, biometric information, address, telephone number, email address, health information, whereabouts information, etc., of a natural person.

For private information in the personal information, the provisions on the right to privacy right apply; where there are no such provisions, the provisions on the protection of personal information apply.

§ 1034 Persönliche Informationen natürlicher Personen werden durch das Gesetz geschützt.

Persönliche Informationen sind Informationen aller Art, die elektronisch oder auf andere Weise aufgezeichnet werden und die entweder allein oder in Kombination mit anderen Informationen eine bestimmte natürliche Person identifizieren können, einschließlich etwa des Namens, des Geburtsdatums, der Personalausweisnummer, biometrischer Identifikationsinformationen, der Adresse, der Telefonnummer, der E-Mail-Adresse, der Gesundheitsinformationen oder der Angaben zum Aufenthaltsort der natürlichen Person.

Auf private Informationen innerhalb der persönlichen Informationen werden die betreffenden Bestimmungen zum Recht auf Privatsphäre angewandt; gibt es keine Bestimmungen, werden die einschlägigen Bestimmungen zum Schutz persönlicher Informationen angewandt.

第一千零三十五条 处理个人信息的,应当遵循合法、正当、必要原则,不得过度处理,并符合下列条件:

(一)征得该自然人或者其监护人同意,但是法律、行政法规另有规定的除外;

(二)公开处理信息的规则;

(三)明示处理信息的目的、方式和范围;

(四)不违反法律、行政法规的规定和双方的约定。

个人信息的处理包括个人信息的收集、存储、使用、加工、传输、提供、公开等。

Article 1035 The handling of personal information should follow the principles of legality, justification and necessity, may not be excessive and should meet the following conditions:

(1) the consent of the natural person or his guardian should be obtained, unless as otherwise prescribed by laws and administrative regulations;

(2) the rules for the handling information should be disclosed to the public;

(3) the purpose, method and scope of the information handling should be expressly indicated; and

(4) the provision of the laws and administrative regulations as well as the agreement between both parties should not be violated.

The handling of personal information includes the collection, storage, use, handling, transmission, provision, and disclosure, among others, of personal information.

§ 1035 Bei der Verarbeitung persönlicher Informationen

müssen die Prinzipien der Rechtmäßigkeit, Rechtfertigung und Notwendigkeit befolgt werden; es darf nicht in übermäßiger Weise verarbeitet werden und muss den folgenden Voraussetzungen entsprechen:

1. Das Verständnis dieser natürlichen Person oder von deren Vormundist eingeholt worden, es sei denn, dass Gesetze oder Verwaltungsrechtsnormen etwas anderes bestimmen;

2. die Regeln für die Verarbeitung von Informationen sind veröffentlicht werden;

3. Zweck, Art und Umfang der Verarbeitung der Informationen sind ausdrücklich benannt worden;

4. es wird nicht gegen Bestimmungen in Gesetzen oder Verwaltungsrechtsnormen und nicht gegen die Vereinbarungen zwischen beiden Parteien verstoßen.

Die Verarbeitung persönlicher Informationen umfasst etwa die Sammlung, Speicherung, Nutzung, Bearbeitung, Übermittlung, Zurverfüngsstellung oder Veröffentlichung dieser Informationen.

第一千零三十六条 处理个人信息,有下列情形之一的,行为人不承担民事责任:

(一)在该自然人或者其监护人同意的范围内合理实施的行为;

(二)合理处理该自然人自行公开的或者其他已经合法公开的信息,但是该自然人明确拒绝或者处理该信息侵害其重大利益的除外;

(三)为维护公共利益或者该自然人合法权益,合理实施的其他行为。

Article 1036 Where the handling of personal information involves any of the following circumstances, the actor shall not bear any civil liability:

(1) the conducts are properly carried out within the scope approved by the natural person or his guardian;

(2) proper handling of the information disclosed by the natural person at sole discretion thereof or any other information that has been lawfully disclosed, except for where the natural pers-on explicitly rejects such information handling or handling such information will infringe upon any major interest of such natural person; or

(3) other conducts properly conducted for the purpose of protecting the public interests or the lawful rights and interests of the natural person.

§ 1036 Bei der Verarbeitung persönlicher Informationen haftet der Handelnde nicht zivilrechtlich, wenn einer der folgenden Umstände vorliegt:

1. Handlungen wurden im Rahmen des Einverständnisses der natürlichen Person oder von deren Vormund angemessen vorgenommen;

2. angemessen wurden die Informationen verarbeitet, die von dieser natürlichen Person selbst veröffentlicht oder anderswärtig bereits legal bekannt gemacht worden sind, es sei denn, dass die Verarbeitung dieser Informationen von der betreffenden natürlichen Person ausdrücklich abgelehnt werden oder deren wesentlichen Interessen verletzt;

3. bei anderen Handlungen, die zur Wahrung der öffentlichen Interessen oder der legalen Rechte und Interessen dieser natürlichen Person angemessen vorgenommen wurden.

第一千零三十七条 自然人可以依法向信息处理者查阅或者复制其个人信息；发现信息有错误的，有权提出异议并请求及时采取更正等必要措施。

自然人发现信息处理者违反法律、行政法规的规定或者双方的约定处理其个人信息的，有权请求信息处理者及时删除。

Article 1037 A natural person may consult or reproduce his personal information from the information handler pursuant to the law; and upon discovery of any error in the information, the natural person has the right to raise an objection and request that corrections be made and other necessary measures be adopted in a timely manner.

Where a natural person discovers that an information handler has processed his personal information in violation of the provisions of laws and administrative regulations or the agreement between both parties, he has the right to request that the information handler promptly delete the information.

§ 1037 Natürliche Personen können nach dem Recht ihre persönlichen Informationen beim Informationsverarbeiter einsehen oder kopieren; stellen sie heraus, dass die Informationen fehlerhaft sind, sind sie berechtigt, Einwände zu erheben und zu verlangen, dass die notwendigen Maßnahmen wie etwa eine Korrektur ergriffen werden.

Stellen natürliche Personen heraus, dass der Informationsverarbeiter unter Verstoß gegen Bestimmungen in Gesetzen oder Verwaltungsrechtsnormen oder gegen Vereinbarungen zwischen beiden Parteien ihre persönlichen Informationen verarbeitet, sind sie berechtigt, vom Informationsverarbeiter zu verlangen, unverzüglich eine Löschung vorzunehmen.

第一千零三十八条 信息处理者不得泄露或者篡改其收集、存储的个人信息；未经自然人同意，不得向他人非法提供其个人信息，但是经过加工无法识别特定个人且不能复原的除外。

信息处理者应当采取技术措施和其他必要措施，确保其收集、存储的个人信息安全，防止信息泄露、篡改、丢失；发生或者可能发生个人信息泄露、篡改、丢失的，应当及时采取补救措施，按照规定告知自然人并向有关主管部门报告。

Article 1038 An information handler shall not divulge or tamper with personal information collected or stored by such information handler; without the consent of the natural person whose information is processed by the information handler, such information handlers shall not illegally provide any personal information of such natural person to any other person, except for information that has been processed and cannot be used to identify any specific person and cannot be restored to the state prior to such processing.

The information handler shall adopt technical measures and other necessary measures to ensure the security of the personal information collected and stored thereby and prevent information leakage, tampering, and loss; where the disclosure, tampering or loss of personal information has occurred or is likely to occur, remedial measures should be adopted in a timely manner, and the natural person should be notified pursuant to the relevant provisions and a report should be submitted to the relevant competent authorities.

§ 1038 Die Informationsverarbeiter dürfen die von ihnen gesammelten oder gespeicherten persönlichen Informationen nicht bekannt werden lassen oder verfälschen; ohne Einverständnis der natürlichen Person dürfen deren persönliche Informationen nicht illegal Dritten zur Verfügung gestellt werden, es sei denn, dass die verarbeiteten Informationen es unmöglich machen, eine bestimmte Person zu identifizieren, und nicht wiederhergestellt werden können.

Die Informationsverarbeiter müssen technische Maßnahmen und andere notwendige Maßnahmen ergreifen, um die Sicherheit der von ihnen gesammelten und gespeicherten persönlichen Informationen zu gewährleisten und ein Bekanntwerden, eine Verfälschung oder einen Verlust der Informationen zu verhindern; wenn ein Bekanntwerden, eine Verfälschung oder ein Verlust der persönlichen Informationen eintritt oder eintreten kann, müssen die Informationsverarbeiter unverzüglich Maßnahmen zur Abhilfe ergreifen, nach den Bestimmungen die natürlichen Personen darüber informieren und dies bei der zuständigen Behörde melden.

第一千零三十九条 国家机关、承担行政职能的法定机构及其工作人员对于履行职责过程中知悉的自然人的隐私和个人信息,应当予以保密,不得泄露或者向他人非法提供。

Article 1039 The state organs, statutory institutions assuming administrative functions, and their staff members shall keep confidential the privacy and personal information of natural persons they come into during the course of fulfilling duties, and shall not disclose such information or illegally provide such information to any other person.

§ 1039 Staatliche Behörden und gesetzlich bestimmte Einrichtungen, die Verwaltungsaufgaben übernehmen, sowie deren Bedienstete müssen die Privatsphäre und die persönlichen Informationen natürlicher Personen, welche sie bei der Erfüllung ihrer Amtsaufgaben erfahren, geheim halten und dürfen sie nicht bekannt werden lassen oder Dritten illegal zur Verfügung stellen.

第五编　婚姻家庭

Book Five Marriage and Family

Fünftes Buch: Ehe und Familie

第一章 一般规定
Chapter I   General Rules
1. Kapitel: Allgemeine Bestimmungen

第一千零四十条　本编调整因婚姻家庭产生的民事关系。

Article 1040   This Book governs civil relations arising out of marriage and family.

§1040   Dieser Buch regelt die durch Ehe und Familie entstandenen zivilen Beziehungen.

第一千零四十一条　婚姻家庭受国家保护。
实行婚姻自由、一夫一妻、男女平等的婚姻制度。
保护妇女、未成年人、老年人、残疾人的合法权益。

Article 1041   Marriage and family are protected by the State.

A marriage system based on freedom of marriage, monogamy and equality between man and woman is applied.

The lawful rights and interests of women, minors, the elderly and the disabled should be protected.

§1041   Die Ehe und Familie stehen unter staatlichem Schutz.

Es wird eine Eheordnung der Ehefreiheit, der Einehe und der Gleichberechtigung von Mann und Frau durchgeführt.

Es werden die legalen Rechtsinteressen der Frauen, der Minderjährigen, der alten Menschen und der Behinderten geschützt.

第一千零四十二条 禁止包办、买卖婚姻和其他干涉婚姻自由的行为。禁止借婚姻索取财物。

禁止重婚。禁止有配偶者与他人同居。

禁止家庭暴力。禁止家庭成员间的虐待和遗弃。

Article 1042 Arranged marriage, mercenary marriage and any other act of interference in freedom of marriage must be prohibited. The exaction of money or gifts in connection with marriage must be prohibited.

Bigamy must be prohibited. Cohabitation of a married person with any third party must be prohibited.

Domestic violence must be prohibited. Maltreatment or desertion of any family member must be prohibited.

§ 1042 Die von Dritten arrangierte Ehe, die Kaufehe und andere in die Ehefreiheit eingreifende Handlungen sind verboten. Es ist verboten, eine Ehe zu benutzen, um Vermögensgegenstände zu verlangen.

Doppelehen sind verboten. Es ist verboten, dass jemand, der einen Ehegatten bzw. eine Ehegattin hat, mit jemand anderem zusammenlebt.

Gewalt in der Familie ist verboten. Es ist verboten, dass Familienmitglieder einander misshandeln oder aussetzen.

第一千零四十三条 家庭应当树立优良家风,弘扬家庭美德,重视家庭文明建设。

夫妻应当互相忠实,互相尊重,互相关爱;家庭成员应当敬老爱幼,互相帮助,维护平等、和睦、文明的婚姻家庭关系。

Article 1043 Families should establish good family values, promote family virtues, and pay close attention to cultural and ethical advancement in families.

Husband and wife should be faithful to, respect and care for each other. Family members should respect the elderly, take good care of children, help each other, and maintain equal, harmonious and civilized marriage and family relations.

§ 1043 Die Familie muss einen gute Familienstil etablieren, familäre Tugenden fördern und dem Aufbau einer auf der Familie basierenden Zivilisation Aufmerksamkeit schenken.

Ehemann und Ehefrau müssen einander treu sein, einander respektieren und füreinander sorgen; die Familienmitglieder müssen die Alten achten und die Kinder umsorgen, einander helfen und gleichberechtigt, harmonische und zivilisierte Ehe- und Familienbeziehungen bewahren.

第一千零四十四条 收养应当遵循最有利于被收养人的原则,保障被收养人和收养人的合法权益。

禁止借收养名义买卖未成年人。

Article 1044 Adoption should follow the principle of serving the best interest of the adoptee, and protect the lawful rights and interests of the adopter and the adoptee.

Buying or selling a minor in the name of adoption must be prohibited.

§ 1044　Adoptionen müssen sich nach dem Grundsatz des größten Nutzens für die Adoptierten richten und die legalen Rechte und Interessen der Adoptierten und der Adoptierenden gewährleisten.

Es ist verboten, unter dem Vorwand einer Adoption Minderjährige zu kaufen oder zu verkaufen.

第一千零四十五条　亲属包括配偶、血亲和姻亲。

配偶、父母、子女、兄弟姐妹、祖父母、外祖父母、孙子女、外孙子女为近亲属。

配偶、父母、子女和其他共同生活的近亲属为家庭成员。

Article 1045　Relatives include spouses, blood relations, and relations by marriage.

Spouses, parents, children, siblings, paternal and maternal grandparents, and paternal and maternal grandchildren are close relatives.

Spouses, parents, children and other close relatives living together are family members.

§ 1045　Verwandte sind Ehegatten, Blutsverwandte und Verschwägerte.

Ehegatten, Eltern, Kinder, Geschwister, Großeltern und Enkel sind nahe Verwandte.

Ehegatten, Eltern, Kinder und andere nahe Verwandte, die zusammenleben, sind Familienmitglieder.

第二章 结婚
Chapter Ⅱ Marriage
2. Kapitel：Eheschließung

第一千零四十六条 结婚应当男女双方完全自愿,禁止任何一方对另一方加以强迫,禁止任何组织或者个人加以干涉。

Article 1046 Marriage should be based on the complete willingness of both man and woman, and compulsion used by either party on the other and interference by any organization or individual must be prohibited.

§ 1046 Die Ehe muss von beiden Seiten, Mann und Frau, vollkommen freiwillig geschlosen werden; es ist verboten, dass irgendeine Seite die andere zwingt; es ist jeder Organisation oder Einzelperson verboten, sich in die Eheschließung einzumischen.

第一千零四十七条 结婚年龄,男不得早于二十二周岁,女不得早于二十周岁。

Article 1047 No marriage is allowed before the man has reached 22 years of age and the woman 20 years of age.

§ 1047 Das Heiratsalter darf bei Männern nicht unter dem vollendeten 22. und bei Frauen nicht unter dem vollendeten 20. Lebensjahr liegen.

第一千零四十八条 直系血亲或者三代以内的旁系血亲禁止结婚。

Article 1048 The marriage between lineal relatives by blood or between collateral relatives by blood up to the third degree of kinship must be prohibited.

§ 1048 Der Eheschluss ist Blutsverwandten in gerader Linie sowie Verwandten in der Seitenlinie bis zum dritten Grad verboten.

第一千零四十九条 要求结婚的男女双方应当亲自到婚姻登记机关申请结婚登记。符合本法规定的,予以登记,发给结婚证。完成结婚登记,即确立婚姻关系。未办理结婚登记的,应当补办登记。

Article 1049 Both the man and the woman desiring to marry shall apply for marriage registration in person at the marriage registration authority. If the proposed marriage is found to conform to the provisions of this Code, the couple will be granted registration and issued marriage certificates. The marital relationship is established as soon as the marriage registration is completed. A couple shall make up for marriage registration if it has not done so.

§ 1049 Ein Mann und eine Frau, welche die Eheschließung wollen, müssen beide persönlich zur Eheregisterbehörde kommen, um die Registrierung der Eheschließung zu beantragen. Sind die Bestimmungen dieses Gesetzes eingehalten, wird die Registrierung gewährt und eine Eheschließungsurkunde erteilt. Mit Vollendung der Registrierung der Eheschließung ist die Ehebeziehung begründet. Ist die Eheschließung nicht registriert worden, muss die Registrierung nachgeholt werden.

第一千零五十条 登记结婚后,按照男女双方约定,女方可以成为男方家庭的成员,男方可以成为女方家庭的成员。

Article 1050　After a marriage has been registered, the woman may become a member of the man's family or vice versa, depending on the agreement of the two parties.

§ 1050　Ist die Eheschließung registriert worden, kann nach der Vereinbarung von Mann und Frau die Frau Mitglied der Familie des Mannes oder der Mann Mitglied der Familie der Frau werden.

第一千零五十一条 有下列情形之一的,婚姻无效:
(一)重婚;
(二)有禁止结婚的亲属关系;
(三)未到法定婚龄。

Article 1051　A marriage is invalid under any of the following circumstances:
(1) either of the married parties commits bigamy;
(2) there is prohibited degree of kinship between the married parties; or
(3) not reaching the legal marriage age.

§ 1051　Liegt einer der folgenden Umstände vor, ist die Ehe nichtig:
1. Doppelehe;

2. Verwandtschaftsbeziehung, bei der eine Eheschließung verboten ist;

3. das gesetzlich bestimmte Heiratsalter ist nicht erreicht.

第一千零五十二条 因胁迫结婚的,受胁迫的一方可以向人民法院请求撤销婚姻。

请求撤销婚姻的,应当自胁迫行为终止之日起一年内提出。

被非法限制人身自由的当事人请求撤销婚姻的,应当自恢复人身自由之日起一年内提出。

Article 1052 Where a marriage is the result of coercion, the coerced party may make a request to the people's court for annulment of such marriage.

Such a request for annulment of marriage should be made within one year from the day on which coercion terminates.

Where the party whose personal freedom has been illegally restricted makes a request for annulment of marriage, such a request should be made within one year from the date of restoration of personal freedom.

§ 1052 Ist die Ehe unter Zwang geschlossen worden, kann die gezwungene Seite vor dem Volksgericht beantragen, diese Ehe aufzuheben.

Der Antrag auf Aufhebung der Ehe muss innerhalb eines Jahres ab dem Tag des Endes der Zwangshandlungen erhoben werden.

Beantragt die Partei, deren körperliche Freiheit illegal beschränkt worden ist, die Eheaufhebung, muss dieser Antrag in-

nerhalb eines Jahres ab dem Tag der Wiedererlangung ihrer körperlichen Freiheit gestellt werden.

第一千零五十三条 一方患有重大疾病的，应当在结婚登记前如实告知另一方；不如实告知的，另一方可以向人民法院请求撤销婚姻。

请求撤销婚姻的，应当自知道或者应当知道撤销事由之日起一年内提出。

Article 1053 Where one of the parities suffers from a serious illness, the party shall truthfully inform the other party before marriage registration. In the case of failure to do so, the other party may make a request to the people's court for annulment of marriage.

Such a request for annulment of marriage should be made within one year from the day on which the party knows or should have known the cause of annulment.

§ 1053 Leidet eine Seite an einer schwerwiegenden Krankheit, muss sie dies der anderen Seite vor der Registrierung der Eheschließung wahrheitsgemäß zur Kenntnis bringen; hat sie dies nicht wahrheitsgemäß zur Kenntnis gebracht, kann die andere Seite vor dem Volksgericht beantragen, diese Ehe aufzuheben.

Den Antrag auf die Eheaufhebung muss die andere Seite innerhalb eines Jahres von dem Tag an stellen, an dem sie vom Aufhebungsgrund weiß oder wissen muss.

第一千零五十四条　无效的或者被撤销的婚姻自始没有法律约束力,当事人不具有夫妻的权利和义务。同居期间所得的财产,由当事人协议处理;协议不成的,由人民法院根据照顾无过错方的原则判决。对重婚导致的无效婚姻的财产处理,不得侵害合法婚姻当事人的财产权益。当事人所生的子女,适用本法关于父母子女的规定。

婚姻无效或者被撤销的,无过错方有权请求损害赔偿。

Article 1054　An invalid or annulled marriage is not legally binding from the outset, and the parties concerned are devoid of any rights or duties of a husband and a wife. The property acquired by them during their cohabitation should be disposed of by both parties upon agreement; if they fail to reach an agreement, the people's court should make a judgment under the principle of favoring the no-fault party. The disposition of the property in respect of the invalid marriage caused by bigamy may not be to the detriment of the property rights and interests of the party concerned to the lawful marriage. With regard to the children born of the parties concerned, the provisions governing parents and children as set out in this Code apply.

Where a marriage is invalid or annulled, the no-fault party has the right to claim compensation.

§ 1054　Eine nichtige oder aufgehobene Ehe hat von Anfang an keine rechtliche Bindungswirkung; die Parteien haben nicht die Rechte und Pflichten von Ehegatten. Die Beteiligten können vereinbaren, wie mit dem während des Zusammenlebens erlangten Vermögen verfahren wird; kommt keine Vereinbarung zustande, entscheidet das Volksgericht durch Urteil aufgrund des Grundsatzes, dass die schuldlose Seite besonders berücksichtigt wird. Hat eine Doppelehe dazu geführt, dass die Ehe nichtig ist, dürfen bei der Vermögensregelung die Rechte und Interessen an Vermögen der an der legalen Ehe beteiligten Partei nicht verletzt werden. Auf die von den Parteien geborenen Kinder werden die Bestimmungen dieses Gesetzes über Eltern und Kinder angewandt.

Ist die Ehe nichtig oder aufgehoben worden, ist die schuldlose Seite berechtigt, Schadensersatz zu verlangen.

第三章 家庭关系
Chapter III Family Relations
3. Kapitel: Familienbeziehungen

第一节 夫妻关系
Section 1 Husband and Wife
1. Unterkapitel: Beziehung zwischen Ehemann und Ehefrau

第一千零五十五条 夫妻在婚姻家庭中地位平等。

Article 1055 Husband and wife have equal status in marriage and family.

§ 1055 Ehemann und Ehefrau haben in der Ehe und Familie die gleiche Stellung.

第一千零五十六条 夫妻双方都有各自使用自己姓名的权利。

Article 1056　Both husband and wife are entitled to use their respective names.

§ 1056　Ehemann und Ehefrau haben beide das Recht, den eigenen Namen zu benutzen.

第一千零五十七条 夫妻双方都有参加生产、工作、学习和社会活动的自由,一方不得对另一方加以限制或者干涉。

Article 1057　Both husband and wife have the freedom to engage in production and other work, to study, and to participate in social activities; neither party may restrict or interfere with the other party.

§ 1057　Ehemann und Ehefrau sind beide frei, zu produzieren, zu arbeiten, zu studieren und gesellschaftlich aktiv zu werden; die eine Seite darf die andere nicht beschränken oder sich bei ihr [in solche Freiheiten] einmischen.

第一千零五十八条 夫妻双方平等享有对未成年子女抚养、教育和保护的权利,共同承担对未成年子女抚养、教育和保护的义务。

Article 1058　Both husband and wife equally enjoy the rights to support, educate and protect their minor children, and shall jointly assume the duties to support, educate, and protect their minor children.

§ 1058 Ehemann und Ehefrau genießen gleichermaßen das Recht, minderjährige Kinder zu unterhalten, zu erziehen und zu schützen; sie tragen gemeinsam die Pflicht, minderjährige Kinder zu unterhalten, zu erziehen und zu schützen.

第一千零五十九条 夫妻有相互扶养的义务。

需要扶养的一方,在另一方不履行扶养义务时,有要求其给付扶养费的权利。

Article 1059 Husband and wife have the duty to support each other.

Where one party fails to perform this duty, the party in need of support has the right to demand spousal support from the other party.

§ 1059 Ehemann und Ehefrau sind verpflichtet, einander zu unterhalten.

Die Seite, die Unterhalt benötigt, ist berechtigt, von der anderen Seite die Leistung von Ehegattenunterhalt zu verlangen, wenn diese ihre Unterhaltspflicht nicht erfüllt.

第一千零六十条 夫妻一方因家庭日常生活需要而实施的民事法律行为,对夫妻双方发生效力,但是夫妻一方与相对人另有约定的除外。

夫妻之间对一方可以实施的民事法律行为范围的限制,不得对抗善意相对人。

Article 1060 A juridical act performed by one of the spouses to meet the needs of the family's daily life is binding on both of them, except as otherwise agreed between one spouse and a counterparty.

The restrictions agreed upon by the spouses on the scope of juridical acts that one spouse may perform is not to be set up against a bona fide counterpatry.

§ 1060 Rechtsgeschäfte, die einer der Ehegatten zur Deckung der Bedürfnisse des täglichen des Lebens der Familie ausführt, enthalten gegenüber beiden Ehegattenn Wirkungen, es sei denn, dass einer der Ehegatten mit dem Gegenüber etwas anders vereinbart.

Beschränkungen zwischen den Ehegatten im Hinblick auf den Umfang der Rechtsgeschäfte, die eine Seite ausführen kann, dürfen einem gutgläubigen Gegenüber nicht entgegengehalten werden.

第一千零六十一条　夫妻有相互继承遗产的权利。

Article 1061　Husband and wife are entitled to inherit the property of each other.

§ 1061　Ehegatten sind berechtigt, einander zu beerben.

第一千零六十二条　夫妻在婚姻关系存续期间所得的下列财产,为夫妻的共同财产,归夫妻共同所有:
(一)工资、奖金、劳务报酬;
(二)生产、经营、投资的收益;
(三)知识产权的收益;
(四)继承或者受赠的财产,但是本法第一千零六十三条第三项规定的除外；

（五）其他应当归共同所有的财产。

夫妻对共同财产，有平等的处理权。

Article 1062　The following property acquired by the husband and the wife during the marriage should be considered as community property and be in their joint possession:

(1) wages, bonuses, and remuneration for personal services;

(2) earnings from production, operation and investment;

(3) earnings from intellectual property;

(4) property acquired from inheritance or gift, except as provided in subparagraph 3 of Article 1063 of this Code; or

(5) other property that should be in their joint possession.

Husband and wife enjoy equal rights in the disposition of their community property.

§ 1062　Folgendes Vermögen, das Ehemann und Ehefrau während des Bestands der Ehebeziehung erlangt haben, ist gemeinsames Vermögen der Ehegatten und fällt in ihr gemeinsames Eigentum:

1. Lohn, Prämien und Entgelte für Dienstleistungen;

2. Erträge aus Produktion, Betrieb und Investitionen;

3. Erträge aus Rechten an geistigem Eigentum;

4. geerbtes und geschenktes Vermögen, außer im Fall des § 1063 Nr. 3 dieses Gesetzes;

5. anderes Vermögen, das in das gemeinsame Eigentum fallen muss.

In Bezug auf das gemeinsame Vermögen haben Ehemann und

Ehefrau gleiche Verfügungsrechte.

第一千零六十三条 下列财产为夫妻一方的个人财产：
（一）一方的婚前财产；
（二）一方因受到人身损害获得的赔偿或者补偿；
（三）遗嘱或者赠与合同中确定只归一方的财产；
（四）一方专用的生活用品；
（五）其他应当归一方的财产。

Article 1063 The following property should be considered as the separate property of one of the spouses:

(1) prenuptial property that belongs to one spouse;

(2) compensation or indemnification received by one spouse for personal injuries;

(3) the property going only to one spouse as specified in a will or a gift contract;

(4) private articles for daily use of one spouse; or

(5) other property that should be in the possession of one spouse.

§ 1063 Beim folgenden Vermögen handelt es sich um persönliches Vermögen eines der Ehegatten:

1. voreheliches Vermögen einer Seite;

2. Schadensersatz oder Ausgleich, den eine Seite für erlittene körperliche Schäden erhalten hat;

3. Vermögen, zu dem in einem Vermächtnis oder Schenkungsvertrag bestimmt ist, dass es nur einer Seite zufällt;

4. speziell im Leben einer Seite genutzte Gegenstände;

5. anderes Vermögen, das nur einer Seite zufallen muss.

第一千零六十四条 夫妻双方共同签名或者夫妻一方事后追认等共同意思表示所负的债务，以及夫妻一方在婚姻关系存续期间以个人名义为家庭日常生活需要所负的债务，属于夫妻共同债务。

夫妻一方在婚姻关系存续期间以个人名义超出家庭日常生活需要所负的债务，不属于夫妻共同债务；但是，债权人能够证明该债务用于夫妻共同生活、共同生产经营或者基于夫妻双方共同意思表示的除外。

Article 1064 The debts incurred by the husband and wife through a common declaration of will such as the joint signatures of husband and wife or the subsequent ratification by the other spouse and the debts incurred by the husband or wife in his or her own name to meet the needs of the family's daily life during the marriages are be considered as community debts.

The debt incurred by the husband or wife in his or her own name beyond the needs of the family's daily life during the marriage is not considered as community debt, except if the creditor can prove that the debt is used to meet the joint needs of life or production or operation of husband and wife, or based on common declaration of will of husband and wife.

§ 1064 Verbindlichkeiten, die durch gemeinsame Willenserklärungen etwa aufgrund der gemeinsamen Unterzeichnung durch beide Ehegatten oder einer von einem der Ehegatten nachträglich genehmigten Willenserklärung getragen werden, sowie

Verbindlichkeiten, die einer der Ehegatten während des Bestands der Ehebeziehung aufgrund des alltäglichen Lebensbedarfs der Familie im eigenen Namen trägt, gehören zu gemeinsamen Verbindlichkeiten der Ehegatten.

Verbindlichkeiten, die einer der Ehegatten während des Bestands der Ehebeziehung im eigenen Namen trägt, aber über den alltäglichen Lebensbedarf der Familie hinausgehen, gehören nicht zu gemeinsamen Verbindlichkeiten der Ehegatten, es sei denn, dass der Gläubiger nachweisen kann, dass diese Verbindlichkeiten für das gemeinsame Leben oder gemeinsame Produktions- oder Betriebstätigkeiten verwandt wurden oder auf einer gemeinsamen Willenerklärung der Ehegatten beruhen.

第一千零六十五条 男女双方可以约定婚姻关系存续期间所得的财产以及婚前财产归各自所有、共同所有或者部分各自所有、部分共同所有。约定应当采用书面形式。没有约定或者约定不明确的，适用本法第一千零六十二条、第一千零六十三条的规定。

夫妻对婚姻关系存续期间所得的财产以及婚前财产的约定，对双方具有法律约束力。

夫妻对婚姻关系存续期间所得的财产约定归各自所有，夫或者妻一方对外所负的债务，相对人知道该约定的，以夫或者妻一方的个人财产清偿。

Article 1065 So far as the property acquired during the marriage and the prenuptial property are concerned, husband and wife may agree as to whether they should be in separate possession, joint possession or partly separate possession and partly joint possession. The agreement should be made in writing. In the absence of such an agreement or of an express agreement, the provisions of Articles 1062 and 1063 of this Code apply.

The agreement reached between husband and wife on the property acquired during the marriage and on their prenuptial property is legally binding on both parties.

Where husband and wife agree to separately possess the property acquired by them during the marriage, the debt owed by the husband or the wife to any other person should be paid off out of his or her separate property, if such other person knows that there is such an agreement.

§ 1065   Mann und Frau können vereinbaren, dass das während des Bestands der Ehebeziehung erlangte Vermögen und das voreheliche Vermögen in das Eigentum des einzelnen oder in das gemeinsame Eigentum oder teils in das Eigentum des Einzelnen oder teils in das gemeinsame Eigentum fällt. Die Vereinbarung soll schriftlich getroffen werden. Ist nichts vereinbart worden oder sind die Vereinbarungen unklar, werden §§ 1062 und 1063 dieses Gesetzes angewandt.

Vereinbarungen zwischen den Ehegattenn über das während des Bestands der Ehebeziehung erlangte Vermögen und das voreheliche Vermögen haben rechtliche Bindungswirkung für beide Seiten.

Vereinbaren die Ehegatten, dass während des Bestands der Ehebeziehung erlangtes Vermögen in das Eigentum des Einzelen fällt, werden Verbindlichkeiten, die nach außen der Ehemann oder die Ehefrau trägt, aus dem persönlichen Vermögen des Ehemannes bzw. der Ehefrau befriedigt, sofern das Gegenüber diese Vereinbarung kennt.

第一千零六十六条 婚姻关系存续期间,有下列情形之一的,夫妻一方可以向人民法院请求分割共同财产:

(一)一方有隐藏、转移、变卖、毁损、挥霍夫妻共同财产或者伪造夫妻共同债务等严重损害夫妻共同财产利益的行为;

(二)一方负有法定扶养义务的人患重大疾病需要医治,另一方不同意支付相关医疗费用。

Article 1066 During the marriage, the husband or wife may make a request to the people's court for the partition of their community property under any of the following circumstances:

(1) one spouse conceals, transfers, sells off, destroys or squanders community property, fabricates community debts, or commits any other conduct that seriously damages the interests of the community property; or

(2) a person towards whom a spouse has a statutory duty of support suffers from a serious illness and needs medical treatment, while the other spouse refuses to pay the relevant medical expenses.

§ 1066 Liegt einer der folgenden Umstände vor, kann einer der Ehegatten während des Bestands der Ehebeziehung vor dem Volksgericht die Auseinandersetzung des gemeinsamen Vermögens beantragen:

1. Bei einem der Ehegatten liegen Handlungen vor, die die gemeinsamen Vermögensinteressen der Ehegatten erheblich

schädigen, wie etwa das Verbergen, das Übertragen, das Verwerten oder das Verschwenden des gemeinsamen Vermögens der Ehegatten oder die Fälschung von gemeinsamen Verbindlichkeiten;

2. einer der Ehegatten trägt die gesetzliche Unterhaltspflicht für jemanden, der an einer schwerwiegenden Krankheit leidet und der medizinischen Behandlung bedarf, und der andere ist mit der Zahlung der entsprchenden medizinischen Behandlungskosten nicht einverstanden.

第二节 父母子女关系和其他近亲属关系
Section 2 Parents, Children, and Other Close Relatives
2. Teil: Beziehung zwischen Eltern und Kindern sowie Beziehung zwischen anderen nahen Verwandten

第一千零六十七条 父母不履行抚养义务的,未成年子女或者不能独立生活的成年子女,有要求父母给付抚养费的权利。

成年子女不履行赡养义务的,缺乏劳动能力或者生活困难的父母,有要求成年子女给付赡养费的权利。

Article 1067 Where parents fail to perform their duty of support, minor children or children of full age who are incapable of living on their own have the right to demand child support from their parents.

Where children of full age fail to perform their duty to support parents, parents who have lost the ability to work or have difficulties in supporting themselves have the right to demand support for

elderly parents from their children.

§ 1067　Erfüllen die Eltern ihre Unterhaltspflicht nicht, sind minderjährige Kinder oder volljährige Kinder, die nicht unabhängig leben können, berechtigt, zu verlangen, dass die Eltern Unterhalt leisten.

Erfüllen volljährige Kinder ihre Unterhaltspflicht nicht, sind arbeitsunfähige Eltern oder Eltern in Existenzschwierigkeiten berechtigt, zu verlangen, dass die volljährigen Kinder Unterhalt leisten.

第一千零六十八条　父母有教育、保护未成年子女的权利和义务。未成年子女造成他人损害的，父母应当依法承担民事责任。

Article 1068　Parents have the rights and duties to educate and protect their minor children. Where minor children cause damage to others, their parents shall assume civil liability pursuant to the law.

§ 1068　Die Eltern haben das Recht und die Pflicht, minderjährige Kinder zu erziehen und zu schützen. Haben minderjährige Kinder einem anderen Schäden hinzugefügt, sind die Eltern nach dem Recht verpflichtet, zivilrechtlich zu haften.

第一千零六十九条　子女应当尊重父母的婚姻权利，不得干涉父母离婚、再婚以及婚后的生活。子女对父母的赡养义务，不因父母的婚姻关系变化而终止。

Article 1069 Children shall have respect for their parents' marital rights, and shall not interfere in their parents' divorce, remarriage and their life after remarriage. Children's duty to support their parents is not terminated with the change in their parents' marital relationship.

§ 1069 Die Kinder müssen die ehelichen Rechte der Eltern respektieren und dürfen sich in der Ehescheidung oder nochmalige Eheschließung von Vater oder Mutter und deren Leben nach der Eheschließung nicht einmischen. Die Unterhaltspflicht von Kindern gegenüber Eltern endet nicht wegen Veränderungen der Ehebeziehung der Eltern.

第一千零七十条　父母和子女有相互继承遗产的权利。

Article 1070 Parents and children are entitled to inherit each other's property.

§ 1070 Eltern und Kinder sind berechtigt, einander zu beerben.

第一千零七十一条　非婚生子女享有与婚生子女同等的权利,任何组织或者个人不得加以危害和歧视。

不直接抚养非婚生子女的生父或者生母,应当负担未成年子女或者不能独立生活的成年子女的抚养费。

Article 1071 Children born out of wedlock enjoy the same rights as children born in wedlock. No organization or individual may harm or discriminate against them.

The natural father or the natural mother who does not have custody of his or her child born out of wedlock shall pay the child support of the minor child or the child of full age who is incapable of living on his or her own.

§ 1071 Nichteheliche Kinder haben die gleichen Rechte wie eheliche Kinder; keine Organisation oder Einzelperson darf sie gefährden oder diskriminieren.

Der leibliche Vater oder die leibliche Mutter, der oder die ein nichteheliches Kind nicht direkt unterhält, mus Unterhaltskosten des minderjährigen Kindes oder des volljährigen Kindes, das nicht unabhängig leben kann, tragen.

第一千零七十二条 继父母与继子女间,不得虐待或者歧视。

继父或者继母和受其抚养教育的继子女间的权利义务关系,适用本法关于父母子女关系的规定。

Article 1072 No maltreatment or discrimination is allowed between step-parents and step-children.

For the rights and duties between step-fathers or step-mothers and their step-children who are supported and educated by them, the relevant provisions governing the relationship between parents and children as set out in this Code apply.

§ 1072 Stiefeltern und Stiefkinder dürfen einander nicht misshandeln oder diskriminieren.

Für die Rechte und Pflichten zwischen Stiefvater oder Stiefmutter und von ihnen unterhaltenen und erzogenen Stiefkindern

gelten die Bestimmungen dieses Gesetzes über die Beziehungen zwischen Eltern und Kindern.

第一千零七十三条 对亲子关系有异议且有正当理由的,父或者母可以向人民法院提起诉讼,请求确认或者否认亲子关系。

对亲子关系有异议且有正当理由的,成年子女可以向人民法院提起诉讼,请求确认亲子关系。

Article 1073 Where an objection to maternity or paternity is justifiably raised, the father or mother may institute an action in the people's court for affirmation or denial of the maternity or paternity.

Where an objection to maternity or paternity is justifiably raised, a child of full age may institute an action in the people's court for determination of the maternity or paternity.

§ 1073 Bestehen Einwände gegen eine Eltern-Kind-Beziehung und sind die Einwände begründet, kann der Vater oder die Mutter beim Volksgericht Klage erheben und beantragen, die Eltern-Kind-Beziehung festzustellen oder abzuerkennen.

Bestehen Zweifel an Einwänden gegen eine Eltern-Kind-Beziehung können volljährige Kinder beim Volksgericht Klage erheben und beantragen, die Eltern- Kind-Beziehung festzustellen.

第一千零七十四条 有负担能力的祖父母、外祖父母,对于父母已经死亡或者父母无力抚养的未成年孙子女、外孙子女,有抚养的义务。

有负担能力的孙子女、外孙子女，对于子女已经死亡或者子女无力赡养的祖父母、外祖父母，有赡养的义务。

Article 1074　Paternal or maternal grand-parents who can afford it have the duty to support their paternal or maternal grand-children who are minors and whose parents are dead or have no means to support them.

Paternal or maternal grand-children who can afford it have the duty to support their paternal or maternal grand-parents whose children are dead or have no means to support them.

§ 1074　Leistungsfähige Großeltern haben die Pflicht, minderjährige Enkel zu unterhalten, deren Eltern gestorben oder selbst nicht fähig sind, die Kinder zu unterhalten.

Leistungsfähige Enkel haben die Pflicht, Großeltern zu unterhalten, deren Kinder gestorben oder selbst nicht fähig sind, ihre Eltern zu unterhalten.

第一千零七十五条　有负担能力的兄、姐，对于父母已经死亡或者父母无力抚养的未成年弟、妹，有扶养的义务。

由兄、姐扶养长大的有负担能力的弟、妹，对于缺乏劳动能力又缺乏生活来源的兄、姐，有扶养的义务。

Article 1075　Elder brothers or sisters who can afford it have the duty to support their younger brothers or sisters who are minors if their parents are dead or have no means to support them.

Younger brothers or sisters who have been brought up by their elder brothers or sisters and can afford it have the duty to support their elder brothers or sisters who have lost the ability to work and

have no source of income.

§ 1075 Leistungsfähige ältere Geschwister haben die Pflicht, minderjährige jüngere Geschwister zu unterhalten, wenn die Eltern gestorben oder zum Unterhalt nicht fähig sind.

Von älteren Geschwistern großgezogene leistungsfähige jüngere Geschwister haben die Pflicht, ältere Geschwister zu unterhalten, die arbeitsunfähig sind und nicht über ausreichende Existenzmittel für ihren Lebensunterhalt verfügen.

第四章 离婚
Chapter IV Divorce
4. Kapitel: Scheidung

第一千零七十六条 夫妻双方自愿离婚的,应当签订书面离婚协议,并亲自到婚姻登记机关申请离婚登记。

离婚协议应当载明双方自愿离婚的意思表示和对子女抚养、财产以及债务处理等事项协商一致的意见。

Article 1076 Where husband and wife both desire divorce, they shall sign a written divorce agreement and apply for divorce registration in person at the marriage registration authority for divorce registration.

The divorce agreement should specify the declaration of will that divorce is desired by both parties and the consensus reached through consultation on matters such as support of children, disposition of property, and debt settlement.

§ 1076 Bei einer einvernehmlichen Scheidung müssen beide Ehegatten eine schriftliche Scheidungsvereinbarung abschließen und persönlich zur Eheregisterbehörde kommen, um die Registrierung der Scheidung zu beantragen.

Die Scheidungsvereinbarung muss die Willenserklärungen beider Ehegatten zur einvernehmlichen Scheidung und die in Verhandlungen geeinigten Ansichten über Angelegenheiten wie etwa Kinderunterhalt, sowie Regelungen des Vermögens und der Verbindlichkeiten deutlich angeben.

第一千零七十七条 自婚姻登记机关收到离婚登记申请之日起三十日内,任何一方不愿意离婚的,可以向婚姻登记机关撤回离婚登记申请。

前款规定期限届满后三十日内,双方应当亲自到婚姻登记机关申请发给离婚证;未申请的,视为撤回离婚登记申请。

Article 1077 Where either spouse is unwilling to divorce, he or she may, within 30 days from the day on which the marriage registration authority receives the application for divorce registration, withdraw the application for divorce registration from the marriage registration authority.

Within 30 days after the expiration of the period as prescribed in the preceding paragraph, both parties shall apply for divorce certificates in person at the marriage registration authority. If no application is filed, the divorce registration application is deemed to have been withdrawn.

§ 1077 Jeder Ehegatte, der sich nicht mehr scheiden lassen

will, kann innerhalb von 30 Tagen ab dem Tag, an dem die Eheregisterbehörde den Antrag auf Registrierung der Scheidung erhält, bei der Eheregistrierungsbehörde den Antrag auf Scheidungsregistrierung zurückziehen.

Nach Ablauf der im vorigen Absatz bestimmten Frist müssen beide Ehegatten innerhalb von 30 Tagen persönlich bei der Eheregistrierungsbehörde die Ausstellung der Scheidungsurkunde beantragen; wird nicht beantragt, gilt der Antrag auf Registrierung der Scheidung als zurückgezogen.

第一千零七十八条 婚姻登记机关查明双方确实是自愿离婚,并已经对子女抚养、财产以及债务处理等事项协商一致的,予以登记,发给离婚证。

Article 1078 The marriage registration authority should, after finding that divorce is desired by both parties and they have reached a consensus through consultation on matters such as support of children, disposition of property, and debt settlement, grant registration and issue divorce certificates.

§ 1078 Hat die Eheregisterbehörde klargestellt, dass sich beide Ehegatten wirklich freiwillig scheiden lassen wollen und in Verhandlungen über Angelegenheiten wie etwa Kinderunterhalt sowie Regelungen des Vermögens und der Verbindlichkeiten geeinigt haben, wird die Scheidung registriert und die Scheidungsurkunde ausgestellt.

第一千零七十九条 夫妻一方要求离婚的,可以由有关组织进行调解或者直接向人民法院提起离婚诉讼。

人民法院审理离婚案件,应当进行调解;如果感情确已破裂,调解无效的,应当准予离婚。

有下列情形之一,调解无效的,应当准予离婚:

（一）重婚或者与他人同居;

（二）实施家庭暴力或者虐待、遗弃家庭成员;

（三）有赌博、吸毒等恶习屡教不改;

（四）因感情不和分居满二年;

（五）其他导致夫妻感情破裂的情形。

一方被宣告失踪,另一方提起离婚诉讼的,应当准予离婚。

经人民法院判决不准离婚后,双方又分居满一年,一方再次提起离婚诉讼的,应当准予离婚。

Article 1079 Where one spouse desires divorce, the organization concerned may carry out mediation, or the spouse may directly file a divorce action with the people's court.

The people's court should carry out mediation when trying a divorce case. Where mediation fails because mutual affection no longer exists, divorce should be granted.

Divorce should be granted if mediation fails under any of the following circumstances:

(1) bigamy or cohabitation with another person;

(2) the implementation of domestic violence, or maltreatment or desertion of any family member;

(3) either spouse has vicious habits of gambling or drug abuse, and remains incorrigible despite repeated admonition;

(4) the spouses have been living separate and apart for up to two years due to incompatibility; or

(5) other circumstances causing alienation of mutual affection.

Divorce should be granted if one spouse is declared missing and the other spouse thereby files an action for divorce.

Where the spouses have been living separate and apart for another year after the people's court has ruled that divorce is not granted, divorce should be granted if either spouse files a divorce action again.

§ 1079 Fordert ein Ehegatte die Scheidung, kann von einer zuständigen Stelle eine Schlichtung durchgeführt oder direkt beim Volksgericht Scheidungsklage erhoben werden.

Das Volksgericht muss bei der Behandlung von Scheidungsfällen eine Schlichtung durchführen; sind die Gefühle der Beteiligten füreinander tatsächlich zerrüttet und bleibt die Schlichtung erfolglos, muss das Gericht die Scheidung gewähren.

Liegt einer der folgenden Umstände vor und bleibt die Schlichtung erfolglos, muss die Scheidung gewährt werden:

1. Doppelehe oder Zusammenleben mit jemand anderem;

2. Ausübung von Gewalt in der Familie oder Misshandlung oder Aussetzung von Familienangehörigen;

3. Nichtabgewöhnen von Glücksspiel, Rauschgift oder anderen üblen Gewohnheiten trotz wiederholter Ermahnungen;

4. mindestens ein zweijähriges Getrenntleben wegen der ehelichen Zwietracht;

5. anderen Umständen, die zur Zerrüttung der gegenseitigen

Gefühle der Ehegatten geführt haben.

Ist einer der Ehegatten für verschollen erklärt worden und erhebt der andere Scheidungsklage, muss die Scheidung gewährt werden.

Haben beide Ehegatten, nachdem das Volksgericht durch Urteil die Scheidung nicht zugelassen hatte, für mindestens ein Jahr weiter getrennt gelebt und erhebt einer der Ehegatten die Scheidungsklage erneut, muss die Scheidung gewährt werden.

第一千零八十条 完成离婚登记,或者离婚判决书、调解书生效,即解除婚姻关系。

Article 1080 The completion of divorce registration or the entry into force of the divorce decree or mediation decision should be considered as the dissolution of marriage.

§ 1080 Mit Vollendung der Scheidungsregistrierung oder dem Wirksamwerden des Scheidungsurteils oder des Schlichtungsspruchs ist die Ehebeziehung aufgelöst.

第一千零八十一条 现役军人的配偶要求离婚,应当征得军人同意,但是军人一方有重大过错的除外。

Article 1081 Where the spouse of a soldier in active service desires divorce, the soldier's consent should be obtained, unless the soldier commits a serious fault.

§ 1081 Fordert der Ehegatte eines aktiven Militärangehörigen die Scheidung, muss das Einverständnis des

Militärangehörigen eingeholt werden, es sei denn, dass schwerwiegendes Verschulden beim Militärangehörigen vorliegt.

第一千零八十二条 女方在怀孕期间、分娩后一年内或者终止妊娠后六个月内,男方不得提出离婚;但是,女方提出离婚或者人民法院认为确有必要受理男方离婚请求的除外。

Article 1082 A husband may not apply for a divorce when his wife is pregnant, or within one year after his wife gives birth to a child, or within six months after his wife's termination of pregnancy, except if the wife applies for divorce or the people's court deems it necessary to accept the divorce application made by the husband.

§ 1082 Während einer Schwangerschaft der Frau oder innerhalb eines Jahres ab der Geburt oder innerhalb eines halben Jahres ab einem Schwangerschaftsabbruch darf der Mann die Scheidung nicht einreichen, es sei denn, dass die Frau die Scheidung einreicht oder das Volksgericht der Ansicht ist, dass es wirklich erforderlich ist, den Scheidungsantrag des Mannes anzunehmen.

第一千零八十三条 离婚后,男女双方自愿恢复婚姻关系的,应当到婚姻登记机关重新进行结婚登记。

Article 1083 Where, after divorce, both parties desire to resume their marital relationship, they shall undergo formalities for re-registration of marriage with the marriage registration authority.

§ 1083 Wollen der Mann und die Frau nach der Scheidung

freiwillig die Ehe wiederherstellen, müssen sie bei der Eheregisterbehörde die Eheschließung erneut registrieren lassen.

第一千零八十四条　父母与子女间的关系，不因父母离婚而消除。离婚后，子女无论由父或者母直接抚养，仍是父母双方的子女。

离婚后，父母对于子女仍有抚养、教育、保护的权利和义务。

离婚后，不满两周岁的子女，以由母亲直接抚养为原则。已满两周岁的子女，父母双方对抚养问题协议不成的，由人民法院根据双方的具体情况，按照最有利于未成年子女的原则判决。子女已满八周岁的，应当尊重其真实意愿。

Article 1084　The relationship between parents and children is not dissolved with the parents' divorce. After divorce, regardless of whether the children are directly put in the custody of the father or the mother, they remain the children of both parents.

After divorce, both parents still have the right and duty to support, educate and protect their children.

In principle, the mother should have the custody of the children under two years of age after divorce. If the father and the mother fail to reach an agreement on the custody of their child who has reached two years of age, the people's court should, in light of the specific circumstances of both parties, make a judgment in the best interest of the minor child. If the child has reached eight years of age, his or her true will should be respected.

§ 1084　Die Verhältnisse zwischen Eltern und Kindern

erlöschen wegen der Scheidung der Eltern nicht. Nach der Scheidung sind die Kinder, gleich ob sie vom Vater oder von der Mutter direkt unterhalten werden, weiterhin die Kinder beider Eltern.

Nach der Scheidung haben die Eltern weiterhin das Recht und die Pflicht, die Kinder zu unterhalten, zu erziehen und zu schützen.

Nach der Scheidung werden Kinder vor der Vollendung des zweiten Lebensjahres grundsätzlich von der Mutter direkt unterhalten. Kommt über Unterhalt der Kinder, die das zweite Lebensjahr bereits vollendet haben, keine Vereinbarung zwischen den Eltern zustande, fällt das Volksgericht aufgrund der konkreten Verhältnisse der Eltern und nach dem Grundsatz des größten Nutzens für das minderjährige Kind ein Urteil. Bei einem Kind, das das achte Lebensjahr vollendet hat, muss der wahre Wille des Kindes respektiert werden.

第一千零八十五条　离婚后,子女由一方直接抚养的,另一方应当负担部分或者全部抚养费。负担费用的多少和期限的长短,由双方协议;协议不成的,由人民法院判决。

前款规定的协议或者判决,不妨碍子女在必要时向父母任何一方提出超过协议或者判决原定数额的合理要求。

Article 1085 Where, after divorce, one party has custody of a child, the other party shall pay part or all of the child support. The two parties shall seek agreement regarding the amount and duration of such payment. If they fail to reach an agreement, the people's court should make a judgment.

The agreement or judgment stipulated in the preceding paragraph does not preclude the child from making a reasonable request, where necessary, to either parent for an amount exceeding what is decided upon in the said agreement or judgment.

§ 1085 Unterhält nach der Scheidung eine Seite der Ehegatten die Kinder direkt, muss die andere die Unterhaltskosten zum Teil oder ganz tragen. Die Höhe und die Dauer der zu tragenden Kosten werden von beiden Seiten vereinbart; kommt keine Vereinbarung zustande, entscheidet das Volksgericht durch Urteil.

Die im vorigen Absatz bestimmten Vereinbarungen bzw. Urteile hindern die Kinder nicht, nötigenfalls gegenüber irgendeiner Seite der Eltern angemessene Forderungen zu stellen, die über den ursprünglich in der Vereinbarung bzw. dem Urteil bestimmten Betrag hinausgehen.

第一千零八十六条　离婚后,不直接抚养子女的父或者母,有探望子女的权利,另一方有协助的义务。

行使探望权利的方式、时间由当事人协议;协议不成的,由人民法院判决。

父或者母探望子女,不利于子女身心健康的,由人民法院依法中止探望;中止的事由消失后,应当恢复探望。

Article 1086　After divorce, the father or the mother who does not have custody of his or her child has the right to visit the child, while the other party has the duty to provide assistance.

The parents should reach an agreement about how and when to exercise the visitation right. If they fail to reach an agreement, the people's court should make a judgment.

Where the father or the mother visits his or her child to the detriment of the physical and mental health of the child, the people's court should suspend the visit pursuant to the law. After the cause of suspension disappears, the visit should be resumed.

§1086 Der Vater bzw. die Mutter, der bzw. die nach der Scheidung das Kind nicht direkt unterhält, hat das Recht, das Kind zu besuchen, die andere Seite hat die Pflicht zur Hilfeleistung.

Form und Zeit der Ausübung des Besuchsrechts werden von den Parteien vereinbart; kommt keine Vereinbarung zustande, entscheidet das Volksgericht durch Urteil.

Ist ein Besuch des Vaters bzw. der Mutter der physischen oder psychischen Gesundheit des Kindes nicht förderlich, werden die Besuche vom Volksgericht nach dem Recht ausgesetzt; fällt der Aussetzungsgrund fort, müssen die Besuche wiederhergestellt werden.

第一千零八十七条 离婚时,夫妻的共同财产由双方协议处理;协议不成的,由人民法院根据财产的具体情况,按照照顾子女、女方和无过错方权益的原则判决。

对夫或者妻在家庭土地承包经营中享有的权益等,应当依法予以保护。

Article 1087 In the case of divorce, the community property should be disposed of by the two parties upon agreement. If they fail to reach an agreement, the people's court should make a judgment in light of the actual circumstance of the property and under the principle of caring for the rights and interests of the child or children, the wife, and the no-fault party.

The rights and interests enjoyed by the husband or wife in the household contracted land operation should be protected pursuant to the law.

§ 1087 Das gemeinsame Vermögen der Ehegatten wird bei der Scheidung durch Vereinbarung beider Seiten geregelt; kommt keine Vereinbarung zustande, entscheidet das Volksgericht nach den konkreten Umständen des Vermögens und nach dem Grundsatz besonderer Berücksichtigung der Rechtsinteressen von Kind, Frau und der schuldlosen Seite durch Urteil.

Rechtsinteressen des Mannes oder der Frau bei der durch die Familie durchgeführten Übernahme von Land zur Bewirtschaftung müssen nach dem Recht geschützt werden.

第一千零八十八条 夫妻一方因抚育子女、照料老年人、协助另一方工作等负担较多义务的,离婚时有权向另一方请求补偿,另一方应当给予补偿。具体办法由双方协议;协议不成的,由人民法院判决。

Article 1088 Where one of the spouses performs more duties in bringing up children, taking care of the elderly or assisting the other spouse in his or her work, that spouse has the right to claim compensation from the other spouse in the case of divorce, and the other spouse shall make compensation. The specific arrangements should be agreed upon by both parties. If they fail to reach an agreement, the people's court should make a judgment.

§ 1088 Hat eine Seite der Ehegatten wegen etwa des Aufziehens von Kindern, der Betreuung von Älteren und der Hilfeleistung für die andere Seite mehr Pflichten getragen, ist sie bei der Scheidung berechtigt, von der anderen einen Ausgleich zu verlangen; die andere Seite muss einen Ausgleich leisten. Die konkrete Regelung wird von beiden Seiten vereinbart; kommt keine Vereinbarung zustande, entscheidet das Volksgericht durch Urteil.

第一千零八十九条 离婚时,夫妻共同债务应当共同偿还。共同财产不足清偿或者财产归各自所有的,由双方协议清偿;协议不成的,由人民法院判决。

Article 1089 In the case of divorce, the community debts incurred by the husband and wife should be paid off jointly by them. If the community property is insufficient to pay off the debts or the items of the property are in their separate possession, the two parties should work out an agreement on repayment. If they fail to reach an agreement, the people's court should make a judgment.

§ 1089 Bei der Scheidung müssen gemeinsame Verbindlichkeiten der Ehegatten gemeinsam beglichen werden. Reicht das gemeinsame Vermögen nicht aus, sie zu begleichen, oder fällt das Vermögen in das Eigentum der einzelnen Seiten, wird die Begleichung der Verbindlichkeiten von beiden Seiten vereinbart; kommt keine Vereinbarung zustande, entscheidet das Volksgericht durch Urteil.

第一千零九十条 离婚时,如果一方生活困难,有负担能力的另一方应当给予适当帮助。具体办法由双方协议;协议不成的,由人民法院判决。

Article 1090 Where, at the time of divorce, one party has difficulty in supporting himself or herself, the other party who can afford it shall render appropriate assistance. The specific arrangements should be agreed upon by both parties. If they fail to reach an agreement, the people's court should make a judgment.

§ 1090 Ist bei der Scheidung eine Seite der Ehegatten in Existenzschwierigkeiten, muss die leistungsfähige andere Seite eine angemessene Hilfe leisten. Die konkrete Regelung wird von beiden Seiten vereinbart; kommt keine Vereinbarung zustande, entscheidet das Volksgericht durch Urteil.

第一千零九十一条 有下列情形之一,导致离婚的,无过错方有权请求损害赔偿:
(一)重婚;
(二)与他人同居;
(三)实施家庭暴力;
(四)虐待、遗弃家庭成员;
(五)有其他重大过错。

Article 1091 Under any of the following circumstances which leads to a divorce, the no-fault party has the right to claim damages:
(1) bigamy;
(2) cohabitation of a married person with any third party;

(3) domestic violence;

(4) maltreatment or desertion of any family member; or

(5) any other major fault.

§ 1091 Führt einer der folgenden Umstände zur Scheidung, ist die schuldlose Seite berechtigt, Schadensersatz zu verlangen:

1. Doppelehe;
2. Zusammenleben mit jemand anderem;
3. Ausübung von Gewalt in der Familie;
4. Misshandlung oder Aussetzung von Familienangehörigen;
5. Vorliegen von anderem schwerwiegendem Verschulden.

第一千零九十二条 夫妻一方隐藏、转移、变卖、毁损、挥霍夫妻共同财产,或者伪造夫妻共同债务企图侵占另一方财产的,在离婚分割夫妻共同财产时,对该方可以少分或者不分。离婚后,另一方发现有上述行为的,可以向人民法院提起诉讼,请求再次分割夫妻共同财产。

Article 1092 Where one of the spouses conceals, transfers, sells off, destroys or squanders community property, or fabricates their community debts in an attempt to encroach upon the other spouse's property, that spouse may, in the case of divorce, get a smaller or even no share of property in the partition of community property. If the other party discovers any of the afore-mentioned acts after divorce, he or she may institute an action in the people's court for repartitioning the community property.

§ 1092 Wenn eine Seite der Ehegatten gemeinsames Vermögen der Ehegatten verbirgt, verschiebt, verwertet, beschädigt oder verschwendet oder mit gefälschten gemeinsamen Schulden bestrebt, sich Vermögen der anderen Seite zuzueignen, kann dieser Seite bei der Teilung des gemeinsamen Vermögens der Ehegatten bei der Scheidung weniger oder nichts zugeteilt werden. Hat die andere Seite solche Handlungen erst nach der Scheidung entdeckt, kann sie beim Volksgericht Klage erheben und die nochmalige Teilung des gemeinsamen Vermögens der Ehegatten beantragen.

第五章 收养
Chapter V Adoption
5. Kapitel: Adoption

第一节 收养关系的成立

Section 1 Establishment of an Adoptive Relationship

1. Teil: Zustandekommen der Adoptionsbeziehungen

第一千零九十三条 下列未成年人,可以被收养:

（一）丧失父母的孤儿；

（二）查找不到生父母的未成年人；

（三）生父母有特殊困难无力抚养的子女。

Article 1093 The following minors may be adopted:

(1) orphans bereaved of parents;

(2) minors whose natural parents cannot be ascertained or

found; or

(3) children whose natural parents are unable to support them due to unusual difficulties.

§ 1093 Die folgenden Minderjährigen können adoptiert werden:

1. Waisen, die ihre Eltern verloren haben;

2. Minderjährige, deren leibliche Eltern nicht aufzufinden sind;

3. Kinder, deren leibliche Eltern wegen besonderer Schwierigkeiten nicht in der Lage sind, sie zu unterhalten.

第一千零九十四条 下列个人、组织可以作送养人：

(一)孤儿的监护人；

(二)儿童福利机构；

(三)有特殊困难无力抚养子女的生父母。

Article 1094 The following individuals or organizations are entitled to place out children for adoption:

(1) guardians of an orphan;

(2) child welfare institutions; or

(3) natural parents who are unable to support their children due to unusual difficulties.

§ 1094 Die folgenden Einzelpersonen und Organisationen können ein Kind zur Adoption freigeben:

1. die Vormünder von Waisen；

2. Organe der Kindeswohlfahrt；

3. leibliche Eltern, die wegen besonderer Schwierigkeiten nicht in der Lage sind, Kinder zu unterhalten.

第一千零九十五条 未成年人的父母均不具备完全民事行为能力且可能严重危害该未成年人的,该未成年人的监护人可以将其送养。

Article 1095　Where the parents of a minor are both persons without full capacity for civil conduct and may do serious harm to the minor, the guardian of the minor may place out the minor for adoption.

§ 1095　Sind beide Eltern eines Minderjährigen nicht voll zivilgeschäftsfähig und können den Minderjährigen erheblich gefährden, darf der Vormund des Minderjährigen ihn zur Adoption freigeben.

第一千零九十六条 监护人送养孤儿的,应当征得有抚养义务的人同意。有抚养义务的人不同意送养、监护人不愿意继续履行监护职责的,应当依照本法第一编的规定另行确定监护人。

Article 1096　Where a guardian intends to place out an orphan for adoption, the guardian shall obtain the consent of the person who has the duty to support the orphan. If the person who has the duty to support the orphan does not agree to place out the orphan for adoption and the guardian is unwilling to continue the performance of his or her guardianship, another guardian should be otherwise appointed pursuant to Book One of this Code.

§ 1096　Gibt ein Vormund eine Waise zur Adoption frei, muss er das Einverständnis derjenigen einholen, die für das Kind unterhaltspflichtig sind. Ist ein Unterhaltspflichtiger nicht damit einverstanden, dass das Kind zur Adoption freigegeben wird, und will der Vormund die Aufgaben des Vormunds nicht weiter erfüllen, muss gemäß den Bestimmungen des ersten Buches dieses Gesetzes ein anderer Vormund bestimmt werden.

第一千零九十七条　生父母送养子女,应当双方共同送养。生父母一方不明或者查找不到的,可以单方送养。

Article 1097　Where the natural parents intend to place out their child for adoption, they shall act in concert. If one parent cannot be ascertained or found, the other parent may place out the child for adoption alone.

§ 1097　Geben die leiblichen Eltern ein Kind zur Adoption frei, müssen dies beide Eltern gemeinsam tun. Ist ein leiblicher Elternteil unklar ist oder nicht aufzufinden, kann der andere das Kind allein zur Adoption freigeben.

第一千零九十八条　收养人应当同时具备下列条件：
（一）无子女或者只有一名子女；
（二）有抚养、教育和保护被收养人的能力；
（三）未患有在医学上认为不应当收养子女的疾病；
（四）无不利于被收养人健康成长的违法犯罪记录；
（五）年满三十周岁。

Article 1098　An adopter shall satisfy all of the following requirements:

(1) having no children or only one child;

(2) having the ability to support, educate and protect the adoptee;

(3) suffering from no such disease as is medically regarded as unfit for adopting a child;

(4) having no illegal and criminal records detrimental to the healthy growth of theadoptee; and

(5) having reached 30 years of age.

§ 1098 Adoptierende müssen die folgenden Bedingungen sämtlich erfüllen:

1. Sie sind kinderlos oder haben nur ein Kind;

2. sie haben die Fähigkeit, den Adoptierten zu unterhalten, zu erziehen und zu schützen;

3. sie leiden nicht an einer Krankheit, mit der man nach medizinischen Erkenntnissen keine Kinder adoptieren sollte;

4. es liegen keine Eintragungen über Rechtsverstöße und Straftaten vor, die für das gesunde Aufwachsen des Adoptierten nachteilig sind;

5. sie müssen das 30. Lebensjahr vollendet haben.

第一千零九十九条 收养三代以内旁系同辈血亲的子女,可以不受本法第一千零九十三条第三项、第一千零九十四条第三项和第一千一百零二条规定的限制。

华侨收养三代以内旁系同辈血亲的子女,还可以不受本法第一千零九十八条第一项规定的限制。

Article 1099 A person may adopt a child of a collateral relative by blood of the same generation and up to third degree of kinship, irrespective of the restrictions specified in subparagraph 3 of Article 1093, subparagraph 3 of Article 1094 and Article 1102 of this Code.

An overseas Chinese, in adopting a child of a collateral relative by blood of the same generation and up to the third degree of kinship, is even not required to be subject to the provisions of subparagraph 1 of Article 1098 of this Code.

§ 1099 Wird ein Kind eines Seitenverwandten gleicher Generation bis zum dritten Grad adoptiert, kann dies von den Beschränkungen der §§ 1093 Nr. 3, 1094 Nr. 3 und 1102 dieses Gesetzes befreit werden.

Adoptiert ein Auslandschinese ein Kind eines Seitenverwandten gleicher Generation bis zum dritten Grad, kann der Adoptierende von der Beschränkung des § 1098 Nr. 1 dieses Gesetzes befreit werden.

第一千一百条 无子女的收养人可以收养两名子女；有子女的收养人只能收养一名子女。

收养孤儿、残疾未成年人或者儿童福利机构抚养的查找不到生父母的未成年人，可以不受前款和本法第一千零九十八条第一项规定的限制。

Article 1100 A childless adopter may adopt two children; an adopter with one child may adopt only one child.

Orphans, disabled minors or minors whose natural parents

cannot be ascertained or found and who are under the care of a child welfare institution may be adopted irrespective of the restrictions specified in the preceding paragraph and subparagraph 1 of Article 1098 of this Code.

§ 1100   Kinderlose Adoptierende dürfen zwei Kinder adoptieren; Adoptierende, die bereits Kinder haben, dürfen nur ein Kind adoptieren.

Wird eine Waise, ein behinderter Minderjähriger oder ein Minderjähriger, dessen leibliche Eltern nicht aufzufinden sind und der von einem Organ der Kindeswohlfahrt unterhalten wird, adoptiert, kann dies von den Beschränkungen des vorigen Absatzes und des § 1098 Nr. 1 dieses Gesetzes befreit werden.

第一千一百零一条 有配偶者收养子女,应当夫妻共同收养。

Article 1101   Where a person with spouse intends to adopt a child, the husband and wife shall adopt the child in concert.

§ 1101   Hat der Adoptionsbewerber einen Ehegatten, muss er mit dem Ehegatten ein Kind gemeinschaftlich adoptieren.

第一千一百零二条 无配偶者收养异性子女的,收养人与被收养人的年龄应当相差四十周岁以上。

Article 1102   Where a person without spouse intends to adopt a child of the opposite sex, the adopter shall be not less than 40 years older than the adoptee.

§ 1102 Adoptiert jemand, der keinen Ehegatten hat, ein andersgeschlechtliches Kind, muss zwischen Adoptierendem und Adoptiertem ein Altersunterschied von mindestens 40 Jahren bestehen.

第一千一百零三条 继父或者继母经继子女的生父母同意,可以收养继子女,并可以不受本法第一千零九十三条第三项、第一千零九十四条第三项、第一千零九十八条和第一千一百条第一款规定的限制。

Article 1103 A stepfather or stepmother may adopt the stepchild with the consent of the natural parents of the stepchild, and is not required to be subject to the provisions of subparagraph 3 of Article 1093, subparagraph 3 of Article 1094, Article 1098, and paragraph 1 of Article 1100 of this Code.

§ 1103 Stiefväter oder Stiefmütter dürfen mit dem Einverständnis der leiblichen Eltern ein Stiefkind adoptieren und dabei von den Beschränkungen der § § 1093 Nr. 3, 1094 Nr. 3, 1098 und 1100 Abs. 1 dieses Gesetzes befreit werden.

第一千一百零四条 收养人收养与送养人送养,应当双方自愿。收养八周岁以上未成年人的,应当征得被收养人的同意。

Article 1104 Both adoption and the placing out of a child for adoption should take place on a voluntary basis. In the case of adoption of a minor of eight years of age or over, the consent of the minor shall be obtained.

§1104 Bei der Adoption müssen beide Seiten, die adoptierende und diejenige, die das Kind zur Adoption freigibt, freiwillig handeln. Wird ein achtjähriger oder älterer Minderjähriger adoptiert, muss das Einverständnis des Adoptierten eingeholt werden.

第一千一百零五条 收养应当向县级以上人民政府民政部门登记。收养关系自登记之日起成立。

收养查找不到生父母的未成年人的，办理登记的民政部门应当在登记前予以公告。

收养关系当事人愿意签订收养协议的，可以签订收养协议。

收养关系当事人各方或者一方要求办理收养公证的，应当办理收养公证。

县级以上人民政府民政部门应当依法进行收养评估。

Article 1105 The adoption should be registered with the civil affairs department of the people's government at or above the county level. The adoptive relationship should be established as of the date of registration.

In the case of the adoption of a minor whose natural parents cannot be ascertained or found, the civil affairs department in charge of registration should make it known to the general public before registration.

Where the parties involved in the adoptive relationship wish to enter into an adoption agreement, they may sign such an agreement.

Where the parties or one party involved in the adoptive relationship demands that the adoption be notarized, the notarization shall be made accordingly.

The civil affairs department of the people's government at or above the county level should evaluate the adoption pursuant to the law.

§ 1105 Adoptionen müssen bei der Behörde für Zivilangelegenheiten der Volksregierung auf Kreis- oder höherer Ebene registriert werden. Das Adoptionsverhältnis kommt ab dem Tag der Registrierung zustande.

Adoptionen von Minderjährigen, deren leibliche Eltern nicht aufzufinden sind, müssen von der registrierenden Behörde für Zivilangelegenheiten vor der Registrierung bekanntgemacht werden.

Wollen die an einem Adoptionsverhältnis Beteiligten eine Vereinbarung für die Adoption schließen, können sie dies tun.

Wird eine notarielle Beurkundung der Adoption von den Beteiligten oder einem der Beteiligten des Adoptionsverhältnisses verlangt, muss die Adoption notariell beurkundet werden.

Die Behörde für Zivilangelegenheiten der Volksregierung auf Kreis- oder höherer Ebene muss nach dem Recht die Adoption bewerten.

第一千一百零六条 收养关系成立后,公安机关应当按照国家有关规定为被收养人办理户口登记。

Article 1106 After an adoptive relationship is established, the public security organ shall, pursuant to the relevant provisions issued by the State, handle the household registration for the adoptee.

§ 1106 Nach Zustandekommen eines Adoptionsverhältnisses muss die Behörde für öffentliche Sicherheit nach den einschlägigen staatlichen Bestimmungen die Haushaltsregistrierung für den Adoptierten erledigen.

第一千一百零七条 孤儿或者生父母无力抚养的子女,可以由生父母的亲属、朋友抚养;抚养人与被抚养人的关系不适用本章规定。

Article 1107 Orphans or children whose natural parents are unable to support them may be supported by the relatives or friends of their natural parents. The provisions of this Chapter do not apply to the relationship between the supporter and the supported.

§ 1107 Waisen und Kinder, deren leibliche Eltern nicht unterhaltsleistungsfähig sind, können von Verwandten oder Freunden der leiblichen Eltern unterhalten werden; auf das Verhältnis zwischen Unterhaltendem und Unterhaltenem finden die Bestimmungen dieses Kapitels keine Anwendung.

第一千一百零八条 配偶一方死亡,另一方送养未成年子女的,死亡一方的父母有优先抚养的权利。

Article 1108 Where a spouse places out a minor child for adoption after the death of the other spouse, the parents of the deceased spouse have priority in rearing the child.

§ 1108　Stirbt ein Ehegatte und gibt der andere ein minderjähriges Kind zur Adoption frei, haben die Eltern des Verstorbenen ein Vorrecht darauf, das Kind zu unterhalten.

第一千一百零九条　外国人依法可以在中华人民共和国收养子女。

外国人在中华人民共和国收养子女,应当经其所在国主管机关依照该国法律审查同意。收养人应当提供由其所在国有权机构出具的有关其年龄、婚姻、职业、财产、健康、有无受过刑事处罚等状况的证明材料,并与送养人签订书面协议,亲自向省、自治区、直辖市人民政府民政部门登记。

前款规定的证明材料应当经收养人所在国外交机关或者外交机关授权的机构认证,并经中华人民共和国驻该国使领馆认证,但是国家另有规定的除外。

Article 1109　A foreigner may, pursuant to the law, adopt a child in the People's Republic of China.

The adoption by a foreigner of a child in the People's Republic of China should be subject to examination and approval by the competent authorities of the country in which the foreigner is domiciled pursuant to the law of that country. The adopter shall provide the papers, as issued by the competent authorities of the country in which the adopter is domiciled, that certify his or her particulars such as age, marital status, profession, property, health and whether ever subjected to criminal punishment. The adopter shall sign a written agreement with the person who places out the child for adoption, and register in person the adoption with the civil affairs department of the people's government of a province, autonomous region, or municipality directly under the Central Government.

The certifying papers as mentioned in the preceding paragraph should be subject to the authentication by the foreign affairs organ of the country in which the adopter is domiciled or by an agency authorized by the said organ, and the authentication by the embassy or consulate of the People's Republic of China stationed in that country, except as otherwise provided by the State.

§ 1109 Ausländer dürfen nach dem Recht in der Volksrepublik China Kinder adoptieren.

Adoptieren Ausländer in der Volksrepublik China Kinder, müssen sie ihr Adoptionsvorhaben von den zuständigen Behörden des Landes, zu dem sie angehören, nach dem Recht dieses Landes überprüfen und genehmigen lassen. Die Adoptierenden müssen von den zuständigen Behörden ihres Landes ausgestellte Beweisunterlagen über ihre Verhältnisse wie etwa Alter, Familienstand, Beruf, Vermögen, Gesundheit und darüber, ob sie vorbestraft sind oder nicht, vorlegen; sie müssen mit dem, der ein Kind zur Adoption freigibt, eine schriftliche Vereinbarung schließen und die Adoption persönlich bei der Behörde für Zivilangelegenheiten der Volksregierung der Provinz, des Autonomen Gebiets oder der regierungsunmittelbaren Stadt anmelden.

Die im vorigen Absatz bestimmten Beweisunterlagen müssen von einer Behörde für auswärtige Beziehungen des Landes, zu dem der Adoptierende angehört, oder einem von dieser Behörde ermächtigten Organ beglaubigt und von der Botschaft oder einem

Konsulat der Volksrepublik China in diesem Land legalisiert worden sein, es sei denn, dass staatlich etwas anderes bestimmt ist.

第一千一百一十条 收养人、送养人要求保守收养秘密的,其他人应当尊重其意愿,不得泄露。

Article 1110 Where the adopter and the person placing out the child for adoption wish to keep the adoption confidential, others should respect their wish and should not make a disclosure thereof.

§ 1110 Verlangen der Adoptierende und der, der ein Kind zur Adoption freigibt, dass über die Adoption Stillschweigen bewahrt wird, müssen andere diesen Wunsch respektieren und dürfen nichts bekannt werden lassen.

第二节 收养的效力
Section 2 Validity of Adoption
2. Teil: Wirkungen der Adoption

第一千一百一十一条 自收养关系成立之日起,养父母与养子女间的权利义务关系,适用本法关于父母子女关系的规定;养子女与养父母的近亲属间的权利义务关系,适用本法关于子女与父母的近亲属关系的规定。

养子女与生父母以及其他近亲属间的权利义务关系,因收养关系的成立而消除。

Article 1111 As of the date of establishment of the adoptive relationship, the provisions governing the relationship between parents and children as set out in this Code apply to the rights and duties between adoptive parents and adopted children; the provisions governing the relationship between children and close relatives of their parents as set out in this Code apply to the rights and duties between adopted children and close relatives of the adoptive parents.

The rights and duties between an adopted child and his or her natural parents and other close relatives terminate with the establishment of the adoptive relationship.

§ 1111　Ab dem Tag, an dem das Adoptionsverhältnis zustande kommt, werden auf die Rechte und Pflichten zwischen Adoptiveltern und Adoptivkind die Bestimmungen über die Verhältnisse zwischen Eltern und Kindern angewandt; auf die Rechte und Pflichten zwischen Adoptivkind und nahen Verwandten der Adoptiveltern werden die Bestimmungen dieses Gesetzes über die Verhältnisse zwischen Kindern und nahen Verwandten der Eltern angewandt.

Die Rechte und Pflichten zwischen dem Adoptivkind und seinen leiblichen Eltern und anderen nahen Verwandten erlöschen mit dem Zustandekommen des Adoptionsverhältnisses.

第一千一百一十二条　养子女可以随养父或者养母的姓氏，经当事人协商一致，也可以保留原姓氏。

Article 1112　An adopted child may adopt the surname of his or her adoptive father or adoptive mother, or retain his or her original surname, if so agreed through consultation between the parties concerned.

§ 1112 Adoptivkinder können den Familiennamen des Adoptivvaters oder den der Adoptivmutter erhalten; sie können, wenn sich die Beteiligten darüber geeinigt haben, auch den ursprünglichen Familiennamen behalten.

第一千一百一十三条 有本法第一编关于民事法律行为无效规定情形或者违反本编规定的收养行为无效。

无效的收养行为自始没有法律约束力。

Article 1113 Any act of adoption that involves the circumstances under which a juridical act is void as stipulated in Book One of this Code or that violates the provisions of this Book is void.

A void adoption is not legally binding from the outset.

§ 1113 Adoptionshandlungen, bei denen Umstände vorliegen, für die das erste Buch dieses Gesetzes die Unwirksamkeit bestimmt, oder die gegen Bestimmungen dieses Buches verstoßen, haben keine Rechtswirksamkeit.

Unwirksame Adoptionshandlungen haben von Anfang an keine rechtliche Bindungswirkung.

第三节　收养关系的解除

Section 3　Dissolution of an Adoptive Relationship

3. Teil: Auflösung des Adoptionsverhältnisses

第一千一百一十四条　收养人在被收养人成年以前,不得解除收养关系,但是收养人、送养人双方协议解除的除外。养子女八周岁以上的,应当征得本人同意。

收养人不履行抚养义务,有虐待、遗弃等侵害未成年养子女合法权益行为的,送养人有权要求解除养父母与养子女间的收养关系。送养人、收养人不能达成解除收养关系协议的,可以向人民法院提起诉讼。

Article 1114　No adopter may dissolve the adoptive relationship before the adopted child comes of age, unless the adopter and the person having placed out the child for adoption agree to dissolve such relationship. If the adopted child involved has reached eight years of age, his or her consent should be obtained.

Where an adopter fails to perform the duty to support the adopted child or commits maltreatment, desertion or other acts of encroachment upon the lawful rights and interests of the minor adopted child, the person having placed out the child for adoption has the right to demand dissolution of the adoptive relationship. Where the person having placed out the child for adoption and the adopter fail to reach an agreement thereon, they may institute an action in the people's court.

§ 1114　Der Adoptierende darf vor der Volljährigkeit des Adoptierten das Adoptionsverhältnis nicht auflösen, es sei denn, dass der Adoptierende und der, der das Kind zur Adoption freigegeben hat, die Auflösung vereinbaren. Ist das Adoptivkind acht Jahre alt oder älter, muss sein Einverständnis dazu eingeholt werden.

Erfüllt der Adoptierende seine Unterhaltspflicht nicht oder liegen Handlungen vor, die die legalen Rechte und Interessen eines minderjährigen Adoptivkindes verletzen, wie etwa Misshandlung oder Aussetzung, ist der, der das Kind zur Adoption freigegeben hat, berechtigt, die Auflösung des Adoptionsverhältnisses zwischen Adoptiveltern und Adoptivkind zu verlangen. Können der Adoptierende und der, der das Kind zur Adoption freigegeben hat, keine Vereinbarung über die Auflösung des Adoptionsverhältnisses erzielen, kann Klage beim Volksgericht erhoben werden.

第一千一百一十五条 养父母与成年养子女关系恶化、无法共同生活的,可以协议解除收养关系。不能达成协议的,可以向人民法院提起诉讼。

Article 1115 Where the relationship between the adoptive parents and an adopted child of full age deteriorates to such an extent that their living together in the same household becomes impossible, they may dissolve the adoptive relationship by agreement. If they fail to reach an agreement, they may institute an action in the people's court.

§ 1115 Verschlechtern sich die Beziehungen zwischen Adoptiveltern und einem volljährigen Adoptivkind und können sie nicht mehr zusammenleben, kann das Adoptionsverhältnis durch

Vereinbarung aufgelöst werden. Kann keine Vereinbarung über die Auflösung des Adoptionsverhältnisses erzielt werden, kann Klage beim Volksgericht erhoben werden.

第一千一百一十六条 当事人协议解除收养关系的,应当到民政部门办理解除收养关系登记。

Article 1116 Where the parties agree to dissolve the adoptive relationship, they should register the dissolution of the adoptive relationship with the civil affairs department.

§ 1116 Lösen die Beteiligten durch Vereinbarung ein Adoptionsverhältnis auf, müssen sie bei der Behörde für Zivilangelegenheiten das Verfahren zur Registrierung der Auflösung des Adoptionsverhältnisses durchführen.

第一千一百一十七条 收养关系解除后,养子女与养父母以及其他近亲属间的权利义务关系即行消除,与生父母以及其他近亲属间的权利义务关系自行恢复。但是,成年养子女与生父母以及其他近亲属间的权利义务关系是否恢复,可以协商确定。

Article 1117 Upon dissolution of an adoptive relationship, the rights and duties between the adopted child and his or her adoptive parents and their close relatives dissolve accordingly, while the rights and duties between the child and his or her natural parents and their close relatives are restored automatically; however, whether to restore the rights and duties between an adopted child of full age and his or her natural parents and their close relatives may

be determined through consultation.

§ 1117 Nach Auflösung des Adoptionsverhältnisses erlöschen die Rechte und Pflichten zwischen dem Adoptivkind und den Adoptiveltern sowie deren nahen Verwandten, und die Rechte und Pflichten in den Verhältnissen zu den leiblichen Eltern und anderen nahen Verwandten werden automatisch wiederhergestellt. Ob die Rechte und Pflichten zwischen einem volljährigen Adoptivkind und seinen leiblichen Eltern sowie anderen nahen Verwandten wiederhergestellt wird, kann in Verhandlungen bestimmt werden.

第一千一百一十八条 收养关系解除后,经养父母抚养的成年养子女,对缺乏劳动能力又缺乏生活来源的养父母,应当给付生活费。因养子女成年后虐待、遗弃养父母而解除收养关系的,养父母可以要求养子女补偿收养期间支出的抚养费。

生父母要求解除收养关系的,养父母可以要求生父母适当补偿收养期间支出的抚养费;但是,因养父母虐待、遗弃养子女而解除收养关系的除外。

Article 1118 Upon dissolution of an adoptive relationship, an adopted child of full age who has been reared by his or her adoptive parents shall pay the living expenses to his or her adoptive parents who have lost ability to work and have no source of income. If the adoptive relationship is dissolved on account of the maltreatment or desertion of the adoptive parents by the adopted child of full age, the adoptive parents may demand compensation from the adopted child for the child support incurred during the adoption.

Where the natural parents of an adopted child request the dissolution of the adoptive relationship, the adoptive parents may demand appropriate compensation from the natural parents for the child support incurred during the adoption, except if the adoptive relationship is dissolved on account of the maltreatment or desertion of the adopted child by the adoptive parents.

§ 1118 Nach Auflösung des Adoptionsverhältnisses müssen die von den Adoptiveltern unterhaltenen erwachsenen Adoptivkinder den Adoptiveltern, die arbeitsunfähig sind und keine sonstigen Quellen für ihren Lebensunterhalt haben, den Lebensunterhalt leisten. Wird das Adoptionsverhältnis aufgelöst, weil ein Adoptivkind nach Vollendung des 18. Lebensjahres die Adoptiveltern misshandelt oder ausgesetzt hat, können die Adoptiveltern vom Adoptivkind Ausgleich für die Unterhaltskosten verlangen, die sie während der Zeit der Adoption geleistet haben.

Verlangen die leiblichen Eltern die Auflösung des Adoptionsverhältnisses, können die Adoptiveltern von den leiblichen Eltern einen angemessenen Ausgleich für die Unterhaltskosten verlangen, die sie während der Zeit der Adoption geleistet haben, es sei denn, dass das Adoptionsverhältnis aufgelöst wird, weil die Adoptiveltern das Adoptivkind misshandelt oder ausgesetzt haben.

第六编 继承

Book Six Succession

Sechstes Buch: Erbfolge

第一章　一般规定
Chapter I　General Rules
1. Kapitel: Allgemeine Bestimmungen

第一千一百一十九条　本编调整因继承产生的民事关系。

Article 1119　This Book governs the civil relations arising from successions.

§ 1119　Dieses Buch regelt die durch Erbschaft entstandenen zivilen Beziehungen.

第一千一百二十条　国家保护自然人的继承权。

Article 1120　The State protects the right of succession of natural persons.

§ 1120　Der Staat schützt das Erbrecht natürlicher Personen.

第一千一百二十一条　继承从被继承人死亡时开始。

相互有继承关系的数人在同一事件中死亡,难以确定死亡时间的,推定没有其他继承人的人先死亡。都有其他继承人,辈份不同的,推定长辈先死亡;辈份相同的,推定同时死亡,相互不发生继承。

Article 1121　The succession of a decedent opens at the time of his death.

If several persons with intertwined relationships of succession died in the same event, and it is difficult to determine the time of deaths, it is presumed that the one without any other successor died first. If all of them have successors, the elders are presumed to die earlier if they are of different generations; or they are presumed to die at the same time without any succession to each other if they are of the same generation.

§ 1121　Der Erbfall tritt mit dem Tod des Erblassers ein.

Sterben mehrere Personen mit wechselseitigen Erbverhältnissen bei demselben Vorfall und ist es schwer, die Reihenfolge der Todesfälle zu bestimmen, wird vermutet, dass die über keinen anderen Erben verfügende Person zuerst gestorben ist. Verfügen alle Gestorbenen über einen anderen Erben und gehörten unterschiedlichen Generationen an, wird vermutet, dass die der älteren Generation angehörende Person zuerst gestorben ist. Gehören die Gestorbenen derselben Generationen an, wird ihr gleichzeitiger Tod vermutet, sodass sie sich nicht gegenseitig beerben.

第一千一百二十二条　遗产是自然人死亡时遗留的个人合法财产。

依照法律规定或者根据其性质不得继承的遗产，不得继承。

Article 1122　Estate is the personal lawful property left by a natural person at the time of his death.

The estate that is not allowed to be inherited pursuant to the law or based on its nature should not be inherited.

§ 1122　Nachlass ist das legale Privatvermögen, das natürliche Personen bei ihrem Tode hinterlassen.

Nachlass, der nach gesetzlichen Bestimmungen oder aufgrund seiner Natur nicht geerbt werden darf, darf nicht geerbt werden.

第一千一百二十三条　继承开始后,按照法定继承办理;有遗嘱的,按照遗嘱继承或者遗赠办理;有遗赠扶养协议的,按照协议办理。

Article 1123　Succession should, after its opening, be handled pursuant to the provisions on statutory succession; where a will exists, it should be handled pursuant to provisions on testamentary succession or as legacy; or where there is an agreement for legacy in return for support, it should be handled based on the terms of the agreement.

§ 1123　Nach dem Eintritt des Erbfalls wird nach der gesetzlichen Erbregelung verfahren; gibt es ein Testament, wird nach testamentarischer Erbfolge oder Vermächtnissen verfahren; gibt es eine Vereinbarung über Vermächtnisse und Unterhalt, wird nach der Vereinbarung verfahren.

第一千一百二十四条　继承开始后,继承人放弃继承的,应当在遗产处理前,以书面形式作出放弃继承的表示;没有表示的,视为接受继承。

受遗赠人应当在知道受遗赠后六十日内,作出接受或者放弃受遗赠的表示;到期没有表示的,视为放弃受遗赠。

Article 1124 A successor who, after the opening of succession, renounces the succession shall make known his decision to renounce the succession in writing before the disposition of the estate. In the absence of such an indication, it is deemed as acceptance of inheritance.

A legatee shall, within 60 days after becoming aware of the legacy, make a declaration of acceptance or abandonment. In the absence of such a declaration during the specified period, it is deemed as a waiver of the bequest.

§ 1124 Nach dem Eintritt des Erbfalls muss der Erbe, wenn er das Erbe ausschlägt, vor der Regelung des Nachlasses eine Ausschlagungserklärung abgeben; wird keine Erklärung abgegeben, wird das als Annahme des Erbes angesehen.

Der Vermächtnisnehmer muss innerhalb von 60 Tagen, nachdem er vom Anfall des Vermächtnisses erfahren hat, erklären, ob er das Vermächtnis annimmt oder ausschlägt; wird nicht fristgemäß eine Erklärung abgegeben, wird das als Ausschlagung des Vermächtnisses angesehen.

第一千一百二十五条 继承人有下列行为之一的,丧失继承权:

(一)故意杀害被继承人;

(二)为争夺遗产而杀害其他继承人;

(三)遗弃被继承人,或者虐待被继承人情节严重;

（四）伪造、篡改、隐匿或者销毁遗嘱，情节严重；

（五）以欺诈、胁迫手段迫使或者妨碍被继承人设立、变更或者撤回遗嘱，情节严重。

继承人有前款第三项至第五项行为，确有悔改表现，被继承人表示宽恕或者事后在遗嘱中将其列为继承人的，该继承人不丧失继承权。

受遗赠人有本条第一款规定行为的，丧失受遗赠权。

Article 1125 A successor who commits any of the following acts shall be disinherited:

(1) intentionally killing the decedent;

(2) killing any other successor in competing for the estate;

(3) abandoning or maltreating the decedent with serious circumstances;

(4) forging, tampering with, concealing or destroying the will with serious circumstances; or

(5) forcing or hindering by fraud or coercion the establishment, change or revocation of the will by the testator with serious circumstances.

Where the successor who commits any of the acts as mentioned in sub-paragraphs (3) to (5) of the preceding paragraph does show repentance, and the testator shows forgiveness or lists him as a successor in the will afterwards, the successor is not disinherited.

A legatee committing the act as prescribed in paragraph 1 of this article is deprived of his right to legacy.

§ 1125 Begeht der Erbe eine der folgenden

Handlungen, verliert er das Erbrecht:

1. vorsätzliche Tötung des Erblassers;

2. Tötung anderer Erben, um Nachlass zu erlangen;

3. Aussetzung des Erblassers; oder Misshandlung des Erblassers bei Vorliegen schwerwiegender Umstände;

4. Fälschungen, Verfälschungen, Verbergen oder Vernichten von Testamenten, bei Vorliegen schwerwiegender Umstände;

5. Erzwingung oder Verhinderung des Erblassers durch Täuschung oder Drohung zur bzw. an der Errichtung, Änderung oder Rücknahme des Testaments, bei schwerwiegenden Umstanden.

Begeht ein Erbe in Ziffern 3 bis 5 des vorigen Absatzes bestimmte Handlungen, verliert er sein Erbrecht nicht, wenn er wirklich Reue zeigt und der Erblasser ihm vergibt oder ihn nachträglich im Testament als Erbe einsetzt.

Begeht ein Vermächtnisnehmer eine der in Abs. 1 bestimmten Handlungen, verliert er sein Recht auf Empfang des Vermächtnisses.

第二章 法定继承
Chapter II Statutory Succession
2. Kapitel: Gesetzliche Erbfolge

第一千一百二十六条 继承权男女平等。

Article 1126 Males and females are equal in their right of succession.

§ 1126 In ihren Erbrechten sind Männer und Frauen gleich.

第一千一百二十七条 遗产按照下列顺序继承:
(一)第一顺序:配偶、子女、父母;
(二)第二顺序:兄弟姐妹、祖父母、外祖父母。
继承开始后,由第一顺序继承人继承,第二顺序继承人不继承;没有第一顺序继承人继承的,由第二顺序继承人继承。
本编所称子女,包括婚生子女、非婚生子女、养子女和有扶养关系的继子女。
本编所称父母,包括生父母、养父母和有扶养关系的继父母。
本编所称兄弟姐妹,包括同父母的兄弟姐妹、同父异母或者同母异父的兄弟姐妹、养兄弟姐妹、有扶养关系的继兄弟姐妹。

Article 1127 The estate of a decedent should be inherited in the following order:
(1) first in order: spouse, children, parents; or
(2) second in order: brothers and sisters, paternal grandparents, maternal grandparents.

When succession opens, the successor(s) first in order should inherit to the exclusion of the successor(s) second in order. The successor(s) second in order should inherit in default of any successor first in order.

For the purpose of this Book, "children" include legitimate children, illegitimate children and adopted children, as well as stepchildren who supported or were supported by the decedent.

"Parents" include natural parents and adoptive parents, as well as step-parents who suppor-ted or were supported by the decedent.

"Brothers and sisters" include blood brothers and sisters, brothers and sisters of half-blood, adopted brothers and sisters, as well as step-brothers and step-sisters who supported or were supported by the decedent.

§ 1127 Nachlass wird nach der folgenden Reihenfolge geerbt:

1. erste Ordnung: Ehegatte, Kinder, Eltern;

2. zweite Ordnung: Geschwister, Großeltern.

Nach Eintritt des Erbfalls erben die Erben erster Ordnung, die Erben zweiter Ordnung erben nicht; gibt es keinn erbenden Erben erster Ordnung, erben die Erben zweiter Ordnung.

Kinder im Sinne dieses Buches sind eheliche Kinder, uneheliche Kinder, Adoptivkinder und diejenigen Stiefkinder, zu denen eine Unterhaltsbeziehung besteht.

Eltern im Sinne dieses Buches sind leibliche Eltern, Adoptiveltern und diejenigen Stiefeltern, zu denen eine Unterhaltsbeziehung besteht.

Geschwister im Sinne dieses Buches sind Geschwister mit gleichen Eltern, Geschwister mit gleichem Vater und anderer Mutter oder gleicher Mutter und anderem Vater, Adoptivgeschwister und diejenigen Stiefgeschwister, zu denen eine Unterhaltsbeziehung besteht.

第一千一百二十八条 被继承人的子女先于被继承人死亡的,由被继承人的子女的直系晚辈血亲代位继承。

被继承人的兄弟姐妹先于被继承人死亡的,由被继承人的兄弟姐妹的子女代位继承。

代位继承人一般只能继承被代位继承人有权继承的遗产份额。

Article 1128 Where a decedent survived his child, the direct lineal descendants of the child who has predeceased the decedent inherit in subrogation.

Where a decedent survived his brother or sister, the children of the brother or sisterwho has predeceased the decedent inherit in subrogation.

Successors who inherit in subrogation should generally inherit only the share of the estate the subrogated successors are entitled to inherit.

§ 1128 Sind Kinder des Erblassers vor dem Erblasser gestorben, treten für sie die Blutsverwandten der nächsten Generation in gerader Linie in die Erbfolge ein.

Sind Geschwister des Erblassers vor dem Erblasser gestorben, treten für sie die Kinder der Geschwister des Erblassers ein.

Ein eintretender Erbe kann in der Regel nur den Anteil des Nachlasses erben, den zu erben der eingetretene Erbe berechtigt war.

第一千一百二十九条 丧偶儿媳对公婆,丧偶女婿对岳父母,尽了主要赡养义务的,作为第一顺序继承人。

Article 1129 Widowed daughters-in-law or sons-in-law who have made the predominant contributions in maintaining their parents-in-law are in relationship to their parents-in-law regarded as successors first in order.

§ 1129 Hat eine verwitwete Schwiegertochter gegenüber ihrer Schwiegermutter oder ein verwitweter Schwiegersohn gegenüber seinen Schwiegereltern Hauptunterhaltspflichten erfüllt, gelten sie als Erben erster Ordnung.

第一千一百三十条 同一顺序继承人继承遗产的份额,一般应当均等。

对生活有特殊困难又缺乏劳动能力的继承人,分配遗产时,应当予以照顾。

对被继承人尽了主要扶养义务或者与被继承人共同生活的继承人,分配遗产时,可以多分。

有扶养能力和有扶养条件的继承人,不尽扶养义务的,分配遗产时,应当不分或者少分。

继承人协商同意的,也可以不均等。

Article 1130 Successors same in order, in general, inherit in equal shares.

At the time of distributing the estate, due consideration should be given to successors who have special difficulties in life and are unable to work.

At the time of distributing the estate, successors who have made the predominant contributions in maintaining the decedent or have lived with the decedent may be given a larger share.

At the time of distributing the estate, successors who had the ability and were in a position to maintain the decedent but failed to fulfill their duties should be given no share or a smaller share of the estate.

Successors may take unequal shares if an agreement to that effect is reached among them.

§ 1130　Der Anteil des Nachlasses jedes Erben gleicher Ordnung muss in der Regel gleich sein.

Erben, die besondere Lebensschwierigkeiten haben und noch arbeitsunfähig sind, müssen bei der Verteilung des Nachlasses besonders berücksichtigt werden.

Erben, die dem Erblasser hauptsächlich Unterhalt geleistet oder mit dem Erblasser zusammengelebt haben, kann bei der Verteilung des Nachlasses ein größerer Teil gegeben werden.

Haben Erben, die die Fähigkeit und die Voraussetzungen haben, [den Erblasser] zu unterhalten, ihre Unterhaltspflichten aber nicht erfüllt, muss ihnen bei der Verteilung des Nachlasses nichts oder weniger zugeteilt werden.

Haben sich die Erben in Verhandlungen darüber geeinigt, kann auch ungleich verteilt werden.

第一千一百三十一条　对继承人以外的依靠被继承人扶养的人,或者继承人以外的对被继承人扶养较多的人,可以分给适当的遗产。

Article 1131 An appropriate share of the estate may be given to a person, other than a successor, who depended on the support of the decedent, or to a person, other than a successor, who was largely responsible for supporting the decedent.

§ 1131 Nichterben, die sich auf vom Erblasser geleisteten Unterhalt stützen, sowie Nichterben, die den Erblasser in größerem Umfang unterhalten haben, kann ein angemessener Nachlass zugeteilt werden.

第一千一百三十二条 继承人应当本着互谅互让、和睦团结的精神,协商处理继承问题。遗产分割的时间、办法和份额,由继承人协商确定;协商不成的,可以由人民调解委员会调解或者向人民法院提起诉讼。

Article 1132 Issues pertaining to succession should be dealt with through consultation by and among the successors in the spirit of mutual understanding and mutual accommodation, as well as of amity and unity. The time and mode for partitioning the estate and the shares should be determined by the successors through consultation. If no agreement is reached through consultation, they may apply to a people's mediation committee for mediation or institute an action in the people's court.

§ 1132 Die Erben müssen im Geiste des gegenseitigen Verständnisses und Entgegenkommens, der Eintracht und Solidarität Regelungen für die Erbfragen aushandeln. Zeitpunkt, Methode und Anteile der Erbteilung werden von den Erben in Verhandlungen bestimmt; bleiben die Verhandlungen erfolglos, kann von der Volksschiedskommission geschlichtet oder beim Volksgericht Klage erhoben werden.

第三章 遗嘱继承和遗赠
Chapter III Testamentary Succession and Legacy
3. Kapitel: Testamentarische Erbregelung und Vermächtnis

第一千一百三十三条 自然人可以依照本法规定立遗嘱处分个人财产,并可以指定遗嘱执行人。

自然人可以立遗嘱将个人财产指定由法定继承人中的一人或者数人继承。

自然人可以立遗嘱将个人财产赠与国家、集体或者法定继承人以外的组织、个人。

自然人可以依法设立遗嘱信托。

Article 1133 A natural person may, by means of a will made pursuant to the provisions of this Code, dispose of the property he owns and may designate a testamentary executor for the purpose.

A natural person may, by making a will, designate one or more of the statutory successors to inherit his personal property.

A natural person may, by making a will, donate his personal property to the State or a collective, or bequeath it to organizations or individuals other than statutory successors.

A natural person may establish a testamentary trust pursuant

to the law.

§ 1133 Natürliche Personen können nach den Bestimmungen dieses Buches Testamente errichten, um über persönliches Vermögen zu verfügen, und sie können auch Testamentsvollstrecker bestimmen.

Natürliche Personen können durch Errichtung von Testamenten bestimmten, dass ihr persönliches Vermögen von einem oder mehreren der gesetzlichen Erben geerbt wird.

Natürliche Personen können durch Errichtung von Testamenten dem Staat, Kollektiven oder anderen Organisationen oder Einzelpersonen als den gesetzlichen Erben ihr persönliches Vermögen schenken.

Natürliche Personen können nach dem Recht eine testamentarische Treuhand errichten.

第一千一百三十四条 自书遗嘱由遗嘱人亲笔书写,签名,注明年、月、日。

Article 1134 A testator-written will is made in the testator's own handwriting and signed by him, specifying the date of its making.

§ 1134 Die selbst geschriebenen Testamente werden von Testatoren eigenhändig geschrieben, unterschrieben und mit Jahr, Monat und Tag vermerkt.

第一千一百三十五条 代书遗嘱应当有两个以上见证人在场见证,由其中一人代书,并由遗嘱人、代书人和其他见证人签名,注明年、月、日。

Article 1135 A will written on behalf of the testator is made in the presence of two or more witnesses of whom one writes the will, and the testator, the one who writes the will and other witnesses should sign and date the will.

§ 1135 Die Errichtung eines fremdhändigen Testaments muss von mindestens zwei gleichzeitig anwesenden Zeugen, von denen einer das Testament niederschreibt, bezeugt werden, von dem Testator, dem beauftragten Schreiber und dem oder den anderen Zeugen unterschrieben und mit Jahr, Monat und Tag vermerkt werden.

第一千一百三十六条　打印遗嘱应当有两个以上见证人在场见证。遗嘱人和见证人应当在遗嘱每一页签名,注明年、月、日。

Article 1136 A printed will should be made in the presence of two or more witnesses. The testator and witnesses should sign and date each page of the will.

§ 1136 Der Ausdruck eines Testaments muss von mindestens zwei gleichzeitig anwesenden Zeugen bezeugt werden. Der Testator und die Zeugen müssen auf jeder Seite des Testaments unterzeichnen sowie Jahr, Monat und Tag vermerken.

第一千一百三十七条　以录音录像形式立的遗嘱,应当有两个以上见证人在场见证。遗嘱人和见证人应当在录音录像中记录其姓名或者肖像,以及年、月、日。

Article 1137 A will in the form of a sound or video recording should be made in the presence of two or more witnesses. The testator and witnesses should record his name or portrait as well as the date in the sound or video recording.

§ 1137 Ein in Form der Ton- oder Videoaufnahme errichtetes Testament muss von mindestens zwei gleichzeitig anwesenden Zeugen bezeugt werden. Der Testator und die Zeugen müssen im Tonträger oder in der Videoaufnahme ihre Namen oder Bildnisse sowie Jahr, Monat und Tag aufzeichnen.

第一千一百三十八条 遗嘱人在危急情况下,可以立口头遗嘱。口头遗嘱应当有两个以上见证人在场见证。危急情况消除后,遗嘱人能够以书面或者录音录像形式立遗嘱的,所立的口头遗嘱无效。

Article 1138 A testator may, in an emergency situation, make a nuncupative will, which should be made in the presence of two or more witnesses. Where, after the emergency situation is eliminated, the testator is able to make a will in writing or in the form of a sound or video recording, the nuncupative will he has made is invalidated.

§ 1138 In Notfällen kann der Testator ein mündliches Testament errichten. Das mündliche Testament muss von mindestens zwei gleichzeitig anwesenden Zeugen bezeugt werden. Ist der Notfall behoben worden und der Testator in Schrift-, Tonträger- oder Videoform das Testament errichten kann, wird das [von ihm] errichtete mündliche Testament unwirksam.

第一千一百三十九条 公证遗嘱由遗嘱人经公证机构办理。

Article 1139 A notarial will is made by a testator th-rough a notary agency.

§ 1139 Das notarielle Testament wird vom Testator bei einem Notariat durchgeführt.

第一千一百四十条 下列人员不能作为遗嘱见证人：

（一）无民事行为能力人、限制民事行为能力人以及其他不具有见证能力的人；

（二）继承人、受遗赠人；

（三）与继承人、受遗赠人有利害关系的人。

Article 1140 None of the following persons may act as a witness of a will:

(1) persons with no capacity for civil conduct or with limited capacity for civil conduct, and other persons without witness capabilities;

(2) successors and legatees; or

(3) persons who are interested parties of successors and legatees.

§ 1140 Die folgenden Personen dürfen nicht als Testamentszeugen auftreten：

1. ZIvilgeschäftsunfähige, beschränkt Zivilgeschäftsfähige und andere zeugenunfähhige Personen；

2. Erben und Vermächtnisnehmer；

3. Personen, die zu Erben oder Vermächtnisnehmern in Interessenverbindungen stehen.

第一千一百四十一条 遗嘱应当为缺乏劳动能力又没有生活来源的继承人保留必要的遗产份额。

Article 1141　Reservation of a necessary portion of an estate should be made in a will for a successor who has neither the ability to work nor a source of income.

§ 1141　Das Testament muss Erben, die arbeitsunfähig sind und noch keine Einkommensquelle haben, den notwendigen Teil des Nachlasses vorbehalten.

第一千一百四十二条 遗嘱人可以撤回、变更自己所立的遗嘱。

立遗嘱后,遗嘱人实施与遗嘱内容相反的民事法律行为的,视为对遗嘱相关内容的撤回。

立有数份遗嘱,内容相抵触的,以最后的遗嘱为准。

Article 1142　A testator may revoke or alter a will he previously made.

After a will is made, ang civil legal acts committed by a testator contrary to the content of the will is deemed as withdrawal of the relevant contents of the will.

Where several wills that have been made conflict with one another in content, the last one prevails.

§ 1142　Der Testator kann von ihm selbst errichtete Testa-

mente zurücknehmen und ändern.

Nimmt der Testator nach der Testamentserrichtung Rechtsgeschäfte vor, die dem Inhalt des Testaments entgegenstehen, wird der betreffende Inhalt des Testaments als widerrufen angesehen;

Sind mehrere sich inhaltlich widersprechende Testamente errichtet worden, ist das zuletzt errichtete Testament maßgeblich.

第一千一百四十三条　无民事行为能力人或者限制民事行为能力人所立的遗嘱无效。

遗嘱必须表示遗嘱人的真实意思,受欺诈、胁迫所立的遗嘱无效。

伪造的遗嘱无效。

遗嘱被篡改的,篡改的内容无效。

Article 1143　Wills made by persons with no capacity for civil conduct or with limited capacity for civil conduct are void.

Wills must manifest the genuine intention of the testators and those made as a result of fraud or under duress are void.

Forged wills are void.

Where a will has been tampered with, the affected parts of it are void.

§ 1143　Von Zivilgeschäftsunfähigen oder beschränkt Zivilgeschäftsfähigen errichtete Testamente sind unwirksam.

Das Testament muss den tatsächlichen Willen des Testators widerspiegeln; unter Täuschung oder Drohung errichtete Testamente sind unwirksam.

Gefälschte Testamente sind unwirksam.

Ist ein Testament verfälscht worden, ist der verfälschte Inhalt unwirksam.

第一千一百四十四条 遗嘱继承或者遗赠附有义务的,继承人或者受遗赠人应当履行义务。没有正当理由不履行义务的,经利害关系人或者有关组织请求,人民法院可以取消其接受附义务部分遗产的权利。

Article 1144 Where obligations are attached to testamentary succession or legacy, the successor or legatee shall perform such obligations. Any failure to perform the obligations without justified reasons may, upon request by an interested party or a relevant organization, entail nullification of the right of succession to the estate to which obligations are attached by a people's court.

§ 1144 Ist die testamentarische Erbfolge oder ein Vermächtnis mit Auflagen verbunden, muss der Erbe oder Vermächtnisnehmer die Auflagen erfüllen. Erfüllt er die Auflagen ohne rechtfertigende Gründe nicht, kann das Volksgericht auf Verlangen Interessierter oder betreffender Organisationen sein Recht aufheben, den mit den Auflagen verbundenen Teil des Nachlasses entgegenzunehmen.

第四章 遗产的处理
Chapter IV Disposition of the Estate
4. Kapitel: Regelung des Nachlasses

第一千一百四十五条 继承开始后,遗嘱执行人为遗产管理人;没有遗嘱执行人的,继承人应当及时推选遗产管理人;继承人未推选的,由继承人共同担任遗产管理人;没有继承人或者继承人均放弃继承的,由被继承人生前住所地的民政部门或者村民委员会担任遗产管理人。

Article 1145 After the opening of succession, the testamentary executor is the administrator; in the absence of a testamentary executor, the successor(s) should recommend an administrator in a timely manner; if the successor fails to do so, the successor acts as the administrator; and in the absence of a successor or if all successors renounce the succession, the civil affairs department or villagers' committee at the place of domicile of the decedent before his death acts as the administrator.

§ 1145 Nach Eintritt des Erbfalls ist der Testamentsvollstrecker der Nachlassverwalter. Gibt es keinen Testamentsvollstrecker, müssen die Erben rechtzeitig einen Nachlassverwalter wählen; haben die Erben keinen Nachlassverwalter gewählt, fungieren die Erben gemeinsam als Nachlassverwalter; gibt es keine Erben oder schlagen die Erben das Erbe aus, fungiert das Amt für Zivilangelegenheiten oder das Dorfbewohnerkomitee des Wohnortes, den der Erblasser zu Lebzeiten hatte, als Nachlassverwalter.

第一千一百四十六条 对遗产管理人的确定有争议的,利害关系人可以向人民法院申请指定遗产管理人。

Article 1146 Where there is any dispute over the determination of an administrator, an interested party may apply to the people's court for designating an administrator.

§ 1146 Gibt es Streit über die Feststellung des Nachlassverwalters, können Interessierte beim Volksgericht beantragen, einen Nachlassverwalter zu bestellen.

第一千一百四十七条 遗产管理人应当履行下列职责：
(一)清理遗产并制作遗产清单；
(二)向继承人报告遗产情况；
(三)采取必要措施防止遗产毁损、灭失；
(四)处理被继承人的债权债务；
(五)按照遗嘱或者依照法律规定分割遗产；
(六)实施与管理遗产有关的其他必要行为。

Article 1147 An administrator shall perform the following duties:

(1) reviewing the estate and making an estate inventory;

(2) reporting the estate information to successor;

(3) taking necessary measures to prevent damages to and loss of the estate;

(4) disposing of the creditor's rights and debts of the dece-

dent;

(5) partitioning the estate pursuant to the will or pursuant to the law; or

(6) conducting other necessary acts related to the administration of the estate.

§ 1147 Der Nachlassverwalter hat die folgenden Aufgaben zu erfüllen:

1. den Nachlass zu ordnen und ein Nachlassinventar zu erstellen;

2. den Erben über die Situation des Nachlasses zu berichten;

3. die notwendigen Maßnahmen zu ergreifen, um die Verschlechterung oder den Untergang der Nachlassgegenstände zu verhindern;

4. die Forderungen und Schulden des Erblassers zu regeln;

5. den Nachlass nach dem Testament oder den gesetzlichen Bestimmungen aufzuteilen;

6. andere notwendige Handlungen, die im Zusammenhang mit der Verwaltung des Nachlasses stehen, auszuführen.

第一千一百四十八条 遗产管理人应当依法履行职责,因故意或者重大过失造成继承人、受遗赠人、债权人损害的,应当承担民事责任。

Article 1148 Administrators shall perform their duties pursuant to the law, and bear civil liabilities for the damages caused by them to successors, legatees and creditors by intention or due to gross negligence.

§ 1148　Der Nachlassverwalter muss seine Aufgaben nach dem Recht erfüllen und haftet zivilrechtlich für den Schaden, den er aus Vorsatz oder durch grobe Fahrlässigkeit den Erben, Vermächtnisnehmern oder Gläubigern zugefügt hat.

第一千一百四十九条　遗产管理人可以依照法律规定或者按照约定获得报酬。

Article 1149　Administrators may obtain remuneration pursuant to the law or based on agreements.

§ 1149　Der Nachlassverwalter kann nach gesetzlichen Bestimmungen oder nach einer Vereinbarung eine Vergütung erlangen.

第一千一百五十条　继承开始后,知道被继承人死亡的继承人应当及时通知其他继承人和遗嘱执行人。继承人中无人知道被继承人死亡或者知道被继承人死亡而不能通知的,由被继承人生前所在单位或者住所地的居民委员会、村民委员会负责通知。

Article 1150　After the opening of succession, a successor who is aware of the death of the decedent shall notify other successors and the testamentary executor in a timely manner. If none of the successors know about the death of the decedent, or if there is no way to make the notification even though his death is known, the employer of the decedent before his death or the residents' committee or villagers' committee at his place of domicile before his death shall make the notification.

§ 1150 Nach Eintritt des Erbfalls muss ein Erbe, der vom Tode des Erblassers erfährt, unverzüglich die anderen Erben und den Testamentsvollstrecker darüber unterrichten. Erfährt keiner der Erben vom Tod des Erblassers oder erfährt ein Erbe vom Tod des Erblassers, kann das aber nicht mitteilen, ist die Einheit, in der der Erblasser zu Lebzeiten arbeitete, oder das Einwohnerkomitte oder das Dorfbewohnerkomitee des Wohnorts, den der Erblasser zu Lebzeiten hatte, für die Unterrichtung verantwortlich.

第一千一百五十一条 存有遗产的人,应当妥善保管遗产,任何组织或者个人不得侵吞或者争抢。

Article 1151 Whoever has in his possession the estate of the decedent should take good care of such estate and no organization or individual is allowed to misappropriate it or contend for it.

§ 1151 Personen, bei denen sich Nachlass befindet, müssen ihn sorgfältig aufbewahren. Keine Organisation oder Einzelperson darf ihn sich aneignen oder streitig machen.

第一千一百五十二条 继承开始后,继承人于遗产分割前死亡,并没有放弃继承的,该继承人应当继承的遗产转给其继承人,但是遗嘱另有安排的除外。

Article 1152 A successor who, after the opening of succession, died before the partitioning of the estate, and has not renounced the succession, the estate which the successor is entitled to inherit should devolve to his successors, unless otherwise ar-

ranged in the will.

§ 1152 Stirbt ein Erbe nach Eintritt des Erbfalls vor Teilung des Nachlasses und hat das Erbe aber nicht ausgeschlagen, geht der Nachlass, der von diesem Erben geerbt werden muss, auf seine Erben über, es sei denn, dass im Testament etwas anderes geregelt worden ist.

第一千一百五十三条 夫妻共同所有的财产,除有约定的外,遗产分割时,应当先将共同所有的财产的一半分出为配偶所有,其余的为被继承人的遗产。

遗产在家庭共有财产之中的,遗产分割时,应当先分出他人的财产。

Article 1153 When a decedent's estate is partitioned, half of the joint property acquired by the spouses should, unless otherwise agreed upon, be first allotted to the surviving spouse as his or her own property; and the remainder constitutes the decedent's estate.

If the decedent's estate is a component part of the common property of his family, that portion of the property belonging to the other members of the family should first be separated at the time of the partitioning of the decedent's estate.

§ 1153 Von dem Vermögen, das im gemeinsamen Eigentum der Eheleute steht, muss bei der Teilung des Nachlasses, außer wenn es eine Vereinbarung gibt, zunächst eine Hälfte des im gemeinsamen Eigentum stehenden Vermögens als Eigentum des anderen Ehegatten ausgeschieden werden. Der Rest ist der Nachlass des Erblassers.

Befindet sich der Nachlass unter dem Vermögen, das im gemeinsamen Eigentum der Familie steht, muss bei der Nachlassteilung zunächst das Vermögen anderer ausgeschieden werden.

第一千一百五十四条　有下列情形之一的,遗产中的有关部分按照法定继承办理：

(一)遗嘱继承人放弃继承或者受遗赠人放弃受遗赠；

(二)遗嘱继承人丧失继承权或者受遗赠人丧失受遗赠权；

(三)遗嘱继承人、受遗赠人先于遗嘱人死亡或者终止；

(四)遗嘱无效部分所涉及的遗产；

(五)遗嘱未处分的遗产。

Article 1154　Under any of the following circumstances, the part of the estate affected should be dealt with pursuant to provisions on statutory succession:

(1) succession is renounced by a testamentary successor or a legacy is disclaimed by a legatee;

(2) a testamentary successor is disinherited or a legatee is deprived of the right to legacy;

(3) a testamentary successor or legatee predeceases or terminates before the testator;

(4) an invalidated portion of the will involves part of the estate; or

(5) part of the estate is not disposed of under the will.

§ 1154　Liegt einer der folgenden Umstände vor, wird mit

dem entsprechenden Teil des Nachlasses nach der gesetzlichen Erbfolge verfahren:

1. Ein testamentarischer Erbe schlägt das Erbe aus oder ein Vermächtnisnehmer verzichtet auf das Vermächtnis;

2. ein testamentarischer Erbe verliert das Erbrecht oder ein Vermächtnisnehmer das Recht auf Annahme des Vermächtnisses;

3. ein testamentarischer Erbe oder Vermächtnisnehmer stirbt vor dem Erblasser oder wird [als juristische Person vor dem Versterben des Erblassers] beendet;

4. [es geht um den] Nachlass, der von einem unwirksamen Teil des Testaments betroffen ist;

5. [es geht um den] Nachlass, über den das Testament nicht verfügt hat.

第一千一百五十五条 遗产分割时,应当保留胎儿的继承份额。胎儿娩出时是死体的,保留的份额按照法定继承办理。

Article 1155 At the time of the partitioning of the estate, reservation should be made for the share of an unborn child. The share reserved should be dealt with pursuant to provisions on statutory succession if the baby is stillborn.

§ 1155 Bei der Teilung des Nachlasses muss der Erbteil einer Leibesfrucht vorbehalten werden. Ist die Leibesfrucht bei der Entbindung tot, wird mit dem vorbehaltenen Erbteil nach der gesetzlichen Erbfolge verfahren.

第一千一百五十六条 遗产分割应当有利于生产和生活需要,不损害遗产的效用。

不宜分割的遗产,可以采取折价、适当补偿或者共有等方法处理。

Article 1156 The partitioning of a decedent's estate should be conducted in a way beneficial to the needs of production and livelihood, and should not diminish the usefulness of the estate.

If the estate is unsuitable for partitioning, it may be disposed of by means such as price evaluation, appropriate compensation or co-ownership.

§ 1156 Die Nachlassteilung muss für die Bedürfnisse der Produktion und des Lebens von Nutzen sein und darf die effektive Nutzung des Nachlasses nicht beeinträchtigen.

Zur Regelung von zur Teilung ungeeignetem Nachlass können Methoden wie etwa die Umrechnung des Wertes in Geld, ein angemessener Ausgleich oder das Gesamthandseigentum verwandt werden.

第一千一百五十七条 夫妻一方死亡后另一方再婚的,有权处分所继承的财产,任何组织或者个人不得干涉。

Article 1157 A surviving spouse who re-marries is entitled to dispose of the property he or she has inherited, subject to no interference by any other organization or individual.

§ 1157 Heiratet nach dem Tod eines Ehegatten der andere wieder, ist er berechtigt, über das von ihm geerbte Vermögen zu verfügen. Keine Organisation oder Einzelperson darf sich einmischen.

第一千一百五十八条 自然人可以与继承人以外的组织或者个人签订遗赠扶养协议。按照协议,该组织或者个人承担该自然人生养死葬的义务,享有受遗赠的权利。

Article 1158 A natural person may enter into a legacy-support agreement with an organization or individual other than a successor that, pursuant to the agreement, assumes the obligation to support the former in his or her lifetime and attend to his or her interment after his or her death, in return for the right to legacy.

§ 1158 Natürliche Personen können mit anderen Organisationen oder Einzelpersonen als den [gesetzlichen] Erben Vereinbarungen über Vermächtnisse und Unterhalt abschließen. Nach einer solchen Vereinbarung übernimmt diese Organisation oder Einzelperson die Pflichten, diese natürlichen Personen zu Lebzeiten zu unterhalten und nach ihrem Tod zu beerdigen, und genießt das Recht auf Annahme des Vermächtnisses.

第一千一百五十九条 分割遗产,应当清偿被继承人依法应当缴纳的税款和债务;但是,应当为缺乏劳动能力又没有生活来源的继承人保留必要的遗产。

Article 1159 At the time of partitioning of an estate, the taxes and debts payable by the decedent pursuant to the law should be paid off. However, a necessary portion of the estate should be reserved for a successor who has neither the ability to work nor a source of income.

§ 1159　Bei der Nachlassteilung müssen die Steuern und Schulden, die der Erblasser nach dem Recht bezahlen musste, beglichen werden; aber für arbeitsunfähige Erben, die auch noch keine Einkommensquelle haben, muss notwendiger Nachlass vorbehalten werden.

第一千一百六十条　无人继承又无人受遗赠的遗产,归国家所有,用于公益事业;死者生前是集体所有制组织成员的,归所在集体所有制组织所有。

Article 1160　An estate which is left with neither a successor nor a legatee belongs to the State and be used for public welfare undertakings; and where the decedent was a member of an organization under collective ownership before his or her death, the estate is owned by such organization.

§ 1160　Nachlass, der weder von jemandem geerbt noch als Vermächtnis genommen wird, fällt in das Eigentum des Staates und wird für gemeinnützige Zwecke genutzt; war der Verstorbene zu Lebzeiten Mitglied einer Organisation kollektiver Eigentumsordnung, fällt der Nachlass in das Eigentum der Organisation kollektiver Eigentumsordnung, zu der er gehörte.

第一千一百六十一条　继承人以所得遗产实际价值为限清偿被继承人依法应当缴纳的税款和债务。超过遗产实际价值部分,继承人自愿偿还的不在此限。

继承人放弃继承的,对被继承人依法应当缴纳的税款和债务可以不负清偿责任。

Article 1161 The successor to an estate shall pay off the taxes and debts payable by the decedent pursuant to the law within the limit of the actual value of such estate, unless the successor pays voluntarily in excess of the limit.

The successor who renounces the succession may assume no responsibility for paying off the taxes and debts payable by the decedent pursuant to the law.

§ 1161 Die Erben begleichen, begrenzt auf den tatsächlichen Wert des erworbenen Nachlasses, Steuern und Verbindlichkeiten, die der Erblasser nach dem Recht bezahlen musste. Das gilt nicht für den über den tatsächlichen Wert des Nachlasses hinausgehenden Teil, den die Erben freiwillig begleichen.

Schlägt ein Erbe das Erbe aus, haftet er nicht für die Begleichung von Steuern und Verbindlichkeiten, die der Erblasser nach dem Recht bezahlen musste.

第一千一百六十二条 执行遗赠不得妨碍清偿遗赠人依法应当缴纳的税款和债务。

Article 1162 The execution of a legacy should not affect the payment of taxes and debts payable by the legator pursuant to the law.

§ 1162 Die Ausführung von Vermächtnissen darf die Begleichung von Steuern und Verbindlichkeiten nicht behindern, die der Vermächtnisgeber nach dem Recht bezahlen musste.

第一千一百六十三条　既有法定继承又有遗嘱继承、遗赠的,由法定继承人清偿被继承人依法应当缴纳的税款和债务;超过法定继承遗产实际价值部分,由遗嘱继承人和受遗赠人按比例以所得遗产清偿。

Article 1163　Where statutory succession, testamentary succession and legacy coexist, the statutory successor shall pay off the taxes and debts payable by the decedent pursuant to the law; and the portion in excess of the actual value of the estate that should be inherited by the statutory successor should be paid off by the testamentary successor and the legatee with the estate they acquire in proportion.

§ 1163　Gibt es sowohl gesetzliche Erben als auch testamentarische Erben und Vermächtnisnehmer, werden die Steuern und Verbindlichkeiten, die der Erblasser nach dem Recht bezahlen musste, von den gesetzlichen Erben beglichen werden; der Teil, der über den tatsächlichen Wert des gesetzlich geerbten Nachlasses hinausgeht, wird von den testamentarischen Erben und Vermächtnisnehmern mit dem erworbenen Nachlass anteilig beglichen.

第七编　侵权责任

Book Seven Tortious Liabilities

Siebentes Buch: Deliktische Haftung

第一章 一般规定
Chapter I General Rules
1. Kapitel: Allgemeine Bestimmungen

第一千一百六十四条 本编调整因侵害民事权益产生的民事关系。

Article 1164 This Book governs civil relations arising from infringement on civil rights and interests.

§ 1164 Dieses Buch regelt die durch die Verletzung von zivilen Rechten und Interessen entstandenen zivilen Beziehungen.

第一千一百六十五条 行为人因过错侵害他人民事权益造成损害的,应当承担侵权责任。

依照法律规定推定行为人有过错,其不能证明自己没有过错的,应当承担侵权责任。

Article 1165 Where an actor, through his fault, infringes upon any of the civil rights and interests of another person and thereby causes any damage thereto, such actor shall assume tortious liability.

Where the actor is presumed to be at fault pursuant to the law and cannot prove otherwise, the actor shall assame tortious libilities.

§ 1165　Fügt ein Handelnder durch eine schuldhafte Verletzung von zivilen Rechten und Interessen einem anderen einen Schaden zu, muss er die Haftung aus Delikt übernehmen.

Wird nach gesetzlichen Bestimmungen beim Handelnden ein Verschulden vermutet und kann der Handelnde seine Unschuld nicht beweisen, muss er die Haftung aus Delikt übernehmen.

第一千一百六十六条　行为人造成他人民事权益损害，不论行为人有无过错，法律规定应当承担侵权责任的，依照其规定。

Article 1166　Where an actor causes any damage to the civil rights and interests of another person, regardless of whether or not the actor is at fault, and the law provides that the actor shall assame tortious liability, such provision prevails.

§ 1166　Hat der Handelnde den zivilen Rechten und Interessen eines anderen einen Schaden zugefügt und ist gesetzlich bestimmt, dass der Handelnde unabhängig davon, ob ihn ein Verschulden trifft, die Haftung aus Delikt übernehmen muss, gelten diese Bestimmung.

第一千一百六十七条　侵权行为危及他人人身、财产安全的，被侵权人有权请求侵权人承担停止侵害、排除妨碍、消除危险等侵权责任。

Article 1167　Where a tort endangers the personal or property safety of another person, the victim of the tort has the right to require the tortfeasor to assame tortious liabilities, including but not limited to cession of infringement, removal of obstruction and elimination of danger.

§ 1167 Gefährdet eine rechtsverletzende Handlung die Sicherheit des Körpers oder des Vermögens eines anderen, ist der Verletzte berechtigt zu verlangen, dass der Verletzer die Haftung aus Delikt übernimmt, indem dieser etwa die Rechtsverletzung einstellt, die Behinderung behebt und die Gefährdung beseitigt.

第一千一百六十八条 二人以上共同实施侵权行为,造成他人损害的,应当承担连带责任。

Article 1168 Where two or more persons jointly commit a tort and thereby cause any damage to another person, they shall assume joint and several liabilities.

§ 1168 Haben zwei oder mehr Personen gemeinsam eine rechtsverletzende Handlung vorgenommen und einem anderen einen Schaden zugefügt, müssen sie die gesamtschuldnerische Haftung übernehmen.

第一千一百六十九条 教唆、帮助他人实施侵权行为的,应当与行为人承担连带责任。

教唆、帮助无民事行为能力人、限制民事行为能力人实施侵权行为的,应当承担侵权责任;该无民事行为能力人、限制民事行为能力人的监护人未尽到监护职责的,应当承担相应的责任。

Article 1169 Where any person abets or assists another person in committing a tort, such person and the tortfeasor shall assume joint and several liabilities.

Whoever abets or assists a person who does not have the capacity for civil conduct or only has limited capacity for civil conduct in committing a tort shall assume tortious liability; the guardian of such a person without capacity for civil conduct or with limited capacity for civil conduct shall assume the relevant liability if he or she fails to fulfillhis duties as guardian.

§ 1169 Wer einen anderen zur Vornahme einer rechtsverletzenden Handlung anstiftet oder ihm dabei hilft, muss mit dem Handelnden die gesamtschuldnerische Haftung übernehmen.

Wer einen Zivilgeschäftsunfähigen oder einen beschränkt Zivilgeschäftsfähigen zur Ausführung einer rechtsverletzenden Handlung anstiftet oder ihm dabei hilft, muss die Haftung aus Delikt übernehmen; ist der Vormund des Zivilgeschäftsunfähigen oder des beschränkt Zivilgeschäftsfähigen seinen vormundschaftlichen Pflichten nicht nachgekommen, muss er die entsprechende Haftung übernehmen.

第一千一百七十条 二人以上实施危及他人人身、财产安全的行为,其中一人或者数人的行为造成他人损害,能够确定具体侵权人的,由侵权人承担责任;不能确定具体侵权人的,行为人承担连带责任。

Article 1170 Where two or more persons engage in any conduct that endangers the personal or property safety of another person, and only the conduct of one or several of them causes damage to such person and the specific tortfeasor or tortfeasors can be identified, such tortfeasor or tortsfeasors shall assume liability for such tort; if the specific tortfeasor or tortfeasors cannot be identified, all of them shall assume joint and several liabilities.

§ 1170 Führen zwei oder mehr Personen Handlungen aus, die die Sicherheit des Körpers oder des Vermögens eines anderen gefährden, und wird der andere durch die Handlung eines oder mehrerer von ihnen geschädigt, muss der Schädiger die Haftung übernehmen, soweit der konkrete Schädiger bestimmt werden kann; kann kein konkreter Schädiger bestimmt werden, müssen die Handelnden die gesamtschuldnerische Haftung übernehmen.

第一千一百七十一条 二人以上分别实施侵权行为造成同一损害,每个人的侵权行为都足以造成全部损害的,行为人承担连带责任。

Article 1171 Where each of two or more persons commits torts, which jointly contribute to the same damage, and the tort committed by each person is sufficient to cause such damage, then all the tortfeasors shall assume joint and several liabilities.

§ 1171 Führen zwei oder mehr Personen durch ihre getrennt ausgeführten rechtsverletzenden Handlungen denselben Schaden herbei, übernehmen die Handelnden die gesamtschuldnerische Haftung, soweit die Handlung jeder einzelnen Person ausreicht, um den gesamten Schaden herbeizuführen.

第一千一百七十二条　二人以上分别实施侵权行为造成同一损害,能够确定责任大小的,各自承担相应的责任;难以确定责任大小的,平均承担责任。

Article 1172　Where each of two or more persons commits torts respectively, which causes the same damage, and where their respective share in the liabilities for the damage can be identified, they shall each bear their respective share in such liabilities; where their respective share in the liabilities cannot be identified, they shall equally share such liabilities.

§ 1172　Führen zwei oder mehr Personen durch ihre getrennt ausgeführten rechtsverletzenden Handlungen denselben Schaden herbei, übernimmt jeder die Haftung entsprechend ihrem Verantwortungsbeitrag, soweit der jeweilige Verantwortungsbeitrag bestimmt werden kann; ist es schwierig, den jeweiligen Verantwortungsbeitrag zu bestimmen, haften sie gleichmäßig.

第一千一百七十三条　被侵权人对同一损害的发生或者扩大有过错的,可以减轻侵权人的责任。

Article 1173　Where the victim of a tort is at fault as to the occurrence of a damage or aggravation of the same damage, the liability of the tortfeasor may be mitigated.

§ 1173　Hat bei der Entstehung oder der Ausweitung desselben Schadens ein Verschulden des Verletzten mitgewirkt, kann die Haftung des Verletzers vermindert werden.

第一千一百七十四条　损害是因受害人故意造成的,行为人不承担责任。

Article 1174　Where the damage of a tort is intentionally caused by the victim, the actor shall not be held liable.

§ 1174　Ist der Schaden vom Geschädigten vorsätzlich herbeigeführt worden, haftet der Handelnde nicht.

第一千一百七十五条　损害是因第三人造成的,第三人应当承担侵权责任。

Article 1175　Where the damage is caused by a tort committed by a third party, the third party shall assame tortious liability.

§ 1175　Ist der Schaden von einem Dritten herbeigeführt worden, muss der Dritte die Haftung aus Delikt übernehmen.

第一千一百七十六条　自愿参加具有一定风险的文体活动,因其他参加者的行为受到损害的,受害人不得请求其他参加者承担侵权责任;但是,其他参加者对损害的发生有故意或者重大过失的除外。

活动组织者的责任适用本法第一千一百九十八条至第一千二百零一条的规定。

Article 1176　Where a person voluntarily participates in any cultural and sports activity involving certain risks, and sustains any damage caused by conducts of any other participant therein, the victim shall not require such participant to assume tortious liability, unless willfulness or gross negligence on the part of such partici-pant contributes to the occurrence of the damage.

For the liabilities of the organizer of the activity, the provisions of Articles 1198 through 1201 of this Code apply.

§ 1176 Hat eine Person freiwillig an einer kulturellen oder sportlichen Veranstaltung mit bestimmten Risiken teilgenommen und wegen Handlungen anderer Teilnehmer eine Schädigung erlitten, darf der Geschädigte nicht verlangen, dass die anderen Teilnehmer die Haftung aus Delikt übernehmen, es sei denn, dass die anderen Teilnehmer den Schaden vorsätzlich oder grob fahrlässig verursacht haben.

Auf die Haftung der Veranstalter werden die §§ 1198 bis 1201 dieses Gesetzes angewandt.

第一千一百七十七条　合法权益受到侵害,情况紧迫且不能及时获得国家机关保护,不立即采取措施将使其合法权益受到难以弥补的损害的,受害人可以在保护自己合法权益的必要范围内采取扣留侵权人的财物等合理措施;但是,应当立即请求有关国家机关处理。

受害人采取的措施不当造成他人损害的,应当承担侵权责任。

Article 1177 Where a person's lawful rights and interests are infringed upon, and where the situation is urgent, it is impossible for the person to obtain timely protection from a state organ, and failure to adopt immediate measures would cause irreparable damage to the person's lawful rights and interests, the victim may, to the extent necessary to protect the lawful rights and interests thereof, adopt such reasonable measures as detaining the property of the tortfeasor, provided that the victim shall immediately request the relevant state organ to handle the matter.

Where the measures adopted by the victim are improper and cause any damage to any other person, the victim shall assume tortious liability.

§ 1177 Werden legale Rechte und Interessen verletzt und ist die Situation so dringend, dass der Verletzte seitens staatlicher Behörden den Schutz nicht rechtzeitig erhalten kann und ohne Ergreifung von Sofortmaßnamen seine legalen Rechte und Interessen irreparabel geschädigt würden, kann der Verletzte im notwendigen Umfang zum Schutz der eigenen Rechte und Interessen angemessene Maßnahmen ergreifen wie etwa Vermögensgegenstände des Verletzers vorübergehend einbehalten; er muss aber unverzüglich die zuständigen Behörden um Behandlung dieser Angelegenheit ersuchen.

Hat der Geschädigte unangemessene Maßnahmen ergriffen und dadurch einem anderen einen Schaden zugefügt, muss er die Haftung aus Delikt übernehmen.

第一千一百七十八条 本法和其他法律对不承担责任或者减轻责任的情形另有规定的，依照其规定。

Article 1178 Where this Code or any other law provides otherwise for the circumstances of exemption from or mitigation of liability, such provisions prevail.

§ 1178 Enthalten dieses Gesetz und andere Gesetze anderweitige Bestimmungen zur Haftungsbefreiung oder-minderung, gelten diese Bestimmungen.

第二章 损害赔偿
Chapter II Compensation for Damage
2. Kapitel: Schadensersatz

第一千一百七十九条 侵害他人造成人身损害的,应当赔偿医疗费、护理费、交通费、营养费、住院伙食补助费等为治疗和康复支出的合理费用,以及因误工减少的收入。造成残疾的,还应当赔偿辅助器具费和残疾赔偿金;造成死亡的,还应当赔偿丧葬费和死亡赔偿金。

Article 1179 Where a tort causes any personal injury to another person, the tortfeasor shall compensate the victim for the reasonable costs and expenses for treatment and rehabilitation, such as medical treatment expenses, nursing fees, travel expenses, expenses of dietary supplements, and subsidies for food expenses during hospital stay, as well as the lost wages thereof. If the victim suffers any disability as a result of such tort, the tortfeasor shall also pay the costs of assistance equipment and the disability indemnity. If the tort results in the death of the victim, the tortfeasor shall also pay the funeral service fees and the death compensation.

§ 1179 Wer durch Verletzung eines anderen Körperschäden herbeiführt, muss die für die Behandlung und Rehabilitation gezahlten angemessenen Kosten wie etwa die Ausgaben für medizinische Behandlung, Pflege, Transport, Ernährungstherapie und Krankenkostzulagen sowie das durch Arbeitsversäumnisse verminderte Einkommen ersetzen. Wird eine Behinderung verursacht, müssen noch die Kosten für Hilfsgeräte und eine Invaliditätsentschädigung ersetzt werden; wird der Tod verursacht, müssen außerdem die Beerdigungskosten und ein Hinterbliebenengeld ersetzt werden.

第一千一百八十条 因同一侵权行为造成多人死亡的,可以以相同数额确定死亡赔偿金。

Article 1180 Where the same tort causes the death of more than one person, a uniform amount of death compensation may be identified for each death.

§ 1180 Führt dieselbe rechtsverletzende Handlung den Tod mehrerer Personen herbei, kann das Hinterbliebenengeld mit einem gleichen Betrag bestimmt werden.

第一千一百八十一条 被侵权人死亡的,其近亲属有权请求侵权人承担侵权责任。被侵权人为组织,该组织分立、合并的,承继权利的组织有权请求侵权人承担侵权责任。

被侵权人死亡的,支付被侵权人医疗费、丧葬费等合理费用的人有权请求侵权人赔偿费用,但是侵权人已经支付该费用的除外。

Article 1181 Where a tort results in the death of the victim, the close relatives of the victim have the right to require the tortfeasor to assume tortious liabilities. Where the victim of the tort is an organization, which subsequently is divided or merged with another organization, the organization merging from such division or merger and inheriting the rights thereof have the right to require the tortfeasor to assume tortious liabilities.

Where a tort results in the death of the victim, those who have paid the medical treatment expenses, funeral service fees and other reasonable costs and expenses for the victim have the right to require the tortfeasor to compensate them for such costs and expenses, except for where the tortfeasor has already paid such costs and expenses.

§ 1181 Stirbt der Verletzte, sind seine nahen Verwandten berechtigt, vom Verletzer die Übernahme der Haftung aus Delikt zu verlangen. Ist der Verletzte eine Organisation, ist sie, im Fall ihrer Spaltung oder Fusion, und dann ihr Rechtsnachfolger berechtigt, vom Verletzer die Übernahme der Haftung aus Delikt zu verlangen.

Stirbt der Verletzte, ist die Person, die angemessene Kosten wie etwa Kosten der medizinischen Behandlung und Beerdigung des Verletzten gezahlt hat, berechtigt zu verlangen, dass der Verletzer die Kosten ersetzt, es sei denn, dass der Verletzer diese Kosten bereits gezahlt hat.

第一千一百八十二条 侵害他人人身权益造成财产损失的，按照被侵权人因此受到的损失或者侵权人因此获得的利益赔偿；被侵权人因此受到的损失以及侵权人因此获得的利益难以确定，被侵权人和侵权人就赔偿数额协商不一致，向人民法院提起诉讼的，由人民法院根据实际情况确定赔偿数额。

Article 1182 Where any damage caused by a tort to any personal right or interest of another person gives rise to any loss to the property of the victim of the tort, the tortfeasor shall provide compensation to the extent of the loss sustained by the victim as the result of the tort or to the extent of any benefit obtained by the tortfeasor from the tort. Where it is difficult to identify the amount of damage sustained by the victim in connection with the tort and the benefit obtained by the tortfeasor from the tort, and the victim and the tortfeasor fail to agree on the amount of compensation after consultation, as a result of which a lawsuit is brought to a people's court, the people's court should determine the amount of compensation based on the actual situations.

§ 1182 Führt die Verletzung der personellen Rechte und Interessen anderer einen Vermögensschaden herbei, wird nach dem Schaden, den der Verletzte hierdurch erlitten hat, oder nach dem Vorteil, den der Verletzer hierdurch erlangt hat, ersetzt; ist es schwer, den Schaden des Verletzten und den Vorteil des Verletzers zu bestimmen, und wird aus dem Grund, dass sich der Verletzte und der Verletzer nicht über einen Schadensersatzbetrag einigen können, vor dem Volksgericht Klage erhoben, wird die Höhe des Schadensersatzes vom Volksgericht nach den tatsächlichen Umständen festgelegt.

第一千一百八十三条 侵害自然人人身权益造成严重精神损害的,被侵权人有权请求精神损害赔偿。

因故意或者重大过失侵害自然人具有人身意义的特定物造成严重精神损害的,被侵权人有权请求精神损害赔偿。

Article 1183 Where any damage caused by a tort to a personal right or interest of a natural person results in any serious mental suffering on the victim of the tort, the victim of the tort has the right to require compensation for such mental suffering.

Where any object with specific personal significance for a natural person is damaged due to willfulness or gross negligence, as a result of which the victim sustains serious mental suffering, the victim has the right to claim for compensation for such mental suffering.

§ 1183 Führt die Verletzung der personellen Rechte und Interessen einer natürlichen Person erhebliche psychische Beeinträchtigungen herbei, ist der Verletzte berechtigt, Ersatz für die psychischen Schäden zu verlangen.

Wird eine bestimmte Sache, die für eine natürliche Person von persönlicher Bedeutung ist, durch Vorsatz oder grobe Fahrlässigkeit beschädigt, was bei dieser Person erhebliche psychische Beeinträchtigungen herbeiführt, ist der Verletzte berechtigt, Ersatz für die psychischen Schäden zu verlangen.

第一千一百八十四条 侵害他人财产的,财产损失按照损失发生时的市场价格或者其他合理方式计算。

Article 1184 Where a tort causes any damage to the property of another person, the amount of damage to the property should be calculated pursuant to the market price at the time of occurrence of the damage or otherwise by any other reasonable means.

§ 1184 Bei Verletzung des Vermögens eines anderen wird

der Vermögensschaden nach dem Marktpreis im Eintrittszeitpunkt des Schadens oder nach einer anderen angemessenen Methode berechnet.

第一千一百八十五条 故意侵害他人知识产权,情节严重的,被侵权人有权请求相应的惩罚性赔偿。

Article 1185 Where the intellectual property right of another person is intentionally infringed upon and the circumstances are serious, the victim has the right to claim corresponding punitive damages.

§ 1185 Bei vorsätzlicher Verletzung der Rechte am geistigen Eigentum eines anderen ist der Verletzte bei Vorliegen schwerwiegender Umstände berechtigt, entsprechenden Strafschadensersatz zu verlangen.

第一千一百八十六条 受害人和行为人对损害的发生都没有过错的,依照法律的规定由双方分担损失。

Article 1186 Where neither the victim nor the tortfeasor is at fault for the occurrence of damage, both of them may share the damage pursuant to the provisions of the law.

§ 1186 Liegt weder beim Geschädigten noch beim Handelnden ein Verschulden für den Schadenseintritt vor, wird der Schaden nach gesetzlichen Bestimmungen auf die beiden Parteien verteilt getragen.

第一千一百八十七条 损害发生后,当事人可以协商赔偿费用的支付方式。协商不一致的,赔偿费用应当一次性支付;一次性支付确有困难的,可以分期支付,但是被侵权人有权请求提供相应的担保。

Article 1187 After the occurrence of any damage, the parties may hold consultation by and between themselves in connection with the way in which the compensation should be paid. Where such consultation fails, the compensation should be paid in a lump sum. Where it is genuinely difficult to pay such compensation in one lump sum, the compensation may be paid in a number of installments, provided that the victim has the right to require that corresponding security should be provided.

§ 1187 Nach der Entstehung des Schadens können die Parteien über die Zahlungsweise des Schadensersatzbetrags verhandeln. Kommt es bei der Verhandlung nicht zu einer Einigung, muss der Ersatzbetrag auf einmal bezahlt werden; ist es tatsächlich schwierig, den Ersatzbetrag auf einmal zu bezahlen, kann er in Raten gezahlt werden, aber der Verletzte ist berechtigt, die Gewährleistung einer entsprechenden Sicherheit zu verlangen.

第三章　责任主体的特殊规定
Chapter Ⅲ　Special Provisions on Tortfeasors
3. Kapitel: Besondere Bestimmungen zum Haftungssubjekt

第一千一百八十八条　无民事行为能力人、限制民事行为能力人造成他人损害的，由监护人承担侵权责任。监护人尽到监护职责的，可以减轻其侵权责任。

有财产的无民事行为能力人、限制民事行为能力人造成他人损害的，从本人财产中支付赔偿费用；不足部分，由监护人赔偿。

Article 1188　Where a person without capacity of civil conduct or with limited capacity for civil conduct causes any damage to another person, the guardian of the former shall assume tortious liabilities. If the guardian has fulfilled his duties as guardian, his or her or her tortious liabilities may be mitigated.

Where a person without capacity of civil conduct or with limited capacity for civil conduct, who has property, causes any damage to another person, the compensation should be paid out of his own property; any deficiency should be covered by the guardian thereof.

§ 1188　Fügt ein Zivilgeschäftsunfähiger oder ein beschränkt Zivilgeschäftsfähiger einem anderen einen Schaden zu, übernimmt der Vormund die Haftung aus Delikt. Ist der Vormund seinen vormundschaftlichen Pflichten ordnungsgemäß nachgekommen, kann seine deliktische Haftung vermindert werden.

Fügt ein Zivilgeschäftsunfähiger oder ein beschränkt Zivilgeschäftsfähiger, der Vermögen hat, einem anderen einen Schaden zu, wird der Ersatzbetrag aus dessen Vermögen gezahlt; ein Fehlbetrag wird vom Vormund ersetzt.

第一千一百八十九条 无民事行为能力人、限制民事行为能力人造成他人损害，监护人将监护职责委托给他人的，监护人应当承担侵权责任；受托人有过错的，承担相应的责任。

Article 1189 Where a person without capacity for civil conduct or with limited capacity for civil conduct causes any damage to another person, and the guardian thereof entrusts his guardian duties to another person, the guardian shall assume tortious liabilities; and if the entrusted person is at fault, he or she shall assume the corresponding liability.

§ 1189 Fügt ein Zivilgeschäftsunfähiger oder ein beschränkt Zivilgeschäftsfähiger einem anderen einen Schaden zu und hat der Vormund einen anderen mit den vormundschaftlichen Pflichten beauftragt, muss der Vormund die Haftung aus Delikt übernehmen; liegt beim Beauftragten ein Verschulden vor, haftet er entsprechend.

第一千一百九十条 完全民事行为能力人对自己的行为暂时没有意识或者失去控制造成他人损害有过错的，应当承担侵权责任；没有过错的，根据行为人的经济状况对受害人适当补偿。

完全民事行为能力人因醉酒、滥用麻醉药品或者精神药品对自己的行为暂时没有意识或者失去控制造成他人损害的,应当承担侵权责任。

Article 1190 Where a person with full capacity for civil conduct causes any damage to another person as the result of his temporary loss of consciousness or control of his conduct, if such person is at fault, he or she shall assume tortious liabilities; if he or she is not at fault, the victim should be compensated properly pursuant to the economic condition of the person causing the damage.

Where a person with full capacity for civil conduct causes any damage to another person as the result of his or her temporary loss of consciousness or control of his or her conduct due to alcohol intoxication or abuse of narcotic or psychoactive drug, such person shall assume tortious liabilities.

§ 1190 Liegt in dem Fall, dass ein voll Zivilgeschäftsfähiger vorläufig kein Bewusstsein seiner Handlung hat oder die Kontrolle über seine Handlung verliert und hierdurch einem anderen einen Schaden zufügt, ein Verschulden beim Handelnden vor, muss er die Haftung aus Delikt übernehmen; liegt bei ihm kein Verschulden vor, wird der Geschädigte nach den wirtschaftlichen Umständen des Handelnden angemessen entschädigt.

Wenn ein voll Zivilgeschäftsfähiger wegen Betrunkenheit oder Missbrauchs von Betäubungsmitteln oder psychoaktiven Substanzen vorläufig kein Bewusstsein seiner Handlung hat oder die Kontrolle über seine Handlung verliert und hierdurch einem anderen einen Schaden zufügt, muss er die Haftung aus Delikt übernehmen.

第一千一百九十一条　用人单位的工作人员因执行工作任务造成他人损害的,由用人单位承担侵权责任。用人单位承担侵权责任后,可以向有故意或者重大过失的工作人员追偿。

劳务派遣期间,被派遣的工作人员因执行工作任务造成他人损害的,由接受劳务派遣的用工单位承担侵权责任;劳务派遣单位有过错的,承担相应的责任。

Article 1191　Where any employee of an employer, which is an entity, causes any damage to another person due to performance of his or her work duty, the employer shall assume tortious liabilities. After the employer assumes tortious liabilities, it may claim reimbursement from the employee if such employee commits the tort intentionally or with gross negligence.

Where, during the period of labor dispatch, a dispatched employee causes any damage to another person in the performance of his or her work duties, the employer receiving the dispatched employee shall assume tortious liabilities; and the labor dispatching entity of the employee, if at fault, shall assume the corresponding liability.

§ 1191　Fügt ein Mitarbeiter einer Beschäftigungseinheit durch die Ausführung der Arbeitsaufgaben einem anderen einen Schaden zu, übernimmt die Beschäftigungseinheit die Haftung aus Delikt. Nachdem die Beschäftigungseinheit gehaftet hat, kann sie den Mitarbeiter, bei dem Vorsatz oder grobe Fahrlässigkeit vorliegt, in Regress nehmen.

Fügt ein Leiharbeiter während der Arbeitnehmerüberlassung durch die Ausführung der Arbeitsaufgaben einem anderen einen

Schaden zu, übernimmt der Entleiher die Haftung aus Delikt; liegt beim Verleiher ein Verschulden vor, haftet er entsprechend.

第一千一百九十二条 个人之间形成劳务关系,提供劳务一方因劳务造成他人损害的,由接受劳务一方承担侵权责任。接受劳务一方承担侵权责任后,可以向有故意或者重大过失的提供劳务一方追偿。提供劳务一方因劳务受到损害的,根据双方各自的过错承担相应的责任。

提供劳务期间,因第三人的行为造成提供劳务一方损害的,提供劳务一方有权请求第三人承担侵权责任,也有权请求接受劳务一方给予补偿。接受劳务一方补偿后,可以向第三人追偿。

Article 1192 Where, in a labor relationship formed between individuals, the party providing labor services causes any damage to another person as the result of the labor services, the party receiving labor services shall assume tortious liabilities. After assuming tortious liabilities, the party receiving labor services may claim reimbursement from the party providing labor services if the latter commits the tort intentionally or with gross negligence. If the party providing the labor services sustains any damage due to the labor services, the parties shall assume their respective share of liabilities pursuant to their respective fault.

During the period in which the labor services are provided, if a third party causes any damage to the party providing labor services, the party providing labor services has the right to require the third party to assume tortious liabilities for such damage or to require the party receiving labor services to pay compensation. After payment of compensation, the party receiving labor services may claim reimbursement from the third party.

§ 1192 Besteht ein Beschäftigungsverhältnis zwischen Einzelpersonen und fügt die Partei, welche die Arbeitsleistung erbringt, durch die Arbeit einem anderen einen Schaden zu, übernimmt die Partei, welche die Arbeitsleistung empfängt, die Haftung aus Delikt. Nachdem diese Partei gehaftet hat, kann sie die arbeitleistende Partei, bei der Vorsatz oder grobe Fahrlässigkeit vorliegt, in Regress nehmen. Wird die arbeitleistende Partei durch die Arbeit geschädigt, haften beide Parteien nach Maßgabe ihres jeweiligen Verschuldens entsprechend.

Wird die arbeitleistende Partei durch die Handlung eines Dritten geschädigt, ist sie berechtigt, vom Dritten die Übernahme der Haftung aus Delikt zu verlangen, und sie ist auch berechtigt, vom Arbeitempfänger einen Ausgleich zu verlangen. Nachdem der Arbeitempfänger den Ausgleich geleistet hat, kann er den Dritten in Regress nehmen.

第一千一百九十三条 承揽人在完成工作过程中造成第三人损害或者自己损害的，定作人不承担侵权责任。但是，定作人对定作、指示或者选任有过错的，应当承担相应的责任。

Article 1193 Where a contractor causes any damage to a third party or himself in the course of completing the contracted work, the client should be exempted from tortious liabilities. However, if the client is at fault in terms of placement of order, instructions to and selection of the contractor, the client shall assume

the corresponding liabilities.

§ 1193 Fügt ein Werkunternehmer bei der Erstellung des Werkes einem anderen oder sich selbst einen Schaden zu, übernimmt der Werkbesteller keine Haftung für den Schaden. Liegt bei ihm aber ein Verschulden im Hinblick auf Bestellung, Anweisung oder Auswahl [des Werkunternehmers] vor, muss er entsprechend haften.

第一千一百九十四条 网络用户、网络服务提供者利用网络侵害他人民事权益的,应当承担侵权责任。法律另有规定的,依照其规定。

Article 1194 A network user or network service provider who infringes upon any civil right or interest of another person through network shall assume tortious liabilities; where the law provides otherwise, such provisions prevail.

§ 1194 Verletzt ein Netznutzer oder ein Internetdienstanbieter durch die Nutzung des Netzes zivile Rechte und Interessen anderer, muss er die Haftung aus Delikt übernehmen. Soweit andere gesetzliche Bestimmungen bestehen, gelten diese Bestimmungen.

第一千一百九十五条 网络用户利用网络服务实施侵权行为的,权利人有权通知网络服务提供者采取删除、屏蔽、断开链接等必要措施。通知应当包括构成侵权的初步证据及权利人的真实身份信息。

网络服务提供者接到通知后,应当及时将该通知转送相

关网络用户,并根据构成侵权的初步证据和服务类型采取必要措施;未及时采取必要措施的,对损害的扩大部分与该网络用户承担连带责任。

权利人因错误通知造成网络用户或者网络服务提供者损害的,应当承担侵权责任。法律另有规定的,依照其规定。

Article 1195 Where a network user infringes upon any right of any other person through network services, the victim of such tort has the right to notify the network service provider to adopt such necessary measures as deletion, blocking or disconne-ction of link. The notice should include the prima facie evidence of the tort and genuine identity information of the victim.

After receiving the notice, the network service provider shall timely forward the notice to the relevant network user and adopt necessary measures based on the prima facie evidence of the tort and the type of service involved in the tort; if the network service provider fails to adopt necessary measures in a timely manner, the network service provider and user shall assume joint and several liabilities for any additional damage caused by the tort.

Where the owner of the right causes damage to any network user or network service provider due to wrong notification, the owner of the right shall assume tortions liabilites. Where the law provides otherwise, such provisions prevail.

§ 1195 Führt ein Netznutzer durch die Nutzung der Internetdienste rechtsverletzende Handlungen aus, ist der Rechtsinhaber berechtigt, den Internetdienstanbieter aufzufordern, notwendige Maßnahmen wie etwa Löschung, Blockierung und Sperrung von Links zu ergreifen. Die Aufforderung muss Anfangsbeweise für die Rechtsverletzung und die wahren Identitätsinformationen des Rechtsinhabers enthalten.

Nach Empfang der Aufforderung muss der Internetdienstanbieter diese Aufforderung unverzüglich an den betreffenden Netznut-zer weiterleiten und aufgrund der Anfangsbeweise für die Rechtsverletzung und des Diensttyps notwendige Maßnahmen ergreifen; werden die notwendigen Maßnahmen nicht unverzüglich ergriffen, haftet er mit dem Netznutzer als Gesamtschuldner für den ausgeweiteten Teil der Schädigung.

Fügt der Rechtsinhaber durch falsche Aufforderung dem Netznutzer oder dem Internetdienstanbieter einen Schaden zu, muss er die Haftung aus Delikt übernehmen. Enthalten Gesetze anderweitige Bestimmungen, gelten diese Bestimmungen.

第一千一百九十六条 网络用户接到转送的通知后,可以向网络服务提供者提交不存在侵权行为的声明。声明应当包括不存在侵权行为的初步证据及网络用户的真实身份信息。

网络服务提供者接到声明后,应当将该声明转送发出通知的权利人,并告知其可以向有关部门投诉或者向人民法院提起诉讼。网络服务提供者在转送声明到达权利人后的合理期限内,未收到权利人已经投诉或者提起诉讼通知的,应当及时终止所采取的措施。

Article 1196 After receiving the notice forwarded, the network user may submit to the network service provider a statement that there is no tort. The statement should include the prima facie evidence proving the non-existence of tort and the genuine identity information of the network user.

After receiving the statement, the network service provider shall forward the statement to the right holder who issues the notice and notify that the right holder may complain to the relevant authority or bring a lawsuit to a people's court. If the network service provider fails to receive, within a reasonable period of time after the forwarded statement reaches the right holder, a notice from the right holder that he has complained or instituted an action, it shall, in a timely manner, terminate the measures taken.

§ 1196 Nach Empfang der weitergeleiteten Aufforderung kann der Netznutzer dem Internetdienstanbieter eine Erklärung darüber abgeben, dass bei ihm keine rechtsverletzende Handlung vorliegt. Die Erklärung muss Anfangsbeweise für das Nichtvorliegen einer rechtsverletzenden Handlung und die wahren Identitätsinformationen des Netznutzers enthalten.

Nach Empfang der Erklärung muss der Internetdienstanbieter die Erklärung an den Rechtsinhaber, der die Aufforderung vorgelegt hat, weiterleiten und ihn in Kenntnis setzen, dass er sich bei der zuständigen Behörde beschweren oder vor dem Volksgericht Klage erheben kann. Wurde die weitergeleitete Erklärung an den Rechtsinhaber zugestellt und hat der Internetdienstanbieter innerhalb einer angemessenen Frist danach keine Mitteilung darüber erhalten, dass der Rechtsinhaber sich beschwert oder eine Klage erhoben hat, muss der Internetdienstanbieter die ergriffenen Maßnahmen unverzüglich beenden.

第一千一百九十七条　网络服务提供者知道或者应当知道网络用户利用其网络服务侵害他人民事权益，未采取必要措施的，与该网络用户承担连带责任。

Article 1197　Where a network service provider knows or should have known that a network user is infringing upon a civil right or interest of another person through its network services, yet the network service provider nonetheless fails to adopt necessary measures, such network user and the network service provider shall assume joint and several liabilities

§ 1197　Wenn der Internetdienstanbieter weiß oder wissen muss, dass der Netznutzer durch Nutzung der Netzdienste zivile Rechte und Interessen anderer verletzt, aber keine notwendigen Maßnahmen ergreift, haftet er mit dem Netznutzer als Gesamtschuldner.

第一千一百九十八条　宾馆、商场、银行、车站、机场、体育场馆、娱乐场所等经营场所、公共场所的经营者、管理者或者群众性活动的组织者，未尽到安全保障义务，造成他人损害的，应当承担侵权责任。

因第三人的行为造成他人损害的，由第三人承担侵权责任；经营者、管理者或者组织者未尽到安全保障义务的，承担相应的补充责任。经营者、管理者或者组织者承担补充责任后，可以向第三人追偿。

Article 1198　The operator or manager of a commercial or public venue such as a hotel, shopping center, bank, station, airport, sports facility, or entertainment place or the organizer of a mass activity shall assume tortious liabilities for any damage caused to another person as the result of his or her failure to fulfill the duty of safety protection.

If the damage to another person is caused by a third party, the third party shall assume tortious liabilities; and the operator, manager or organizer who fails to fulfill the duty of safety protection shall assume the corresponding complementary liability. The operator, manager or organizer that assumes the complementary liability may claim reimbursement from the third party.

§ 1198 Ist der Betreiber oder der Verwalter der Einrichtungen oder öffentlicher Plätze wie etwa Hotels, Kaufhäuser/Einkaufszentren, Banken, Bahnhöfe, Flughäfen, Sportstadien, Vergnügungsstätten oder der Organisator von Massenveranstaltungen der Pflicht zur Gewährleistung der Sicherheit nicht nachgekommen, sodass anderen Schaden zugefüt wird, muss er die Haftung aus Delikt übernehmen.

Wird durch die Handlung eines Dritten einem anderen ein Schaden zugefügt, trägt der Dritte die Haftung aus Delikt; ist in diesem Fall der Betreiber, der Verwalter oder der Organisator seiner Pflicht zur Gewährleistung der Sicherheit nicht nachgekommen, trifft ihn eine entsprechend ergänzende Haftung. Nachdem der Betreiber, der Verwalter oder der Organisator ergänzend gehaftet hat, kann er den Dritten in Regress nehmen.

第一千一百九十九条 无民事行为能力人在幼儿园、学校或者其他教育机构学习、生活期间受到人身损害的，幼儿园、学校或者其他教育机构应当承担侵权责任；但是，能够证明尽到教育、管理职责的,不承担侵权责任。

Article 1199 Where a person without capacity for civil conduct sustains any personal injury during the time when such person studies or lives in a kindergarten, school or any other educational institution, the kindergarten, school or other educational institution shall assume tortious liabilities unless it can prove that it has fulfilled its duties of education and management.

§ 1199 Haben Zivilgeschäftsunfähige während des Lernens und Lebens im Kindergarten, in der Schule oder in einer sonstigen Bildungseinrichtung Körperschäden erlitten, muss der Kindergarten, die Schule oder die sonstige Bildungseinrichtung die Haftung übernehmen; können sie bewiesen, dass sie ihren Bildungs- und Verwaltungspflichten nachgekommen sind, übernehmen sie keine Haftung aus Delikt.

第一千二百条 限制民事行为能力人在学校或者其他教育机构学习、生活期间受到人身损害,学校或者其他教育机构未尽到教育、管理职责的,应当承担侵权责任。

Article 1200 Where a person with limited capacity for civil conduct sustains any personal injury during the time when such person studies or lives of in a school or any other educational institution, the school or other educational institution shall assume tortious liabilities if failing to fulfill its duties of education and management.

§ 1200 Haben beschränkt Zivilgeschäftsfähige während des Lernens und Lebens in der Schule oder in einer sonstigen

Bildungseinrichtung Körperschäden erlitten, muss die Schule oder die andere Bildungseinrichtung, wenn sie ihren Bildungs- und Verwaltungspflichten nicht nachgekommen sind, die Haftung aus Delikt übernehmen.

第一千二百零一条 无民事行为能力人或者限制民事行为能力人在幼儿园、学校或者其他教育机构学习、生活期间，受到幼儿园、学校或者其他教育机构以外的第三人人身损害的，由第三人承担侵权责任；幼儿园、学校或者其他教育机构未尽到管理职责的，承担相应的补充责任。幼儿园、学校或者其他教育机构承担补充责任后，可以向第三人追偿。

Article 1201 Where, during the period of studying or living in a kindergarten, a school or any other educational institution, a person without capacity for civil conduct or with limited capacity for civil conduct sustains any personal injury from a third party other than the kindergarten, school or other education institution, the third party shall assume tortious liabilities; and the kindergarten, school or other educational institution shall assume the corresponding complementary liability if it fails to fulfill its duties of management. The kindergarten, school or other educational institution that assumes complementary liability may claim reimbursement from the third party.

§ 1201 Haben Zivilgeschäftsunfähige oder beschränkt Zivilgeschäftsfähige während des Lernens und Lebens im Kindergarten, in der Schule oder in einer sonstigen Bildungseinrichtung Körperschäden durch einen Dritten außerhalb des

Kindergartens, der Schulen oder der sonstigen Bildungseinrichtung erlitten, übernimmt der Dritte die Haftung aus Delikt; ist der Kindergarten, die Schule oder die sonstige Bildungseinrichtung ihren Verwaltungspflichten nicht nachgekommen, trifft sie eine entsprechende ergänzende Haftung. Nachdem sie ergänzend gehaftet haben, können sie den Dritten in Regress nehmen.

第四章 产品责任
Chapter Ⅳ Product Liability
4. Kapitel: Produkthaftung

第一千二百零二条 因产品存在缺陷造成他人损害的,生产者应当承担侵权责任。

Article 1202 Where a defect in a product causes any damage to another person, the producer thereof shall assume tortious liabilities.

§ 1202 Wird ein anderer infolge des Fehlers eines Produkts geschädigt, muss der Hersteller die Haftung aus Delikt übernehmen.

第一千二百零三条 因产品存在缺陷造成他人损害的,被侵权人可以向产品的生产者请求赔偿,也可以向产品的销售者请求赔偿。

产品缺陷由生产者造成的,销售者赔偿后,有权向生产者追偿。因销售者的过错使产品存在缺陷的,生产者赔偿后,有权向销售者追偿。

Article 1203 Where a defect in a product causes any damage to a person, the victim may claim compensation from the producer of the product or from the seller of the product.

If the product defect is caused by the manufacturer thereof and the seller has made the compensation for the defect, the seller has the right to claim compensation from the producer. If the product defect is attributable to the seller's fault, the manufacturer has the right to claim compensation from the seller after making such compensation to the victim.

§ 1203 Wird ein anderer infolge der Fehler eines Produkts geschädigt, kann der Geschädigte sowohl vom Hersteller als auch vom Verkäufer des Produkts Schadensersatz verlangen.

Wurde der Fehler des Produkts vom Hersteller verursacht, ist der Verkäufer, nachdem er Schadensersatz geleistet hat, berechtigt, den Hersteller in Regress zu nehmen. Ist der Fehler des Produkts eine Folge des Verschuldens des Verkäufers, ist der Hersteller, nachdem er Schadensersatz geleistet hat, berechtigt, den Verkäufer in Regress zu nehmen.

第一千二百零四条 因运输者、仓储者等第三人的过错使产品存在缺陷，造成他人损害的，产品的生产者、销售者赔偿后，有权向第三人追偿。

Article 1204 Where any damage is caused to another person by any product defect which is attributable to the fault of a third party such as carrier or depositary, the manufacturer or seller of the product, after making compensation, has the right to recover such compensation from such third party.

§ 1204 Ist der Fehler des Produkts eine Folge des Verschuldens eines Dritten wie etwa von Spediteuren oder Lagerhaltern und wird dadurch ein anderer geschädigt, sind der Hersteller und der Verkäufer, nachdem sie Schadensersatz geleistet hat, berechtigt, den Dritten in Regress zu nehmen.

第一千二百零五条　因产品缺陷危及他人人身、财产安全的,被侵权人有权请求生产者、销售者承担停止侵害、排除妨碍、消除危险等侵权责任。

Article 1205 Where a product defect endangers the personal or property safety of any person, the victim has the right to request the producer or seller to assume tortious liabilities, such as stopping the infringement, removing the obstruction or eliminating the danger.

§ 1205 Wird die Sicherheit des Körpers oder des Vermögens eines anderen infolge des Fehlers eines Produkts gefährdet, ist der Verletzte berechtigt zu verlangen, dass der Hersteller oder der Verkäufer die Haftung aus Delikt übernimmt, indem dieser etwa die Rechtsverletzung einstellt, die Behinderung behebt und die Gefährdung beseitigt.

第一千二百零六条　产品投入流通后发现存在缺陷的,生产者、销售者应当及时采取停止销售、警示、召回等补救措施;未及时采取补救措施或者补救措施不力造成损害扩大的,对扩大的损害也应当承担侵权责任。

依据前款规定采取召回措施的,生产者、销售者应当负担被侵权人因此支出的必要费用。

Article 1206 Where any product defect is uncovered after the product is put into circulation, the manufacturer or seller thereof shall adopt such remedial measures as suspension of sale, warning or recall in a timely manner; where the damages are aggravated as a result of failure to adopt such remedial measures in a timely or effective manner, the manufacturer and the seller shall also assume tortious liabilities for the aggravated damages.

Where recall is adopted pursuant to the preceding paragraph, the manufacturer and the seller shall assume the necessary expenses incurred by the victim as a result of such recall.

§ 1206 Wird die Fehlerhaftigkeit eines Produkts erst nach dessen Inverkehrbringen entdeckt, müssen der Hersteller und der Verkäufer rechtzeitig den Vertrieb beenden, warnen, das Produkt zurückrufen oder andere Maßnahmen zur Abhilfe ergreifen. Ergreifen sie die Maßnahmen zur Abhilfe nicht rechtzeitig oder sind die Maßnahmen zur Abhilfe wirkungslos, sodass sich der Schaden ausweitet, müssen sie auch die Haftung für den ausgeweiteren Schaden übernehmen.

Werden Rückrufmaßnahmen gemäß der Bestimmung des vorigen Absatzes ergriffen, müssen der Hersteller und der Verkäufer die notwendigen Kosten, die der Verletzte infolgedessen gezahlt hat, tragen

第一千二百零七条 明知产品存在缺陷仍然生产、销售,或者没有依据前条规定采取有效补救措施,造成他人死亡或者健康严重损害的,被侵权人有权请求相应的惩罚性赔偿。

Article 1207 Where a product is produced or sold with full knowledge of defect thereof, or effective remedial measures fail to be adopted pursuant to the provisions of the preceding article, thus causing death or serious damage to the health of another person, the victim has the right to claim corresponding punitive damages.

§ 1207 Wird ein Produkt trotz Kenntnis von dessen Fehlerhaftigkeit weiterproduziert und -vertrieben oder werden nicht gemäß dem vorigen Paragrafen wirksame Maßnahmen zur Abhilfe ergriffen, sodass der Tod oder erhebliche Gesundheitsschäden anderer verursacht werden, ist der Verletzte berechtigt, entsprechenden Strafschadensersatz zu verlangen.

第五章 机动车交通事故责任
Chapter V Liability for Motor Vehicle Traffic Accidents
5. Kapitel: Haftung für Unfälle im Kraftverkehr

第一千二百零八条 机动车发生交通事故造成损害的,依照道路交通安全法律和本法的有关规定承担赔偿责任。

Article 1208 Where any damage is caused by a traffic accident involving a motor vehicle, the liability for compensation should be borne pursuant to the relevant provisions of the road traffic safety laws and this Code.

§ 1208 Verursacht ein Verkehrsunfall mit einem Kraftfahrzeug einen Schaden, wird nach den einschlägigen Bestimmungen des Gesetzes für Straßenverkehrssicherheit und dieses Gesetzes auf Schadensersatz gehaftet.

第一千二百零九条　因租赁、借用等情形机动车所有人、管理人与使用人不是同一人时,发生交通事故造成损害,属于该机动车一方责任的,由机动车使用人承担赔偿责任;机动车所有人、管理人对损害的发生有过错的,承担相应的赔偿责任。

Article 1209　Where the owner, the manager, and the user of a motor vehicle are not the same person due to rental or borrowing thereof, etc., and where the motor vehicle user is liable for any damage caused by any traffic accident involving the motor vehicle, the user of the motor vehicle shall assume liability for compensation; and if the owner and the manager of the motor vehicle are at fault as to the occurrence of the damage, the owner and the manager shall assume the corresponding liability for compensation.

§ 1209 Ist der Eigentümer oder der Verwalter eines Kraftfahrzeuges infolge von Vermietung, Leihe oder anderer Umstände mit Nutzer des Kraftfahrzeuges nicht identisch und führt ein Verkehrsunfall mit dem Kraftfahrzeug einen Schaden herbei, haftet der Nutzer des Kraftfahrzeuges auf Schadensersatz, soweit die Haftung für den Verkehrsunfall der Seite dieses Kraftfahrzeuges zugerechnet wird; trifft den Eigentümer oder den Verwalter ein Verschulden an der Entstehung des Schadens, haftet er entsprechend auf Schadensersatz.

第一千二百一十条　当事人之间已经以买卖或者其他方式转让并交付机动车但是未办理登记，发生交通事故造成损害，属于该机动车一方责任的，由受让人承担赔偿责任。

Article 1210　Where a motor vehicle, which has been transferred and delivered from one party to another through sale or in any other manner but the registration of such transfer has not been completed, is involved in any traffic accident, in which the motor vehicle user is liable for any damage from the accident, then the transferee shall assume liability for compensation.

§ 1210　Haben die Beteiligten das Kraftfahrzeug durch Kauf oder in anderer Form bereits übertragen und übergeben, aber ohne dass diese Änderung eingetragen wurde, und führt ein Verkehrsunfall mit diesem Kraftfahrzeug einen Schaden herbei, haftet der Erwerber auf Schadensersatz, soweit die Haftung für den Verkehrsunfall der Seite dieses Kraftfahrzeuges zugerechnet wird.

第一千二百一十一条　以挂靠形式从事道路运输经营活动的机动车，发生交通事故造成损害，属于该机动车一方责任的，由挂靠人和被挂靠人承担连带责任。

Article 1211　Where a motor vehicle that is affiliated to an organization for the purpose of engaging in road transportation business operation is involved in a traffic accident and the party using the motor vehicle is liable for the accident, the affiliating party and the affiliated party shall assume joint and several liabilities for the accident.

§ 1211　Führt ein Verkehrsunfall mit einem Kraftfahrzeug, mit

dem in Form einer Angliederung Geschäftsaktivitäten im Straßentransport getätigt werden, einen Schaden herbei, haften der Angliederer und der Angegliederte als Gesamtschuldner, soweit die Haftung für den Verkehrsunfall der Seite dieses Kraftfahrzeuges zugerechnet wird.

第一千二百一十二条 未经允许驾驶他人机动车,发生交通事故造成损害,属于该机动车一方责任的,由机动车使用人承担赔偿责任;机动车所有人、管理人对损害的发生有过错的,承担相应的赔偿责任,但是本章另有规定的除外。

Article 1212 Where a person drives the motor vehicle of another person without permission thereof and is involved in a traffic accident, in which the liability for any damage caused is attributed to the motor vehicle user, then the user of the motor vehicle shall assume liability for compensation; and if the owner and the manager of the motor vehicle are at fault as to the damage, the owner and the manager shall assume the corresponding liability for compensation, except as otherwise provided in this Chapter.

§ 1212 Wird ein Kraftfahrzeug anderer unerlaubt geführt und verursacht ein Verkehrsunfall mit diesem Kraftfahrzeug einen Schaden, haftet der Nutzer des Kraftfahrzeuges auf Schadensersatz, soweit die Haftung für den Verkehrsunfall der Seite dieses Kraftfahrzeuges zugerechnet wird; trifft den Eigentümer oder den Verwalter ein Verschulden an der Entstehung des Schadens, haftet er entsprechend auf Schadensersatz, es sei denn, dass dieses Kapitel etwas anderes bestimmt.

第一千二百一十三条 机动车发生交通事故造成损害,属于该机动车一方责任的,先由承保机动车强制保险的保险人在强制保险责任限额范围内予以赔偿;不足部分,由承保机动车商业保险的保险人按照保险合同的约定予以赔偿;仍然不足或者没有投保机动车商业保险的,由侵权人赔偿。

Article 1213 Where a motor vehicle is involved in a traffic accident, in which the liability for any damage therein is attributed to the motor vehicle user, the insurer underwriting the compulsory motor vehicle traffic accident liability insurance for the vehicle shall first provide compensation within the liability limit of the compulsory motor vehicle insurance; for any deficiency, the insurer underwriting the commercial motor vehicle insurance for the motor vehicle shall provide compensation pursuant to the insurance contract; and for any further deficiency, or in the absence of commercial motor vehicle insurance, the tortfeasor shall provide compensation.

§ 1213 Führt ein Verkehrsunfall mit einem Kraftfahrzeug einen Schaden herbei und wird die Haftung für den Verkehrsunfall der Seite dieses Kraftfahrzeuges zugerechnet, gewährt zuerst der Versicherer, der die Haftpflichtversicherung des Kraftfahrzeuges übernimmt, im Rahmen der Deckungssumme der Haftpflichtversicherung Schadensersatz; ein Fehlbetrag wird vom Versicherer, der eine kaufmännische Versicherung übernimmt, nach den Vereinbarungen im Versicherungsvertrag ersetzt; reicht dies weiterhin nicht aus oder wurde keine kaufmännische Versicherung abgeschlossen, wird der Ersatz vom Verletzer geleistet.

第一千二百一十四条 以买卖或者其他方式转让拼装或者已经达到报废标准的机动车,发生交通事故造成损害的,由转让人和受让人承担连带责任。

Article 1214 Where an illegally assembled motor vehicle or a motor vehicle having reached the standard of retirement, which has been transferred through sale or in any other manner, is involved in a traffic accident and causes any damage, the transferor and the transferee shall assume joint and several liabilities.

§ 1214 Wird ein zusammengebautes oder schrottreifes Kraftfahrzeug durch Kauf oder in anderer Form übertragen und verursacht es bei einem Verkehrsunfall einen Schaden, haften der Veräußerer und der Erwerber als Gesamtschuldner.

第一千二百一十五条 盗窃、抢劫或者抢夺的机动车发生交通事故造成损害的,由盗窃人、抢劫人或者抢夺人承担赔偿责任。盗窃人、抢劫人或者抢夺人与机动车使用人不是同一人,发生交通事故造成损害,属于该机动车一方责任的,由盗窃人、抢劫人或者抢夺人与机动车使用人承担连带责任。

保险人在机动车强制保险责任限额范围内垫付抢救费用的,有权向交通事故责任人追偿。

Article 1215 Where a motor vehicle that has been obtained through theft, robbery or snatching in involved in a road accident and causes any damage, the thief, robber or snatcher shall assume liability compensation. If the thief, robber or snatcher is not the user of the motor vehicle, and the liability for damage caused by

the traffic accident is attributed to the motor vehicle user, the thief, robber or snatcher and the user of the motor vehicle shall assume joint and several liabilities.

Where the insurer advances the rescue expenses within the limits of compulsory motor vehicle insurance liability, it has the right to recover such expenses from the person responsible for the traffic accident.

§ 1215 Führt ein Verkehrsunfall mit einem gestohlenen, geraubten oder entrissenen Kraftfahrzeug eine Schädigung herbei, haftet der Dieb, der Räuber oder der Entreißende auf Schadensersatz. Ist der Dieb, der Räuber oder der Entreißende mit dem Nutzer des Kraftfahrzeuges nicht identisch und führt ein Verkehrsunfall mit diesem Kraftfahrzeug eine Schädigung herbei, haftet der Dieb, der Räuber oder der Entreißende mit dem Nutzer des Kraftfahrzeuges als Gesamtschuldner, soweit die Haftung für den Verkehrsunfall der Seite dieses Kraftfahrzeuges zugerechnet wird.

Hat der Versicherer die Rettungskosten im Rahmen der Deckungssumme der Haftpflichtversicherung des Kraftfahrzeuges ausgelegt, ist er berechtigt, den für Unfall Verantwortlichen in Regress zu nehmen.

第一千二百一十六条 机动车驾驶人发生交通事故后逃逸,该机动车参加强制保险的,由保险人在机动车强制保险责任限额范围内予以赔偿;机动车不明、该机动车未参加强制保险或者抢救费用超过机动车强制保险责任限额,需要支付被

侵权人人身伤亡的抢救、丧葬等费用的,由道路交通事故社会救助基金垫付。道路交通事故社会救助基金垫付后,其管理机构有权向交通事故责任人追偿。

Article 1216　Where the driver of a motor vehicle flees after the motor vehicle is involved in a traffic accident, and if the motor vehicle is covered by mandatory insurance, the insurer shall provide compensation within the liability limit of the mandatory motor vehicle insurance; or if the motor vehicle cannot be identified or is not covered by mandatory insurance, or the rescue expenses exceed the liability limit of the mandatory motor vehicle insurance, and the expenses for the death of or personal injury to the victim, such as rescue and funeral fees, need to be paid, then the advances should be made out of the social assistance fund for road traffic accidents. After advances are made out of the social assistance fund for road traffic accidents, the regulator of the fund has the right to recover the advances from the person liable for the traffic accident.

§ 1216　Ist der Fahrer eines Kraftfahrzeuges nach einem Verkehrsunfall flüchtig und dieses Kraftfahrzeug haftpflichtversichert, leistet der Versicherer im Rahmen der Deckungssumme der Haftpflichtversicherungs Ersatz; kann das Kraftfahrzeug nicht identifiziert werden oder ist es nicht haftpflichtversichert oder überschreiten die Rettungskosten die Deckungssumme der Haftpflichtversicherung, werden die Rettungskosten, Beerdigungskosten und andere erforderliche Ausgaben wegen persönlicher Verletzung bzw. Todes des Verletzten vom Sozialhilfefonds für Straßenverkehrsunfälle ausgelegt. Nachdem der Sozialhilfefonds für Straßenverkehrsunfälle die Kosten ausgelegt hat, ist sein Verwaltungsorgan berechtigt, den für den Verkehrsunfall Verantwortlichen in Regress zu nehmen.

第一千二百一十七条 非营运机动车发生交通事故造成无偿搭乘人损害,属于该机动车一方责任的,应当减轻其赔偿责任,但是机动车使用人有故意或者重大过失的除外。

Article 1217 Where a motor vehicle that is not used in commercial operation is involved in a traffic accident which causes any damage to a passenger that rides the motor vehicle on a gratuitous basis, and the motor vehicle user is liable for the accident, liability of the motor vehicle user for compensation should be mitigated, except for where the user of the motor vehicle has committed the act intentionally or with gross negligence.

§ 1217 Führt ein Verkehrsunfall mit einem nicht gewerblich betriebenen Kraftfahrzeug eine Schädigung eines unentgeltlich beförderten Mitfahrers herbei, muss die Haftung auf Schadensersatz vermindert werden, soweit die Haftung für den Verkehrsunfall der Seite dieses Kraftfahrzeuges zugerechnet wird, es sei denn, dass beim Nutzer des Kraftfahrzeuges Vorsatz oder grobe Fahrlässigkeit vorliegt.

第六章　医疗损害责任
Chapter VI　Liability for Medical Malpractice
6. Kapitel Haftung für Schäden durch Behandlungsfehler

第一千二百一十八条　患者在诊疗活动中受到损害,医疗机构或者其医务人员有过错的,由医疗机构承担赔偿责任。

Article 1218　Where a patient sustains any damage during diagnosis and treatment, and if the medical institution or any of its medical personnel is at fault, the medical institution shall assume liability for compensation.

§ 1218　Wird ein Patient bei der Diagnose und Behandlung geschädigt und liegt bei der medizinischen Einrichtung oder ihrem medizinischen Personal ein Verschulden vor, haftet die medizinische Einrichtung auf Schadensersatz.

第一千二百一十九条　医务人员在诊疗活动中应当向患者说明病情和医疗措施。需要实施手术、特殊检查、特殊治疗的,医务人员应当及时向患者具体说明医疗风险、替代医疗方案等情况,并取得其明确同意;不能或者不宜向患者说明的,应当向患者的近亲属说明,并取得其明确同意。

医务人员未尽到前款义务,造成患者损害的,医疗机构应当承担赔偿责任。

Article 1219　During the diagnosis and treatment, the medical personnel shall explain to the patient their condition and medical measures to be adopted in the diagnosis and treatment process. If an operation, special examination or special treatment is needed, the medical personnel shall explain the medical risks therein and alternative medical treatment to the patient in a timely manner and obtain the patient's explicit consent; where it is impossible or inappropriate to make such explanation to the patient, such explanation should be made to the patient's close relatives and their explicit consent should be obtained.

If the medical personnel fail to fulfill the obligations mentioned in the preceding paragraph and thereby causes any damage to the patient, the medical institution shall assume liability for compensation.

§ 1219 Bei der Diagnose und Behandlung muss das medizinische Personal den Patienten über seinen Krankheitszustand und die Behandlungsmaßnahmen aufklären. Ist die Durchführung einer Operation, einer besonderen Untersuchung und einer besonderen Behandlung erforderlich, muss das medizinische Personal den Patienten rechtzeitig und konkret über Behandlungsrisiken, alternative Behandlungskonzepte und andere Umstände aufklären und dessen klare Einwilligung einholen; ist es unmöglich oder unangebracht, den Patienten darüber aufzuklären, muss das medizinische Personal einen nahen Verwandten des Patienten darüber aufklären und seine klare Einwilligung einholen.

Ist das medizinische Personal den Pflichten des vorigen Absatzes nicht nachgekommen und hat dadurch den Patienten geschädigt, haftet die medizinische Einrichtung auf Schadensersatz.

第一千二百二十条 因抢救生命垂危的患者等紧急情况,不能取得患者或者其近亲属意见的,经医疗机构负责人或者授权的负责人批准,可以立即实施相应的医疗措施。

Article 1220 Where the opinion of a patient or his or her close relative cannot be obtained in the case of an emergency, such as rescue of a patient in critical condition, then with the approval of the person in charge of the medical institution or an authorized person in charge, the corresponding medical measures may be adopted immediately.

§ 1220 Kann wegen der Rettung eines sich in Lebensgefahr befindenden Patienten oder anderer dingenden Umstände die Meinung des Patienten oder seiner nahen Verwandten nicht eingeholt werden, können entsprechende Behandlungsmaßnahmen sofort durchgeführt werden, soweit dies vom Verantwortungsträger der medizinischen Einrichtung oder von einem ermächtigten Verantwortlichen genehmigt wird.

第一千二百二十一条 医务人员在诊疗活动中未尽到与当时的医疗水平相应的诊疗义务,造成患者损害的,医疗机构应当承担赔偿责任。

Article 1221 Where any medical personnel member fails to fulfill the obligations of diagnosis and treatment appropriate for the medical standards at the time of such diagnosis and treatment and thereby causes any damage to a patient, the medical institution shall assume liability for compensation.

§ 1221 Ist das medizinische Personal bei der Diagnose und

Behandlung den dem Behandlungsniveau zu dieser Zeit entsprechenden Diagnose - und Behandlungspflichten nicht nachgekommen und hat dadurch den Patienten geschädigt, haftet die medizinische Einrichtung auf Schadensersatz.

第一千二百二十二条 患者在诊疗活动中受到损害,有下列情形之一的,推定医疗机构有过错:

(一)违反法律、行政法规、规章以及其他有关诊疗规范的规定;

(二)隐匿或者拒绝提供与纠纷有关的病历资料;

(三)遗失、伪造、篡改或者违法销毁病历资料。

Article 1222 Where a patient sustains any damage in the course of diagnosis and treatment, the medical institution shall be presumed to be at fault under any of the following circumstances:

(1) violating any law, administrative regulation or rule, or any other provision on the procedures and standards for diagnosis and treatment;

(2) withholding or refusing to provide the medical history records related to the dispute; or

(3) losing, forging, tampering with or illegally destroying any medical records.

§ 1222 Wird bei der Diagnose und Behandlung der Patient geschädigt, wird das Verschulden der medizinischen Einrichtung vermutet, wenn einer der folgenden Umstände vorliegt:

1. Verstoß gegen Gesetze, Verwaltungsrechtsnormen, Regeln und andere Bestimmungen zu Diagnose- und Behandlungsnormen;

2. Verbergen der mit dem Streit im Zusammenhang stehenden Behandlungsunterlagen oder Verweigern des Zurfügungstellens dieser Unterlagen;

3. Verlust, Fälschung, Verfälschung oder rechtswidrige Vernichtung der Patientenakten.

第一千二百二十三条 因药品、消毒产品、医疗器械的缺陷，或者输入不合格的血液造成患者损害的，患者可以向药品上市许可持有人、生产者、血液提供机构请求赔偿，也可以向医疗机构请求赔偿。患者向医疗机构请求赔偿的，医疗机构赔偿后，有权向负有责任的药品上市许可持有人、生产者、血液提供机构追偿。

Article 1223 Where any damage to a patient is caused by any defect in any medicine, disinfection product or medical instrument or by the transfusion of sub-standard blood, the patient may claim for compensation from the holder of the marketing license for the medicine, manufacturer of the medicine or institution providing the blood, or claim for compensation from the medical institution. If the patient claims for compensation from the medical institution, the medical institution, after making the compensation, has the right to recover such compensation from the holder of the marketing license for the medicine, manufacturer of the medicine or institution providing the blood.

§ 1223 Wird ein Patient durch fehlerhafte Arzneimittel, Desinfektionsmittel oder medizinische Geräte oder durch die Infusion von nicht normgemäßem Blut geschädigt, kann er vom Inhaber der Genehmigung für das Inverkehrbringen von Arzneimitteln, vom Hersteller der Medizinprodukte oder von der Blutversorgungseinrichtung Schadensersatz verlangen; er kann auch von der medizinischen Einrichtung Schadensersatz verlangen. Verlangt der Patient von der medizinischen Einrichtung Schadensersatz, ist die medizinische Einrichtung, nachdem sie Ersatz geleistet hat, berechtigt, den Inhaber der Genehmigung für das Inverkehrbringen von Arzneimitteln, den Hersteller der Medizinprodukte oder die Blutversorgungseinrichtung, dem oder der die Haftung für den Schaden zugerechnet wird, in Regress zu nehmen.

第一千二百二十四条 患者在诊疗活动中受到损害,有下列情形之一的,医疗机构不承担赔偿责任:

(一)患者或者其近亲属不配合医疗机构进行符合诊疗规范的诊疗;

(二)医务人员在抢救生命垂危的患者等紧急情况下已经尽到合理诊疗义务;

(三)限于当时的医疗水平难以诊疗。

前款第一项情形中,医疗机构或者其医务人员也有过错的,应当承担相应的赔偿责任。

Article 1224 Under any of the following circumstances, the medical institution shall not assume liability for compensation if a patient suffers any damage in the course of medical treatment:

(1) the patient or close relative thereof fails to cooperate with the medical institution in the diagnosis and treatment that is in line with the procedures and standards for diagnosis and treatment;

(2) the medical personnel have fulfilled the duty of reasonable diagnosis and treatment in the case of an emergency such as rescue of a patient in critical condition; or

(3) diagnosis and treatment of the patient is difficult due to limitations of the level of medical expertise at the time.

Under the circumstance in sub-paragraph 1 of the preceding paragraph, if the medical institution or any of its medical personnel member is also at fault, the medical institution shall assume the corresponding liability for compensation.

§ 1224 Wird ein Patient bei der Diagnose und Behandlung geschädigt, haftet die medizinische Einrichtung nicht auf Schadensersatz, wenn einer der folgenden Umstände vorliegt:

1. Der Patient oder seine nahen Verwandten kooperieren bei der Durchführung der den Diagnose- und Behandlungsnormen entsprechenden Diagnose und Behandlungen nicht mit der medizinischen Einrichtung;

2. das medizinische Personal ist bei der Rettung des sich in Lebensgefahr befindenen Patienten oder unter anderen dringenden Umständen den angemessenen Behandlungspflichten nachgekommen;

3. es war wegen des Behandlungsniveaus zu dieser Zeit schwierig zu diagnostizieren und behandeln.

Liegt ein Verschulden unter Umständen der Nr. 1 des vorigen Absatzes auch bei der medizinischen Einrichtung oder ihrem medizinischen Personal vor, haften sie auf entsprechenden Schadensersatz.

第一千二百二十五条 医疗机构及其医务人员应当按照规定填写并妥善保管住院志、医嘱单、检验报告、手术及麻醉记录、病理资料、护理记录等病历资料。

患者要求查阅、复制前款规定的病历资料的,医疗机构应当及时提供。

Article 1225 A medical institution and its medical personnel shall fill out and properly keep the hospitalization logs, doctor's orders, test reports, operation and anesthesia records, pathological records, nurse care records, and other medical history records pursuant to the relevant provisions.

Where a patient requests to consult or copy the medical history records under the preceding paragraph, the medical institution shall provide the records in a timely manner.

§ 1225 Die medizinische Einrichtung und ihr medizinisches Personal müssen die Patientenakten wie stationäres Behandlungsprotokoll, ärztliche Verordnungen, Laborberichte, Operations- und Narkoseprotokolle, pathologische Unterlagen und Pflegeprotokolle nach den Bestimmungen ausfüllen und zweckmäßig aufbewahren.

Verlangt ein Patient die Einsicht oder das Kopieren der im vorigen Absatz bestimmten Patientenakten, muss die medizinische Einrichtung diese rechtzeitig zur Verfügung stellen.

第一千二百二十六条 医疗机构及其医务人员应当对患者的隐私和个人信息保密。泄露患者的隐私和个人信息,或者未经患者同意公开其病历资料的,应当承担侵权责任。

Article 1226 A medical institution and its medical personnel shall keep confidential the privacy and personal information of a patient. If any privacy and personal information of a patient is divulged or any of the medical history records of a patient is disclosed to the public without the consent of the patient, the medial institution shall assume tortious liabilities.

§ 1226　Die medizinische Einrichtung und ihr medizinisches Personal müssen die Privatsphäre und die persönlichen Informationen der Patienten geheim halten. Werden die Privatsphäre und die persönlichen Informationen eines Patienten bekannt gemacht oder ohne Zustimmung des Patienten seine Patientenakten veröffentlicht, muss die medizinische Einrichtung die Haftung aus Delikt übernehmen.

第一千二百二十七条　医疗机构及其医务人员不得违反诊疗规范实施不必要的检查。

Article 1227　A medical institution and its medical personnel shall not conduct any unnecessary medical examination in violation of the procedures and standards for diagnosis and treatment.

§ 1227　Der medizinischen Einrichtung und ihrem medizinischen Personal ist es nicht erlaubt, unter Verstoß gegen die Diagnose- und Behandlungsnormen unnötige Untersuchungen durchzuführen.

第一千二百二十八条　医疗机构及其医务人员的合法权益受法律保护。

干扰医疗秩序,妨碍医务人员工作、生活,侵害医务人员合法权益的,应当依法承担法律责任。

Article 1228 The lawful rights and interests of a medical institution and its medical personnel are protected by law.

Whoever interrupts the order of the medical system, or interferes with the work or life of any medical personnel, or infringes upon the lawful rights and interests of any medical personnel shall assume legal liabilities pursuant to the law.

§ 1228 Die legalen Rechte und Interessen der medizinischen Einrichtung und ihres medizinischen Personals genießen den Schutz durch das Gesetz.

Wer die medizinische Ordnung stört, die Arbeit und das Leben des medizinischen Personals behindert oder die legalen Rechte und Interessen des medizinischen Personals verletzt, haftet nach dem Gesetz.

第七章 环境污染和生态破坏责任
Chapter VII Liability for Environmental Pollution and Ecological Damage
7. Kapitel: Haftung für Umweltverschmutzung und Zerstörung der Ökologie

第一千二百二十九条 因污染环境、破坏生态造成他人损害的,侵权人应当承担侵权责任。

Article 1229 Where any damage is caused to another person by environmental pollution or ecological damage, the tortfeasor responsible for such environmental pollution or ecological damage shall assume tortious liabilities.

§ 1229　Wird ein anderer durch Umweltverschmutzung oder Zerstörung der Ökologie geschädigt, muss der Verletzer die Haftung aus Delikt übernehmen.

第一千二百三十条　因污染环境、破坏生态发生纠纷,行为人应当就法律规定的不承担责任或者减轻责任的情形及其行为与损害之间不存在因果关系承担举证责任。

Article 1230　Where any dispute arises over any environmental pollution or ecological damage, the actor shall assume the burden of proof in connection with the circumstance stipulated by law under which the actor should not be held liable or the actor's liability should be mitigated and prove that there is no causal relationship between his or her conduct and the damage.

§ 1230　Entsteht wegen Umweltverschmutzung oder Zerstörung der Ökologie eine Streitigkeit, muss der Handelnde die Beweislast dafür tragen, dass die Umstände einer gesetzlichen Haftungsausschließung oder -minderung vorliegen und dass zwischen seiner Handlung und dem Schaden kein kausaler Zusammenhang besteht.

第一千二百三十一条　两个以上侵权人污染环境、破坏生态的,承担责任的大小,根据污染物的种类、浓度、排放量,破坏生态的方式、范围、程度,以及行为对损害后果所起的作用等因素确定。

Article 1231　Where two or more tortfeasors cause environmental pollution or ecological damage, their respective share of liabilities should be determined pursuant to the type, concentration, and quantity of pollutants, the manner, scope, and degree of ecological damage, the role of their respective conducts in causing the consequences of such damage, among others.

§ 1231　Wenn zwei oder mehr Verletzer die Umwelt verschmutzen oder die Ökologie zerstören, wird das Maß der Haftung nach Faktoren wie etwa Art, Konzentration und Emissionsmenge der Schadstoffe, Form, Umfang und Ausmaß der ökologischen Zerstörung, Auswirkungen der Handlungen auf die Schadensfolgen bestimmt.

第一千二百三十二条　侵权人违反法律规定故意污染环境、破坏生态造成严重后果的,被侵权人有权请求相应的惩罚性赔偿。

Article 1232　Where a tortfeasor, in violation of the provisions of law, intentionally causes environmental pollution or ecological damage, resulting in serious consequences, the victim has the right to claim corresponding punitive damages against such tortfeasor.

§ 1232　Führt der Verletzer unter Verstoß gegen gesetzliche Bestimmungen durch eine vorsätzliche Umweltverschmutzung oder Zerstörung der Ökologie schwere Folgen herbei, ist der Verletzte berechtigt, entsprechenden Strafschadensersatz zu verlangen.

第一千二百三十三条 因第三人的过错污染环境、破坏生态的,被侵权人可以向侵权人请求赔偿,也可以向第三人请求赔偿。侵权人赔偿后,有权向第三人追偿。

Article 1233　Where the environment pollution and ecological damage is attributable to the fault of a third party, the victim may either claim compensation from the tortfeasor or claim compensation from the third party. After making the compensation, the tortfeasor has the right to recover such compensation from the third party.

§ 1233　Wird durch Verschulden eines Dritten die Umwelt verschmutzt oder die Ökologie zerstört, sodass Schäden verursacht werden, kann der Verletzte sowohl vom Verletzer als auch vom Dritten Ersatz verlangen; der Verletzer ist, nachdem er Ersatz geleistet hat, berechtigt, den Dritten in Regress zu nehmen.

第一千二百三十四条 违反国家规定造成生态环境损害,生态环境能够修复的,国家规定的机关或者法律规定的组织有权请求侵权人在合理期限内承担修复责任。侵权人在期限内未修复的,国家规定的机关或者法律规定的组织可以自行或者委托他人进行修复,所需费用由侵权人负担。

Article 1234　Where a violation of the provisions of the State causes any damage to the ecological environment, and the ecological environment can be restored, the authority specified by the State or the organization specified by law has the right to require the tortfeasor to assume the liability for restoration within a reasonable period limit. If the tortfeasor fails to do so, the authority specified by the State or the organization specified by law may carry out the restoration by itself or through any other party authorized by it, and all the expenses incurred should be borne by the tortfeasor.

§ 1234 Wird die ökologische Umwelt unter Verstoß gegen staatliche Bestimmungen geschädigt und ist die geschädigte ökologische Umwelt renaturierbar, sind staatlich bestimmte Behörden oder gesetzlich bestimmte Organisationen berechtigt, vom Verletzer zu verlangen, dass er innerhalb einer angemessenen Frist auf Renaturierung haftet. Hat der Verletzer innerhalb der Frist die ökologische Umwelt nicht renaturiert, können die staatlich bestimmten Behörden oder gesetzlich bestimmten Organisationen einen anderen mit der Renaturierung beauftragen, notwendige Kosten dafür werden vom Verletzer getragen.

第一千二百三十五条 违反国家规定造成生态环境损害的,国家规定的机关或者法律规定的组织有权请求侵权人赔偿下列损失和费用:
(一)生态环境受到损害至修复完成期间服务功能丧失导致的损失;
(二)生态环境功能永久性损害造成的损失;
(三)生态环境损害调查、鉴定评估等费用;
(四)清除污染、修复生态环境费用;
(五)防止损害的发生和扩大所支出的合理费用。

Article 1235 Where any violation of the provisions by the State causes any damage to the ecological environment, the authority specified by the State or the organization specified by law has the right to require the tortfeasor to compensate for the following losses and expenses:

(1) losses resulting from the loss of service functions starting from the time when damage is caused to the ecological environment and ending upon completion of restoration of the environment;

(2) losses resulting from permanent damage to the functions of the ecological environment;

(3) expenses of investigation, authentication, and assessment of the damage to the ecological environment;

(4) expenses of pollution removal and ecological and environmental restoration; or

(5) reasonable expenses incurred in preventing the occurrence and expansion of the damage.

§ 1235 Wird die ökologische Umwelt unter Verstoß gegen staatliche Bestimmungen geschädigt, sind staatlich bestimmte Behörden oder gesetzlich bestimmte Organisationen berechtigt, vom Verletzer Ersatz für folgende Schäden und Kosten zu verlangen:

1. die Schäden, die im Zeitraum von der Schädigung der ökologischen Umwelt bis zum Abschluss deren Renaturierung durch den Verlust der Dienstleistungsfunktionen herbeigeführt werden;

2. die Schäden, die durch dauerhafte Schädigung der Funktionen der ökologischen Umwelt herbeigeführt werden;

3. Kosten wie etwa für Ermittlung, Begutachtung und Bewertung der Schädigung der ökologischen Umwelt;

4. Kosten für Entfernung der Verschmutzung und Renatu-

rierung der ökologischen Umwelt;

5. angemessene Aufwendungen, die geleistet werden, um den Eintritt und die Ausweitung der Schädigung zu verhindern.

第八章　高度危险责任
Chapter Ⅷ　Liability for High-risk Activity
8. Kapitel: Haftung für hohe Gefahren

第一千二百三十六条　从事高度危险作业造成他人损害的,应当承担侵权责任。

Article 1236　Whoever engages in high-risk work and thereby causes any damage to any other person shall assume tortious liabilities.

§ 1236　Wer durch Tätigung von hochgefährlichen Arbeiten einen anderen schädigt, muss die Haftung aus Delikt übernehmen.

第一千二百三十七条　民用核设施或者运入运出核设施的核材料发生核事故造成他人损害的,民用核设施的营运单位应当承担侵权责任;但是,能够证明损害是因战争、武装冲突、暴乱等情形或者受害人故意造成的,不承担责任。

Article 1237　Where a nuclear accident occurs to a civil nuclear facility or the nuclear materials transported into or out of the civil nuclear facility, which causes any damage to another person, the operating entity of the civil nuclear facility shall assume tortious liabilities, unless it can prove that the damage is caused by a situation such as war, armed conflict, and riot or by the victim intentionally.

§ 1237 Wird ein anderer durch einen Kernunfall, der sich in einer zivilen Kernanlage oder beim Transport von Kernmaterialien in die Kernanlage hinein oder aus der Kernanlage heraus ereignet, geschädigt, muss der Betreiber der zivilen Kernenergieanlage die Haftung aus Delikt übernehmen; kann er aber beweisen, dass die Schädigung durch Umstände wie etwa Krieg, bewaffneten Konflikt, Aufruhr oder vorsätzlich vom Geschädigten verursacht worden ist, haftet er nicht.

第一千二百三十八条 民用航空器造成他人损害的,民用航空器的经营者应当承担侵权责任;但是,能够证明损害是因受害人故意造成的,不承担责任。

Article 1238 Where a civil aircraft causes any damage to another person, the operator of the civil aircraft shall assume tortious liabilities unless it can prove that the damage is caused by the victim intentionally.

§ 1238 Wird ein anderer durch ein ziviles Luftfahrzeug geschädigt, muss der Betreiber des zivilen Luftfahrzeuges die Haftung aus Delikt übernehmen; kann er aber beweisen, dass die Schädigung vom Geschädigten vorsätzlich verursacht worden ist, haftet er nicht.

第一千二百三十九条 占有或者使用易燃、易爆、剧毒、高放射性、强腐蚀性、高致病性等高度危险物造成他人损害的,占有人或者使用人应当承担侵权责任;但是,能够证明损害是因受害人故意或者不可抗力造成的,不承担责任。被侵权人对损害的发生有重大过失的,可以减轻占有人或者使用人的责任。

Article 1239 Where the possession or use of any inflammable, explosive, acutely toxic, highly radioactive, highly corrosive, highly pathogenic or any other high-risk substance causes any damage to another person, the possessor or user thereof shall assume tortious liabilities unless the user or possessor can prove that the damage is caused by the victim intentionally or by force majeure. If the victim has committed any gross negligence in connection with the occurrence of the damage, the liability of the possessor or user may be mitigated.

§ 1239 Wird ein anderer durch den Besitz oder die Nutzung von leichtentzündlichen, explosiven, hochgiftigen, hochradioaktiven, hochätzenden, hochpathogenen oder anderen hochgefährlichen Stoffen geschädigt, muss der Besitzer oder der Nutzer dieser Stoffe die Haftung aus Delikt übernehmen; kann er aber beweisen, dass die Schädigung vom Geschädigten vorsätzlich oder durch höhere Gewalt verursacht worden ist, haftet er nicht. Liegt beim Verletzten für den Eintritt der Schädigung grobe Fahrlässigkeit vor, kann die Haftung des Besitzers oder Nutzers vermindert werden.

第一千二百四十条　从事高空、高压、地下挖掘活动或者使用高速轨道运输工具造成他人损害的,经营者应当承担侵权责任;但是,能够证明损害是因受害人故意或者不可抗力造成的,不承担责任。被侵权人对损害的发生有重大过失的,可以减轻经营者的责任。

Article 1240　Whoever engages in high-altitude, high-pressure and underground excavation activity or uses high-speed rail transport and thereby causes any damage to any other person shall assume tortious liabilities. However, if the person can prove that the damage is caused by the victim intentionally or by force majeure, such person shall not be held liable. If the victim has committed gross negligence in connection with the occurrence of damage, the liabilities of the person may be mitigated.

§ 1240　Wird ein anderer durch eine Tätigkeit in großer Höhe, unter Hochspannung, bei unterirdischer Ausgrabung oder die Nutzung von Schinentransportmitteln mit Hochgeschwindigkeit geschädigt, muss der Betreiber die Haftung aus Delikt übernehmen; kann er aber beweisen, dass die Schädigung vom Geschädigten vorsätzlich oder durch höhere Gewalt verursacht worden ist, haftet er nicht. Liegt beim Verletzten für den Eintritt der Schädigung grobe Fahrlässigkeit vor, kann die Haftung des Betreibers vermindert werden.

第一千二百四十一条　遗失、抛弃高度危险物造成他人损害的,由所有人承担侵权责任。所有人将高度危险物交由他人管理的,由管理人承担侵权责任;所有人有过错的,与管

理人承担连带责任。

Article 1241 Where any damage is caused to another person by the loss or abandonment of any high-risk substance, the owner thereof shall assume tortious liabilities. If the owner has delivered the high-risk substance to another person for management, the person who manages the material shall assume tortious liabilities; and if the owner is at fault, the owner and the manager shall assume joint and several tortious liabilities.

§ 1241 Wird ein anderer durch einen verlorenen oder aufgegebenen hochgefährlichen Gegenstand/Stoff geschädigt, muss der Eigentümer die Haftung aus Delikt übernehmen. Hat der Eigentümer den hochgefährlichen Gegenstand/Stoff einem anderen zur Verwaltung gegeben, haftet der Verwalter aus Delikt; trifft den Eigentümer ein Verschulden, haftet er mit dem Verwalter als Gesamtschuldner.

第一千二百四十二条 非法占有高度危险物造成他人损害的,由非法占有人承担侵权责任。所有人、管理人不能证明对防止非法占有尽到高度注意义务的,与非法占有人承担连带责任。

Article 1242 Where the illegal possession of any high-risk substance causes any damage to another person, the illegal possessor shall assume tortious liabilities. If the owner and the manager of the high-risk substance cannot prove that they have fulfilled their duty of high-degree of care in preventing such illegal possession, they and the illegal possessor shall assume joint and several

liabilities.

§ 1242 Wird ein anderer durch einen illegal besessenen hochgefährlichen Gegenstand/Stoff geschädigt, muss der illegale Besitzer die Haftung übernehmen. Kann der Eigentümer oder der Verwalter nicht beweisen, dass er der hohen Sorgfaltspflicht zur Verhinderung der illegalen Inbesitznahme nachgekommen ist, haftet er mit dem illegalen Besitzer als Gesamtschuldner.

第一千二百四十三条 未经许可进入高度危险活动区域或者高度危险物存放区域受到损害,管理人能够证明已经采取足够安全措施并尽到充分警示义务的,可以减轻或者不承担责任。

Article 1243 Where any one sustains any damage from the unauthorized entry thereof into an area of high-risk activity or an area where any high-risk substance is stored, and the manager of such area can prove that they have adopted sufficient safety measures and fulfilled their duty of sufficient warning, their liability may be mitigated or exempted.

§ 1243 Betritt jemand unerlaubt einen Bereich hochgefährlicher Tätigkeiten oder einen Bereich der Lagerung hochgefährlicher Gegenstände/Stoffe und wird dadurch geschädigt, kann die Haftung des Verwalters vermindert oder ausgeschlossen werden, soweit er beweisen kann, dass er ausreichende Sicherheitsmaßnahmen ergriffen hat und der vollumfänglichen Warnpflicht nachgekommen ist.

第一千二百四十四条 承担高度危险责任，法律规定赔偿限额的，依照其规定，但是行为人有故意或者重大过失的除外。

Article 1244 Where the law prescribes any limit for the compensation for high-risk liabilities, such provisions apply, except for where there is willfulness or gross negligence on the part of the actor.

§ 1244 Bestimmen Gesetze bei der Haftung für hohe Gefahren die Höhe des Ersatzbetrages, wird nach diesen gesetzlichen Bestimmungen gehaftet, es sei denn, dass beim Handelnden Vorsatz oder grobe Fahrlässigkeit vorliegt.

第九章　饲养动物损害责任
Chapter IX　Liability for Damage Caused by Domestic Animal
9. Kapitel: Haftung für Schäden durch gehaltene Tiere

第一千二百四十五条 饲养的动物造成他人损害的，动物饲养人或者管理人应当承担侵权责任；但是，能够证明损害是因被侵权人故意或者重大过失造成的，可以不承担或者减轻责任。

Article 1245 Where a domestic animal causes any damage to another person, the keeper or manager of the animal shall assume tortious liabilities; however, if it can be proved that the damage is caused by the victim intentionally or by the victim's gross negligence, the liability may be exempted or mitigated.

§ 1245 Wird ein anderer durch ein gehaltenes Tier geschädigt, muss der Halter oder der Hüter des Tieres die Haftung aus Delikt übernehmen; kann er aber beweisen, dass die Schädigung vom Verletzten vorsätzlich oder grob fahrlässig verursacht worden ist, kann die Haftung ausgeschlossen oder vermindert wird.

第一千二百四十六条 违反管理规定,未对动物采取安全措施造成他人损害的,动物饲养人或者管理人应当承担侵权责任;但是,能够证明损害是因被侵权人故意造成的,可以减轻责任。

Article 1246 Where any animal keeper or manager, in violation of management regulations, fails to adopt safety measures against any animal he or she keeps or manages, and thereby causes any damage to any other person, the animal keeper or manager shall assume tortious liabilities; however, the liabilities may be mitigated if it can be proved that the damage is intentionally caused by the victim.

§ 1246 Werden unter Verstoß gegen Bestimmungen zur Verwaltung von Tieren keine Sicherheitsmaßnahmen für Tiere ergriffen, sodass ein anderer geschädigt wird, muss der Halter oder der Hüter die Haftung aus Delikt übernehmen; kann er aber beweisen, dass die Schädigung vom Verletzten vorsätzlich verursacht worden ist, kann die Haftung vermindert werden.

第一千二百四十七条 禁止饲养的烈性犬等危险动物造成他人损害的,动物饲养人或者管理人应当承担侵权责任。

Article 1247 Where any dangerous animal such as a fierce dog that is forbidden to be kept causes any damage to any other person, the animal keeper or manager shall assume tortious liabilities.

§ 1247 Wird ein anderer durch ein gefährliches Tier wie etwa einen gefährlichen Hund, dessen Haltung verboten ist, geschädigt, muss der Halter oder der Hüter des Tieres die Haftung aus Delikt übernehmen.

第一千二百四十八条 动物园的动物造成他人损害的,动物园应当承担侵权责任;但是,能够证明尽到管理职责的,不承担侵权责任。

Article 1248 Where any animal of a zoo causes any damage to another person, the zoo shall assume tortious liabilities; however, if it can be proven that the zoo has fulfilled its management duties, the zoo shall not assume tortious liabilities.

§ 1248 Wird ein anderer durch ein Zootier geschädigt, muss der Zoo die Haftung aus Delikt übernehmen; kann er aber beweisen, dass er den Verwaltungspflichten nachgekommen ist, übernimmt er keine Haftung aus Delikt.

第一千二百四十九条 遗弃、逃逸的动物在遗弃、逃逸期间造成他人损害的,由动物原饲养人或者管理人承担侵权责任。

Article 1249 Where an abandoned or fleeing animal causes any damage to another person during such abandonment or fleeing, the original keeper or manager of the animal shall assume tortious liabilities.

§ 1249 Wird ein anderer durch ein ausgesetztes oder entlaufenes Tier während des Ausgesetztseins oder des Entlaufenseins geschädigt, muss der ursprüngliche Halter oder Hüter des Tieres die Haftung aus Delikt übernehmen.

第一千二百五十条 因第三人的过错致使动物造成他人损害的,被侵权人可以向动物饲养人或者管理人请求赔偿,也可以向第三人请求赔偿。动物饲养人或者管理人赔偿后,有权向第三人追偿。

Article 1250 Where any damage is caused to another person by an animal due to the fault of a third party, the victim may claim compensation from the keeper or manager of the animal, or claim compensation from the third party. After making such compensation, the keeper or manager of the animal has the right to be reimbursed by the third party.

§ 1250 Wird ein anderer infolge des Verschuldens eines Dritten durch ein Tier geschädigt, kann der Verletzte sowohl von dem Halter oder dem Hüter des Tieres als auch vom Dritten Ersatz verlangen. Nachdem der Halter oder der Hüter des Tieres Ersatz geleistet hat, ist er berechtigt, den Dritten in Regress nehmen.

第一千二百五十一条 饲养动物应当遵守法律法规,尊重社会公德,不得妨碍他人生活。

Article 1251 The keeping of any animal should be subject to the laws and regulations as well as public moralities, and may not affect the life of any other person.

§ 1251 Die Haltung von Tieren muss Gesetze und Verwaltungsrechtsnormen einhalten, die Sozialmoral respektieren und darf das Leben anderer nicht behindern.

第十章 建筑物和物件损害责任
Chapter X Liability for Damage Caused by Buildings or Objects
10. Kapitel: Haftung für Schäden durch Bauwerke und Sachen

第一千二百五十二条 建筑物、构筑物或者其他设施倒塌、塌陷造成他人损害的,由建设单位与施工单位承担连带责任,但是建设单位与施工单位能够证明不存在质量缺陷的除外。建设单位、施工单位赔偿后,有其他责任人的,有权向其他责任人追偿。

因所有人、管理人、使用人或者第三人的原因,建筑物、构筑物或者其他设施倒塌、塌陷造成他人损害的,由所有人、管理人、使用人或者第三人承担侵权责任。

Article 1252 Where any building, structure or facility collapses or subsides and thereby causes any damage to another person, the developer and construction entities thereof shall assume joint and several liabilities, unless the developer and construction entities can prove that such building, structure or facility does not have any quality defect. After making compensation, the developer and construction entities have the right to recover the compensation from any other person liable, if any.

Where the collapse or subsidence of any building, structure or facility, which causes any damage to another person, is attributed to the owner, manager or user thereof, or to a third party, the owner, manager, user or such third party shall assume tortious liabilities for such damage.

§ 1252 Wird ein anderer durch den Einsturz oder das Zusammensinken eines Bauwerks, einer Konstruktion oder einer anderen Anlage geschädigt, haften das Bauuntrnehmen und das Ausführungsunternehmen als Gesamtschuldner, es sei denn, dass sie beweisen können, dass keine Qualitätsmängel vorliegen. Gibt es einen anderen Haftenden, ist das Bauunternehmen oder das Ausführungsuntrenehmen, nachdem es Ersatz geleistet hat, berechtigt, den anderen Haftenden in Regress zu nehmen.

Wenn ein Bauwerk, eine Konstruktion oder eine ander Anlage aus beim Eigentümer, Verwalter, Nutzer oder bei einem Dritten liegenden Gründen einstürzt oder zusammensinkt, sodass ein anderer geschädigt wird, muss der Eigentümer, Verwalter, Nutzer oder Dritte die Haftung aus Delikt übernehmen.

第一千二百五十三条　建筑物、构筑物或者其他设施及其搁置物、悬挂物发生脱落、坠落造成他人损害，所有人、管理人或者使用人不能证明自己没有过错的，应当承担侵权责任。所有人、管理人或者使用人赔偿后，有其他责任人的，有权向其他责任人追偿。

Article 1253 Where any building, structure or facility or anything laid thereon or suspended therefrom falls off or falls down, causing any damage to another person, and if the owner, manager or user cannot prove that they are not at fault, such owner, manager or user shall assume tortious liabilities. After making compensation, the owner, manager or user has the right to recover the compensation from any other liable person, if any.

§ 1253 Wenn Bauwerke, Konstruktionen oder anderen Anlagen sowie hieran hängende oder hierauf befindliche Sachen sich lösen oder herabfallen, sodass ein anderer geschädigt wird, muss der Eigentümer, Verwalter oder Nutzer die Haftung aus Delikt übernehmen, sofern er nicht beweisen kann, dass ihn kein Verschulden trifft. Gibt es einen anderen Haftenden, ist der Eigentümer, Verwalter oder Nutzer, nachdem er Ersatz geleistet hat, berechtigt, den anderen Haftenden in Regress zu nehmen.

第一千二百五十四条　禁止从建筑物中抛掷物品。从建筑物中抛掷物品或者从建筑物上坠落的物品造成他人损害的，由侵权人依法承担侵权责任；经调查难以确定具体侵权人的，除能够证明自己不是侵权人的外，由可能加害的建筑物使用人给予补偿。可能加害的建筑物使用人补偿后，有权向侵

权人追偿。

物业服务企业等建筑物管理人应当采取必要的安全保障措施防止前款规定情形的发生；未采取必要的安全保障措施的，应当依法承担未履行安全保障义务的侵权责任。

发生本条第一款规定的情形的，公安等机关应当依法及时调查，查清责任人。

Article 1254 It is prohibited to throw any object from a building. Where any object thrown out of a building or falling down from a building causes any damage to another person, the tortfeasor shall assume tortious liabilities pursuant to the law; where it is difficult to identify the specific tortfeasor through investigation, all the users of the building who may possibly commit the tort, except for those who can prove that they are not the tortfeasor, shall make compensation. After making compensation, the users of the building who possibly commit the tort have the right to recover the compensation from the tortfeasor.

The property management service enterprise of the building or any other manager of the building shall adopt necessary security measures to prevent the circumstances specified in the preceding paragraph; and if the property management service enterprise or any other building manager fails to adopt necessary security measures, it shall assume tortious liabilities for failure to fulfill its security obligations pursuant to the law.

If any of the circumstances specified in paragraph 1 of this Article occurs, the public security and other authorities shall investigate pursuant to the law in a timely manner and identify the liable person.

§ 1254 Es ist verboten, Gegenstände aus Bauwerken zu werfen. Schädigt ein Gegenstand, der aus einem Bauwerk geworfen wird oder von einem Bauwerk herabfällt, einen anderen, muss der Verletzer nach dem Recht die Haftung aus Delikt übernehmen; ist es schwer, den korrekten Verletzer nach Ermittlung zu bestimmen, müssen die Nutzer des Bauwerks, die die Verletzung herbeigeführt haben können, eine Entschädigung leisten, es sei denn, dass sie beweisen können, dass sie nicht Verletzer sind. Nachdem die Nutzer des Bauwerks, die die Verletzung herbeigeführt haben können, eine Entschädigung geleistet haben, sind sie berechtigt, den Verletzer in Regress zu nehmen.

Gebäudeverwalter und sonstige Dienstleistungsunternehmen für Bauwerke müssen notwendige Maßnahmen zur Gewährleistung der Sicherheit ergreifen, um den Eintritt der im vorigen Absatz bestimmten Umstände zu verhindern; werden die erforderlichen Maßnahmen zur Gewährleistung der Sicherheit nicht ergriffen, müssen sie nach dem Recht wegen Nichterfüllung der Pflichten zur Gewährleistung der Sicherheit die Haftung aus Delikt übernehmen.

Treten die im Absatz 1 dieses Paragraphen bestimmten Umstände ein, müssen die Polizei und andere Behörden nach dem Recht unverzüglich ermitteln, um den Haftenden herauszufinden.

第一千二百五十五条 堆放物倒塌、滚落或者滑落造成他人损害,堆放人不能证明自己没有过错的,应当承担侵权责任。

Article 1255 Where a pile of objects collapse, roll down, or slip down, causing any damage to another person, the person mak-

ing the pile shall assume tortious liabilities if such person cannot prove that he or she does not have any fault.

§ 1255　Wird ein anderer durch Einsturz, Herabrollen oder Herunterrutschen von aufgestapelten Sachen geschädigt, muss derjenige, der die Sachen aufgestapelt hat, die Haftung aus Delikt übernehmen, sofern er nicht beweisen kann, dass ihn kein Verschulden trifft.

第一千二百五十六条　在公共道路上堆放、倾倒、遗撒妨碍通行的物品造成他人损害的,由行为人承担侵权责任。公共道路管理人不能证明已经尽到清理、防护、警示等义务的,应当承担相应的责任。

Article 1256　Where any damage is caused to another person by objects piled, dumped or scattered on a public road, which obstructs passage, the tortfeasor shall assume tortious liabilities. The manager of the public road shall assume the corresponding liability unless it can prove that it has fulfilled its duties such as cleaning, protection, and warning.

§ 1256　Werden auf öffentlichen Straßen den Durchgang behindernde Sachen aufgestapelt, abgekippt oder verstreut, sodass ein anderer geschädigt wird, muss der Handelnde die Haftung aus Delikt übernehmen. Kann der Verwalter der öffentlichen Straßen nicht beweisen, dass er den Pflichten wie etwa zur Räumung, zum Schutz und zur Warnung nachgekommen ist, muss er entsprechend haften.

第一千二百五十七条 因林木折断、倾倒或者果实坠落等造成他人损害,林木的所有人或者管理人不能证明自己没有过错的,应当承担侵权责任。

Article 1257 Where any damage is caused to another person by a broken or fallen tree, a fallen fruit, among others, the owner or manager of the tree shall assume tortious liabilities if such manager cannot prove that he or she is not at fault.

§ 1257 Wird ein anderer durch umgeknickte oder umgestürzte Bäume oder herabgefallene Früchte geschädigt, muss der Eigentümer oder der Verwalter der Bäume die Haftung aus Delikt übernehmen, sofern er nicht beweisen kann, dass ihn kein Verschulden trifft.

第一千二百五十八条 在公共场所或者道路上挖掘、修缮安装地下设施等造成他人损害,施工人不能证明已经设置明显标志和采取安全措施的,应当承担侵权责任。

窨井等地下设施造成他人损害,管理人不能证明尽到管理职责的,应当承担侵权责任。

Article 1258 Where excavation, repair and installation of underground facilities in public places or roads causes any damage to any other person, and the construction personnel cannot prove that obvious signs have been put up and safety measures have been taken, they shall assume tortious liabilities.

Where a manhole or any other underground facility causes any damage to another person, the manager of the manhole or the facility shall assume tortious liabilities if the manager cannot prove that

the duties of management have been properly fulfilled.

§ 1258 Wird ein anderer durch Bauarbeiten auf öffentlichen Plätzen oder Straßen wie etwa Aushubarbeiten oder Reparaturen oder Errichtung unterirdischer Anlagen geschädigt, muss der Bauausführende die Haftung aus Delikt übernehmen, sofern er nicht beweisen kann, dass er deutliche Gefahrenzeichen aufgestellt und Sicherheitsmaßnahmen ergriffen hat.

Wird ein anderer durch einen Kontrollschacht oder andere unterirdische Anlagen geschädigt, muss der Verwalter die Haftung aus Delikt übernehmen, sofern er nicht beweisen kann, dass er seinen Verwaltungspflichten nachgekommen ist.